AF172823

Verkehrspolitik

Oliver Schwedes
(Hrsg.)

Verkehrspolitik

Eine interdisziplinäre Einführung

2. Auflage

Herausgeber
Oliver Schwedes
TU Berlin Institut für Land- und Seeverkehr
Berlin, Deutschland

ISBN 978-3-658-21600-9   ISBN 978-3-658-21601-6   (eBook)
https://doi.org/10.1007/978-3-658-21601-6

Die Deutsche Nationalbibliothek verzeichnet diese Publikation in der Deutschen Nationalbibliografie; detaillierte bibliografische Daten sind im Internet über http://dnb.d-nb.de abrufbar.

Springer VS

© Springer Fachmedien Wiesbaden GmbH, ein Teil von Springer Nature 2011, 2018
Das Werk einschließlich aller seiner Teile ist urheberrechtlich geschützt. Jede Verwertung, die nicht ausdrücklich vom Urheberrechtsgesetz zugelassen ist, bedarf der vorherigen Zustimmung des Verlags. Das gilt insbesondere für Vervielfältigungen, Bearbeitungen, Übersetzungen, Mikroverfilmungen und die Einspeicherung und Verarbeitung in elektronischen Systemen.
Die Wiedergabe von Gebrauchsnamen, Handelsnamen, Warenbezeichnungen usw. in diesem Werk berechtigt auch ohne besondere Kennzeichnung nicht zu der Annahme, dass solche Namen im Sinne der Warenzeichen- und Markenschutz-Gesetzgebung als frei zu betrachten wären und daher von jedermann benutzt werden dürften.
Der Verlag, die Autoren und die Herausgeber gehen davon aus, dass die Angaben und Informationen in diesem Werk zum Zeitpunkt der Veröffentlichung vollständig und korrekt sind. Weder der Verlag noch die Autoren oder die Herausgeber übernehmen, ausdrücklich oder implizit, Gewähr für den Inhalt des Werkes, etwaige Fehler oder Äußerungen. Der Verlag bleibt im Hinblick auf geografische Zuordnungen und Gebietsbezeichnungen in veröffentlichten Karten und Institutionsadressen neutral.

Verantwortlich im Verlag: Jan Treibel

Gedruckt auf säurefreiem und chlorfrei gebleichtem Papier

Springer VS ist ein Imprint der eingetragenen Gesellschaft Springer Fachmedien Wiesbaden GmbH und ist ein Teil von Springer Nature
Die Anschrift der Gesellschaft ist: Abraham-Lincoln-Str. 46, 65189 Wiesbaden, Germany

Vorwort

Der vorliegende Band wurde als Einführung in das Themenfeld Verkehrspolitik konzipiert und ist insbesondere für die Lehre gedacht. Die Grundlage bildet eine gleichnamige Veröffentlichung vor sieben Jahren. Die Neuauflage wurde zum Anlass für eine grundlegende Neukonzeptionierung genommen, wobei besonderen Wert auf den didaktischen Lehrbuchcharakter gelegt wurde. In diesem Sinne haben alle Autor_innen die Gelegenheit genutzt, um ihre Texte gründlich zu überarbeiten, ein Drittel aller Beiträge wurde völlig neu geschrieben, teilweise von neuen Autor_innen und schließlich kamen auch noch neue Artikel hinzu.

Die Besonderheit der Verkehrspolitik besteht darin, dass sie mit dem Querschnitts-Thema Verkehr in viele andere gesellschaftliche Themenfelder hineinragt und umgekehrt auch von diesen beeinflusst wird. Dem entsprechend versammelt dieser Band Expertinnen und Experten unterschiedlichster Disziplinen, die sich jeweils verschiedenen Dimensionen des Verkehrsthemas widmen. Das Ziel ist es, das komplexe Wirkungsgefüge Verkehr vorzustellen und ein Gefühl für die Möglichkeiten und Grenzen verkehrspolitischer Gestaltung zu vermitteln.

Die wissenschaftliche Verkehrspolitik ist eine Domäne der Wirtschaftswissenschaften. Bisher fehlte eine Einführung in das Politikfeld Verkehr, die einen interdisziplinären Ansatz verfolgt und auch von Fachfremden und Studierenden benachbarter Disziplinen ohne großes Vorwissen genutzt werden konnte. Der Band bietet erstmals eine allgemein verständliche Einführung in die wissenschaftliche Verkehrspolitik, die fächerübergreifend angelegt ist und insbesondere von Studierenden genutzt werden kann.

Um sowohl den wissenschaftlichen wie auch den didaktischen Ansprüchen zu genügen, wurden alle Beiträge von einer sechsköpfigen Redaktionsgruppe gelesen und gemeinsam diskutiert, die aus wissenschaftlichen und studentischen Mitarbeiterinnen und Mitarbeitern bestand. Sie haben mich in vielen Sitzungen bei der Begutachtung der Artikel unterstützt und ohne ihre Hilfe wären wertvolle Hinweise nicht zur Sprache gekommen. Ich bedanke mich bei: Stephan Daubitz, Maximilian Hoor, Alexander Rammert, Sandra Reinert und Benjamin Sternkopf.

Mein besonderer Dank gilt den Autorinnen und Autoren, die dieses Buchprojekt trotz vielfältiger anderer Verpflichtungen tatkräftig unterstützt haben. Hervorzuheben ist die große Bereitschaft, mit der sie ihre Texte im Zuge eines ausführlichen Begutachtungsverfahrens teilweise umfänglich überarbeitet haben.

Ich hoffe, der Sammelband ermöglicht einen hilfreichen Einstieg in das Themenfeld Verkehrspolitik, der von vielen Interessierten genutzt wird und den einen oder anderen vielleicht sogar zu einer intensiveren Beschäftigung mit dem Verkehrsthema anregt.

März 2018   Oliver Schwedes

Inhaltsverzeichnis

Teil I

Zur politischen Wissenschaft des Verkehrs

Verkehrspolitik als Gesellschaftspolitik

Oliver Schwedes

Zusammenfassung

Der Beitrag führt in das spezifische Politikfeld Verkehr ein. In Ergänzung zu der bis heute vorherrschenden Verkehrswissenschaft, die sich als Teildisziplin der Wirtschaftswissenschaft begreift, wird dargelegt, worin der Mehrwert einer politischen Wissenschaft vom Verkehr besteht. Es wird gezeigt, dass die Analyse der Macht- und Herrschaftsverhältnisse im Verkehrssektor dazu beitragen kann, die verkehrspolitische Gestaltungskraft im Sinne einer nachhaltigen Verkehrsentwicklung zu steigern.

1   Einleitung

Wir alle sind seit Kindesbeinen verkehrlich unterwegs. Zunächst zu Fuß, dann zumeist mit dem Fahrrad, später möglicherweise mit dem ersten motorisierten Zweirad. Daneben nutzen wir immer wieder die ganze Palette des öffentlichen Verkehrs, angefangen mit dem (Schul-)Bus, der Straßen-, S- und U-Bahn bis zur Bahn. Mit Erwerb des Führerscheins erweitern wir zumeist unseren potenziellen Fuhrpark um das Automobil. Und schließlich machen wir immer früher erste Erfahrungen mit dem Flugzeug. Für einen bedeutenden Teil der Bevölkerung ist das Flugzeug schon heute ein häufig genutztes Gefährt unter anderen. Kurz, nahezu alle Verkehrsmittel sind uns mehr oder weniger vertraut, die meisten Menschen verstehen sich deshalb als Verkehrsprofis.

Vor diesem Hintergrund haben es Verkehrswissenschaftler_innen schwer, denn mit der Verkehrspolitik verhält es sich so ähnlich wie mit dem Wetter: Es gibt eine Differenz

O. Schwedes (✉)
Institut für Land- und Seeverkehr, TU Berlin, Berlin, Deutschland
E-Mail: oliver.schwedes@tu-berlin.de

© Springer Fachmedien Wiesbaden GmbH, ein Teil von Springer Nature 2018   3
O. Schwedes (Hrsg.), *Verkehrspolitik*,
https://doi.org/10.1007/978-3-658-21601-6_1

zwischen der gefühlten und der tatsächlich gemessenen Temperatur. Für die Menschen zählt die gefühlte Kompetenz, danach richten sie ihr Verhalten aus. In Bürger_innenversammlungen, in denen verkehrspolitische Fragen wie eine innerstädtische Geschwindigkeitsbegrenzung auf 30 km/h oder die Einführung von Parkraumbewirtschaftung diskutiert werden, gilt der Verkehrs*wissenschaftler* bzw. die Verkehrs*wissenschaftlerin* nicht viel. Schließlich wissen es alle Beteiligten aus eigener Anschauung immer besser, sind sie doch täglich im Verkehr unterwegs. Es gibt daher kaum ein Politikfeld, das so emotional aufgeladen ist, weil seine Wahrnehmung bis heute vor allem durch persönliche Erfahrung geprägt wird.

Womöglich erklärt sich damit, warum in kaum einem anderen Politikfeld die öffentliche Debatte so wenig wissenschaftlich fundiert ist wie in der Verkehrspolitik. Während in anderen Themenbereichen, wie etwa der Gesundheits- oder Energiepolitik, die Bürger_innen sich zu Expert_innen weitergebildet haben, überwiegt in verkehrspolitischen Debatten das aus persönlicher Betroffenheit gespeiste Bauchgefühl.[1] In der Gesundheitspolitik gibt es eine jahrzehntelange Debatte über den Menschen im Rahmen der sog. Apparatemedizin, die, bei allen weiterhin bestehenden Missständen, zu tief greifenden Reformen geführt hat. In der Energiepolitik gibt es eine ebenso lange Kontroverse über die Atomkraft und alternative Verfahren der Energiegewinnung, die zu einem massiven Ausbau erneuerbarer Energien geführt hat. Ähnlich wirkungsmächtige Debatten hat es in der Verkehrspolitik bis heute nicht gegeben, hier dominiert das „Business as Usual". Es wundert daher nicht, wenn die Europäische Kommission bilanzierend feststellt, dass sich die Verkehrsentwicklung in Europa noch nicht auf einem nachhaltigen Entwicklungspfad befindet (vgl. EP 2015).

Es scheint sich also um ein *besonderes* Politikfeld zu handeln, das sich insbesondere in einer tief greifenden Diskrepanz von verkehrspolitischem Anspruch und realer Verkehrsentwicklung auszeichnet. Darauf soll im Folgenden genauer eingegangen werden, bevor in den einzelnen Beiträgen des Lehrbuchs die verschiedenen Dimensionen des komplexen Politikfelds vorgestellt werden. Der einführende Beitrag will den Rahmen abstecken, innerhalb dessen sich die einzelnen Beiträge mit ihren jeweiligen Themenschwerpunkten bewegen. Er soll ein Gefühl für die Möglichkeiten und Grenzen verkehrspolitischer Gestaltungskraft vermitteln und Ansätze aufzeigen, wohin sich die Verkehrspolitik zukünftig entwickeln muss, um sich als ein „normales" Politikfeld mit entsprechender Wirkungsmacht zu etablieren.

---

[1]Die Grünen-Fraktionschefin im Bundestag, Renate Künast, prophezeite seinerzeit den „Anfang einer vernünftigen Verkehrspolitik in Deutschland". Anlass war der kompetente Bürger_innenprotest gegen das Hauptbahnhofprojekt *Stuttgart 21*. Ob diese Einschätzung begründet war, muss sich freilich erst noch erweisen.

2   Zur Wissenschaft vom Verkehr

Während das Politikfeld Verkehr schon durch die alltägliche Beteiligung der Bürgerinnen und Bürger einen speziellen Charakterzug erhält, zeichnet sich auch die wissenschaftliche Disziplin im engeren Sinne durch einige Besonderheiten aus. Die Verkehrswissenschaft im Allgemeinen wie auch die wissenschaftliche Disziplin Verkehrspolitik im Besonderen sind bis heute als Teildisziplinen der Wirtschaftswissenschaften organisiert. Das erklärt sich historisch aus der immensen Bedeutung des Verkehrs im Zuge der Industrialisierung im 19. Jhd. Der Motor für die damals einsetzende Wirtschaftsdynamik mit bis dahin ungekannten Wachstumsraten war für alle offensichtlich der Verkehr.[2] Die rasant wachsende Arbeitsteilung führte insbesondere zu einer räumlichen Ausdifferenzierung über immer größere Distanzen. Hatte man zuvor alles Notwendige selbst (unter einem Dach, oder doch zumindest in enger Nachbarschaft) produziert, setzte nun eine immer stärkere Spezialisierung ein. Wurde zunächst die Herstellung einzelner Produkte an besondere Produzenten übertragen, die sich räumlich konzentrierten und deren Produkte über immer größere Entfernungen zu den Kund_innen transportiert werden mussten, sind heute ganze Produktionsprozesse in einzelne Abschnitte zerlegt. So wird ein Auto heute zwar noch an einem Ort zusammengebaut, aber die Produktion der einzelnen Komponenten ist oftmals über die ganze Welt verteilt. Die Integration der Automobilfertigung an einem bestimmten Ort erfordert ein großes Maß an logistischer Kompetenz und ist mit einem entsprechend hohen Verkehrsaufkommen verbunden.

In diesem Kontext beschäftigt sich die Verkehrswissenschaft traditionell vor allem mit der Frage, wie sich die Wirtschafts- und Verkehrsentwicklung zueinander verhalten. Das zentrale Erkenntnisinteresse besteht darin, herauszufinden, wie das Verkehrswesen gestaltet sein muss, damit es zu einem dynamischen Wirtschaftswachstum beiträgt. Die besondere Aufmerksamkeit gilt dabei bis heute den harten Infrastrukturmaßnahmen, aber auch den spezifischen verkehrspolitischen Rahmenbedingungen, die eine reibungslose Verkehrsentwicklung im Sinne eines positiven Wirtschaftswachstums gewährleisten sollen.

Vor diesem Hintergrund erscheint es zunächst konsequent, dass die Lehrstühle für Verkehrspolitik im deutschsprachigen Raum nahezu sämtlich in den wirtschaftswissenschaftlichen Fakultäten angesiedelt und von Ökonomen besetzt sind. Es ist allerdings überraschend, dass sich die Verkehrsforschung – und mit ihr die wissenschaftliche Disziplin der Verkehrspolitik – im Gegensatz zu anderen Wissenschaftsdisziplinen bis heute vergleichsweise wenig ausdifferenziert hat. So war auch die Stadtforschung, um nur ein Beispiel zu nennen, anfangs von einer ökonomischen Perspektive geprägt, wenn sie nach

---

[2]Während die durchschnittliche Wachstumsrate vor dem 19. Jhd. jahrhundertelang bei höchstens 0,2 % lag, verzehnfachte sie sich zwischen 1820 und 1998 auf etwa 2,2 % pro Jahr (vgl. Maddison 2001).

der wirtschaftlichen Bedeutung von Siedlungs- und Stadtentwicklung gefragt und ihre
wechselseitige Beeinflussung untersucht hat. Dementsprechend spielt die Stadtökonomie
innerhalb der Stadtforschung bis heute eine prominente Rolle, aber darüber hinaus haben
sich mittlerweile weitere Wissenschaftsdisziplinen etabliert, wie die Stadtsoziologie, die
geografische Stadtforschung, die Stadtökologie, die Stadtkulturforschung oder die Stadt-
bzw. Kommunalpolitik.

Demgegenüber beschränkt sich die Verkehrswissenschaft auf die sporadische Zusammenarbeit mit anderen Fachdisziplinen, vor allem der Psychologie. Auch die Geografen
haben versucht, in den Verkehrswissenschaften Fuß zu fassen. Gleichwohl hat sich bis
heute keine eigenständige Verkehrsgeografie etabliert, die mehr ist als eine Hilfsdisziplin
der ökonomischen Verkehrswissenschaft. Auch die Verkehrssoziologie ist, trotz vielfältiger Bemühungen, keine anerkannte Größe innerhalb der Verkehrswissenschaft (vgl. den
Beitrag von Rammler in diesem Band). Das gleiche gilt schließlich auch für die Verkehrspolitik, wenn wir berücksichtigen, dass sie nach wie vor eine Domäne der Ökonomen
ist und kaum von Politikwissenschaftler_innen behandelt wird. Man kann es aber auch
umdrehen und selbstkritisch feststellen, dass die Politikwissenschaft die Verkehrspolitik
noch nicht als ein eigenständiges Politikfeld für sich entdeckt hat.

Spätestens hier stellt sich dann die Frage, welchen Mehrwert andere Disziplinen für
die Verkehrswissenschaft erbringen. Besteht der Grund dafür, dass die anderen sozialwissenschaftlichen Disziplinen bisher kaum Anschluss an die Verkehrswissenschaften
gefunden haben, womöglich darin, dass sie nichts zu sagen haben, was über das hinausgeht, was die Wirtschaftswissenschaften sowieso schon wissen? Im Folgenden soll
diese Frage zumindest für die Politikwissenschaft beantwortet werden. Aber auch ohne
die möglichen Beiträge aller genannten Disziplinen für die Verkehrswissenschaft vorzustellen, kann festgestellt werden, dass Disziplinen wie die Umweltwissenschaften oder
die Soziologie, wichtige Hinweise liefern können, die von den Wirtschaftswissenschaften alleine, aufgrund der arbeitsteiligen Ausdifferenzierung des Wissenschaftssystems,
weder erbracht werden können noch sollten. Im Sinne einer nachhaltigen Verkehrsentwicklung, die bekanntlich auf den drei Säulen der Ökonomie, dem Sozialen und der
Ökologie fußt, erfüllt die Wirtschaftswissenschaft nur im Fall der Ökonomie eine tragende Rolle. Anders gesagt: Wenn wir den allenthalben formulierten Anspruch einer
nachhaltigen Verkehrsentwicklung ernst nehmen, dann ist die Wirtschaftswissenschaft
allein mit den damit verbundenen Herausforderungen wahrscheinlich überfordert.

Womit aber beschäftigt sich nun die Politikwissenschaft und worin besteht ihr besonderer Beitrag für die Verkehrswissenschaft bzw. die wissenschaftliche Disziplin der Verkehrspolitik im Vergleich zu den Wirtschaftswissenschaften?

3   Zur *politischen* Wissenschaft vom Verkehr

Zunächst ist festzustellen, es gibt nicht *die* Politikwissenschaft, vielmehr gibt es ganz unterschiedliche Zugänge zur Politik. Dabei hängt das spezifische Erkenntnisinteresse von dem jeweils zugrunde liegenden theoretischen Politikverständnis ab.

Anhand der verkehrspolitischen Zielvorgabe einer nachhaltigen Verkehrsentwicklung lassen sich die unterschiedlichen politikwissenschaftlichen Ansätze demonstrieren. Indem wir das Konzept einer nachhaltigen Verkehrsentwicklung zur Richtschnur verkehrspolitischer Handlungen machen, verfolgen wir einen *normativen Politikbegriff*, der sich auf ein an inhaltlichen Werten orientiertes Handeln bezieht und auf die Herstellung und Erhaltung einer „guten Ordnung" gerichtet ist, in unserem Fall ein nachhaltiges Verkehrswesen. Dieses wird mithin als *Wert an sich* gesetzt, den es zu verfolgen gilt, ohne danach zu fragen, wie das unter den gegebenen gesellschaftlichen Verhältnissen möglich ist.

Nun hat sich schnell gezeigt, dass eine nachhaltige Verkehrsentwicklung von den meisten Menschen als *Wert an sich* verinnerlicht wurde, die Vorstellungen darüber, wie dies verwirklicht werden soll, jedoch stark davon abhängt, wie die Menschen den Wert einer nachhaltigen Verkehrsentwicklung *für sich* definieren. So birgt allein die Unterscheidung zwischen ökonomischen, sozialen und ökologischen Interessen großes Konfliktpotenzial, das zu Kontroversen über die richtigen Maßnahmen Anlass gibt. Hier setzt der *pragmatische Politikbegriff* an, indem er die Macht- und Herrschaftsverhältnisse beleuchtet, die bei der Aushandlung einer nachhaltigen Verkehrsentwicklung wirksam werden.

Während im Falle des pragmatischen Politikbegriffs den Akteuren mit ihren unterschiedlichen Machtressourcen besondere Aufmerksamkeit geschenkt wird, setzt der *politökonomische Politikbegriff* einen anderen Akzent. Sein Fokus liegt auf der Betrachtung der Wechselwirkung zwischen Politik und Ökonomie. Untersucht werden sowohl die politischen Folgen wirtschaftlichen Handels wie auch die wirtschaftlichen Auswirkungen politischer Entscheidungen. Auf die enge Beziehung zwischen Wirtschafts- und Verkehrsentwicklung wurde schon eingegangen, der zufolge Verkehrspolitik als eine abgeleitete Größe erscheint, die sich nach den jeweiligen ökonomischen Erfordernissen richtet, während die sozialen und ökologischen Herausforderungen allenfalls nachrangig behandelt werden.

Schließlich lässt sich das Politikfeld Verkehr mit einem *systemtheoretischen Politikbegriff* als ein relativ autarkes Sub-System begreifen, dessen Aufgabe vor allem darin besteht, kollektiv bindende Entscheidungen zu treffen, an denen dann alle Gesellschaftsmitglieder ihr Handeln ausrichten müssen. Das Ziel besteht darin, Steuerungsleistungen zu erbringen, die die gesellschaftliche Integration gewährleisten. Das verkehrspolitische Konzept einer nachhaltigen Verkehrsentwicklung erscheint vor diesem Hintergrund als eine Kompromissformel, die im Zuge eines kommunikativen Aushandlungsprozesses entsprechend der für die gesamtgesellschaftliche Integration erforderlichen, verkehrspolitischen Steuerung ausgelegt wird. Das kann dann einmal zugunsten des Wirtschaftswachstums, ein anderes Mal im Sinne des sozialen Ausgleichs und wieder ein anderes Mal zum Vorteil der Umwelt ausfallen.

Lässt man die verschiedenen Politikbegriffe Revue passieren, wird bald deutlich, dass sie sich nicht zwingend widersprechen. Natürlich ist das normative verkehrspolitische Konzept einer nachhaltigen Verkehrsentwicklung handlungsleitend und kann zum Ausgangspunkt politikwissenschaftlicher Untersuchungen gemacht werden. Deshalb muss man nicht die machtvollen Partikularinteressen aus den Augen verlieren, die das gemeinsame Ziel immer wieder konterkarieren. Dass dabei Wirtschaftsinteressen eine besonders prominente Rolle spielen, ist gerade im Politikfeld Verkehr evident. Schließlich müssen hier, wie in anderen Politikfeldern auch, für alle Gesellschaftsmitglieder gleichermaßen bindende Entscheidungen getroffen werden, die das reibungslose Funktionieren moderner kapitalistischer Gesellschaften gewährleisten. Es erscheint daher nicht sinnvoll, sich auf die eine oder andere theoretische Seite zu schlagen. Stattdessen soll in diesem Sammelband den Lesenden überlassen bleiben, unter welchem Blickwinkel er die einzelnen Beiträge betrachtet und damit, welches Bild vom Politikfeld Verkehr sich am Ende einstellt.

Unabhängig von den verschiedenen theoretisch begründeten Akzentsetzungen, die jeweils zu einem unterschiedlichen Politikverständnis führen, hat sich die Politikwissenschaft jedoch auf die Unterscheidung von drei Dimensionen des Politischen geeinigt, die zum Untersuchungsgegenstand politikwissenschaftlicher Analysen gemacht werden können. Das sind zum einen die *Formen* (polity) innerhalb derer Politik stattfindet. Dazu zählen rechtliche Regelwerke ebenso wie die staatlichen Institutionen, angefangen von der rechtlichen Verfassung über das Parlament bis zu den Gerichten, um nur einige zu nennen. Die politischen Formen eines demokratisch verfassten, föderal strukturierten Rechtsstaats, wie z. B. Deutschland, legen von vornherein bestimmte Spielregeln fest, die politische Entscheidungsprozesse beeinflussen und den politischen Handlungsspielraum einschränken. Durch die Analyse der politischen Formen und ein Verständnis ihrer Funktionsweise lassen sich mithin politische Ergebnisse erklären. Am Beispiel des Bundesverkehrsministeriums (BVM)[3] lässt sich dies veranschaulichen. Das BVM war ursprünglich institutionell hochgradig fragmentiert, indem sich seine Organisationsstruktur entsprechend der einzelnen Verkehrsträger bzw. Verkehrsmittel gliederte. Zwischen den Mitarbeiter_innen der einzelnen Abteilungen, die jeweils *ihr* Verkehrsmittel vertraten, gab es kaum Austausch, vielmehr handelte es sich um unterschiedliche Kulturen, die innerhalb derselben Institution um Einfluss kämpften. Diese institutionelle Eigenheit wurde in dem Moment zum Problem, als Anfang der 1970er Jahre das politische Ziel formuliert wurde, eine ganzheitliche, abgestimmte Verkehrspolitik zu praktizieren. Die einzelnen Abteilungen innerhalb des Ministeriums sollten enger zusammenarbeiten, um zu einer integrierten Verkehrspolitik zu gelangen, von der man sich umfangreiche Effizienzgewinne versprach. Die politikwissenschaftliche Analyse hat jedoch gezeigt, dass sich die politische Form, in diesem Fall die Institution BVM, als so widerständig erwies und das politische Ziel

---

[3]Heute Bundesministerium für Verkehr und digitale Infrastruktur (BMVI).

innerhalb dieser Einrichtung weitgehend folgenlos verhallte. Kurz, eine integrierte Verkehrspolitik konnte nicht durch eine fragmentierte Institution umgesetzt werden. Dieses institutionelle Problem des BVM besteht im Kern bis heute fort.

Das Beispiel sollte zeigen, wie die Analyse der politischen Form Rückschlüsse auf die Gründe für den Erfolg bzw. Misserfolg bestimmter politischer Programmatiken ermöglicht. Mit den *Inhalten* (policy), die durch die Politik durchgesetzt werden, ist aber auch schon die zweite Dimension des Politischen angesprochen. Politikinhalte berücksichtigen immer bestimmte Werte und Ziele und sie berühren immer gesellschaftliche Interessen. Anhand der nachhaltigen Verkehrsentwicklung, die von der Politik als inhaltliche Zielvorgabe formuliert wurde und beansprucht, ökonomische, soziale und ökologische Anforderungen gleichermaßen zu berücksichtigen, ist schon darauf hingewiesen worden, dass die Werte und Ziele einer solchen politischen Programmatik und die davon betroffenen gesellschaftlichen Akteure mit ihren spezifischen Interessen nicht immer übereinstimmen. Vielmehr offenbaren sich zumeist tief greifende Konfliktlinien, etwa zwischen den Wirtschaftsvertreter_innen, die sich für ein Verkehrswachstum im Sinne einer prosperierenden Wirtschaftsentwicklung aussprechen und den Umweltverbänden, die sich gegen einen Ausbau des Verkehrssystems wenden, um einer wachsenden Umweltbelastung zu begegnen. Oder die Umweltverbände geraten mit der Forderung nach Kostenwahrheit im Verkehr, die zwangsläufig zu einer Verteuerung von Verkehr führen würde, auf den Widerstand der Sozialverbände, die damit die besondere Benachteiligung unterer Einkommensgruppen verbinden.

Die Analyse von Politikinhalten und ihre kontroverse Verhandlung eröffnen weitere Einsichten in das Wesen des Politischen. Verkehrspolitische Programmatiken haben mithin nicht nur mit der institutionellen Verfasstheit des politischen Systems zu kämpfen, wie am Beispiel des Bundesverkehrsministeriums gezeigt wurde, sondern auch mit ganz unterschiedlichen gesellschaftlichen Interessenslagen. Die sich daran anschließenden konflikthaften *Prozesse* (politics) zwischen den jeweiligen Interessensvertreter_innen bilden schließlich die dritte Dimension des Politischen. Dabei geht es um die Frage, wie sich die Aushandlungsprozesse gestalten, wobei grundsätzlich zwei Konfliktlösungsmechanismen unterschieden werden – Macht und Konsens. Während sich politische Machtausübung durch die einseitige Anwendung von Zwangsmaßnahmen auszeichnet, strebt die Konsensbildung die Zustimmung aller Konfliktparteien an (Tab. 1).

Man könnte meinen, dass in konkurrenzdemokratisch verfassten politischen Systemen die Konsensbildung den vorherrschenden Pfad der Konfliktlösung darstellt, der zumeist in einem Kompromiss mündet. Demgegenüber scheinen Machtverhältnisse, die auf der einseitigen Ausübung von Zwang fußen, nicht mehr zu existieren. Bei genauerer Betrachtung zeigt sich jedoch, dass die Chance, den eigenen Willen gegenüber anderen widerstrebenden Interessen durchzusetzen, so die klassische Machtdefinition von Max Weber, auch in demokratischen Gesellschaftsordnungen von den jeweils zur Verfügung stehenden Ressourcen abhängt, die wiederum auch in Demokratien unterschiedlich großzügig verteilt sind. So verfügt der Allgemeine Deutsche Auto Club (ADAC), der sich als

Tab. 1 Dimensionen des Politikbegriffs

Dimension	Bezeichnung	Erscheinungsform	Merkmale
Form	Polity	• Verfassung • Normen • Institutionen	• Organisation • Verfahrensregeln • *Ordnung*
Inhalt	Policy	• Aufgaben und Ziele • Politische Programme	• Problemlösung • Aufgabenerfüllung • Werte- und Zielorientierung • *Gestaltung*
Prozess	Politics	• Interessen • Konflikte • Kampf	• Macht • Konsens • *Durchsetzung*

Quelle: In Anlehnung an Böhret et al. 1988: 7

Interessensvertretung der Autofahrer_innen versteht, über nahezu unbegrenzte ökonomische Ressourcen, während demgegenüber der Verkehrsclub Deutschland (VCD), der
sich für eine nachhaltige Verkehrsmittelwahl einsetzt, über vergleichsweise bescheidene
Mittel verfügt.

Dies ist nur ein Beispiel für eine Vielzahl von Machtgefällen im Politikfeld Verkehr,
die sich in der Summe in der verkehrspolitischen Agenda widerspiegeln. Insofern ist es
auch in Demokratien von Interesse, jene Macht- und Herrschaftsmechanismen zu untersuchen, die dazu führen, dass sich bestimmte verkehrspolitische Interessen besser durchsetzen als andere. Allerdings haben sich mit dem Wandel der Herrschaftsformen von ehedem
autoritären zu demokratischen Gesellschaftsverfassungen auch die Formen der Machtausübung gewandelt. Statt des direkten und offenen Zwangs haben die US-amerikanischen
Soziologen Peter Barach und Morton S. Baratz ein „zweites Gesicht der Macht" entdeckt.
Sie konnten zeigen, dass machtvolle Akteure die politische Agenda in ihrem Sinne beeinflussen, indem sie bestimmte, ihnen unliebsame Themen systematisch aus dem politischen Entscheidungsprozess heraushalten. Ein Beispiel könnte die Problematisierung des
Zusammenhangs von Wirtschafts- und Verkehrswachstum sein. Zwar gab es seit 1972
mit der Veröffentlichung des berühmten Berichts an den Club of Rome „Die Grenzen des
Wachstums" immer wieder vereinzelte Stimmen, die auf diesen Zusammenhang und seine
negativen Effekte wie die Umweltzerstörung und die Begrenztheit fossiler Ressourcen
hingewiesen haben, gleichwohl blieb es bei einem marginalisierten Diskurs. In jüngster
Zeit hat es das Thema der Problematisierung grenzenlosen Wachstums mit dem Klima-
diskurs und der Debatte um den „Peak-Oil" auf die politische Agenda geschafft, wobei
noch nicht klar ist, welche politischen Konsequenzen daraus gezogen werden. Gerade
die aktuelle verkehrspolitische Diskussion zeigt gut, wie die unterschiedlichen Akteure
im Politikfeld Verkehr ihre spezifischen Interessen artikulieren, um das politische Agenda-
Setting in ihrem Sinne zu beeinflussen. Indem z. B. der Elektroverkehr als die Lösung

aller verkehrspolitischen Probleme beworben wird, bemühen sich mächtige Akteure wie die Automobilindustrie und die Energieunternehmen um die erneute De-Thematisierung einer kritischen Wachstumsdiskussion.

Neben den erwähnten institutionell verfassten ‚Stakeholdern', die ihre eigenen Interessen oder diejenigen der von ihnen vertretenen Klientel verfolgen, ist in demokratischen Gesellschaften die Bevölkerung als eigenständiger Akteur zu berücksichtigen. Die Bevölkerung stellt für die Politik insofern eine besondere Herausforderung dar, als sie sehr heterogen zusammengesetzt ist, womit eine klare politische Ansprache erschwert wird. Darüber hinaus sieht sie sich mit Menschen konfrontiert, von denen sich jede_r Einzelne im Verkehr ausgesprochen widersprüchlich verhält, mehr noch, gemessen an den eigenen Ansprüchen ist nicht selten ein geradezu irrationales Verhalten zu konstatieren. Das Beispiel jener Eltern, die ihre Kinder mit dem Auto zur Kita oder Schule bringen, verdeutlicht das exemplarisch. Am Anfang steht die Angst um die Sicherheit der Kinder, die ein Verhalten motiviert, das sich zum Wohl der Kinder den kritisierten Verhältnissen anpasst. Das Ergebnis ist in doppelter Hinsicht paradox: Erstens trägt das eigene Verkehrsverhalten zu eben jener Situation bei, die eingangs problematisiert wurde. Zweitens verhindern die Bring-Dienste, dass die Kinder lernen, sich selbstständig und sicher im Verkehr zu bewegen. Ihre sozialisierte Inkompetenz, dient den Eltern wiederum als Argument für die vermeintlich sicheren Bring-Dienste mit dem Auto.[4] Während am Anfang die berechtigte Sorge der Eltern steht, ihre Kinder in Anbetracht der bestehenden Verkehrslage sicher zu transportieren, resultiert das eigene Verhalten am Ende in einer verschärften Ausgangssituation. Dieser Zirkelschluss kann nur politisch durchbrochen werden, sei es durch verkehrspolitische Maßnahmen im Sinne einer kindgerechten Gestaltung des Verkehrssystems oder sei es durch politische Aufklärung bzw. Erziehung, sowohl der Eltern wie auch der Kinder. Bei der Analyse der Politikprozesse muss es der politischen Wissenschaft vom Verkehr mithin auch darum gehen, diese individuellen Paradoxien zu berücksichtigen, um die verkehrspolitischen Entscheidungsprozesse angemessen bewerten zu können.

Zusammenfassend lässt sich feststellen, dass alle drei Dimensionen des Politikbegriffs – Form, Inhalt und Prozess – wichtige Einsichten darüber vermitteln, wie politische Entscheidungen zustande kommen. Es hängt allerdings von der Wahl des oben skizzierten theoretischen Bezugsrahmens ab, wie die drei Politikdimensionen ins Verhältnis zueinander gesetzt werden. Auch wenn es zweifellos richtig ist, dass politische Formen, wie etwa das Bundesverkehrsministerium, die Handlungsmöglichkeiten der Menschen innerhalb dieser Institution maßgeblich bestimmen, ist damit noch nicht geklärt, inwiefern die formalen politischen Strukturen ihrerseits womöglich Ausdruck gesellschaftlicher Macht- und Herrschaftsverhältnisse sind. Demnach wäre zu untersuchen, ob bestimmte Akteure im Politikfeld Verkehr von den

---

[4]Demgegenüber zeigen empirische Studien, dass die Sicherheitsrisiken hier keinesfalls geringer sind als bei denjenigen, die mit dem Fahrrad fahren oder zu Fuß gehen.

bestehenden Verhältnissen profitieren und möglicherweise kein Interesse daran haben, die politische Macht des *Bundesministerium für Verkehr und digitale Infrastruktur* (BMVI) durch eine institutionelle Reform zu stärken, die darauf zielt, Partikularinteressen zugunsten einer integrierten Politikstrategie zurückzudrängen. Schließlich wäre in diesem Zusammenhang zu prüfen, wie sich die politischen Entscheidungsprozesse gestalten, mit deren Hilfe machtvolle Interessensgruppen, vermittelt über politische Institutionen, Einfluss auf die Formulierung politischer Inhalte nehmen (vgl. Schwedes et al. 2015).

Wie lässt sich vor diesem Hintergrund die eingangs gestellte Frage nach dem besonderen Beitrag und Mehrwert der Politikwissenschaften für die Verkehrswissenschaft bzw. die wissenschaftliche Disziplin der Verkehrspolitik beantworten?

Wenn als allgemeine Richtschnur verkehrspolitischen Handelns eine nachhaltige Verkehrsentwicklung vorgegeben wird, die in gleichem Maße die ökonomischen, sozialen und die ökologischen Folgen ihres Handelns reflektiert, ist davon auszugehen, dass die Wirtschaftswissenschaft das erste Themenfeld professionell bearbeiten kann. Demgegenüber sind die sozialen und ökologischen Konsequenzen verkehrspolitischer Maßnahmen von anderen sozial- und naturwissenschaftlichen Disziplinen im Rahmen verkehrswissenschaftlicher Untersuchungen zu ermitteln. Die Aufgabe der Politikwissenschaft besteht darin, die politischen Voraussetzungen zu bestimmen, die eine Umsetzung nachhaltiger Verkehrspolitik möglich machen. Ein besonderes Augenmerk gilt dabei den im Rahmen einer Nachhaltigkeitsstrategie zwangsläufig auftretenden Interessenskonflikten, wobei darauf zu achten ist, dass im Kontext einer verkehrspolitischen Entwicklungsstrategie jede Interessensgruppe ihre spezifischen Anforderungen in gleichem Maße geltend machen kann, so wie es das Nachhaltigkeitskonzept vorsieht.

Verkehrspolitik wird heute von Ökonomen in der Regel unter dem Gesichtspunkt praktiziert, wie die verkehrspolitischen Rahmenbedingungen gestaltet sein müssen, um eine reibungslose Verkehrsentwicklung zu gewährleisten, die wiederum als notwendige Voraussetzung für eine positive Wirtschaftsentwicklung betrachtet wird. Demgegenüber besteht die Aufgabe der Politikwissenschaften darin, die Erreichung der vonseiten der Politik formulierten Ziele zu überprüfen und gegebenenfalls auf vorliegende Restriktionen aufmerksam zu machen, die der Umsetzung einer nachhaltigen Verkehrspolitik entgegenstehen. Eine so verstandene kritische Politikwissenschaft kann die politisch Verantwortlichen über die Möglichkeiten und Grenzen ihrer politischen Handlungsfähigkeit aufklären. Dementsprechend sah der Verkehrswissenschaftler Karl Oettle die vornehmste Aufgabe der Wissenschaft von der Verkehrspolitik darin,

> die Praxis über die gedanklichen Schwierigkeiten der von ihr wahrzunehmenden Aufgabe zu unterrichten, ihr Vorstellungen über die Chancen und Risiken der jeweils gegebenen Alternativen zu verschaffen und ihr darzulegen, dass die letzten Entscheidungen, nämlich diejenigen über die zu verfolgenden Oberziele, meta-ökonomischer Natur sind und daher wertgebunden sein müssen (Oettle 1967: 89).

Es ist dann Aufgabe der Politiker_innen, die politischen Verhältnisse nach Möglichkeit so zu verändern, dass sie das politische Ziel einer nachhaltigen Verkehrsentwicklung besser unterstützen. Der Beitrag der Politikwissenschaft im Rahmen einer wissenschaftlichen Verkehrspolitik ist mithin der eines Korrektivs. Ihr Mehrwert besteht in der Aufklärung über die spezifischen Machtverhältnisse im Politikfeld Verkehr, die wiederum zur Durchsetzung einer nachhaltigen Verkehrspolitik genutzt werden können. Wodurch aber zeichnet sich eine nachhaltige Verkehrsentwicklung aus?

Übersicht

Karl Oettle (1926 bis 2009) war Ökonom und einer der bedeutendsten Verkehrswissenschaftler. Seine verkehrswissenschaftlichen Arbeiten liefern bis heute Anknüpfungspunkte für die aktuelle Forschung (WIKIPEDIA). Insbesondere sein Verständnis von Verkehrspolitik eröffnet neue Perspektiven auf eine aktuell dogmatisch verengte Verkehrswissenschaft, die den Verkehr vor allem unter ökonomischen Gesichtspunkt betrachtet. Entgegen dem Dogma der Marktintegration betonte Oettle die Analyse konkreter gesellschaftlicher Verhältnisse, in die der Markt eingebettet sei. Die abstrakten Marktgesetze könnten nicht isoliert betrachtet werden, vielmehr müssten sie mit den für die Menschen handlungsleitenden konkreten Werten und Normen in Bezug gesetzt werden. Daraus resultiere ein grundsätzlich nicht aufzuhebender Widerstreit zwischen betriebswirtschaftlichen Partikularinteressen einerseits und Gemeinwohlinteressen andererseits. Die Aufgabe der politischen Wissenschaft vom Verkehr bestehe darin, über diese widerstreitenden Interessen aufzuklären und die daraus resultierenden Alternativen öffentlich zur Diskussion zu stellen. Die zu treffenden verkehrspolitischen Entscheidungen seien nicht allein ökonomischer Natur, sondern überdies wertgebunden und könnten nicht im engeren Sinne wissenschaftlich geklärt werden. Der Mensch, so Oettle, lebe nicht, um zu wirtschaften, sondern wirtschafte, um besser leben zu können. Daher müsse die Verkehrspolitik die Frage im Blick haben, wie die Menschen leben wollen. Die bis heute gültige zentrale Einsicht von Karl Oettle lautet, dass Verkehrspolitik als Gesellschaftspolitik praktiziert werden muss.

Die wichtigsten Veröffentlichungen:

- Verkehrspolitik, Stuttgart 1967.
- Raumwirtschaftliche Aspekte einer Betriebswirtschaftslehre des Verkehrs, Hannover 1978.
- Ökonomische Probleme des öffentlichen Verkehrs. Ausgewählte Beiträge zu wirtschaftlichen Gegenwarts- und Zukunftsfragen öffentlicher Verkehrsbetriebe und Verkehrsverwaltungen, Baden-Baden 1981.

4   Zum Konzept einer nachhaltigen Verkehrsentwicklung

Wenn es um Verkehrspolitik geht, fällt zumeist zeitgleich der Begriff der Nachhaltigkeit. Eine nachhaltige Verkehrspolitik scheint mittlerweile ein unstrittiger Anspruch zu sein, hinter den niemand, der sich mit Verkehrspolitik beschäftigt, zurückfallen darf. Wer heute öffentlich behaupten würde, er verfolge eine nicht-nachhaltige Verkehrspolitik, der wäre politisch kaum noch tragbar. Das allein ist zweifellos ein Fortschritt gegenüber den 1980er Jahren, als der Begriff durch die 1983 gegründete *Brundtland Kommission* geprägt wurde und sich erst langsam zu etablieren begann (vgl. Grober 2010).

Gleichwohl sind die Auffassungen darüber, wodurch sich eine nachhaltige Verkehrspolitik auszeichnet und woran eine nachhaltige Verkehrsentwicklung zu erkennen ist, keinesfalls einhellig. Vielmehr erhält man den Eindruck, dass sich hinter dem weitreichenden gesellschaftlichen Konsens nachhaltiger Verkehrspolitik eine ‚Hidden Agenda' verbirgt, wo Intentionen unterschiedlicher politischer Akteure wirksam werden. Um die Differenz zwischen dem gesellschaftlichen Konsens einer nachhaltigen Verkehrspolitik und den immer wieder auflebenden Auseinandersetzungen darüber, was konkret darunter zu verstehen ist, zu begreifen, ist es hilfreich, sich das Konzept der Nachhaltigkeit noch einmal zu vergegenwärtigen.

Das Nachhaltigkeitskonzept setzt sich aus drei Strategien zusammen: Effizienzstrategie, Konsistenzstrategie und Suffizienzstrategie (vgl. Tremmel 2004). Die *Effizienzstrategie* zielt im Kern auf eine Entkopplung von Wirtschaftsleistung und Umweltverbrauch. Angestrebt werden insbesondere technologische Innovationen, die zu einem ressourcenschonenderen Umgang beitragen (Ökoeffizienz). Ein Beispiel sind die Erfolge der Automobilindustrie bei der Motorenentwicklung, die zu einem immer geringeren Benzinverbrauch geführt haben. Demgegenüber verfolgt die *Konsistenzstrategie* das weitergehende Ziel, natürliche Ressourcen nicht nur einmalig zu „*ver*brauchen" sondern zu „*ge*brauchen" und immer wieder neu zu nutzen (Ökoeffektivität). Die natürlichen Ressourcen sollen neuen Formen der Kreislaufwirtschaft zugeführt werden, die sich an natürlichen Stoffkreisläufen orientieren, in denen die fertigen Produkte nicht als Abfall ausgeschieden, sondern wieder in die ursprünglichen Rohstoffe zerlegt und erneut in den Produktionskreislauf eingespeist werden. So bestehen etwa die Fahrzeuge des Volkswagenkonzerns, eigenen Angaben zufolge, mittlerweile aus rund 30 % recycelten Materialien.[5] Mit der *Suffizienzstrategie* schließlich wird eine Verhaltensänderung der Menschen angestrebt. Bezogen auf das Thema Verkehr wird dementsprechend ein ressourcenschonendes Verkehrsverhalten angestrebt, wobei insbesondere die Verkehrsmittelwahl thematisiert wird. Das bekannteste Beispiel ist die durch vielfältige Kampagnen beworbene verkehrspolitische Aufforderung, vom Auto zum öffentlichen Verkehr zu wechseln.

---

[5]Vgl.   http://www.volkswagen.de/de/markenwelt/verantwortung/recycling/produktentstehung/produktentstehung.html.

In dem ursprünglichen Nachhaltigkeitskonzept kam allen drei Strategien die gleiche Bedeutung zu. Erst durch ihre Verbindung und die Bündelung der spezifischen Wirkungen versprach man sich eine nachhaltige Entwicklung. Mittlerweile ist jedoch festzustellen, dass in der Verkehrspolitik die Effizienzstrategie bei weitem den größten Stellenwert einnimmt. Das drückt sich aktuell in der Mobilitäts- und Kraftstoffstrategie der Bundesregierung aus, die einseitig auf technologische Innovationen im Verkehrssektor mit dem Ziel der Effizienzsteigerung gerichtet ist.[6]

Mit Blick auf die Ergebnisse im Verkehrssektor stellt sich die einseitige Fixierung auf die Effizienzstrategie allerdings als problematisch dar. Anders als in der Industrie oder den privaten Haushalten, wo Effizienzgewinne zu einer Stagnation oder gar Reduktion der CO_2-Emissionen geführt haben, ist der Verkehrssektor heute der einzige Sektor, in dem die CO_2-Emissionen weiter steigen. Hier werden die durch technologische Innovationen erzeugten Effizienzgewinne, wie etwa die Entwicklung sparsamer Motoren, teilweise durch sog. „Rebound Effekte" wieder aufgezehrt. Dabei handelt es sich um Reaktionen der Nutzer auf Effizienzgewinne, die im Ergebnis der ursprünglichen Intention entgegenwirken. So kann z. B. ein geringerer Benzinverbrauch bewirken, dass die eingesparten Kosten dazu verwendet werden, mehr Kilometer zurückzulegen, oder es wird in PS-stärkere Motoren investiert, wodurch in beiden Fällen die Einsparungen beim Benzinverbrauch kompensiert werden. Noch entscheidender aber ist, dass die Effizienzgewinne durch das fortschreitende Wirtschafts- und damit einhergehende Verkehrswachstum konterkariert werden. Die alles entscheidende Frage lautet mithin, ob eine Entkopplung von Wirtschafts- und Verkehrswachstum möglich ist.

Die Beispiele zeigen, dass eine nachhaltige Verkehrsentwicklung, gemessen an den CO_2-Emissionen, allein durch Effizienzgewinne nicht erreicht wird. Das spricht nun nicht gegen die Effizienzstrategie, die zweifellos einen festen Bestandteil innerhalb des Nachhaltigkeitskonzepts bilden muss. Allerdings sind damit die Grenzen der Effizienzstrategie markiert. Das gilt auch für die Konsistenzstrategie, die fraglos ein großes Potenzial birgt, um einer nachhaltigen Verkehrsentwicklung näher zu kommen. Es ist heute jedoch nicht abzusehen, dass der Mensch, nachdem er sich Jahrtausende lang mühsam aus dem Stoffwechsel mit der Natur herausgearbeitet hat, Willens und in der Lage ist, sich zeitnah in künstliche Stoffkreisläufe einzufügen.

Der besondere Charme sowohl der Effizienz- wie der Konsistenzstrategie liegt in der zugrunde liegenden Annahme, dass der Mensch zu einer nachhaltigen Entwicklung gelangen kann, ohne sein (Konsum-)Verhalten zu verändern. Entsprechend vehement wenden sich die Vertreter_innen der Effizienz- wie der Konsistenzstrategie oftmals gegen diejenigen, die sich im Sinne der Suffizienzstrategie für eine Verhaltensänderung aussprechen. Die Suffizienzstrategie wurde als Verzichtsstrategie diskreditiert und ist heute

---

[6]Vgl. http://www.bmvi.de/DE/Home/home_node.html (Zugriff, 02.10.2016).

weitgehend marginalisiert. Tatsächlich stellen ihre Vertreter_innen infrage, ob die weltweite Realisierung des westlichen Lebensstils möglich ist und wir uns vorstellen können,
statt mit heute weltweit mehr als eine Milliarde Pkw zukünftig auch mit zwei oder drei
Milliarden Pkw zu leben. Sie argumentieren, dass eine nachhaltige Entwicklung ohne
Verhaltensänderung, die im Ergebnis zu einer Reduktion des Verkehrsaufkommens beiträgt, nicht möglich ist (vgl. Scherhorn 2008).

Abgesehen davon, ob tatsächlich eine Verkehrsreduktion notwendig ist, um im globalen Maßstab zu einer nachhaltigen Verkehrsentwicklung zu gelangen, zeigt das Beispiel des Wechsels vom Auto zum öffentlichen Verkehr, dass eine Verhaltensänderung im
Sinne einer nachhaltigen Verkehrsentwicklung nicht in jedem Fall mit Mobilitätseinbu-
ßen verbunden ist.

Die kurze Vorstellung des Nachhaltigkeitskonzepts mit seinen drei Strategien sollte
einen Eindruck von der komplexen Gemengelage unterschiedlicher Akteursgruppen vermitteln, die zwar alle dasselbe Ziel einer nachhaltigen Entwicklung verfolgen, aber zum
Teil heftig um den richtigen Weg bzw. Ansatz streiten. Dabei geht es einerseits um die
mit den drei Nachhaltigkeitsstrategien beschriebenen unterschiedlichen wissenschaftlichen Überzeugungen, welchem Ansatz für das Erreichen einer nachhaltigen Entwicklung
die größere Bedeutung zukommt. Andererseits versammeln sich hinter den Wissen-
schaftsvertreterinnen und -vertretern der jeweiligen Nachhaltigkeitsstrategie aber auch
gesellschaftliche Akteure mit ganz handfesten Interessen. Indem die Effizienz- und die
Konsistenzstrategie auf ihre jeweils spezifische Weise einen Fortschrittsglauben begründen, der sich aus einem fortgesetzten Wirtschaftswachstum und darüber zu finanzie-
renden technologischen Innovationen speist, sehen sich dort all jene gesellschaftlichen
Akteure repräsentiert, die als fester Bestandteil einer technologisch getriebenen Wachs-
tumsökonomie fungieren bzw. davon profitieren. Das gilt insbesondere für den größten
Teil der Bevölkerung, die mit der Effizienz- und der Konsistenzstrategie das Versprechen
verbindet, den einmal erreichten Lebensstandard ohne tief greifende Verhaltensänderungen im Sinne einer nachhaltigen Entwicklung fortsetzen zu können. Aus dieser Sichtweise verbinden sich Wirtschafts- und Verkehrswachstum zur notwendigen Grundlage
einer nachhaltigen Entwicklungsstrategie.

Demgegenüber repräsentiert die Suffizienzstrategie die relativ kleine Gruppe derjeni-
gen, die davon überzeugt sind, dass es eines tief greifenden Strukturwandels bedarf, um
zu einer umfassenden Form nachhaltiger Vergesellschaftung zu gelangen. Dieser Strukturwandel müsse notwendigerweise sowohl die Wirtschafts- wie auch die Lebensweise
der Menschen in modernen kapitalistischen Gesellschaften berühren.

Damit offenbart die genauere Betrachtung des vermeintlich durch einen weitreichenden gesellschaftlichen Konsens getragenen Nachhaltigkeitskonzepts ein politisches
Konfliktfeld, das erahnen lässt, warum die systematische Umsetzung so schleppend
voranschreitet. Hier setzt das Leitbild einer integrierten Verkehrspolitik an, das auf eine
kohärente verkehrspolitische Strategie gerichtet ist (vgl. auch den Beitrag von Holz-Rau
in diesem Band).

5   Zum Leitbild einer integrierten Verkehrspolitik

Nachdem mit der nachhaltigen Verkehrsentwicklung das allgemein akzeptierte verkehrspolitische *Ziel* beschrieben wurde, handelt es sich bei dem Leitbild der integrierten Verkehrspolitik, um das *Instrument*, von dem weithin angenommen wird, dass es eine nachhaltige Verkehrsentwicklung befördert. Die Idee einer integrierten Verkehrspolitik entstand Anfang der 1970er Jahre, als der Wunsch aufkam, die einzelnen Verkehrsträger stärker im Sinne einer verkehrspolitischen Gesamtstrategie aufeinander zu beziehen. Es sollte vor allem die einseitige Entwicklung des motorisierten Individualverkehrs zugunsten des Schienenverkehrs korrigiert werden. Insgesamt ging es darum, durch eine abgestimmte Verzahnung der Verkehrsträger ihre spezifischen Vorteile zu bündeln und die Nachteile auszuschließen. Damals zeigte sich, dass das Verkehrsministerium aufgrund der schon erwähnten fragmentierten Organisationsstruktur nicht in der Lage war, eine solche Koordinationsleistung, die eine enge Absprache zwischen den Verkehrsträgern erforderte, durchzuführen. Vielmehr verfolgten die Vertreterinnen und Vertreter der einzelnen Abteilungen ihre verkehrsträgerspezifischen Interessen, die sich nicht in eine verkehrspolitische Gesamtstrategie fügten. Daher entschied man sich für die Gründung einer Grundsatzkommission, welche die verschiedenen, voneinander abweichenden Einzelinteressen einfangen und in einer abgestimmten Strategie zusammenführen sollte, um auf diese Weise zu einer *politischen* Integration beizutragen.

Neben dieser politischen wurde auch eine *technische* Integration angestrebt, indem z. B. neue, schienengeführte Kabinensysteme entwickelt wurden. Die Gefährte bestanden aus kleinen Einheiten, die individuelle Ziele ansteuern konnten und sich damit an den Vorzügen des Automobils orientierten. Während die Kabinensysteme von der Schiene aus gedacht waren, setzt das sog. *Carsharing* beim Auto an. Die Idee des Autoteilens überträgt das Prinzip der kollektiven Nutzung auf das Automobil und verbindet damit die Vorteile des Kollektiv- und des Individualverkehrs.

Der dritte Integrationspfad im Rahmen einer integrierten Verkehrspolitik ist die *soziale* Integration. Sie zielt darauf, möglichst alle von verkehrspolitischen Entscheidungen betroffenen gesellschaftlichen Gruppen einzubeziehen und am Entscheidungsprozess zu beteiligen. Im Ergebnis sollen die widerstreitenden Interessensgruppen einen für die Beteiligten tragbaren Kompromiss aushandeln.

Während es sich bei der politischen, der technischen und auch der sozialen Integration um relativ etablierte verkehrspolitische Themen handelt, erfährt die *ökologische* Integration erst in jüngerer Zeit wachsende Aufmerksamkeit. Demnach sollen bei verkehrspolitischen Entscheidungen systematisch die Konsequenzen für die Umwelt berücksichtigt werden. Die Umwelt tritt gleichsam als neue Akteurin auf die verkehrspolitische Agenda, der bestimmte Rechte zugebilligt werden, die in Konkurrenz zu den Rechten anderer Akteure treten.[7] Vertreten

---

[7] In Anlehnung an den Katalog der Menschenrechte, fordern einige Juristen mittlerweile auch für die Natur verfassungsrechtlich gesicherte Grundrechte, die gegenüber widerstreitenden Interessensgruppen vor Gericht eingeklagt werden können.

durch Anwälte sitzt die Umwelt demzufolge als gleichberechtigte Interessensvertreterin mit am Verhandlungstisch und nicht mehr nur als Anhängsel relativ schwacher Umweltverbände mit entsprechend bescheidener Vetomacht.

Im Gegensatz zur politischen, technischen, sozialen und ökologischen Integration, die jeweils Formen der Kooperation anstreben, liegt der fünfte Integrationsmodus, die *ökonomische* bzw. Marktintegration, quer dazu. Da das Prinzip der über den Markt vermittelten ökonomischen Integration auf dem Wettbewerb und der Konkurrenz der Marktteilnehmenden beruht, wird es auch als negative Integration bezeichnet. Demnach konkurrieren die Verkehrsträger miteinander um Marktanteile. Das heißt, der Einsatz von bestimmten Verkehrsträgern richtet sich nach einem strikten Kosten-Nutzen-Kalkül und dem daraus resultierenden Verhältnis von Angebot und Nachfrage. Die in diesem Zusammenhang zu beantwortende entscheidende Frage, wie die durch den Verkehr erzeugten Kosten bzw. Nutzen berechnet werden können, ist jedoch bis heute heftig umstritten. In diesem Zusammenhang gerät in jüngster Zeit wieder einmal das Bruttosozialprodukt als Maß für gesellschaftlichen Wohlstand in die Kritik, da es allein den an Geldwerten quantitativ zu messenden Mehrwert wirtschaftlicher Tätigkeiten erfasst, ohne etwaige Folgekosten zu berücksichtigen, wie beispielsweise Umweltzerstörungen. So schlägt ein Stau positiv zu Buche, da die Autofahrenden Sprit verbrauchen, und auch ein Verkehrsunfall mit Verletzten trägt nach der heutigen Berechnungsmethode zum Wirtschaftswachstum bei und mehrt damit den gesellschaftlichen Wohlstand, indem eine Reihe gut ausgebildeter Arbeitskräfte davon profitieren und durch ihre Löhne zur Steigerung des Bruttosozialprodukts beitragen.[8]

Darüber hinaus stellt sich die Frage, inwieweit sich die beiden gegensätzlichen Funktionslogiken der Kooperation und der Konkurrenz miteinander vereinbaren lassen. Die historische Bestandsaufnahme jedenfalls zeigt, dass das Leitbild einer integrierten Verkehrspolitik gerade an der Frage der Vereinbarkeit von Kooperation und Konkurrenz bis heute immer wieder scheitert (vgl. Schöller-Schwedes 2010). So mündet die über den Markt vermittelte Integration des Verkehrssystems bei weitem nicht immer in einer nachhaltigen Verkehrsentwicklung. Vielmehr provoziert das Konkurrenzprinzip im Verkehrssektor die Verfolgung betriebswirtschaftlicher Partikularinteressen, ohne die gesamtgesellschaftlichen Folgewirkungen zu berücksichtigen. Die Restrukturierung der Postlogistik nach der Privatisierung in den 1990er Jahren macht das deutlich. Waren die Postverteilzentren des Staatsunternehmens in der Regel mit einem Schienenanschluss versehen, baute das Privatunternehmen bundesweit neue Verteilzentren auf der grünen

---

[8]Im Jahr 2013 hat die Enquete-Kommission des Deutschen Bundestages „Wachstum, Wohlstand, Lebensqualität. Wege zu nachhaltigem Wirtschaften und gesellschaftlichem Fortschritt in der sozialen Marktwirtschaft" ihren Abschlussbericht veröffentlicht, in dem diese Fragen verhandelt werden: http://www.bpb.de/shop/buecher/schriftenreihe/175745/schlussbericht-der-enquete-kommission (Zugriff am 10.02.2017).

Wiese, die heute nur noch mit dem Lkw anzufahren sind. Aus Unternehmenssicht ergeben sich daraus umfangreiche Effizienzgewinne bzw. Kosteneinsparungen, da der Verkehr auf der Straße unschlagbar günstig ist und die Transaktionskosten beim Umladen von der Schiene auf den Lkw entfallen. Demgegenüber werden die im Vergleich zum Schienenverkehr höheren Folgekosten des Lkw-Verkehrs, die sich z. B. aus den höheren Umweltbelastungen durch den Straßenverkehr ergeben, in der Unternehmenskalkulation nicht berücksichtigt. Sie werden ausgelagert und als sog. externalisierte Kosten von der Allgemeinheit bezahlt (vgl. auch den Beitrag von Becker in diesem Band). Die Verkehrspolitik sieht sich vor der Herausforderung, die marktgetriebene negative Integration und die dadurch verursachten externalisierten Kosten durch politische Maßnahmen wieder einzufangen. Da auf die Unternehmenspolitik der privatisierten Post nur noch indirekt Einfluss genommen werden kann, versucht die Politik durch ordnungspolitische Rahmensetzungen die Unternehmen zu bewegen, die von ihnen produzierten und ausgelagerten Kosten in ihre Unternehmenskalkulation mit einzubeziehen, sprich zu internalisieren.

Wenn wir uns nun vergegenwärtigen, dass mit dem Leitbild einer integrierten Verkehrspolitik der Anspruch verbunden ist, alle fünf genannten Integrationspfade – den politischen, den technischen, den sozialen, den ökologischen und den ökonomischen – gleichzeitig zu beschreiten und in einer verkehrspolitischen Gesamtstrategie münden zu lassen, dann wird der ambitionierte Charakter dieses Ansatzes deutlich. Verschiedene politische Ressorts, wie z. B. für Stadtentwicklung oder Umwelt, sollen demnach systematisch mit dem Ressort Verkehr zusammenarbeiten, um im Vorfeld gemeinsam zu klären, welche Konsequenzen bestimmte verkehrspolitische Entscheidungen für die Stadt- und Siedlungsentwicklung haben würden und welche Umwelteffekte damit möglicherweise verbunden sind. Aber auch umgekehrt sollen die durch eine bestimmte Stadt- und Raumplanung provozierte Verkehrsentwicklung und die damit verbundenen Umwelteinflüsse berücksichtigt werden. Das Ziel besteht darin, das wechselseitige Bedingungsgefüge zwischen den politischen Ressorts im Sinne einer nachhaltigen Verkehrsentwicklung zu nutzen. Deshalb hatte man 1998 das Verkehrsministerium mit dem Ministerium für Raumordnung, Bauwesen und Städtebau zusammengelegt zu dem damaligen *Bundesministerium für Verkehr, Bau- und Stadtentwicklung* (BMVBS). Abgesehen davon, dass dieser Integrationsversuch auf Bundesebene mittlerweile wieder rückgängig gemacht wurde und das bis heute in sich fragmentierte Verkehrsministerium dem *Bundesministerium für Umwelt, Naturschutz, Bau und Reaktorsicherheit* (BMUB) weitgehend unvermittelt gegenübersteht, hat sich das Prinzip der politischen Integration auch auf den anderen politischen Ebenen von Land und Kommune noch kaum etabliert.

Die technische Integration wiederum würde die Kooperation zwischen den Entwicklern, Produzenten und Betreibern der verschiedenen Verkehrsträger erfordern. Demnach müsste schon die universitäre (Ingenieurs)Ausbildung besser aufeinander abgestimmt werden, um eine dauerhafte Zusammenarbeit der verkehrsmittelspezifisch orientierten Fachgebiete vorzubereiten, die bis heute weitgehend nebeneinander existieren. Das gleiche gilt für die Produzenten, die ihre technischen Standards aufeinander abstimmen müssten, um eine reibungslose Kommunikation zwischen den Verkehrsträgern bzw. -mitteln zu gewährleisten. Auch die Betreiber müssten ihre Modelle kompatibel gestalten, damit die Schnittstellen zwischen den verschiedenen Verkehrsträgern und -mitteln sich nicht als Hürden erweisen. Beispielsweise würde der öffentliche Verkehr an Attraktivität gewinnen, wenn man sich innerhalb eines Systems und zwischen verschiedenen Betreibersystemen problemlos bewegen könnte, ohne komplizierte Preiszonen und wechselnde Tarifsysteme berücksichtigen zu müssen.

Auch die soziale Integration, mit der das Ziel verfolgt wird, die von verkehrspolitischen Entscheidungen betroffen Akteure in den Entscheidungsprozess mit einzubeziehen, macht neue Formen der Kooperation notwendig. Dem liegt die Einsicht zugrunde, dass verkehrspolitische Entscheidungen und daraus resultierende Planungen immer schwerer gegen widerstreitende Interessen der verschiedenen gesellschaftlichen Akteure durchzusetzen sind. Während sich die politisch Verantwortlichen in der Vergangenheit darauf verlassen konnten, dass verkehrliche Großprojekte, wie etwa eine Stadtautobahn, durch eine zentral gefällte Entscheidung von oben nach unten durch die zuständigen Ebenen weitergereicht und schließlich umgesetzt wurden, muss heute mit organisiertem Protest aus den unterschiedlichsten Richtungen gerechnet werden. Indem die verschiedenen Interessensvertreter_innen an runden Tischen zusammengeführt werden, erhofft man sich zum einen, das potenzielle Konfliktpotenzial schon im Vorfeld durch gemeinsam erarbeitete Kompromissformeln einzugrenzen. Zum anderen soll diese Art der sozialen Integration dazu beitragen, dass alle Interessen in einem offenen Entscheidungsprozess berücksichtigt werden und sich später auch in den realisierten Maßnahmen wiederfinden. Im Falle der Stadtautobahn fänden sich Bürgerinnen und Bürger, die zukünftig entlang der Autobahn wohnen und ein entsprechend geringes Interesse an ihrer Realisierung haben, neben denen, die auf eine schnellere Verbindung hoffen und weit genug entfernt wohnen, um von den negativen Effekten nicht berührt zu werden. Weiterhin fänden sich Wirtschaftsvertreter_innen, die sich Wettbewerbsvorteile durch eine bessere Verkehrsverbindung versprechen und andere, die neue Konkurrent_innen befürchten. Schließlich fänden sich politische Repräsentantinnen und Repräsentanten auf Landesebene ein, die auf die finanzielle Unterstützung des Bundes setzen und Lokalpolitiker_innen, die ihre Klientel vor Ort gegen den Autobahnbau mobilisieren.

Weitere Kooperationen erfordert schließlich auch die ökologische Integration. So wird immer öfter die Frage der Umweltgerechtigkeit thematisiert. Ist es etwa sozial gerecht, wenn eine ökologisch motivierte verkehrspolitische Maßnahme wie die City Maut dazu führt, dass untere Einkommensschichten in ihrem Verkehrsverhalten eingeschränkt werden, da sie sich die Anfahrt mit dem Auto nicht mehr leisten können? Hier zeigen sich ein weiteres Mal die in der politischen Wirklichkeit auftretenden engen Wechselbeziehungen zwischen den genannten Themenfeldern, die von einer integrierten Verkehrspolitik abgewogen und einer kollektiv bindenden Entscheidung zugeführt werden müssen.

Die vier geschilderten, auf Kooperation basierenden Integrationsstrategien – politisch, technisch, sozial und ökologisch – erfordern umfangreiche politische Koordinationsmaßnahmen. Es gibt die Auffassung, die Verkehrspolitik sei mit diesen Anforderungen, die das Leitbild der integrierten Verkehrspolitik an sie richtet, heillos

Abb. 1 Die fünf
Integrationsstrategien einer
integrierten Verkehrspolitik.
(Quelle: Eigene Darstellung)

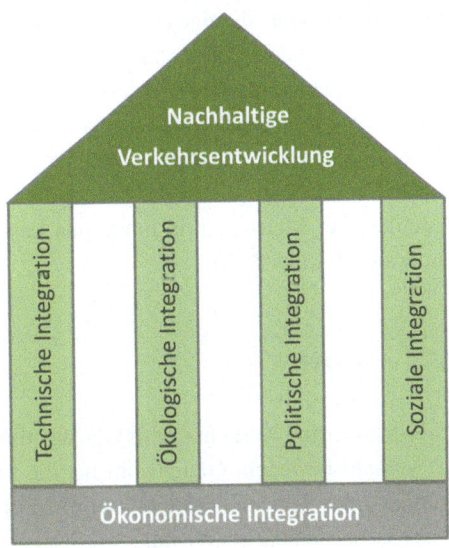

überfordert. Die staatlichen Instanzen seien nicht mehr in der Lage, die komplexen Verhältnisse in hochgradig ausdifferenzierten modernen Gesellschaften zu überblicken, geschweige denn gezielt zu gestalten.[9]

Hier setzen die Vertreter_innen der ökonomischen Integrationsstrategie an, die den Markt mit seiner über den Wettbewerb vermittelten negativen Integration als das effektivste Koordinationsmedium begreifen. Demnach lenkt die „Invisible Hand" (Adam Smith) das Geschick jedes einzelnen Marktteilnehmers zum Wohle aller. Demgegenüber wird staatliche bzw. politische Einflussnahme, die über das Setzen rechtlicher Rahmenbedingungen für eine reibungslose Marktregulierung hinausgeht, weitgehend abgelehnt. Mit dem Widerspruch zwischen Kooperation versus Konkurrenz bzw. politischer versus marktvermittelter Integration durchzieht das Leitbild der integrierten Verkehrspolitik eine tiefe Konfliktlinie (Abb. 1).

Die politische Wissenschaft vom Verkehr muss bezüglich des Leitbilds einer integrierten Verkehrspolitik drei Fragen beantworten. *Erstens* muss geklärt werden, ob es sich um ein realistisches Leitbild handelt. Da es bisher allenfalls in Ansätzen praktiziert wurde, können wir bis heute nicht einmal sagen, ob sich im Falle seiner Umsetzung die mit dem Leitbild verbundenen Hoffnungen einer nachhaltigen Verkehrsentwicklung tatsächlich einstellen würden. Daraufhin wäre dann *zweitens* zu untersuchen, unter welchen gesellschaftspolitischen Rahmenbedingungen die Realisierung des Leitbilds einer integrierten Verkehrspolitik überhaupt denkbar ist. Wir haben gesehen, dass es sich dabei um eine weitreichende, alle gesellschaftlichen Teilbereiche umfassenden Aufgabe handelt,

---

[9]Für einen Überblick über die kontroverse Theoriedebatte vgl. Schimank (2007).

die nicht weniger als eine gesamtgesellschaftliche Transformation erfordert. Wenn jene gesellschaftlichen Voraussetzungen umrissen wurden, die notwendig sind, um das Leitbild umzusetzen, dann stellt sich schließlich *drittens* die Frage, ob wir bereit sind, die mit den weitreichenden gesellschaftlichen Veränderungen verbundenen Konsequenzen zu tragen. Kurz, das Leitbild einer integrierten Verkehrspolitik – und mit ihm das Konzept einer nachhaltigen Verkehrsentwicklung – steht und fällt mit der Bereitschaft und Fähigkeit der Menschen, in modernen kapitalistischen Gesellschaften ihr Leben zu verändern (vgl. Luks 2010).

6   Fazit

Ja, wir alle sind Verkehrsprofis, da wir uns tagtäglich auf die unterschiedlichste Weise im Verkehr bewegen. Gleichwohl hat die Einführung in das Politikfeld Verkehr gezeigt, dass es einen Unterschied gibt zwischen dem Alltagsverstand der Menschen und einem wissenschaftlichen Verständnis von Verkehrspolitik. Die Wissenschaft zeichnet sich im Gegensatz zum Alltagsverstand durch begriffliche Trennschärfe aus. Wenn der Alltagsverstand feststellt, *die* Bevölkerung sei gegen eine bestimmte verkehrspolitische Maßnahme, dann besteht die Aufgabe der politischen Verkehrswissenschaft darin, diese pauschale Aussage zu präzisieren. Sie hat darauf hinzuweisen, dass es *die* Bevölkerung nicht gibt, sondern eine Vielzahl von Interessensgruppen, die sich dem besagten verkehrspolitischen Thema gegenüber keinesfalls einheitlich verhalten. Die politische Verkehrswissenschaft sollte über die komplexen Akteurskonstellationen im Politikfeld Verkehr aufklären, um jene Transparenz herzustellen, die für eine öffentliche Debatte über verkehrspolitische Maßnahmen notwendig ist. Während die reale Verkehrspolitik, also die Politiker_innen, die Aufgabe haben, kollektiv bindende Entscheidungen herzustellen, zielt die wissenschaftliche Verkehrspolitik darauf, jene Bedingungen zu reflektieren, welche die Herstellung kollektiv bindender Entscheidungen überhaupt erst ermöglichen.

In den hierarchisch strukturierten und zentralistisch organisierten Gesellschaften der Vergangenheit haben sich die verkehrspolitischen Entscheidungsprozesse anders dargestellt als in den hochgradig differenzierten modernen Gesellschaften der Gegenwart. Während früher der Staat seine politischen Programme zumeist ungestört von oben nach unten durchreichen konnte, ohne auf ernsthaften Widerstand zu stoßen, trifft er heute auf eine vielgestaltige Zivilgesellschaft, die sich neben dem Staat und der Wirtschaft etabliert hat, und der heute eine wachsende politische Bedeutung zukommt. In diesem Zusammenhang wird daher auch von einem Übergang von einer staatszentrierten Regierungsform (Government), die auf dem Prinzip des ‚Command and Control' basierte, zu einer auf Kommunikation und Partizipation fußenden Herrschaftsform (Governance) gesprochen, wobei die Debatte darüber, was eigentlich genau unter dem neuen Phänomen der Governance zu verstehen ist, noch anhält. Dieser Wandel ist für die Verkehrspolitik von besonderer Bedeutung, gilt sie doch traditionell als ein originäres Feld der Staatstätigkeit. Die politische Wissenschaft vom Verkehr hat mithin die Aufgabe, die daraus resultierenden neuen Figurationen sozialer Machtverhältnisse zu bestimmen, um ein Verständnis über das Zustandekommen verkehrspolitischer Entscheidungsprozesse unter den neuen gesellschaftspolitischen Rahmenbedingungen herzustellen.

Die nachfolgenden Artikel bilden eine Einführung in das Politikfeld Verkehr, wobei der Verkehr zum einen in Bezug gesetzt wird zu zentralen Dimensionen wie der Gesellschaft, dem Menschen, der Umwelt, der Wirtschaft und der Wissenschaft. Zum anderen werden wichtige verkehrspolitische Themenfelder wie die Verkehrssicherheit, die Verkehrssozialisation oder der öffentliche Verkehr behandelt. Die Themen werden von Expertinnen und Experten unter dem Gesichtspunkt ihrer verkehrspolitischen Relevanz bearbeitet, wobei es sich in den wenigsten Fällen um Vertreter_innen der politikwissenschaftlichen Disziplin handelt. Das Lehrbuch bildet die Grundlage für ein verkehrspolitisches Vorverständnis, von dem aus sich Interessierte aufmachen können, um die noch unerforschten Tiefen des Politikfelds Verkehr auszuloten.

> **Lernfragen**
>
> a) Was bezeichnen die drei englischen Begriffe polity, policy und politics?
> b) Worin besteht die Aufgabe einer kritischen politischen Wissenschaft vom Verkehr?
> c) Wie heißen die drei Nachhaltigkeitsstrategie und was sind ihre jeweiligen Ziele?
> d) Was ist mit negativer Integration gemeint und in welchem Verhältnis steht sie zu Formen der positiven Integration?
> e) Was ist damit gemeint, Verkehrspolitik als Gesellschaftspolitik zu praktizieren?

Literatur

Böhret, Carl/Werner Jann/Eva Kronenwett (1988): Innenpolitik und Politische Theorie. Opladen.

EP – Europäisches Parlament (2015): über die Umsetzung des Weißbuchs Verkehr von 2011: Bestandsaufnahme und künftiges Vorgehen im Hinblick auf nachhaltige Mobilität (2015/2005(INI)), Ausschuss für Verkehr und Fremdenverkehr. Brüssel.

Grober, Ulrich (2010): Die Entdeckung der Nachhaltigkeit. Kulturgeschichte eines Begriffs. München.

Luks, Fred (2010): Endlich im Endlichen. Oder: Warum die Rettung der Welt Ironie und Großzügigkeit erfordert. Marburg.

Maddison, Angus (2001): The World Economy: A Millennial Perspective. OECD. Paris.

Scherhorn, Gerhard (2008): Über Effizienz hinaus. In: Susanne Hartard/Axel Schaffer/Jürgen Giegrich (Hrsg.): Ressourceneffizienz im Kontext der Nachhaltigkeitsdebatte. Baden-Baden, S. 21–30.

Schimank, Uwe (2007): Theorien gesellschaftlicher Differenzierung. Wiesbaden.

Schwedes, Oliver/Benjamin Sternkopf/Felix Nowak (2015): Lobbying im Verkehr – ein vernachlässigtes Praxisfeld. In: Umweltpsychologie, Jg. 19, Heft 1, S. 146–168.

Schöller-Schwedes, Oliver (2010): The failure of integrated transport policy in Germany: a historical perspective. In: Journal of Transport Geography, Volume 18, Issue 1, pp. 85–96.

Tremmel, Jörg (2004): Nachhaltigkeit als politische und analytische Kategorie. Der deutsche Diskurs um nachhaltige Entwicklung im Spiegel der Interessen der Akteure. München.

Weiterführende Literatur

Schwedes, Oliver/Weert Canzler/Andreas Knie (2016): Handbuch Verkehrspolitik. Wiesbaden.
Stopher, Peter/John Stanley (2014): Introduction to Transport Policy. A Public View. Cheltenham, UK/Northampton, MA, USA.
UN-Habitat (2013): Planning and Design for Sustainable Urban Mobility. Global Report on Human Settlements. Oxon/New York.

Oliver Schwedes, Prof. Dr., Technische Universität Berlin, Fakultät Verkehrs- und Maschinensysteme, Institut für Land- und Seeverkehr, Fachgebiet Integrierte Verkehrsplanung, Salzufer 17–19, 10587 Berlin.

Teil II
Verkehrsdimensionen

Verkehr und Gesellschaft

Verkehrspolitik als Mobilitätsdesign

Stephan Rammler

Zusammenfassung

Ziel ist die Einführung in die wichtigsten Aspekte der sozialwissenschaftlichen Verkehrsforschung, insbesondere mit Blick auf die Frage der Verkehrsentstehung. Davon ausgehend wird Verkehrspolitik als Beitrag zum „Weltdesign", als ein paradigmatischer Angriffspunkt einer gesamtkulturellen transformativen Praxis begriffen und in seinen Möglichkeiten und Grenzen diskutiert.

1   Einleitung

„Die Philosophen haben die Welt nur verschieden interpretiert, es kömmt darauf an, sie zu verändern". So die 11. Feuerbachthese von Marx. In meinem Studium war sie nicht mehr populär. Meinen Studenten ist sie durchweg unbekannt, aber es ergeben sich daraus wieder spannende, in die Gesellschaftstheorie einführende Diskussionen. Auch dieser Text soll eine Einführung sein. Ich will einen Einblick in die sozialwissenschaftliche Reflexion über räumliche Mobilität geben und verdeutlichen, dass die Gestaltung von Verkehr wichtig, möglich und im tiefsten Grunde Gesellschaftspolitik ist. Hier kommt mit Marx mein Ausgangsgedanke ins Spiel: Es wurde genug interpretiert. Wir wissen genug über Verkehr. Aber es fehlt die Übersetzung dieses Wissens in Handlung. Es fehlen Bilder der Zukunft, die wir uns erschaffen wollen und der Glaube daran, dass diese Aufgabe zu bewältigen ist. Verkehr ist nicht alles, aber ohne Verkehr ist alles nichts, um einen weiteren Zitaten-Hut aus der Tasche zu ziehen. Deswegen steht die Neuerfindung

S. Rammler (✉)
HBK Hochschule für Bildende Künste Braunschweig, Braunschweig, Deutschland
E-Mail: st.rammler@hbk-bs.de

© Springer Fachmedien Wiesbaden GmbH, ein Teil von Springer Nature 2018   27
O. Schwedes (Hrsg.), *Verkehrspolitik*,
https://doi.org/10.1007/978-3-658-21601-6_2

der Mobilität im Zentrum zukunftsfähiger Gesellschaftspolitik. Das wäre nun Thema
für ein ganzes Buch und ein unstrittiges ist es auch nicht. Mein Raum ist begrenzt. Ich
werde also zuspitzen. Pointierte Aussagen bleiben dabei nicht aus und fordern zu Widerspruch, Diskussion und damit hoffentlich weiterem Nachdenken auf.

2   Der Verkehr der modernen Gesellschaft

Wir wissen genug über Verkehr! Ich bin geneigt, diese Aussage nicht weiter zu kommen-
tieren und gleich zum entscheidenden Punkt zu kommen: Wie Verkehr gestaltbar wird.
Doch gilt es zu diesem Zweck zunächst einige Einsichten der verkehrssoziologischen
Forschung zur Kenntnis zu nehmen, um bei allem Gestaltungsdrang nicht an der falschen
Stelle anzusetzen. Die folgenden Gedanken erscheinen mir als die zentralen Botschaften.

Verkehr und Moderne sind für sich wechselseitig konstitutiv, wie die Seiten einer
Medaille. Das eine ist ohne das andere nicht denkbar. Man kann dieses Verhältnis als
„Wahlverwandtschaft zwischen moderner Gesellschaftsentwicklung und Verkehrswachstum" bezeichnen. Gemeint ist die gegenseitige Durchdringung und Beförderung bei der
Entstehung und Ausbreitung der modernen Gesellschaft und der stetigen Steigerung von
Mobilitätschancen und Mobilitätsanforderungen sowie ihre Umsetzung in eine dynamisch steigende Verkehrsleistung. Die immer weitergehende soziale Differenzierung
und ökonomische Arbeitsteilung erzeugt Verkehr, der die raumzeitliche Integration der
sich ausdifferenzierenden Handlungs- und Wirtschaftssphären ermöglicht. Umgekehrt
sind es der Verkehr und die durch ihn eingeräumten Mobilitätschancen, die weitere Aus-
differenzierungen und damit gesellschaftliche Modernisierung und Arbeitsteilung erst
ermöglichen. Dieser Zusammenhang gilt für Personen- wie Güterverkehr gleichermaßen.
Zugespitzt ist Verkehr also das, was die moderne Welt zusammenhält und zugleich ausein-
andertreibt (vgl. Rammler 2001, 2003).

Das Auto spielt eine besondere Rolle als raumzeitliche Integrationsmaschine der
immer weiter voranschreitender Individualisierungs-, Flexibilisierungs- und Plurali-
sierungsprozesse. Je stärker die Vereinzelung, zeitliche Entzerrung und Enttaktung von
Raum-Zeit-Pfaden fortschreitet, desto mehr wird das Maß der Ermöglichung von Autonomie und Flexibilität auch für die Verkehrsmittelwahl zu einem zentralen Entschei-
dungskriterium. Anders formuliert: Je mehr „Selbstbeweglichkeit" ein Verkehrsmittel
ermöglicht, desto attraktiver wird es für den Nutzer. Dies ist neben Wohlstandswachs-
tum, Freizeitzuwachs und den symbolisch-expressiven Aspekten der Identitätsstiftung,
Distinktion und Sozialintegration der wesentliche Grund für den Erfolg des Autos. Als
Folge dieser Wechselwirkung von Modernisierung und Motorisierung entstanden autoaf-
fine Raum- und Zeitstrukturen, in denen die Verwirklichung der Freiheits- und Wohl-
standsversprechen moderner Gesellschaften immer enger an die Nutzung des Autos
und dessen infrastrukturelle und institutionelle Voraussetzungen gekoppelt wurden. Es
geht dabei nicht nur um die Ausweitung (auto-) mobiler Freiheiten, sondern vor allem
um die Ausprägung gesamtkultureller Abhängigkeiten von der (Auto-)Mobilität, eben

um die Automobilität als Gesellschaftsmodell. In einer Gesellschaft, in der Raum- und Zeitstrukturen, sowie die Vielfalt von Lebensstilen und Sinnorientierungen sich seit Jahrzehnten auf Grundlage automobiler Funktionalität entwickelt haben, ist dieses Gerät system-konstituierend geworden. Dieses sozio-kulturelle System der Automobilität wird nun immer weiter „vererbt": als Strukturiertheit der materiellen und institutionellen Handlungskontexte, als Zurichtung und Imprägnierung der automobilbezogenen subjektiven Handlungskonzepte, Leitbilder, Lebensstile und Gewohnheiten. Diese Kopplung der Struktur- und Handlungsdimension des Mobilitätsverhaltens ist die Erklärung für die enorme Stabilität der Automobilität (vgl. Rammler 2003).

Man kann sagen: Wir leben in einer „gemachten" Welt. In Auseinandersetzung mit seiner inneren und äußeren Natur hat der Mensch seine Umwelt geprägt und festgeschrieben. Jeder verbaute Stein, Meter Asphalt, jede Tonne Schienenstahl, jeder Hafen, Flugplatz, Bahnhof, jede Produktionsanlage und Siedlung werden damit zum Datum zukünftiger Entwicklung. Der Verkehrsökonom Voigt (1953: 199 ff.) prägte den Begriff der „Anteludialeffekte" für die Gestaltungswirkungen von Verkehrsmitteln, die durch Festlegungen hervorgerufen wurden, „die seinerzeit vielleicht berechtigt gewesen sein mögen, sich aber seitdem bei möglicher oder tatsächlicher Verbesserung der Verkehrswertigkeit als Fessel oder Gegenkraft gegen die Tendenz der Entwicklung der Grundstruktur auswirken". Ein Verkehrssystem, das einmal existiert, kann also nicht ohne weiteres wieder beseitigt werden. Gleiches gilt für die mentalen Dispositionen des modernen Menschen. Jede Handlung, jeder Gedanke, jede stetig erregende Emotion trägt zur Ausprägung mentaler Muster bei und diese werden umso stabiler und resistenter gegen Veränderungsbemühungen, je häufiger sie getätigt, gedacht und empfunden und je mehr Generation in ihrem Sinne sozialisiert wurden. Handlungen werden zu Gewohnheiten und Gewohnheiten zu Institutionen, die beharrungsmächtiger sein können als stählerne Infrastrukturen. So haben die Anfänge große Macht über die Zukunft. Das gilt immer und überall, auch für Veränderungen der Mobilitätskultur.

Übersicht

Fritz Voigt (1910 bis 1993) war ein deutscher Verkehrswissenschaftler und Ökonom. Voigts Werk gilt noch heute als eine der interessantesten Arbeiten der neueren deutschen Verkehrswissenschaft. Zu seinen wichtigsten Arbeiten zählt das zweibändige Werk *Verkehr,* das 1965 und 1973 in zwei Doppelbänden erschien. Ziel dieser Arbeit war die Betrachtung des Verkehrs im volkswirtschaftlichen Gesamtzusammenhang und die Untersuchung der Wirkung des Verkehrs auf wirtschaftliche Entwicklungsprozesse. Für Historiker, Ökonomen und Geographen mit dem Arbeitsschwerpunkt Verkehr gelten seine Arbeiten – insbesondere die zur Geschichte der Eisenbahnen – als Standardwerke (Wikipedia). Voigts Anspruch war es, jenseits rein abstrakter, mathematisch formalisierter Wirtschafts- und Verkehrstheorien, die menschliche Persönlichkeit in der Gesamtheit ihres Denkens und Handelns zu verstehen. Auf verkehrs- und sozialsystemischer Ebene bedeutete dies für ihn, dass die Entwicklung einer Gesellschaft nur zu erklären ist, wenn die Einflüsse des sich permanent weiterentwickelnden Verkehrssystems und die daraus resultierenden sozialen und gesamtwirtschaftlichen Folgeprozesse berücksichtigt werden.

Die wichtigsten Veröffentlichungen:

- *Verkehr,* 2 Bde., Berlin 1965/1973.
- *Die gestaltende Kraft der Verkehrsmittel in wirtschaftlichen Wachstumsprozessen. Untersuchung der langfristigen Auswirkungen von Eisenbahn und Kraftwagen in einem Wirtschaftsraum ohne besondere Standortvorteile,* Bielefeld 1959.
- *Die volkswirtschaftliche Bedeutung des Verkehrssystems.* Verkehrswissenschaftliche Forschungen Bd. 1, Berlin 1960.
- *Theorie der regionalen Verkehrsplanung,* Verkehrswissenschaftliche Forschungen, Bd. 10, Berlin 1964.
- *Theorie der Wirtschaftspolitik,* Berlin 1979.

Meist haben sich die Verkehrswissenschaften mit den sichtbaren Strukturen beschäftigt: Die Ingenieure als Gegenstand ihrer Gestaltungsbemühungen, die Ökonomen als Gegenstand ihrer Berechnungen, die Verkehrspolitikforschung als Gegenstand ihrer Steuerungsüberlegungen. Erst die Sozialwissenschaften haben begonnen – die Konzepte von Struktur, Habitus und Routine im theoretischen Gepäck – mentale Prägungen und Dispositionen in ihre Erklärung der modernen Mobilitätskultur einzubeziehen (vgl. Franke 2001). Wer nun also Verkehrspolitik betreiben will, wird sich mit der folgenreichen Tatsache konfrontiert sehen, dass wir nicht nur im Käfig unserer materiellen Infrastrukturen, sondern auch unserer sozialen Institutionen und subjektiven Gewohnheiten leben.

Als Zwischenfazit ist festzuhalten, dass nach Jahren verkehrs- und sozialwissenschaftlicher Forschung die Verkehrsgenesefrage hinreichend beantwortet erscheint. Als folgerichtiger Schritt ergäbe sich nun die Konzentration auf die Frage der Gestaltung einer nachhaltigen Verkehrsentwicklung. Doch sei erneut gefragt, ob wir alles wissen, um Verkehr gestalten zu können. Denn: Wir können Verkehr historisch herleiten und erklären, warum ihre Entwicklung unter ceteris paribus Bedingungen einem stabilen Entwicklungspfad folgen wird, doch haben wir Probleme beim Blick in die Zukunft. Nie war Zukunft weniger transparent. Das liegt neben prinzipiellen Grenzen der Zukunftsanalyse daran, dass sich die Zukunft, in die wir hineingehen, höchst kontingent darstellt. Sie ist schwerer zu fassen, als Zukunft noch vor ein oder zwei Jahrzehnten zu erfassen war. In dieser Situation könnten die bisherigen Erklärungskonzepte zum Verkehr schnell genau deswegen unbrauchbar werden, weil der sie wechselwirksam bestimmende gesellschaftliche Referenzrahmen, ihr „wahlverwandtschaftliches" Gegenüber, sich erschöpft und selbst überlebt. Die Wahrscheinlichkeit, dass dieser Fall eintritt, wird von Tag zu Tag größer. Nachfolgend werden im Sinne dieser Annahme die wichtigsten Entwicklungen beschrieben, die den Zukunftsraum des Verkehrs bestimmen könnten.

3 Exkurs: Ein Alternativgeschichtliches Szenario der Elektromobilität. Ein (fiktiver) Wikipedia-Artikel zur Kulturgeschichte des Elektroverkehrs

Die Elektrifizierung des Verkehrs gilt heute unbestritten als eines der umfangreichsten großsystemischen technologischen Entwicklungsprojekte der vergangenen einhundertfünfzig Jahre. Als wichtigster Visionär, maßgeblicher intellektueller Impulsgeber und organisatorischer Wegbereiter des Elektroverkehrs wie der elektrifizierten Gesellschaft überhaupt gilt heute der Erfinder und Unternehmer *Thomas Alva Edison*. „Mr. Electric Car" beeinflusste mit seinen Erfindungen im Bereich der Batterietechnologie und mit seinen zukunftsweisenden Designkonzepten und Konstruktionsplänen für elektrisch betriebene Fahrzeuge und Systeme, allem voran das Elektroauto, das Elektrozweirad und die Elektrifizierung der Eisenbahn die Entwicklungen bis weit in das 20. Jahrhundert hinein. Seine unternehmerische Zusammenarbeit mit dem Automobilproduzenten Henry Ford gilt heute als Ursprung der amerikanischen Elektrofahrzeugproduktion. Vor allem aber seine weitreichenden Pläne zum Aufbau eines flächendeckenden, elektrisch betriebenen nordamerikanischen Eisenbahnsystems und seine entsprechenden Beratungsleistungen für die U.S.- amerikanischen Eisenbahnunternehmen und die U.S.-amerikanische Bundesregierung stellten die Weichen für die bis heute wohl modernste Eisenbahnkultur der Welt. Insbesondere das im Zuge des „New Deal" seit Mitte der 1930er Jahre ausgebaute, äußerst flächendeckend angelegte und operativ stark integrierte und elektrifizierte Verbundschienennetz geht unmittelbar auf die ursprünglichen Pläne Edisons zurück und garantiert, dass bis heute nahezu jeder Ort in den USA mit dem Schienenverkehr erreicht werden kann. Dieser Ausbau der Schieneninfrastruktur war das Kernprojekt der sogenannten Emergency Relief Appropriation Bill, welches der aus der Weltwirtschaftskrise resultierenden schlechten Arbeitsmarktsituation entgegenwirken sollte. Mit ihr wurde 1935 das Budget für Arbeitsbeschaffungsmaßnahmen um 4 Milliarden Dollar aufgestockt und 3,5 Mio. arbeitsfähigen Arbeitslosen eine bezahlte Arbeit angeboten. Zeitgleich arbeitete mit diesen Mitteln auch die ebenfalls 1935 gegründete Rural Electrification Administration, die ländliche Regionen mit günstigem Strom versorgen sollte. 1935 hatten nur 20 % der amerikanischen Farmen Zugang zu Strom, zehn Jahre später lag die Quote bereits bei 90 %. Dieses wurde wiederum eine wichtige Ausgangsbasis für die Elektrifizierung der landwirtschaftlichen Verkehre und den Betrieb elektrischer Fahrzeugflotten für den Personentransport, meist angeboten durch die Public Transit Unternehmen, die auch den schienengebundenen öffentlichen Verkehr zu organisieren hatten. Der Großteil der individuellen Wege und Transporte in ländlichen Regionen wird seit damals bis heute mit Elektrofahrrädern und anderen Elektroleichtfahrzeugen zurückgelegt. In der Region und in der Mittel- und Langstrecke dominiert bis heute die Eisenbahn das nordamerikanische Verkehrssystem. Es wurde in der Folgezeit zur Blaupause einer idealtypischen Verkehrssystementwicklung und dementsprechend weltweit kopiert.

Edisons war nicht nur ein genialer Erfinder und Konstrukteur, zudem zeichnete ihn ein enormer konzeptioneller und systemischer Weitblick aus. Aus dieser Denkweise heraus entwickelte er seine weltweit einflussreiche Vorstellung der „Elektrostadt" als ein zu realisierendes elektrisches Gesamtsystem von Stromproduktion, Verteil- und Speicherinfrastruktur und den unterschiedlichsten Anwendungen in der Produktion, dem Wohnen, der urbanen Daseinsvorsorge und der Mobilität. Die Technikgeschichte spricht in solchen Fällen von „system builders". Die zentrale Leistung dieser Erfinder – die oft genug zugleich dynamische Firmengründer und geschickte politische Lobbyisten zur direkten Umsetzung ihrer Vorstellungen waren – lag dabei nicht so sehr in der Entwicklung eines einzelnen technischen Gerätes, sondern in der „Erfindung" und Umsetzung eines gesamthaften soziotechnischen Betriebs- und Anwendungssystems um diese Erfindung herum. Edison hatte ein solches lebhaftes Bild vom Design des zu realisierenden elektrischen Gesamtsystems im Kopf, sogar noch bevor die verschiedenen Einzeltechnologien erfunden worden waren. Diese Vision umfasste genaue Vorstellungen von der Versorgung der Haushalte mit Wärme, Licht und Verkehr. Strom sollte das universelle Betriebsmittel des modernen industriellen Lebens werden. Auch um die geplanten Kraftwerke über den ganzen Tag hinweg auszulasten und wirtschaftlich zu betreiben, beschäftigte sich Edison mit der Entwicklung von Motoren und der Elektrifizierung von Schienenfahrzeugen. Er war mit Henry Ford befreundet, der als Mitarbeiter von Edison seine Karriere begonnen hatte und von ihm dazu ermuntert worden sein soll, sich im Elektroautobau selbstständig zu machen. Edisons intensive Beschäftigung mit der Weiterentwicklung der Batterietechnik geht nicht zuletzt auf die Anforderungen im Automobilbau zurück. Die damals bekannten Bleiakkumulatoren waren zu schwer. Nach Vorarbeiten an dem Edison-Lalande-Element und einer langen Entwicklungszeit mit vielen Rückschlägen wurde der Nickel-Eisen-Akkumulator als Lösung perfektioniert. Die Grundlösung war 1904 gefunden und ging in Produktion. Die Edison Storage Battery Company erzielte bereits im ersten Produktionsjahr eine Million Dollar Umsatz, was den Marktbedarf dokumentiert. Die zahlreich durchgeführten und sorgfältig dokumentierten Experimente wurden eine wichtige Datenbasis für folgende Generationen von Batterieentwicklern.

Obwohl sich Edison sehr intensiv mit der Eisenbahn auseinandergesetzt hat, in ihr das Rückgrat des US-Transportwesen sah und er nicht zuletzt neben der ökonomischen Rolle immer wieder auch ihre Bedeutung als ein Instrument des in seinen Augen weiterhin nötigen demokratischen „Nation Buildings" des heterogenen föderalen Staates betonte, hatte er für Elektrofahrzeuge, insbesondere für die innerstädtischen Wege ein besonderes Faible. In seinem Gesamtbild der Elektropolis eingebettet, spielte der städtische Straßenverkehr als eigenständiges, in sich integriertes Supersystem der Mobilität von Personen und Gütern, bei dem er schon damals die Arbeitsteilung zwischen S-und U-Bahnen, Trams und Elektroomnibussen, E-Taxis, Elektrofahrrädern und privaten Elektroautos vorsah, eine besondere Rolle. Die Abkehr von Fußwegen, Handkarren und Kutschen besaß für ihn ein ähnlich emanzipatorisches Potenzial wie das elektrische Licht, das die mühsame und ungesunde Beleuchtung mit Kerzen und Öllampen überflüssig machen sollte. Hinzu kam, dass er sie, lautlos und ohne Emissionen, als die mit den dichten städtischen Lebensbedingungen am ehesten vereinbaren Techniken ansah. Als Edison seine ersten Konzepte für Elektrofahrzeuge entwickelte, waren bereits knapp dreißig Jahre seit ihrer Geburtsstunde vergangen. 1839 wurde das erste Elektrofahrzeug von Robert Anderson in Aberdeen gebaut. Bis zur ersten Hochphase seit Anfang der 1880er Jahre sollte es aber noch knapp vierzig Jahre dauern. Das erste deutsche Elektroauto baute 1888 eine Coburger Maschinenfabrik, die den Flocken Elektrowagen herstellte. Es wird vermutet, dass es sich bei diesem vierrädrigen Elektroauto um den weltweit ersten elektrisch angetriebenen Personenkraftwagen (Pkw) handelte. Zunächst wurde die neue Technologie zu einem schnell alltagstauglichen Verkehrsmittel für die höheren Gesellschaftsschichten. Dabei konnte sich das Elektrofahrzeug durch seine hohe Zuverlässigkeit und der leichten Bedienbarkeit auszeichnen. Beide Faktoren spielten sowohl eine entscheidende Rolle für die Ausrichtung der Werbung auf weibliche Kunden und den Markterfolg bei bestimmten Zielgruppen (z. B. Ärzten) als auch der Positionierung des Elektroautos als wirtschaftliche Alternative im Flottenbetrieb. Anwendungsfelder waren insbesondere die Bereiche Taxi-, Feuerwehr- und Stadtreinigungsfahrzeuge. Zudem profitierten die Elektrowagen-Hersteller wiederum von administrativen Regulierungen wie beispielsweise im Taxigewerbe durch das Verbot der neu am Markt erscheinenden Benzindroschken und die Festschreibung höherer km-Entgelte für Elektrotaxis. Im Flottenbetrieb konnten die hohen Wartungsanforderungen der Batterien kostengünstiger und professioneller realisiert sowie die Entfernungslimitierung durch Batteriewechselanlagen reduziert werden. Edisons Entwürfe für Elektrojahrzeuge sind legendär. Er entwarf Dreiräder und vierrädrige Pkw, die sich im gesamten Design vom damals noch vorherrschenden konstruktiven Kutschen-Leitbild unterschieden. Seine Fahrzeuge waren völlig neu entworfen und genau auf die jeweiligen Nutzungskontexte ausgerichtet. Neben den Fahrzeugchassis arbeitete er an der ständigen Verbesserung der Antriebe und der Speicher und favorisierte bald eine Batteriewechseltechnologie, die vor allem im Flottenbetrieb die eingeschränkte Reichweite kompensieren sollte. Überhaupt war die Erweiterung der Reichweite nie das Ziel von Edisons Batterieforschungen, da er die Ansicht vertrat, dass die damals bereits möglichen einhundert Meilen für Städte und urbane Regionen unbedingt ausreichten und für die Mittel- und Langstrecke von elektrifizierten Eisenbahnverkehr ergänzt wurden. Er entwarf neben Batterien, Schnellladesystemen und Akkumulator-Wechselanlagen auch Betriebskonzepte für den Flottenbetrieb und Zweiräder mit Elektroantrieb. Diese sollten sich später insbesondere in ländlichen Regionen, neben dem beliebten Model E seines Freundes Henry Ford sehr bewähren.

Eine besondere Aversion verband Edison mit dem Benzinauto, was etwa zeitgleich in Europa erfunden worden war und an dem ebenfalls intensiv weitergearbeitet wurde. Das Benzinauto, so meinte er, sei angesichts der Sauberkeit, Geräuschlosigkeit und vor allem wegen der enormen Effizienz des Elektroantriebs eine absolut unvernünftige

Technologie. Zudem sah er massive Schwierigkeiten in der Versorgung mit Treibstoffen, während der Strom bald in jedem einzelnen Haushalt verfügbar wäre. Er war nicht allein mit dieser ablehnenden Haltung. Insbesondere die ländliche Bevölkerung konnte den lärmenden, große Staubmengen aufwirbelnden und vor allem die Pferde und das Vieh unruhig machenden Geräten der noch sehr wenigen Autosportler nichts abgewinnen. Edison war in den USA bis zu seinem Tode als Wissenschaftler, Systemdenker, Designer und Politikberater enorm einflussreich und aufgrund seines unternehmerischen Erfolgs auch in der Wirtschaftsbranche sehr angesehen. Man kann sagen, dass er das Benzinauto in den USA mit seiner Popularität fast im Alleingang verhinderte und zugleich mit seinen Konzepten der Elektrostadt vor allem europäische Wissenschaftler und Industrielle wie Emil Rathenau und Werner Siemens stark beeinflusste. So kam es zur Übernahme des amerikanischen Elektrifizierungsleitbildes für die Mobilität auch in Europa und dort vor allem im bald sehr einflussreichen deutschen Reich. Die bis heute weltweit im Verkehrssystem- und Automobilbau dominierenden Firmen Siemens und Bosch haben ihren Ursprung in dieser Zeit.

Was lässt sich für unsere heutige Situation daraus lernen? Technikgenese spielt sich in einem kulturellen und institutionellen Rahmen statt, dessen Leitplanken in bestimmten historischen Situationen erst konstituiert werden. Dabei spielen einzelne charismatische Akteure mitunter eine ebenso große Rolle wie Stimmungen der Bevölkerung und ökonomische Interessen. Ist aus diesem Setting heraus erst einmal ein stabiler Funktionsraum und ein neues kulturelles Leitbild entstanden, welche eine Technologie bevorzugen, so haben es Alternativen ab diesem Zeitpunkt sehr schwer, sich zu etablieren bzw. zu koexistieren. Im obigen Szenario hat sich – anders als in der tatsächlichen Entwicklung – der gesellschaftliche, politische und wirtschaftliche Funktionsraum zugunsten des Elektroautos und der Elektromobilität entwickelt und der Verbrennungsantrieb blieb marginal. Einhundert Jahre nach diesem ursprünglichen Setting, welches durch weitere Innovationen, systematischen Infrastrukturausbau, der Entwicklung industrieller Cluster, der Etablierung von Nutzungsroutinen und Werthaltungen von Verbrauchern und politischen Entscheidern weiter zugunsten der Elektromobilität geschlossen worden wäre, würde es heute dem Verbrennungsmotor genauso schwer fallen wie dem E-Auto in unserer Welt, sich entgegen dem Setting dieses großtechnischen Systems zu etablieren. Anders als in den Anfängen der Automobilentwicklung müsste heute der institutionelle und kulturelle Wandel politisch flankiert werden. Politik hätte also die Aufgabe, sich bewusst gegen die Interessen der etablierten Akteure des großtechnischen Systems „Elektromobilität" zu richten um die am Verbrennungsauto interessierten neuen, aber bisher noch marginalisierten Akteure zu stärken.

4   Das Ende des Verkehrs wie wir ihn kennen

Für den Soziologen Claessens (1959: 23) ist „Verkehr ein Spiegelbild der Gesellschaft".
Er wird bestimmt werden durch das vielfältige Zusammenwirken ökologischer, ökonomischer und sozialer Prozesse, das einen nicht annähernd begriffenen kulturellen
Transformationsprozess vorantreibt. In dieser Hinsicht besteht durchaus noch Interpretati-
onsbedarf im Marxschen Sinne. Einige Aspekte lassen sich hier dennoch schon benennen:

- Der Verkehrsbedarf wächst, die weltweite Pkw-Flotte wird sich bis 2030 fast ver-
  doppeln. Damit könnten sich Verbrauch und Emissionen bis 2050 mehr als verdop-
  peln (IEA 2007). Forscher sagen voraus, dass wir uns auf das schlimmste Szenario
  des Klimawandels zu bewegen, wenn sich diese Trends fortsetzten. Dennoch könnte
  angesichts dieses Problems der Sinn für die Dringlichkeit einer weitaus gefährliche-
  ren Entwicklung verloren gehen: Die Endlichkeit fossiler Ressourcen sollte deswegen das Hauptthema in der gegenwärtigen verkehrspolitischen Diskussion sein, weil
  sie kurz- und mittelfristig ein ungleich größeres Krisenpotenzial aufweist, als der
  Klimawandel. Gleichwohl beides eng verknüpft ist, ist die Energieversorgung die
  Schicksalsfrage des 21. Jahrhunderts. Sie anzugehen bedeutet den Schlüssel zu vielen
  anderen Probleme anzupacken und überhaupt handlungsfähig zu bleiben, auch in der
  Klimafrage. 2007 wurden 58 % des weltweiten Erdölbedarfs vom Transportbereich
  genutzt. Damit ist dieser Sektor und besonders der Straßentransport Triebkraft intensiver Konkurrenz um Erdöl. Kriege werden heute auch darum geführt, den Transport-
  sektor als Lebensmotor unserer Gesellschaften am Leben zu halten.[1] Diese fossile
  Mobilität mit ihren ökologischen und geopolitischen Folgen befördert das Risiko
  globaler Destabilisierungen ungeheuren Ausmaßes. Damit stellt die ressourcenspa-
  rende Gestaltung von Verkehr auch im Bereich der Abwehr der sicherheitspolitischen
  Gefahren der Erdölabhängigkeit eine zentrale Stellschraube dar.
- Der größere Anteil der Weltbevölkerung lebt in urbanen Regionen. Auch das kommende Bevölkerungswachstum konzentriert sich in den Stadtregionen. Städte sind
  Modernisierungslaboratorien, sind Forum und Medium moderner Lebensweise,
  gigantische Räderwerke ineinandergreifender Systeme zur Regulierung von Wohnen,
  Arbeiten, Konsum und Transport. Das heißt, dass die Zukunft des Stadtverkehrs in der
  Stadt der Zukunft entschieden wird (vgl. Schwedes/Rammler 2012). Nicht unterschätzen sollten wir den maroden Zustand der urbanen Versorgungsinfrastrukturen. Sie
  müssen modernisiert werden. Auch wird Kapital benötigt, um neue Infrastrukturen

---

[1]Konservativ geschätzt hat die USA zwischen 1991 bis 2003 allein für die Aufrechterhaltung
militärischer Präsenz in der Golfregion 600 Mrd. US$ aufgewendet. Die unmittelbaren Kosten der
beiden Golfkriege sind nicht berücksichtigt.

für die regenerative Energie aufzubauen. Die Bevölkerung altert auch. Nutzerspezifische Antworten darauf werden im Bereich des „Universal Design", also der altersgruppenübergreifenden Gestaltung von Mobilitätssystemen zu suchen sein. Demografischer Wandel bringt zudem die Veränderung der Siedlungsmuster mit sich, was die Frage der Finanzierbarkeit von öffentlichen Verkehrsinfrastrukturen verschärft.

Das Zwischenfazit können wir auf eine einfache Formel bringen: Immer mehr Menschen, die immer älter werden, leben auf immer engeren Raum, verbrauchen immer mehr Rohstoffe und erzeugen dabei immer mehr Emissionen. Während die Überbeanspruchung die ökologischen Systeme der Erde in den Bereich irreversibler Schäden bringt, werden durch Ressourcenkonkurrenz und Entnivellierung sozialer Lagen durch ungleiche Reichtumsverteilung und ungleiche Verteilung von Lebensrisiken, die Grenzen der geopolitischen und kulturellen Tragfähigkeit erreicht. Damit entsteht eine so rasante Transformationsdynamik, dass die Welt schlicht empirisch betrachtet in absehbarer Zeit nicht mehr so sein wird, wie wir sie kennen. Wir befinden uns mit anderen Worten im Übergang zur Weltüberlebensgesellschaft. Die Weltrisikogesellschaft ist nach Ulrich Beck durch von dieser Gesellschaft selbst produzierte Risiken definiert. In Überschreitung dieser Definition würde ich die Weltüberlebensgesellschaft durch den Akt der finalen Zuspitzung der reflexiven Modernisierungsfolgen auf die Überlebensfrage der Menschheit definieren. Der Übergang findet statt, wenn Risiken in konkrete Gefahren umschlagen, wie es gerade der Fall ist. In dieser Situation müssten wir in vielerlei Hinsicht die Systemfrage radikal stellen und ab sofort alle unsere Handlungen an einem Zukunftsfähigkeits-Apriori (Rammler 2010) ausrichten. Es geht davon aus, dass der Systemwechsel hin zu einer zukunftsfähigen Gesellschaftsform machbar ist und dass sich jede weitere Entwicklung an diesem obersten Ziel auszurichten hat. Es basiert auf der Annahme von sozialer Lernfähigkeit, konzertierten Handelns, rechtzeitiger Verfügbarkeit von Technologie und der Voraussetzung, dass die „Schalterpunkte" irreversibler ökosystemischer Veränderungen nicht hinter uns liegen. Diese selbst gewählte und zielgerichtete kulturelle Transformation ist das Gegenteil der potenziell chaotischen Transformationsdynamik, die sich im Falle von Nicht-Handeln einstellen würde. Sie hat die Erzeugung eines gewünschten Zustands zum Ziel. Und genau das ist nach Herbert Simon (Jahr?)die umfassende Definition von Design: Es geht um das Design einer neuen globalen Kultur des Überlebens, um ein Design, das die Moderne überwindet, um Weltdesign als Überlebensdesign hin zu einer nachmodernen, wie auch immer dann zu benennenden Epoche.

5   Verkehrspolitik als Weltdesign

Angesichts dieser Lage gleichen unsere politischen Konzepte eher Wartungsmaßnahmen auf der Titanic als der Kursänderung, die uns am Eisberg vorbeibringt. Das gilt auch für die Verkehrspolitik. Die technologisch brillante aber konzeptionell fantasielose Verkehrsindustrie ist mit der Entwicklung völlig neuer Mobilitätskonzepte gefordert, sieht sich aber in der Pfadabhängigkeit unserer Verkehrskultur ebenso gefangen wie die Verkehrspolitik und die Verkehrswissenschaften. Wir sollten aufräumen mit der Lebenslüge der kritischen Mobilitätsdiskurse, wir könnten innerhalb des geltenden Entwicklungspfades etwas substanziell ändern. Alle Optimierungs- und Lenkungs-, Verflüssigungs- und Verlagerungskonzepte für den Verkehr kommen nicht an der Tatsache vorbei, dass wir gänzlich auf dem falschen Pfad sind, solange wir uns innerhalb des geltenden Gesellschaftsmodells bewegen. Dazu einige verkehrspolitische Leitgedanken.

- *Verkehrspolitik ist Gesellschaftspolitik:* Die Gestaltung von Verkehr war implizit immer schon Gesellschaftspolitik und wurde manchmal auch explizit so gedacht. Dieses Denken ist in der Verkehrspolitik heute nicht existent (vgl. auch den Beitrag von Schwedes in diesem Band). So wie Verkehrsforschung forschungskonzeptionell als das Auswerfen eines Senkbleis in die Tiefenstruktur der modernen Gesellschaft zum Ausloten der Verfasstheit der Moderne verstanden werden kann, kann Verkehrspolitik gestaltungskonzeptionell als Instrument zur Veränderung dieser Verfasstheit gelten. So kann Verkehrspolitik heute als paradigmatischer Angriffspunkt einer gesamtkulturellen transformativen Praxis begriffen werden. Gelingt der Umbau in diesem intermediären Bedürfnisfeld, so gelingt er in allen anderen auch.
- *Verkehrspolitik ist ein Dreh- und Angelpunkt der kulturellen Transformation hin zu einer zukunftsfähigen Gesellschaft:* Dieser Stellenwert ergibt sich theoretisch aus der Kopplung und wechselwirksamen Beeinflussbarkeit von Moderne und Verkehr. Er ergibt sich empirisch aus der Quellenproblematik des Verkehrs, aufgrund seiner Abhängigkeit vom Erdöl die Haupttriebkraft geopolitischer Verwerfungsprozesse zu sein und damit zugleich auch einen der wichtigsten Angriffspunkte für den Gesamtumbau der fossilen Energiekultur darzustellen.
- *Die Neuerfindung des Verkehrs ist mit der Beharrungskraft unserer Welt konfrontiert:* Bislang wollen wir Verkehr zukunftsfähig machen, indem wir an Schrauben drehen, während es darauf ankommt, die gesamte Verkehrsmaschine neu zu konstruieren. Die inkrementelle Logik der bisherigen Verkehrs- und Unternehmenspolitik ist verständlich angesichts der Tatsache, dass die Herausforderungen des Zukunftsraums der Verkehrspolitik mit dem Beharrungsmoment ihres Herkunftsraums, eben des Kulturmodells der Verkehrsmaschine konfrontiert sind. Politiken zur Erweiterung von Möglichkeitsräumen sind prinzipiell einfacher zu legitimieren und umzusetzen als Politiken die bei den Betroffenen auf etablierte Erwartungsniveaus und Abhängigkeitsstrukturen treffen. Angesichts dieser Lage verbieten sich alle „naiven"

Verhaltensappelle. Entscheidend ist die Frage, wie es gelingen kann, der Freiheit und Selbstbeweglichkeit versprechenden Erzählung modernen Verkehrs ein neues, verheißungsvolles Narrativ entgegenzusetzen und zur Grundlage konsistenter und attraktiver Planungs- und Politikvisionen zukunftsfähiger Mobilität zu machen.

- *Die Macht unserer Fantasie geht der Verkehrspolitik voraus:* Viel mehr als inkrementelle, unsystematische und machtpolitisch motivierte Politiken brauchen wir bei der Gestaltung von Verkehr Impulse für die Macht unserer Fantasie. Uns fehlen Bilder, positive Visionen und Geschichten einer neuen Mobilitätskultur. Es fehlt die innere Landkarte eines Kontinents zu dem wir uns hingezogen fühlen, weil seine Versprechen attraktiver sind als das Erleben der Gegenwart. So ein inneres Bild wie es in den „Amerikafahrern des Kopfes" (Burckhart 1997: 158) lebendig war, bevor sie aufbrachen, um in der neuen Welt ein besseres Leben zu finden. Erst die Sogwirkung dieser leitenden, Kräfte bündelnden und motivierenden Bilder und Erzählungen der funktionierenden Wirklichkeit einer besseren Welt werden helfen, den „Möglichkeitssinn" (Robert Musil) – im Sinne eines übergreifenden Konsenses und einer gesellschaftsweiten Innovationsmentalität – entstehen zu lassen, den wir brauchen um uns auf tiefe Veränderungen einzulassen und die entsprechenden Politiken mit zu tragen. Die Schwierigkeiten von Wandel beginnen an der Grenze der Vorstellbarkeit. Sie beginnen bei der Notwendigkeit das Neue zu denken und sich aus Gewohnheiten zunächst mental zu befreien. Erst diesem Schritt werden veränderte Handlungsweisen folgen können. Eine solche „narrative Mobilitätspolitik" kann nicht Aufgabe einzelner Visionäre sein, sondern muss einer kollektiven, dezentralen und vernetzten Innovationslogik entspringen, die es zu organisieren und über neue Kanäle in politische Prozesse und öffentliche Debatten einzuspeisen gilt.
- *Zukunftsfähige Verkehrspolitik muss Schwerpunkte setzen:* Aus der Betrachtung des Zukunftsraums des Verkehrs ergeben sich Hinweise, welche Gestaltungsfelder im Vordergrund stehen und welche Gestaltungsstrategien zum Einsatz kommen sollten. Beurteilungskriterien sind die erwartbare Geschwindigkeit und Größenordnung ökologischer und sozialer Entlastungseffekte, die gesamtsystemische Innovationsstärke, Reichweite und Tiefgängigkeit und schließlich die kulturelle Prägekraft, also der Beitrag zur Neuerfindung unserer modernen Zivilisation. Die klassischen Systematisierungen von verkehrspolitischen Handlungsfeldern, Strategien und Maßnahmen sind damit zwar nicht obsolet, werden aber aus einer anderen Innovationslogik heraus bewertet: Der bislang teilsystemischen – auf technische Trägersysteme, organisatorische Verlaufssteuerung und -optimierung ausgerichteten – inkrementellen Innovationslogik wird das Ideal einer auch gesamtgesellschaftlich ambitionierten Mobilitätspolitik entgegengesetzt. Dem paradigmatischen Charakter der Mobilität entsprechend muss dieser Ansatz systematisch und in disziplinärer Offenheit danach fragen, welche Veränderungen in anderen Gestaltungsfeldern angestoßen werden müssten, um zu Veränderungen in der Verkehrspraxis zu kommen. Andererseits ist zu fragen, welche Veränderungen der Verkehrspraxis im inkubatorischen Sinne wiederum zu nachhaltigen Veränderungen in anderen Teilsystemen führen könnten.

6   Leitstrategien zukunftsfähiger Verkehrspolitik

Klassische Konzepte ökologischer Verkehrspolitik sind die drei V: Vermeidung, Verlagerung, Verbesserung. Diese griffige Formulierung hat nichts von ihrer Gültigkeit verloren. Doch möchte ich im Sinne der oben geforderten Innovationslogik hier die Begriffe der Produkt-, Nutzungs-, Systeminnovationen der Mobilität als Leitstrategien einer zukunftsfähigen Mobilitätsgestaltung einführen. Sie ermöglichen eine differenzierte und zugleich vernetzte Argumentation mit Blick auf die synergetische Entwicklung und Umsetzung konkreter Handlungsstrategien und Maßnahmen. Man kann sagen, dass die drei V eine abstrakte Zielmatrix zukunftsfähiger Mobilitätsgestaltung bieten. Der Innovationstrias einer idealerweise eng aufeinander abgestimmten Gestaltung von Produkten, Abläufen und Systemen realisiert diese Matrix mit Blick auf definierte Handlungsebenen, Akteure und Zielparameter wie Nutzerfreundlichkeit, Universal Design, Verringerung des Energie- und Ressourcenverbrauchs, der Umwelt-, Gesundheits- und Sozialverträglichkeit etc.

6.1   Produktinnovation im Verkehr

Produktinnovation setzt bei einzelnen Verkehrsmitteln bzw. Verkehrsträgern an. Dabei wird die Funktionalität für die Abwicklung von Verkehrsabläufen eingesetzter Geräte oder Gerätesystem ggf. nicht verändert, sondern nur die Produktausprägung modifiziert, um eines oder mehrere der oben genannten Ziele zu realisieren. Produktinnovationen sollten während des Planungs- und Produktionsprozesses ansetzen, etwa bei der Frage einer an Wiederverwertbarkeit von Komponenten orientierten Gestaltung, sie optimieren den Gebrauchsprozess und sollten eine sinnvolle Nachnutzung von Beginn an mit in den Blick nehmen (z. B. Zweit- und Drittverwertung). Die inkrementelle Effizienzsteigerung des Verbrennungsmotors gehört ebenso zu dieser Strategie wie die Entwicklung neuer Antriebskonzepte für alle Verkehrsträger (E-Auto, H_2-Auto, Transrapid) bis hin zu ganz neuen technologischen Konzepten (Segway, Rail-Cab). Produktinnovationen basieren meist auf technischen Inventionen. Andererseits kann die Innovationsleistung auf die Kombination vorhandener Technologien, auf einen neuen Standard (Größe, Gewicht) oder eine neue Nutzungsform hin ausgerichtet werden. Produktinnovationen sollten immer auf die Erhöhung der Produkteffizienz zielen, also die Erfüllung einer Funktion mit geringerem Ressourceneinsatz bzw. die Darstellung erweiterter Produktfunktion bei gleich bleibendem, im Idealfalle verringertem Ressourcenaufwand. Sie können auch völlig neue Funktionen ermöglichen, die entweder neue Bedürfnisse generieren oder ein gegebenes Bedürfnis auf veränderte oder neue Art und Weise befriedigen.

6.2   Nutzungsinnovation im Verkehr

Nutzungsinnovationen setzen beim Betrieb von Verkehrsmitteln an. Es geht hier darum, wie gegebene Verkehrsbedürfnisse befriedigt werden können, ohne dafür neue Produkte einzusetzen bzw. wie sie durch einen anderen Einsatz der gegebenen Produkte bzw. der Gestaltung ihrer Nutzungsrahmenbedingungen befriedigt werden. Der Innovationsimpuls bezieht sich hier also mindestens auf die (Neu-) Organisation von Handlungsabläufen mit gegebenen Produkten in einem gegebenen Umfeld. Dieses kann mit oder ohne korrespondierende Produktinnovationen stattfinden. Die große politikpragmatische Bedeutung von Nutzungsinnovationen resultiert aus der oben beschriebenen Situation, dass die Welt sich als rigides sozio-technisches System entwickelt hat. Die Dingwelt ist so fest in Stahl und Beton gegossen wie die Menschwelt sich in beharrlichen Nutzungs- und Verhaltensroutinen fixiert hat. Eine Veränderung in Richtung der Zielkriterien der Nachhaltigkeit muss sich mit dieser Grundbedingung arrangieren. Meist ist weder Geld noch politischer Wille vorhanden, die notwendig wären, den Schritt zu groß angelegten Produkt- oder Systemkonversionen zu machen. Im Gegenteil liegt die Lösung wohl oft in der Perspektive der sehr viel effizienteren Nutzung von Produkten und Infrastrukturen. Diese Strategie zeichnet sich durch eine geringe technologische Eingriffstiefe aus. Es ist eine Strategie des klugen sozialen Umgangs mit der aktuell jeweils vorgefundenen Welt, deren Potenziale in allen Bedürfnisfeldern bei weitem noch nicht ausgeschöpft sind. Klassische Nutzungsinnovationen sind „Sharing-Konzepte" unterschiedlichster Ausprägung und Reichweite. Allgemein gesprochen hat das Teilen von Verkehrsmitteln das Ziel, eine möglichst umfassende Bedürfnisbefriedigung mit einem möglichst geringen Aufwand an Ressourcen zu realisieren. Beispiele sind Erhöhung der direkten Auslastung im Privatbesitz befindlicher Fahrzeuge durch intelligente Mitfahrkonzepte (Car-Pooling, „elektronischer Daumen"), oder die Steigerung der Betriebszeit von Fahrzeugen in Flottenkonzepten (Car-Sharing, Autovermietung, Call-a-Bike) die über die Lösung vom Privatbesitz und den wirtschaftlichen Betrieb von Fahrzeugen theoretisch die Stückzahl betriebener (oder für den Betrieb vorgehaltener) Fahrzeuge minimieren und auf diese Weise ressourceneffizient arbeiten.

Ein aktuelles Beispiel zur Verdeutlichung des Zusammenspiels von Produkt- und Nutzungsinnovationen: Der Elektroverkehr wie er heute überwiegend diskutiert wird – nämlich schlicht als kurzschlüssiges „Conversion Design" etablierter Produktauslegungen der Automobilität – basiert zum Teil auf einer klassischen Produktinnovation, bewegt sich aber bereits in den Grenzbereich zur Nutzungsinnovation hinein, da Elektroautos (neben anderen modifizierten Funktionsausprägungen wie z. B. in der Tank- und Fahrsituation) auch in Zukunft einer prinzipiellen Reichweitenbeschränkung unterliegen werden (und damit eine Abkehr vom gängigen etablierten Produktleitbild darstellen), die als Datum einer veränderten Nutzungsweise betrachtet werden müssen. Das heißt in der Produktinnovation Elektroauto ist bereits eine Nutzungsinnovation eingebaut, da der potenzielle Nutzer mit der Herausforderung konfrontiert ist, sich auf eine limitierte Reichweite der Fahrzeuge einzustellen. Die in der Produktgestalt verkörperte spezifische Handlungsaufforderung wird in diesem Falle gleich mitgestaltet und es werden entsprechende Lösungen für die Reichweitenbeschränkung mitgeliefert. Diese können z. B. sein: Gemischte Fahrzeugpoolkonzepte, in denen gegen Mitgliedschaft eines E-Auto-Nutzers die Möglichkeit besteht, bei langen Distanzen das Fahrzeug gegen ein Verbrennerauto mit großer Reichweite einzutauschen. Ein anderes Beispiel wären integrierte Mobilitätsdienstleistungskonzepte unter Einbezug aller Verkehrsträger: Hier wird der E-Auto-Nutzer für lange Strecken auf schienengebundenen Verkehr zurückgreifen können. Buchungs-, Abrechnungs- und Dispositionssysteme würden in diesem Falle gleich mit entworfen. Wirklich innovative Nutzungsformen der urbanen Elektromobilität können auf diesen intermodalen Mobilitätsdienstleistungen basieren, die „Selbstbeweglichkeit" durch eine stärkere Verknüpfung von Individual- und Kollektivverkehrsträgern ermöglichen. Die rasanten Entwicklungssprünge in den Informations- und Kommunikationstechnologien ermöglichen hier völlig neue Verknüpfungsszenarien im Sinne umfassender Systeminnovationen.

6.3   Systeminnovation im Verkehr

Die Strategie der Systeminnovationen der Mobilität verknüpft Produkt- und Nutzungsinnovationen und setzt dabei meist umfängliche Umbaumaßnahmen und Investitionen in den urbanen und infrastrukturellen Verkehrskontexten voraus. Systeminnovationen haben eine neue integrierte Gesamtarchitektur postfossiler Energieversorgungs-, Informations- und Verkehrsinfrastrukturen zum Ziel. Unter Ansatz des Kriterienkataloges zukunftsfähiger Verkehrsgestaltung ist es die Strategie mit den größten ökologischen und sozialen Entlastungseffekten, der größten gesamtsystemischen Innovationsstärke, Reichweite, Tiefgängigkeit und kulturellen Prägekraft. Es ist aber auch die Strategie mit der geringsten erwartbaren Umsetzungsgeschwindigkeit.

7   Leitsektoren zukunftsfähiger Verkehrspolitik

Verknüpft man die Analyse des Herkunfts- und des Zukunftsraums des Verkehrs, so lassen sich drei Leitsektoren zukunftsfähiger Verkehrspolitik ausmachen, in denen neue Gestaltungsleitbilder als kombinierte Produkt-, Nutzungs- und Systeminnovationen Raum greifen sollten. Sie anzugehen bedeutet, alle wichtigen umwelt-, klima- und energiepolitischen Herausforderungen zugleich, zügig und hinreichend zu adressieren, die Hebelpunkte also an der richtigen Stelle anzusetzen und wichtige Synergien auch im Hinblick auf einen Beitrag zur gesamtgesellschaftlichen Transformation zu erzeugen. Die vorgenommene Systematisierung ist eine analytische und idealtypische. Tatsächlich überschneiden sich die Leitsektoren ebenso wie die anzuwendenden Gestaltungsstrategien.

7.1   Energiekonversion im Verkehr

Der zentrale Ansatzpunkt ist die Umstellung in der energetischen Basis des Verkehrs vom herrschenden fossilen Betriebsmodus zu einem nachfossilen, regenerativen Betriebsmodus. Die Energiekonversion des Verkehrs ist der wichtigste Leitsektor insofern hier aufgrund der zentralen Rolle der fossilen Energie das größte ökologische und geopolitische Entlastungsmoment zu erwarten ist. Hinzu kommt, dass angesichts der beschriebenen Anteludialeffekte des Verkehrs ein Austausch der energetischen Basis im Betrieb der Verkehrsträger ungleich weniger konfliktreich sein wird, als die – mittel- und langfristig gleichwohl nicht vermeidbare – Restrukturierung der baulich-infrastrukturellen, organisatorisch-betriebswirtschaftlichen und mentalen Dispositionen des modernen Verkehrssystems. Bislang werden unterschiedliche Innovationspfade für unterschiedliche Verkehrsträger und Verkehrsarten diskutiert. Letztlich laufen alle Wege darauf hinaus, regenerative Primärenergie in Form mobiler Energieträger als Strom, Wasserstoff oder Biotreibstoffen der zweiten Generation zum Antrieb von Fahrzeugen zu nutzen. Meiner Ansicht nach werden wir in Zukunft eine Mischung dieser mobilen Energieträger in den unterschiedlichen Verkehrsarten und verkehrlichen Nutzungskontexten einsetzen. Im Bereich des urbanen und stadtnahen Verkehrs scheint allerdings der Einsatz von Elektrizität für den Personen- wie den Gütertransport sehr nahe zu liegen. Hier kann an vorhandene Versorgungsinfrastrukturen und etablierte Nutzungsformen, wie dem elektrischen Betrieb der öffentlichen Verkehrsträger, angeschlossen werden. Nicht zweckmäßig ist der Einsatz von Elektrizität für den nicht-urbanen und nicht schienengebundenen Gütertransport auf Strasse, Wasser und zu Luft und den in seiner Bedeutung oft unterschätzten Transportbedarf in der landwirtschaftlichen Produktion. Hier ist der Einsatz von Biokraftstoffen oder von Wasserstoff für die Energieversorgung des noch verbleibenden Verkehrsaufwandes zu etablieren, der nach einer grundlegenden Restrukturierung der Güterlogistik nicht weiter vermeidbar oder zu verlagern ist.

7.2   Elektroverkehr als Systeminnovation: Die Verknüpfung von Mikromobilität und öffentlichen Transport als Grundpfeiler des urbanen Verkehrs

Im Zentrum unserer mobilen Lebensweise steht das Auto. Mit Blick auf den Beitrag der Automobilität zum Ressourcenverbrauch und zur Klimaerwärmung und die ökonomische und gesellschaftliche Bedeutung der Automobil- und Mineralölbranche ist die Modernisierung der Automobilität und ihrer energiesystemischen, verkehrsinfrastrukturellen und sozialen Funktionsräume heute einer der Dreh- und Angelpunkte ökologischer Industriepolitik in modernen Gesellschaften. Gelingt die Transformation hier, so gelingt sie auch in allen anderen Bedürfnisfeldern und Wirtschaftsbereichen. Vor diesem Hintergrund gehe ich davon aus, dass die klassische, uns bekannte Automobilität heute im doppelten Sinne – als kulturelles Modell der Massenmotorisierung und als technologischer Entwicklungspfad – am Ende ist, ja sein muss, wenn wir die Kriterien der Zukunftsfähigkeit anlegen: Die uns so vertraute Automobilität, also der Privatbesitz eines Fahrzeuges mit Verbrennungsmotor, hinreichender Lade- und Transportkapazität, moderaten Kosten und einer großen Reichweite ist in keiner Weise global verallgemeinerungsfähig, selbst wenn wir irgendwann bei einer Effizienz von 1 L pro 100 km landen könnten. Ebenso wenig verallgemeinerungsfähig ist das Elektroauto, wenn es dem Verbrennungs-Pkw im Sinne des „Conversion Design" funktional äquivalent nachzueifern versucht. Wenn wir die Lage der Dinge wirklich ernst nehmen führt der einzige Weg zu einer dauerhaft nachhaltigen Verkehrsentwicklung nur über die Ent-Individualisierung der Privat-Mobilität und der Güterlogistik auf Basis einer mittelfristig vollkommen regenerativen Energiebasis, der massiven Aufwertung der kollektiven Verkehrsträger und des Umbaus unserer Wirtschafts- und Siedlungsstrukturen. Automobilität bedeutet ins deutsche übersetzt schlicht Selbstbeweglichkeit. Für uns moderne Menschen ist Selbstbeweglichkeit bislang als massenhaft verfügbarer Privat-Pkw auf fossiler energetischer Basis codiert und wie beschrieben in unsere Siedlungs-, Wirtschafts- und Produktionsinfrastrukturen tief eingeschrieben. Die Funktion der Selbstbeweglichkeit könnte aber auch anders realisiert sein. Eben nicht als technologisches Einzelartefakt sondern als Output des reibungslosen Zusammenspiels von Komponenten eines Systems. Statt mich in einem Artefakt durch eine Welt zu bewegen um von A nach B zu kommen, werde ich also im Sinne dieser Designphilosophie durch ein System in der Welt bewegt, um von A nach B zu kommen. Die Automobilität der Zukunft ist in diesem Sinne also tatsächlich eine weitgehend „autofreie Zukunft". Sie ist selbstbewegliche Mobilität von Menschen und Gütern auf Grundlage der Ent-Individualisierung des städtischen Verkehrs auf der Basis eines modernen, hoch entwickelten Kollektivverkehrs und Verknüpfung mit innovativen Nutzungsstrategien für das was man Mikromobilität nennen könnte, also individuelle Verkehrsträger unterhalb des Niveaus des heutigen Fahrzeugleitbildes (Pumas, Segways, E-Leichtfahrzeuge, E-Fahrräder, E-Mobile, Fahrräder, etc.). Besonders in den Metropolenregionen Südostasiens wird eine zukunftsfähige ökonomische und soziale Entwicklung ohne das belastbare Rückgrat eines hocheffizienten und leistungsfähigen Massenverkehrs nicht möglich sein. Denn gerade hier erscheint die Etablierung einer automobilen Monokultur – selbst auf der Nullemissionsbasis von Elektrofahrzeugen – aus Gründen der massiven Raumkonkurrenz nicht zielführend, die Kombination von Individual- und Kollektivverkehr hingegen als ausgesprochen sinnvoll. Diese Dichteproblematik ist in den meisten Regionen der nachholenden Modernisierung entscheidend. Der Einstieg in die Entwicklung von integrierten Verkehrssystemen, die im Rahmen aufeinander abgestimmter Produkt-, Dienstleistungs- und Systeminnovationen die Verknüpfung von elektrischem Individual- und Kollektivverkehr vorsehen, könnte beispielsweise für die europäische Verkehrsindustrie vor dem Hintergrund des Entstehens dieser enormen Märkte in den globalen Metropolenregionen sehr sinnvoll sein. Die Metropolen Asiens werden sich angesichts der beschriebenen Entwicklungen und Ausgangsvoraussetzungen ihrer weiteren Verkehrsentwicklung zu Keimzellen des Elektroverkehrs als Systeminnovation entwickeln. Zusammenfassend ist die Zukunft urbanen Verkehrs

bestimmt durch wenige, bei nüchterner Betrachtung recht schlicht anmutende Entwick-
lungsanforderungen:

- Die Rückkehr oder den Ausbau des Kollektivverkehrs als individualisierten Massen-
  transport;
- die Elektrifizierung aller Transportwege auf Basis einer letztlich regenerativen Energieerzeugung;
- Mikromobilität: das Weiterbestehen autonomer und flexibler Individualverkehrsmittel
  auf Basis des Elektroverkehrs im Zusammenspiel mit Dienstleistungs- und Nutzungsinnovationen.

So wie das Automobil mit Verbrennungsmotor heute unbestreitbar als Symbol der fossilen industriellen Moderne verstanden wird, könnte der Elektroverkehr in Zukunft als
Sinnbild eines zivilisationsgeschichtlichen Paradigmenwechsels und eines längst über-
fälligen strukturellen Wandels in der Automobil-, Mineralöl- und Energiebranche gelten.
Aus dieser Blickrichtung können wir die Elektrifizierung des Bedürfnisfeldes Verkehr
als eine Art trojanisches Pferd der grundsätzlichen nachfossilen Rekultivierung der Erde,
des Umbaus der fossilen zur solaren Kultur und der Dekarbonisierung der Energieflüsse
des gesellschaftlichen Organismus betrachten.

7.3   Systeminnovation des Güterverkehrs

Haben sie einmal überlegt, welche enorme Logistikmaschine sie in Bewegung setzen,
wenn sie im Internet ein Buch oder ein anderes Gebrauchsgut bestellen? Haben sie schon
einmal darüber nachgedacht, welche Transportgeschichte ein Nahrungsmittel hinter
sich hat, wenn sie es im Supermarkt kaufen können? Mit der Güter- und Konsumwelt
ist es wie mit der Windows-Benutzeroberfläche auf unserem Heimcomputer: Hinter den
Icons verbergen sich eilfertige und hocheffiziente, dabei aber auch enorm energie- und
ressourcenintensive Prozessorganisationen, deren Funktionsweise uns nicht bekannt
und oft genug auch nicht interessant für uns ist. Dabei würde die moderne Welt ohne
Güterlogistik nicht im Geringsten funktionieren. Wie wir Menschen zu den Orten und
Einrichtungen kommen, an denen wir Dinge zu erledigen haben steht meistens im Mittelpunkt unserer Aufmerksamkeit, weniger aber die Frage, wie transportintensiv die
Dinge entstehen und wie sie zu uns kommen bzw. zu den Orten, von denen wir sie dann
„über die letzte Meile" zu uns nach Hause holen oder bringen lassen. Wenn über Verkehrspolitik diskutiert wird, steht meist der Personenverkehr im Mittelpunkt, an dem
sich immer wieder viele Emotionen entzünden. Der Güterverkehr ist demgegenüber
ein ungeliebtes Kind der verkehrspolitischen Diskussionen, allerdings sehr zu Unrecht.
Anders gesagt: Als Ressourcenverbraucher, Treibhausgasproduzent und Minderungsfak-
tor urbaner Lebensqualität durch ein immer kleinteiligeres und höheres Transportauf-
kommen ist der Güterverkehr – also der weltweite Transport von Rohstoffen, Halbgütern

und konsumfertigen Endprodukten – aus Sicht der verkehrspolitischen Zukunftsfähigkeits-Apriori einer der zentralen Leitsektoren, denn er wird den Anforderungen einer nach-haltigen Entwicklung heute in keiner Weise gerecht und lässt überdies eine äußerst dynamische Entwicklung erkennen. Dies unterstreicht auch das aktuelle Fazit des Umweltbundesamtes im Mai 2010. Es macht darauf aufmerksam, dass sich der Trend bis 2025 noch deutlich verstärken könnte. So geht eine Prognose des Verkehrsministe-riums davon aus, dass der Verkehrsaufwand im Güterverkehr 2025 gegenüber 2008 um 43 % ansteigen könnte. Das die urbane Lebensqualität jedoch am stärksten tangierende Branchensegment der Kurier-, Express- und Paketdienste (KEP) ist durch ein besonders dynamisches Wachstum gekennzeichnet. Zwar wird mit einer Abschwächung des Wachs-tums gerechnet, aber insbesondere das E-Commerce-Geschäft stellt weiter einen starken Wachstumstreiber dar. Der Güterstruktureffekt – hin zu hochwertigen, eilbedürftigen und vor allem in geringen Sendungsgrößen anfallenden Gütern – scheint ungebrochen.

Die mobilitätspolitische Antwort auf diese Herausforderungen ist auf drei Ebenen – mit jeweils abnehmender Eingriffstiefe – zu suchen. Erstens und ganz grundsätzlich müssen wir die Frage nach der Genese von Gütertransporten stellen. Hier stellt sich die Frage nach der Raumüberwindungslast unserer Ernährungsweise ebenso wie die nach der Notwendigkeit sofortiger Bedürfnisbefriedigung (z. B. die KEP-Dienste betreffend). Letztlich ist die Verkehrsgenesefrage unmittelbar mit den extrem arbeitsteiligen und glo-bal nach komparativen Kostenvorteilen in den Rohstoff- und Arbeitsmärkten suchenden Wirtschafts- und Produktionsstrukturen verknüpft und somit der Verfasstheit unseres Wachstumsmodells. Ebenso spielt die nicht vorhandene Kostenwahrheit im transportie-renden Gewerbe eine große Rolle: Niedrige Treibstoffpreise haben die Entstehung eines global ausgreifenden Systems der Arbeitsteilung erst ermöglicht. Ohne die energetischen Dumpingpreise der fossilen Epoche wären weder die Globalisierungsprozesse unse-rer Tage möglich gewesen noch die Entwicklung einer im Kern nicht zukunftsfähigen Produktions- und Zirkulationsbranche, die Produktions- und Konsumptionsstandorte auf aus ökologischer Sicht gänzlich unsinnige Weise miteinander verknüpft, die ohne die bil-ligen fossilen Ressourcen eben niemals miteinander in Beziehung getreten wären. Die Verkehrsgenesefrage wandelt sich im Lichte des Zukunftsfähigkeits-Apriori in letzter Konsequenz zur Verkehrsvermeidungsfrage und ist eng und ursprünglich mit der Frage unseres Lebens- und Konsumstils verknüpft, d. h. eine Lösung liegt außerhalb der genu-inen verkehrspolitischen Gestaltungskompetenz, muss aber dennoch aus dieser Pers-pektive heraus thematisiert werden. Antworten werden sich dementsprechend auch nur im großen Zusammenhang der zu führenden gesellschaftspolitischen Debatte über die Reichweiten und Grenzen unseres Wirtschafts- und Konsummodells insgesamt finden lassen. Regionalisierte Produktions- und Nachfragemuster, jahreszeitliche Angemessen-heit von Konsumgewohnheiten, Vorausschau, Planung und Geduld bei den individuellen Konsumentscheidungen und Langfristigkeit und Dauerhaftigkeit der Produkteigenschaf-ten sind einige Antworten, die sich unmittelbar auch in verringerten Verkehrsaufwänden und Verkehrsleistungen niederschlagen werden und letztlich auch einem Transportstruktureffekt hin zu langsamer, systemischer und damit weniger energie- und flächenverbrauchend operierenden Güterverkehrskonzepten entgegen kommen wird.

Damit ist die zweite, im engeren Sinne verkehrspolitische Handlungsoption angesprochen: Die Verlagerung von Transporten weg von der Strasse und Flugzeug hin zu schienengebundenen Verkehrsträgern und zum Wassertransport. Hier sind insbesondere die Potenziale der Transporte auf den Binnenwasserstraßen noch völlig unausgeschöpft. Verlagerung setzt außerdem eine radikal verbesserte Vernetzung der Transportmodi voraus. Der kombinierte Verkehr ist ein lange und vielfältig diskutiertes Konzept, wurde gleichwohl in der Realität niemals ernsthaft umgesetzt und erprobt. Die Gründe liegen in den oben beschriebenen Kostenrelationen und der Stabilität von Konsumstilen, die eine funktional äquivalente Angebotsqualität zu den vergleichsweise schnellen und flexiblen Straßengütertransporten verlangen. Auch die Tatsache, dass verkehrspolitische Weichenstellungen und Infrastrukturinvestitionen zugunsten des kombinierten Verkehrs nicht stattgefunden haben kann nicht darüber hinwegtäuschen, dass funktionale Äquivalenz zum heutigen Transportmodell im Hinblick auf Schnelligkeit, Flexibilität etc. wohl aus prinzipiellen Gründen nicht in letzter Konsequenz wird erreicht werden können. Sollte man diese Auffassung nicht teilen, so wäre mindestens zu bedenken, dass der Versuch einer funktional äquivalenten Darstellung des Transportbedarfs im Rahmen einer umfassenden Systeminnovation immer noch einen enormen Ressourcenaufwand bedeuten würde, der im Vergleich zum Status quo zwar deutlich minimiert aber in keiner Weise zukunftsfähig wäre.

Die dritte verkehrspolitische Option liegt bei der Steigerung der Nutzungseffizienz der gegebenen Transportträger durch bessere logistische Disposition, im Einsatz regenerativer Treibstoffe und schließlich in der Steigerung der direkten Energieeffizienz der eingesetzten Antriebssysteme. Hier reicht die Spannweite der zukünftig zu führenden Diskussion vom Einsatz von Elektroleichttransportern für die „letzte Meile" in urbanen Ballungsräumen über die Option des Einsatzes von Biokraftstoffen der zweiten Generation im Lkw-Transport bis hin zu visionären Konzepten wie „Sky Sails" für die Verringerung des Energieverbrauchs des Überseetransports durch Windkraft.

Insgesamt liegt eine Antwort auf die Herausforderungen in der zukunftsfähigen Gestaltung des Güterverkehrs also – wie im Personenverkehr auch – in der Vielfalt, der Synergie und einer dem Nutzungskontext angemessenen Adaption und klugen Vernetzung von organisatorischen und technologischen Optionen.

8   Fazit

Wenn man mich zum Abschluss um Zuspitzung und Gewichtung des bislang Gesagten bitten würde, würde ich die folgenden Gedanken betonen:

- *Wir sind am Ende des Kulturmodells der Massenmotorisierung.* Das muss für die fossile Technologie nicht weiter begründet werden. Es gilt aber auch für den Elektroverkehr. Soll Elektroverkehr als Leitbild der Massenmotorisierung fortgeführt werden, so ist das eine Innovation in der Sackgasse (vgl. auch den Beitrag von Petersen in diesem Band). Die Elektrifizierung des Verkehrs auf Basis regenerativer Energieerzeugung wird in Zukunft nur als Systeminnovation zukunftsfähig sein, als Synergie elektrisch betriebener Kollektiv- und Individualverkehrsmittel, bei der der massenhafte Besitz von Motorfahrzeugen durch massenhaften Zugang zu geschäftsmäßig betriebenen Mobilitätsdienstleistungen ersetzt wird.

- *Wir brauchen die Umkehrung der verkehrspolitischen Innovationspyramide.* Das erfordert erneuerte Denk- und Handlungsweisen in der Verkehrspolitik. Bislang wird umweltorientierte Verkehrspolitik vor allem als Produktinnovation betrieben. Es geht aber darum, das gesamte Innovationsgeschehen vom Gesamtsystem her zu denken und sich über die Ableitung von innovativen Nutzungs- und Geschäftsmodellen erst am Ende der Frage der Produktinnovation zu nähern.

- *Wir brauchen eine Modernisierungsoffensive für die kollektiven Verkehrsträger.* Das Rückgrat der globalen Verkehrsentwicklung werden leistungsfähige und robuste Kollektivverkehrsträger sein. In einem Gestaltungsszenario wie vorangehend beschrieben, dienen sie als modernes Basissystem innovativer und durchaus noch individualisierbarer Nutzungsformen und Geschäftsmodelle. In einem Zwangsszenario, wie es aufgrund der beschriebenen Tendenzen nicht unwahrscheinlich ist, dienen sie der Grundabsicherung des gesellschaftlichen Verkehrsbedarfs. Wir könnten schnell in Zeiten gehen, in der ohne kollektive Verkehrsträger gar nichts mehr läuft – im Personen- wie im Güterverkehr. Das wäre dann in vielerlei Hinsicht eine ganz andere Welt mit noch ganz anderen Schwierigkeiten, Verkehr wird auch darin benötigt. Im Sinne von Vorsorge und Risikoabsicherung kann Verkehrspolitik heute gut begründet zur Entscheidung kommen, massive investitionspolitische Umschichtungen vom motorisierten Personen- und Gütertransport zum Kollektivverkehr vorzunehmen. Um es zuzuspitzen: Der VDA wirbt heute mit dem Slogan, jeden siebten Arbeitsplatz in Deutschland zu vertreten. Es könnten Zeiten kommen, in denen sogar jeder zweite Arbeitsplatz in Deutschland direkt und indirekt durch ein funktionierendes Kollektivverkehrssystem garantiert wird (vgl. den Beitrag von Dziekan in diesem Band).

- *Wirklich zukunftsfähiger Verkehr ist nur vermiedener Verkehr.* Die Anwendung der in diesem Aufsatz entwickelten Innovationstrias ist ein Beitrag zur Erneuerung der Verkehrspolitik. Allein ich bin mir nicht sicher ob deren Wirkeffekte ausreichend sind, um zu einem wirklich zukunftsfähigen Verkehr zu gelangen. Die entscheidenden Antworten werden auf die Frage der Verkehrsgenese gegeben werden müssen, die – wie anhand des Güterverkehrs illustriert – genuin eine Frage nach unserem Lebensstil ist und sich damit außerhalb des engeren verkehrspolitischen Handlungsbereichs bewegt. Um noch einmal zuzuspitzen: Alle Optimierungs- und Lenkungs-, Verflüssigungs- und Verlagerungskonzepte für den Verkehr kommen nicht an der Tatsache vorbei, dass wir möglicherweise gänzlich auf dem falschen Pfad sind, solange wir uns innerhalb des geltenden Gesellschaftsmodells bewegen.

So ist Verkehrspolitik am Ende immer auch eine Frage der Gesellschaftspolitik und das Eingangszitat erscheint als Ausgangszitat erst recht als gültig: „Die Philosophen haben die Welt nur verschieden interpretiert, es kömmt darauf an, sie zu verändern".

Lernfragen

a) Erläutern sie den Zusammenhang von gesellschaftlicher Modernisierung und Verkehrswachstum.

b) „Definieren sie den Begriff der Anteludialeffekte".

c) Warum ist das Kulturmodell der Massenmotorisierung nach Auffassung des Autors an sein Ende gekommen?

d) Was sind die Leitsektoren zukunftsfähiger Verkehrspolitik?

e) Warum bedarf es einer „Umkehrung der verkehrspolitischen Innovationspyramide"?

Literatur

Burckhart, Martin (1997): Metamorphosen von Raum und Zeit. Eine Geschichte der Wahrnehmung. Frankfurt am Main, New York.

Franke, Sassa (2001): Car Sharing: Vom Ökoprojekt zur Dienstleistung. Berlin.

Internationale Energie-Agentur (IEA) (2007): World Energy Outlook 2007. Paris.

Leggewie, Claus/Harald Welzer (2009): Das Ende der Welt wie wir sie kannten. Klima, Zukunft und die Chancen der Demokratie. Frankfurt am Main.

Rammler, Stephan (2001): Mobilität in der Moderne – Geschichte und Theorie der Verkehrssoziologie. Berlin.

Rammler, Stephan (2003): "So unvermeidlich wie die Käuzchen in Athen" – Anmerkungen zur Soziologie des Automobils. IVP-Schriften. Technische Universität Berlin, Institut für Land- und Seeverkehr, Fachgebiet Integrierte Verkehrsplanung. Berlin.

Rammler, Stephan (2010): Das Ende der Moderne zwischen Apokalypse und Utopie. Gedanken zur kulturellen Transformation in der Weltüberlebensgesellschaft. In: Lerchen_feld, Magazin der Hochschule für Bildende Künste Hamburg, Nr. 05/2010, S. 19–24.

Schwedes, Oliver/Rammler, Stephan (2012): Mobile Cities. Dynamiken weltweiter Stadt- und Verkehrsentwicklung. Münster.

Simon, Herbert (1969): The Sciences oft the Artificial. Cambridge Mass.

Voigt, Fritz (1953): Verkehr und Industrialisierung. In: Zeitschrift für die gesamte Staatswissenschaft, Nr. 109, S. 193–239.

Weiterführende Literatur

Burkart, Günter (1994): Individuelle Mobilität und soziale Integration. In: Soziale Welt 45, S. 216–240.

Flink, James J. (1988): The Automobile Age. Cambridge/Mass.

Kuhm, Klaus (1997): Moderne und Asphalt. Die Automobilisierung als Prozeß technologischer Integration und sozialer Vernetzung. Pfaffenweiler.

Sachs, Wolfgang (1984): Die Liebe zum Automobil. Ein Rückblick auf die Geschichte unserer Wünsche. Reinbek.

Heine, Hartwig/Rüdiger Mautz/Wolf Rosenbaum (2001): Mobilität im Alltag. Warum wir nicht vom Auto lassen. Frankfurt/New York.

Stephan Rammler, Prof. Dr.,   Hochschule für Bildende Künste Braunschweig,   Lehrstuhl   für Transportation Design & Zukunftsforschung, Johannes-Selenka-Platz 1, 38118 Braunschweig.

Mensch und Verkehr

Plädoyer für eine empirisch gestützte Verkehrspolitik auf verhaltenswissenschaftlicher Grundlage

Sebastian Bamberg und Michael Köhler

Zusammenfassung

Ziel dieses Kapitels ist, zu verdeutlichen, dass die Entwicklung verkehrspolitischer Interventionen mit einer verhaltenswissenschaftlichen Analyse der Faktoren bzw. Prozesse starten sollte, auf denen das zu verändernde Verhalten beruht. Auf eine kritische Darstellung des in der Verkehrspolitik und -planung immer noch prominenten Rational Choice Ansatzes folgt die Präsentation psychologischer Theorien, die sich mit dem Einfluss von Wissen, Furcht und soziale Normen auf das menschliche Verhalten beschäftigen. Im letzten Teil wird die Meta-Analyse als empirischer Goldstandard für die Bewertung von Interventionen eingeführt. Es werden meta-analytische Befunde zu Maßnahmen wie Gesetzen, Polizeikontrollen, massenmedialen Kampagnen und schulbasierten Interventionsprogrammen präsentiert.

1   Einführung

Idealerweise schafft staatliche Verkehrspolitik durch vorausschauende Planung die Verkehrsinfrastruktur, die eine Gesellschaft für die von ihr gewünschte ökonomische, soziale und ökologische Weiterentwicklung als notwendig erachtet. Ein weiteres wichtiges verkehrspolitisches Ziel ist Verkehrssicherheit, d. h. das Aufstellen und Durchsetzen von Regeln, die eine sichere Nutzung der geschaffenen Verkehrsinfrastruktur ermöglichen.

S. Bamberg (✉) · M. Köhler
Fachhochschule Bielefeld, Bielefeld, Deutschland
E-Mail: sebastian.bamberg@fh-bielefeld.de

M. Köhler
E-Mail: michael.koehler@fh-bielefeld.de

© Springer Fachmedien Wiesbaden GmbH, ein Teil von Springer Nature 2018
O. Schwedes (Hrsg.), *Verkehrspolitik,*
https://doi.org/10.1007/978-3-658-21601-6_3

Braucht die Verkehrspolitik verhaltenswissenschaftliche Expertise zur Erreichung dieser Ziele? Solange sich Verkehrspolitik auf das Fortschreiben aktueller Trends beschränkt, vermutlich nicht. Wenn sie aber auf die *Veränderung* von Verhaltenstrends abzielt, muss sich Verkehrspolitik intensiv mit den Faktoren bzw. Prozessen beschäftigen, auf denen Verhalten von Individuen und Gruppen beruht.

So kann mit Technik alleine Verkehrssicherheit nicht hergestellt werden. Verkehrssicherheit entsteht immer aus der Wechselwirkung von Technik und individuellem bzw. kollektivem Verhalten. Auch ein hoher sicherheitstechnischer Standard kann nur begrenzt Unfallrisiken verringern, die sich aus der Unkenntnis von bzw. dem bewussten Verstoß gegen Verkehrsregeln, riskantem Fahrstil, mangelnder Fahrkompetenz oder dem Fahren unter Drogeneinfluss ergeben. Das in Kasten 1 dargestellte Risikoverhalten ‚Handynutzung beim Fahren' ist ein gutes Beispiel dafür. Viele Expert_innen sehen in diesem Verhalten eine Ursache für den in den letzten Jahren beobachteten Wiederanstieg der Verkehrsunfälle und den daraus resultierenden Verletzten und Toten.

Kasten 1: „Unfallgefahr Smartphone – Handy am Steuer entspricht 1,1 Promille Alkohol"

Alarmierend viele Autofahrer sind einer neuen Studie zufolge ein ernsthaftes Verkehrsrisiko, weil sie während der Fahrt auf dem Smartphone lesen und tippen. Ein Forschungsteam des Verkehrspsychologen Prof. Vollrath (TU Braunschweig) stellte bei der Beobachtung von rund 12.000 vorbeifahrenden Autos fest, dass 4,5 % der Fahrer mit dem Mobiltelefon hantierten. Ergebnisse aus kontrollierten Laborstudien deuten darauf hin, dass dieses Verhalten das Unfallrisiko um das Sechs- bis Zwölffache erhöht. Vor allem jüngere Menschen tippen oft während der Fahrt und bei stehendem Auto, etwa an Kreuzungen. Einen deutlichen Unterschied zwischen Frauen und Männern konnte das Team hingegen nicht ausmachen. Nach Vollrath sind die stark gestiegene Zahl von Smartphones sowie mangelndes Problembewusstsein die Ursache: „Den Leuten scheint nicht klar zu sein, wie gefährlich gerade das Tippen auf dem Handy ist."

Wenn es um die Veränderung von Risikoverhaltensweisen wie der Handynutzung beim Fahren geht, braucht die Verkehrspolitik Annahmen über Faktoren bzw. Prozesse, auf denen diese Entscheidungen und Verhaltensweisen beruhen. Mit anderen Worten braucht sie eine systematische Verhaltenstheorie. Vielleicht wird der Grund dafür deutlicher, wenn Sie kurz über folgende Frage nachdenken: Haben Sie selbst schon mal während des Fahrens das Handy benutzt? Wenn ja, was waren oder sind Ihre Gründe dafür? Welche verkehrspolitischen Maßnahmen würden Sie von diesem Risikoverhalten abhalten? Plädieren Sie für härtere Strafen? Halten Sie Appelle an das Verantwortungsgefühl für wirksam? Oder glauben Sie an die Abschreckungskraft schockierender Unfallbilder? Auf welche Annahmen über die „menschliche Natur" stützt sich Ihre Überzeugung von der Wirksamkeit einer Maßnahme bzw. Nichtwirksamkeit aller Maßnahmen?

Sie merken vielleicht, dass Sie sich bei der Beantwortung der Fragen auf Erklärungsversuche über die „menschliche Natur" stützen, d. h. Annahmen darüber, auf welchen Motiven Ihr nicht regelkonformes Verhalten beruht und welche verkehrspolitischen Maßnahmen Sie motivieren würden, auf die Handynutzung während des Autofahrens zu verzichten. Sie stützen sich also auf eine nicht-systematische, implizite Verhaltenstheorie. In diesem Kapitel möchten wir dafür werben, anstatt impliziter, oft nicht transparent gemachter Annahmen über Verhalten bei der Konzeption verkehrspolitischer Maßnahmen auf explizite, empirisch bewährte Verhaltenstheorien zurückzugreifen.

2 Rational Choice als Grundlage verkehrspolitischer Interventionen

Wenn Verkehrspolitiker_innen oder Verkehrsplaner_innen öffentlich argumentieren, scheint es oft so, dass sie sich implizit oder explizit an dem Modell des Rationalen Entscheiders (Rational Choice, vgl. Gorr 1997) orientieren. Kern dieses Modells ist die Annahme, dass Menschen Egoisten sind, d. h. dass persönlicher Nutzen bzw. das Abwenden von persönlichen Nachteilen zentrale Verhaltensmotive sind. Aus wissenschaftlicher Sicht ist jedoch das diesem Modell zugrunde liegende Verständnis von Rationalität problematisch: Aus unserer Sicht verwechselt es die Form eines Entscheidungsprozesses mit der Bewertung von Entscheidungskonsequenzen. Im Kern ist Rationalität ja lediglich ein formales Prinzip, nämlich das bewusste, möglichst quantifizierte Abwägen der Wahrscheinlichkeit von Handlungskonsequenzen. Wie wichtig einem Entscheidenden einzelne Handlungskonsequenzen sind, liegt außerhalb dieses formalen Rationalitätskonzepts. Weil ihnen das nicht bewusst ist, verwechseln viele Rational Choice Vertreter_innen Rationalität mit Egoismus, d. h. sie sehen eine Entscheidung, die Gemeinwohlinteressen den Vorrang vor individuellen Interessen gibt, tendenziell als irrational an. Wieso sollte es aber irrational sein, wenn ich nach sorgfältigem Abwägen eine Entscheidung treffe, die nicht meinen Nutzen, sondern den meiner Gruppe maximiert? Erwarten nicht die meisten von uns genau das von einer „rationalen" Verkehrspolitik? Dieses Beispiel macht deutlich, dass die Maximierung des individuellen Eigennutzes nicht beanspruchen kann, rational zu sein. Vielmehr spiegelt eine sich am Eigennutz orientierende Entscheidung spezifische psychologische Motive wieder. So belegen spieltheoretische Experimente (vgl. Bruins, Liebrand & Wilke 1989) nicht nur die in der Regel schädlichen individuellen und kollektiven Konsequenzen von am Eigennutz orientierten Entscheidungen, sondern auch, dass hinter dieser Strategie vor allem die psychologischen Motive Angst und Gier stehen – beides Motive, die nicht unbedingt rationale Entscheidungen fördern.

Zweites prägendes Merkmal des Rational Choice Modells ist die sich aus der Eigennutz-Maximierungs-Annahme ergebende Asozialitäts-Annahme: Das Modell geht davon aus, dass Menschen bei dem Versuch ihren Eigennutz zu maximieren, die sozialen Erwartungen anderer nur berücksichtigen, wenn diese sie bestrafen können. Aus verhaltenswissenschaftlicher Sicht beruht diese Annahme nicht nur auf einer verkürzten Konzeption von sozialem Einfluss als externem Zwang, sondern ist auch als empirisch widerlegt anzusehen. Unzählige Experimente (vgl. Cialdini 2004) dokumentieren nicht nur die extreme menschliche Sensibilität für soziale Informationen, sondern deren hohen adaptiven Wert: Besonders in neuen Situationen ist das genaue Beobachten, was andere tun, eine sehr erfolgreiche Strategie: In einer komplexen, immer mehrdeutigen Welt sind wir auf soziale Validierung der Realität angewiesen, d. h. auf die Urteile von Menschen, die wir als glaub- und vertrauenswürdig einschätzen. Worauf stützen wir unsere Bewertung verschiedener Handlungskonsequenzen? Oft nicht auf eigene Erfahrungen, sondern auf die Meinungen/Erfahrungen von Familienangehörigen und Freunden. Experimente der Behavioral Economics liefern Belege dafür, dass wir entwicklungsgeschichtlich als soziale Wesen angelegt sind: Selbst in experimentellen Settings, die das Maximieren des individuellen Eigennutzes nahelegen, orientieren sich Menschen offensichtlich automatisch an sozialen Normen wie Erwidern von Gefallen (Reziprozität) und Fairness.

▶   Stellen Sie sich vor, dass Ihr_e Partner_in und Ihre Freunde prinzipiell nie das Handy beim Fahren benutzen und auch sehr klar kommunizieren, dass sie von Ihnen das gleiche erwarten. Bitte überlegen Sie bezogen auf das obige Beispiel „Handynutzung während des Fahrens", welchen Einfluss diese Erwartungen Ihnen wichtiger Bezugspersonen auf Ihr eigenes Verhalten hat.

Die dritte Annahme, auf der das Rational Choice Modell beruht, ist die der vollständigen Informiertheit, d. h. es wird davon ausgegangen, dass der Entscheidende vollständig über alle mit unterschiedlichen Handlungsalternativen verbundenen Konsequenzen informiert ist. Auch diese Annahme ist empirisch unhaltbar. Die bewusste Suche nach Informationen und deren tiefe Verarbeitung benötigt Zeit und kognitiven Aufwand. Beides sind knappe Ressourcen, die wir auf wenige, für uns persönlich wichtige Entscheidungen konzentrieren müssen. Bei weniger wichtigen, alltäglichen Entscheidungen greifen wir deshalb auf kognitiven Aufwand und Zeit sparende Heuristiken wie z. B. „Mach das, was sich schon oft bewährt hat" oder „Entscheide dich so, wie es die meisten anderen tun" zurück (vgl. Gigerenzer/Gaissmaier 2011).

▶   Wie schon in Kasten 1 erwähnt, gehen bezogen auf das Beispiel „Handynutzung beim Fahren" viele Forscher_innen davon aus, dass den meisten Autofahrern_innen nicht wirklich bewusst ist, wie gefährlich dieses Verhalten ist.

Wenn schon viele Ökonom_innen nicht mehr das Rational Choice Modell für eine realistische Verhaltenstheorie halten, warum hat es dann in der Verkehrspolitik bzw. Verkehrsplanung noch so viele Anhänger_innen? Wir sehen dafür zwei Gründe: In der Regel interessieren sich Verkehrspolitik/-planung nicht für die genaue Vorhersage von individuellem Verhalten, sondern für die Prognose von Entwicklungstrends auf Aggregatniveau. Deshalb suchen sie nach sparsamen, leicht operationalisierbaren Verhaltensmodellen, die sich gut in solche Prognosemodelle integrieren lassen. Mit der Konzentration auf nur drei Parameter (Zeit-, Geld- und Komfortkosten) ist das Rational Choice Modell ein sparsames Modell. Weiter kommt der Verkehrspolitik entgegen, dass das Rational Choice Modell eine Strategie der Verhaltensveränderung nahelegt, die sich gut mit klassischen verkehrspolitischen Instrumenten verbinden lässt: Durch steuer-, ordnungs- und infrastrukturpolitische Maßnahmen lässt sich unerwünschtes Verhalten über höhere Zeit- und Geldkosten bestrafen bzw. erwünschtes Verhalten über niedrigere Zeit- und Geldkosten belohnen (siehe Kasten 2).

Kasten 2: Strafen – aus dem Rational-Choice Modell abgeleitete Verhaltensänderungsstrategie

Die Maßnahmen mit der die Verkehrspolitik auf das Problem „Handynutzung beim Autofahren" reagiert, zeigen wie stark sie sich am Rational Choice Modell orientiert: Wer beim Telefonieren erwischt wird, muss 60 EUR Bußgeld zahlen und bekommt einen Punkt in Flensburg. Wiederholungstäter_innen müssen mit einem Fahrverbot von einem bis drei Monaten rechnen. Auch die Handynutzung beim Fahrradfahren kostet 25 EUR Bußgeld. Hinter diesen Maßnahmen steht die Annahme, dass das Androhen schmerzhafter Sanktionen vom Ausführen einer Risikoverhaltensweise abschreckt. Aus verhaltenswissenschaftlicher Sicht hängt allerdings die abschreckende Wirkung dieser Maßnahmen davon ab, wie schmerzhaft Sie diese Maßnahmen tatsächlich beurteilen bzw. wie hoch Sie die Wahrscheinlichkeit einschätzen erwischt zu werden. Hand aufs Herz: Wie hoch schätzen Sie das Risiko persönlich ein, bei der Handynutzung von der Polizei erwischt zu werden?

In ihrer behavioristischen Phase hat sich die Verhaltenswissenschaft intensiv mit Verhaltensänderung durch Belohnung und Bestrafung beschäftigt. Aufgrund der dabei gesammelten Erkenntnisse wird inzwischen die Effektivität bzw. praktische Relevanz von primär auf Belohnung bzw. Bestrafung abzielenden Maßnahmen eher skeptisch gesehen. Im Kontext der Verhaltensänderung schränken mindestens drei Probleme die Effektivität von Belohnung ein: 1) Durch materielle Anreize erzeugte Veränderungen sind oft nicht nachhaltig. Menschen reagieren auf extern gesetzte Anreize, ohne ihre grundsätzlichen Einstellungen zu dem infrage stehenden Verhalten zu ändern. Wenn die Anreize wegfallen, kehren sie deshalb oft zu ihren alten Verhaltensmustern zurück. 2) Zudem ist Verhaltensänderung über Belohnung in der Regel sehr teuer: Die Verschiebungen in dem Anreizsystem müssen schon recht deutlich sein, um als persönlich relevant wahrgenommen zu werden. 3) Das dritte Problem besteht darin, dass externe Belohnung offensichtlich die eigene intrinsische Motivation, ein problematisches Verhalten zu verändern, unterminiert. Wenn man Menschen für eine erwünschte Handlung belohnt, entwickeln sie die Haltung, in pro-sozialem Verhalten ein Gut zu sehen, dass man ihnen abkaufen muss.

Bestrafung bzw. die Androhung von Strafen ist ein wirksamer Weg Verhalten zu verändern. Leider hat aber auch Bestrafen einen Haken. Es erzeugt bei Menschen Widerstand: Bestrafte fühlen sich in ihrer Entscheidungsfreiheit eingeschränkt, unfair behandelt und suchen nach Wegen, wie sie sich dagegen wehren können. Zur Durchsetzung von Bestrafungen müssen deshalb teure Kontroll- und Sanktionssysteme installiert werden. Auf der politischen Ebene entsteht dadurch oft ein Akzeptanzproblem, was die Wiederwahlchancen der politisch Verantwortlichen gefährden kann. Aus diesem Grund tut sich die Politik sehr schwer, wirksame Bestrafungen zu implementieren.

3 Psychologische Theorien als Grundlagen verkehrspolitischer Interventionen

Psychologisch basierte Interventionskonzepte verzichten nicht auf belohnende und bestrafende Interventionselemente. Sie betten diese Elemente aber in eine umfassende Strategie ein, in deren Mittelpunkt die Schaffung eines freiwilligen, intrinsisch motivierten Veränderungswunsches steht. Damit rückt die Frage in den Mittelpunkt, was neben Belohnung und Bestrafung weitere Ansatzpunkte für Maßnahmen sein können, die auf die Schaffung einer Motivation zur freiwilligen Verhaltensänderung abzielen. Wie sich Kasten 3 entnehmen lässt, sehen viele Forscher_innen und Praktiker_innen bezogen auf das Problem „Handynutzung beim Fahren" in der Wissensvermittlung, der Erzeugung von Furcht vor den Konsequenzen von selbstverschuldeter Unfälle sowie dem Appell an das Verantwortungsgefühl Erfolg versprechende Ansatzpunkte für eine freiwillige Verhaltensänderung.

Kasten 3: Problembewusstsein als Verhaltensänderungsstrategie
In der Schweiz haben mehrere Verbände die Kampagne „Augen auf die Straße" gestartet. In England warnen Regierung und das staatliche Gesundheitssystem NHS Fußgänger, im Straßenverkehr aufs Handy zu schauen. In mehreren Städten werben Plakate für mehr Aufmerksamkeit – etwa an Londoner Bushaltestellen. Warnungen wie „Er sah die SMS, aber nicht den Lastwagen" stehen neben dem Bild eines Jugendlichen, der mit zerbrochenem Smartphone auf der Straße liegt. Das US-Verkehrsministerium experimentiert in Portland im Bundesstaat Oregon mit sprechenden Bussen, die diese unachtsamen Fußgänger_innen aufschrecken sollen. Aus Lautsprechern, die an den Fahrzeugen installiert wurden, ertönen Sätze wie: „Fußgänger, der Bus biegt ab". In Niedersachsen wurde die Kampagne „Tippen tötet" gestartet. Entsprechende Fotos und der Kampagnen-Name hängen

auf großen Bannern an Autobahnen und Bundesstraßen, es gibt Handyhüllen und Postkarten mit der Aufschrift sowie ein Video im Internet[1]. Eine Auswertung, ob die Aktion positive Auswirkungen hat, gibt es bisher nicht.

3.1 Wie beeinflusst Wissen Verhalten? – Die Theorie des geplanten Verhaltens

Nur über welche Prozesse soll Wissensvermittlung ein Risikoverhalten wie Handynutzung beim Fahren beeinflussen? Die von Ajzen (1991) entwickelte „Theorie des geplanten Verhaltens" (Theory of Planned Behavior – TPB) stellt eine empirisch bewährte und intensiv angewandte Theorie dar, wie menschliches Verhalten durch wissensbasierte kognitive Überzeugungen beeinflusst werden kann. Diese Theorie eignet sich damit hervorragend, um ein entsprechendes Wirkungsmodell für eine Informationskampagne zu konzipieren und empirisch zu testen. Wie das Rational Choice Modell, orientiert sich die TPB dabei an der Annahme, dass menschliches Verhalten auf einem rationalen Entscheidungsprozess beruht. Dabei verzichtet die TPB aber auf die oben diskutierten problematischen Annahmen des Rational Choice Modells, dass Menschen asoziale Entscheidende sind, die sich primär an ihrem Eigennutzen orientieren. Ferner geht die TPB explizit davon aus, dass Menschen bei ihren Entscheidungen nur in sehr begrenztem Umfang tatsächlich vorhandene Information benutzen. Nach der TPB stellt die Absicht (Intention) zur Durchführung eines bestimmten Verhaltens die zentrale psychologische Determinante tatsächlichen Verhaltens dar. Die Verhaltensabsicht selbst wird dabei durch folgende drei Konstrukte bestimmt: 1) Der Einstellung zu dem Verhalten, wobei die Einstellung das Ergebnis von mit der Ausführung des Verhaltens verbundenen persönlich wichtigen positiven und negativen Konsequenzen ist; 2) der subjektiven Norm, die den subjektiv wahrgenommenen sozialen Erwartungsdruck von Außenstehenden, ein bestimmtes Verhalten ausführen zu müssen, beschreibt sowie 3) der wahrgenommene Verhaltenskontrolle, die widerspiegelt, wie einfach oder schwierig eine Person die Ausführung/Unterlassung einer Verhaltensweise einschätzt. Inzwischen ist die TPB intensiv zur Erforschung verkehrsbezogenen Risikoverhaltensweisen eingesetzt worden. Abb. 1 stellt beispielhaft die Ergebnisse aus zwei solchen Untersuchungen dar.

Wie von der TPB prognostiziert, wird die Absicht diese beiden Risikoverhaltensweisen auszuführen von der Einstellung zum jeweiligen Risikoverhalten (je positiver die Einstellung, desto höher die Verhaltensabsicht) sowie der wahrgenommenen Kontrolle über die Verhaltensausführung (je höher die Kontrolle, desto höher die Verhaltensabsicht) beeinflusst. Die wahrgenommenen Erwartungen wichtiger Anderer (subjektive

---

[1]Tippen tötet – Das neue Video (Landesverkehrswacht Niedersachsen e. V., YouTube: https://www.youtube.com/watch?v=EcKwngEtDVY).

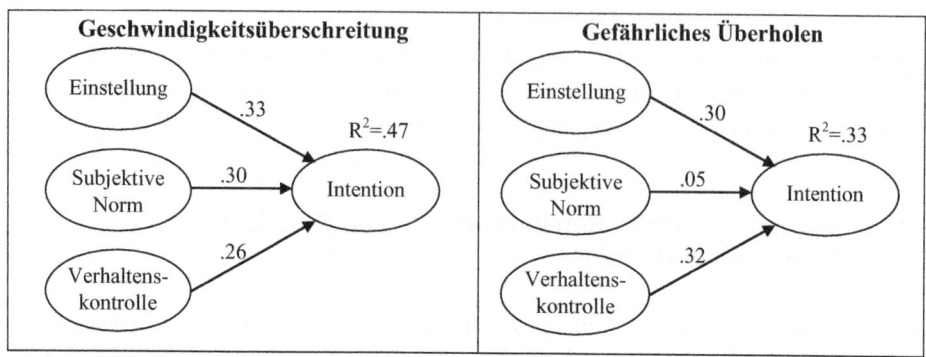

Abb. 1 Anwendung der TPB zur Erklärung der beiden verkehrlichen Risikoverhaltensweisen ‚Geschwindigkeitsüberschreitung' und ‚gefährliches Überholen', N = 275 Fahrer_innen im Alter von 18–75 Jahren. (Nach Forward 2008)

Norm) hat jedoch nur einen Einfluss auf die Absicht zu schnell zu fahren (je höher die wahrgenommene soziale Unterstützung, zu schnell zu fahren, desto höher die Absicht, dies zu tun).

3.2 Wie beeinflussen Furchtappelle Verhalten? – Das Extended Parallel Processing Model

Wie auch schon in Kasten 3 thematisiert, setzen viele Kampagnen neben der Wissensvermittlung zusätzlich auf Furchtappelle (siehe dazu auch das Video „Tippen tötet"). Mit dem Begriff ‚Furchtappell' werden persuasive Botschaften bezeichnet, die darauf abzielen, durch Beschreibung von negativen oder schmerzhaften Konsequenzen eines Risikoverhaltens Menschen zu motivieren, dieses Verhalten zu unterlassen bzw. stattdessen ein anderes, erwünschtes Verhalten zu zeigen. Oft kombinieren Furchtappelle dazu eindringliche Schicksalsgeschichten mit harten schockierenden Bildern und Filmen. Gerade im Kontext von Verkehrssicherheitskampagnen werden Furchtappelle gerne benutzt, weil die für die Konzeption solcher Kampagnen Verantwortlichen davon ausgehen, dass Furchtappelle eine wirksame Strategie sind, Menschen dazu zu bringen, ihre Aufmerksamkeit auf ansonsten für sie langweilige oder unattraktive Themen (z. B. Helmtragen bei Radnutzung) zu richten. Während viele Praktiker_innen überzeugt sind, dass Furchtappelle wirksam sind, sehen Psychologen_innen diesen Interventionsansatz kritischer. Grund für diese Skepsis ist das Wissen, dass Furchtappelle zwei gegensätzliche Mechanismen aktivieren können: Auf der einen Seite motiviert Furcht zu Verhaltensänderungen. Auf der anderen Seite können die durch den Furchtappell ausgelösten negativen Gefühle psychologische Verteidigungsmechanismen und Reaktanz auslösen, die der Wirkung des Furchtappells entgegenwirken. Solche Verteidigungsmechanismen

	hohe Wirksamkeit überzeugt von der Wirksamkeit und Umsetzung der Maßnahmen	niedrige Wirksamkeit Zweifel an der Wirksamkeit und Umsetzungsmöglichkeit der Maßnahmen
starkes Bedrohungsgefühl überzeugt, dass die Bedrohung ernsthaft und man dadurch gefährdet ist	**Gefahrenkontrollen** selbstschützendes Verhalten zur Reduktion der Bedrohung	**Furchtkontrolle** Verleumdung, Minimierung der Angst
schwaches Bedrohungsgefühl überzeugt, dass die Bedrohung belanglos und man dadurch nicht gefährdet ist	**geringes Ausmaß an Gefahrenkontrolle** fehlende Motivation schützende Verhaltensmaßnahmen auszuüben	**keine Reaktion** keine Wahrnehmung der Bedrohung und Wirksamkeit von Maßnahmen

Abb. 2 Vier Verhaltenstendenzen, die nach dem Extended Parallel Processing Model (EPPM) aus der Kombination von hoher bzw. niedriger Furcht mit hoher bzw. niedriger Wirksamkeitserwartung resultieren. (Nach Witte 1992)

können verschiedene Formen annehmen: Verleugnung („Das ist nicht wahr"), lächerlich machen („Ein absurder Film"), Neutralisierung („Mir passiert das nicht") oder Minimierung („Das ist doch alles schrecklich übertrieben"). Solche Verteidigungsmechanismen reduzieren die empfundene Furcht und sorgen dafür, dass die Botschaft nicht ernst genommen wird. Basierend auf diesen Erkenntnissen beschreibt das von Witte (1992) entwickelte Extended Parallel Processing Model (EPPM), wie aus dem Zusammenspiel von emotionalen Reaktionen (Furcht) und rationalen Überlegungen (Wirksamkeitsüberzeugungen) unterschiedliche, nicht nur auf Risikominimierung abzielende Verhaltenstendenzen (Gefahrenkontrolle, Furchtkontrolle, kein Verhalten) resultieren (Abb. 2).

Dabei bestimmt das Ausmaß, in dem eine Person etwas als Bedrohung wahrnimmt, ob es überhaupt zu einem Handlungsimpuls kommt, während das Vertrauen der Person darin, dieser Bedrohung aktiv begegnen zu können, die Art der Handlung selbst bestimmt. Das EPPM prognostiziert, dass die Furcht vor einer wahrgenommenen Bedrohung entweder adaptive selbstschützende Handlungen oder maladaptive, selbstschädigende Handlungen auslösen kann: Wenn eine Bedrohung als stark wahrgenommen wird und das wahrgenommene Wirksamkeitsniveau ebenfalls als hoch wahrgenommen wird, sagt das Modell selbstschützendes Verhalten voraus. Wenn die Bedrohung als stark wahrgenommen wird, das Wirksamkeitsniveau aber niedrig eingeschätzt wird, sagt das Modell maladaptives Verhalten wie Bedrohungsleugnung oder Ablehnung des schützenden Verhaltens voraus.

3.3 Wie beeinflussen soziale Normen Verhalten? –The Focus Theory of Normative Conduct

Wie schon im Kontext der Theory of Planned Behavior (TPB) diskutiert, gehen viele Forscher_innen davon aus, dass unsere Absicht, ein Risikoverhalten auszuführen von sozialen Erwartungen/Normen beeinflusst wird. Die von Cialdini (2004) entwickelte „Focus Theory of Normative Conduct" beschreibt detaillierter und präziser als die TPB die Prozesse, durch die wir sozial beeinflusst werden. Ein wichtiger Beitrag dieser Theorie ist die Unterscheidung von zwei Normtypen: deskriptiver und injunktiver Normen. Injunktive Normen (sog. „Sollens-Normen") beschreiben, welche Verhaltensweisen in einer Gesellschaft sozial unterstützt bzw. sozial sanktioniert werden. Sie helfen dem Individuum sozial akzeptables bzw. nicht akzeptables Verhalten zu identifizieren. Deskriptive Normen hingegen beschreiben lediglich, welche Verhaltensweise in einer Situation die Mitglieder einer Gruppe am häufigsten ausführen. Beide Normen lernen wir aus drei Quellen: 1) Beobachtung des Verhaltens anderer ist die einfachste Form normativer Informationen; 2) direkte (was Wörter bedeuten) und indirekte (was Wörter implizieren) Kommunikation; 3) persönliche Einstellungen und Verhalten (Selbstbezogene Informationen) haben einen Einfluss auf die wahrgenommenen sozialen Normen. Basierend auf diesen Arbeiten hat sich ein eigener „Social Norm Marketing Approach" entwickelt, der in den USA besonders im Kontext der Drogenprävention eingesetzt wird.

4   Der sozial-ökologische Ansatz im Kontext integrierter verkehrspolitischer Interventionen

Die Einsicht, dass wir unser Wissen, unsere Einstellungen und sozialen Normen in unterschiedlichen, aber verbundenen sozialen Kontexten wie Familie, Schule, Betrieb oder über die Medien erwerben, hat dazu geführt, dass verkehrspolitische Interventionsprogramme zunehmend aus einer sozial-ökologischen Perspektive heraus entwickelt werden. Der sozial-ökologische Ansatz geht davon aus, dass individuelles Verhalten nicht dauerhaft verändert werden kann, wenn nicht berücksichtigt wird, dass es in ein Gefüge miteinander verbundener/interagierender sozialer Kontexte eingebettet ist. Der Effekt von isolierten, auf das Individuum fokussierten, Interventionen verpufft schnell, wenn die durch sie erzeugte individuelle Veränderungsmotivation keine soziale und strukturelle Unterstützung/Verstärkung erhält.

Aus diesem Grund sind sozial-ökologisch angelegte Interventionsprogramme immer Mehr-Ebenen-Interventionen: Neben Interventionen auf der individuellen und interpersonalen Ebene beinhalten sie auch strukturelle und kontextbezogene Interventionselemente, die auf systemische (Politik und Institutionen) und sozial-normative (Familie, Vereine/Organisationen) Veränderungen fokussieren. Trotz der Betonung seiner strukturellen und sozial-normativen Einbettung steht aber weiterhin das Individuum als aktiv sein/ihr Verhalten und seine/ihre Umwelt verändernde_r Agent_in im Mittelpunkt des sozial-ökologischen Interventionsansatzes. Dieser Ansatz betont aber die Interdependenz von Person und Umwelt, d. h. wie Individuen/soziale Gruppen den ökologischen Kontext, in dem sie handeln, wahrnehmen, bewältigen und aktiv verändern. Bei der theoretischen Konzeptualisierung solcher Interdependenzen beziehen sich viele Forscher_innen auf Bronfenbrenner (1993), der soziale Systeme als Interaktion mehrerer hierarchisch

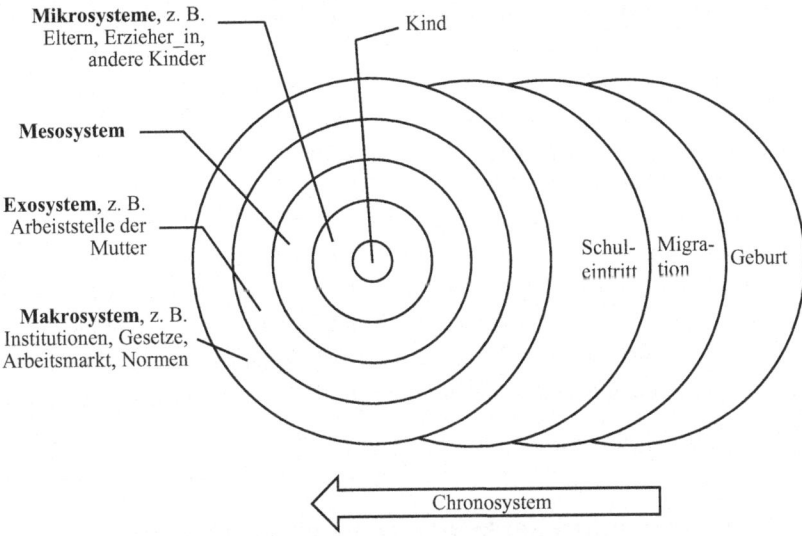

Abb. 3 Das sozial-ökologische Modell. (Nach Bronfenbrenner 1993)

geschachtelter Subsysteme (Mikro-, Meso-, Makro-, Exo- und Chronosystem konzipiert, siehe Abb. 3).

Dabei umfassen Mikrosysteme die regelmäßigen, interpersonalen Beziehungen einer Person in sozialen Settings wie der Familie, der Kindergartengruppe, Schulklasse oder dem Team am Arbeitsplatz. Das Mesosystem ergibt sich aus der Interaktion/Beziehung verschiedener Mikrosysteme, denen eine Person angehört, wie z. B. dem Zusammenspiel von Kindertagesstätte und Elternhaus. Das Exosystem ist ein System, dem die Person selbst nicht direkt angehört, dass aber dennoch erheblichen Einfluss auf sie haben kann, weil z. B. eine ihr wichtige Bezugsperson Teil dieses Systems ist. Ein Beispiel für so ein Exosystem ist die Arbeitsstelle der Mutter eines Kindes. Das Chronosystem umfasst die zeitliche Dimension der Entwicklung, z. B. die markanten Zeitpunkte in der Entwicklung, und deren biografische Abfolge. Das Makrosystem ist die Gesamtheit aller Beziehungen in einer Gesellschaft und damit auch der Normen, Werte, Konventionen, Traditionen, der kodifizierten und ungeschriebenen Gesetze, Vorschriften und Ideologien. Bronfenbrenner geht davon aus, dass die auf verschiedenen Ebenen angesiedelten Systeme sowohl direkte wie indirekte Effekte auf das Individuum haben. Beispielsweise haben Komponenten des Mesosystems direkte Effekte auf das Individuum, Komponenten der Exosysteme sowohl indirekte – durch das Mesosystem – wie direkte Effekte etc.

Vor dem theoretischen Hintergrund des Bronnfenbrenner Modells besteht das typische Merkmal des sozial-ökologischen Ansatzes darin, auf unterschiedlichen ökologischen Systemebenen gleichzeitig aufeinander bezogene Interventionselemente zu implementieren. So können Risikoverhaltensweisen wie die Handynutzung beim Fahren durch Einführung neuer Gesetze beeinflusst werden (Makrosystem). Gesetze mit harten Strafandrohungen machen aber nur Sinn, wenn sie vor Ort von der Polizei überwacht und konsequent durchgesetzt werden (Makrosystem): Fahrer_innen müssen davon ausgehen mit hoher Wahrscheinlichkeit „erwischt" und bestraft zu werden. Gleichzeitig ist die konsequente und schnelle Ahndung von Regelverstößen durch Verkehrsbehörden und Gerichte wichtig (Makrosystem). Lokale Medien (Makrosystem) können regelmäßig über Regelverstöße berichten, diese klar missbilligen und über die Konsequenzen für die Täter_innen hinweisen. Bei jungen, für die Handynutzung beim Fahren besonders empfänglichen Fahrer_innen können die Eltern (Mikrosystem) klare Erwartungen (soziale Normen) bezüglich der Nichtnutzung des Handys beim Fahren kommunizieren und Regelverstöße zusätzlich sanktionieren. ADAC oder Versicherungen (Exosystem) können Fahranfängern_innen Kurse anbieten, in denen Wissen und Kompetenzen vermittelt werden.

5   Die Rolle empirischer Evidenz bei der Bewertung verkehrspolitischer Interventionen

Wie im letzten Abschnitt diskutiert, sind auf jeder Ebene eines sozial-ökologischen Systems viele potenzielle Interventionsansätze vorstellbar. Da jedoch Interventionen immer Zeit und Geld kosten, sollten diese knappen Ressourcen in Maßnahmen investiert werden, deren Wirksamkeit ausreichend belegt ist. In der verhaltenswissenschaftlichen Evaluationsforschung gibt es inzwischen weitgehende Übereinkunft darüber, woran sich die Auswahl von Interventionselementen orientieren sollte: An meta-analytischen Zusammenfassungen der Ergebnisse vom im Idealfall theoriebasierten, auf jeden Fall aber methodisch gut durchgeführten experimentellen und quasi-experimentellen Evaluationsstudien. In den folgenden Abschnitten werden wir daher kurz einige Befunde aus solchen Meta-Analysen von Evaluationsstudien zur Wirksamkeit verschiedener verkehrspolitischer Maßnahmen vorstellen.

Kasten 4: Meta-Analyse
Metaanalyse ist eine Form der systematischen statistischen Zusammenfassung von Befunden aus quantitativen Primär-Untersuchungen. Der Unterschied zur systematischen Übersichtsarbeit (auch „Review" genannt) liegt darin, dass ein Review versucht vorliegende Forschungsdaten/-befunde in Worten (narrativ) zusammenzufassen, während die Metaanalyse dies statistisch (quantitative Studie über quantitative Studien) macht. Ziel der Meta-Analyse ist die Schätzung einer quantitativen Effektgröße, welche die durchschnittliche Stärke der Wirkung einer Maßnahme/Intervention über alle analysierten Einzelstudien abbildet. Dabei ist neben der Frage, ob sich überhaupt ein signifikanter Effekt zeigt die Frage interessant, wie groß und homogen dieser Effekt ist. Metaanalysen werden in allen

Forschungsgebieten durchgeführt, in denen quantitative empirische Daten anfallen. Dazu gehören Sozialwissenschaften, Medizin und viele Naturwissenschaften. Eine gute Einführung in die Ziele und Methoden einer Meta-Analyse gibt das Buch von Borenstein et al. (2009).

5.1 Effektivität gesetzlicher und polizeilicher Maßnahmen

Wirksamkeit von Gesetzen zu Altersgrenzen beim Alkoholkauf und strengeren Promillegrenzen für junge Fahrer/innen

In den USA aber auch einigen europäischen Staaten wurden Gesetze erlassen, die den Verkauf und öffentlichen Konsum von Alkohol an ein Mindestalter (oft 21 Jahre) binden. Eine weitere gesetzliche Maßnahme ist das Festlegen deutlich restriktiverer Promillegrenzen für junge Fahrer_innen. Beide gesetzliche Maßnahmen zielen darauf ab, besonders bei jungen Fahrern_innen die Autonutzung unter Alkoholeinfluss zu reduzieren. Im Kontext unseres Kapitels ist dabei besonders interessant, über welche verhaltenswissenschaftlichen Mechanismen beide gesetzlichen Maßnahmen das Risikoverhalten verringern sollen. Shults et al. (2001) haben das in Abb. 4 grafisch dargestellte Wirkungsmodell für die beiden Maßnahmen Alters- und Promillegrenze entwickelt.

Danach soll die Wirkung dieser beiden gesetzlichen Maßnahmen – Altersgrenzen beim Alkoholkauf und strengeren Promillegrenzen – auf folgenden drei Mechanismen beruhen: Zum einen sollen sie das wahrgenommene Risiko erhöhen, beim Fahren unter Alkoholeinfluss entdeckt und bestraft zu werden. Weiter sollen sie die Zugänglichkeit und damit den Konsum von Alkohol in besonders riskanten Settings (z. B. Disko) bzw. durch Hoch-Risikogruppen (junge Fahrer_innen) verringern. Ferner sollen sie zur Schaffung sozialer Normen beitragen, die auf eine Ächtung des Fahrens unter Drogeneinfluss abzielen. Soweit die Theorie. Wie sehen aber die empirischen

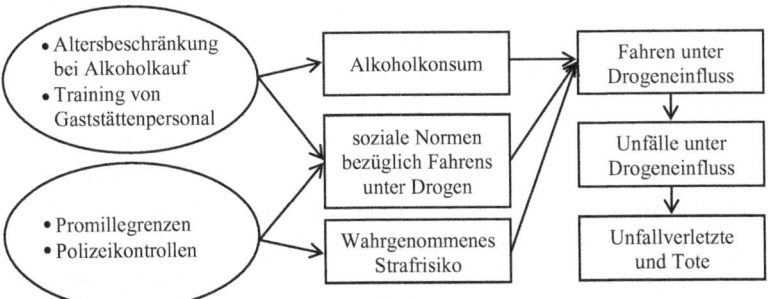

Abb. 4 Wirkungsmodell für die gesetzlichen Maßnahmen Alterbeschränkung beim Alkoholkauf und strengere Promillegrenzen für junge Fahrer/innen. (Shults et al. 2001:67)

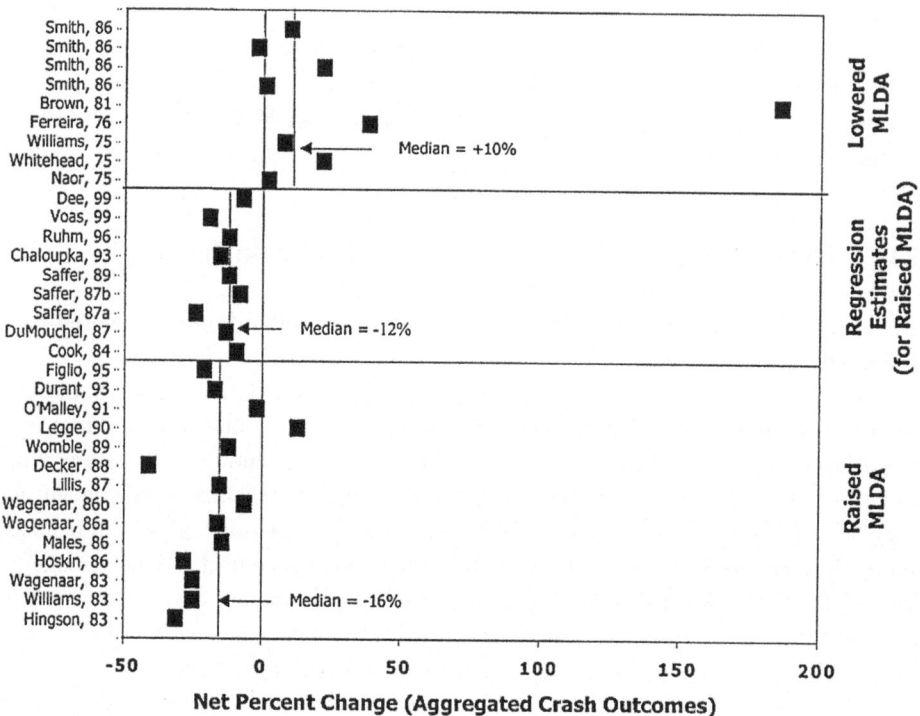

Abb. 5 Effekt von Mindesaltersgrenzen (MLDA) für den Kauf alkoholischer Getränke. (Shults et al. 2001:74)

Belege für die Wirksamkeit beider gesetzlichen Maßnahmen aus? In ihrer Studie fassen Shults et al. (2001) meta-analytisch die Befunde aus 49 Studien zusammen, die anhand von statistischen Zeitreihen den Einfluss von Gesetzen zur Altersbeschränkung für den Kauf und öffentlichen Konsum von alkoholischen Getränken untersuchen. Da einige US-Bundesstaaten die Altersgrenze erhöhten, andere aber absenkten, stellt Abb. 5 die Wirkung einer Heraufsetzung bzw. einer Absenkung der Altersgrenze für Alkoholkauf getrennt dar. Die Effektmessung beruht auf Daten über Unfälle an denen alkoholisierte junge Fahrer_innen beteiligt waren.

Basierend auf der Meta-Analyse der 49 Studien kommen Shults et al. (2001) zu dem Schluss, dass beim Herabsetzen des Mindestalters für Alkoholkonsum die Zahl der Unfälle mit Beteiligung alkoholisierter jungen Fahrer_innen im Durchschnitt um 10 % ansteigt, während sie bei Heraufsetzen der Altersgrenze um 16 % abfallen.

Shults et al. (2001) haben auch die Befunde aus 21 Studien meta-analysiert, in denen die Wirkung von polizeilichen Alkoholkontrollen auf die Unfallzahlen untersucht wurden. In den USA gibt es zwei Formen solcher Polizeikontrollen: Im Rahmen von Random Breath Testing (RBT) Checkpoints wird die Alkoholblutkonzentration aller

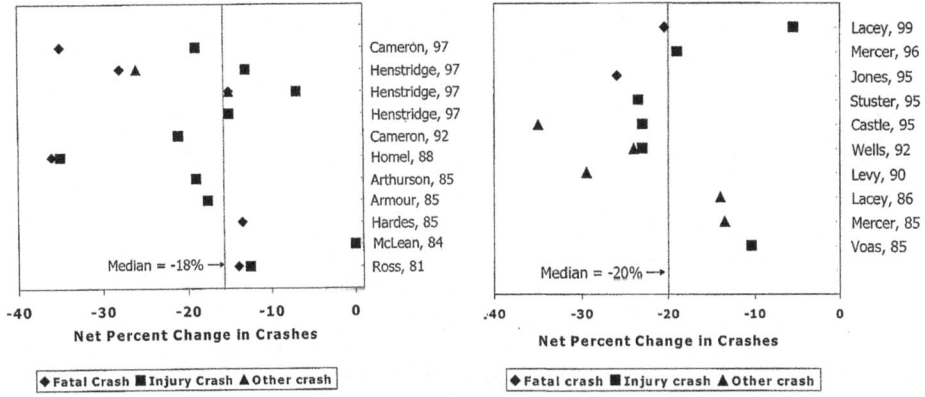

Abb. 6 Effekt von Polizeikontrollen (Selective Breath Testing) auf Unfälle unter Alkoholeinfluss. Links: Random Breath Testing, rechts: Selective Breath Testing. (Shults et al. 2001:77)

gestoppten Fahrer_innen mit Atemtestgeräten überprüft. In anderen Bundesstaaten sind jedoch lediglich Selective Breath Testing (SBT) Checkpoints erlaubt: Nur, wenn die Polizei berechtigte Gründe hat, anzunehmen, dass mehr Alkohol als erlaubt konsumiert wurde, darf sie diese Annahme mit Atemtestgeräten überprüfen. Um ihren Abschreckungseffekt zu erhöhen, werden solche Polizeikontrollen häufig im Vorfeld über die Medien angekündigt. Die von Shults et al. (2001) berichteten Effekte beruhen auf Messungen vor bzw. 1–120 Monate (Median 14 Monate) nach Durchführung der polizeilichen Kontrollen. Getrennt für die beiden, RBT- und SBT-Kontrollformen, stellt Abb. 6 die Befunde der Einzelstudien sowie die von Shults et al. (2001) berechneten Durchschnittseffekte dar.

Für die USA belegen die von Shults et al. (2001) berichteten meta-analytischen Befunde doch eine deutliche Wirkung beider Formen polizeilicher Alkoholkontrolle: Im Durchschnitt sinken 14 Monate nach den Polizeikontrollen die Unfallzahlen um 18–20 %.

5.2 Die Effektivität massenmedialer Kampagnen

Massenmediale Kampagnen sind ein weiteres Beispiel für auf der Makro-Ebene ansetzende Interventionen. Elder et al. (2004) fassen meta-analytisch die Befunde aus 11 methodisch akzeptablen US-Studien zur Wirkung massenmedialer Kampagnen auf das Fahren junger Erwachsener unter Alkoholeinfluss zusammen. Abb. 7 stellt das von Elder et al. (2004) für ihre Meta-Analyse entwickelte Wirkungsmodell dar, wie massenmediale Kampagnen die Entscheidung junger Erwachsener nach Alkoholkonsum Auto zu fahren reduzieren sollen.

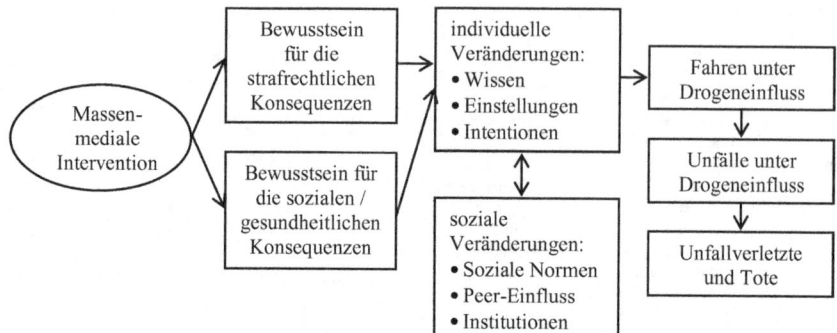

Abb. 7 Wirkungsmodell für massenmediale Kampagnen. (Elder et al. 2004:59)

Aus ihrer Meta-Analyse der Evaluationsbefunde ziehen Elder et al. (2004) den Schluss, dass über alle Studien- und Unfalltypen nach Durchführung einer massenmedialen Kampagne die Zahl von Unfällen unter Beteiligung alkoholisierter junger Fahrer/innen um 13 % (Median) zurückgeht.

5.3   Die Effektivität schulbasierter Interventionsprogramme

Schulbasierte Interventionsprogramme sind ein Beispiel für eine auf der Ebene eines Mikrosystems ansetzende Intervention. Elder et al. (2005) fassen in einer Meta-Analyse die in 7 Evaluationsstudien gefundenen Effekte schulbasierter Interventionsprogramme auf das Fahren junger Fahrer_innen unter Alkoholeinfluss zusammen. In ihrer Studie entwickeln sie das in Abb. 8 grafisch dargestellte Wirkungsmodell.

Danach besteht das Ziel schulbasierter Interventionsprogramme darin, die Einstellung zu bzw. die wahrgenommene soziale Akzeptanz des Fahrens unter Alkoholeinfluss

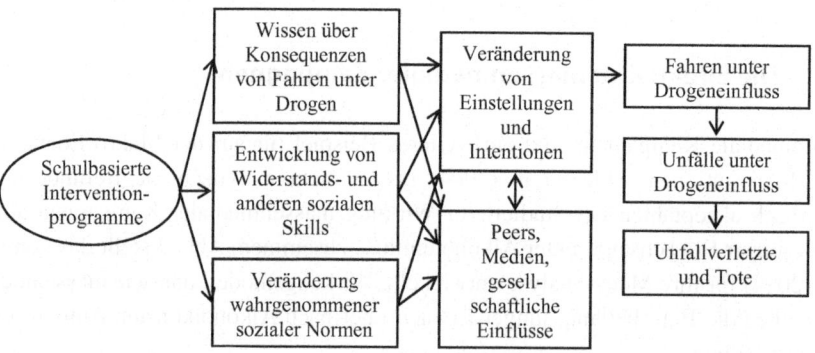

Abb. 8 Wirkungsmodell schulbasierter Interventionsprogramme. (Elder et al. 2005:289)

zu verändern. Typischerweise kombinieren schulbasierte Interventionsprogramme dazu folgende Elemente: Wissensvermittlung (über Wirkung von Drogen, Konsequenzen von Fahren unter Drogeneinfluss, Wirkung von Peer-Druck und medialen Vorbildern), Training von sogenannten „Refusal Skills" (Peer-Druck zu antizipieren und zu widerstehen), Training allgemeiner kognitiver Skills (Selbstverpflichtung, rationale Entscheidung und Unterstützung durch Peers suchen) und Vermittlung sozialer Normen, die Fahren unter Drogeneinfluss als gefährlich und unverantwortlich ächten. Dabei ist die Form wichtig, wie schulbasierte Programme durchgeführt werden: Die Wirkung ist umso stärker, je höher die aktive Mitarbeit der Programmteilnehmer_innen ist.

In den von Elder et al. (2005) zusammengefassten 11 Evaluationsstudien variiert die Stichprobengrößen von 60 bis mehr als 4600 Schüler_innen (Median = 853) und die Dauer der Intervention von einer einstündigen Interventionseinheit bis zu 13 einstündigen Interventionseinheiten (Median = 5 einstündige Einheiten). Die Nachhermessung erfolgte 184 Monate (Median = 7 Monate) nach Programmende. Die Mehrzahl der Studien verwenden selbstberichtetes Fahren unter Drogeneinfluss sowie eine Kombination von eigenem Fahren unter Drogeneinfluss und dem Mitfahren bei einem Fahrer unter Drogeneinfluss als abhängige Variable. Die durchschnittliche Effektstärke beträgt d = .10, was einer kleinen Effektgröße entspricht.

5.4 Die Effektivität von Interventionen zur Erhöhung des elterlichen Involvements

In den letzten Jahren ist zunehmend ein weiteres Mikrosystem – die Familie – in den Fokus der Unfallprävention bei jungen Fahrern_innen gerückt. Studien belegen den starken Einfluss der Eltern – als Vermittelnde von Fahrkompetenz und angemessenem Fahrverhalten – auf das Fahrverhalten junger Erwachsener. In den USA sind aus diesem Grund verhaltenswissenschaftlich basierte Programme zur Erhöhung des elterlichen Involvements entwickelt worden. Ein Beispiel dafür ist das „Checkpoint Program". Es basiert auf einem persuasiven Kommunikationsansatz, der auf die Veränderung elterlicher Einstellungen zu den Risiken des Fahrens von Fahranfänger_innen, sowie die Kommunikation sozialer Erwartungen bezüglich der Pflicht von Eltern abzielt, die Autonutzung ihrer Kinder zu überwachen, zu regeln und das Einhalten dieser Regeln zu überwachen. Zentrales Element ist das Abschließen eines Eltern-Kind-Vertrags über die Regeln der Pkw-Nutzung im 1. Jahr sowie das Aushandeln von Konsequenzen, wenn die Regeln nicht eingehalten werden.

Im Rahmen eines experimentellen Designs wurde die Wirksamkeit des „Checkpoint Programs" evaluiert. An der Studie nahmen 3700 Fahranfänger_innen teil, die per Zufall der Treatment- oder Kontrollgruppe zugewiesen wurden. Im Vergleich mit der Kontrollgruppe berichteten 3 bzw. 6 Monate nach Führerscheinerwerb in der Treatment-Gruppe sowohl Eltern wie Kinder das Setzen von mehr Regeln. Ferner berichteten die Kinder weniger schwere Verkehrsregelverletzungen.

Zusammenfassend belegen aus unser Sicht die dargestellten Beispiele warum die meta-analytische Zusammenfassung von Ergebnissen aus experimentellen und quasi-experimentellen Evaluationsstudien den methodischen „Königsweg" einer evidenzbasieren Verkehrssicherheitspolitik darstellen. Wir würden uns wünschen, dass auch in Deutschland Politik und Wissenschaft stärker diesen Ansatz umsetzen. Wir sind fest davon überzeugt, dass so wirksamere Verkehrssicherheitsprogramme entwickelt werden.

6   Fazit

Dieser Beitrag begann mit der Frage: Braucht die Verkehrspolitik verhaltenswissenschaftliche Expertise? Unsere These lautete, dass sie darauf verzichten kann, wenn es darum geht, aktuelle Trends planerisch in die Zukunft zu verlängern. Wenn Verkehrspolitik aber bestehende Trends verändern will, wenn sie Organisationen, Gruppen und Individuen dazu motivieren will, ihr Verhalten zu verändern, muss sie an den Faktoren und Prozessen ansetzen, die deren Entscheidungen und Verhalten beeinflussen. Dazu braucht sie eine Verhaltenstheorie. Unserer Einschätzung nach beruhen die meisten verkehrspolitischen Strategieentscheidungen auf technischen, ökonomischen und juristischen Abschätzungen aber nicht auf einer systematischen Analyse der hinter einer Strategie stehenden verhaltenswissenschaftlichen Annahmen. Wenn überhaupt orientieren sich die politischen Entscheider_innen an dem problematischen Rational Choice Modell. Aus unserer Sicht könnte die Qualität verkehrspolitischer Entscheidungen gesteigert werden, wenn schon bei der Strategieentscheidung aktuelles verhaltenswissenschaftliches Wissen einbezogen würde. Die Verhaltenswissenschaften bieten nicht nur leistungsfähige Theorien zur Erklärung individuellen und kollektiven Verhaltens, sondern auch leistungsfähige Instrumente zur Einschätzung der Verhaltenswirksamkeit von Interventionen.

Lernfragen

1. Stellen Sie die drei zentralen Grundannahmen des Rational Choice Ansatzes dar, kommentieren Sie diese kritisch und erläutern Sie, warum der Rational Choice Ansatz in der Verkehrspolitik immer noch so prominent ist.
2. Erläutern Sie was ein Furchtappell ist. Warum greifen Sicherheitsexpert_innen so gerne auf Furchtappelle zurück während Psychologen_innen bezüglich der Wirksamkeit von Furchtappellen deutlich skeptischer sind?
3. Skizzieren Sie zentrale Annahmen von Bronfenbrenners sozial-ökologischem Ansatz. Was sind die Implikationen dieses Ansatzes für die Entwicklung verkehrspolitischer Interventionen?

Literatur

Ajzen, I. (1991): The theory of planned behavior. Organizational behavior and human decision processes 50, S. 179–211.

Borenstein, M., Hedges, L. V., Higgins, J., & Rothstein, H. R. (2009). Introduction to Meta-Analysis. John Wiley & Sons.

Bronfenbrenner, U. (1993): Die Ökologie der menschlichen Entwicklung. Frankfurt/M.

Bruins, J.; Liebrand, W.; Wilke, H. (1989): About the saliency of fear and greed in social dilemmas. European Journal of Social Psychology 19, S. 155–161.

Cialdini, Robert. (2004): Die Psychologie des Überzeugens: Ein Lehrbuch für alle, die ihren Mitmenschen und sich selbst auf die Schliche kommen wollen, 3. Aufl., Bern.

Elder, R. W.; Nichols, J.L.; Shults, R. A.; Sleet, D.A.; Barrios, L.C.; Compton, R. (2005): Effectiveness of School-Based Programs for Reducing Drinking and Driving and Riding with Drinking Drivers. American Journal of Preventive Medicine 28, S. 288–297.

Elder, R. W.; Shults, R. A.; Sleet, D. A.; Nichols, J. L.; Thompson, R. S.; Rajab, W. (2004): Effectiveness of Mass Media Campaigns for Reducing Drinking and Driving and Alcohol-Involved Crashes – A Systematic Review. American Journal of Preventive Medicine 27, S. 57–65.

Forward, S. (2008): Driving violations: investigating forms of irrational rationality. Uppsala: Universitetsbiblioteket.

Gigerenzer, G.; Gaissmaier, W. (2011): Heuristic decision making. Annual review of psychology 62, S. 451–482.

Gorr, H. (1997): Die Logik der individuellen Verkehrsmittelwahl. Gießen.

Shults, R. A.; Elder, R. W.; Sleet, D. A.; Nichols, J. L.; Alao, M. O.; Carande-Kulis, V. G.; Zaza, S.; Sosin, D. M.; Thompson, R. S. (2001): Reviews of Evidence Regarding Interventions to Reduce Alcohol-Impaired Driving. American Journal of Preventive Medicine 21, S. 66–88.

Witte, K. (1992): Putting the fear back into fear appeals: the extended parallel process model. Communication Monographs 59, S. 329–349.

Weiterführende Literatur

Bronfenbrenner, U. (1993): Die Ökologie der menschlichen Entwicklung. Frankfurt/M.

Cialdini, Robert. (2004): Die Psychologie des Überzeugens: Ein Lehrbuch für alle, die ihren Mitmenschen und sich selbst auf die Schliche kommen wollen, 3. Aufl., Bern.

Sebastian Bamberg, Prof. Dr., Fachhochschule Bielefeld, Fachbereich Sozialwesen, Interaktion 1, 33619 Bielefeld.

Michael Köhler, M. Eval., Fachhochschule Bielefeld, Fachbereich Sozialwesen, Interaktion 1, 33619 Bielefeld.

Verkehr und Umwelt

Zu den übergeordneten Zielen der Verkehrspolitik und zur Bedeutung von Umweltaspekten

Udo J. Becker

Zusammenfassung

Das Ziel dieses Beitrags liegt darin, die grundlegende Bedeutung der Verkehrswende aufzuzeigen: weg von der Erzeugung immer mehr und immer attraktiveren Verkehrs, hin zur Sicherung der Mobilität aller Bevölkerungsgruppen. Erst dann können Effizienzaspekte tatsächlich berücksichtigt werden, erst dann können Umweltaspekte und Nachhaltige Entwicklungsaspekte adäquat einbezogen werden.

1 Einführung

„Verkehr", „Mobilität", Ortsveränderungen und Bewegungen sind konstituierende Bestandteile menschlichen Handelns: Sie stehen ganz allgemein für „Leben", und ohne diese ist Leben schwer möglich. Daher sind der Nutzen und die Vorteile von Ortsveränderungen bzw. von „Verkehr" unbestritten. Auch der Nutzen von „Essen und Trinken" ist groß und unbestritten, und ohne sie ist Leben unmöglich. Verkehrspolitik hat also zunächst die Aufgabe, diejenigen „Ortsveränderungen von Personen oder Gütern" zu ermöglichen, die das Leben der Menschen erfordert und die es lebenswert machen.

Untersucht man, wie die Menschen in verschiedenen Städten, Kulturen und Jahrhunderten diese Ortsveränderungen organisierten, dann zeigt sich überall und übereinstimmend (vgl. Becker 2016):

U. J. Becker (✉)
TU Dresden, Dresden, Deutschland
E-Mail: verkehrsoekologie@tu-dresden.de

© Springer Fachmedien Wiesbaden GmbH, ein Teil von Springer Nature 2018
O. Schwedes (Hrsg.), *Verkehrspolitik,*
https://doi.org/10.1007/978-3-658-21601-6_4

- Im Durchschnitt legen die Menschen aller Zeiten und Länder etwa drei Wege täglich
  zurück. Dieser Mittelwert ist überraschend stabil: Menschen verlassen ihre Wohnungstür, um im Durchschnitt zwei andere (Ziel-) Türen täglich zur Befriedigung
  ihrer Ortsveränderungsbedürfnisse zu erreichen, bevor sie wieder heimkehren.
- Im Durchschnitt benötigen die Menschen ungefähr eine Stunde täglich für alle ihre
  Mobilitätsbedürfnisse (60–70 min, je nach Abgrenzungen). Auch dieser Mittelwert ist
  überraschend stabil. Obwohl dies sicher kein physikalisches Gesetz ist, wird es als
  „Gesetz vom konstanten Reisezeitbudget" bezeichnet.

Sowohl die Anzahl der Wege als auch die dafür benötigten Reisezeiten sind im Mittel
fast überall auf der Welt gleich. Der wesentliche Unterschied besteht in den Entfernungen für diese drei Wege: Die dabei zurückgelegten Entfernungen sind in den vergangenen Jahrzehnten und Jahrhunderten fast überall deutlich angestiegen. Menschen legen
heute bei Weitem größere Entfernungen für ihre drei Wege zurück als früher. Abb. 1 zeigt
beispielhaft die Zunahme der Verkehrsleistung (gemessen in Personenkilometern [Pkm])
in der Bundesrepublik Deutschland seit 1950; bei leicht gestiegener Bevölkerung ist eine
Verzehnfachung der gefahrenen Kilometer (!) zu beobachten.

Das Ergebnis ist offensichtlich: Wir haben heute sicher ähnliche Bedürfnisse wie die
Menschen früher, aber für die dazu nötigen Ortsveränderungen müssen (oder wollen?)
wir heute viel größere Distanzen zurücklegen als früher. Offensichtlich hat sich auch die
räumliche Struktur unserer Fahrziele verändert. Wenn es also Ziel von Verkehrspolitik
gewesen wäre, dass alle Menschen für eigentlich dieselben Bedürfnisse weiterfahren,

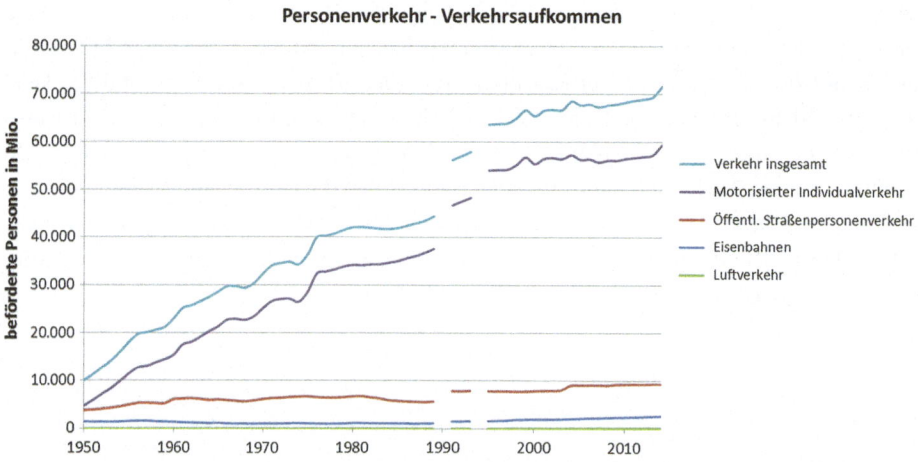

Abb. 1 Verkehrsleistung im Personenverkehr, Bundesrepublik Deutschland (Erste Datenlücke: Wiedervereinigung, zweite Datenlücke: Umstellung des DIW-Fahrleistungsmodells; vgl. DIW 2015).
(Quelle: Verkehr in zahlen 1998; 2012/2013; 2015/2016)

dann wäre eine solche Verkehrspolitik erfolgreich zu nennen. Tatsächlich basiert der deutsche Bundesverkehrswegeplan (BVWP) darauf, einen extern vorgegebenen ständigen Anstieg der gefahrenen Personen- bzw. zurückgelegten Tonnen-Kilometer ermöglichen zu wollen. Dies gilt selbst für den 2016 beschlossenen BVWP 2030 (vgl. BMVI 2016). Ökonomisch kann man das Ziel, möglichst viel Verkehr und möglichst hohe Aufwände für etwa dieselbe Mobilität erzwingen zu wollen, nicht wirklich als sinnvoll bezeichnen.

2   Was kann Ziel der Verkehrspolitik sein?

Aber worin besteht nun das primäre, fundamentale Ziel von Verkehrspolitik? Geht es um Staufreiheit, um Geschwindigkeit oder um Parkplätze? Sind Fußgängerzonen ein „Ziel"? Ist eine Verlagerung auf den Öffentlichen Verkehr „das Ziel"? Oder ist es die Senkung der Zahl der im Verkehr Verletzten und Getöteten? Alle diese sicherlich erstrebenswerten Partikularziele haben ihre Berechtigung, aber als Oberziel, als Grundaufgabe taugen Sie nicht, wie folgende Gedankenexperimente zeigen:

- Viele „Nutzenwirkungen" der Bundesverkehrswegeplanung bestehen in der „Senkung der Reisezeiten" bzw. in daraus berechneten Größen. Wenn Reisezeitsenkung aber das Oberziel überhaupt wäre, dann würde jeder wohl nach einer Sekunde Fahrzeit seine Reise beenden müssen (oder gar nicht beginnen dürfen), denn nur bei einer Reisezeit von Null wäre die perfekte Erreichung dieses Oberziels erreicht. Offensichtlich ist dies aber unsinnig.
- Wenn die Verlagerung auf den ÖV – also auf Bus und Bahn – das Hauptziel wäre, dann würde man wohl andere, konkurrierende Verkehrsträger eher nicht ausbauen: Dann wäre die Attraktivitätssteigerung des motorisierten Straßenindividualverkehrs etwa durch Bundesautobahnen oder tausende Ortsumfahrungen nicht sinnvoll.
- Ginge es als Oberziel um minimale Unfallzahlen, dann könnte man (ebenso wie für Lärm und Abgas) einfach allen Verkehr verbieten, denn bei „Null Verkehr" gäbe es auch „Null Unfälle". Auch das ist aber nicht sinnvoll: Offensichtlich geht es primär um etwas Anderes.

Alle solche Partikularziele sind also wenig sinnvoll – worum geht es dann aber wirklich? Warum bewegen wir uns, was ist –daraus resultierend – das Oberziel von Verkehrspolitik und Verkehrsplanung?

Zu Beginn dieses Beitrags wurde auf die berühmten „drei Wege" je Einwohner und Tag verwiesen, und zweifellos steht vor jeder Ortsveränderung ein „Bedürfnis" einer Person nach Teilhabe, Gütern oder Dienstleistungen. Ausgangspunkt aller Überlegungen müssen also die menschlichen Bedürfnisse (engl. „needs"), etwa nach Nahrung, Schutz, Kontakt, Arbeit usw. sein. Kein Mensch fährt selbst oder lässt Güter transportieren, wenn damit nicht die Befriedigung von Bedürfnissen verbunden ist. Manche Bedürfnisse lassen sich nun ohne Bewegung vor Ort befriedigen, andere aber nicht: Und damit beginnt „Verkehr". Jene Bedürfnisse, die sich in Wünschen oder Notwendigkeiten nach Ortsveränderungen niederschlagen, bezeichnen wir im Folgenden als Mobilitätsbedürfnisse, und sie stellen die Ursache und das Hauptziel jeder Ortsveränderung dar. Die folgende Abb. 2 beschreibt die Grundstruktur der Abläufe zur Entstehung von „Mobilität" und „Verkehr" (vgl. Becker et al. 2008).

Am Ausgangspunkt der Abb. 2 stehen Menschen mit ihren Bedürfnissen (engl. „needs", Dreieck links oben). Das gilt übertragen natürlich auch für Unternehmen, die „Güterverkehr" nachfragen, denn alle Rohstoffe, Halbprodukte und Fertiggüter werden ja nur bewegt, weil letztlich irgendwo ein menschliches Bedürfnis für diese Maschine, Nahrung oder Dienstleistung steht. Für bestimmte Bedürfnisse muss man sich bewegen (etwa wenn ein privater Einkaufsweg erforderlich ist, oder zumindest der Pizzaservice muss sich bewegen). Damit entsteht eine Nachfrage nach Verkehr. Wie diese Nachfrage realisiert werden wird, hängt von der Umwelt (im weitesten Sinne) ab: Welche Instrumente stehen zur Wahl, welche Fahrziele gibt es, welche Realisierungsoptionen sind verfügbar? Jede Nachfrage braucht zu ihrer Umsetzung ein vorhandenes Angebot an Infrastrukturen und Diensten der realen Verkehrswelt (s. Abb. 2, rechts oben). Die zentrale Entscheidung der einzelnen Person, ob bzw. wohin wie gefahren wird, hängt vor allem auch vom vorhandenen Angebot ab. Man kann z. B. nicht mit dem Bus zum Einkaufen fahren, wenn es vor Ort keine Bushaltestelle gibt.

An dieser Stelle greift eine grundsätzliche Wechselwirkung: Verkehrspolitik und Verkehrsplanung orientieren sich an den vorhandenen Bedürfnissen, verändern aber durch

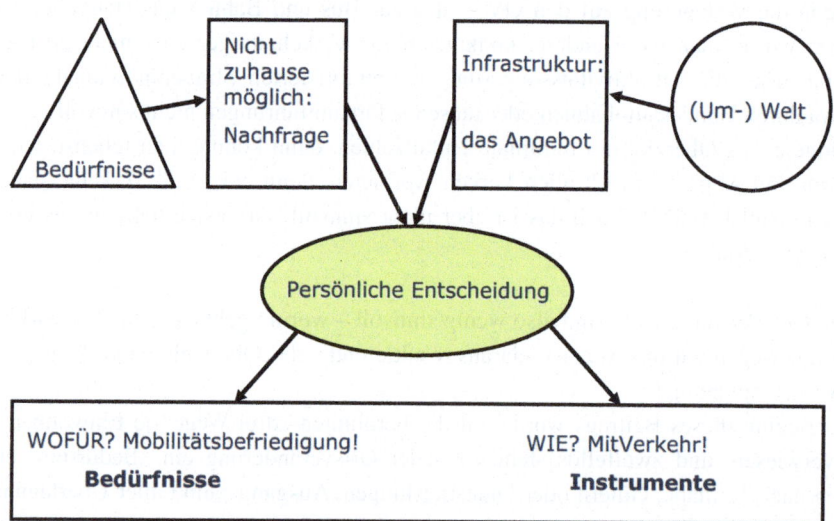

Abb. 2 Grundstruktur der Abläufe zur Entstehung von „Mobilität" und „Verkehr". (vgl. Becker et al. 2008)

die eigenen Planungen die Entscheidungen der Menschen. Diese Rückkopplung, die traditionell in der Verkehrsplanung kaum beachtet wird, ist langfristig und entscheidend: Jetzt greifen die Ergebnisse der Verkehrsplanung als Angebote in Art und Umfang der Nachfrage ein und beeinflussen und verändern diese. „Wer Straßen baut …" ist also nicht allein für den dann entstehenden Verkehr verantwortlich, aber durch immer attraktivere Verkehrsstrukturen sorgt die Politik natürlich dafür, dass genau diese Verhaltensweisen attraktiver und vorteilhafter werden – und im Ergebnis von den Menschen genutzt werden. „Wer Straßen baut …" sollte also zumindest wissen und berücksichtigen, dass er damit ceteris paribus „… Straßenverkehr ernten" und die gefahrenen Kilometer für die drei Wege, den Lärm, den Kraftstoffverbrauch und die Abgasemissionen erhöhen wird.

Erst im Wechselspiel von Mobilitätsbedürfnissen und Verkehrsangebot wird schließlich die individuelle Entscheidung über eine einzelne Fahrt bzw. einen Weg getroffen (Ellipse in Abb. 2): Eine Person oder ein Gut bewegt sich von A nach B. Jetzt können Planer und Politiker zählen, messen und die Bedürfnisse, die im Hintergrund der Ortsveränderung stehen, einordnen. Bewegung ist nie ohne Bedürfnis denkbar – nicht einmal der Spaziergang; hier geht es um das Wohlbefinden oder um das Bewegungsgefühl – immer steht ein Bedürfnis im Hintergrund. Dieses Bedürfnis wäre aber auch ohne erlaubende Verkehrsinfrastrukturen nicht umsetzbar; es benötigt zu seiner Realisierung Verkehrsmittel, Verkehrsregeln, Verkehrswege und vieles mehr. Ohne das Instrument Verkehr kann es somit zu keiner Befriedigung der Mobilitätsbedürfnisse kommen. Jeder realen Ortsveränderung liegen also immer und untrennbar zwei Aspekte zugrunde:

- Zum einen ihr individuelles Mobilitätsbedürfnis – die Ursache: es soll z. B. Nahrung gekauft werden oder man will ins Kino.
- Zum anderen benötigt sie ein Verkehrsmittel, Verkehrswege und Verkehrsinfrastrukturen – die Instrumente – denn ohne diese bewegt sich nichts.

Damit kann man definieren:

- Mobilität bezeichnet alle Aspekte, die mit den Bedürfnissen der Bewegungen zusammenhängen, und steht damit für die individuelle Bedürfnisseite.
- Verkehr bezeichnet alle Aspekte, die die Umsetzung dieser Bedürfnisse betreffen, und steht damit für die Instrumente, mit denen die Ortsveränderungen stattfinden können.

Entscheidend für die Lebensqualität der Menschen ist die Erfüllung von Bedürfnissen: Das Oberziel allen Handelns in diesem Bereich kann also nur darin liegen, „Mobilität zu ermöglichen", also sicherzustellen, dass Menschen heute und zukünftig an die Orte kommen, an denen sie bestimmte Bedürfnisse befriedigen können. In der Gewährung von Mobilität liegt also das sinnvolle Oberziel allen Handelns. Dazu benötigt man aber immer das Instrument „Verkehr". Verkehr wird so zum Instrument, das Mobilität ermöglicht, ohne das Instrument Verkehr kann es keine Befriedigung von Mobilitätsbedürfnissen geben.

3   Wollen wir viel Verkehr oder viel Mobilität?

Im praktischen politischen Tagesgeschäft werden die Begriffe Mobilität und Verkehr
häufig synonym verwendet. Die in Kap. 1 abgeleitete grundsätzliche Trennung zwischen Mobilität (dem Bedürfnis) und Verkehr (dem Instrument) ist aber entscheidend,
um Fragen der praktischen Verkehrspolitik analysieren zu können. Zum einen wäre eine
Verkehrspolitik denkbar, die viel Mobilität mit wenig Verkehr in einer vielfältigen, multi-
funktionalen Stadt der kurzen Wege ermöglicht; dann wären viele Bedürfnisse mit wenig
Geld, wenig Fahrzeugen, wenig Lärm, wenig Fläche und wenig Abgas befriedigbar. Zum
zweiten wäre aber auch eine Verkehrspolitik durchsetzbar, die wenig Mobilität mit viel
Verkehr in einer dispersen, autoorientierten Stadtregion erlaubt; dann wäre für jedes ein-
zelne Bedürfnis ein weiter Weg, mit einem eigenen Fahrzeug, mit vergleichsweise viel
Energie, Fläche, Abgas und hohen Kosten notwendig.

Formuliert man, wie oben, als Oberziel für Verkehrspolitik „Mobilitätsbefriedigung"
(vgl. Becker/Rau 2004), dann ergibt sich, dass der dazu notwendige Einsatz des Instruments Verkehr (und damit der Aufwand an Verkehrswegen, Verkehrsmitteln, Energie und
Verkehrsorganisation) möglichst minimal gehalten werden sollte. Dieser Ansatz erlaubt
dann auch wieder die Einbeziehung der obigen Partikularziele: Selbstverständlich soll
der insgesamt notwendige Verkehr möglichst wenig Geld kosten, er soll möglichst wenig
Zeit erfordern, er soll möglichst wenig Unfälle verursachen, wenig Umweltschäden
erzeugen, wenig Energie verbrauchen und Fläche in Anspruch nehmen und wenig Abfall,
Lärm und Abgase erzeugen. Damit aber ergibt sich als Unterziel:

▶   Der für die Befriedigung der Mobilitätsbedürfnisse notwendige Verkehr ist
      immer möglichst minimal zu halten.

Unter Effizienz versteht man ökonomisch, dass ein definiertes Ziel mit möglichst geringem Mitteleinsatz erreicht werden soll. Würde ein bestimmtes Ziel (ein bestimmtes
Mobilitätsniveau) mit möglichst wenig Ressourcen und Kosten aller Art erreicht, dann
wäre das zum einen volkswirtschaftlich effizient, zum zweiten aber auch ökologisch
optimal und zum dritten sozial ausgewogen, denn dann würde niemand ausgeschlossen.
Wäre das Ziel aller Verkehrspolitik die Sicherstellung von Mobilität, dann würden davon
alle profitieren können, weil große Effizienzgewinne erschließbar wären.

Die Frage „Viel Mobilität oder viel Verkehr?" lässt sich also so beantworten, dass
selbstverständlich ein bestimmtes – politisch auszudiskutierendes – Niveau an Mobilität
für verschiedene Bevölkerungsgruppen und Regionen sicherzustellen ist, dies aber dann
mit dem minimalen dafür notwendigen Verkehr. Jetzt zeigt sich auch die Widersprüchlichkeit des Ansatzes, der für die Bundesverkehrswegeplanung wie folgt vorgeht:

• In einem ersten Schritt wird eine externe, verkehrsunabhängige Wachstumsprognose erstellt, die bestimmte politische Vorgaben berücksichtigt und sehr kontroverse

Annahmen enthält (z. B.: dass die Einkommen der Haushalte über Jahrzehnte schneller ansteigen als etwa die Nutzerkosten im Verkehr, dass Erdöl immer verfügbar bleibt, dass die Erdölpreise auf den Weltmärkten im Vergleich zu schon erreichten Preisen sinken werden (!!!) usw.

- Zwangsläufig ergeben solche Prognoseannahmen hohe Zuwachsraten für Verkehr, die in der Realität unmöglich sein würden – die Netze geben das nicht her. Schon darin zeigt sich, dass die Prognosen per se auch nicht eintreffen können: Wenn nicht so viel gebaut würde, würde auch nicht so viel Verkehr ermöglicht/erzwungen.
- Im nächsten Schritt werden diese hohen externen Wachstumszahlen auf die Netze umgelegt, sodass sich nun zeigt, wo „dringend erweitert werden muss".
- Würde man, z. B. um die Klimaziele zu erfüllen, andere Wachstumsvorgaben machen, dann wären selbstverständlich auch damit alle Mobilitätsbedürfnisse abdeckbar: Aber eben in anderen Netzen, näher, dezentraler, mit weniger Verkehr.

Der Ansatz, ein möglichst hohes Wachstum der Tonnenkilometer oder der Personenkilometer als Oberziel vorzugeben und daran den Verkehr auszurichten, läuft in die falsche Richtung. Stattdessen wäre es geboten, das bestimmte und politisch festzulegende Mobilitätsniveau effizient, also mit minimalem Verkehr sicherzustellen. Die Maxime müsste dann „Befriedigung der Mobilitätsbedürfnisse mit möglichst wenig Verkehr" lauten.

4   Folgt daraus ein Grundrecht auf freie Autofahrt?

Ein Beleg für die Vermischung der Begriffe und Ansätze ist die Debatte um ein sogenanntes „Grundrecht auf freie Mobilität", die immer wieder auftaucht. „Freie Fahrt für freie Bürger" war viele Jahre lang von Interessengruppen als Ziel von Verkehrspolitik formuliert worden. Diese Priorität der Forderung nach Staufreiheit und freier Fahrt (i. Allg. im eigenen Pkw) wurde z. B. in der „Rechtszeitschrift des ADAC" Deutsches Autorecht (DAR) unter dem Titel „Mobilität: Vom Grundbedürfnis zum Grundrecht?" beschrieben; demnach wäre der freien Fahrt der Status eines Grundrechts einzuräumen (vgl. Ronellenfitsch 1992). Folgerichtig hätte der Staat die Pflicht, jedem ein Recht auf freie Fahrt mit dem Pkw zuzugestehen und dieses gewährleisten zu müssen.

Nach der obigen Begriffsklärung wäre dies ein Grundrecht dazu, die zweifellos vorhandenen und nirgendwo bestrittenen Mobilitätsbedürfnisse mit einem ganz bestimmten Instrument (eben dem privaten Auto) zu befriedigen. Diese Verknüpfung von Ziel und dazu bereitzustellendem Instrument ist allerdings nicht haltbar. Ein Grundrecht, bestimmte Bedürfnisse (Arztbesuch, Lebensmitteleinkauf, Berufstätigkeit …) abdecken zu können, mag diskutabel sein. Ein Grundrecht, dieses aber mit einem ganz bestimmten Instrument (Pkw mit freier Autofahrt) verbinden zu können, ist nicht nachvollziehbar. Unstrittig muss von der Gesellschaft gewährleistet werden, dass Menschen z. B. essen und trinken können. Daraus darf aber nicht gefolgert werden, dass die Gesellschaft allen Menschen, ohne jegliche Begrenzung, bestimmte, individuell besonders gewünschte,

Instrumente (etwa Kuchen als Speise oder Bier als Getränk) in kostenloser und unbe-
grenzter Menge („freie Fahrt") zur Verfügung stellen muss.

Zudem hätte eine solche Fokussierung auf private Pkw gesellschaftlich intolerable
Folgen. Beim privaten Pkw handelt es sich zumindest im Stadtverkehr um eine vergleichsweise laute, emissionsintensive, klimaschädliche und gesamtgesellschaftlich
aufwendige Variante, Mobilitätsbedürfnisse zu befriedigen. Dass der Staat exakt das
individuell bequemste, aber insgesamt aufwendigste Instrument fördern solle, ist zwar
aus individueller Perspektive verständlich, gesellschaftlich aber nicht zielführend.

Die beschriebene Forderung ist zudem auch aus systemdynamischer Sicht zu ver-
werfen, denn würde die Gesellschaft ständig freie Fahrt für alle Pkw sicherstellen, dann
würden alle diese Fahrten generell attraktiver. In Marktwirtschaften führt das zu direkten
weiteren Nachfrageerhöhungen und damit zu noch mehr Verkehr. Ein Staat, der den Stau
beseitigt, in dem er den Verkehr durch Investitionen flüssiger macht, sorgt dafür, dass
neuer Stau auf höherem Niveau und an anderer Stelle entsteht, womit abermals Geld in
den Stauabbau investiert werden muss. Dieser Regelkreis kann noch mehrfach durchlau-
fen werden, am Ende landen die Autofahrenden zwangsläufig wiederum im Stau, aber
zu deutlich höheren gesellschaftlichen Kosten und Steuern. Der Ansatz nützt also dynamisch, also auf längere Sicht, inklusive der Markreaktionen Anderer nicht einmal den
Autofahrenden selbst (vgl. Becker 2016).

Letztlich wirft die obige Forderung auch eklatante Gerechtigkeitsmängel auf. Die
heutigen Rahmenbedingungen und Verkehrspreise spiegeln die Tatsache wider, dass
vor allem privilegierte Personenkreise (finanziell stärkere, politisch einflussreichere,
bildungsstärkere, eher männliche Personen) überdurchschnittlich viel mit dem eigenen
Auto unterwegs sein können – und gleichzeitig oftmals im Grünen wohnen. Auf ihrem
Weg zur Arbeit fahren sie aber auf den Ausfallstraßen überproportional oft an den Woh-
nungen ärmerer Bevölkerungsschichten vorbei, die selbst über kein Auto verfügen
(können), aber von Lärm, Abgas und Flächeninanspruchnahme direkt betroffen sind
und somit die Lasten der freien Pkw-Fahrt mittragen. Ein „Grundrecht auf automobile,
staufreie Mobilität" würde de facto zu einer direkten Subvention reicherer Bevölkerungsschichten durch schwächere, ärmere, weniger viel fahrende Bevölkerungsschichten führen – und würde diese Bevölkerungsgruppe schweren gesundheitlichen Folgen aussetzen
(Partikelemissionen, Lärmbelastung, Abgas), die dem Grundrecht auf körperliche Unver-
sehrtheit widersprechen.

5   Implikationen der „Mehr Verkehr ist immer besser" – Strategie

Es dürfte unstrittig sein, dass über viele Jahre die Verkehrspolitik von der Maxime „Mehr
und billiger Verkehr ist immer besser!" geprägt war. „Flüssigkeit und Leichtigkeit des
Verkehrs erhöhen" war die übergeordnete Maxime der Verkehrsplanung. Dies ist auch
verständlich, denn wenn z. B. (wie nach einem Weltkrieg) alle Verkehrswege zerstört

sind, dann ist praktisch keine Mobilität mehr möglich – und es muss vorrangige Aufgabe der Verkehrspolitik sein, Infrastrukturen herzustellen. Jede neue Infrastruktur erlaubt dann die Abdeckung von weiteren Mobilitätsbedürfnissen: Also ist mehr immer besser. Selbst im neuen Bundesverkehrswegeplan BVWP 2030 ist dieses Prinzip verinnerlicht, denn ganz am Anfang aller Arbeiten, noch vor allen Projektevaluationen, wird in dem erwähnten ersten Arbeitsschritt die von sehr fragwürdigen Annahmen abhängige externe Wachstumsprognose mit den hohen Steigerungen der Tonnenkilometer und der Personenkilometer vorgegeben: Unsere Gesellschaft (vertreten durch das Bundesministerium) will also, dass von 2016 bis 2030 die Verkehrsleistungen im Güterverkehr um 38 % steigen, und dafür muss man eben entsprechend bauen, so die Philosophie, die in den folgenden Schritten dann umgesetzt wird.

Nun gilt allerdings auch im Verkehr das ökonomische Prinzip des sinkenden Grenznutzens (vgl. Gossen 1854). Wann immer nach diesem Prinzip Menschen oder Firmen ein weiteres Gut einer bestimmten Kategorie verbrauchen, z. B. ein Brötchen mehr, einen Pkw je Familie mehr, eine Autobahn mehr, ein Krankenhaus mehr), dann entsteht damit natürlich immer auch noch ein Nutzen: Aber dieser Nutzen ist am größten für die erste Einheit („für den allerersten Pkw im Dorf"), und er wird mit jeder weiteren Einheit immer kleiner und zuletzt sogar negativ. Abb. 3 beschreibt den Zusammenhang:

Die linke, höhere Linie kennzeichnet den Nutzen der Verkehrsteilnehmer: Anfangs ist der Nutzen sehr hoch („die wichtigste Fahrt"), aber mit jeder zusätzlichen Fahrt sinkt dieser Grenznutzen (zusätzlicher Nutzen). Die Kosten der Fahrten (rechte, untere Kurve) entwickeln sich aber entweder linear (wenn alle Fahrten gleich viel kosten, etwa bei Einzeltickets), sinkend (bei Skalendegression, etwa bei Rabatten für Vielfahrer) oder steigend (wenn die zusätzlichen Ziele immer weiter entfernt sind. Gesamtgesellschaftlich steigen die Kosten neu hinzukommender Verkehrsbauten, Brücken, Parkhäuser usw.

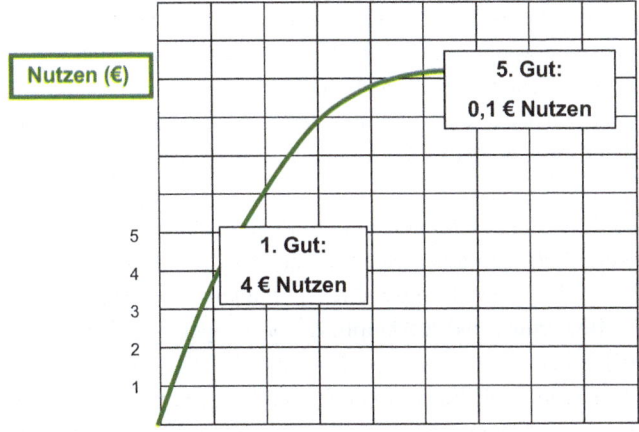

Abb. 3 Sinkender Grenznutzen. (Quelle: Eigene Darstellung)

überproportional („die erste Brücke war noch kurz und billig, die letzte war sehr lang und sehr teuer"). Klar ist, dass natürlich keine Person und keine Gesellschaft Verkehr haben möchte, der mehr zusätzliche Kosten verursacht als er zusätzlichen Nutzen bringt.

6   Die verkehrspolitische Relevanz von Umweltaspekten

Welche Rolle spielt nun die Umwelt in diesem Bild? Wie fügt sie sich in die formulierten Zielsetzungen?

Es gibt eine Vielzahl von Arbeiten und Texten, in denen die vielfältigen negativen Wirkungen des Verkehrs auf die Umwelt beschrieben werden. Es kann nicht Aufgabe dieses Beitrags sein, diese vielen Umweltbelastungen zu wiederholen oder zu erläutern, verwiesen sei stattdessen auf das Sondergutachten des Sachverständigenrats für Umweltfragen „Umwelt und Straßenverkehr: Hohe Mobilität – Umweltverträglicher Verkehr" (vgl. SRU 2005 oder Becker 2016). Wir alle wissen oder ahnen, dass die Energieverbräuche für Verkehr, die Flächeninanspruchnahmen des Verkehrs, die Abgas- und Lärmemissionen, der Rohstoffverbrauch, die Restmüllmengen, die Klimaschädigungen, die Unfallzahlen, die Trennwirkungen, die Biodiversitätseffekte und viele andere Folgen des weltweiten Verkehrs ein akzeptables Maß längst überschritten haben. Alle diese „Schadensberichte" werden von der Öffentlichkeit zwar (gelegentlich) zur Kenntnis genommen, sie besitzen aber üblicherweise wenig Wirkungskraft, denn die allgemeine Auffassung ist, dass das eben der Preis sei, den wir – leider – für unsere Mobilität zahlen müssen: „Weniger würde eben einfach nicht gehen, wenn wir mobil bleiben wollen".

In der allgemeinen Wahrnehmung wurde damit ein Gegensatz zwischen den Ortsveränderungsbedürfnissen der Menschen und „dem Schutz der Umwelt" konstruiert und akzeptiert: Entweder garantieren wir Wachstum und Wohlstand und Bedürfnisbefriedigung und freie Ziel- und Verkehrsmittelwahl, dann leidet bedauerlicherweise die Umwelt, oder aber die Umwelt wird rigoros geschützt, dann muss dazu unangenehmerweise der Verkehr beschränkt oder teilweise sogar verboten werden. Eine solche Zuspitzung auf ein reines „entweder – oder" dient aber selten einer echten Problemlösung und ist – wie gezeigt wird – auch sachlich nicht haltbar.

Unstrittig dürfte zunächst sein, dass die vom Verkehr ausgehenden Belastungen auf die Umwelt zu hoch sind, wie etwa die folgenden Beispiele zeigen:

• Gesetzlich sind Lärmminderungen und Lärmaktionspläne in praktisch allen europäischen Städten vorgeschrieben (man denke etwa an die nationale Umsetzung der Richtlinie 2002/49/EG des Europäischen Parlaments und des Rates vom 25. Juni 2002 über die Bewertung und Bekämpfung von Umgebungslärm, oder an die 16. VO zum BImSchG usw.)

• Ähnliches gilt für Luftreinhaltegrenzwerte: An den verkehrlich hochbelasteten Strecken der europäischen Großstädte werden die Grenzwerte für Feinstaub (i. Allg. PM_{10}, $PM_{2,5}$ (bzw. $PM_{0,1}$) und Stickoxide (NO_x, vor allem auch NO_2) praktisch flächendeckend überschritten (siehe Richtlinie 2008/50/EG vom 21. Mai 2008 und die nationale Umsetzung sowie die Messergebnisse der Luftqualitätsmessnetze). Diese Grenzwerte stehen seit 2002 fest, sind seit 2005 gesetzlich gültig, seit 2010 sind alle Übergangsfristen ausgelaufen, und dennoch werden sie an den verkehrlichen Brennpunkten der Städte nicht eingehalten. Hier verlagert sich der Konflikt zunehmend auf Gerichts- und Vertragsverletzungsverfahren, Umwelt- und Verkehrspolitik haben ihren Gestaltungsanspruch anklagende Anwohner/-innen und Gerichte abgetreten.

- Die weltweite Klimaschutzdebatte erzwingt einen drastischen Rückgang der CO_2-Emissionen. In den Industrieländern sind seit 1990 CO_2-Emissionsreduktionen in allen volkswirtschaftlichen Sektoren zu beobachten; lediglich im Verkehrsbereich steigen die CO_2-Emissionen weltweit kontinuierlich und signifikant an. Das Bundeskabinett der deutschen Bundesregierung hat am 11.11.2016 den „Klimaschutzplan 2050" beschlossen. Demnach müssen sich die deutschen Treibhausgasemissionen bis 2050 im Vergleich zu 1990 um 80 bis 95 % vermindern. Der Verkehrssektor müsste seine Emissionen von 1990 bis 2030 demnach um 40 % bis 42 % reduzieren (vgl. BMUB 2016). Am 03.08.2016, also etwa drei Monate davor, hat das Bundeskabinett den Bundesverkehrswegeplan 2030 sowie die Ausbaugesetze für die Bundesschienen-, Bundesfernstraßen- und Bundeswasserstraßenwege beschlossen. Dieser Plan umfasst rund 1000 Projekte; es sollen ebenfalls bis 2030 insgesamt rund 270 Mrd. EUR in die vorhandenen und in zusätzliche Verkehrswege investiert werden (vgl. BMVI 2016). Selbstverständlich werden Investitionen dieser Größenordnung den Verkehr insgesamt attraktiver machen und neue Verkehre induzieren (siehe oben). Das aber bedeutet, dass im Vergleich zum Ohne-Fall die CO_2-Emissionen durch den BVWP drastisch ansteigen werden, das Erreichen der Klimaziele wird dadurch erschwert oder unmöglich gemacht. Die Widersprüchlichkeit der praktisch parallel getroffenen Entscheidungen zeigt die Problematik.
- Die Flächeninanspruchnahme durch Verkehrswege (bzw. Siedlungsbau) hat sich trotz klarer politischer Vorgaben (etwa dem 30 ha-Ziel der deutschen Nachhaltigkeitsstrategie) nicht wirklich auch nur in die Nähe dieses Partikularziels bewegen können. Derzeit werden, so die Auswertungen des Statistischen Bundesamtes für 2011 bis 2014, bei zurückgehender Bevölkerung 69 Hektar Flächen täglich dafür in Anspruch genommen (vgl. www.statistik-portal.de unter „Flächennutzung").

Wie können nun diese Umweltschutzziele in die Verkehrspolitik integriert werden, ohne fundamentalen Widerstand auszulösen?

Glücklicherweise stellt die Volkswirtschaftslehre Methoden bereit, mit denen man die Rahmenbedingungen für effiziente Entscheidungen aller Agierenden beschreiben oder herstellen kann. Ein entscheidendes Prinzip stellt in diesem Zusammenhang die Kostenwahrheit (Verursachergerechtigkeit) dar: Wer Entscheidungen trifft und damit zwischen den jeweiligen Kosten und Nutzen abwägen muss, der kann das nur effizient tun, wenn ihm alle von seinen Entscheidungen betroffenen Kosten und Nutzen bekannt sind und von ihm getragen werden.

Die Betonung liegt dabei auf „alle": Jeder, der über eine Fahrt oder ein Verkehrsmittel entscheidet, muss alle damit entstehenden Kosten tragen, denn er hat ja auch die Vorteile der Fahrt auf seiner Seite. Jedem Fahrenden müssen also auch die Kosten für Umweltbelastungen, die im Regelfall andere tragen (deshalb: externe Effekte bzw. Kosten), bewusst gemacht werden. Nachdem jeder diese Kosten wahrgenommen und in sein persönliches Kalkül aufgenommen (internalisiert) hat, werden die Nutzer natürlich reagieren und versuchen, diese Kosten so weit wie möglich zu vermeiden. Eben das ist der Sinn der Maßnahme. Die Erzeugung zusätzlicher Einnahmen, das „Abkassieren der Autofahrer", ist mit „Internationalisierung" explizit nicht gemeint.

Diese „Internalisierung externer Effekte" verbindet also Ökologie und Ökonomie, erst sie ermöglicht Effizienz. Mit der Internalisierung externer Effekte ergeben sich

- volkswirtschaftliche Effizienzerhöhungen: Man erreicht dieselben Ziele mit weniger Aufwand und geringeren gesamtgesellschaftlichen Kosten.
- ökologische Vorteile: Da dann alle versuchen, die jetzt teuren umweltbelastenden Verkehre zu vermeiden, sinkt die gesamte Umweltbelastung.
- soziale Vorteile: Da die vom Verkehr ausgehenden Umweltbelastungen eher von besser gestellten Bevölkerungsgruppen ausgehen, während eher schwächer gestellte Bevölkerungsgruppen (etwa an Ausfallstraßen) darunter leiden, würde die Internalisierung helfen, die sozialen Unterschiede zu reduzieren. Ärmere Bevölkerungsgruppen verursachen im Regelfall weniger externe Kosten, tragen aber überproportional hohe Anteile dieser Kosten etwa durch Lärmbelastungen, Abgase oder Gesundheitsschäden.

Wie hoch sind nun diese derzeitig „ungedeckten externen Effekte des Verkehrs", mit denen andere Menschen, andere Länder und andere Generationen den aktuellen Verkehr der heutigen Verkehrsteilnehmer subventionieren? Dazu müssen die (bekannten) Umweltschäden monetarisiert, d. h. in Cent und Euro umgerechnet werden. Die hierfür verwendeten Kostensätze sind natürlich immer nur Schätzungen und weisen eine gewisse Bandbreite auf. Das kann auch niemals anders sein, denn keiner kann heute mit Sicherheit sagen, welche Folgeschäden die Emission einer Tonne Stickoxide oder einer Tonne CO_2 in 100 Jahren haben wird. Üblicherweise bleiben deshalb die Bearbeiter solcher Kostenschätzungen eher „am unteren Rand der vorhandenen Schätzungen" – man mag sich nicht dem Vorwurf aussetzen, übertrieben zu haben. Sinnvolles, vorausschauendes und kluges Kaufmannsverhalten wäre aber das gegenteilige Vorgehen: Wenn man weiß, dass man in der Zukunft etwas bezahlen muss, aber derzeit noch nicht genau sagen kann, wie teuer es wird, dann sollte man klugerweise eher eine etwas zu hohe Rückstellung bilden – zu niedrige Schätzungen sind gefährlicher als zu hohe.

Obwohl die vorliegenden Schätzungen für die Höhe der ungedeckten externen Kosten des Verkehrs differieren, sind die Dimensionen unstrittig und signifikant: Eine von CE Delft, INFRAS und Fraunhofer ISI erstellte Studie beziffert die ungedeckten Unfallkosten, die ungedeckten Lärmkosten, die ungedeckten Luftverschmutzungskosten, die ungedeckten Kosten des Klimawandels, sonstiger Umweltschäden sowie die ungedeckten vor- und nachgelagerten Effekte auf 514 Mrd. EUR jährlich für 27 EU-Länder (vgl. van Essen et al. 2011 und RICARDO 2014). In einem eigenen Projekt hat der Lehrstuhl für Verkehrsökologie ungedeckte externe Kosten für die Pkw in der EU-28 bestimmt, wobei Stau- und Wegekosten ausgeklammert wurden (vgl. Becker et al. 2012). Nur für Umweltschäden der europäischen Pkw ergaben sich im höheren Szenario etwa 372 Mrd. EUR pro Jahr. Die entsprechenden ungedeckten externen Kosten der deutschen Pkw-Flotte belaufen sich Jahr für Jahr auf etwa 85 bis 90 Mrd. EUR, und die Steuereinnahmen aus dem Verkehr dürfen gemäß dem Nonaffektationsprinzip diesen Kosten *nicht* gegengerechnet werden!

Alle diese Kosten sind klassische Effizienzverluste: Weil die Verkehrsteilnehmer nicht alle ihre Kosten bezahlen, erscheint ihnen manche Fahrt so lohnend. Müssten die Verkehrsteilnehmer alle durch sie verursachten Kosten abdecken, dann würden manche vielleicht öfter den ÖV nutzen, nähere Ziele wählen, eine Fahrgemeinschaft bilden oder langsamer/mit leichterem Fahrzeug fahren: Gelänge es auch nur Teile dieser hohen Summen zu internalisieren, dann würden sich alle Verkehrsteilnehmer sofort umstellen – und dazu sollten dann Alternativlösungen bereitstehen.

Dann aber würden sich auch innovative Lösungen durchsetzen, die Umweltschäden, die Krankenkassenbeiträge und die Steuersätze könnten sinken, Nähe würde attraktiver und Umweltverbrauch unattraktiver. Selbstverständlich wird man die ungedeckten externen Umweltkosten niemals auf null reduzieren können, aber selbst, wenn die vom Verkehr verursachten Schäden nur halbiert würden, stünden in Deutschland mindestens 50 bis 80 Mrd. EUR jährlich für andere Zwecke bereit: Damit könnte man Schulden tilgen oder Klimaschutzmaßnahmen fördern oder zur Akzeptanzerhöhung (rechnerisch) jedem Bundesbürger jährlich 500 bis 1000 EUR schenken, damit er umweltfreundlicher unterwegs ist: Alle würden weiter so mobil sein wie bisher (aber mehr in der Nähe, mehr zu Fuß, mit Rad, Bahn und Bus), und zudem würden Schadenskosten, Lohnnebenkosten und Umweltreparaturkosten (Steuersätze) sinken.

7   Und was hat das alles mit „Nachhaltiger Entwicklung" zu tun?

Seit der Konferenz der Vereinten Nationen in Rio de Janeiro 1992 haben sich – zumindest verbal – die Länder der Erde dem Ziel einer „Nachhaltigen Entwicklung" verschrieben. Damit soll zum einen das frühere Wachstumsziel eines reinen quantitativen Wachstums (das den Planeten Erde überfordern würde) abgelöst und zum zweiten eine Integration aller Politikfelder, also auch der Wirtschafts-, Sozial-, Umwelt- und Gesundheitspolitik sowie der Bildungspolitik erreicht werden.

Wie fügt sich nun „Nachhaltige Entwicklung" in das gezeigte Bild ein? Wiederum liegt der Schlüssel dazu in der obigen Trennung von Mobilität und Verkehr. Nach der üblich gewordenen Definition für nachhaltige Entwicklung aus der Brundtland-Kommission

Umwelt und Entwicklung geht es bei nachhaltiger Entwicklung um einen Prozess, der „den Bedürfnissen der heutigen Generation entspricht, ohne die Möglichkeiten künftiger Generationen zu gefährden, ihre eigenen Bedürfnisse zu befriedigen und ihren Lebensstil zu wählen" (vgl. Hauff 1987 bzw. RIO-Dokumente der Vereinten Nationen).

Brundtland-Kommission

Die ehemalige norwegische Ministerpräsidentin Gro Harlem Brundtland leitete die Weltkommission für Umwelt und Entwicklung der Vereinten Nationen („Brundtland-Kommission"). 1987 veröffentlichte die Kommission den sog. Brundtland-Bericht „Our Common Future" („Unsere gemeinsame Zukunft"), in dem der Begriff "Nachhaltige Entwicklung" definiert wird. Zur Umsetzung wurde später dann die Rio-Konferenz einberufen und dort die sog. Agenda 21 beschlossen.

Auffällig ist, dass insbesondere in dieser Definition der Schwerpunkt wiederum auf den Bedürfnissen der Menschen liegt. Die Brundtland-Kommission und ihre Definition fordern, sowohl die heutige als auch zukünftige Generationen zu berücksichtigen. Dabei geht es nicht um einen bestimmten Endzustand, sondern um einen ständigen Prozess: Es muss Ziel alles politischen Handelns sein, die Welt immer weniger unnachhaltig zu gestalten.

Damit lassen sich beide Themenkomplexe zu einem einheitlichen Bild zusammenfügen: Als Oberziel der Verkehrspolitik war die Sicherung der Mobilitätsbedürfnisse verstanden worden. Dies fordert auch das Verständnis von nachhaltiger Entwicklung, in dem es ebenso um die Sicherstellung der Bedürfnisse der lebenden Generation ging. In Kap. 2 war aus Effizienzgründen der Einsatz des dazu minimal möglichen Verkehrs gefordert worden, und exakt dies fordert auch die obige Definition nachhaltiger Entwicklung. Wenn man viele Chancen und Optionen für künftige Generationen erhalten will, dann muss man die Umwelt schonen und die heutigen „Verbräuche" an Energie, Fläche, Luft, Klima, Ressourcen usw. minimieren – damit mehr für künftige Generationen übrig bleibt (vgl. Carlowitz 1713). Das führt direkt zur Minimierung des heute notwendigen Verkehrs.

Am Beispiel „Klimaschutz" bzw. „Reduktion der CO_2-Emissionen" lassen sich diese Prinzipien verdeutlichen: Seit der Industrialisierung belasten vor allem die Industrieländer, zunehmend aber auch Schwellen- und Entwicklungsländer, die Atmosphäre der Erde mit den Emissionen der Klimagase. Traditionell kostet diese Verschmutzung der Erdatmosphäre die Verursacher nichts: Und weil es kostenlos ist, obwohl Schäden und Kosten dadurch entstehen, wird tendenziell zu viel emittiert. Nun zeigen sich aber Klimaschäden: Es ist Konsens, dass der Planet Erde klimatechnisch „heißen Zeiten" entgegengeht und dass der Ausstieg aus der Kohle-, Erdgas und Erdöl-Ökonomie rasch notwendig und wiederum nicht kostenlos ist.

Heute ist natürlich völlig offen, wie sich diese Situation weiterentwickeln wird. Verschiedene Szenarien sind vorstellbar: Zwischen einem koordinierten, völkerrechtlich verbindlichen, gemeinsamen Vorgehen bis hin zu einem Vorgehen mit kriegerischen Auseinandersetzungen um fossile Energie ist alles denkbar. Langfristig lässt sich aber schon jetzt konstatieren, dass am Ende dieses Pfades eine Gleichverteilung der knappen Ressourcen stehen dürfte: Sowohl fossile Energie als auch die Aufnahmefähigkeit der Erdatmosphäre für Klimagase sind beschränkt. Knappe Ressourcen kann man fair nur verteilen, indem zunächst jedem Menschen ein gleich großes Kontingent zugesprochen wird.

Das aber bedeutet, dass für die nächsten Jahrzehnte die Gesamtmenge etwa der CO_2-Emissionen auf der Erde auf insgesamt 7 bis 9 Mrd. Tonnen CO_2 jährlich zu begrenzen und längerfristig sogar auf (praktisch) Null zu reduzieren ist. Diese Obergrenze beschreibt nach derzeitigem Wissensstand die Tragekapazität der Erde. Bezieht man diese geschätzte zulässige Emissionsmenge auf die Einwohner der Erde (7 bis 9 Mrd. Menschen, je nach Prognosehorizont), so ergaben sich jährlich maximal zulässige CO_2-Emissionen um etwa eine Tonne Kohlendioxid pro Kopf und Jahr. Dieses Kontingent lässt sich über das Verhältnis der molaren Massen (CO_2 44/C 12) physikalisch zwingend in Kohlenstoff umrechnen: 1 Tonne CO_2 ergibt ca. 273 kg C (1000 * 12/44). Bei einem Kohlenstoffgehalt von ca. 86 % ergeben sich damit etwa 380 L Diesel oder 430 L Benzin im Jahr, und zwar für alle (!) Verwendungsbereiche, vom Heizen bis zur Nahrung und zum Verkehr. Das wäre etwas mehr als ein Liter fossiler Kraftstoffe für jeden Menschen auf der Erde pro Tag (vgl. WBGU 2009).

Wie Gesellschaften und Einwohner langfristig diese Energiemenge auf die verschiedenen Bedürfnisfelder verteilen werden, muss derzeit offenbleiben. Zu vermuten ist, dass für Nahrung eine gewisse Priorität gilt. Photovoltaik, Passivhäuser, Effizienzsteigerungen und alle anderen technischen Ansätze werden sicherlich große Potenziale erschließen, aber dennoch bleibt es zwingend notwendig, die absoluten Verkehrsleistungen der Einwohner zu reduzieren. Wenn vielleicht je Einwohner und Jahr noch etwa 100 L fossiler Kraftstoff zur Verfügung stehen, dann dürften Fahrrad-, Bus-, Straßenbahn- und Fußgängerverkehre sicherlich ihren Anteil steigern können, während für Langstreckenflüge bzw. Langstreckenfahrten Rückgänge zu erwarten sein dürften. Dieser Rückgang der Personen- oder Tonnenkilometer dürfte allerdings kein Verlust an Lebensqualität sein, eher im Gegenteil: Der Abschied von unserem ständigen „Mehr-ist-immer-besser"-Wachstums-Konsummodell dürfte, wenn wir es richtigmachen, wohl auch im Verkehr zu einem bedürfnisgerechteren, glücklicheren Umfeld führen: mit weniger Lärm und Abgas, weniger Geld und Fahrzeit, geringeren Steuern, geringeren Umweltschäden, niedrigeren Krankenkassenbeiträgen und Lohnnebenkosten, usw.

Die Hauptaufgabe jeder zukunftsfähigen Verkehrspolitik liegt also darin, den Fokus weg von den Fahrzeugen, Autobahnen und Instrumenten und hin zu den Bedürfnissen und zur Mobilität zu lenken. Warum wird nicht das zuständige Ministerium in Mobilitätsministerium (nach obiger Definition) umbenannt und als erstes ein Messverfahren für die tatsächliche Bedürfnisbefriedigung der Menschen nach Kommune und Personengruppe eingeführt? Dann würde offensichtlich, dass manche Personen große Probleme haben, zum Einkauf, Arzt, Apotheker usw. zu kommen – und dass dort die Probleme liegen und nicht bei zu wenig Straßen. Würde man diese Mobilitätsdefizite kennen, dann könnten auch die gesamten Aufwände für Verkehr gesenkt werden: Und mehr Mobilität mit weniger Verkehr würde möglich.

8   Fazit

Die politische Umsetzung eines Programms „Bedürfnisgerechte Mobilität mit weniger Verkehr" ist nicht leicht. Ein Land, das diesen Weg geht, kann sich dadurch zukünftige Chancen eröffnen und seinen Bürger/-innen klare Vorteile bieten. Niemand erwartet etwa, dass der Ölpreis langfristig auf dem heutigen Niveau verbleibt. Also wird das Land gewinnen, das seinen Einwohnern auch unter veränderten Rahmenbedingungen noch Mobilität ermöglicht. Wer attraktive öffentliche Verkehrssysteme und alltagsgeeignete Radwegenetze sowie multifunktionale Nahbereiche für Fußgänger besitzt, kann irgendwann drastisch steigende Kraftstoffpreise umgehen. Wer dagegen jetzt keine Ausweichlösungen aufbaut, wird irgendwann in der Falle „Ich muss für Fossiles bezahlen und habe keine Ausweichoptionen!" gefangen sein. In einer Kommune, in der alle für jeden Weg immer nur den Pkw nutzen können, kann man mit den verfügbaren Optionen die höheren Preise nicht umgehen – und dort kommt es dann zu Mobilitätseinschränkungen! Eine „Weiter-so"-Politik ist also der direkte Weg in die Sackgasse: Und eigentlich wissen wir das heute schon.

Lernfragen

1. Wenn das Gesetz vom konstanten Reisezeitbudget in einer Stadt zutrifft: Welche Auswirkungen hat denn dann die Einrichtung einer „Grünen Welle" für die Autofahrer, was Reisezeit, Fahrgeschwindigkeit und Kraftstoffverbrauch angeht?

2. Die konkreten Abschätzungen der ungedeckten externen Kosten des PKW – Autoverkehrs in Deutschland hängen jeweils von den Annahmen ab und variieren zwischen etwa 60 Mrd. EUR und 100 Mrd. EUR pro Jahr (85–90 Mrd. EUR nach diesem Papier). Im Jahr 2015 legten alle Pkw in Deutschland etwa 630 Mrd. km zurück. Wenn man alle Kosten internalisieren würde (was unrealistisch ist): Welche zusätzliche Belastung ergäbe sich denn dann für den durchschnittlichen Pkw-Nutzer für eine Fahrt über 100 km?

3. Immer dann, wenn man über Nachhaltige Entwicklung spricht müssen unbedingt zwei Aspekte, genau genommen zwei Personengruppen betrachtet werden: Welche Personengruppen sind das (Zeitaspekte beachten!).

4. Um dem Klimawandel zu begegnen diskutiert ein Land verschiedene Maßnahmen. Diskutieren Sie, wie sich der Parkplatzbedarf in Städten verändert, wenn man die folgenden Maßnahmen umsetzen würde:

a) Zuschuss („Kaufprämie") für Elektro-Pkw

b) Erhöhung der Energiesteuer für Benzin und Diesel um 5ct je Liter

c) Kostenlose ÖPNV-Monatskarten für Alleinerziehende und Rentner/-innen

d) Verbot der Einfahrt von Pkw, die mehr als 2 Tonnen je Fahrzeug wiegen, in die Innenstadt

e) Umwidmung aller rechten Fahrstreifen von Straßen mit 4 und mehr Fahrstreifen in Radwege

Literatur

Becker, Udo J. (2016): Grundwissen Verkehrsökologie. München.

Becker, Udo/Andreas Rau (2004): Neue Ziele für Verkehrsplanungen. In: Bracher et al. (Hrsg.): Handbuch der kommunalen Verkehrsplanung, Loseblattsammlung, Ordnungsnummer 3.2.10.3. Berlin/Offenbach.

BMVI – Bundesministerium für Verkehr und digitale Infrastruktur (2016): Bundesverkehrswegeplan 2030, im Internet unter http://www.bmvi.de/SharedDocs/DE/Artikel/G/BVWP/bundesverkehrswegeplan-2030-inhalte-herunterladen.html?nn=216420 (Aufruf 4.12.2016).

DIW – Deutsches Institut für Wirtschaftsforschung (2015): Verkehr in Zahlen. Div. Jahrgänge, Hrsg. BMVBS. Berlin.

Essen van, Huib/Arnor Schroten/Matthijs Otten (2011): External Costs of Transport in Europe. Update Study for 2008. http://www.cedelft.eu/publicatie/external_costs_of_transport_in_europe/1258 (Aufruf 2.12.2016).

Ricardo-AEA (2014): Update of the Handbook on External Costs of Transport http://ec.europa.eu/transport/sites/transport/files/themes/sustainable/studies/doc/2014-handbook-external-costs-transport.pdf (Aufruf 4.12.2016).

SRU – Sachverständigenrat für Umweltfragen (2005): Umwelt und Straßenverkehr. Hohe Mobilität – Umweltverträglicher Verkehr. Berlin.

WBGU – Wissenschaftlicher Beirat Globale Umweltveränderungen (2009): Kassensturz für den Weltklimavertrag – der Budgetansatz. Berlin.

Weiterführende Literatur

Becker, Udo/Thilo Becker/Julia Gerlach (2012): Externe Autokosten in der EU-27. Überblick über existierende Studien. https://tu-dresden.de/bu/verkehr/ivs/voeko/ressourcen/dateien/dateien/The_true_costs_of_cars_DE_final.pdf (Aufruf 5.12.2016).

Becker, Udo/Juliane Böhmer/Regine Gerike (2008): How to Define and Measure Access and Need Satisfaction in Transport – Papers from the ESF-Exploratory Workshop Dresden. DIVU, Heft 7.

Becker, Udo; Elsel, Elke (1999): Mobilität. In: Breuel, Birgit (Hrsg.): Agenda 21, Vision: Nachhaltige Entwicklung, S. 200–208. Frankfurt M./New York.

BMUB – Bundesministerium für Umwelt, Naturschutz, Bau und Reaktorsicherheit (2016): Klimaschutzplan 2050, im Internet unter http://www.bmub.bund.de/themen/klima-energie/klimaschutz/klima-klimaschutz-download/artikel/klimaschutzplan-2050/ (Aufruf 4.12.2016).

BMVI (2016a): Umweltbericht zum Bundesverkehrswegeplan, Stand: März 2016, im Internet unter: http://www.bmvi.de/SharedDocs/DE/Anlage/VerkehrUndMobilitaet/BVWP/bvwp-2030-umweltbericht.pdf?__blob=publicationFile (Aufruf 4.12.2016).

Carlowitz, Hannß Carl, von (1713): Sylvicultura oeconomica oder Haußwirtschaftliche Nachricht und naturgemäße Anweisung zur wilden Baum-Zucht. Leipzig (Reprint: TU Bergakademie Freiberg, Universitätsbibliothek, Nr. 135, Freiberg 2000).

Gossen, Hermann Heinrich (1854): Entwickelung der Gesetze des menschlichen Verkehrs, und der daraus fließenden Regeln für menschliches Handeln. Braunschweig.

Hauff, Volker (Hrsg.) (1987): Unsere gemeinsame Zukunft – Der Brundtland-Bericht der Weltkommission für Umwelt und Entwicklung. Greven.

Ronellenfitsch, Michael (1992): Mobilität: Vom Grundbedürfnis zum Grundrecht? In: Deutsches Autorecht, Nr. 9, S. 321–325.

Udo J. Becker, Prof. Dr.-Ing., Technische Universität Dresden, Lehrstuhl für Verkehrsökologie, Hettnerstraße 1, 01062 Dresden.

Verkehr und Wirtschaft

Die volkswirtschaftliche Bedeutung des Verkehrs

Heike Link

Zusammenfassung

In diesem Beitrag wird zunächst anhand üblicher volkswirtschaftlicher Kennzahlen wie dem Bruttoinlandsprodukt, der Erwerbstätigenzahl und dem Anlagevermögen gezeigt, welche Rolle dem Verkehrssektor als Wirtschaftszweig zukommt. Danach wird ausführlich der Erkenntnisstand zum Zusammenhang zwischen Verkehrsinfrastruktur und Wirtschaftswachstum dargestellt. Der Beitrag beleuchtet außerdem die Kosten, die mit den negativen Folgewirkungen des Verkehrs verbunden sind. Das Lernziel dieses Beitrags besteht darin, Grundkenntnisse zur Stellung des Verkehrssektors in der Gesamtwirtschaft und zur Diskussion um die Wachstumswirkungen von Investitionen in die Verkehrsinfrastruktur zu erwerben. Zudem sollen die Studierenden einen Einblick in die Problematik der externen Kosten gewinnen.

1 Einführung

Die Mobilität von Personen und Gütern ist eine unabdingbare Voraussetzung für die Funktionsweise und das Wachstum einer arbeitsteiligen, räumlich differenzierten Volkswirtschaft. So verbindet der Güterverkehr in einer arbeitsteiligen Wirtschaft die Stufen der Produktion bis hin zum Endverbrauch und garantiert so die Versorgungssicherheit und Verfügbarkeit von Gütern. Für die Teilhabe am Arbeitsmarkt und am gesellschaftlichen Leben (Erreichbarkeit von Arbeits- und Ausbildungsplätzen, von sozialen Einrichtungen, aber auch von Einkaufs- und Freizeitmöglichkeiten) ist die Gewährleistung

H. Link (✉)
Deutsches Institut für Wirtschaftsforschung (DIW), Berlin, Deutschland
E-Mail: hlink@diw.de

© Springer Fachmedien Wiesbaden GmbH, ein Teil von Springer Nature 2018   89
O. Schwedes (Hrsg.), *Verkehrspolitik*,
https://doi.org/10.1007/978-3-658-21601-6_5

der individuellen Mobilität von Personen Voraussetzung. Bis in die jüngste Vergangenheit war infolgedessen ein kräftiges Wachstum der Verkehrsleistung im Personen- und Güterverkehr zu verzeichnen. Auch eine historische Betrachtung belegt die Bedeutung des Verkehrs, insbesondere der Verfügbarkeit von Verkehrswegen, für die Entwicklung von Volkswirtschaften. So wurden die Entscheidungen für die Gründung von Ansiedlungen bis in die Neuzeit hinein insbesondere unter dem Aspekt des Zugangs zu schiffbaren Flüssen und/oder Seehandelswegen getroffen. Die Entwicklung des industriellen Zeitalters ist ohne die raumüberwindende Wirkung des Eisenbahnbaus nicht vorstellbar. Die Entwicklung und massenweise Verbreitung des Automobils hatte entscheidende Wirkungen nicht nur für die individuelle Mobilität, sondern auch für die Entwicklung unserer heutigen Logistik-Systeme. Ähnliches gilt für die individuelle Mobilität und für bestimmte zeitsensible Gütergruppen auch im Hinblick auf den Luftverkehr.

Auch wenn die Bedeutung des Verkehrs als wichtiges Bindeglied zwischen Produktions- und Absatzmärkten und als Voraussetzung für die Teilhabe am gesellschaftlichen Leben unstrittig sein dürfte, existiert eine z. T. kontrovers geführte Diskussion darüber, ob und in welchem Umfang Investitionen in die Verkehrsinfrastruktur zu nationalem und/oder regionalem Wirtschaftswachstum und Produktivität beitragen. Die Beantwortung dieser Frage ist von hoher wirtschaftspolitischer Relevanz, da ein erheblicher Teil des volkswirtschaftlichen Anlagevermögens in der Verkehrsinfrastruktur gebunden ist und die Ausgaben für Ausbau und Erhaltung überwiegend von der öffentlichen Hand getragen werden.

Dem positiven Beitrag des Verkehrs zur wirtschaftlichen Entwicklung stehen die negativen Wirkungen unseres modernen Verkehrsverhaltens wie Umweltbelastung, Lärm und Unfälle sowie Effizienzverluste aufgrund von Stau-, Überlastungs- und Knappheitsphänomenen gegenüber. Ein Aufsatz zur wirtschaftlichen Bedeutung des Verkehrs wäre daher ohne eine Betrachtung der externen Kosten des Verkehrs unvollständig.

Dieser Beitrag widmet sich zunächst in Abschn. 2 anhand der üblichen Kennziffern der Volkswirtschaftlichen Gesamtrechnung (VGR) der Stellung des Verkehrssektors in der Volkswirtschaft. Abschn. 3 geht im Anschluss daran der Frage nach, ob und in welchem Umfang Investitionen in die Verkehrsinfrastruktur zu wirtschaftlichem Wachstum und Produktivität beitragen. Die externen Kosten des Verkehrs werden in Abschn. 4 behandelt. Abschn. 5 fasst die wesentlichen Aussagen dieses Beitrages zusammen.

2 Überblick über ausgewählte wirtschaftliche Kennziffern des Verkehrs

Die wirtschaftliche Stellung des Verkehrssektors lässt sich zunächst wie für jeden Wirtschaftszweig anhand der üblichen Kennziffern der Volkswirtschaftlichen Gesamtrechnung (VGR) wie z. B. dem Anteil an den Beschäftigten der Volkswirtschaft und dem Anteil am Bruttoinlandsprodukt (BIP) definieren. Dabei ist jedoch zu berücksichtigen, dass über die VGR nur eine unvollständige Erfassung aller mit dem Verkehr verbundenen Effekte möglich ist. So sind beispielsweise Nutzengewinne durch Zeiteinsparungen im Freizeitverkehr, aber auch Teile der mit Unfällen und Umweltschäden verbundenen externen Kosten nicht im BIP enthalten.

Abb. 1 zeigt zum einen die Entwicklung des Anteils des Verkehrssektors (Landverkehr, Schifffahrt, Luftfahrt sowie Hilfs- und Nebentätigkeiten für den Verkehr) an der Bruttowertschöpfung aller Wirtschaftsbereiche zu jeweiligen Preisen. Er lag in Westdeutschland von 1950 bis 1990 zwischen 5,6 % und 3,4 % mit fallender Tendenz. In der ersten Dekade nach der Wiedervereinigung setzte sich der fallende Trend zunächst fort, insbesondere seit der Jahrtausendwende ist jedoch ein neuerlicher Anstieg auf 4,5 % im Jahre 2014 zu konstatieren. Abb. 1 zeigt zudem, dass der Verkehrssektor ein wichtiger Arbeitgeber ist: So entfielen im Zeitraum von 1950 bis 1990 auf die direkt in den Verkehrsbereichen beschäftigten Erwerbstätigen zwischen 4,5 % und 3,6 % aller in der westdeutschen Wirtschaft beschäftigten Arbeitnehmer; im wiedervereinigten Deutschland lag dieser Anteil im Zeitraum von 1991 bis 2014 zwischen 3,7 % und 4,3 %.

Im Verkehrssektor war im Jahre 2014 ein Brutto-Anlagevermögen von rund 1.095 Mrd. EUR (Preisbasis: 2010) gebunden, davon entfielen auf die Verkehrsinfrastruktur 911 Mrd. EUR. Der Anteil des Brutto-Anlagevermögens des Verkehrssektors am Anlagevermögen aller Wirtschaftsbereiche Westdeutschlands schwankte im Zeitraum

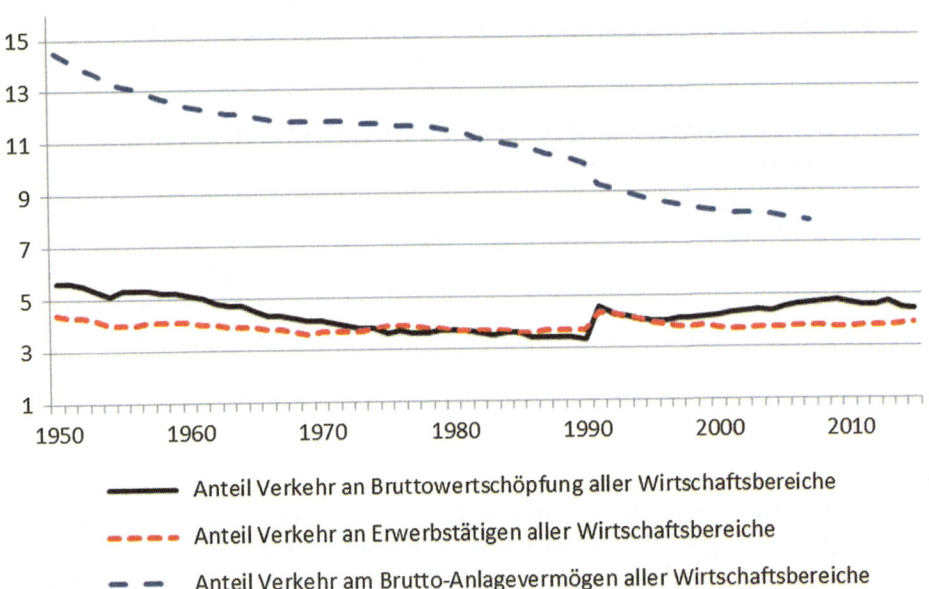

Abb. 1 Anteil des Verkehrssektors (%) an wirtschaftlichen Kenngrößen von 1950–2014. (Quelle: Verkehr in Zahlen [BMVBS/DIW], mehrere Jahrgänge)

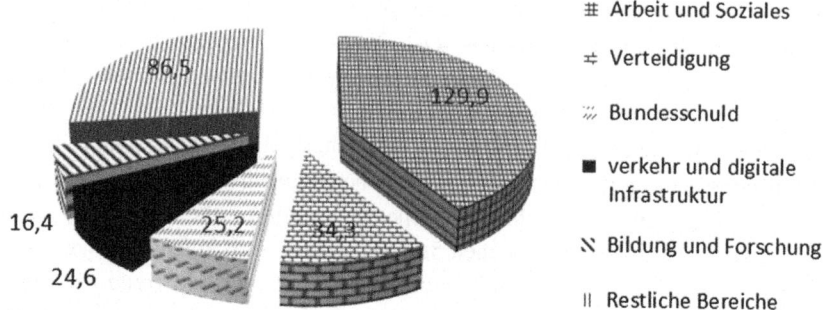

Abb. 2 Stellung der Ausgaben für Verkehr im Bundeshaushalt 2016 (Angaben in Mrd. EUR). (Quelle: Bundesministerium der Finanzen, Bundeshaushalt 2016 [Soll-Werte])

von 1950 bis 1990 zwischen 14,5 % und 10,1 % und lag nach der Wiedervereinigung von 1991 bis 2008 zwischen 9,3 % und 7,8 % (Abb. 1).[1] Dieser rückläufige Anteil ist der Tatsache geschuldet, dass im gleichen Zeitraum der Anteil der Anlageinvestitionen des Verkehrs an den gesamten Investitionen aller Wirtschaftsbereiche von 13,8 % im Jahre 1950 auf 6,6 % im Jahre 2008 gesunken ist.

Abb. 2 zeigt die Bedeutung der staatlichen Ausgaben für den Verkehr im Kontext der gesamten öffentlichen Ausgaben. So stellte der Verkehrshaushalt im Jahre 2016 nach dem Haushalt für Arbeit und Soziales (129,9 Mrd. EUR), dem Verteidigungshaushalt (34,3 Mrd. EUR) sowie dem Schuldendienst (25,2 Mrd. EUR) mit 24,6 Mrd. EUR und einem Anteil von fast 8 % einen der größten Einzeletats des Bundeshaushalts.[2]

3   Der Zusammenhang zwischen Verkehrsinfrastruktur und Wirtschaftswachstum

In der wirtschafts- und regionalpolitischen Diskussion wird oft gefordert, Wachstumsschwäche durch öffentliche Investitionen in die Verkehrsinfrastruktur zu beseitigen. Während es unstrittig ist, dass eine qualitativ und quantitativ leistungsfähige und in gutem Zustand unterhaltene Verkehrsinfrastruktur eine wichtige Voraussetzung für das Funktionieren einer arbeitsteilig organisierten Volkswirtschaft darstellt, ist in der

---

[1]Der Anteil des im Verkehrssektor gebundenen Anlagevermögens am Anlagevermögen aller Wirtschaftsbereiche lässt sich nur bis 2008 bilden, da das Anlagevermögen im Verkehrssektor auf konstanter Preisbasis (hier 2010) publiziert wird, die Zahlen für das Anlagevermögen aller Wirtschaftsbereiche entsprechend den Konventionen der VGR lediglich als sogenannte verkettete Werte veröffentlicht werden.

[2]Sollwerte. Quelle: https://www.bundeshaushalt-info.de/#/2016/soll/ausgaben/einzelplan.html. Zuletzt abgerufen am 20.12.2016.

wirtschaftswissenschaftlichen Forschung die Kausalitätsbeziehung zwischen Verkehr-sinfrastruktur und Wirtschaftswachstum und der quantitative Beitrag der Verkehrsin-frastruktur zur wirtschaftlichen Entwicklung nicht eindeutig geklärt. Die folgenden Abschnitte beschäftigen sich daher mit den vorhandenen Erklärungsansätzen, ihren quantitativen Ergebnissen sowie ihren Stärken und Schwächen.

Die aus Lakshmanan und Andersson 2002 entnommene Abb. 3 stellt die von Ver-besserungen der Verkehrsinfrastruktur induzierten ökonomischen Effekte dar. Inves-titionen in die Verkehrsinfrastruktur führen über verbesserte Transportbedingungen (Zeit- und Kostenersparnisse, hohere Zuverlässigkeit etc.) zur besseren Erreichbarkeit der Märkte, was wiederum positive Wirkungen auf das Angebot von Arbeitskräften hat und zur Zunahme von Ex- und Importen der betrachteten Region/Volkswirtschaft führt. Erreichbarkeitsverbesserungen tragen gleichzeitig zu Agglomerationseffekten bei und fördern Innovationsschübe durch die Intensivierung der Informationsflüsse und des Tech-nologietransfers. Die dadurch ermöglichte Produktionsausweitung und der induzierte Strukturwandel münden letztlich in wirtschaftliche Wachstumseffekte in Form von stei-gender Produktivität und BIP. Dabei ist allerdings zu berücksichtigen, dass Erreichbar-keitsverbesserungen verschiedene Wirkungen haben können. So können beispielsweise Arbeitskräfte in andere Regionen einpendeln und von der Ansiedlung von Unternehmen

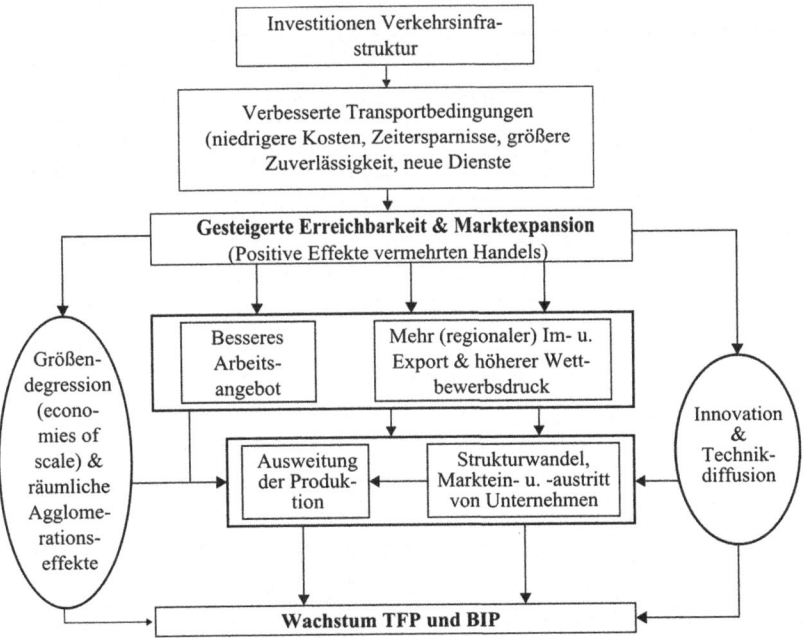

Abb. 3 Wirkungsmechanismen des Zusammenhangs zwischen Verkehrsinfrastruktur und Wirt-schaftswachstum (Erläuterung der Abkürzungen: TFP = Totale Faktorproduktivität; BIP = Brutto-inlandsprodukt). (Quelle: Lakshmanan und Andersson 2002)

aufgrund der verbesserten Transportbedingungen profitieren auch andere Regionen als die Region, in der die Verbesserung der Infrastruktur erfolgte. Zudem ist anzumerken, dass Unternehmensansiedlungen erst aufgrund des Zusammenwirkens vieler Standortfaktoren erfolgen und nicht allein durch eine verbesserte Verkehrsanbindung ausgelöst werden. Schließlich sei noch darauf hingewiesen, dass beispielsweise Effekte des Freizeitverkehrs nur teilweise in den in Abb. 3 dargestellten Wirkungen enthalten sind.

Insgesamt wird deutlich, dass die Wirkungen von Investitionen in die Verkehrsinfrastruktur sehr komplex sind und mit einem einzigen Erklärungsansatz kaum quantifizierbar sein dürften. Grundsätzlich lassen sich die Wirkungen zunächst grob in makro- und mikroökonomische Wirkungen unterteilen. Dementsprechend existieren makroökonomische Modellansätze, oft auch als outputorientierte Ansätze bezeichnet, und mikroökonomische Erklärungsansätze, oft als ressourcenorientierte Ansätze bezeichnet. Beide Ansätze werden in den nachfolgenden Abschn. 3.1 und 3.2 dargestellt. Seit den 1990er Jahren liefert außerdem die sogenannte „neue ökonomische Geographie" (new economic geography) einen Erklärungsbeitrag zur Messung der räumlichen und regionalökonomischen Effekte von Verkehrsinfrastruktur. Da diese Richtung jedoch aufgrund ihres aufwendigen mathematischen Instrumentariums den Rahmen dieses Beitrages sprengen würde, sei der Leser für eine nicht-formale Einführung auf den Beitrag von Wieland & Ragnitz (2015) verwiesen.

Neue ökonomische Geographie

Die neue ökonomische Geographie (NÖG) wurde in den Neunzigerjahren von Paul Krugman, Anthony Venables und Masahisa Fujita begründet. Sie knüpft zum einen an die Außenhandelstheorie und zum anderen an die Standorttheorie an, um die räumliche Wirtschaftsstruktur zu erklären und insbesondere räumliche Agglomerations- und Dispersionsprozesse abzubilden. Die NÖG hebt einige Annahmen der traditionellen Außenhandelstheorie wie z. B. die der immobilen Produktionsfaktoren, der vollkommenen Märkte und nicht existierender Handels- und Transportkosten auf. Sie fokussiert auf die sogenannten Marktgrößeneffekte als Kostenvorteile auf der Nachfrage- und der Angebotsseite in großen Märkten, die mikroökonomisch fundiert und in Modellen des allgemeinen Gleichgewichts unter den Annahmen eines unvollkommenen Wettbewerbs, mobiler Produktionsfaktoren (insbesondere der Arbeitskräfte) sowie der Existenz von Transportkosten abgebildet werden. Die zwei bedeutsamsten Erklärungsansätze innerhalb der NÖG sind das von Paul Krugman entwickelte Kern-Peripherie-Modell mit mobilen qualifizierten Arbeitskräften und das Modell der verflochtenen industriellen Produktion. Die neue ökonomische Geographie ist damit in der Lage, ein differenziertes Bild hinsichtlich der Entstehung von Agglomerationen und regionalen Disparitäten (so zum Beispiel des Ost-West Gefälles in Deutschland und der Disparität zwischen dem Norden Italiens und dem Mezzogiorno) und der Entstehung industrieller Cluster (zum Beispiel Silicon Valley) sowie Urbanisierungsphänomenen, d. h. dem Wachstum von Städten und Metropolen zu zeichnen.

Da die Erklärungsansätze der neuen ökonomischen Geographie von einigen restriktiven Annahmen der traditionellen Außenhandelsmodelle abweichen, sind die wirtschaftspolitischen Schlussfolgerungen von großem Interesse. Die wohl wichtigste Erkenntnis betrifft den Bereich der Handelspolitik, wo beispielsweise die Einführung bzw. der Abbau von protektionistischen Maßnahmen (Handelsbarrieren, Schutzzölle) nach dem Erklärungsansatz der NÖG nicht für alle Regionen gleichermaßen positive bzw. negative Auswirkungen haben.

Wichtige Literaturquellen:
Krugman, Paul (1991): Geography and Trade. Cambridge (Mass.), MIT Press.
Krugman, Paul (1993): On the Relationship between Trade Theory and Location Theory. In: Review of International Economics (I) 2, pp. 110–122.
Venables, Anthony (1996): Equilibrium Location between Vertically Linked Industries. In: International Economic Review 37, pp. 341–359.
Eine Einführung findet sich zudem in Wieland, Bernhard, Ragnitz, Joachim (2015): Produktivität und Wachstumswirkungen von Verkehrsinfrastrukturinvestitionen: Ein Überblick. In: Zeitschrift für Verkehrswissenschaft, Heft 1, 86. Jahrgang.

3.1 Makroökonomische Effekte – outputorientierte Erklärungsansätze

Die makroökonomische Sicht beschäftigt sich mit der Wirkung von verbesserter Verkehrsinfrastruktur auf das Wirtschaftswachstum und auf die Steigerung der Produktivität sowie daraus abgeleitet mit den Wirkungen auf Beschäftigung und nicht zuletzt auf die Steuereinnahmen des Staates. Dabei ist unter Wirtschaftswachstum die quantitative Veränderung des volkswirtschaftlichen Outputs, typischerweise gemessen als Brutto-Inlandsprodukt (BIP), zu verstehen. Neben dem Niveaueffekt auf das BIP kann die Erschließung eines Landes oder einer Region mit neuer Verkehrsinfrastruktur auch eine qualitative, transformative Wirkung auf die Wirtschaft haben. Insbesondere in Volkswirtschaften mit bislang ungenügender Verkehrsinfrastruktur (z. B. in Entwicklungsländern) steht ein solcher qualitativer oder transformativer Effekt im Vordergrund, indem Verkehr schneller, zuverlässiger und preiswerter wird bzw. indem neue Verkehrsdienstleistungen ermöglicht werden, sodass Produzenten und Konsumenten Zugang zu neuen, räumlich differenzierten Märkten erhalten. Zur Illustration dieses Effekts wird neben dem Beispiel der Entwicklungsländer insbesondere die Entwicklung der US-amerikanischen Wirtschaft im 19. Jahrhundert durch die Erschließung des Landes und die Ausdehnung der wirtschaftlichen Aktivitäten nach Westen im Zuge des Eisenbahnbaus herangezogen. Ein anderes Beispiel stellt der nach der deutschen Wiedervereinigung konstatierte Nachholbedarf der Infrastruktur in Ostdeutschland dar, insbesondere hinsichtlich der Qualität der Verkehrswege (vernachlässigte Unterhaltung, nicht zeitgemäße Bauweisen und -standards mit Konsequenzen auf die Kapazität) und im Hinblick auf fehlende

Ost-West-Verbindungen. Hingegen stehen bei Ländern mit bereits gut ausgebauter Verkehrsinfrastruktur wie z. B. den meisten westeuropäischen Ländern die Wirkungen von Verkehrsinfrastruktur auf das Wirtschaftswachstum und die Produktivität im Vordergrund.

Der makroökonomische Ansatz analysiert den Zusammenhang zwischen der Inputgröße Verkehrsinfrastruktur und der Outputgröße Wirtschaftswachstum. Die in Abb. 3 dargestellten Wirkungsketten zwischen Input- und Outputgröße werden dabei nicht explizit betrachtet, sondern bilden eine Black Box.

Investitionen in die Verkehrsinfrastruktur erhöhen die Effizienz und reduzieren die Preise der Inputfaktoren für die Produktion von Gütern und Dienstleistungen, zum einen, indem die Kosten für Arbeitskräfte und Material sinken, zum anderen, indem durch die erhöhte Kapazität der Verkehrsinfrastruktur die Quantität und Qualität der darauf erbrachten Verkehrsdienstleistungen erhöht werden können. Abb. 4 veranschaulicht die Idee des makroökonomischen Erklärungsansatzes.

Die Kurve der (Grenz-)kosten GK_1 in Abhängigkeit von der produzierten Outputmenge Q_1 verläuft bei unzureichender Infrastrukturausstattung höher als im Falle einer verbesserten Infrastrukturausstattung (Kurve GK_2), sodass bei gegebenem Marktpreis p die Verbesserung der Verkehrsinfrastruktur zwei Wirkungen hat: a) einen Kostenreduzierungseffekt, indem die Kosten für die Produktion der ursprünglichen Outputmenge Q_1 im Umfang der grau hinterlegten Fläche *abcd* sinken und b) einen Mengenexpansionseffekt, da die Output-Menge um die Fläche *bce* auf Q_2 ausgedehnt werden kann.

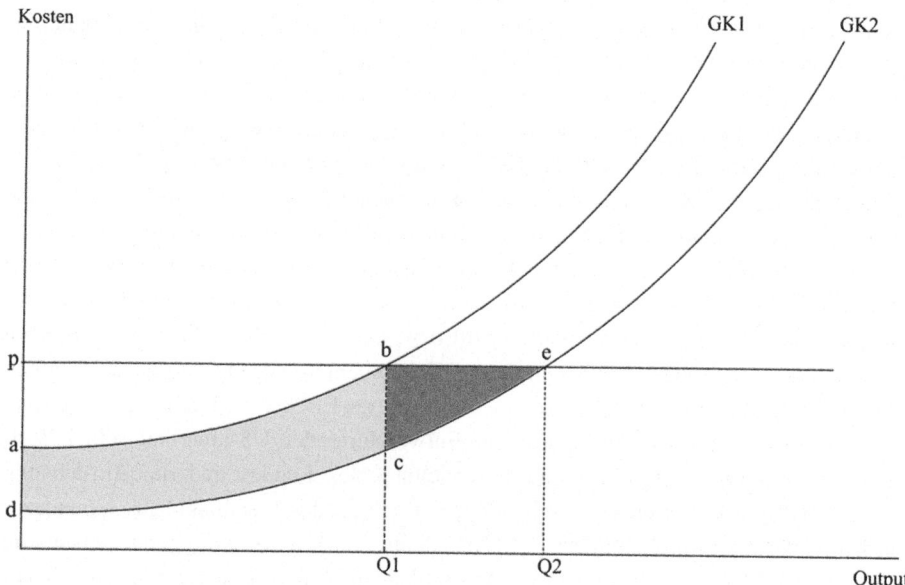

Abb. 4 Wirkungen von Verkehrsinfrastruktur auf Kosten und Produktionsoutput

Die Messung dieser beiden Effekte ist Gegenstand zahlreicher Studien in den USA, Japan, Deutschland und anderen Ländern, die besonders in den 1990er Jahren „Hochkonjunktur" hatten. Der zugrunde liegende Untersuchungsansatz besteht in der Ex-Post-Analyse des Zusammenhangs zwischen dem Inputfaktor Verkehrsinfrastruktur und dem volkswirtschaftlichen Output, gemessen als BIP, Einkommen oder Beschäftigung, mittels ökonometrischer Methoden. Der Vorteil dieses Herangehens besteht, sofern die Schätzergebnisse statistisch signifikant sind, in der empirischen Absicherung der Aussagen; die hauptsächliche Schwäche ist die ungeklärte Kausalitätsrichtung. Die Mehrheit der Studien basiert auf der Schätzung von Produktions- und Kostenfunktionen.[3] Aus diesem Grund konzentriert sich die folgende Darstellung schwerpunktmäßig auf die Anwendung von Produktions- und Kostenfunktionen auf die in diesem Beitrag zu behandelnde Frage des Zusammenhangs zwischen Verkehrsinfrastruktur und Wirtschaftswachstum, ohne Anspruch auf Vollständigkeit zu erheben. Ein umfassender und aktueller Überblick über vorhandene Studien findet sich beispielsweise in Allroggen (2013) sowie in Wieland und Ragnitz (2015). Der Abschnitt schließt mit einer kritischen Würdigung dieses Erklärungsansatzes.

Eine positive Wirkung von Verkehrsinfrastruktur auf den wirtschaftlichen Output ist dann gegeben, wenn in der Produktionsfunktion

$$Y = f(X, PK) \tag{1}$$

mit Y: Aggregierter Output der Volkswirtschaft
   X: Vektor der privaten Produktionsfaktoren (z. B. Arbeit, Kapital, Material, Energie)
  PK: Vektor des Kapitalbestandes der Verkehrsinfrastruktur

der funktionale Zusammenhang zwischen einer Erhöhung des Outputs Y und einer Erhöhung des öffentlichen Infrastrukturkapitals PK positiv ist. Die gängige Messgröße für diesen Zusammenhang ist die sogenannte Output-Elastizität der Verkehrsinfrastruktur, definiert als

$$\varepsilon = \frac{\partial Y}{\partial PK} \frac{\partial PK}{\partial Y} \tag{2}$$

Diese Elastizität drückt aus, um wie viel Prozent der Output Y steigt, wenn sich das in der Verkehrsinfrastruktur gebundene Kapital um 1 % erhöht. Unter Anwendung des Dualitätstheorems[4] können die Parameter der Produktionsfunktion (1) auch über die zugehörige Kostenfunktion

---

[3]Alternative Ansätze umfassen z. B. Wachstumsmodelle und Quasi-Produktionsfunktionen, die mit sogenannten Potenzialfaktoren arbeiten. Ein guter Überblick hierzu findet sich in Bertenrath et al. (2006).
[4]Das Dualitätstheorem besagt, dass eine Produktionstechnologie sowohl durch eine Produktionsfunktion als auch durch die zugehörige Kostenfunktion äquivalent dargestellt werden kann, sofern beide Funktionen bestimmte Regularitätsbedingungen erfüllen.

$$C = f(Y, X, PK) \tag{3}$$

geschätzt werden, wobei C die Gesamtkosten zur Produktion des volkswirtschaftlichen Outputs Y, P der Vektor der Preise für die privaten Inputfaktoren (Arbeit, Kapital, Material, Energie) und PK die öffentliche Infrastruktur repräsentieren. Eine solche Kostenfunktion wird simultan mit den Gleichungen für die i Faktorinput-Mengen s_i

$$s_i = \frac{\partial C}{\partial p_i} \tag{4}$$

geschätzt.[5] Die aus einem solchen Gleichungssystem abgeleitete Kostenelastizität stellt die prozentuale Reduktion der Produktionskosten bei einem Anstieg des in der Verkehrsinfrastruktur gebundenen Kapitals um 1 % dar.

In den meisten Studien wird aufgrund der besseren Datenverfügbarkeit der Produktionsfunktionsansatz zugrunde gelegt, indem aus empirischen Daten des Produktionsoutputs BIP, der Inputfaktoren Arbeitsvolumen, Material und privatem Kapital sowie des Infrastrukturkapitals eine Produktionsfunktion geschätzt und hieraus entsprechend Gl. 2 die Output-Elastizität abgeleitet wird. Außerdem können über die Ableitung der geschätzten Funktionsgleichung nach den Inputfaktoren Aussagen zur Substituierbarkeit bzw. Komplementarität der privaten Inputfaktoren und der Verkehrsinfrastruktur getroffen werden. Für die Schätzung wird entweder auf Zeitreihendaten über die Produktions- und Infrastrukturentwicklung zurückgegriffen oder es werden Querschnittsdaten (in regionaler Gliederung) verwendet, die zumeist für mehrere Jahre zusammengefasst („gepoolt") werden.

Auffällig ist, dass auf Zeitreihendaten basierende Untersuchungen relativ hohe Output-Elastizitäten von z. T. über 0,5 ergaben (vgl. die Bertenrath et al. 2006 entnommene Tab. 1). Eine ebenfalls sehr hohe Output-Elastizität von 0,39 ermittelte Aschauer (1989) in seiner viel diskutierten Studie zu den Wachstumswirkungen von Infrastrukturkapital.

Tab. 1 Geschätzte Output-Elastizitäten des BIP in Bezug auf Infrastrukturinvestitionen, basierend auf Zeitreihenanalysen. (Quellen: Bertenrath et al. 2006, dort angegebene Quellen: Johansson et al. 1996, Goddwin 2001)

Land	Output-Elastizitäten
USA	0,29–0,64
Niederlande	0,48
Japan	0,15–0,39
Deutschland	0,53–0,68
Kanada	0,63–0,77
Belgien	0,54–0,57
Australien	0,34–0,7

[5]Gleichung (4) basiert auf der Anwendung des sogenannten Lemmas von Shepard (1970).

Darauffolgende Untersuchungen gelangten jedoch zu dem Ergebnis, dass die Aschauer-Studie den Einfluss der Verkehrsinfrastruktur überschätzt und insbesondere die Möglichkeit einer umgekehrten Kausalität zwischen Infrastruktur und Wachstum nicht auszuschließen ist. Spätere Studien mit verfeinerten Ansätzen kommen zu erheblich geringeren Output-Elastizitäten in einer Spanne von 0,04 bis maximal 0,2 (Tab. 2), sie weisen jedoch eine beträchtliche Streuung sowohl hinsichtlich der Ergebnisse als auch im Hinblick auf die Kausalitätsrichtung des Zusammenhangs zwischen Verkehrsinfrastruktur und Produktivität auf.

Dabei ist zu berücksichtigen, dass sich die in Tab. 2 zusammengefassten Studien zum einen im Hinblick auf den zugrunde gelegten Funktionstyp für die Produktionsfunktion unterscheiden. Zum anderen differieren sie hinsichtlich der untersuchten Infrastruktur (Straßen, Schienenwege, gesamte öffentliche Infrastruktur einschließlich Telekommunikation, Wasser etc.), der Variablen zur Quantifizierung der Ausstattung mit Infrastruktur (Kapital versus physische Messgrößen der Infrastrukturausstattung) und der Output-Größen (BIP, z. T. auch Einkommen). Sie unterscheiden sich zudem hinsichtlich der verwendeten Daten (reine Querschnittsdaten für ein Stichjahr, Querschnittsdaten für mehrere Jahre, Zeitreihendaten) und ihres Aggregationsniveaus (Anzahl und Art der untersuchten räumlichen Einheiten).

Trotz der z. T. beträchtlichen Streuung der Ergebnisse stimmen die Studien darin überein, dass ein schwach positiver Zusammenhang zwischen der Ausstattung einer Volkswirtschaft mit Verkehrsinfrastruktur und dem wirtschaftlichen Output existiert. Der quantifizierte Einfluss der Verkehrsinfrastruktur sinkt jedoch bei abnehmender Größe der betrachteten räumlichen Einheit (Staat, Region, Ballungsraum).

Der makroökonomische Ansatz ist mit zahlreichen Problemen behaftet, die bei der Interpretation der hier dargestellten Größenordnungen für die Elastizitäten und bei der Ableitung wirtschaftspolitischer Schlussfolgerungen zu beachten sind. Diese Probleme sollen im Folgenden etwas ausführlicher beleuchtet werden.

Ein grundsätzliches Problem des makroökonomischen Erklärungsansatzes besteht darin, dass die Kausalität zwischen Verkehrsinfrastruktur und Wirtschaftswachstum keineswegs eindeutig ist, sondern vielmehr von einer wechselseitigen Anhängigkeit auszugehen sein dürfte. So erfordert einerseits eine wachsende Wirtschaft Verbesserungen der Infrastrukturausstattung und zieht entsprechende Investitionen nach sich, andererseits wird durch Investitionen in die Verbesserung der Verkehrsinfrastruktur in der Folge das Wirtschaftswachstum stimuliert. Außerdem stellt sich die Frage nach der zeitlichen Verzögerung zwischen Maßnahmen zur Verbesserung der Verkehrsinfrastruktur und einer Beschleunigung des Wirtschaftswachstums. Ein weiteres Problem besteht im Aggregationsniveau des Ansatzes. So hängen die einzelnen Industriezweige in unterschiedlichem Maße von Verkehrsdienstleistungen ab, sodass globale Schätzungen des Zusammenhangs zwischen Wirtschaftswachstum und Verkehrsinfrastruktur nur bedingt informativ sind und eigentlich disaggregierte Studien nach Industriezweigen und nach den verschiedenen Formen von Verkehrsinfrastruktur erforderlich sind. Zudem hängen die ökonomischen Wirkungen von Investitionen aufgrund des Netzcharakters von

Tab. 2 Ergebnisse makroökonomischer Studien zu den Output-Elastizitäten öffentlicher Infrastruktur. (Quellen: Lakshmanan und Anderson 2002, Bertenrath et al. 2006, Allroggen 2013, dort jeweils ausführliche Quellenangaben für die hier aufgeführten Studien)

Studie	Land	Art der Infrastruktur	Output-Größe	Output-Elastizität
Aschauer (1989)	USA	Öffentliche Infrastruktur	BIP	0,39
Ratner (1983)	USA	Öffentliche Infrastruktur	BIP	0,05–0,06
Toen-Gout und Jongeling (1993)	Niederlande	Öffentliche Infrastruktur	BIP	0,48
Baffes und Shah (1993)	Niederlande	Öffentliche Infrastruktur	BIP	0,01–0,16
Westerhout und van Sinderen (1993)	Niederlande	Öffentliche Infrastruktur	BIP	0,1
Toen-Gout und van Sinderen (1993)	Niederlande	Öffentliche Infrastruktur	BIP	0,1
Mera (1973)	Japan, regional	Verkehrsinfrastruktur	Regionales BIP	0,35
Costa et al. (1987)	USA, regional (28 Bundesstaaten)	Öffentliche Infrastruktur	Regionales BIP	0,2
Munnell (1990)	USA, regional	Öffentliche Infrastruktur bzw. Autobahnen	Regionales BIP	0,15 bzw. 0,06
Eisner (1991)	USA, regional (48 Bundesstaaten)	Straßenbauinvestitionen	Regionales BIP	0,05–0,07
McGuire (1992)	USA, regional (48 Bundesstaaten)	Straßenbauinvestitionen	Regionales BIP	0,24
Jones et al. (1993)	USA, regional	Fahrleistung Fernstraßen	Regionales BIP	0,09–0,14
Garcia-Mila und McGuire (1998)	USA, regional (48 Bundesstaaten)	Autobahn-Kapital	Regionales BIP	0,04
Eberts (1986)	Agglomeration	Öffentliche Infrastruktur	Wertschöpfung der Industrie	0,03
Deno (1988)	Agglomeration	Autobahnen und Brücken	Wertschöpfung der Industrie	0,31–0,57
Duffy –Deno und Eberts (1989)	Agglomeration	Öffentliche Infrastruktur	Örtl. Volkseinkommen	0,08

(Fortsetzung)

Tab. 2 (Fortsetzung)

Studie	Land	Art der Infrastruktur	Output-Größe	Output-Elastizität
Johansson (1993), Johansson und Karlson (1994)	280 bzw. 284 Agglomerationen	Kapital Straßen und ÖPNV, Erreichbarkeit Straßen	Örtliche Wertschöpfung der Industrie	0,12–0,18 (Straßen) 0,18–0,2 (ÖPNV) 0,2–0,27 (Erreichbarkeit Straße)
Deno (1998)	Agglomeration	Straßen-bauinvestitionen	BIP Industrie	0,31
Cantos et al. (2005)	Spanische Regionen	Verkehrsinfra-strukturkapital	BIP	± 0 je nach Sektor
RWI (2010)	Deutsche Bundesländer	Verkehrsinfra-strukturkapital	BIP	0,03 kurzfristig, 0,04–0,08 langfristig
Yu et al. (2012)	29 chinesische Provinzen	Verkehrsinfra-strukturkapital	BIP	0,17, im Zeitverlauf sinkend
Jiwattanakulpaisarn et al. (2012)	US Bundesstaaten	Straßennetz-dichte	BIP (privater Sektor)	0,035–0,039

Verkehrsinfrastruktur davon ab, wo im Netz derartige Maßnahmen stattfinden.[6] Eine weitere Schwierigkeit besteht darin, dass der ökonomische Output auf der Ebene von Regionen oder Bundesländern/Bundesstaaten gemessen wird, die Verkehrsdienstleistung als notwendiger Input für die Produktion aber auf Infrastrukturen erbracht wird, die unter Umständen in einer anderen regionalen Einheit erstellt wurde. Die Berücksichtigung der daraus resultierenden sogenannten regionalen Spillover-Effekte ist spätestens seit Beginn der 2000er Jahre ein Forschungsgegenstand. Beispielsweise lassen sich positive regionale Spillover-Effekte damit erklären, dass aufgrund von Infrastrukturinvestitionen in einer Region die Erreichbarkeit anderer Regionen verbessert und damit die Migration von Arbeitskräften bzw. die Zulieferungen von Vorleistungen aus anderen Regionen erleichtert werden. Diese Effekte sind in der Regel besonders stark ausgeprägt, wenn eine Region als enges Substitut für eine andere Region gelten kann, d. h. ähnliche Produkte hergestellt werden. Ein Erklärungsansatz für die Existenz regionaler Spillover-Effekte liegt in der Unterscheidung von lokaler Infrastruktur und überregionaler Infrastruktur, wobei positive Spillover-Effekte mit der Verbindungswirkung lokaler

---

[6]Einige Studien verwenden deshalb die Erreichbarkeit von bestimmten Infrastrukturen, z. B. von wichtigen Exporthäfen, Flughäfen oder anderen Umschlagplätzen als Variable in der Produktionsfunktion. Ein Beispiel hierfür ist Johansson (1993).

Infrastruktur und negative Spillover-Effekte mit dem Abfluss von Produktionsfaktoren aus entfernteren Regionen erklärt werden. Die Existenz positiver und negativer Spillover-Effekte erklärt auch, dass Studien mit kleineren räumlichen Einheiten (z. B. Regionen, Kreisen) als Beobachtungseinheiten zu geringeren Wirkungen von Verkehrsinfrastrukturinvestitionen kommen. Die komplexen Wirkungen auf die Faktormärkte[7] im Kontext mit der Standortwahl, der Bildung von Agglomerationen und den daraus resultierenden regionalwirtschaftlichen Wirkungen können mit dem aggregierten makroökonomischen Ansatz nicht erklärt werden. Auch die Frage, welcher Zusammenhang zwischen dem Erhaltungszustand der Infrastruktur und dem Wirtschaftswachstum besteht, eine in Anbetracht der Verschlechterung des Infrastrukturzustandes in Deutschland in den letzten Jahren sehr relevante Frage, ist bislang unbeantwortet geblieben.[8]

Die Darstellung und kritische Würdigung des makroökonomischen Ansatzes in diesem Abschnitt zeigt, dass die makroökonomische Sicht nützliche Ergebnisse zur ökonomischen Bedeutung des Verkehrs, insbesondere der Verkehrsinfrastruktur liefert, andererseits jedoch, wie jeder Erklärungsansatz, an Grenzen stößt. Die makroökonomische Sicht ist deshalb durch weitere Instrumentarien zu ergänzen, dies geschieht im folgenden Abschn. 3.2.

3.2   Mikroökonomische Effekte – ressourcenorientierte Erklärungsansätze

Der mikroökonomische Ansatz, oft auch als ressourcenorientierter Ansatz bezeichnet, untersucht die Frage, welche Wirkung eine verbesserte Ausstattung mit Verkehrsinfrastruktur auf die Einsparung von Ressourcen, z. B. Reisezeiten, Kraftstoffkosten, Unfälle, Umweltkosten, hat. Während der in Abschn. 3.1 behandelte makroökonomische Ansatz aus der Ex-Post-Perspektive den statistischen Zusammenhang zwischen Verkehrsinfrastruktur und Wirtschaftswachstum analysiert und die diesem Zusammenhang zugrunde liegenden Wirkungsmechanismen ausblendet, zielt der mikroökonomische Ansatz gerade auf die Erklärung dieser Wirkungsketten.

Auf der mikroökonomischen Ebene haben Infrastrukturmaßnahmen zwei Wirkungsrichtungen: Zum einen sinken die Transportkosten aufgrund kürzerer Transportdistanzen infolge von Verbesserungen des Verkehrsnetzes (z. B. durch neue Straßen- oder Schienenverbindungen), zum anderen führen Infrastrukturmaßnahmen zum Abbau von Engpässen, der Reduzierung von Stau und dadurch zu kürzeren Reisezeiten. Hierbei ist allerdings das Phänomen des induzierten Verkehrs zu berücksichtigen, d. h. des Verkehrs,

---

[7]Faktormärkte sind Märkte, auf denen die Produktionsfaktoren, d. h. Boden (natürliche Ressourcen), Arbeit und Kapital gehandelt werden.

[8]Hierzu liegt bislang nur die Studie von Kaleitzidakis und Kalyvitis (2002) vor, die einen parabelförmigen Effekt der Erhaltungsausgaben auf das wirtschaftliche Wachstum feststellte.

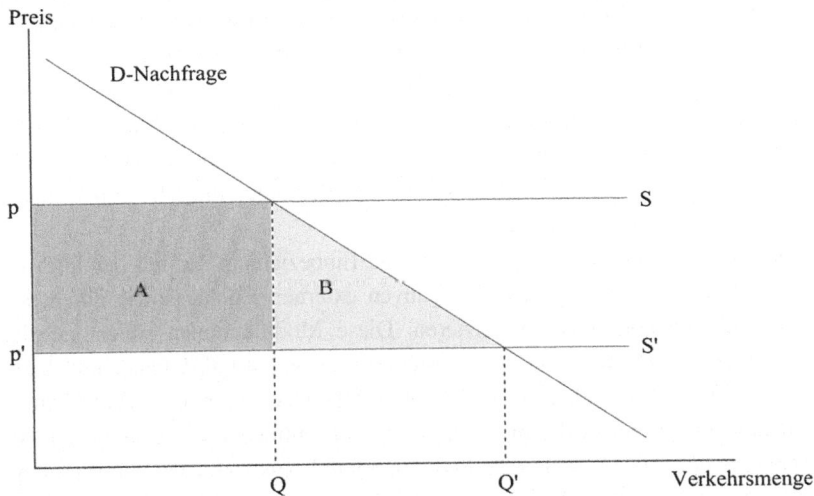

Abb. 5 Konsumentenrente bei Verbesserung der Verkehrsinfrastruktur

der durch das zusätzliche Infrastrukturangebot generiert wird. Dieser führt dazu, dass ein Teil der durch das zusätzliche Infrastrukturangebot erreichten Reisezeitverkürzungen aufgrund von höherer Verkehrsdichte und evtl. neu auftretenden Stauphänomenen kompensiert wird (vgl. zum Stauphänomen den Beitrag von Gerike in diesem Band).

Das klassische Instrument der Verkehrsökonomie zur Bewertung dieser mikroökonomischen Effekte ist die Kosten-Nutzen-Analyse. Sie ist das verbindliche Instrumentarium zur Bewertung und Prioritätenbestimmung von Infrastrukturinvestitionen in der Bundesverkehrswegeplanung. Das detaillierte Vorgehen bei der Kosten-Nutzen-Analyse in der Bundesverkehrswegeplanung ist in PTV et al. (2016) erläutert. In diesem Beitrag soll nur das grundsätzliche Herangehen einer Kosten-Nutzen-Analyse an die Bewertung einer Infrastrukturmaßnahme demonstriert werden (vgl. Abb. 5). Die Nachfragekurve D gibt an, wie viele Fahrten in Abhängigkeit vom Preis p unternommen werden würden;[9] ihr Schnittpunkt mit der Angebotsfunktion für die Verkehrsinfrastruktur S bestimmt die Anzahl der tatsächlich unternommenen Fahrten Q. Aus dem Verlauf der Nachfragefunktion wird deutlich, dass die Verkehrsnutzer auch oberhalb des Marktpreises p eine Zahlungsbereitschaft für weitere Fahrten haben, diese Fahrten jedoch aufgrund der Kapazitätsbeschränkung durch die Angebotsfunktion S nicht realisieren können. Durch Investitionen in die Verkehrsinfrastruktur verschiebt sich die Angebotsfunktion nach unten,[10] sodass die Anzahl der realisierten Fahrten nunmehr auf Q' steigt. Der aus dieser Angebotsverbesserung resultierende

---

[9]Der Preis p repräsentiert die Kosten der Fahrt für den Verkehrsnutzer und beinhaltet in der Kosten-Nutzen-Analyse neben den monetären Kosten auch die Zeitkosten.

[10]So kann die einzelne Fahrt zu niedrigeren Kosten unternommen werden, z. B. zu niedrigeren Zeitkosten aufgrund von Reisezeitverkürzungen.

Nutzen besteht aus zwei Effekten: a) Zum einen aus der Kostenreduktion für die Menge an Fahrten, die vor der Infrastrukturverbesserung realisiert wurden (Fläche A); dies ist die zusätzliche Konsumentenrente des Stammverkehrs, die den Einsparungen an Reisezeit und Fahrkosten entspricht; b) Zum anderen aus dem Nutzen der zusätzlich möglichen Fahrten (Fläche B); dies ist die Konsumentenrente des induzierten Neuverkehrs.[11] Die auf diese Weise für das Gesamtsystem ermittelten Nutzen sind den durch die Infrastrukturmaßnahme entstehenden Kosten gegenüberzustellen.

Das hier skizzierte Grundprinzip ist durch die Einbeziehung der mit der Infrastrukturmaßnahme verbundenen positiven und negativen externen Effekte sowie durch die Wirkungen auf die Staukosten zu modifizieren. Diese Modifikationen sollen jedoch nicht Gegenstand dieses Beitrags sein, der interessierte Leser sei auf Lakshmanan und Andersson (2002) verwiesen. Im Folgenden sollen vielmehr solche mikroökonomischen Effekte behandelt werden, die im Rahmen der hier skizzierten konventionellen Kosten-Nutzen-Analyse nicht erfasst werden. Hierzu zählen die Reduktion von Logistik-Kosten, die Wirkungen auf die Standortwahl und Standortkonzentration sowie die insbesondere im Rahmen der sogenannten neuen ökonomischen Geographie behandelten Agglomerationseffekte.

Logistik-Effekte

Infrastrukturinvestitionen führen im Güterverkehr zu kürzeren Transportzeiten und – im Falle von Lückenschlüssen oder Neubauten – zu kürzeren Wegen. Infolge der dadurch sinkenden Transportkosten können die Unternehmen weitere Kostenarten wie Lagerkosten, Zins- und Versicherungskosten reduzieren. Dieser Effekt setzt an der Entscheidung der Produzenten über die optimale Lagergröße und damit über die Größe und Häufigkeit der von ihnen benötigten Zulieferungen an. Er berührt den Trade-off zwischen Bereitstellungs- und Transportkosten auf der einen Seite und den Lagerhaltungskosten auf der anderen Seite. Umgekehrt gilt dies auch für die Entscheidung hinsichtlich der Auslieferung der produzierten Güter.

In Abb. 6 sind die Beschaffungs- und Transportkosten P + T sowie die Lagerhaltungskosten C in Abhängigkeit von der Liefermenge B dargestellt. Die Beschaffungskosten P sind dann minimal, wenn eine große Liefermenge geordert wird, da die Transaktionskosten zur Abwicklung der Lieferung dann nur einmalig anfallen. Die Transportkosten T sind in diesem Fall aufgrund der Mengendegression ebenfalls am niedrigsten. Die Lagerkosten C sind hingegen dann minimal, wenn die Zulieferungen in kleinen Losgrößen mit größerer Häufigkeit erfolgen, eine Kostenreduktion, die unter den Begriffen „Just-in-Time Lieferungen" und „rollende Lager" bekannt ist. Diese gegenläufigen Entwicklungen der einzelnen Kostenbestandteile in Abhängigkeit von der Liefergröße drücken sich im Verlauf der Kurve der

---

[11]Da die Berechnung der Konsumentenrente des induzierten Neuverkehrs bei einer stetigen Nachfragefunktion aufwändig sein kann, ist es üblich, die Konsumentenrente KR als Fläche des Dreiecks B durch die sogenannte „rule of half" $KR = \frac{1}{2}(p - p')(Q + Q')$ zu approximieren.

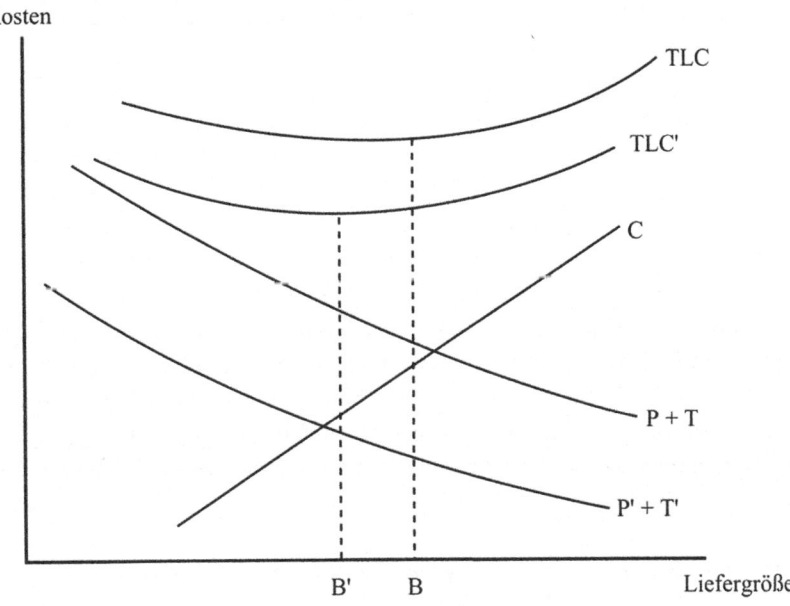

Kosten

Liefergröße

Legende

TLC: Logistikkosten gesamt. C: Lagerhaltungskosten. P+T: Beschaffungs- und Transportkosten

Abb. 6 Wirkungen von verbesserter Verkehrsinfrastruktur auf die Logistik-Kosten. (Quelle: Lakshmanan und Andersson 2002)

gesamten Logistikkosten TLC als Summe von P+T und C aus. Die optimale Liefergröße wird durch das Minimum der Logistikkosten TLC bestimmt. Eine Reduzierung der Transportkosten aufgrund von Infrastrukturinvestitionen führt zu einem niedrigeren Verlauf und einer veränderten Krümmung der Kurve P+T und damit zu einem nach links verschobenen Minimum von TLC', d. h. zu einer geringeren Liefermenge B'. Dies heißt in der Konsequenz, dass sinkende Transportkosten zu kleineren Losgrößen für den Transport und zur Reduktion der Lagergröße bei den Produzenten führen (Just-in-time Effekt) und damit zu reduzierten Logistikkosten (Lagerkosten, Versicherungs- und Zinskosten). Dies gilt auch in umgekehrter Richtung für die Händler, die ihrerseits die Lagerhaltungskosten senken wollen und auf Just-in-time Lieferungen setzen.

Die Wirkung von Verbesserungen der Verkehrsinfrastruktur auf die Logistik-Kosten ist bislang nur in wenigen Studien untersucht worden, sodass kaum belastbare quantitative Angaben vorliegen. Im Rahmen einer amerikanischen Studie (Hickling, Lewis und Brod 1995) wurden Interviews mit verschiedenen Branchenvertretern geführt, um letztlich eine Elastizität der Logistikkosten hinsichtlich der Transportzeit abzuleiten. Diese Elastizität gibt an, um wie viel Prozent die Logistik-Kosten sinken, wenn sich die Transportzeit der Güter um 1 % reduziert. Bei der Bewertung und Interpretation der Ergebnisse ist allerdings zu berücksichtigen, dass der Stichprobenumfang dieser Studie sehr klein war. Zudem basieren sie auf Einschätzungen der Befragten, d. h. sind nicht aus beobachteten Entwicklungen abgeleitet, sondern haben einen eher spekulativen Charakter. Dennoch ist insbesondere die Variation der Elastizität zwischen den Branchen von Interesse: Sie reicht von 0,055 im Lebensmittel-Einzelhandel bis hin zu 0,548 bei medizinischen und chirurgischen Instrumenten, d. h. die Vertreter der letztgenannten Branche schätzten ein, dass eine 1 %ige Reduktion der Transportzeit zu einer Reduktion der Logistikkosten von 0,548 % führen würden. Dieses Ergebnis widerspricht allerdings der vorherrschenden Meinung, dass die Transportkosten bei sehr hochwertigen Gütern nur eine geringe Rolle spielen, und müsste von daher durch weitere Studien belegt werden. In einer anderen amerikanischen Studie wurde, basierend auf Daten des Census Bureau (Census Bureaus' Longitudinal Research Database), mit ökonometrischen Methoden untersucht, welcher Zusammenhang zwischen Highway-Investitionen einerseits und der Höhe der Lagerbestände andererseits existiert (Shirley und Winston 2001). Diese Studie ergab, dass die Höhe der Lagerbestände bei zunehmenden Ausgaben für die Highways fällt, wobei allerdings die marginalen Lager-Reduktionen pro Dollar Highway-Ausgaben im Zeitverlauf sanken.

Größenvorteile durch Konsolidierung von Produktionsstandorten

Ein weiterer, in konventionellen Kosten-Nutzen-Analysen nicht erfasster Effekt betrifft die Möglichkeit von Unternehmen, aufgrund von Verbesserungen der Infrastruktur (neue Straßenverbindungen mit besseren Anschlüssen an Güterumschlagplätze oder verbesserte Anschlüsse an das Schienennetz) ihre Produktionsstätten auf weniger Standorte zu konzentrieren und so Transportkosten einzusparen. Während dies zu Produktivitätssteigerungen des betroffenen Unternehmens führt, ist aus aggregierter gesamtwirtschaftlicher Sicht zu berücksichtigen, dass ein Teil der so induzierten Produktivitätseffekte bei den Unternehmen nicht als zusätzlich durch die Verbesserung von Verkehrsinfrastruktur induzierter Effekt zu bewerten ist, da durch die Standortverlagerungen Einkommen am neuen Standort zulasten des alten Standorts generiert wird, also gesamtwirtschaftlich eine Kompensation gegeben ist. Davon zu unterscheiden sind „echte", durch die verbesserte Verkehrsinfrastruktur induzierte Produktivitätseffekte, die dann eintreten, wenn ein Unternehmen dadurch seine Produktion an weniger Standorten bündeln kann, um so Größenvorteile[12] (Economies of Scale) zu realisieren. Dies ist ein wesentlicher Erklärungsansatz der Theorie der industriellen Standortwahl (Theory of Industrial Location), die den Trade-off zwischen den Transportkosten einerseits und Größenvorteilen in der Produktion andererseits in den Mittelpunkt stellt. So kann ein Unternehmen einerseits durch die Bündelung der Produktion an einem (oder wenigen) Standort(en) Größenvorteile erzielen.[13] Da es aber andererseits eine große Anzahl regionaler

---

[12]Durch die Konzentration der Produktion an weniger Standorten können die vorhandenen Maschinen und Ausrüstungen besser ausgenutzt werden und mit den vorhandenen Arbeitskräften die gleiche (oder eine höhere) Outputmenge produziert werden.

[13]Ein Beispiel für derartige Kosteneinsparungen gibt Hickling (1994) für einen Hersteller medizinischer Erzeugnisse, der nach Konsolidierung seiner Produktionsstandorte von 16 auf 6 eine Einsparung der Logistik-Kosten um 19 % erzielte.

Märkte beliefern muss, kann die Verteilung der Produktion auf mehrere Standorte in der Nähe der jeweiligen, zu beliefernden Regionen die Transportkosten senken. Die Entscheidung des Unternehmens besteht darin, die Anzahl und Lage seiner Teilunternehmen derart zu optimieren, dass Kosteneinsparungen durch Größenvorteile in der Produktion die dadurch höheren Transportkosten übersteigen und so zu minimalen Gesamtkosten für das Unternehmen als Ganzes führen.

Standortwahl und Agglomerationsvorteile
Neben der Erzielung von Größenvorteilen durch die Konzentration auf weniger Produktionsstandorte bewirken Erreichbarkeitsverbesserungen weitere Produktivitätseffekte infolge der dadurch ermöglichten Veränderungen der Standortwahl. Diese Produktivitätseffekte können auf der einen Seite durch die Ansiedlung von Firmen in Agglomerationen realisiert werden, was z. B. den Vorteil der Verfügbarkeit qualifizierter Arbeitskräfte und der Verflechtung von Firmen innerhalb der Agglomeration hat (sogenannte Agglomeration Economies). Derartige Agglomerationsvorteile sind zu den positiven externen Effekten zu zählen und umfassen

- Urbanisation Economies: Zugang zu gut ausgebauter öffentlicher Infrastruktur innerhalb von Ballungsräumen,
- Juxtaposition Economies: Kosteneinsparungen bei Zulieferung/Bezug von Zwischenprodukten innerhalb der Produktionskette
- Localisation Economies: Spillovers von Wissen und Qualifikationen zwischen Unternehmen der gleichen Branche innerhalb des Ballungsraums.

Zu beachten ist dabei jedoch, dass die ökonomischen Vorteile der Ansiedlung in Agglomerationen ab einem bestimmten Niveau des Zuzugs von Firmen und dem damit induzierten Verkehr durch die Zunahme von Stauphänomenen und den damit verbundenen Staukosten wieder aufgehoben werden.

Auf der anderen Seite treten Produktivitätseffekte auch durch die Ansiedlung von Firmen in der Peripherie auf, so z. B. um Kostenvorteile bei den Grunderwerbs- und/oder Mietkosten zu erzielen. In diesem Fall existiert bei der Standortentscheidung ein Trade-off zwischen längeren Transportwegen und niedrigeren Grundstückskosten.

Wie auch im Falle der Größenvorteile durch Standortkonzentration ist zu berücksichtigen, dass es sich aus gesamtwirtschaftlicher Sicht nur dann um einen produktivitätssteigernden Effekt verbesserter Verkehrsinfrastruktur handelt, wenn es sich bei den hier beschriebenen Standortentscheidungen nicht um die Verlagerung identischer Produktionsaktivitäten von einem Standort zu einem anderen handelt. Die hier kurz skizzierten Agglomerations- und Dispersionseffekte sind Gegenstand der neuen ökonomischen Geographie und sollen hier nicht im Detail behandelt werden, der interessierte Leser sei z. B. auf Krugman (1993) verwiesen.

Zusammenfassend ist festzustellen, dass die in diesem Kapitel beschriebenen mikroökonomischen Produktivitätseffekte darauf beruhen, dass Verbesserungen der Verkehrsinfrastruktur zu niedrigeren Transportkosten führen und damit in der Folge weitere Kostensenkungen ermöglichen. Dies betrifft die Logistik-Kosten (insbesondere Reduzierung der mit der Lagerhaltung verbundenen Kosten), die Produktionskosten aufgrund von Größenvorteilen und Agglomeration Economies, sowie die Landkosten. Der mikroökonomische Ansatz kann damit den in Abschn. 3.1 beschriebenen makroökonomischen Zusammenhang zwischen Infrastrukturausstattung, Produktivität und Wirtschaftswachstum in seiner Wirkungskette und seinen Teileffekten beschreiben und untersetzen. Allerdings ist mit dem mikroökonomischen Ansatz keine vollständige Quantifizierung der Effekte auf die Gesamtwirtschaft möglich, und es sind bislang nur wenige empirische Studien insbesondere zu den in den vorangegangenen Abschnitten beschriebenen Effekten verfügbar.

4   Negative Folgewirkungen des Verkehrs und externe Kosten

Unsere moderne Mobilität ist in zunehmendem Maße mit negativen Folgewirkungen auf die Umwelt, mit Lärm, Unfällen und Stauproblemen verbunden, die hohe Kosten verursachen. Ein Beitrag zur wirtschaftlichen Bedeutung des Verkehrs wäre daher unvollständig ohne einen Überblick zu den externen Kosten des Verkehrs. Es ist allerdings darauf hinzuweisen, dass die methodischen Probleme bei der Quantifizierung der externen Kosten des Verkehrs und ein Vergleich der vorliegenden Schätzungen zu ihrer Höhe einen eigenen Aufsatz füllen würden und von daher in diesem Beitrag nur überblicksartig dargestellt werden können (vgl. auch den Beitrag von Becker in diesem Band).

Externe Effekte sind definiert als die Folgen von unvollständigen Produktions- und Nutzenfunktionen, die in ihren Funktionsargumenten nicht die Gesamtheit der genutzten Ressourcen bzw. gestifteten Nutzen enthalten. Von externen Kosten spricht man, wenn ein Wirtschaftssubjekt einen Teil der von ihm verursachten Kosten nicht selbst trägt, sondern auf Dritte (andere Wirtschaftssubjekte, Gesellschaft) abwälzt. Externe Nutzen sind dadurch charakterisiert, dass ein Teil des Nutzens, den eine Aktivität generiert, unentgeltlich in Anspruch genommen wird. Die externen Nutzen des Verkehrs gelten allerdings aufgrund der Tatsache, dass nahezu alle Nutzen des Verkehrs über Märkte internalisiert sind, als so marginal, dass sie in den offiziellen methodischen Leitlinien z. B. der EU-Kommission aber auch des Umweltbundesamtes keine Berücksichtigung finden. Die gängigen Beispiele für externe Nutzen des Verkehrs sind das sogenannte Train- und Plane-Spotting, wo der Nutzen des Beobachtens von Zügen oder Flugzeugen unentgeltlich in Anspruch genommen wird.

Externe Kosten des Verkehrs entstehen durch den Bau und die Vorhaltung der Verkehrsinfrastruktur einerseits und durch die Produktion und den Betrieb der Verkehrsmittel andererseits. Zur ersten Kategorie zählen insbesondere

- die negativen Wirkungen der Bodenversiegelung auf Flora und Fauna,
- Trennwirkungen von Infrastruktur (Zerschneidung von Flächen und Siedlungen und damit Entwertungen von Grundstücken)
- Landinanspruchnahme, soweit sie nicht bereits durch die Opportunitätskosten beim Erwerb bewertet wurde.

Des Weiteren sind in Abhängigkeit davon, inwieweit eine Gesamtbetrachtung über den Lebenszyklus der Infrastruktur durchgeführt werden soll, auch in der Bauphase von Verkehrsinfrastruktur sowie bei der Erhaltung der Anlagen Umweltwirkungen zu berücksichtigen, so z. B. CO_2-Emissionen.

Zu den externen Kosten des Betriebs von Verkehrsmitteln gehören

- Schadstoffemissionen: Stickoxide (NOx), Kohlenstoffmonoxid (CO), Kohlenwasserstoffe (HC), Partikel und Staub),
- CO_2 Emissionen mit Wirkungen auf die Erderwärmung,
- Lärmemissionen,
- Unfälle und Unfallfolgekosten,
- Schäden durch Erschütterungen, Wasser- und Bodenverschmutzung.

Die Quantifizierung der verursachten Schäden, ihre Zuordnung zu den einzelnen Verkehrsträgern und die monetäre Bewertung der mit diesen Effekten einhergehenden Kosten ist kompliziert, da es für die meisten Effekte keine Märkte und damit keine Marktpreise gibt. Mögliche Bewertungsverfahren umfassen den Schadenskostenansatz, bei dem der eingetretene Schaden ermittelt und monetarisiert wird, und den Vermeidungskostenansatz, bei dem die Kosten zur Vermeidung des Schadens herangezogen werden. Darüber hinaus kommen Verfahren zur Bildung hypothetischer Märkte und Marktpreise, z. B. durch Befragungen zur Zahlungsbereitschaft für die Reduktion bzw. Vermeidung von Schäden, zum Einsatz. Grundlegende methodische Empfehlungen und Berechnungsbeispiele auf europäischer Ebene enthält das Handbuch zu den externen Kosten des Verkehrs (Ricardo-AEA 2014) sowie, allerdings beschränkt auf Umweltschäden, die Methodenkonvention des Umweltbundesamtes (UBA 2013).

Seit den 1990er Jahren sind zahlreiche Studien zu den externen Kosten des Verkehrs erstellt worden. In Anbetracht der erheblichen methodischen Probleme verwundert es nicht, dass die Spannbreite der Ergebnisse beträchtlich ist. Grundsätzlich ist bei der Einordnung der Ergebnisse zu berücksichtigen, dass insbesondere in den frühen Studien die externen Kosten auf Vollkostenbasis berechnet werden (Durchschnittskostenprinzip). Ihr verkehrspolitischer Wert besteht darin, Informationen zur Höhe der externen Kosten eines gegebenen Jahres bereitzustellen bzw. ein Monitoring ihrer Entwicklung über eine bestimmte Zeitperiode hinweg zu ermöglichen. Als Durchschnittskostenstudien können sie jedoch keine Grundlagen für preispolitische Strategien liefern, da die ökonomisch effiziente Preisbildung für die Benutzung der Verkehrsinfrastruktur und die Inanspruchnahme von Verkehrsdienstleistungen auf den kurzfristigen sozialen Grenzkosten basiert. Eine Umgestaltung des bestehenden Preis- und Steuersystems im Verkehr erfordert daher quantitative Grundlagen zu den externen Grenzkosten des Verkehrs.

Tab. 3 zeigt ausgewählte Ergebnisse des von der EU geförderten Projektes UNITE zu den Unfall- und Umweltkosten des Verkehrs für Deutschland auf Vollkostenbasis. Die Tabelle enthält auch, gesondert ausgewiesen, den Teil der Unfallkosten, der von den Verkehrsteilnehmern selbst getragen bzw. über Versicherungen abgegolten wird, einschließlich eines aus einer Meta-Studie abgeleiteten Wertes für menschliches Leid, Kummer und Schmerz. Dieser letztgenannte Wert wird unter dem Aspekt, ob man solche Kategorien überhaupt ökonomisch bewerten kann, kontrovers diskutiert. Auf diese Diskussion soll hier nicht eingegangen werden. Die Aufnahme der Schätzung in Tab. 3 soll vielmehr verdeutlichen, in welch hohem Umfang Verkehrsunfälle Kosten verursachen. Betrachtet man die Summe der externen Umwelt- und Unfallkosten, so wird die überragende Rolle des Straßenverkehrs mehr als deutlich.

Im Gegensatz zu Vollkostenrechnungen, wie sie in Tab. 3 dargestellt sind, muss bei der Quantifizierung der Grenzkosten berücksichtigt werden, dass sie sich stets auf eine bestimmte Verkehrssituation, ein bestimmtes Verkehrsnetz/Verkehrskorridor beziehen und zudem auch zeitlich variieren. Tab. 4 zeigt eine solche spezifische Grenzkostenberechnung für Pkw, ausgedrückt in Euro je Fahrzeugkilometer, für den Fernverkehrskorridor Mailand-Rotterdam, wobei die Berechnungen für vier Teilabschnitte gesondert erfolgten und zudem nach Tageszeiten unterschieden wurde (vgl. hierzu Link et al. 2014).

Mit dieser Betrachtung der externen Kosten schließt sich der Kreis der in diesem Beitrag diskutierten wirtschaftlichen Aspekte des Verkehrs, nicht zuletzt mit dem Hinweis, dass bei der Bewertung der positiven Effekte von Investitionen in die Verkehrsinfrastruktur die dadurch induzierten externen Kosten zu berücksichtigen sind, so wie dies in Deutschland, aber auch anderen europäischen Ländern im Rahmen von Kosten-Nutzen-Analysen erfolgt.

Tab. 3 Unfall- und Umweltkosten des Verkehrs 1998 – in Mill. Euro (zu Preisen von 1998). (Quellen: UNITE; Deliverable 5 Link et al. 2002)

Kostenkategorie	Straßenverkehr	Schienenverkehr	Luftverkehr
Unfälle	72 511	664	211
Interne Kosten	57 919	581	176
Externe Kosten	14 592	83	35
Umweltkosten	19 472	1 444	945
Schadstoffemissionen	8 411	220	162
Klimaschäden durch CO_2	3 849	152	434
Lärm	6 245	1 031	278
Schäden an Natur u. Landschaft, Boden- u. Wasserverschmutzung	967	41	71
Externe Unfall- und Umweltkosten	34 064	1 527	980

Tab. 4 Grenzkosten des Straßenverkehrs auf dem Fernverkehrskorridor Mailand – Rotterdam – Pkw Benziner Euro II-Norm (€ je Fahrzeug-km). (Quelle: Ricci et al. 2008)

	Mailand–Chiasso			Chiasso–Basel		
	Tagsüber, Spitzenzeiten	Tagsüber, außerhalb der Spitzenzeiten	Nacht	Tagsüber, Spitzenzeiten	Tagsüber, außerhalb der Spitzenzeiten	Nacht
Lärm	0,007	0,011	0,035	0,004	0,007	0,021
Stau	0,147	0,002	0,001	0,194	0,003	0,001
Unfälle	0,015	0,015	0,015	0,008	0,008	0,008
Luftver-schmutzung	0,003	0,003	0,003	0,003	0,003	0,003
Klimaverände-rung	0,005	0,005	0,005	0,005	0,005	0,005
Infrastruk-turabnutzung	0,016	0,016	0,016	0,032	0,032	0,032
Insgesamt	**0,193**	**0,052**	**0,075**	**0,246**	**0,058**	**0,070**
	Basel–Duisburg			**Duisburg–Rotterdam**		
	Tagsüber, Spitzenzeiten	Tagsüber, außerhalb der Spitzenzeiten	Nacht	Tagsüber, Spitzenzeiten	Tagsüber, außerhalb der Spitzenzeiten	Nacht
Lärm	0,005	0,009	0,027	0,009	0,014	0,043
Stau	0,123	0,002	0,001	0,122	0,002	0,001
Unfälle	0,008	0,008	0,008	0,006	0,006	0,006
Luftver-schmutzung	0,003	0,003	0,003	0,003	0,003	0,003
Klimaverände-rung	0,005	0,005	0,005	0,005	0,005	0,005
Infrastruk-turabnutzung	0,019	0,019	0,019	0,020	0,020	0,020
Insgesamt	**0,163**	**0,046**	**0,063**	**0,165**	**0,050**	**0,078**

Anmerkungen: Spitzenzeiten tagsüber von 07.00 bis 18.00 Uhr, Zeitraum außerhalb der Spitzenzeiten von 18.00 bis 00.00 Uhr, Nacht von 00.00 bis 07.00 Uhr.

5   Fazit

Ohne die Mobilität von Personen und Gütern ist eine moderne arbeitsteilige Volkswirtschaft nicht denkbar. Die Bedeutung des Verkehrssektors zeigt sich zum einen in den üblichen volkswirtschaftlichen Kennziffern wie z. B. dem Anteil des Verkehrssektors an den Beschäftigten, den Investitionen, dem Anlagevermögen und an der Bruttowertschöpfung der Wirtschaftsbereiche. Zum anderen führt die besondere Stellung des Verkehrs als Bindeglied zwischen den Produktionsstufen und den Faktor- und Absatzmärkten in der wirtschafts- und regionalpolitischen Diskussion immer wieder zur Forderung, Wirtschaftswachstum durch staatliche Investitionen in die Verkehrsinfrastruktur anzukurbeln. Während die grundsätzliche Bedeutung der Verkehrsinfrastruktur für das Funktionieren einer Volkswirtschaft unstrittig ist, zeigen die in diesem Beitrag diskutierten makroökonomischen Erklärungsansätze, dass in der wirtschaftswissenschaftlichen Forschung der quantitative Beitrag von Verkehrsinfrastrukturinvestitionen zum Wirtschaftswachstum zunächst überschätzt wurde. Es ist aber festzuhalten, dass ein (schwach) positiver Zusammenhang zwischen der Ausstattung einer Volkswirtschaft mit Verkehrsinfrastruktur und wirtschaftlichem Output existiert, wobei allerdings bei der Ableitung wirtschaftspolitischer Schlussfolgerungen insbesondere die ungeklärte Kausalitätsbeziehung zwischen Verkehrsinfrastruktur und Wirtschaftswachstum zu beachten ist. Auf der mikroökonomischen Ebene haben Investitionen in die Verkehrsinfrastruktur Produktivitätseffekte, die auf niedrigeren Transportkosten infolge von Infrastrukturmaßnahmen und den dadurch möglichen Einsparungen bei anderen Kostenarten basieren. Dies umfasst die Logistik-Kosten (insbesondere Wirkungen auf die Lagerhaltungskosten), die Produktionskosten aufgrund von Größenvorteilen und Agglomeration Economies sowie die Landkosten. Allerdings sind aggregierte gesamtwirtschaftliche Produktivitätseffekte mit derartigen mikroökonomischen Erklärungsansätzen nicht quantifizierbar.

Den zweifellos positiven Wirkungen des Verkehrs stehen seine negativen Folgewirkungen (Umweltschäden, Lärm, Unfälle, Stau) gegenüber, die sich in den externen Kosten des Verkehrs niederschlagen und bei der Bewertung der positiven Effekte von Investitionen in die Verkehrsinfrastruktur zu berücksichtigen sind.

Lernfragen

1. Anhand welcher Kenngrößen kann die Stellung des Verkehrssektors in der Volkswirtschaft beschrieben werden?
2. Welche Bedeutung hat die Verkehrsinfrastruktur für Wirtschaftswachstum und Beschäftigung?
3. Wodurch unterscheiden sich der makroökonomische und der mikroökonomische Erklärungsansatz zur Abbildung der Wirkungen von Verkehrsinfrastruktur auf Wirtschaftswachstum und Beschäftigung?
4. Welche Wirkungen von Investitionen in die Verkehrsinfrastruktur sind im Rahmen der Kosten-Nutzen-Analyse nicht erfasst?
5. Was ist unter den externen Kosten des Verkehrs zu verstehen und welches sind Ihre Komponenten?

Literatur

Allroggen, Florian (2013): Fördert ein leistungsfähiges Verkehrssystem die wirtschaftliche Entwicklung? Ein Überblick. In: Zeitschrift für Verkehrswissenschaft, Heft 3, 84. Jahrgang.

Aschauer, D. A. (1989): Is Public Expenditure Productive? In: Journal of Monetary Economics, Vol. 23, pp. 177–200.

Hickling Corporation (1994): Measuring the Relationship between Freight Transportation and Industry Productivity. National Cooperative Research Program, Transportation Research Board, Washington D.C.

Hickling, Lewis, Brod Inc. (1995): Measuring the Relationship between Freight Transportation and Industry Productivity. Final report, NCHRP 2–17(4), Transportation Research Board, National Research Council, Washington D.C.

Johansson, B. (1993): Infrastructure, Accessibility and Economic Growth. In: International Journal of Transport Economics XX,2, pp. 131–156.

Kalyvitis, S., Kalaitidakis, P. (2002): Financing "New" Investment and/or Maintenance in Public Capital for Long-run Growth? The Canadian Experience. Athens University of Economics and Business, Athen.

Link, Heike, Stewart, Louise Helen, Doll, Claus, Bickel, Peter, Schmid, Stephan, Friedrich, Rainer, Krüger, Roland, Droste-Franke, Bert, Krewitz, Wolfgang (2002): The Pilot Account for Germany, Annex 1 to Deliverable 5 des UNITE (Unification of Accounts and Marginal Costs for Transport Efficiency) Projektes, gefördert durch die EU im Rahmen des Fifth Framework Programme, Berlin.

Link, Heike., Nash, Chris., Ricci, Andrea., Shires, Jeremy. (2014): A generalised approach for measuring the marginal social costs of road transport in Europe. International Journal of Sustainable Transportation.

Ricci, A., R. Enei, N. Piccioni, A. Vendetti and J. Shires (2008): Generalisation of Marginal Social Cost Estimates. Deliverable D7. GRACE (Generalisation of Research Accounts and Cost Estimation). Funded by Sixth Framework Programme. ITS, University of Leeds, Leeds.

Shepard, R. W. (1970): Theory of Cost and Production Functions, Princeton, Princeton University Press.

Weiterführende Literatur

Bertenrath, Roman, Thöne, Michael, Walther, Christoph (2006): Wachstumswirksamkeit von Verkehrsinvestitionen in Deutschland. FiFo-Berichte Nr. 7, Köln.

Lakshmanan, T.R., Anderson, William P. (2002): Transportation Infrastructure, Freight Services Sector and Economic Growth. White Paper prepared for the U.S. Department of Transportation Federal Highway Administration, Boston. Abrufbar unter: https://ops.fhwa.dot.gov/freight/freight_analysis/improve_econ/appb.htm.

Shirley, Chad, Winston, Clifford (2001): An Econometric Model of the Effects of Highway Infrastructure Investment on Inventory Behavior, Project Status Report to FHWA, Washington.

PTV, TCI Röhling, Mann, Ulrich (2016): Methodenhandbuch zum Bundesverkehrswegeplan 2030, FE-Projekt Nr. 97.358/2015. Karlsruhe, Berlin, Waldkirch und München. Abgerufen am 18. Dezember 2016 unter: https://www.bmvi.de/SharedDocs/DE/Anlage/VerkehrUndMobilitaet/BVWP/bvwp-2030-methodenhandbuch.pdf?__blob=publicationFile.

Ricardo-AEA (2014): Update of the Handbook on External Costs of Transport. Final Report for the European Commission DG MOVE. 8 January 2014. Abgerufen am 18. Dezember 2016 unter: https://ec.europa.eu/transport/sites/transport/files/themes/sustainable/studies/doc/2014-hand-book-external-costs-transport.pdf.
UBA (2013): Ökonomische Bewertung von Umweltschäden. Methodenkonvention 2.0. Dessau 2013. Abgerufen am 18. Dezember 2016 unter: https://www.umweltbundesamt.de/sites/default/files/medien/378/publikationen/uba_methodenkonvention_2.0_-_2012_gesamt.pdf.

Heike Link, Dr., Deutsches Institut für Wirtschaftsforschung Berlin (DIW Berlin), Mohrenstraße 58, 10117 Berlin.

Verkehr und Verkehrswissenschaft

Verkehrspolitische Herausforderungen aus Sicht der Verkehrswissenschaft

Christian Holz-Rau

Zusammenfassung

Der Verkehrssektor war einer der ersten Gegenstandsbereiche öffentlicher Planung. In den 1960er und 1970er Jahren basierte diese vor allem auf Prognosen der Kfz-Verkehrsbelastungen und passte die Straßennetze der prognostizierten Nachfrage an. In den folgenden Jahrzehnten wurde, vor allem in der kommunalen Verkehrsplanung, der Anspruch formuliert, den Zuwachs des Pkw- und Lkw-Verkehrs zu reduzieren und damit die negativen Folgen des Verkehrs zu senken.

Die tatsächliche Verkehrsentwicklung ist aber weiterhin durch eine Zunahme der zurückgelegten Distanzen, teilweise oberhalb des Nutzungsbereichs des Pkw, sowie eine hohe Pkw-Nutzung gekennzeichnet. Der Beitrag befasst sich mit der Frage, wieso formulierte Planungsziele und tatsächliche Verkehrsentwicklung so weit auseinanderliegen.

1 Einleitung

Der Verkehrssektor war aufgrund seiner militärischen Bedeutung, hoher Mittelbindung, langer Nutzungsdauer der Infrastruktur und externer Effekte einer der ersten Bereiche, der zum Gegenstand öffentlicher Planung wurde. Mit fortschreitender Motorisierung wurde die Verkehrsplanung, in weitgehendem Konsens, im Wesentlichen als eine Dimensionierungsaufgabe des Straßennetzes begriffen. Der *Generalverkehrsplan* als meist kommunales Instrument umfasste im Wesentlichen Prognoserechnungen und daraus

C. Holz-Rau (✉)
TU Dortmund, Dortmud, Deutschland
E-Mail: christian.holz-rau@tu-dortmund.de

© Springer Fachmedien Wiesbaden GmbH, ein Teil von Springer Nature 2018
O. Schwedes (Hrsg.), *Verkehrspolitik,*
https://doi.org/10.1007/978-3-658-21601-6_6

resultierende Vorschläge für den Ausbau der Straßennetze. Experten (kaum Expertinnen) erarbeiteten die „richtige Lösung". Die politische Beschlussfassung dieser Pläne erfolgte in der Regel mit breiter Zustimmung. Dieses Planungsverständnis wurde aus späterer Sicht als *Anpassungsplanung* (Anpassung der Infrastruktur an den prognostizierten Bedarf) bezeichnet.

Mit dem auf allen Maßstabsebenen stärker als erwartet zunehmenden Kfz-Verkehr und seinen, vor allem in den Städten, deutlicher werdenden negativen Folgen mehrten sich in den 1970er Jahren die kritischen Stimmen. Gefordert wurden eine stärkere Berücksichtigung von Schutzinteressen und – anders als im Verständnis der Anpassungsplanung – die Einflussnahme auf die Entwicklung des Verkehrs selbst. Der Konsens über die Kette Prognose-Dimensionierung-Infrastrukturausbau ging in den 1970er Jahren wohl unwiederbringlich verloren, auch wenn die Infrastrukturplanungen des Bundes und der meisten Länder im Grundsatz bis heute dem Schema von Prognose und Ausbau folgen (siehe z. B. die Kritik an der Bundesverkehrswegeplanung durch Beckmann, Klein-Hitpaß, Rothengatter 2012).

Seit den 1980er Jahren werden auf der kommunalen, selten auch auf der regionalen Ebene, unter dem Begriff der *Verkehrsentwicklungsplanung* oder *integrierten Verkehrsplanung* eine gemeinsame Betrachtung aller Verkehrsträger, also auch des Fuß- und Radverkehrs, und die übergreifende Betrachtung von Stadtentwicklung, Umwelt und Verkehr verstanden. Im Begriff der Verkehrsentwicklungsplanung kommt der auf allen Maßstabsebenen relevante Anspruch zum Ausdruck, den Verkehr zielgerichtet beeinflussen, *entwickeln* zu wollen.

Dieser Entwicklungsanspruch wird für alle Maßstabsebenen umso wichtiger, da mit dem Übereinkommen von Paris und dem Klimaschutzplan der Bundesregierung (BMUB 2016) nun auch konkrete Klimaschutzziele für den Verkehrsbereich formuliert sind. Denn hier kann die Verkehrsplanung und -politik bisher kaum Erfolge vorweisen. Gleichzeitig ist ein Großteil der klimarelevanten Emissionen nicht auf den städtischen (oder kommunalen) Verkehr zurückzuführen, sondern auf den internationalen und den überregionalen Verkehr.

Daneben stehen kommunale Klimaschutzpläne mit Verkehrsbezug oder kommunale Verkehrsplanungen mit Bezug zum Klimaschutz, die erhebliche Minderungspotenziale der verkehrsbedingten CO_2-Emissionen ausweisen und diese aus Verbesserungen der Fahrzeugtechnik (als Rahmenbedingung) sowie aus Ansätzen zur Verkehrsvermeidung, Verkehrsverlagerung und Verkehrsverbesserung (verträglichere Abwicklung) ableiten (vgl. Reutter/Reutter 2014). Hierbei handelt es sich um Mittel- und Langfristszenarien, nicht aber um wirkungskontrollierte Studien, die von Reutter und Reutter detailliert dargestellt, hinsichtlich Plausibilität und Wirkungsannahmen aber nicht hinterfragt werden.

In diesem Sinne stellen sich an die Verkehrsplanung und die Verkehrspolitik vor allem folgende Fragen:

- Wie entwickelt sich Verkehr? (Kap. 2)
- Welche Ziele verfolgen Verkehrsplanung und Verkehrspolitik? (Kap. 3)

- Was bedeutet integrierte Verkehrsplanung? (Kap. 4)
- Welche Strategien und Wirkprinzipien werden verfolgt? (Kap. 5)
- Über welche Handlungsfelder und Maßnahmen verfügen Verkehrsplanung und Verkehrspolitik? (Kap. 6)
- Welche Chancen bietet eine integrierte Verkehrsplanung und -politik und wo liegen ihre Grenzen? (Kap. 7)

Dabei versteht der folgende Text unter dem Begriff der Verkehrspolitik jeden zielgerichteten Eingriff in die Verkehrsbedingungen (z. B. Bundesverkehrswegeplanung oder kommunale Verkehrsentwicklungsplanung) ebenso wie in andere Rahmenbedingungen der Verkehrsentwicklung (z. B. Festsetzung der Mineralölsteuer, Grenzwerte für Abgase).

Ergänzend dazu sind weitere politische Entscheidungen verkehrsrelevant, indem sie als Nebeneffekt Veränderungen im Verkehrsbereich verursachen (z. B. Veränderungen der Zumutbarkeitsregelungen beim Bezug von Arbeitslosengeld), ohne diese anzustreben oder zu berücksichtigen. Umgebend wirken weitere gesellschaftliche und technologische Entwicklungen auf den Verkehr, die keiner oder nur einer geringen politischen Einflussnahme unterliegen (z. B. steigende Lebenserwartung und geringe Geburtenrate, Digitalisierung).

Verkehrsplanung dient dabei der Vorbereitung verkehrspolitischer Entscheidungen und ist der fachwissenschaftliche Ausschnitt der Verkehrspolitik oder verkehrsrelevanter Entscheidungen von Unternehmen. Verkehrsplanung ist schwerpunktmäßig im engeren Verkehrsbereich verhaftet. Gleichzeitig sind andere Planungsbereiche verkehrsrelevant, z. B. die Stadtplanung als Standortplanung. Die Verbindung dieser verkehrsrelevanten Aspekte der Stadtplanung mit der Verkehrsplanung bildet den Kern einer „integrierten Verkehrsplanung", als Integration der Verkehrsaspekte umgebender Planungsfelder und der „Sektoralplanung Verkehr".

Wenn im Folgenden also der Begriff der *Verkehrspolitik* verwendet wird, umfasst dieser die verkehrsplanerische Vorbereitung und die politische Entscheidung. Wenn der Begriff der *Verkehrsplanung* verwendet wird, handelt es sich nur um die Entscheidungsvorbereitung.

2 Verkehrsentwicklung als Prozess

Als eine Grundannahme der Verkehrsplanung gilt: Verkehr ist (überwiegend) Mittel zum Zweck. Die Verkehrsnachfrage, insbesondere der tägliche Personenverkehr, resultiert aus den Alltagsnotwendigkeiten oder Alltagsbedürfnissen, der Arbeit, dem Einkauf, der Erholung etc. Die Verteilung der Arbeitsplätze, Geschäfte, Kinos etc. gibt vor, an welchen Orten diese Aktivitäten stattfinden können. Die Verkehrsangebote bestimmen, ob und ggfs. für wen und mit welchem Aufwand diese Ziele zu erreichen sind. Im individuellen Verkehrshandeln überlagern sich dabei kurz-, mittel- und langfristige Entscheidungen zu den aufgesuchten Orten und dem dabei genutzten Verkehrsmittel, zum

Pkw-Besitz, der Monatskarte, zur Lage des Wohnstandortes oder des Arbeitsplatzes. Hinzu kommen im Personenverkehr intrinsisch motivierte Wege vom Spaziergang bis zur Spazierfahrt, Mischformen intrinsischer und extrinsischer Motive, vor allem in Freizeit und Urlaub aber auch hinsichtlich der Verkehrsmittelnutzung (Musikhören und Mitsingen im Auto, Bewegung auf dem Fahrrad, Lesen im Öffentlicher Verkehr (ÖV)).

Die Verkehrsnachfrage im Wirtschaftsverkehr resultiert aus den Notwendigkeiten von Produktion, Distribution, Entsorgung und von Dienstleistungen mit den kurz-, mittel- und langfristigen Entscheidungen über die wirtschaftliche Organisation (Maß der Arbeitsteilung, Bezug von Rohstoffen und Zwischenprodukten, Art der Verteilung etc.), über die Standorte (Entfernung zu Rohstoffen, Zulieferern, Absatzmärkten, Bodenpreise etc.) einschließlich der jeweils verfügbaren Verkehrsangebote.

Die Verkehrsentwicklung der letzten Jahrzehnte wird dominiert durch eine Zunahme der zurückgelegten Distanzen und der Nutzung von Pkw und Flugzeug im Personenverkehr sowie von Lkw, Containerschiff und Flugzeug im Güterverkehr. Grundlagen sind eine erhebliche Beschleunigung durch die Zunahme der privaten Motorisierung und den Ausbau der Verkehrsinfrastruktur, damit verbunden eine Entmischung und Entdichtung der Standortstrukturen (Trennung der Funktionen und Randwanderung), die ihrerseits ein höheres Maß an Raumdurchlässigkeit erforderten (Wechselwirkungen zwischen Raum- und Verkehrsentwicklung). Dieser Prozess wurde planerisch und politisch begleitet und unterstützt durch die Ausweisung vor allem von peripher gelegenen Flächen für bauliche Nutzungen, zum Ausbau der Verkehrsinfrastruktur sowie durch private Entscheidungen zugunsten des Pkw und zugunsten von peripheren, Pkw-affinen Standorten. Ähnlich verliefen unternehmerische Standortentscheidungen. Diesen Prozess der Wechselwirkungen von Raum und Verkehr beschreibt Wegener (1999) als *Regelkreis von Flächennutzung und Verkehr* (in Abb. 1 stehen die Begriffe des Regelkreises von Wegener am Rand der Spirale). In vielen Planungsdiskussionen wird daraus geschlussfolgert, dass sich dieses Verkehrswachstum durch entgegengesetzte Interventionen reduzieren oder sogar zurückdrehen ließe.

Neben diesen von Wegener (1999) und auch anderen beschriebenen planerisch und politisch forcierten Treibern der Verkehrszunahme existieren aber weitere Treiber einer Zunahme vor allem der zurückgelegten Distanzen, die den Regelkreis quasi zu einer Spirale zunehmenden Verkehrsaufwandes dehnen (Pfeil in der Mitte der Spirale in Abb. 1). Dies sind zum Beispiel steigende Einkommen, höhere Bildung, die Geschlechtergleichstellung und damit verbundene Doppelerwerbstätigkeit, eine zunehmende Qualifizierung und Spezialisierung im Arbeitsmarkt, bei Produktion und Dienstleistungen, eine Zunahme von zeitlich befristeten Beschäftigungsverhältnissen und Beschäftigungsverhältnissen mit wechselnden Einsatzorten und ausgedehnten Absatzmärkten sowie technologische Entwicklungen, die insbesondere entfernungsunabhängige Kontakte ermöglichen oder erleichtern. Diese Entwicklungen erfolgen entweder unabhängig von Politik und Planung oder stimmen mit den politischen Zielen des Wirtschaftswachstums,

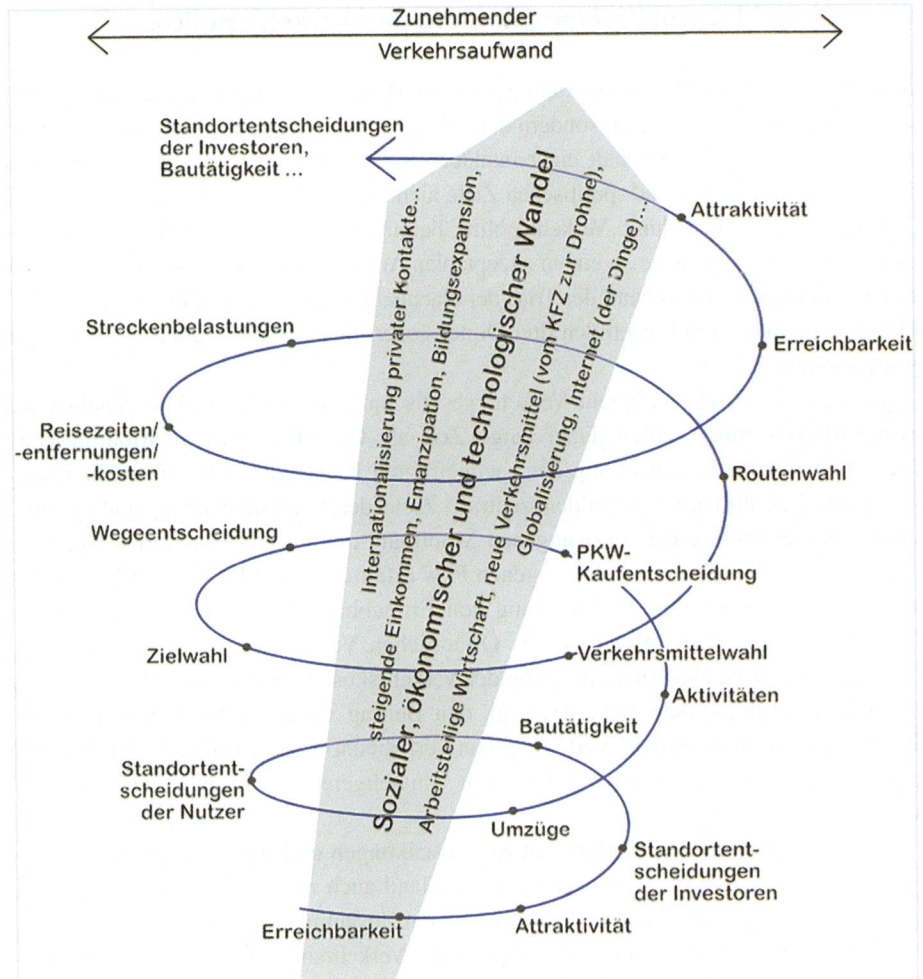

Abb. 1 Soziale, ökonomische und technologische Treiber der Standort- und Verkehrsentwicklung –
Dynamisierung des Regelkreises von Wegener (1999). (Eigene Abbildung)

der Internationalisierung und Globalisierung überein. Eine in diesen Punkten entgegengesetzte Verkehrsplanung und -politik erscheint kaum denkbar.

In einer abwägenden Betrachtung erscheint mir ein politisches Umsteuern im Sinne einer Verringerung von Aktionsräumen und wirtschaftlichen Verflechtungsräumen daher höchstens sehr eingeschränkt möglich. Andere Autoren sehen hierzu durchaus erhebliche Potenziale (vgl. z. B. die Praxisbeispiele in Reutter/Reutter 2014).

3   Zielfelder von Verkehrsplanung und Verkehrspolitik

Als Leitlinie der Verkehrsplanung kann gelten: Im Mittelpunkt von Verkehrsplanung und – politik stehen nicht der Verkehr, sondern der Alltag der Menschen, die Ansprüche der Wirtschaft und der dauerhafte Erhalt einer intakten Umwelt. Entsprechend beschränken sich die verkehrsplanerischen und -politischen Ziele nicht auf den Verkehrsbereich als Optimierung der Verkehrsabwicklung. Verkehrspolitik bemüht sich um einen Rahmen, innerhalb dessen sich diese Ansprüche zu einem akzeptablen Aufwand für Nutzer und Allgemeinheit realisieren lassen. Entsprechend der Trias der Nachhaltigkeit lassen sich die Ziele von Verkehrsplanung und -politik nach den drei Dimensionen Soziales, Ökonomie und Ökologie systematisieren.

Aus *sozialer Sicht* ermöglicht Verkehr gesellschaftliche Teilhabe. Die zunehmende private Motorisierung schien dabei lange Zeit als Garant für höhere Mobilität und Erreichbarkeit. Die Bereitstellung der nachgefragten Kapazitäten und die Reduzierung der Reisezeiten bildeten und bilden zentrale Ziele der Verkehrsplanung und -politik. Aber auch die Kritik einer „erzwungenen Mobilität" und an den Einschränkungen der Erreichbarkeit, die Menschen ohne eigenen Pkw erfahren, reicht bis in die 1970er Jahre zurück. Unter der Überschrift Sicherung von Erreichbarkeit und Teilhabe werden die Themen Barrierefreiheit, Angebote des Öffentlichen Verkehrs in nachfrageschwachen Räumen und Zeiten, aber auch die Höhe der Verkehrskosten insbesondere für Haushalte mit geringem Einkommen diskutiert (vgl. den Beitrag von Daubitz in diesem Band). Gleichzeitig hat die räumliche Verteilung von Verkehrslärm, -abgasen und -unfällen eine soziale Dimension, die unter der Überschrift Umweltgerechtigkeit diskutiert wird (vgl. Becker 2016).

Aus *ökonomischer Sicht* dominieren Kostensenkungen und Beschleunigung zur Stärkung der Wirtschaftskraft, spezifisch in Deutschland auch zur Stärkung der Fahrzeugindustrie. Dabei stehen die Verkehrskosten in engem Zusammenhang mit den Reisezeiten. Ein Großteil der Nutzen von Investitionen in die Verkehrsinfrastruktur sind Zeitersparnisse in Geldwerten (z. B. in der Nutzen-Kosten-Analyse von Verkehrsinvestitionen in der Bundesverkehrswegeplanung). Gleichzeitig gilt es:

- die Verkehrsangebote aktuell und auch für zukünftige Generationen finanzierbar zu gestalten und die vorhandene Infrastrukturen zu erhalten bzw. zu modernisieren,
- einseitige Abhängigkeiten von einem Verkehrssystem (z. B. wegen Peak Oil) zu vermeiden,
- die Funktionsfähigkeit der jeweiligen Planungsräume zu sichern, z. B. wirtschaftlichen Austausch zu ermöglichen, städtische Lagen aufzuwerten.

Während der Verkehr in der sozialen und ökonomischen Dimension Vor- und Nachteile verursacht, geht es aus der *ökologischen Perspektive* um die Reduzierung oder Vermeidung des:

- Energieverbrauchs und der Schadstoffbelastungen, insbesondere des Verbrauchs fossiler Energieträger,
- der Lärmbelastungen,
- der Inanspruchnahme von (zusätzlichen) Flächen und der weiteren Landschaftszerschneidung.

Dieses mehrdimensionale Zielsystem weist zahlreiche Interessen- und Zielkonflikte auf, zwischen den drei Dimensionen, aber auch innerhalb einer Dimension:

- Welchen Stellenwert hat die Nachtruhe von Anwohnern im Vergleich zur Beeinträchtigung eines Biotops durch eine Umfahrungsstraße?
- Welchen Stellenwert hat die gesicherte Führung des Radverkehrs gegenüber der Parkraumnachfrage der Anwohner?
- Welche finanziellen Mehraufwendungen sind für eine barrierefreie Umgestaltung des ÖV gegenüber einer Taktverdichtung angemessen?

Im Umgang mit derartigen Zielkonflikten, teilweise auch Zielkongruenzen, zeigen sich in der verkehrsplanerischen und -politischen Praxis zwei entgegengesetzte Strategien: Verkehrspolitische Akteure oder Interessenvertreter betonen häufig einzelne Ziele und Zielkonflikte zur Stärkung oder Profilierung ihrer Position (Reduzierung des Autoverkehrs als Jobkiller). Teilweise werden aber auch die Gegenpositionen vereinnahmt (Beschleunigung des Verkehrs zur Reduzierung von Schadstoffemissionen).

Akteure der fachlichen Seite stellen eher die Zielkongruenzen in den Vordergrund ihrer Argumentation, in der Hoffnung oder mit der Erfahrung, so die Akzeptanz zu erhöhen (Verkehrsberuhigung verbessert die Sicherheit und steigert die Aufenthaltsqualität; Barrierefreiheit nutzt allen etc.)[1].

Außerdem zeigt die Praxis, dass die Akteure auf höheren räumlichen Ebenen, vor allem von EU, Bund und Ländern, die Verkehrsfunktion (vor allem Kapazitäten und Reisezeiten) betonen. Höhere Kapazitäten, geringere Reisezeiten und damit vor allem im Wirtschaftsverkehr geringere Transportkosten gelten als Motor wirtschaftlicher Entwicklung. Vor allem größere Städte fordern in diesem Sinn den Ausbau (über)regionaler Verkehrsverbindungen, auch wenn sie sich gleichzeitig um eine Reduzierung des Kfz-Verkehrs bemühen.

Nicht aufgelöst wird dabei der Zielkonflikt zwischen der Zunahme des Pkw- und Lkw-Verkehrs und deren negativen Folgen, die sich vor allem in kommunalen verkehrsplanerischen und -politischen Konflikten zeigen. Gleichzeitig ist in vielen Mitgliedstaaten

---

[1]Da letzteres Argument fast zur Selbstverständlichkeit geworden ist: Barrierefreiheit ist die Voraussetzung zur gesellschaftlichen Teilhabe von Menschen mit Mobilitätsbeeinträchtigungen. Sie ist daher unverzichtbar und als Rechtsanspruch verankert. Barrierefreiheit bindet aber erhebliche finanzielle Mittel, die für andere politische Ziele nicht mehr zur Verfügung stehen, z. B. für eine Taktverdichtung im ÖV. Der Satz, „Barrierefreiheit nutzt allen", verbirgt also einen Zielkonflikt, der allerdings durch Gesetzeskraft ohnehin entschieden ist.

der EU die Automobilindustrie ein wichtiger Arbeitgeber und bildet einen wesentlichen Wirtschaftsfaktor. Entsprechend verfolgen in einer Gesamtsicht die unterschiedlichen Akteure jeweils spezifische verkehrsplanerische und verkehrspolitische Ziele, die eng mit wirtschaftspolitischen Zielen verbunden sind.

Einschub: Wer ist für welche Planungen zuständig?

Auf kommunaler Ebene entscheidet Verkehrspolitik über die konkreten Verkehrsangebote vor Ort, die Bedingungen für den Fuß- und Radverkehr, für den ÖPNV (Öffentlicher Personennahverkehr) und MIV (motorisierter Individualverkehr). Der zentrale Konflikt liegt in der Verteilung von Flächen und Finanzen zwischen den Verkehrsträgern. Das strategische Instrument der Verkehrsplanung und -politik ist der informelle Verkehrsentwicklungsplan, der fachplanerisch vorbereitet und durch die kommunalen Entscheidungsinstanzen beschlossen wird. Gleichzeitig sind Kommunen und Kreise in der Regel zuständig für die Planung und Finanzierung des straßengebundenen ÖPNV, zu dem vor allem Busse, Straßen-, Stadt- und U-Bahnen zählen.

Auf regionaler Ebene sind Verkehrsplanung und -politik vor allem für die Planung des SPNV (Schienenpersonennahverkehr) verantwortlich (Zuständigkeit teilweise auch auf Landesebene). Gegenstand dieser Planung sind S-Bahnen, Regionalbahnen und Regionalexpresszüge. Hinzu kommen in vielen Regionen Zuständigkeiten für die Verknüpfungspunkte zwischen dem kommunalen ÖPNV und dem SPNV sowie für Park + Ride und Bike + Ride. Neben der Planung des SPNV entstehen Kooperationen im Bereich des Radverkehrs, als regionale Fahrradschnellwege oder auch als Radrouten für Freizeit und Tourismus. Nur selten werden auf regionaler Ebene Verkehrsentwicklungspläne aufgestellt (Ausnahmen z. B. die Region Hannover oder die kommunale Kooperation von Iserlohn, Hemer und Meschede), obwohl der Leitfaden für Verkehrsentwicklungsplanungen der FGSV (2013) die Vorteile regionaler VEPs betont.

Auf der Ebene der Bundesländer liegen zahlreiche Regelungskompetenzen. Die Bundesländer verfügen über die Planungskompetenz für ihre eigene Verkehrsinfrastrukturen, vor allem die Landesstraßen und Teile des regionalen Schienennetzes. Gleichzeitig legen Länder in den ÖPNV-Gesetzen fest, wer für die ÖPNV-Planung und die Finanzierung des ÖPNV zuständig ist. Länder finanzieren bestimmte Maßnahmen (z. B. Ausbau des SPNV oder der Radwege an Landesstraßen) und fördern Verkehrsmaßnahmen auf regionaler oder kommunaler Ebene. Den Rahmen hierfür bilden neben gesetzlichen Regelungen häufig Landesprogramme, z. B. in Nordrhein-Westfalen Programme zur Förderung des Fuß- und Radverkehrs oder des Mobilitätsmanagements. Gleichzeitig nehmen die Bundesländer Einfluss auf die Verkehrspolitik des Bundes, z. B. über ihre Projektvorschläge für den Bundesverkehrswegeplan (s. u.) sowie über ihre Arbeit im Bundesrat.

Der Bund ist zentraler Akteur der Bundesverkehrswegeplanung, die Neu-, Ausbau und Unterhalt der Bundesverkehrswege betrifft (Bundesautobahnen und Bundesstraßen als Bundesfernstraßen, Schienennetz, Bahnhöfe und weitere Betriebsanlagen der Deutschen Bahn, Bundeswasserstraßen ohne Häfen). Der Bund betreibt hier die Infrastrukturplanung in enger Abstimmung mit den Bundesländern. Außerdem gestaltet der Bund zahlreiche Rahmenbedingungen, die direkten oder indirekten Einfluss auf den Verkehrsbereich besitzen, z. B. das Baugesetzbuch, die Höhe der Mineralölsteuer, das Dienstwagenprivileg oder die Rahmengesetzgebung zu den Ladenöffnungszeiten. Teilweise liegen die Regelungskompetenzen gemeinsam bei Bund und Ländern, z. B. die Festlegung der Verkehrsregeln im Rahmen der StVO (Straßenverkehrsordnung). Auch der Bund betreibt Förderpolitik im Verkehrsbereich, z. B. über Projekte wie den Nationalen Radverkehrsplan.

Auf der anderen Seite ist der *Bund ein Akteur der europäischen Verkehrspolitik*, die zwar keine eigene Infrastrukturplanung betreibt, aber über Fördermittel verfügt und den ordnungsrechtlichen Rahmen der Fahrzeugzulassung festsetzt. So regelt die EU Abgas- und Verbrauchsgrenzwerte der Kraftfahrzeuge und verfügt dort über einen wesentlichen Ansatz zum Klimaschutz und zur Luftreinhaltung. Gleichzeitig setzt die EU mit ihren Mitgliedsstaaten den Rahmen des Immissionsschutzes, der bei Grenzwertüberschreitungen Kommunen handlungspflichtig macht.

4   Was bedeutet integrierte Verkehrsplanung?

Aufgrund der komplexen Ursache-Wirkungs-Netze, die die Verkehrsentwicklung beeinflussen (s. Kap. 2), und der zahlreichen Ziele und Zielkonflikte (Kap. 3) stellen sich an die Verkehrsplanung große Herausforderungen in der Analyse, Konzeption und Wirkungsabschätzung sowie an die Abwägung und Entscheidung seitens der Verkehrspolitik. Dies führte in den 1980er Jahren zu einem Paradigmenwechsel, der noch immer nicht vollständig vollzogen ist. Während sich die Verkehrsplanung und -politik bis in die 1970er Jahre in breitem gesellschaftlichen Konsens daran orientierten, die Bedingungen für die vor allem wohlstandsbedingt steigende private Motorisierung zu verbessern, veränderte sich seitdem zweierlei:

- Statt Verkehr und Autoverkehr gleichzusetzen, werden inzwischen alle Verkehrsmittel als wichtige Träger des Verkehrs betrachtet – so im Personenverkehr zunächst der Öffentliche Verkehr, dann der Radverkehr und inzwischen auch der Fußverkehr.
- Statt aus Verkehrsprognosen Dimensionierungen abzuleiten (Anpassungsplanung), soll die Verkehrsplanung Einfluss auf die Verkehrsentwicklung selbst nehmen. Statt *einer* Prognose und *dem* rechnerisch ableitbaren Konzept erfolgt eine Verkehrsentwicklungsplanung in Varianten. Sie beschreibt häufig szenariobasiert mögliche Zukünfte, zwischen denen die Möglichkeit und Notwendigkeit zur politischen Entscheidung besteht.

Diese Sicht erfordert wesentlich komplexere Analysen der Trends und Ursachen der Verkehrsentwicklung und eine ausgeprägte Zusammenarbeit mit denjenigen, die neben der Verkehrsplanung Einfluss auf diese Trends und Ursachen nehmen (können). Für dieses Planungsverständnis bürgerte sich der Begriff einer „integrierten Verkehrsplanung" ein, der im Laufe der Zeit immer mehr Integrationsschritte umfasste (äußere Felder in Abb. 2). Die fünf wichtigsten sind die der Verkehrsintegration, der sektoralen Integration, der vertikalen und horizontalen Integration und der Integration der Akteure:

Die *Verkehrsintegration* als Basis betrachtet im Gegensatz zu einer auf die Ansprüche des MIV konzentrierten sektoralen Verkehrsplanung alle Verkehrsmittel (Fuß, Rad, MIV…) und Verkehrsarten (Personen, Güter, Nachrichten und Energie), setzt aber in der Regel Schwerpunkte im Personenverkehr und blendet den Nachrichten- und Energietransport meist vollständig aus.

Unter *sektoraler Integration* wird die Zusammenarbeit unterschiedlicher Fachdisziplinen verstanden. Im Vordergrund steht dabei eine Betrachtung von Raumstrukturen und Verkehr. Sie begründet sich aus einem Verständnis der Ursachen und Folgen der Verkehrsentwicklung, nach dem die räumliche Entwicklung sowohl die Verkehrsentwicklung prägt, als auch von ihr geprägt wird. Auch andere Bereiche stehen in ähnlich engen Wechselbeziehungen mit dem Verkehrssektor, sodass die Verkehrsplanung heute in vielfältige interdisziplinäre Prozesse der Entscheidungsvorbereitung eingebunden ist.

Die *vertikale Integration* kennzeichnet die bei vielen Aufgaben notwendige Kooperation zwischen den räumlich über- und untergeordneten Planungsebenen (s. Einschub zur Verkehrsplanung auf unterschiedlichen räumlichen Ebenen). Insbesondere die Zunahme regionaler Verkehrsverflechtungen erfordert eine Integration der kommunalen und regionalen Betrachtung sowie die Einbeziehung der Bundesebene, da der expandierende Regionalverkehr in der Regel die Bundesfernstraßen nutzt.

Die *horizontale Integration* bezeichnet die Kooperation zwischen benachbarten räumlichen Einheiten. Sie ist im Schienenpersonennahverkehr (SPNV) in vielen Räumen weit fortgeschritten, als Planung der aufgabenträger-übergreifender Linien oder der Verknüpfung an den Grenzen der jeweiligen Zuständigkeit.

Als *Integration der Akteursebenen* ist die Einbindung der politischen Ebene ebenso wie der Betroffenen außerhalb des Planungsbereichs zu verstehen. Hier steht in einem zunehmend konfliktträchtigen Bereich und bei gleichzeitig abnehmender Akzeptanz von Expertenpositionen die erfolgreiche Umsetzung von Konzepten im Vordergrund, die durch eine bessere Vermittlung, aber auch durch eine gemeinsame Lösungssuche gefördert werden kann.

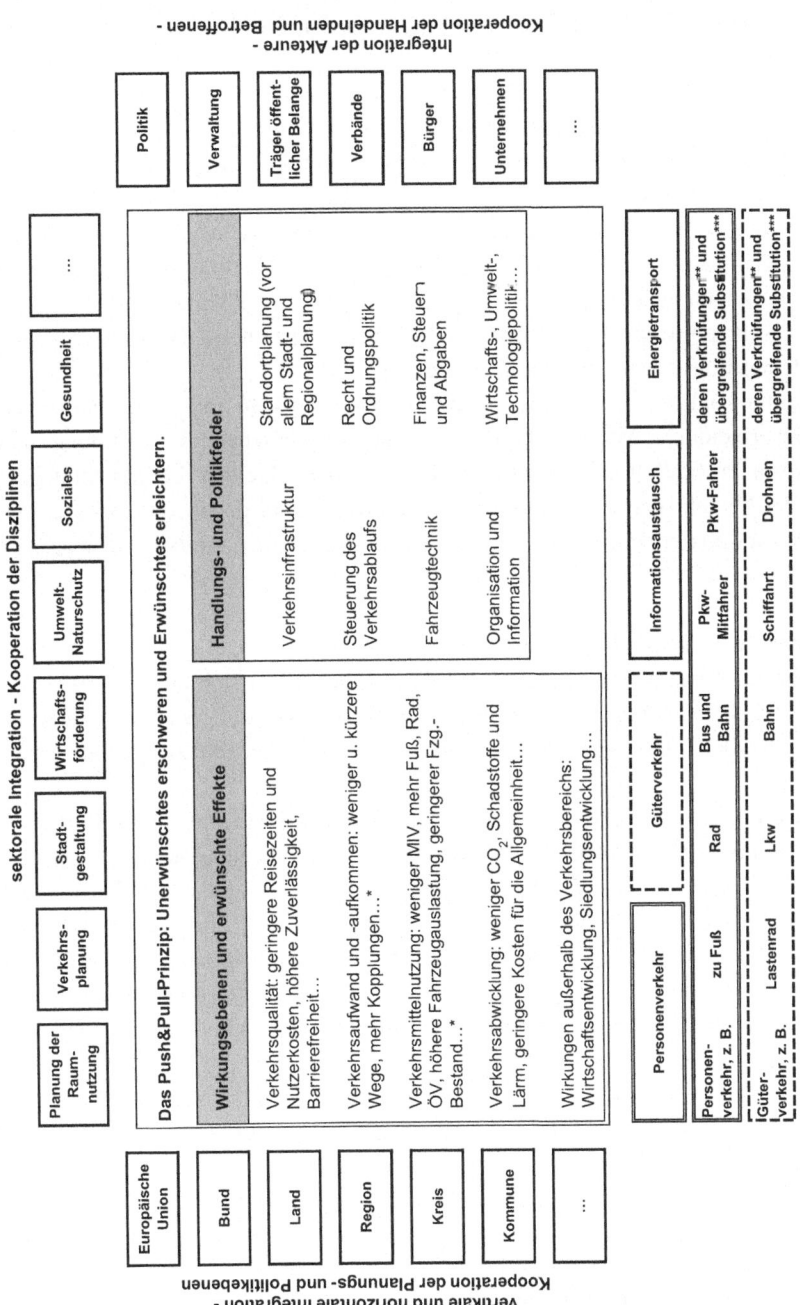

Abb. 2 Integrierte Verkehrsplanung – ein Überblick. (Quelle: Eigene Darstellung)

5 Strategien der Verkehrsplanung und das Push&Pull-Prinzip

Verkehr ist Grundlage einer arbeitsteiligen Gesellschaft. Vielfältige gesellschaftliche Entwicklungen schlagen sich in Veränderungen der Verkehrsnachfrage und der Ansprüche an die Verkehrsangebote nieder. Veränderungen der Verkehrsangebote haben ihrerseits Veränderungen der Verkehrsnachfrage und der Verkehrsabwicklung zur Folge. Gleichzeitig beeinflussen sie die Wirtschaftsentwicklung, die Siedlungsentwicklung und andere Veränderungen außerhalb des Verkehrs. In diesen Prozess wirken verkehrsplanerische und verkehrspolitische Entscheidungen. Die Wirkungstiefe ist dabei begrenzt und wird nach meiner Einschätzung häufig überschätzt.

In den häufig kontroversen verkehrspolitischen Diskussionen spielen die Strategien der Verkehrsvermeidung, Verkehrsverlagerung und verträglicheren Abwicklung und das Begriffspaar Push&Pull eine wichtige Rolle. Dabei beschreiben die drei Strategien die Ebenen der Verkehrsnachfrage und der Verkehrsfolgen, auf denen verkehrsrelevante Interventionen jeweils wirken sollen, und das Push&Pull-Prinzip die Art und Weise, in der Interventionen wirksam werden.

Strategien der Verkehrsplanung – die Wirkungsebenen

Interventionen der Verkehrsplanung und Verkehrspolitik wirken sich auf verschiedenen Ebenen der Verkehrsnachfrage und der Folgen des Verkehrs aus. Diese sollen zunächst systematisiert werden. Dazu wird die bisherige Entwicklung auf fünf Ebenen unterschieden:

Erstens beeinflussen verkehrsrelevante Maßnahmen und Konzepte die *Verkehrsqualität vor allem aus Nutzersicht*. In der Phase der Anpassungsplanung ging es vorrangig um höhere Kapazitäten für den Kfz-Verkehr bzw. die Reduzierung der Kfz-Reisezeiten. Heute werden zusätzlich die Ansprüche des Fuß-, Rad- und öffentlichen Verkehrs berücksichtigt, die in der Vergangenheit weitgehend vernachlässigt wurden. Von hoher Bedeutung sind außerdem die Ansprüche mobilitätsbeeinträchtigter Menschen an barrierefreie Angebote, die überhaupt erst die Teilhabe am öffentlichen Leben ermöglichen.

Zweitens können sich Interventionen im Verkehrsbereich auf die zurückgelegten Distanzen *(Verkehrsaufwand)*, auf die Anzahl der Wege im Personenverkehr und das Gewicht der transportierten Güter *(Verkehrsaufkommen)* auswirken. Die Reduzierung von Reisezeiten ermöglicht längere Wege und unter Umständen auch zusätzliche Wege. Diesen Verkehrszuwachs bezeichnet man auch als induzierten Verkehr. Zu einer Zunahme des Aufkommens kommt es vor allem im Güterverkehr, zu einer Zunahme der Distanzen im Güter- und im Personenverkehr.

Drittens verändern verkehrsrelevante Maßnahmen die relativen Attraktivitäten der Verkehrsmodi und beeinflussen so die *Verkehrsmittelnutzung*. So hat der langjährige Ausbau der Straßennetze nach den Ansprüchen des Kfz-Verkehrs zum Bedeutungsverlust des Fuß-, Rad- und öffentlichen Verkehrs beigetragen. Umgekehrt haben Städte, die

die Bedingungen des Radverkehrs verbessert haben, häufig auch eine Zunahme des Radverkehrs zu verzeichnen. Bei der Interpretation dieser Entwicklungen ist aber Vorsicht geboten: In vielen Städten erfolgt die Zunahme des Radverkehrs ohne wesentliche Angebotsverbesserungen oder die Angebotsverbesserung folgt auf die Zunahme des Radverkehrs. Dies zu unterscheiden ist wichtig, wenn man sich die Frage nach der Wirksamkeit von Radverkehrsstrategien stellt.

Viertens versuchte man bereits in der Phase der Anpassungsplanung die negativen *Folgen der Verkehrsabwicklung* zu reduzieren, z. B. die Verkehrssicherheit zu erhöhen und Emissionen und Immissionen zu senken (Kap. 7). Hier stehen die Ansprüche der Allgemeinheit und des Naturhaushaltes im Vordergrund.

Hinzu kommen fünftens zahlreiche Wirkungen *außerhalb des Verkehrsbereichs*, z. B. auf die Wirtschaftsentwicklung (geringere Transportkosten senken die Kosten von Gütern und Dienstleistungen) oder auf die räumliche Entwicklung (eine gute Erreichbarkeit peripherer Standorte kann zur Zersiedlung beitragen, eine gute Erreichbarkeit ländlicher Räume aber auch den Tourismus fördern und einer Abwanderung entgegenwirken).

Verkehrsplanung und Verkehrspolitik haben dabei die Aufgabe, die Verkehrsentwicklung zu einem *tragfähigen Kompromiss* zwischen den Ansprüchen der Verkehrsnachfrage sowie den Schutzinteressen der Allgemeinheit und des Naturhaushalts zu führen. Verkehrsplanerische Leitfäden (aktuell z. B. FGSV 2013) und aktuelle verkehrspolitische Diskussionen formulieren dazu drei Strategien, die sich auf die Wirkungsebenen zwei bis vier beziehen:

- *Verkehrsvermeidung* (Reduzierung des Verkehrsaufwandes, teilweise weniger Wege durch Aktivitätenkopplungen, weniger Aktivitäten außer haus sowie im Prinzip erforderlich, aber kaum expliziert weniger internationale (Wirtschafts-) Verflechtungen),
- *Verkehrsverlagerung* (geringere Nutzung des Pkw und Lkw zugunsten des Fuß-, Rad- und öffentlichen Verkehrs, höhere Auslastung der Kraftfahrzeuge sowie im Prinzip erforderlich, aber kaum expliziert weniger Flugverkehr) und
- eine *verträglichere Abwicklung* des Verkehrs (sicherer, leiser, sparsamer…)

Implizit begründen sich die ersten beiden Strategien daraus, dass ein *tragfähiger Kompromiss* (s. o.) nur mit einer deutlichen Verringerung des Verkehrsaufwandes und der MIV-Nutzung erreichbar erscheint. In Szenarien beruhen teilweise 50 % der angestrebten CO_2-Einsparungen auf einer Reduzierung des Verkehrsaufwandes und der MIV-Nutzung (Reutter/Reutter 2014), obwohl entsprechende Wirkungen bisher nirgends in relevantem Umfang erzielt wurden. Auch in Städten, die einen sinkenden Anteil des MIV im Verkehr der Wohnbevölkerung oder im Binnenverkehr vorweisen, steigen in der Regel die Distanzen im regionalen, überregionalen und internationalen Personen- und Wirtschaftsverkehr. Gerade Städte wie Zürich, Hamburg oder Kopenhagen, die zu Recht als Beispiele guter kommunaler Verkehrsplanung gelten, ziehen einen erheblichen Teil ihrer Wirtschaftskraft aus ihrer internationalen Vernetzung, die in entsprechenden Diskussionen ausgeblendet wird. Und auch der häufige Hinweis, dass 50 % der Pkw-Fahrten kürzer als 5 km sind täuscht über die Höhe des Minderungspotenzials. Denn diese 50 % der Pkw-Fahrten machen nur 10 % der Pkw-Distanzen aus.

Dagegen wurde eine *verträgliche Abwicklung* bereits von Anfang an und in vielen Punkten sehr erfolgreich verfolgt. Dabei haben sich im Laufe der Zeit die Schwerpunkte verschoben und sind zusätzliche Belastungswirkungen deutlich geworden. Die Betonung der Strategien der Vermeidung, Verlagerung und verträglichen Abwicklung darf allerdings nicht darüber hinwegtäuschen, dass viele verkehrsplanerischen und verkehrspolitischen Interventionen, vermutlich sogar der größte Teil der finanziellen Aufwendungen, nach wie vor der Verbesserung der Verkehrsqualität im Kfz-Verkehr dienen.

Push&Pull – das Wirkprinzip

Verkehrsplanerische und -politische Interventionen wirken sich in der Regel auf die Verkehrsnachfrage und/oder die Folgen des Verkehrs aus. Der Ausbau der Netze für den Kfz-Verkehr hat in der Phase der Anpassungsplanung die Reisezeiten im Kfz-Verkehr reduziert und vor allem innerorts die Bedingungen für den Fuß- und Radverkehr verschlechtert. Aus heutiger Sicht wird in vielen Planungen das Gegenteil gefordert, die Verbesserung der Bedingungen für den Fuß-, Rad- und Öffentlichen Verkehr sowie Einschränkungen im Pkw-, teilweise auch im Lkw-Verkehr. Grundsätzlich gilt dabei:

Verkehrsplanerische und –politische Interventionen verändern die relativen Vor- und Nachteile bestimmter Handlungsweisen, langer gegenüber kurzer Wege, der verschiedenen Verkehrsmittel zueinander, von unvorsichtigen gegenüber umsichtigen Fahrweisen, von Fahrzeugen mit hohem gegenüber geringen Emissionen etc. und nehmen so Einfluss auf Verkehrsaufwand und -aufkommen, die Verkehrsmittelnutzung sowie die Folgen des Verkehrs. Dabei werden Maßnahmen, die Vorteile für bestimmte Handlungsweisen schaffen, häufig als Pull-Maßnahmen bezeichnet, und Maßnahmen, die Vorteile für bestimmte Handlungsweisen abbauen, als Push-Maßnahmen bezeichnet.

Das Begriffspaar Push&Pull charakterisiert in der Verkehrsplanung also die Art und Weise, in der Interventionen auf den Verkehr wirken. Das Begriffspaar wird in der Praxis häufig verengt auf Interventionen, die die Verkehrsmittelnutzung betreffen, zu einer Verlagerung zulasten des Pkw- und Lkw-Verkehrs beitragen und als Eigenschaft der jeweiligen Maßnahme angesehen werden. Zu diesen drei Punkten:

- Push&Pull-Effekte beschränken sich nicht auf die relativen Vor- und Nachteile der einzelnen Verkehrsmittel, sondern betreffen auch andere Aspekte der Verkehrsnachfrage und Verkehrsabwicklung. Das Push&Pull-Prinzip bezieht sich auf alle Wirkungsebenen im Verkehr und nicht nur auf die Verkehrsmittelnutzung.
- Viele Interventionen der Verkehrsplanung und Verkehrspolitik haben gleichzeitig Push- und Pull-Effekte, häufig sogar auf mehreren Wirkungsebenen (s. o.). Daher sollte in der Regel nicht von Push- oder Pull-Maßnahmen gesprochen werden, sondern das jeweilige Wirkungsspektrum von Maßnahmen insgesamt dargestellt werden.

- Auch die Anpassungsplanung (s. o.) vergangener Jahrzehnte erzeugte Push&Pull-Effekte, meist zugunsten des MIV und zulasten von ÖV, Rad- und Fußverkehr.[2] Das Push&Pull-Prinzip besagt also nicht, auf welcher Seite Verbesserungen oder Einschränkungen erfolgen.

Dabei wurden und werden in der Praxis bezogen auf das gleiche Verkehrsmittel parallel auch Maßnahmen ergriffen, die Push- und Pull-Effekte haben. So ist gerade die Phase der Anpassungsplanung nicht nur durch den Netzausbau gekennzeichnet, sondern z. B. auch durch die Einführung von Tempolimits, Promillegrenzen und Schadstoffgrenzwerte.

Ist die City-Maut wirklich eine Push-Maßnahme?
Die Einführung der City-Maut in London diente der Entlastung der Innenstadt vom Kfz-Verkehr, aber auch der Beschleunigung des Kfz-Verkehrs (Pkw, Lkw, Busse). Sie schränkte also Teile des Pkw-Verkehrs ein (MIV-push) und verbesserte gleichzeitig die Bedingungen für den ÖV (ÖV-pull), aber auch für den verbleibenden Pkw- und Lkw-Verkehr. Sie führte außerdem zu einer Reduzierung der Abgase und Unfälle, verbesserte die Bedingungen für den Fuß- und Radverkehr sowie die Aufenthaltsqualität in der inneren Stadt. Die verkürzte Zuordnung der Pkw-Maut zur Verkehrsverlagerung (s. o.) und zu den Push-Maßnahmen wäre also unzutreffend. Sie hätte möglicherweise sogar die Umsetzung der Maut verhindert, denn für die Maut wurde gerade mit der Beschleunigung swirkung argumentiert. Die Pkw-Maut hat gleichzeitig also Push&Pull-Effekte bei mehreren Verkehrsmitteln und bewirkt sogar Push&Pull-Effekte innerhalb des Kfz-Verkehrs.

Ist die Anlage von Radfahrstreifen eine Pull-Maßnahme?
Auf einer vierstreifigen Hauptverkehrsstraße sollen in beiden Richtungen Radfahrstreifen angelegt werden. Es verbleiben zwei Fahrstreifen für den Kfz-Verkehr – push oder pull? Zunächst einmal verbessert die Maßnahme die Bedingungen für den Radverkehr, also Rad-pull. Unter Umständen schränkt sie auch den Kfz-Verkehr ein, also MIV-push. Das gilt aber nur, wenn die (möglicherweise reduzierte) Kfz-Belastung die Kapazität des verbleibenden Fahrstreifens erreicht. Unter Umständen verbessert der Radfahrstreifen sogar den Kfz-Verkehrsfluss, wenn gegenüber der bisherigen vierstreifigen Führung von Kfz- und Radverkehr Fahrstreifenwechsel zum Überholen von Radfahrern entfallen, die Kfz-Belastungen sinken und beides den Verkehrsfluss im Kfz-Verkehr harmonisiert.

---

[2]Auch die unterirdische Führung der Straßenbahnen sollte vor allem Flächen für den MIV schaffen. In Münster galt das sogar für die Anlage von Radwegen. In einem Verkehrsgutachten für die Stadt Münster aus dem Jahr 1946 wurde der Radverkehr als „das am meisten störende Verkehrselement" bezeichnet (nach Stadt Münster 2009: 9. Fahrradhauptstadt Münster).

6   Handlungsfelder und Maßnahmen

Die Akteure der Verkehrsplanung und -politik verfügen über Interventionsmöglichkeiten in unterschiedlichen Handlungs- und Politikfeldern, die gemeinsam einen integrierten Handlungsansatz bilden (können). Im Folgenden werden hier neun Handlungs- und Politikfelder erläutert (Abb. 2). Die Differenzierung dieser Felder dient vor allem der systematischen Orientierung. Unterschiedliche Autoren verwenden unterschiedliche Kategorien, ohne sich inhaltlich zu widersprechen (vgl. den Beitrag von Schwedes in diesem Band). Außerdem ist die Zuordnung von Maßnahmen zu den Handlungsfeldern nicht immer eindeutig, die Erhebung von Parkgebühren kann man gleichzeitig als ordnungspolitische, betriebliche oder finanzielle Maßnahme bezeichnen.

Der (früher primäre) Gegenstand der Verkehrsplanung ist die Planung der *Verkehrsinfrastruktur*. Die konkrete Ausgestaltung der Infrastruktur, z. B. von Straßenräumen und Plätzen, von Haltepunkten und Bahnhöfen beeinflusst die Attraktivität der Verkehrsmittel sowie die Attraktivität für Aufenthalt und Kommunikation im öffentlichen Raum, die Lärmbelastungen des Wohnens und damit die Lebensqualität vor Ort. Hinzu kommt als wichtige Aufgabe der Verkehrsplanung vor Ort, ähnlich wie die Verbesserung der Angebote für den lange Zeit vernachlässigten Fuß- und Radverkehr, die barrierefreie Gestaltung der Angebote. Sie bildet für viele Menschen mit Mobilitätsbeeinträchtigungen die Voraussetzung für Mobilität und Teilhabe.

Die Verteilung der Nutzungen im Raum und die Nutzungsdichte prägen die Verkehrsnotwendigkeiten. Die Ausweisung von Flächen für unterschiedliche Nutzungen, Festlegungen zur Dichte und zu Bauformen sind Aufgaben der *Standortplanung* (Stadt- und Regionalplanung). Aktuelle Leitbegriffe einer nachhaltigen Stadt- und Regionalentwicklung (einschließlich einer nachhaltigen Verkehrsentwicklung) sind Innen- vor Außenentwicklung, Nutzungsmischung, dichte und kompakte Strukturen sowie vor allem im Umland der Kernstädte eine ÖV-orientierte Siedlungsentwicklung. Eine solche Stadt- und Regionalentwicklung erleichtert Teilhabe und Erreichbarkeit. Bei der Entwicklung von Gewerbegebieten sind ergänzend spezifische Güterverkehrsanforderungen (Bahn, Lkw, Binnenschiff) zu beachten sowie die vom Güterverkehr und von Umschlagvorgängen ausgehenden Belastungen.

Die abgestimmte Entwicklung der Standortstrukturen und der Verkehrsinfrastruktur bildet den Kernbereich einer integrierten Raum- und Verkehrsplanung. Weitere Maßnahmen im Bereich der Verkehrsinfrastruktur sowie in weiteren Handlungsfeldern ergänzen diesen Kernbereich.

Die Interventionen im Bereich von Raum- und Infrastruktur beziehen sich auf alle drei Strategien. Die Stadtstrukturen sollen kurze Wege ermöglichen, die Verkehrsinfrastruktur die Ansprüche der verschiedenen Verkehrsmittel ausgewogen berücksichtigen sowie die Verkehrsabwicklung möglichst verträglich gestalten. Viele Wirkungsprognosen sehen dabei ein erhebliches Potenzial zur Verkehrsvermeidung und Verkehrsverlagerung, das seitens der Forschungen nur eingeschränkt bestätigt wird (Holz-Rau/Scheiner 2016 und Kap. 7 in diesem Beitrag).

Zur *Steuerung des Verkehrsablaufs* zählen Interventionen wie Tempo 30 in Wohngebieten, belastungsabhängige Geschwindigkeitsbegrenzungen und Routenempfehlungen auf Bundesautobahnen, die Signalsteuerung eines Knotenpunktes oder im Gesamtnetz, die Lichtsignalkoordinierung orientiert an der Geschwindigkeit des Radverkehrs oder MIV, die ÖPNV-Bevorrechtigung an Knotenpunkten. Interventionen in den Verkehrsablauf beeinflussen vor allem die Qualität der Verkehrsabwicklung (z. B. Reisezeiten und Anzahl der Halte) und deren Folgen (z. B. Sicherheit und Emissionen). In der informationstechnischen Verknüpfung durch IuK-Technologien (Informations- und Kommunikationstechnologien) zwischen Fahrzeugen und zwischen Fahrzeug und Infrastruktur, werden erhebliche Potenziale gesehen, die Kapazität der Infrastruktur und die Verkehrssicherheit zu erhöhen. Hierzu zählt auch die weitere Verbreitung von Fahrerassistenzsystemen bis hin zum weitgehend oder vollständig automatisierten Fahren, dessen langfristige Wirkungen auf die Verkehrsnachfrage bisher kaum einzuschätzen sind.

Interventionen im Bereich von *Recht und Ordnungspolitik* sind auf allen räumlichen Ebenen verankert. Auf der kommunalen Ebene gehören hierzu Stellplatzsatzungen und die Parkraumbewirtschaftung, die Ausweisung von Umweltzonen, Geschwindigkeitsreglements etc. Kommunen haben hier relevante Hebel zu einer verträglicheren Abwicklung des Verkehrs und im Bereich der Parkraumbewirtschaftung auch zur Einflussnahme auf die Verkehrsmittelnutzung. Bund und Länder prägen den kommunalen Handlungsspielraum (z. B. über die StVO und ihre Ausführungsvorschriften, über den rechtlichen Rahmen von Stellplatzsatzungen, Citymaut und Zufahrtsbeschränkungen) und bestimmen selbst direkt über die Rahmenbedingungen des Verkehrs (z. B. auf den Bundes- und Landesstraßen auch innerorts, im Steuerrecht über Pendlerpauschale und Dienstwagenprivileg, mit der Straßenverkehrszulassungsordnung StVZO). Durch die Ausschöpfung bestehender rechtlicher Spielräume einschließlich ihrer Kontrolle haben Städte und Gemeinden einen begrenzten Einfluss auf die Verkehrsstrukturen vor Ort und deren Folgen.

Finanzpolitische Entscheidungen bestimmen über die Handlungsspielräume der Verkehrsplanung. Welche Mittel stehen für den Erhalt und Ausbau der Bundesautobahnen oder Bundesschienenwege zur Verfügung, welche Finanzierungsspielräume oder Einsparnotwendigkeiten bestehen im ÖPNV, welche Mittel können zur Radverkehrsförderung genutzt werden? *Steuern und Abgaben* beeinflussen die Nutzerkosten und damit die Verkehrsmittelnutzung und den Verkehrsaufwand, aber auch die finanziellen Spielräume der Verkehrspolitik. Die Verkehrspolitik nutzt diese grundsätzlichen Einflussmöglichkeiten auf die Verkehrsnachfrage jedoch nur selten (eingeschränkt im Bereich der Parkraumbewirtschaftung), da andere Politikziele höherrangig erscheinen. Insbesondere wird befürchtet, dass eine deutliche und damit verhaltensrelevante Erhöhung der Verkehrskosten die wirtschaftliche Entwicklung, aber auch die Wiederwahl gefährdet. Das Drehen an der Preisschraube gehört neben Beschränkungen des Parkraums zu den besonders unpopulären und umstrittenen Maßnahmen mit Verkehrsrelevanz.

Interventionen und Veränderungen im Handlungsfeld *Fahrzeugtechnik* liegen bei den Fahrzeugherstellern und werden unter anderem durch politische Rahmensetzungen geprägt (s. u.). Zunächst bemühen sich Fahrzeughersteller aber um eine Verbesserung der Fahrzeuge im (vermeintlichen) Sinne ihrer Kunden um den Absatz und den Gewinn zu erhöhen. Besonders lukrativ für die Unternehmen und attraktiv für die Kunden erscheinen dabei teure und komfortable Fahrzeuge, die als Folge aber einen hohen Energie- und

Flächenbedarf haben. Rechtliche Normierungen beziehen sich dagegen auf den Schutz vor den Folgen des Verkehrs, als Grenzwerte für Kraftstoffverbrauch, Schadstoff- und Lärmemissionen und Vorgaben zur Verkehrssicherheit. Diese ordnungsrechtlichen Interventionen sollen eine verträgliche Verkehrsabwicklung garantieren. Andere fahrzeugtechnische Entwicklungen (höhere Motorleistung, Beschleunigung, Geschwindigkeit und Zusatzausstattungen) tragen dagegen zu einer höheren Attraktivität der Fahrzeuge für die Fahrer, ihrer Nutzung und häufig auch zu besonders belastenden Fahrweisen bei.

Organisatorische Interventionen reichen von der betrieblichen Organisation des ÖV oder der Festlegung von Schul- und Betriebszeiten bis zu komplexeren Konzepten des Mobilitätsmanagements. Sie wirken vor allem auf die Abwicklung des Verkehrs sowie auf die Verkehrsmittelnutzung. Handlungsmöglichkeiten bestehen auf kommunaler Ebene, aber auch seitens privater Akteure, unter Umständen angeregt oder unterstützt durch die Kommunen. Eine mengenrelevante Wirksamkeit ergibt sich, wenn Kommunen und private Akteure das Potenzial konsequent nutzen.

Vorhandene wie fehlende *Informationen* bilden die Grundlage jeder verkehrsrelevanten Entscheidung. Verkehrspolitische Entscheidungen und Beteiligungsverfahren basieren auf Informationen über Planungsoptionen, Informationen über das Verkehrsangebot prägen die Verkehrsmittelentscheidung, Informationen über die Lage von Geschäften oder Freizeitgelegenheiten die Entscheidung über die Durchführung und den Ort von Aktivitäten etc. Informationen betreffen alle Wirkungsebenen, als zuverlässige Information über die aktuelle Verkehrssituation, über Verspätungen, über barrierefreie Verbindungen bis zu Kampagnen z. B. für den Radverkehr.

Informations- und Kommunikationstechnologien können sich aber auch auf das Verkehrsaufkommen, den Verkehrsaufwand und die Verkehrsmittelnutzung auswirken – Homeoffice oder das Arbeiten unterwegs auf den Berufsverkehr, intermodale Apps und Angebote wie Car-Sharing, die IuK-gestützte Bildung von Fahrgemeinschaften oder taxiähnliche Dienste wie UBER auf die Verkehrsmittelnutzung. Gesicherte Wirkungsprognosen sind bei den teils weitreichenden Veränderungen kaum möglich. Die Erwartungen reichen von einer deutlichen Reduzierung des privaten Pkw-Besitzes und der Nutzung des Pkw bis hin zum Bild voll automatisiert fahrender Privatfahrzeuge ohne Insassen, die das vergessene Handy zu Hause abholen oder nach der Abgabe des Insassen in der Innenstadt einen Parkplatz am Stadtrand suchen. Eine planerische und politische Flankierung technischer Entwicklungen ist eine wichtige Aufgabe für die Verkehrspolitik auf allen räumlichen Ebenen. Die weitgehend unkritische Begeisterung für die neuen Möglichkeiten und daraus möglicherweise resultierende Nutzervorteile dominiert. Dies betrifft wahrscheinlich auch den Optimismus hinsichtlich der zeitlichen Perspektive zur Verbreitung vor allem des automatisierten Fahrens.

Resultat einer integrierten Verkehrsplanung sind aufeinander abgestimmte Handlungskonzepte (Was ist zu tun?) und Handlungsprogramme (Was soll getan und wie soll es umgesetzt werden?), von denen ein Beitrag zur Verbesserung der Verkehrssituation erwartet wird. Dabei ist in der Regel das Zielsystem mehrdimensional und die Handlungskonzepte und -programme umfassen eine Vielzahl von Interventionen aus unterschiedlichen Handlungsfeldern.

Exkurs: Gedanken zu Rebound und Backfire

Klimawirksame Emissionen des Verkehrs entstehen im Alltagsverkehr, aber in besonderem Maße auch im Fernverkehr. Während für Pkw und Lkw Antriebskonzepte auf Basis regenerativer Energien bereits entwickelt werden oder sogar schon zur Verfügung stehen, ist dies für den Luftverkehr und die Seeschifffahrt bisher nicht abzusehen. Ein wirksamer Klimaschutz im Verkehrsbereich lässt sich daher wohl nur durch den möglichst schnellen und vollständigen Ausstieg aus fossilen Fahrzeugantrieben im Landverkehr erreichen.

Die *Wirksamkeit technischer Verbesserungen* wird jedoch häufig durch den Hinweis auf Kompensationseffekte infrage gestellt. Statt wirklich sparsamerer Pkw würden danach größere Fahrzeuge angeschafft oder sparsamere Fahrzeuge häufiger genutzt. Dies reduziert die Effekte des technischen Fortschritts (Rebound) oder führt sogar zu einer Überkompensation (Backfire). Diese Argumentation ist für die bisherige Entwicklung zutreffend, wenn auch stark simplifizierend. Sie unterstellt meist ein Rebound innerhalb des Pkw-Verkehrs.

Zweifelsfrei haben die bisherigen Fortschritte der Fahrzeugtechnik Kraftstoffeinsparungen ermöglicht, die durch den Verkauf größerer und schwererer Fahrzeuge sowie die Zunahme der Pkw-Nutzung weitgehend kompensiert wurden. Dabei dürften die sinkenden Verbrauchswerte innerhalb einer Fahrzeugklasse (Kleinwagen, Mittelklasse, Oberklasse) aber kaum der Grund für die Anschaffung größerer Fahrzeuge gewesen sein. Vielmehr war die langfristige Zunahme der Einkommen die Voraussetzung und die größeren Fahrzeuge waren für die Käufer attraktiver. Außerdem ist ein solcher Rebound nur in einem Markt möglich, in dem der Kraftstoffverbrauch nicht oder nur geringfügig reglementiert ist. Strenge Kraftstoffverbrauchsgrenzwerte für die Flotte, die einen höheren für größere Fahrzeuge ausschließen, oder weitreichender das Verbot von Verbrennungsmotoren, ebenfalls verbunden mit Grenzwerten für den Energieverbrauch, würden ein *Rebound durch größere Fahrzeuge* dagegen vollständig ausschließen.

So bliebe ein *Rebound durch häufigere Nutzung*. Ein solcher Rebound ist innerhalb des Pkw-Verkehrs durchaus möglich, aber wenn überhaupt nur ein kleiner Beitrag zur zunehmenden Pkw-Nutzung. Denn reduzierte Kraftstoffkosten durch sparsamere Fahrzeuge verändern die gesamten Nutzerkosten nur geringfügig. Vor allem aber forcieren andere Entwicklungen die Zunahme von Distanzen und Pkw-Nutzung (Kap. 2). Ohnehin ließe sich ein solcher Rebound durch eine parallele Erhöhung der Mineralölsteuer problemlos kompensieren und weitere Anreize zum Kauf sparsamerer Fahrzeuge setzen. Eine Erhöhung der Mineralölsteuer wird übrigens von den Vertretern der Rebound-Hypothese meist alternativ zur technischen Regulierung gefordert. Und noch ein Aspekt: Wer aufgrund sinkender Kosten mehr Auto fahren kann und auch will, braucht dazu die Zeit. Im Verkehr ist Zeitknappheit gegenüber den Kosten in der Regel die relevantere Restriktion.

Umgekehrt ist auffällig, dass das Rebound-Argument fast ausschließlich bei der Diskussion technischer Interventionen vorgebracht wird. In der gleichen Argumentationslogik gilt dies aber auch für andere Interventionen. Kompakte und nutzungsgemischte Strukturen sollen den Verkehrsaufwand reduzieren. Dies würde *Geld und sogar Zeit* für längere Wege freisetzen, also z. B. für einen Rebound längerer Wege im Berufsverkehr an Standorten mit guter Nahbereichsausstattung, z. B. Fernpendler aus innenstadtnahen Quartieren. Oder: Die Einführung von Semestertickets hat den Verkehr verbilligt und ein Studium ohne Pkw erleichtert. Diese finanziellen Spielräume werden zu Fernreisen genutzt. Die Emissionen der Fernreisen sind höher als die Reduzierung infolge geringerer Pkw-Nutzung (Backfire). Einer meiner Studenten formulierte es einmal so: „Wir haben keine Autos, weil Autos nicht fliegen können."

Die Diskussion um Rebound-Effekte scheint im Verkehrsbereich durch eine gewisse Technikaversion geprägt und vereinfacht komplexe Zusammenhänge. Der tatsächliche Nachweis entsprechender Effekte wäre äußerst schwierig, nach Plausibilitätsüberlegungen aber wohl kaum so stark, dass er grundsätzlich gegen entsprechende technische Interventionen spricht. Wichtig bleibt der Hinweis trotzdem, als Aufforderung zur Sensibilität gegenüber möglichen Reboundeffekten und gegebenenfalls zu ergänzenden Interventionen.

7 Chancen und Grenzen einer integrierten Verkehrsplanung

In der verkehrsplanerischen und verkehrspolitischen Diskussion wird seit Beginn der 1990er Jahre der Begriff der *Verkehrswende* verwendet, der sich aus der Nachhaltigkeitsdebatte ableitet. Mit der Verkehrswende verbindet sich ein Zukunftsbild, in dem Pkw- und Lkw-Verkehr abnehmen, in dem kurze Wege im Alltag wieder dominieren und das Leben in Städten und Gemeinden weitgehend von den Belastungen durch den Kfz-Verkehr befreit ist. Technische Entwicklungen *und* verkehrspolitische Interventionen reduzieren die klimarelevanten Emissionen fast vollständig. *Es herrscht eine neue Verkehrskultur, in der das Auto nicht mehr im Mittelpunkt steht* (z. B. aktuell Agora Verkehrswende 2017).

Derartige „autofernen und verkehrssparsame Zukunftsbilder" gibt es mit unterschiedlichen Schwerpunktsetzungen seit mehr als dreißig Jahren. Ihnen gemeinsam ist die Überzeugung, dass sich, neben den erfolgreichen technischen und planerischen Interventionen für einen verträglicheren Verkehr, Distanzen und Verkehrsmittelnutzung deutlich beeinflussen lassen.

Ich möchte im hier abschließenden Kapitel bestehende Chancen beschreiben, aber auch vor zu viel Optimismus hinsichtlich der Wirksamkeit der kommunalen Verkehrsplanung warnen. Für diese Kapitel gilt in besonderem Maße, dass es auf meinen persönlichen Einschätzungen basiert, aber auch auf der langjährigen Erfahrung, dass „wir als Planer" gerne unsere Wirkungsmacht überschätzen. Andere Autorinnen oder Autoren würden hier sicherlich einen anderen Ausblick formulieren.

Eine integrierte Planung von Standortstrukturen und Verkehrsangeboten bildet den Kern einer integrierten Raum- und Verkehrsplanung. Dabei sind die Prozesse der Raum- und Verkehrsentwicklung vielfältig und häufig durch die Instrumente klassischer Planung nur schwer zu beeinflussen, denn ihnen liegen nicht nur planerische und politische Entscheidungen zugrunde, sondern auch Entscheidungen von privaten Haushalten und Unternehmen.

Aufgrund lokal und sektoral unterschiedlicher Zielsysteme und Kräfteverhältnisse führen diese teils öffentlichen, teils privaten Entscheidungen bei insgesamt geringen Raumwiderständen (vor allem Zeit und Kosten) zu verkehrsabhängigen Entwicklungen. Dabei geht die Zunahme des Verkehrsaufwandes (realisiertes Verkehrsverhalten) weit über die Zunahme der Verkehrsabhängigkeit (mindestens notwendiger Verkehrsaufwand) hinaus (vgl. den Beitrag von Becker in diesem Band). So nehmen in fast allen deutschen Kommunen gleichzeitig die Ein- und die Auspendlerzahlen zu, ohne dass dies aufgrund der Verteilung der Bevölkerung und der Arbeitsplätze notwendig wäre (Guth et al. 2012). Denn es gibt eine Vielzahl weiterer Gründe für die Zunahme des Verkehrsaufwandes (Kap. 2): steigende Bildungsabschlüsse, zunehmende Einkommen berufliche Spezialisierung, Doppelerwerbstätigkeit in Haushalten als ein Ausdruck der Geschlechteremanzipation sowie die zunehmende internationale Vernetzung als Ausdruck der Globalisierung (vgl. Holz-Rau/Scheiner 2016). Selbst die inzwischen breit diskutierte Reurbanisierung und die abnehmende Pkw-Nutzung junger Männer (Kuhnimhof 2012) kann Ausdruck einer stärkeren Fern-Orientierung sein. Mit dem Semesterticket für den Alltagsverkehr bei Studierenden sowie Fernpendelarrangements oder besonders häufigen Abwesenheiten vom Wohnort bei jungen Haushalten spricht das Kosten-Nutzen-Kalkül gegen einen eigenen Pkw. Trotz eines geringen Verkehrsaufwandes am Wohnort (Gegenstand der meisten Analysen des Verkehrsverhaltens) kann die Summe des Verkehrsaufwandes und der klimawirksamen Emissionen aus Alltags- und Fernverkehr besonders hoch sein (Reichert et al. 2016). Neben der allgemeinen Zunahme des Verkehrsaufwandes vor allem im Bereich höherer Distanzen wäre dann selbst die „Abkehr vom eigenen Auto" nicht verkehrssparsam und ökologisch, sondern selbst Folge besonders verkehrsaufwendiger und klimaschädlicher Handlungsmuster.

Diese Ausführungen weisen noch mal darauf hin, dass die Zunahme des Verkehrsaufwandes und der Pkw-Nutzung stärker durch allgemeine gesellschaftliche Veränderungen induziert ist, als durch die Raum- und Verkehrsplanung selbst. Im Umkehrschluss bedeutet dies, dass Instrumente einer integrierten Raum- und Verkehrsplanung dieser Zunahme des Verkehrsaufwandes, der Pkw-Nutzung sowie des Flugverkehrs auch nicht grundlegend entgegenwirken können. Vielmehr orientieren sich Politik und Gesellschaft am Leitbild der Globalisierung, das per se mit einer weiteren Zunahme des Personen- und Güterfernverkehrs verbunden ist. Was können Kommunen und Regionen dann überhaupt im Rahmen einer integrierten Raum- und Verkehrsplanung erreichen?

Zunächst kann eine abgestimmte Entwicklung von Raum und Verkehr Erreichbarkeit und Teilhabe sichern. Dies ist eine Voraussetzung für die Funktionsfähigkeit von Städten und eine hohe Lebensqualität im Alltag. Im Entscheidungsbereich der Kommune (oder auch einer entsprechend kooperierenden Region) liegt dabei die Bedeutung, die den einzelnen Verkehrsmitteln zugewiesen wird. Die Entscheidungen der Verkehrspolitik legen fest, inwieweit sich die Sicherung von Erreichbarkeit und Teilhabe auf den Pkw, den ÖV, das Fahrrad oder den Fußverkehr stützt.

Nach meiner Einschätzung wird in fast allen Städten auch langfristig der Pkw- und Lkw-Verkehr eine große Rolle spielen. Besonders lebenswert und funktionsfähig werden aber diejenigen Städte sein, die sich intensiv um die Alternativen zum Pkw und Lkw kümmern. Gerade innere Stadtbereiche sind in der Summe dann besser erreichbar und attraktiver, wenn die Verkehrsmittel dominieren, die weniger Fläche benötigen. Eine Straße mit zwei Fahrspuren je Richtung, die von Bussen, Fahrrad, Pkw und Lkw gemeinsam genutzt werden, bringt unter Umständen weniger Menschen an ihr Ziel als eine Straße mit einer Fahrspur für Pkw, Lkw (und Bus) sowie einer Fahrspur für Radverkehr (und Bus).

In einem längerfristigen Prozess können kommunale Planungsansätze je nach Intensität und Kombination auch einen deutlichen Beitrag zur Verkehrsverlagerung leisten. Das zeigen Beispiele wie Münster oder Karlsruhe in Deutschland, Kopenhagen, Zürich oder Amsterdam in den Nachbarstaaten. Diese Erfolge beruhen aber weniger darauf, dass hier eine Push&Pull-gestützte Verlagerungsstrategie verfolgt wurde, sondern dass die Bedingungen für den Radverkehr oder ÖPNV verbessert werden sollten. Das erforderte mit zunehmendem Radverkehr oder ÖPNV an immer mehr Straßen die Umverteilung von Flächen vom fließenden oder ruhenden Pkw- und Lkw-Verkehr zum Radverkehr oder ÖPNV. Allerdings beschränken sich vor allem die Verlagerungen zum Radverkehr auf den Binnenverkehr oder den Alltagsverkehr der Wohnbevölkerung. Wenn es gelingt, dass kurze Wege häufiger zu Fuß, mit dem Fahrrad und ÖPNV zurückgelegt werden als bisher, verändert dies die Verkehrssituation und Lebensqualität in den Städten deutlich, trägt aber nur geringfügig zum Klimaschutz bei, da sie vor allem kurze Wege betrifft. Unter Umständen schafft eine erfolgreiche Angebotsverbesserung des Radverkehrs sogar zusätzliche MIV-Potenziale, z. B. die Zunahme der MIV-Einpendler in Münster.

Umgekehrt verfügen der Bund und die EU über Instrumente breiter Wirksamkeit, die sich in der Vergangenheit bereits bewährt haben. So haben zahlreiche Interventionen zur deutlichen Erhöhung der Verkehrssicherheit beigetragen: die Einführung der technischen Überwachung von Kraftfahrzeugen 1951, die Einführung einer Blutalkoholgrenze von 1,5 Promille 1953 (vorher kein Grenzwert), Tempo 50 innerorts 1957 (vorher kein allgemeines Tempolimit innerorts), Tempo 100 auf Außerortsstraßen 1972 (vorher kein allgemeines Tempolimit außerorts), Senkung auf 0,8 Promille 1973, Richtgeschwindigkeit 130 auf Bundesautobahnen 1974, die Einbaupflicht für Sicherheitsgurte ab 1974, die Anlegepflicht auf Vordersitzen 1976 und Bußgeldahndung von Verstößen 1984, weitere Senkung auf 0,5 Promille 1998, ab 2001 mit Fahrverbot. Hinzu kamen aus Umwelt- und Gesundheitsgründen seit 1970 kontinuierlich verschärfte Emissionsgrenzwerte für Kohlenmonoxid, Kohlenwasserstoffe, Stickoxide und Feinstaub. Besonders hervorzuheben: Aufgrund eines Beschlusses Mitte 1989 wurden ab Anfang 1993 in Europa nur noch

Neufahrzeuge (Pkw mit Ottomotor) mit geregeltem Drei-Wege-Katalysator zugelassen. Ab dem Jahr 2000 wurden verbleite Kraftstoffe verboten.

Daher liegen die Verantwortung und die Umsetzungsmöglichkeiten für den Klimaschutz im Verkehrsbereich vor allem auf der Ebene des Bundes und der EU, da diese über Instrumente verfügen, die bundes- oder EU-weit wirksam werden. Ein wirksamer Klimaschutz im Verkehr erfordert das Ende des Antriebskonzepts des Verbrennungsmotors sowie die Festsetzung von Energieverbrauchsgrenzwerten auch für Fahrzeuge mit alternativen Antrieben. Dies entspricht dem Verursacherprinzip und dem Subsidiaritätsprinzip, Probleme jeweils dort zu lösen, wo die entsprechenden Kompetenzen und Ressourcen liegen. Die Anzahl der Akteure ist überschaubar und die Wirkungen lassen sich gut abzuschätzen. Das Vorgehen folgt dem Verursacherprinzip und betrifft mit den Fahrzeugherstellern relativ wenige Adressaten.

Dagegen erscheint die Erarbeitung und Umsetzung von mehr als 11.000 kommunalen Konzepten zur Verkehrsvermeidung und -verlagerung als relevantem Beitrag zu Klimaschutz ausgeschlossen, ihre Wirksamkeit fragwürdig und erst zu einem sehr späten Zeitpunkt überprüfbar. Die Erfahrungen mit ähnlichen Konzepten in der Vergangenheit waren enttäuschend. Außerdem nehmen die CO_2-Mengeneffekte selbst erfolgreicher Vermeidungs- und Verlagerungskonzepte ab, je höher der Anteil von Fahrzeugen ohne Verbrennungsmotor ist.

Damit werden im Hinblick auf den Klimaschutz die Strategien der Vermeidung, Verlagerung und verträglicheren Abwicklung neu justiert und die verträgliche Abwicklung in den Vordergrund gerückt.

Gleichzeitig gilt: Die Aufgaben der Verkehrsplanung und -politik beschränken sich nicht auf den Klimaschutz. Städte werden den Verkehrsmitteln zukünftig aus vielerlei Gründen eine andere Bedeutung geben als bisher. Dabei zeichnet sich ab, dass der Radverkehr, unterschiedliche Sharing-Angebote und insgesamt eine Vielzahl zusätzlicher Nischenangebote aufgrund ihrer spezifischen Passung oder hohen Flexibilität in den Städten weiter an Bedeutung gewinnen werden. Auch die barrierefreie Gestaltung der Infrastruktur und die Qualifizierung des Bestandes stellen Kommunen für die nächsten Jahrzehnte vor planerisch und finanziell erhebliche Herausforderungen. Fahrerassistenzsysteme werden den Verkehr aller Voraussicht nach sicherer gestalten. Ob letztlich der Trend zu autonomen Fahrzeugen zum Personen- und Gütertransport gehen wird, welche Rolle Drohnen spielen werden etc., lässt sich noch lange nicht verlässlich sagen, geschweige denn in den Auswirkungen abschätzen. Aber für alle diese Herausforderungen werden die Kommunen adäquate Konzepte entwickeln müssen. Gleichzeitig sind Kommunen bei der Kopplung der Sektoren Verkehr und Energie wichtige Akteure.

Insgesamt ungeklärt scheint mir die Frage, in welche Verkehrsrichtung die gesellschaftliche Entwicklung geht. Auf der einen Seite verbreiten sich unterschiedlichste Sharing-Angebote, auch aufgrund der IuK-Entwicklung rasant. Auch wenn die optimistischen Szenarien daraus einen erheblichen Rückgang privater Motorisierung und damit mehr Platz für städtisches Leben voraussagen, ist auch dies nicht unbedingt die Verkehrswende. Private und geschäftliche Netzwerke werden immer internationaler. Wenn die Sharing-Economy den Nutzern Geld spart, stellt sich die Frage, wofür sie es einsetzen. Viel spricht dafür, dass es im Verkehrssektor Flugtickets sein werden.

Daher kann sich der Klimaschutz im Verkehr auch nicht auf den Pkw-Verkehr beschränken. Die Zunahme vor allem internationaler Personen- und Güterverkehre, des Flugverkehrs und der Seeschifffahrt, aber auch des Lkw-Verkehrs stellen die Verkehrspolitik vor weitere Herausforderungen. Auch hier sind die internationale Ebene und damit der Bund und die EU gefordert. Neben der ordnungsrechtlichen und der technischen Entwicklung könnten für den Übergang finanzielle Instrumente zum Einsatz kommen. Eine Umkehr der Globalisierung aus Klimaschutzgründen und eine fast vollständige Entmaterialisierung sozialer Kontakte kann ich mir dagegen nicht vorstellen, wenn die Familie global verteilt lebt. Aber ehrlich gesagt: In den letzten Jahrzehnten ist vieles jenseits meiner Erwartungen passiert.

Noch einmal allgemeiner: Genau das macht die Forschung spannend. Insgesamt sind die Zusammenhänge so komplex, dass langfristige verkehrsplanerische und verkehrspolitische Strategien eine sorgfältige Umsetzungs- und Wirkungskontrolle sowie ein kontinuierliches Monitoring der Verkehrsentwicklung benötigen. Vorherige Entwicklungs- und Wirkungsprognosen allein reichen nicht aus, aber an ihrer Verbesserung zu arbeiten, bleibt ebenfalls interessant. Verkehrswissenschaft und Verkehrsplanung werden weiter gebraucht.

Lernfragen

1. Erläutern Sie den Begriff der Wechselwirkungen zwischen Raum- und Verkehrsentwicklung. Welche weiteren Impulse verändern Raum und Verkehr?
2. Erläutern Sie Unterschiede und Gemeinsamkeiten verkehrsplanerischer Ziele in den Phasen der Anpassungsplanung und einer integrierten Verkehrsentwicklungsplanung.
3. Erläutern Sie am Beispiel der Parkdauerbeschränkung in einer Innenstadt das Push&-Pull-Prinzip. Wieso führt die Parkdauerbeschränkung gleichzeitig zu Push- und zu Pull-Effekten im MIV?
4. Welche Rebound- oder Backfire-Effekte können Verbrauchsreduzierungen bei Kraftfahrzeugen haben? Wie kann man diesen entgegenwirken?
5. Stellen Sie mögliche Rebound- oder Backfire-Effekte eines ÖPNV-Nulltarifs dar.

Literatur

Agora Verkehrswende (2017): Mit der Verkehrswende die Mobilität von morgen sichern. 12 Thesen zur Verkehrswende.

Becker, Thilo (2016): Sozialräumliche Verteilung von verkehrsbedingtem Lärm und Luftschadstoffen am Beispiel von Berlin. http://nbn-resolving.de/urn:nbn:de:bsz:14-qucosa-203064.

Beckmann, Klaus J./Klein-Hitpaß, Anne/Rothengatter, Werner (2012): Grundkonzeption einer nachhaltigen Bundesverkehrswegeplanung. http://www.uba.de/uba-info-medien/4318.html (Zugriff, 29.06.2017).

BMUB – Bundesministerium für Umwelt, Naturschutz, Bau und Reaktorsicherheit (2016): Klimaschutzplan 2050. Klimaschutzpolitische Grundsätze und Ziele der Bundesregierung. http://www.bmub.bund.de/fileadmin/Daten_BMU/Download_PDF/Klimaschutz/klimaschutzplan_2050_bf.pdf. (Zugriff, 18.01.2017).

FGSV – Forschungsgesellschaft für Straßen- und Verkehrswesen (Hrsg.) (2013): Hinweise zur Verkehrsentwicklungsplanung. Köln.

Guth, Dennis/Siedentop, Stefan/Holz-Rau, Christian (2012): Erzwungenes oder exzessives Pendeln? Zum Einfluss der Siedlungsstruktur auf den Berufspendlerverkehr. In: Raumforschung und Raumordnung 70 (6): S. 485–499.

Holz-Rau, Christian/Scheiner, Joachim (2016): Raum und Verkehr – ein Feld komplexer Wirkungsbeziehungen. Können Interventionen in die gebaute Umwelt klimawirksame Verkehrsemissionen wirklich senken? In: Raumforschung und Raumordnung 74 (5), S. 451–465.

Kuhnimhof, Tobias (2012): Mobilitätstrends junger Erwachsener. In: Internationales Verkehrswesen (64): S. 53–54.

Reichert, Alexander/Holz-Rau, Christian/Scheiner, Joachim (2016): GHG emissions in daily travel and long-distance travel in Germany – social and spatial correlates. In: Transportation Research D 49, S. 25–43.

Reutter, Oskar/Reutter, Ulrike (2014): Klimaschutz im Stadtverkehr – Sechs Szenariostudien in Deutschland. Mehr Klimaschutz – weniger Kohlendioxidemissionen – weniger Autoverkehr. In: Raumplanung 173 (2), S. 9–15.

Stadt Münster (2009): Fahrradhauptstadt. Münster.

Wegener, Michael (1999): Die Stadt der kurzen Wege: müssen wir unsere Städte umbauen? Berichte aus dem Institut für Raumplanung 43. Dortmund: Institut für Raumplanung, Universität Dortmund. http://www.raumplanung.tu-dortmund.de/irpud/fileadmin/irpud/content/documents/publications/ber43.pdf (Zugriff, 29.06.2017).

Weiterführende Literatur

Becker, Udo (2016): Grundwissen Verkehrsökologie. Grundlagen, Handlungsfelder und Maßnahmen für die Verkehrswende. München.

BMVBW – Bundesministerium für Verkehr, Bau und Wohnungswesen (Hrsg.) (2005): Nachhaltige Raum- und Verkehrsplanung – Beispiele und Handlungsempfehlungen. In: Schriftenreihe direkt, Heft 60.

Schönduwe, Robert/Bock, Benno/Deibel, Inga (2012): Alles wie immer, nur irgendwie anders. Trend und Thesen zu veränderten Mobilitätsmustern junger Menschen. In. InnoZ-Baustein 10. Berlin.

UBA (Umweltbundesamt) 2017: Die Stadt für Morgen. Umweltschonend mobil – lärmarm – grün – kompakt – durchmischt. http://www.umweltbundesamt.de/publikationen (Zugriff, 29.06.2017).

Christian Holz-Rau, Prof. Dr.-Ing., TU Dortmund, Fakultät Raumplanung, Fachgebiet Verkehrswesen und Verkehrsplanung, August-Schmidt-Straße 10, 44227 Dortmund.

Teil III
Zentrale Themenfelder

Verkehrspolitik in Deutschland – ein historischer Rückblick

Uwe Fraunholz und Michael Hascher

Zusammenfassung

Die Geschichte der Verkehrspolitik als Auseinandersetzung mit der Vergangenheit dieses Politikfeldes kann den Blick der Politikwissenschaft schärfen, indem die Beschäftigung mit langfristigen Entwicklungen und historischen Parallelen die historische Genese gegenwärtiger Problemkreise erhellt. Der Beitrag führt knapp in wesentliche Züge dieses wichtigen Teils der Verkehrsgeschichte ein.

1   Einführung

Verkehrspolitik ist, schon sprachlich gesehen, eine besondere Form der Politik. Während die Diskussion des Politikbegriffs an dieser Stelle entfallen kann, ist es durchaus sinnvoll, sich zu Beginn des vorliegenden Beitrags Gedanken über den Verkehrsbegriff und die verschiedenen Dimensionen der Verkehrspolitik zu machen. Zudem sind die Bedingungen der historischen Rückschau, die im Folgenden geleistet wird, etwas näher zu beleuchten.

Hinsichtlich des Begriffsbestandteils „Politik" genügt es, sich in Erinnerung zu rufen, dass es dabei im weitesten Sinne immer um Angelegenheiten der Bürger *(polites)* geht,

U. Fraunholz (✉)
Fachgebiet Technikgeschichte, Sekr. H67, TU Berlin, Berlin, Deutschland
E-Mail: uwe.fraunholz@tu-berlin.de

M. Hascher
Landesamt für Denkmalpflege im Regierungspräsidium Stuttgart, Esslingen am Neckar, Deutschland
E-Mail: michael.hascher@rps.bwl.de

© Springer Fachmedien Wiesbaden GmbH, ein Teil von Springer Nature 2018   143
O. Schwedes (Hrsg.), *Verkehrspolitik*,
https://doi.org/10.1007/978-3-658-21601-6_7

wobei die Formen, in denen Probleme zu deren Angelegenheiten werden, sehr unterschiedlich sein können. „Verkehr" an sich wird am einfachsten als die Ortsveränderung (oder auch Raumüberwindung) von Personen, Gütern und Nachrichten definiert, wobei in der Praxis der Nachrichtenverkehr fast immer Sache einer gesonderten Post- oder Kommunikationspolitik war.

Die andere Perspektive, die dieser Beitrag einbringt, ist die des Historikers. Es geht darum, Studierende der Politikwissenschaft oder andere Interessierte außerhalb der verkehrshistorischen Forschung auf Aspekte hinzuweisen, die aus der Sicht der wissenschaftlichen Verkehrsgeschichte besonders wichtig erscheinen. An erster Stelle steht hier die Erkenntnis, dass Geschichte nicht gleichbedeutend mit Vergangenheit ist, sondern eine besondere Form der Auseinandersetzung mit Vergangenheit darstellt. Sie ist vor allem durch die Interpretation unterschiedlicher historischer Quellen geprägt. Diese Art der Beschäftigung mit der Vergangenheit führt in der Regel entweder zu den Wurzeln heute noch wichtiger Sachverhalte oder zu Aspekten, die zumindest teilweise Parallelen zu aktuellen Themen aufweisen. Die Kenntnis von Entstehungsbedingungen trägt mithin zum besseren Verständnis der heutigen Situation im Verkehrswesen ebenso bei wie das Wissen über historisch ähnliche Entwicklungen bei aktuellen Fragen der Verkehrspolitik anregend sein kann. Dabei ergänzen solche historischen Vergleiche gegenwärtige, internationale Vergleiche, gegenüber denen sie den Vorteil haben, dass die geografischen und kulturellen Rahmenbedingungen in der Regel nicht „neutralisiert" werden müssen.

Zudem bringt die historische Perspektivierung des Verkehrswesens immer wieder Erkenntnisse hervor, die geeignet sind, gängige Sichtweisen zu korrigieren, oder auf Ausnahmen und Sonderentwicklungen zu verweisen. So kann man sicherlich konzedieren, dass sich staatliche Verkehrsprojekte in der Vergangenheit reibungsloser dursetzen ließen. Allerdings stößt man beim Blick in die historischen Quellen, durchaus auf Beispiele für Formen des Widerstands und der Partizipation, die sich weit vor den 1970er Jahren verorten lassen. Die Einordnung solcher Befunde ist eine wichtige Aufgabe der Verkehrsgeschichte.

Im Folgenden sollen auf der Basis neuerer Forschungsergebnisse wichtige Aspekte der Geschichte der Verkehrspolitik aus verschiedenen Perspektiven herausgearbeitet werden. Diese beziehen sich zunächst auf Handlungsfelder und Akteure (Kap. 2), dann auf Phasen der Geschichte der Verkehrspolitik (Kap. 3) und greifen schließlich einige Themen innerhalb der Handlungsfelder noch einmal im Längsschnitt heraus (Kap. 4).

2   Handlungsfelder und Akteure der Verkehrspolitik

Verkehrspolitische Maßnahmen betreffen entweder die Verkehrswege oder die Verkehrsmittel oder aber die übergeordnete Organisation des Verkehrswesens. Damit sind schon wichtige Bereiche der Verkehrspolitik angeschnitten. Noch genauer lassen sich diese Handlungsfelder zur Regelung der „Angelegenheit" Verkehr (also der *polity* des

Verkehrs) mit den Begriffen der Infrastruktur-, Ordnungs- und Technologiepolitik des Verkehrs beschreiben:

Bei der *Infrastrukturpolitik* geht es um den Bau oder die Instandhaltung von Anlagen, welche die definitionsgemäß im Zentrum des Interesses stehenden Ortsveränderungen erleichtern, oder aber – zumindest auf bestimmten Strecken – erschweren. Zu den hiervon betroffenen Objekten gehören Straßen, Brücken, Tunnel, Eisenbahnstrecken und vieles mehr, aber eben auch bauliche Sperreinrichtungen wie Zoll- oder Mautstationen, Hindernisse zur Abgrenzung von Fußgängerzonen oder ähnliches.

Auf die Verkehrsteilnehmer ausgerichtet ist die *Ordnungspolitik des Verkehrs* im weitesten Sinne, die hier einschließlich der Steuer- und Tarifpolitik und ähnlicher Gebiete verstanden wird. Dabei geht es zum einen um Verkehrsregeln, also die Frage, *wie* die Verkehrswege genutzt werden dürfen. Zum anderen gibt es Regeln für die Frage, *wer* die Wege überhaupt nutzen darf. Bekanntestes Beispiel dafür ist die Straßenverkehrszulassungsordnung (StVZO).

Schließlich existiert eine *Technologiepolitik des Verkehrs,* die sowohl Verkehrsmittel als auch Verkehrswege betreffen kann. In diesem Zusammenhang besteht sicher ein Spannungsfeld zwischen Entwicklungen, die im Sinne der Bürger bewusst eine Veränderung herbeiführen wollten und unintendierten Nebeneffekten, die gleichwohl die Verkehrstechnik umwälzten. So beabsichtigten die beteiligten Akteure am Beginn der Motorisierung des Straßenverkehrs um 1900 sicherlich nicht, das gesamte Verkehrswesen zu revolutionieren. Vielmehr ging es darum, ein Freizeit- und Sportgerät mit äußerst eingeschränktem Nutzerkreis in die bestehenden Verkehrsverhältnisse einzupassen. Einige Jahrzehnte später war aus dem Auto ein omnipräsentes Artefakt geworden, das nicht nur den Alltag vieler Menschen, sondern auch die Struktur der Volkswirtschaft prägte. Die sich abzeichnende massenhafte Nutzung des Autos in der Zeit nach dem Zweiten Weltkrieg bewirkte beispielsweise, dass die Verkehrspolitik nun bewusst die Einführung des Sicherheitsgurtes förderte und forderte, um die steigende Zahl an Verkehrsunfallopfern zu senken. Diesem Anliegen war im Übrigen erst dann ein Erfolg beschieden, als das Nichtanlegen des Gurtes mit einer Geldbuße bestraft wurde.

Beim Nachdenken über die Akteure der Verkehrspolitik kommen meist zuerst öffentliche Institutionen der verschiedenen Ebenen in den Sinn. Im Mittelpunkt stehen dabei die Verkehrsministerien, die es in Deutschland seit 1904 auf Länderebene (Bayern) und seit 1919 auf Reichs- bzw. Bundesebene gibt. Im Hinblick auf das Thema „integrierte Verkehrspolitik" ist zu betonen, dass der Diskurs, der zur Etablierung dieser Ministerien führte, zwar nicht auf der modernen Begrifflichkeit basierte, sich aber durchaus den Zielen der 1970er Jahre vergleichbare Motivationen finden lassen.

Es ist insofern verständlich, dass als Akteure einer Verkehrspolitik zuerst Verkehrsministerien assoziiert werden, als dass hier das Kriterium des Handelns im Interesse betroffener Bürger am deutlichsten erfüllt zu sein scheint. Selbstverständlich sind diese Institutionen aber nicht die einzigen Akteure, sondern die Betroffenen vertreten ihre Anliegen in ganz unterschiedlicher Weise selbst. Als im engeren Sinn „politisch" ist hier auf die verschiedenen Formen organisierter Gruppen zu verweisen, in denen Bürger auf parlamentarischem und außerparlamentarischem Wege an politischen Entscheidungsprozessen zu partizipieren versuchen. Denkt man zunächst an Parteien als Institutionen der Interessenartikulation, so fällt bei näherer Betrachtung der historischen Verkehrspolitik auf, dass sich im Unterschied zu anderen Politikfeldern unterschiedliche Standpunkte oft nicht entlang der Parteilinien formierten. Die Grenzen zwischen den verkehrspolitischen Lagern verliefen zuweilen vielmehr quer durch die Parteien: Ein prominentes Beispiel hierfür ist die Motorisierungspolitik in der frühen Bundesrepublik, in der im konservativen Lager Verkehrsminister Seebohm (Deutsche Partei/CDU) seinen stärksten Gegenspieler im Parlament mit Ernst Müller-Hermann (CDU) in den eigenen Reihen fand. Wichtiger als die Parteien waren für die bundesdeutsche Verkehrsgeschichte andere Organisationen, die verkehrspolitische Initiativen ergriffen: Vereinigungen der Verkehrswirtschaft wie der Speditionsverband, der Bundesverband der Automobilindustrie (BDA), der Autofahrerverein ADAC oder aber Organisationen aus dem Bereich des Umwelt-, Landschafts- und Naturschutzes sowie bahnnahe Initiativen. Manche dieser Organisationen entstanden oder erhielten ihren wichtigsten Zulauf durch Bürger, die als Anwohner von der Verkehrsentwicklung, respektive verkehrspolitischen Entscheidungen, unmittelbar betroffen waren. Diese Art der Betroffenheit ist durch die Vielzahl von Initiativen vor allem ab den 1970er Jahren, die Umgehungsstraßen forderten oder ablehnten, geläufig. Historische Dimensionen des Protestes, der sich in der Frühzeit des Automobilismus beispielsweise gegen die Staubplage oder rücksichtslose Autofahrer richtete, einschließlich gewaltsamer Auseinandersetzungen, sind dagegen weit weniger bekannt (vgl. Fraunholz 2002).

Die Vielzahl unterschiedlicher Akteure in der Verkehrspolitik kann strukturiert werden, indem man nach der Art der Betroffenheit durch den Verkehr unterscheidet: Während die einen sich als Verkehrsteilnehmer organisierten, verschafften sich andere als Anlieger, als Steuerzahler oder im Rahmen weiterer politischer Beweggründe Gehör. Schließlich dürfen auch die Institutionen nicht vergessen werden, die nicht vorrangig aus politischen, sondern aus ökonomischen Gründen entstanden sind: Anbieter von Verkehrsdienstleistungen wie Mautstraßenbetreiber, Taxifahrer, Busunternehmen und nicht zuletzt Bahngesellschaften brachten über ihre Verbände in manche Debatte der Verkehrsgeschichte ein nicht zu unterschätzendes politisches Gewicht ein. Gleiches gilt für die Automobilindustrie und die Automobilzulieferer, die Mineralölindustrie und die organisierte Kohlewirtschaft. Letztere vertrat lange Zeit eines der wichtigsten Transportgüter für Eisenbahn und Binnenschifffahrt und versuchte auf die Tarife Einfluss zu nehmen. Eine weitere bedeutende Akteursgruppe, die Einfluss auf die Verkehrspolitik ausübte, bestand aus wissenschaftlichen Experten. Dabei sollten die einzelnen Vertreter der Wissenschaft durchaus nicht vorschnell mit staatlichen Akteuren gleichgesetzt werden. Gewiss waren die meisten Wissenschaftler, die in historischer Perspektive einen wichtigen Einfluss auf die Politik ausübten, Professoren an staatlichen Hochschulen und zugleich Mitglieder der wissenschaftlichen Beiräte von Bundesministerien (wie z. B. Carl Pirath) und Sachverständigenkommissionen auf parlamentarischer Ebene (wie z. B. Fritz Voigt). Es gibt jedoch durchaus Beispiele für Akteure, die sich vor allem durch ihre intensive Verbandstätigkeit den Rang wissenschaftlicher Experten erarbeiteten (wie z. B. Walter Linden). Im Übrigen tauchten diese Experten schon früh nicht nur aufseiten des Staates und der Verwaltung auf, sondern engagierten sich als „Gegenexperten" ebenso bei bürgerschaftlichen Planungen wie Eisenbahnkomitees oder Initiativen, die staatliche Planungen wie beispielsweise die Neckarkanalisierung hinterfragten (Hascher, 2006). Auch ist darauf hinzuweisen, dass nicht nur Ökonomen, sondern ebenfalls Ingenieure – vor allem Bauingenieure – als Verkehrsexperten auftraten und zu Verkehrswissenschaftlern wurden, wobei sie sich auch zu ökonomischen Fragen äußerten. Schließlich muss die frühe internationale Vernetzung der Experten des Verkehrswesens betont werden. Bereits im 19. und frühen 20. Jahrhundert trafen diese sich auf Eisenbahn- und Straßenbaukongressen. Der infrastrukturelle Ausbau wurde intensiv von europäischen und internationalen Organisationen begleitet (vgl. Schipper/Schot 2011).

Häufige historische Prozesse in der Verkehrspolitik sind neben Verstaatlichung und Privatisierung oder Anwohnerbeschwerden auch „Abstimmungen mit den Füßen". Bürger können durch ihr Verkehrsverhalten das Verkehrsgeschehen maßgeblich beeinflussen. So verursachen zwar Wochenendausflüge – sei es mit der Bahn oder als Teilnehmer des motorisierten Straßenverkehrs – oft die Belastungsspitzen bestimmter Verkehrswege und bedingen damit auch Auslegung oder Anpassung von Parkplätzen oder Bahnhöfen, auf bewusste politische Entscheidungen zurückzuführen sind sie dagegen nicht. Die im Eifer der zeitgenössischen politischen Debatte zuweilen implizit unterstellte Annahme, die Realität des Verkehrswesens der Gegenwart sei allein auf politische Entscheidungen der Vergangenheit zurückzuführen, ist aus historischer Sicht nicht haltbar. So ist beispielsweise hinsichtlich der Motorisierung des Straßenverkehrs als dem am stärksten umstrittenen Prozess durch neuere Forschungen deutlich gemacht worden, dass es neben den unbestrittenen, die Nutzung des Autos im Sinne des Pkw fördernden Maßnahmen durchaus auch eine etatistischem Denken entspringende Politik gegen den Lkw gab (vgl. Schlimm 2011).

Walter Linden (1902–1973)
wirkte in den 1950er Jahren neben seiner Tätigkeit als Geschäftsführer der Industrie- und Handelskammer zu Essen ehrenamtlich als Vorsitzender der lokalen Verkehrswacht und wurde schließlich Präsident der Bundesverkehrswacht. In dieser Funktion war er Mitglied der Sachverständigenkommission des Bundestags nach dem „Gesetz über eine Untersuchung von Maßnahmen zur Verbesserung der Verkehrsverhältnisse der Gemeinden". Des Weiteren machte er sich als Initiator von verkehrskundlichen Fortbildungskursen, Seh- und Reaktionstests sowie Kfz-Beleuchtungswochen um die Verkehrssicherheit verdient. Als außerplanmäßiger Professor der Verkehrswissenschaften lehrte er in Köln und verstand Verkehrspolitik dabei als nationalökonomische Disziplin und als besondere Volkswirtschaftslehre.
- Linden, Walter (1961): Grundzüge der Verkehrspolitik. Wiesbaden.

Dass diese auf lange Sicht keinen Erfolg hatte, ist zugleich ein gutes Beispiel für Effekte auf den Verkehr, die aus Prozessen in anderen Bereichen von Wirtschaft und Gesellschaft resultierten. So hatten strukturelle Entwicklungen der Produktion, die zu kleineren Transportchargen führten (sog. Güterstruktureffekt), oder auch der gesamtwirtschaftliche Strukturwandel vom Energieträger Kohle zum Öl weitreichende Auswirkungen auf das Verkehrswesen.

Carl Pirath (1884–1954)
arbeitete nach seinem Studium des Bauingenieurwesens zunächst bei den Preußischen Staatsbahnen, wo er zum Vorstand des Eisenbahnbetriebsamtes Hannover aufstieg. Von dort wurde er 1926 als Ordinarius für Eisenbahn- und Verkehrswesen an die Technische Hochschule Stuttgart berufen. Als Verkehrswissenschaftler strebte er eine vergleichende Betrachtung aller Verkehrsmittel an und bezog dabei früh den noch jungen Luftverkehr ein. Pirath wurde um 1935 in den Verkehrswissenschaftlichen Forschungsrat beim Reichsverkehrsministerium berufen und war ab 1949 eines der angesehensten Gründungsmitglieder des Wissenschaftlichen Beirats beim Bundesverkehrsministerium. Nach ihm ist der Nachwuchspreis der Deutschen Verkehrswissenschaftlichen Gesellschaft benannt.
- Pirath, Carl (1934): Die Grundlagen der Verkehrswirtschaft. Berlin, Göttingen, Heidelberg.

Einen klassischen Bereich der verkehrspolitischen Diskussion stellt die Frage dar, inwieweit der Verkehr eine Staatsangelegenheit ist. Soll der Staat auf neue technische Entwicklungen reagieren, so ist zu klären, ob dies mit technologiepolitischen Maßnahmen und/oder einem ordnungspolitischen Ansatz geschehen soll. Wie ist mit den erwarteten Folgewirkungen umzugehen? Wie wirkt sich staatliches Handeln auf das Problem von Kooperation und Konkurrenz der unterschiedlichen Verkehrsträger aus?

Fritz Voigt (1910–1993)
hatte als promovierter Jurist und habilitierter Ökonom Professuren in Wilhelmshaven, Braunschweig, Nürnberg, Hamburg und Bonn inne. In seinen verkehrswissenschaftlichen Veröffentlichungen betrachte er den Verkehr im volkswirtschaftlichen Gesamtzusammenhang und betonte dessen Wirkung auf wirtschaftliche Entwicklungsprozesse. Verkehrspolitik dürfe nicht nur nach marktwirtschaftlichen Kriterien ausgerichtet sein, sondern müsse weitere Aspekte einbeziehen, da auch unrentable Verkehrsmittel volkswirtschaftliche Bedeutung erlangen könnten. Andererseits betonte Voigt die Beharrungskraft von Verkehrssystemen und wies darauf hin, dass durch einmal getroffene Festlegungen negative Gestaltungswirkungen von etablierten Verkehrsmitteln auf das Gesamtsystem ausgehen könnten (Anteludialeffekt).
- Voigt, Fritz (1965/1973): Verkehr. 2 Bde. Berlin.

3 Phasen der Geschichte der deutschen Verkehrspolitik

Im Rückblick lassen sich in der Geschichte der deutschen Verkehrspolitik sechs Hauptphasen erkennen:

1. Die wesentlichen Wurzeln der heutigen Verkehrspolitik reichen bis zum Anfang des 19. Jahrhunderts zurück. Hier taucht – eng verbunden mit dem Aufkommen neuer Verkehrs- und Kommunikationsmittel (Eisenbahn, Telegraf) – im Deutschen erstmals der Begriff „Verkehr" in seiner heutigen Bedeutung auf. Parallel dazu entstehen wichtige Institutionen wie Eisenbahngesellschaften, Ausbildungseinrichtungen und Verwaltungsstrukturen, die trotz einiger Modifikationen noch heute entscheidende Akteure der Verkehrspolitik sind.
2. In der zweiten Hälfte des 19. Jahrhunderts bilden sich wesentliche Grundlagen des verkehrspolitischen Diskurses heraus. Anlass dazu sind Diskussionen um die Verstaatlichung der Eisenbahnen. In diesem Zusammenhang entsteht das Paradigma der „Gemeinwirtschaftlichkeit" der Eisenbahn, das die deutsche Verkehrspolitik bis in die 1980er Jahre prägt.
3. Um 1900 beginnen sich das verkehrsbezogene Institutionengefüge zu verdichten und die Akteurskonstellationen im Verkehrswesen zu verändern. Diese Entwicklung mündet zum einen in der Gründung des Reichsverkehrsministeriums 1919, zum anderen werden aber schon hier die auch innerhalb der Staatsverwaltung zu findenden Gräben zwischen den Verkehrsträgern erkennbar. Den politisch-gesellschaftlichen Rahmen bildet das von der dominierenden Rolle des Militärs geprägte Deutsche Kaiserreich, wobei vor allem dessen Charakter als intervenierender Vorsorgestaat, in dem sich die organisierten Interessen von Landwirtschaft und Industrie Gehör verschaffen, relevant ist.

Bahn contra Lkw

Die Deutsche Reichsbahn-Gesellschaft nahm 1926 den Lkw-Verkehr erstmals als ernst zu nehmende Konkurrenz wahr und reagierte mit Preissenkungen, die sich als Kampftarife darstellten. Mit dem „Gesetz betreffend den Überlandverkehr mit Kraftfahrzeugen", das im Zuge der Notverordnungspolitik im Oktober 1931 erlassen wurde, entschied sich der Gesetzgeber für eine Regulierung des Lkw-Verkehrs zugunsten der gemeinwirtschaftlichen Bahn. Trotz einzelner Lockerungen und Veränderungen blieben die dort festgesetzten Regelungen im Prinzip bis in die 1990er Jahre in Kraft. Das aufgestellte System sah 1) eine erhöhte steuerliche Belastung für Lkw und Zugmaschinen im Rahmen der Kfz-Steuer vor. Diese Maßnahme wurde 1935 teilweise wieder zurückgenommen. In der Nachkriegszeit rissen die Diskussionen über Wagenklassen und die daran zu knüpfenden Steuersätze nicht ab. Damit verbunden waren Erörterungen über zulässige Lkw-Gesamtmaße (Frage des zweiten Anhängers; heute: Giga-Liner-Diskussion) sowie Führerscheinklassen. Zudem wurden für den Lkw-Verkehr 2) verbindliche Tarife festgelegt. Die Preise im Straßengüterverkehr entsprachen seitdem nicht freien Marktpreisen. Der Reichskraftwagentarif von 1935 war direkt an die Tarife der Deutschen Reichsbahn gekoppelt, was 1952 im Güterkraftverkehrsgesetz erneut für verbindlich erklärt wurde. Diese Regelung wurde – bei weiterbestehender Tarifbindung – erst 1994 aufgehoben. Die Unterscheidung eines gesonderten Güternahverkehrstarifs für Transporte unter 50 km Entfernung blieb dabei bestehen. Darüber hinaus unterliegt der Gütertransport auf der Straße 3) dem Konzessionszwang, d. h. die Gründung eines Transportunternehmens bedarf staatlicher Erlaubnis. Im Rahmen einer 4) Kontingentierung wird die Anzahl der Konzessionen begrenzt.

4. Die Verkehrspolitik in der Weimarer Republik und im „Dritten Reich" ist so facettenreich wie widersprüchlich. Letztlich knüpfen aber fast alle Entwicklungen in der Zeit nach 1945 an Aspekte dieser Jahre an. Die interessante privatwirtschaftliche Struktur, die die 1920 geschaffene Reichsbahn zwischen 1924 und 1937 als „Deutsche Reichsbahngesellschaft" (DRG) hat, ist mit den Reparationsverpflichtungen des Reichs verknüpft und steht im Widerspruch zu den umfassenden Regelungsansprüchen der Verkehrspolitik. Als die Nationalsozialisten das erfolgreiche Unternehmen 1937 wieder verstaatlichen, finden sie daher die Zustimmung etablierter Eisenbahnjuristen. Das Phänomen der Konkurrenz der Verkehrsträger kommt während der Weimarer Republik zur vollen Entfaltung und stößt heftige Debatten an. Die nationalsozialistische Verkehrspolitik tritt zwar mit dem Anspruch an, die Verkehrspolitik und das Verkehrswesen zu modernisieren, hinter dem Schein der Modernität existiert jedoch vielfach die Realität der widersprüchlichen, verkehrsträgerorientierten Einzelentscheidungen weiter: So setzt das Regime beispielsweise nicht auf eine Transportmodernisierung durch den Lkw, sondern führt zumindest bis 1938 die Politik der Behinderung des neuen Verkehrsmittels durch Konzessionierung, Kontingentierung und restriktive Vorschriften fort. Auch der Busverkehr wurde durch das Personenbeförderungsgesetz von 1934 reguliert – was sich auf den Fernbusverkehr bis 2013 auswirkte. Die Reichsautobahn hat, abgesehen von einem phänomenalen Propagandaerfolg, in der Realität des Verkehrs im „Dritten Reich" nur vergleichsweise geringe Effekte.

5. Zwischen 1949 und 1990 folgt die Verkehrspolitik beider deutscher Staaten zwar einerseits dem generellen Trend der zunehmenden Trennung von DDR und Bundesrepublik, andererseits halten sich daneben bemerkenswert zahlreiche Gemeinsamkeiten. Zu diesen gehört die mehr oder weniger gescheiterte Politik gegen den Lkw, bei der in beiden Systemen die gleichen Mittel wie etwa Transportverbote erwogen, jedoch nur in der DDR durchgesetzt werden. Unbenommen davon, dass die DDR bis 1990 im Güterverkehr ganz klar noch ein „Eisenbahnland" bleibt, kann trotz aller

Hemmnisse der Aufstieg des Lkws als Transportmittel nicht verhindert werden. Hinsichtlich der Pkw-Motorisierung sind die Unterschiede zwischen der automobilisierungsfreundlichen bundesdeutschen und der zunächst offen, am Ende immer noch tendenziell automobilisierungskritischen Politik der DDR relativ offensichtlich: Während im Westen Deutschlands die Motorisierung des individuellen Straßenverkehrs ideologisch überhöht wird („Freie Fahrt für freie Bürger"), passt im sozialistischen Osten der Personentransport im Kollektiv besser zur Ideologie. Dementsprechend wird vorrangig der öffentliche Verkehr gefördert, wenn auch trotz aller Investitionen in unzureichender Weise (vgl. Kaschka 2011). Die bestehende Nachfrage nach Autos kann nicht in ausreichendem Maße bedient werden, was teils am fehlenden politischen Willen, teils aber auch an Problemen mit Technologie und Fertigung liegt. Trotz allem erreicht die DDR in den 1980er Jahren einen Motorisierungsgrad, mit dem sie in die Größenordnungen der westlichen Industrieländer vorzustoßen beginnt (vgl. Abb. 1).

Weniger bekannt ist ein anderer, die Verkehrspolitik der Bundesrepublik besonders prägender Aspekt: Die verschiedenen Ebenen der Verwaltung (Bund, Länder, Kommunen) spielen hier eine viel größere Rolle als in der – zumindest vom Anspruch her – zentral gelenkten DDR. So verschreiben sich einige Bundesländer, wie beispielsweise Bayern, stärker dem autogerechten Ausbau von Straßen „bis ins kleinste Dorf" (vgl. Gall 2005), während manche Kommunen für ihre besonders auf das Fahrrad (Münster) oder die Straßenbahn (Karlsruhe) ausgerichtete Politik bekannt sind.

6.   Seit den 1980er Jahren unterliegt die Verkehrspolitik einem grundlegenden Wandel, der durch den Zusammenbruch der DDR noch verstärkt wird: Die entscheidenden Schlagworte sind Liberalisierung, Deregulierung und Privatisierung.

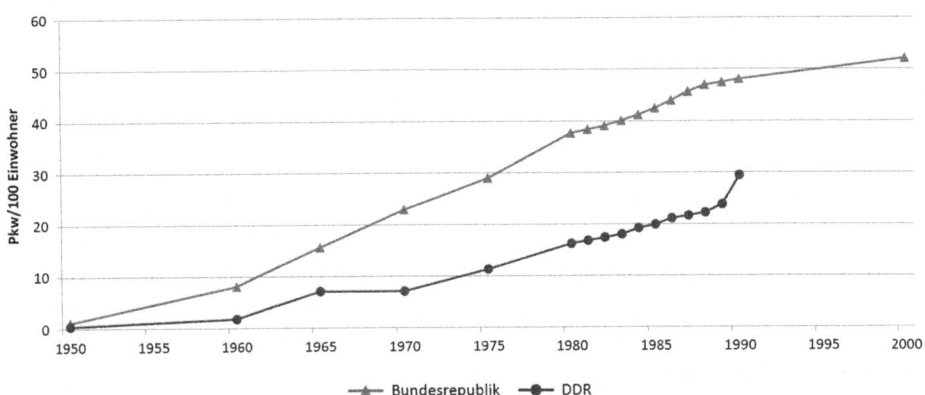

Abb. 1 Motorisierungsgrad in Deutschland, 1950–2000 (PKW/100 Einwohner). (Quelle: Der Bundesminister für Verkehr (1991): Verkehr in Zahlen 1991. Verkehrsentwicklung 1950–1990. Berlin, S. 7, 164 f., 216–219, 450, 463; Thomas Rahlf (2015): Deutschland in Daten. Zeitreihen zur Historischen Statistik. Bonn, S. 231)

Paradigma „Gemeinwirtschaftlichkeit"				
Deutscher Bund (1815)	Deutsches Kaiserreich (1871)	Deutsches Reich (1919)	DDR und Bundesrepublik (1949)	Bundesrepublik Deutschland (1990)
	Ministerien der Länder (Bayern, 1904)	Reichsverkehrs-ministerium (1919)	Verkehrsministerien auf Länder- und gesamtstaatlicher Ebene	
Länderbahnen (Braunschweig, 1838)		Deutsche Reichsbahn (Reichsbahngesellschaft, 1924-37)		Deutsche Bahn AG (1994)
			Deutsche Bundesbahn	
Verkehrsbegriff				

Abb. 2 Phasen der Verkehrspolitik in Deutschland im 19. und 20. Jahrhundert. (Quelle: Eigene Darstellung)

Seit Ende des 19. Jahrhunderts hatte sich in Deutschland die Verkehrspolitik mehr oder weniger stark am Wohl der Staatsbahn orientiert und sich dabei auf die Idee der Gemeinwirtschaftlichkeit des Verkehrswesens gestützt. Ab Mitte der 1960er Jahre erodierte dieses Paradigma und in der Europäischen Gemeinschaft fiel eine Grundsatzentscheidung nach der anderen zugunsten einer zunehmend liberalisierten Wirtschaft. Nachdem in den 1980er Jahren andere Länder wie Großbritannien vorangegangen waren, begann auch die Bundesrepublik, zunächst die Regulierung im Straßengüterverkehr zu lockern, um dann ab 1989 Schritte zur Reorganisation der Bundesbahn zu einer Aktiengesellschaft zu unternehmen, die hauptsächlich nach der Wiedervereinigung umgesetzt wurden (Abb. 2).

4   Themen der Verkehrspolitikgeschichte

Bei aller Diversität der Problemkomplexe beschäftigten in der historischen Entwicklung einige Fragestellungen immer wieder die verkehrspolitischen Debatten. Dazu gehörten zunächst das Auftreten und die Integration neuer Verkehrsmittel (Eisenbahn, Auto, Flugzeug usw.) – oder allgemeiner gesprochen der technische Wandel. Damit verbunden waren meist Fragen der Konkurrenz und Kooperation unterschiedlicher Teile des gesamten Verkehrssystems (etwa Schiene und Straße). Einen großen Einfluss übte der energiewirtschaftliche Rahmen aus (Bedeutungszuwachs zunächst der Kohle, dann des Erdöls). Schließlich spielten auch die gesellschaftlich-kulturellen Rahmenbedingungen eine bedeutende Rolle, was deutlich wird, wenn man sich klarmacht, dass wesentliche Innovationen – wie beispielsweise das Fahrrad und das Auto – zunächst vorrangig als Freizeitsportgeräte entwickelt und verwendet wurden.

4.1   Technischer Wandel

Einige Themen wurden in der Vergangenheit immer wieder Gegenstand der Verkehrspolitik und verdienen daher besondere Aufmerksamkeit. Zu den augenfälligsten Aspekten gehört dabei der Wandel des Verkehrswesens durch das Auftreten neuer Verkehrsmittel. Gegenstand wissenschaftlicher Analyse sind hierbei vor allem die in den betreffenden Innovationsprozessen förderlichen und hemmenden Faktoren. Das öffentliche Interesse an Antworten in diesem Feld ist gerechtfertigt, gleichwohl kann die historische Innovationsforschung nicht alle Erwartungen befriedigen. Insbesondere taugt sie kaum für aktuelle Handlungsanweisungen. Anhand zahlreicher Beispiele kann immerhin der Blick für potenzielle Konfliktlinien geschärft werden. Oft genug werden aber bei der näheren Betrachtung eines scheinbar geeigneten Vergleichsfalls mehr Fragen aufgeworfen als beantwortet. Bei anderen Beispielen können „Erfolg" oder „Scheitern" einer Innovation klarer benannt werden, so bei der Kohlestaub- oder der Turbinenlokomotive, dem Wankelmotor, der Eisenbahn, dem Auto, dem Flugzeug, der Pipeline oder dem Container. Wichtig ist in jedem Fall, dass auch abgebrochene oder gescheiterte Innovationsprozesse der Innovationsgeschichte des Verkehrs als instruktive Fallbeispiele dienen können.

Die Einführung der Eisenbahn, also eines weite Teile des Landes erfassenden Transportsystems, das auf Fahrzeugen basiert, die sich auf stählernen Schienen bewegen, ist sicherlich einer der deutlichsten Erfolge in der modernen Innovationsgeschichte des Verkehrs. Wichtige Erfolgsfaktoren waren, dass die englischen Pioniere wie William Hedley (1779–1843) und andere im Prinzip bekannte Elemente kombinierten und die Nachfrage dafür bereits vorhanden war. Um 1800 waren Schienenwege aus Eisen oder Stahl im Bergbau seit langem gebräuchlich, gleiches galt seit einigen Jahren für Dampfmaschinen. Gerade durch deren immer weitere Verbreitung zur Entwässerung von Bergwerken und in der Textilindustrie stieg die Nachfrage nach Kohle unablässig. Als es schließlich bei Bergbauunternehmen beschäftigten Technikern gelang, eine Dampfmaschine zuverlässig mit einem Schienenfahrzeug zu kombinieren, war ihnen das Interesse der Branche gewiss. Die Anerkennung weiterer Kreise folgte bald und mit der Anlage erster Bahnen für den der Öffentlichkeit zugänglichen Verkehr von Personen und Gütern (Liverpool–Manchester, 1829) überschritt die Eisenbahn auch die Grenze vom speziellen betrieblichen Transport zum allgemeinen Verkehr. Bis zu diesem Zeitpunkt war die Politik im Sinne der offiziell mit öffentlichen Angelegenheiten befassten Institutionen kaum mit der neuen Transporttechnologie in Berührung gekommen. Dies änderte sich bald, vor allem in der Form, dass sich Bürger zu Eisenbahnkomitees zusammentaten, um für ihre Stadt oder ihr Gebiet einen Eisenbahnanschluss zu erwirken. Bald engagierten sich dann auch die ersten Staaten in Form einer Staatsbahn (Braunschweig; Baden 1838). Auf die Basisinnovation hatte dies jedoch keinen Einfluss mehr.

Ähnlich gelagert war der Fall des im Individualverkehr eingesetzten motorisierten Straßenfahrzeugs mit mehr als zwei Rädern: des Autos. Auch hier kombinierten die Pioniere, bekannte Elemente, konkret den gasbetriebenen Verbrennungsmotor und ein aus

dem Kutschen- und Fahrradbau entlehntes Fahrgestell. Gleichfalls lag die Herausforderung im Finden geeigneter Detaillösungen, beispielsweise eines Vergasers, der aus dem
Schwerbenzin brauchbares Gas machte. Wesentlicher Unterschied zur Eisenbahn war
das Fehlen eines Marktes: Während um 1814, als mit „Puffing Billy" die erste brauch-
bare Dampflok fuhr, alle Bergwerke unter der Nachfrage ächzten und dankbar für jede
Rationalisierungsmöglichkeit waren, interessierte sich zunächst niemand für die Benzin-
kutsche. Das änderte sich bald mit dem Motorsport und der sich rapide entwickelnden
soziokulturellen Bedeutung des als „Renn-Reise-Limousine" konzipierten Autos. Förder-
liche staatliche Maßnahmen, wie die Abwehr der strengen Eisenbahnhaftpflicht und die
Verabschiedung eines Kraftfahrzeuggesetzes zeigten bereits vor dem Ersten Weltkrieg
Wirkung und stabilisierten die Etablierung des neuen Verkehrsmittels.

Auch die Integration der Luftfahrt in das Verkehrssystem wäre ohne intensives staatliches Engagement kaum denkbar gewesen. Dass die Luftfahrt ein, nicht zuletzt aus
militärischen Erwägungen, förderungswürdiger Bereich sei, war der Grundkonsens
sowohl aller wissenschaftlichen Aktivitäten auf diesem Gebiet als auch der Verwaltung
des neuen Verkehrszweigs. Noch Ende des 20. Jahrhunderts wurde die Existenz vieler Fluggesellschaften damit begründet, dass sie nationale Märkte an den Weltverkehr
anschließen und als nationale Fluggesellschaften weltweit „Flagge zeigen" sollten. So
investierten in Deutschland das Reich, die Länder und zum Teil auch die Städte in For-
schungsgesellschaften wie die Deutsche Versuchsanstalt für Luftfahrt (DVL), unter-
hielten das Staatsunternehmen Deutsche Lufthansa und gestalteten die – während des
„Dritten Reichs" im Reichsluftfahrtministerium sogar eigenständige – Verwaltung des
Luftverkehrs als eine diesen fördernde Institution.

Im 20. Jahrhundert war – nach verschiedenen Verstaatlichungen nicht nur in
Deutschland – auch das Eisenbahnwesen wesentlich durch staatliches Handeln oder supra-
nationale Organisationen geprägt. Diese erwiesen sich nicht immer als effizient. So wurde
der grenzüberschreitende Eisenbahnverkehr durch nationalstaatliche Insellösungen, die
beispielsweise bei der automatischen Kupplung, der Elektrifizierung der Eisenbahn oder
der Zugsicherung gefunden wurden, eher behindert als gefördert. Hier und noch stärker
bei der Entwicklung von spurgeführten Hochgeschwindigkeitssystemen (Züge und Schwe-
bebahnen wie Aérotrain oder Transrapid) zeigte sich auch, dass in der verkehrsbezogenen Technologiepolitik die Interessen der Industrie- und Wirtschaftsförderung die der
Verkehrspolitik überwogen. Dass der französische TGV 1981 zehn Jahre früher in den
Regelbetrieb ging als der deutsche ICE wurde daher in der öffentlichen Debatte hauptsächlich im Hinblick auf die Exportchancen bedauert. Dass es, während sich die Bedingungen für den grenzüberschreitenden Straßenverkehr laufend verbesserten, noch Jahre
dauerte, bis auch für den grenzüberschreitenden Schienenverkehr taugliche Varianten
der Hochgeschwindigkeitszüge entwickelt waren, blieb relativ unbeachtet. Als positives
Gegenbeispiel eines langlebigen Kooperationsprojekts auf europäischer Ebene können
die Trans-Europ-Express-Züge (TEE) genannt werden, die zwischen 1957 und 1987 ver-
kehrten, und deren Streckennetz in den frühen 1970er Jahren seine größte Ausdehnung
erreichte. Dem Versuch der Europäischen Wirtschaftsgemeinschaft, einen einheitlichen

Standard für komfortable Schnellzüge zu etablieren, schlossen sich auch Österreich und die Schweiz an. 1972 wurde die Europäische Zusammenarbeit im Bahnwesen anlässlich des 50-jährigen Jubiläums des Internationalen Eisenbahnverbandes durch die Einführung des InterRail-Tickets, das jungen Rucksacktouristen ein kostengünstiges Bereisen Europas ermöglichen sollte, auf anderer Ebene ergänzt.

Weitgehend ohne staatliches Engagement, veränderten die Innovationen Pipelines und Container nachhaltig den weltweiten Güterverkehr. Die Rohrleitungen für Öl und Gas waren in den USA sowie einigen Erdölfördergebieten schon seit dem 19. Jahrhundert in Gebrauch. Als nach dem Zweiten Weltkrieg die Nachfrage nach Erdöl in Europa stieg, wurde ihr Einsatz auch hier attraktiv. Während in Italien und Frankreich staatliche Firmen und Institutionen den Aufbau eines Rohrleitungsnetzes förderten, überließ in der Bundesrepublik das hier federführende liberale Wirtschaftsministerium die Initiative den Mineralölkonzernen und Chemieunternehmen. Diese errichteten ab den späten 1950er Jahren eine Reihe von Rohrleitungen, die im Rohöltransport einen erheblichen Marktanteil eroberten. Ebenfalls auf privatwirtschaftliches Engagement zurückzuführen, waren seit den 1970er Jahren die mitten im Kalten Krieg spektakulär wirkenden Erdgaslieferungen der Sowjetunion in die Bundesrepublik. Auf Initiative des Ruhrgas-Konzerns lieferte Mannesmann die für den Leitungsbau nötigen Röhren. Dagegen erfolgte die Anbindung der DDR an die transnationalen Leitungsnetze im Rahmen eines Projekts des Rats für gegenseitige Wirtschaftshilfe. Zwischen 1959 und 1964 errichteten die Ostblockstaaten die Erdölpipeline „Freundschaft", welche die sowjetischen Ölfelder mit europäischen Raffinerien – beispielsweise dem Petrolchemischen Kombinat in Schwedt/ Oder – verband.

Die heute das Bild des Containerverkehrs bestimmenden Behälter orientieren sich an amerikanischen Maßen: Die Größe von Containerschiffen wird beispielsweise nach Twenty Feet Equivalent Units (TEU) gemessen. Sie wurden von amerikanischen Firmen in den europäischen Markt eingeführt und verdrängten Behälter, die unter Beteiligung zahlreicher staatsgeförderter Institutionen (z. B. Studiengesellschaft für Behälterverkehr) seit den 1930er Jahren vor allem von europäischen Eisenbahnen entwickelt und verwendet worden waren. Die Normung von Containern (40-Fuß-ISO-Container, 1961) hat Umschlag und Zwischenlagerung von Waren des Stückguttransports wesentlich effizienter gemacht. Sie kann als Grundlage des exponentiellen Wachstums im intermodalen Warentransport gelten.

4.2 Konkurrenz und Kooperation – der „Kampf der Systeme"

Die Verkehrspolitik ist von dem letztlich technokratischen Ideal der Kooperation der Verkehrsträger und der Realität ihrer Konkurrenz geprägt. Diese Konkurrenz bestand oft auch zwischen staatlichen Länderbahnen, zwischen Ministerien oder innerhalb von Ministerien. Die Beschäftigung der historischen Verkehrsforschung mit den zahlreichen in der Geschichte des Verkehrssystems beobachtbaren Phänomenen der Konkurrenz folgt einer Vielzahl von Erklärungsansätzen. Ohne Anspruch auf Vollständigkeit sei hier auf das klassisch marxistische Interessenmodell, das Verständnis der Verkehrsträger als Großtechnische Systeme, auf verschiedene Netzwerktheorien oder auch auf anthropologisch inspirierte Erklärungen der Abteilungskonkurrenz innerhalb des Bundesverkehrsministeriums verwiesen (vgl. Dienel 2005). Zu den wichtigsten Ausprägungen des Konkurrenzphänomens gehörte eine gewisse Lagerbildung zwischen den Verkehrsträgern, die sich in der Wissenschaft wie in der Verwaltung fortsetzte und sich bei öffentlichen Debatten im Widerstreit von Experten und Gegenexperten äußerte. So standen Eisenbahnwissenschaftler meist ebenso auf der Seite des Bahnunternehmens wie die beaufsichtigende Bahnabteilung des Ministeriums, während die akademischen Wasserbauingenieure und die Wasserbauabteilung des Verkehrsministeriums Interessen der Binnenschifffahrt vertraten. In der historischen Rückschau lassen sich folgende Phasen in der Entwicklung von Konkurrenzverhältnissen zwischen den Verkehrsträgern ausmachen:

1. Im 19. Jahrhundert verdrängte die Eisenbahn zunächst den Personenverkehr auf Wasserstraßen, den Straßenfernverkehr und auch große Teile des Güterverkehrs auf Wasserstraßen. Insgesamt stieg allerdings der Gesamtverkehr an, wovon auch das lokale Straßenverkehrsgewerbe im Umfeld der Bahnhöfe profitierte. Durch die Monopolstellung erwirtschafteten die Eisenbahnen hohe Profite, die um die Jahrhundertwende auch zum Bau von unrentablen Nebenbahnen und zur Realisierung weiterer wirtschafts- und sozialpolitischer Maßnahmen genutzt wurden.
2. Ende des 19. Jahrhunderts setzte die Binnenschifffahrt zum Gegenschlag an: Es entstanden Pläne für zahlreiche Wasserstraßen, die für neue, größere Einheiten ausgelegt waren und das Leitbild der „Großschifffahrt" konstituierten. Dabei verdoppelte sich die für die Projekte zugrunde gelegte Nutzlast der Schiffe zwischen dem 1899 eröffneten Dortmund-Ems-Kanal und dem 1914 in Dienst gestellten Rhein-Herne-Kanal von 600 auf 1200 Tonnen. Die Umsetzung weitergehender Pläne wurde in den 1920er Jahren Gegenstand politischer Debatten und zog sich letztlich bis zur Eröffnung des Rhein-Main-Donau-Kanals (1992) hin.
3. Zwischen 1900 und dem Ersten Weltkrieg entwickelten auch die am motorisierten Straßenverkehr interessierten Kreise Pläne, die auf eine Erneuerung der technischen Infrastruktur hinausliefen. Abgesehen von den Fürsprechern unterschiedlicher technologischer Varianten, wie beispielsweise Straßendecken aus Beton, Asphalt oder Pflastersteinen, gab es dabei im Wesentlichen zwei Lager: Während den einen die Anlage spezieller „Nurautostraßen" als Rennbahnen oder an für den Freizeitverkehr geeigneten Stellen genügte, forderten andere den grundständigen Ausbau des Straßennetzes. Die Berliner Automobil-Versuchs- und Übungsstrecke (AVUS), die in idealtypischer Weise die Rennbahnfunktion mit einer Verbindung für den Ausflugsverkehr in den Grunewald kombinierte, diente dazu als Demonstrationsobjekt.
4. Während sich die Bahn vor dem Ersten Weltkrieg durch ihre Konkurrenten auf Straße und Wasserstraße noch kaum bedroht sah, wurden diese in den 1920er Jahren, als zudem große Teile der im Versailler Vertrag festgeschriebenen Reparationen erwirtschaften

werden sollten, mehr und mehr als Problem betrachtet. Nachdem sich die negativen Wirkungen der Weltwirtschaftskrise auch im Verkehrsbereich bemerkbar gemacht hatten, reagierte die Politik 1931 mit der Regulierung des Straßengüter- und Busverkehrs. Während des „Dritten Reichs" folgten in diesem Bereich noch weitergehende Einschränkungen, während die Wasserstraßenprojekte fortgeführt wurden. Als groß angelegte Arbeitsbeschaffungsmaßnahme geplant, avancierte der Bau der Reichsautobahnen, der an Planungen aus der Zeit der Weimarer Republik anknüpfte, zu einem staatlichen Prestige- und Propagandaprojekt, das tatsächlichen Verkehrsbedürfnissen und militärischen Interessen nur in sehr geringem Maße entsprach.

5. Der mit einer wachsenden Zahl von gemeinwirtschaftlichen Auflagen belasteten Bahn drohte also, auf der einen Seite die geringwertigen Massengüter, für die sie technologisch so gut geeignet war, an die Binnenschifffahrt zu verlieren. Auf der anderen Seite wurden hochwertige Güter zunehmend von Lkws transportiert und auch wichtige Kunden des Personenfernverkehrs stiegen auf die Straße um. Mit dem Anstieg des Luftverkehrs sowie dem Auftauchen von Pipelines nach dem Zweiten Weltkrieg wurde dieses Problem noch verstärkt. Durch intensivierte staatliche Regulierung allein ließen sich diese Probleme nicht lösen: Trotz der Pflicht zur Konzessionierung, Kontingentierungen und der Preisbindung an die Bahntarife stieg der Straßengüterverkehr an, obwohl sich viele Straßen kriegsbedingt noch in einem schlechten Zustand befanden. Billige Benzinpreise und günstige Gewerbemieten „auf der grünen Wiese" förderten diesen Trend.

6. Nachdem sich auch die paradigmatischen Grundlagen und die Rahmenbedingungen einer verstärkt in die Europäische Gemeinschaft eingebundenen Verkehrspolitik verändert hatten, gab die deutsche Verkehrspolitik letztlich in den 1980er Jahren dem Liberalisierungsdruck nach und schrittweise den Versuch auf, mittels Regulierung den Verkehr zu ordnen. Gleichwohl werden auch weiterhin fast alle verkehrspolitischen Fragen in der Öffentlichkeit unter der Perspektive betrachtet, welchem Verkehrssystem sie nutzen. Dabei konnten – ebenfalls seit den 1980er Jahren – Bahn und Binnenschifffahrt unter umweltpolitischen Gesichtspunkten (Emissionen, Ressourcenverbrauch) erneute politische Unterstützung gewinnen.

4.3   Energiewirtschaftliche Rahmenbedingungen

Verkehrspolitik stand stets in enger Wechselbeziehung zur Energiepolitik oder vielmehr zu energiewirtschaftlichen Entwicklungen. Dabei waren in der Geschichte der Moderne zwei Wandlungsprozesse von grundlegender Bedeutung: Der Aufstieg der Kohle zum Leitenergieträger und ihre Ablösung durch das Öl. Gerade im Hinblick auf das viel diskutierte Ende des Erdölzeitalters sind diese Umbrüche von besonderem Interesse.

Während die industrielle Revolution in vielen Regionen zunächst auf Wasserkraft basierte, wäre die durch die Eisenbahn ausgelöste Verkehrsrevolution ohne Kohle nicht denkbar gewesen. Zwar versuchte in den „revierfernen" Regionen Süddeutschlands die

Politik aus volkswirtschaftlichen Überlegungen, Alternativen zu fördern und die Menge
zu importierender Kohle auf verschiedenen Wegen zu begrenzen, im Jahrhundert zwischen den 1850er und den 1950er Jahren blieb diese gleichwohl Hauptbezugspunkt
staatlicher Energiepolitik. Brennstoffe wie Torf oder Holz waren stets nur notdürftiger
Ersatz. Noch 1950 machte die Verbrennung von Stein- und Braunkohle ca. 90 % am Pri-
märenergieverbrauch der Bundesrepublik aus. Kohle beheizte die Kessel der industriellen und öffentlichen Kraftwerke, der Dampflokomotiven und Dampfschiffe sowie die
Räume der Wohnhäuser. Kohle war der Grundstoff der deutschen chemischen Industrie
und zugleich eines der wichtigsten Transportgüter überhaupt. 1950 hatten Kohletrans-
porte einen Anteil von 34,5 % am gesamten binnenländischen Verkehr, dieses Transport-
aufkommen erreichte absolut gesehen mit148,1 Mio. Tonnen 1957 seinen Höhepunkt.
Der Anteil der Kohle am Binnenverkehr sank bis 1990 auf 9,6 %. Damit stellte sie zwar
nicht mehr die wichtigste Hauptgütergruppe – dies war 1964 letztmalig der Fall – blieb
aber das zweitwichtigste Transportgut. Die Eisenbahn stemmte dabei stets etwa 70 bis
80 % dieses Volumens, während die Binnenschifffahrt etwa 20 bis 30 % transportierte.

Die Kohlekrise von 1957 und die Ölkrisen von 1973 und 1979 markieren in etwa die
Anfangs- und Endpunkte des energiewirtschaftlichen Strukturwandels, der Erdöl scheinbar allgemein verfügbar machte und die Kohle vom Platz des dominanten Energieträgers
verdrängte. Die Auswirkungen dieses säkularen Prozesses auf das Verkehrswesen lassen
sich aus historischer Perspektive als der Übergang von einer durch Kohle und die Eisenbahn zu einer durch Ölprodukte und das Automobil geprägten Wirtschaft beschreiben.

Schon davor war Öl als Ausgangssubstanz für Treibstoffe und Schmieröle stets ein
politisches Thema. Da es in Deutschland nur geringe Vorkommen an Erdöl gibt, musste
der überwiegende Teil des hier verbrauchten Erdöls eingeführt werden. Dies führte in beiden deutschen Staaten zu verstärkten Bemühungen zur Exploration neuer Lagerstätten.
Während diese in der DDR erfolglos blieben, konnte die Bundesrepublik durch das neu
erschlossene Nordsee-Öl die Importabhängigkeit etwas mindern. Daneben hat es nicht an
Versuchen gefehlt, den Rohstoff Erdöl zu ersetzen oder zu strecken, um Abhängigkeiten
zu verringern. So verordnete der Staat ab 1930 die Beimischung von Spiritus. Er subven-
tionierte sowohl die Benzinsynthese aus Kohle als auch – in Krisenzeiten –Fahrzeuge mit
Holzvergaser. Während der Ölkrise 1973 gab es schließlich an vier Sonntagen im Herbst
Fahrverbote sowie vorübergehende, generelle Tempolimits, die sich auf lange Sicht aber
nicht als Mittel zur Senkung des Kraftstoffverbrauchs durchsetzen konnten.

4.4   Gesellschaftlich-kulturelle Rahmenbedingungen

Verkehrspolitik orientiert sich nicht nur an wirtschaftlichen Interessen und harten ökonomischen Fakten. Vielmehr treten weitere Faktoren hinzu, die zwar von anderen Politikfeldern beeinflusst werden, deren Auswirkungen auf das Verkehrswesen aber selten
intendiert sind. Die zwei wichtigsten Beispiele hierfür sind die Freizeitgeräte Fahrrad
und Auto als Motoren der Technologieentwicklung sowie die Wechselwirkungen
zwischen Dezentralisierungsideen und automobiler Gesellschaft.

Wie beschrieben hatte im Gegensatz zur Dampflokomotive bei der Erfindung des Automobils kaum ein Markt für solche Gerätschaften bestanden. Es existierte aber innerhalb der wohlhabenden Oberschicht eine kleine Gruppe meist jüngerer, risikobereiter Männer, die im Unterschied zu ihren Standesgenossen ein Faible für Technik und neue Fortbewegungsmittel hatte. Bis 1890 hatten Vertreter dieser Gruppe das Laufrad, das Hoch- und das Niederrad sowie die Rollschuhe in solchem Umfang genutzt, dass dabei sogar spezielle Rollschuhbahnen, Radfahrhallen und ähnliches gebaut worden waren. Seit den 1890er Jahren wurde dann das Auto zum bevorzugten „Spielzeug" dieser Gruppe, wenig später für manche auch das Flugzeug. Das Fahrrad hatte um 1900 schon den ersten Schritt zum Verkehrsmittel gemacht, was seinen Niederschlag in ersten Polizeiverordnungen fand, die im Übrigen auch für den Rollschuhverkehr erlassen wurden. Die rechtliche Eingliederung des Autos in den Straßenverkehr folgte im Wesentlichen in der Zeit bis zum Ersten Weltkrieg. Andere neue Mobilitätsmaschinen wurden weiterhin vorwiegend in der Freizeit genutzt oder blieben, wie beispielsweise Kleinflugzeuge auf das Militär und Luftbilddienste, also auf eng umrissene, spezielle Anwendungsbereiche begrenzt.

Die neuen technischen Möglichkeiten wie Pferde- und elektrische Straßenbahn oder Stadtschnellbahnen ermöglichten den Städten im 19. und 20. Jahrhundert ein bislang ungekanntes Wachstum. Mithilfe der neuen Verkehrsmittel war es beispielsweise möglich, die Distanzen zwischen Wohn- und Arbeitsstätten zu erhöhen, da diese dabei noch in vertretbarer Zeit zu bewältigen blieben. Die sozialen Probleme wachsender Städte führten um die Wende zum 20. Jahrhundert dazu, dass als Gegenentwurf zur Realität der kompakten Ballung die Dezentralisierung städtischer Agglomerationen gefordert wurde. Verbunden war dies teils mit der Furcht vor revolutionären Umtrieben, teils mit agrarromantischen und stadtfeindlichen Ideen, die in oft ideologisch überhöhten Vorstellungen zum Eigenheim mit Garten kulminierten. Mit dem motorisierten Individualverkehr– vor allem mit dem Auto – konnten diese neuen Leitbilder umgesetzt werden. Die Entwicklung weitflächiger, hauptsächlich aus Eigenheimen bestehenden *suburbs* setzte in den USA bereits in der Zwischenkriegszeit, in Deutschland nach dem Zweiten Weltkrieg ein. Da die Politik über verschiedene steuerliche Anreize den Eigenheimbau und das Pendeln förderte, entstanden Siedlungen, in denen ein Leben ohne Auto nur schwer vorstellbar war. Ohne dass dies die Intention der Wohnungsbaupolitik war, zementierte sie so Strukturen der automobilen Gesellschaft (vgl. Schmucki 2001).

Zu den kulturellen Rahmenbedingungen der Verkehrspolitik gehört schließlich auch die öffentliche Streitkultur, geprägt durch die Wortmeldungen unterschiedlicher pressure groups, durch die Aktivitäten von Bürgerbewegungen und den Streit der Experten. Der populären Vorstellung, dass erst mit den Neuen sozialen Bewegungen der 1970er Jahre solche Debatten einen relevanten Faktor in der Verkehrspolitik dargestellt hätten, ist zu widersprechen. Unbenommen der neuen Qualität, die diese Bewegungen in der Tat hatten, muss aus geschichtswissenschaftlicher Sicht betont werden, dass das grundsätzliche Phänomen der Auseinandersetzung organisierter Bürger über verkehrspolitische Fragen jenseits staatlicher Institutionen älter ist: Selbst wenn es sich oft um Honoratiorendiskurse handelte, waren die Eisenbahnkomitees des 19. Jahrhunderts, die Heimatschutzvereine des frühen 20. Jahrhunderts, die Autobahninitiativen der 1930er Jahre oder die Naturschutzbewegungen der 1950er und 1960er Jahre durchaus ernst zu nehmende Faktoren in der verkehrspolitischen Debatte.

5 Fazit

Bezogen auf die hier vorgestellten, ausgewählten Dimensionen historischer Verkehrspolitik sowie aktuelle verkehrspolitische Entwicklungen und Diskussionen lassen sich aus der Betrachtung der Verkehrsgeschichte zusammenfassend folgende Schlussfolgerungen ziehen:

Mit Blick auf die in den letzten Jahren immer wieder diskutierte herannahende Verknappung der Erdölreserven *(Peak Oil)* als einer entscheidenden Rahmenbedingung der Verkehrspolitik, muss zunächst festgestellt werden, dass hierzu historische Parallelen fehlen. Die Umwälzung des Verkehrs im 19. und 20. Jahrhundert wäre ohne Rückgriff auf fossile Brennstoffe in der beobachteten Form nicht denkbar gewesen. Die Verkehrsrevolution war keine Reaktion auf energetische Engpässe.

Die aktuelle, historisch neue Situation, in der Verbrennungsmotoren wegen Ölverknappung und ihrer Emissionen Restriktionen ausgesetzt sind, trifft eine Gesellschaft, die sich an die Verwendung von Erdölprodukten gewöhnt hat. Die Kosten des Verkehrs waren aus privater Sicht für viele lange Zeit zu vernachlässigen, da sie zu einem Großteil von der Allgemeinheit getragen wurden. Zugleich besteht in dieser Gesellschaft die historisch gewachsene Erwartung, dass die Öffentliche Hand eine gut ausgebaute Infrastruktur und ein ausreichendes Angebot öffentlicher Verkehrsdienstleistungen bereitstellt.

Diesen Erwartungen wird die Politik nur zu einem geringen Teil gerecht werden können. Es ist absehbar, dass – trotz zeitweise guter Konjunktur – die Spielräume öffentlicher Haushalte in den kommenden Jahren begrenzt sein werden. Zum Umgang mit diesem Problem sind wiederum historische Vergleiche möglich.

Generell ist vor zu großem Optimismus hinsichtlich der Gestaltbarkeit des Verkehrswesens zu warnen. Während Verkehrswege ohne weiteres aus- und umgebaut und neue Verkehrsmittel gefördert oder beschafft werden können, erwiesen sich die Verkehrsteilnehmer in der Vergangenheit gegenüber den Ideen der politischen und technischen Planer oft als außerordentlich resistent und offenbarten verkehrstechnischen „Eigen-Sinn": Sie transportierten ihre Güter weiterhin mittels Lkw, verluden kaum Güter auf die umweltfreundlichen Schiffe in den neuen Kanälen, nutzten zu wenig die „rollende Landstraße" oder kauften sich lieber einen Geländewagen als ein Dreiliterauto. Nicht nur deshalb bleiben allen ernsthaften Bemühungen um methodische Verbesserungen zum Trotz, Prognosen über das zukünftige Verkehrsverhalten schwierig.

Das soll nicht heißen, dass der Verkehr historisch gesehen ein Bereich war, der sich politischen Steuerungsversuchen und Reglementierungsbemühungen per se entzog. Die verkehrliche Ordnungspolitik kann beispielsweise den Erfolg der Gurtkampagne für sich verbuchen. Durch die Anschnallpflicht konnte seit den 1970er Jahren die Verkehrssicherheit entscheidend erhöht und bei der bis dahin stetig steigenden Zahl der Verkehrstoten eine Trendwende erreicht werden.

Eine weitere historische Erfahrung betrifft das „Momentum" von Großprojekten: Hier zeigte sich, dass Infrastrukturplanungen – wie etwa der Rhein-Main-Donau-Kanal – unter bestimmten Bedingungen mit der Zeit eine derartige Massenträgheit entwickelten, dass ihre Realisierung letztlich kaum mehr zu verhindern war. So konnte die Verkehrspolitik in den 1980er Jahren, als das ursprünglich zentrale Thema bei Planung des Kanals – die Sicherstellung der Kohleversorgung Bayerns – kaum noch Bedeutung hatte, nicht anders, als dem längst auf breiter Front hinterfragten Bau der letzten Kilometer zuzustimmen. Aufgrund der immensen Investitionssummen und hohen Pfadwechselkosten begründen verkehrspolitische Entscheidungen zum infrastrukturellen Ausbau weitreichende Pfadabhängigkeiten (vgl. Puffert 2009). Trotzdem bleibt Infrastrukturpolitik der Bereich der Verkehrspolitik, in dem staatliches Engagement am meisten akzeptiert und auch erwartet wird. Im Hinblick auf die Finanzlage wird die Möglichkeit nicht staatlicher Infrastrukturfinanzierung in Zukunft wohl stärker erwogen werden. Während die damit verbundene Mauterhebung in anderen Ländern schon seit Jahren üblich ist, wurde die Straßenmaut in Deutschland lange Zeit skeptisch betrachtet und bei den privaten Autobahnprojekten in den 1920er Jahre noch aus grundsätzlichen Erwägungen untersagt. Dies verweist nicht zuletzt auf die auch im internationalen Vergleich in den vergangenen 200 Jahren für die Verkehrspolitik prägende Konkurrenz privater und öffentlicher Interessen (vgl. Filarski/ Mom 2011).

Eine koordinierte Technologiepolitik des Verkehrs ist dagegen heute kaum mehr existent. Hier wäre an der einen oder anderen Stelle durchaus die Warnung angebracht, dass „Insellösungen", die durch nationale Industriepolitik etwa im Bereich der Zugsicherung oder neuerdings der elektronischen Mauterhebung zustande kamen, aus verkehrspolitischer Sicht Hemmnisse darstellen.

Lernfragen

a) Was kann ein Blick in die Geschichte der Verkehrspolitik leisten?

b) Welches waren in der Geschichte die Hauptakteure der Verkehrspolitik?

c) In welche Phasen lässt sich die Geschichte der Verkehrspolitik einteilen?

d) Welche Handlungsfelder der Verkehrspolitik gibt es und welche historischen Erfahrungen lassen sich dort benennen?

e) Welche Themen aus der Geschichte der Verkehrspolitik lassen sich besonders gut für Vergleiche zu aktuellen Bemühungen um eine integrierte Verkehrspolitik heranziehen?

Literatur

Der Bundesminister für Verkehr (1991): Verkehr in Zahlen 1991. Verkehrsentwicklung 1950–1990. Berlin.

Dienel, Hans-Liudger (2005): Konkurrenz und Kooperation von Verkehrssystemen. In: Bettina Gundler/Michael Hascher/Helmuth Trischler (Hrsg.): Unterwegs und mobil. Verkehrswelten im Museum. Frankfurt/Main, S. 111–129.

Filarski, Ruud/Gijs Mom (2011): Shaping Transport Policy. Two centuries of struggle between the public and private sector. A comparative perspective, Den Haag.

Fraunholz, Uwe (2002): Motorphobia. Antiautomobiler Protest in Kaiserzeit und Weimarer Republik. Göttingen.

Gall, Alexander (2005): „Gute Straßen bis ins kleinste Dorf!" Verkehrspolitik in Bayern zwischen Wiederaufbau und Ölkrise. Frankfurt/Main, New York.

Hascher, Michael (2006): Politikberatung durch Experten. Das Beispiel der deutschen Verkehrspolitik. Frankfurt/Main, New York.

Kaschka, Ralph (2011): Auf dem falschen Gleis. Infrastrukturpolitik und -entwicklung der DDR am Beispiel der Deutschen Reichsbahn, 1949-1989. Frankfurt/Main, New York.

Puffert, Douglas J. (2009): Tracks Across Continents, Paths Through History: The Economic Dynamics of Standardization in Railway Gauge. Chicago.

Rahlf, Thomas (2015): Deutschland in Daten. Zeitreihen zur Historischen Statistik. Bonn.

Schipper, Frank/Johan Schot (2011): Infrastructural Europeanism, or the project of building Europe on infrastructures: an introduction, in: History and Technology Vol. 27, No. 3, 245–264.

Schlimm, Anette (2011): Ordnungen des Verkehrs Arbeit an der Moderne – deutsche und britische Verkehrsexpertise im 20. Jahrhundert. Bielefeld.

Schmucki, Barbara (2001): Der Traum vom Verkehrsfluss: städtische Verkehrsplanung seit 1945 im deutsch-deutschen Vergleich. Frankfurt/Main, New York.

Weiterführende Literatur

Kopper, Christopher (2002): Handel und Verkehr im 20. Jahrhundert. München.

Merki, Christoph Maria (2008): Verkehrsgeschichte und Mobilität. Stuttgart.

Schiedt, Hans-Ulrich/Laurent Tissot/Christoph Maria Merki/Rainer C. Schwinges (2010): Verkehrsgeschichte – Historie des Transports. Zürich.

Schwedes, Oliver/Weert Canzler/Andreas Knie (Hrsg.) (2016): Handbuch Verkehrspolitik. Wiesbaden.

Sieferle, Rolf Peter (2008): Transportgeschichte. Münster.

Michael Hascher, Dr. phil., Landesamt für Denkmalpflege im Regierungspräsidium Stuttgart, Berliner Straße 12, 73728 Esslingen a. N.

Uwe Fraunholz, Dr. phil., Technische Universität Berlin, Gastprofessor Fachgebiet Technikgeschichte, Straße des 17. Juni 135, 10623 Berlin.

Verkehrspolitische Entscheidungen

Nils C. Bandelow und Stefan Kundolf

Zusammenfassung

Verkehrspolitische Entscheidungen sind durch situative Faktoren geprägt. Sie sind daher nicht das Ergebnis rationaler Problemlösungsprozesse. Dies erklärt die Politikwissenschaft mit der inhaltlichen und politischen Komplexität dieses Politikfelds. Zentrale Akteure können die Details nicht überblicken und haben oft keine klaren eigenen Präferenzen. Entscheidungen werden daher auf Grundlage eines subjektiven Problemdrucks, spezifischer Machtkonstellationen und unter Nutzung oft bereits bestehender Lösungskonzepte getroffen. Dabei kann einzelnen strategisch agierenden Personen eine zentrale Rolle zukommen.

1 Einführung

Politik lässt sich in drei Dimensionen unterteilen, die auch zur systematischen Untersuchung verkehrspolitischer Entscheidungen dienen: Policy beschreibt die normative und inhaltliche Dimension, also etwa Gesetze, Verordnungen und politische Programme in einem Themenfeld (Inhalt der Politik). Politics benennt den Prozess, also etwa Wahlen, Koalitionsverhandlungen oder Beteiligungsverfahren (Prozess). Polity bezeichnet die

N. C. Bandelow (✉)
TU Braunschweig, Braunschweig, Deutschland
E-Mail: nils.bandelow@tu-bs.de

S. Kundolf
Braunschweig, Deutschland
E-Mail: stefan.kundolf@braunschweig.de

© Springer Fachmedien Wiesbaden GmbH, ein Teil von Springer Nature 2018   163
O. Schwedes (Hrsg.), *Verkehrspolitik*,
https://doi.org/10.1007/978-3-658-21601-6_8

politischen „Spielregeln", also die Verfassung und andere, auch nicht formal niederge-
legte Gewohnheiten der Konfliktaustragung (Form).

Diese Dreiteilung ermöglicht es, politische Ergebnisse mithilfe von Besonderheiten
politischer Prozesse oder Spielregeln zu erklären. Wenn Politikwissenschaft einzelne
Politikfelder untersucht, nimmt sie somit immer die Besonderheiten dieser drei Dimensionen ins Blickfeld. Außerdem betrachtet die politikwissenschaftliche Perspektive
Spezifika der politisch zu bearbeitenden Probleme und der an verschiedenen Lösungen
interessierten Akteure.

Politikfelder können sich unter anderem darin unterscheiden, wie sehr sie durch rationale Entscheidungen, Werte, Emotionen, Traditionen oder situative Faktoren geprägt
werden. In einer klassischen Perspektive interpretiert Politikwissenschaft politische
Prozesse zunächst als rationale Problembearbeitungen (Jann/Wegrich 2014). Die Poli-
tikproduktion in modernen Demokratien weicht aber in vielfacher Hinsicht von einer
solchen Vorstellung ab. So ist bereits die Identifikation von Problemen davon abhängig,
welche Ziele verfolgt werden. Es werden also nicht konsensual wahrgenommene Probleme gelöst, sondern Situationen vor dem Hintergrund von jeweiligen Interessen und
Werten interpretiert und diese sind im Politikfeld Verkehr besonders diffus. So ermöglicht Mobilität gesellschaftliche Teilhabe, erzeugen Mobilitätsbedürfnisse Verkehrsangebote, die zur wirtschaftlichen Entwicklung, zum technologischen Fortschritt und im
großen Maße zur Beschäftigung von Arbeitnehmern beitragen. Gleichzeitig verursacht
der Verkehr weitreichende Effekte für Umwelt und Gesundheit. Die Aushandlung von
sehr unterschiedlichen Interessen in der Verkehrspolitik ist somit eng mit den jeweiligen Machtverhältnissen verbunden. Machtverhältnisse hängen von vielen Aspekten ab,
etwa den parteipolitischen Mehrheiten (vor allem in parlamentarischen Systemen wie
Deutschland), wirtschaftlicher Macht von Interessengruppen, der veröffentlichten und
öffentlichen Meinung und von persönlichen Netzwerken einzelner Akteure. Politikwissenschaftliche Modelle ermöglichen es, diese Faktoren zu identifizieren, um die wahrscheinlichen verkehrspolitischen Problemwahrnehmungen und möglichen Szenarien für
verkehrspolitische Handlungsoptionen zu identifizieren.

Um die Frage nach den Mechanismen der Verkehrspolitik zu beantworten, werden im
Folgenden zunächst die Besonderheiten des Politikfeldes Verkehr vorgestellt. Anschließend soll eine politikwissenschaftliche Perspektive entwickelt werden, die diesen
Besonderheiten gerecht wird und für das wissenschaftlich schwierige Unterfangen eines
Ausblicks auf zukünftige Entscheidungen geeignet erscheint. Danach erfolgt, ausgehend
von dieser Perspektive, zunächst eine Analyse der aktuellen verkehrspolitischen Problemwahrnehmungen. Der nächste Abschnitt stellt mögliche Lösungen vor, um darauf
aufbauend mögliche Entwicklungen unter den derzeit gegebenen Strukturen in
Deutschland zu identifizieren.

2   Spezifika der Verkehrspolitik

Verkehrspolitische Fragen sind in besonderer Weise mit wirtschaftlichen, finanzpolitischen, umweltpolitischen und/oder sozialpolitischen Themen verknüpft. Infrastrukturplanungen, die einen großen Umfang verkehrspolitischer Ressourcen binden, werden zunehmend diesen zentralen Fragen ausgesetzt. Die Aufstellung des Bundesverkehrswegeplanes muss etwa finanzielle Möglichkeiten, wirtschaftlichen Nutzen, ökologische Ziele und Verträglichkeit von Projekten abwägen. Soziale Aspekte, wie die Auswirkungen neuer Straßen- oder Zugtrassen und Ausbaumaßnahmen von Flughäfen, haben zudem auf die Lebensqualität und die Mobilitätsstruktur der Bürger großen Einfluss und sind wichtige Faktoren für die Gestaltung von Infrastruktur geworden. Dieses Konglomerat an abzuwägenden Anforderungen führt dazu, dass unterschiedliche Fachressorts zunehmend gefordert sind, in verkehrspolitischen Entscheidungsprozessen mitzuwirken.

Neben der Fachpolitik spielen juristische Akteure und Institutionen in der deutschen Verkehrspolitik eine wichtige Rolle. Vor allem Großprojekte der Verkehrsinfrastruktur erfordern rechtliche Abwägungen zwischen den Betreiber- und Nutzerinteressen einerseits und den Interessen der Anwohner andererseits, die häufig negativ von externen Effekten betroffen sind. Dies gilt etwa für den Bau und Ausbau von Flughäfen, wie sich in den 1980er Jahren bei der Startbahn West des Frankfurter Flughafens, von Bahnhöfen, wie Stuttgart 21 in den letzten Jahren oder beim Konflikt um den seit 2008 geplanten Ausbau der Autobahn A 39 zwischen Lüneburg und Wolfsburg beobachten lässt. Letzterer soll Entlastungen der Bundesstraße 4 (B 4) von Braunschweig nach Lüneburg, der A 2 und der A 7 im Bereich von Hannover schaffen. Befürworter finden sich vor allem unter den Anwohnern der B4 sowie in der regionalen Industrie und im Handel, während die Gegner eher unter den Betroffenen eines Trassenneubaus zu finden sind.

Das Netzwerk der an verkehrspolitischen Entscheidungen beteiligten Akteure wird zusätzlich dadurch erweitert, dass Verkehrspolitik in besonderer Weise auch vom Föderalismus betroffen ist. In der Bundesrepublik Deutschland sind sowohl Bund als auch Länder und Kommunen an Entscheidungen in diesem Feld beteiligt. Auch die direkten und insbesondere indirekten Kompetenzen der EU sind hier bedeutsam. Auf EU-Ebene werden wesentliche umweltpolitische Vorschriften und technische Standards vereinbart, die zu berücksichtigen sind. Insgesamt zeichnet sich die Verkehrspolitik somit dadurch aus, dass die Entscheidungen von einer großen Zahl unterschiedlicher Akteure mit schwer zu überblickenden und teilweise umstrittenen (wie etwa beim Streit um die Pkw-Maut sichtbar) Kompetenzen getroffen werden.

Die jeweils an verkehrspolitischen Entscheidungen beteiligten Akteure wechseln häufig. Verkehrspolitik ist kein geschlossenes Politikfeld wie etwa Rentenpolitik: Mit den jeweiligen Akteuren und Entscheidungsebenen wechseln auch die thematischen Bezüge: Mal ist es eher Umweltpolitik, in einer anderen Konstellation spielen eher industriepolitische oder technologiepolitische Aspekte eine zentrale Rolle.

Der Abgasskandal der Automobilindustrie als verkehrspolitische Herausforderung

Im September 2015 wurde bekannt, dass Volkswagen (und möglicherweise weitere Hersteller) eine verbotene Software zur Manipulation von Abgastests eingesetzt haben. Die Abgasgesetzgebung wird öffentlich vor allem als Umweltpolitik wahrgenommen. Mit dem Skandal wurden die komplexen Bezüge des Themas deutlich: Abgasgesetzgebung ist Technologiepolitik, Industriepolitik und sogar Regionalpolitik, wie die befürchteten konkreten Auswirkungen des Abgasskandals etwa auf Südostniedersachsen zeigen. Mit der Veröffentlichung der Manipulationsvorwürfe gegenüber VW wurden bestimmte Akteure wichtiger: etwa Juristen, Medien, Prüfinstitutionen (wie die US-amerikanische Environmental Protection Agency, EPA). Über den eigentlichen Skandal der Manipulation bei VW hinaus wurden schnell die realen Abgaswerte aller Hersteller in den Blick genommen und vermehrt Abweichungen von den Werten in offiziellen Testzyklen festgestellt. Solange nicht vollständig bekannt ist, welche Unternehmen in welchem Umfang und welcher Qualität eigene Daten zur Ermittlung von Abgaswerten veröffentlichen (bspw. Daten zum Rollwiderstand von Fahrzeugen), können die Konfliktlinien und Akteurskonstellationen kurzfristig wechseln.

Gleichzeitig eröffnet der Abgasskandal ein Entscheidungsfenster für Politikwandel zur Bearbeitung von Problemen, die nur indirekt damit zu tun haben: Er kann die Förderung der Elektromobilität vorantreiben und sogar zur ökologischeren Ausrichtung des Modal Split, also der Aufteilung der gewählten Verkehrsmittel, beitragen. Auch institutioneller Wandel kann durch den Skandal ausgelöst werden, etwa indem die Struktur und Funktionsweise der Prüfinstitutionen hinterfragt werden.

3   Analytische Perspektive

Verkehrspolitik und Ideen zur Gestaltung zukünftiger Mobilität erreichen immer häufiger die Aufmerksamkeit der Politik. Auch in der Politikwissenschaft wird das Feld zunehmend systematisch beachtet (Schwedes 2016; Sager 2016; Lindloff 2016). Ein wichtiger Grund für die wachsende Bedeutung der Politikwissenschaft in dem Politikfeld ist die Orientierung an Nachhaltigkeitszielen, die eine ökonomische Perspektive durch soziale, ökologische und politische Aspekte ergänzen (Bandelow et al. 2014).

Verkehrspolitik wird damit auch zunehmend zum Thema des deutschen Parteienwettbewerbs. Dabei geht es um unterschiedliche Gewichtungen und Interpretationen der Nachhaltigkeitsziele. Zudem sind die Parteien mit verschiedenen verkehrspolitischen Interessengruppen verbunden (Lindloff et al. 2014). Gleichzeitig manifestieren sich Konflikte im Verkehrssektor in Auseinandersetzungen zwischen den verkehrspolitischen Expertinnen und Experten aller Parteien auf der einen Seite und politischen Generalisten auf der anderen Seite.

Aufgrund der komplexen Bezüge der Verkehrspolitik zu anderen Politikfeldern wie Industriepolitik, Technologiepolitik, Regionalpolitik, Umweltpolitik und Energiepolitik sind die Hintergründe der Entscheidungen für die Öffentlichkeit und teilweise selbst für politische Generalisten in Parlamenten und anderen Entscheidungsgremien wenig transparent. Eine besondere Rolle spielen in diesem Feld wissenschaftliche Gutachten, die oft interessengeleitet sind. Zwar besteht nach wie vor der Glaube, dass wissenschaftliche Expertise dazu beiträgt, rationale, objektive Präferenzen bei den politischen Akteuren zu bilden, um ein Problem eindeutig definieren und seine Lösung adäquat erarbeiten zu können, doch die bloße Vielzahl von Expertisen lässt diesen Effekt unwahrscheinlich werden. So haben sich unterschiedliche Perspektiven etabliert, die unter anderem an den Akteuren aus den verschiedenen Verkehrsträgern orientiert sind. Ein wesentliches Problem der Verkehrspolitik besteht darin, dass die unterschiedlichen Expertennetzwerke nicht durchgängig vernetzt sind und daher weniger zur Problemlösung als zur Vertiefung von Konflikten beitragen (Bandelow 2007). Hinzu kommt, dass die unterschiedlichen Interessengruppen verschiedene Möglichkeiten haben, aufwendige Gutachten erstellen zu lassen.

Politische Akteure müssen nach Machtgewinn und Machterhalt streben. In öffentlichen politischen Debatten geben die Akteure allerdings inhaltliche Ziele vor. Formal sind diese oft an Konzepten der integrierten Verkehrspolitik orientiert, die aber in der Praxis noch wenig Bedeutung haben (Schwedes 2016). Diese Diskrepanz hängt mit den Eigenheiten der Verkehrspolitik zusammen. Politische Entscheider haben oft keine klaren Ziele und Präferenzen für konkrete verkehrspolitische Fragen, da das Thema als Querschnittsaufgabe sehr komplex ist und von einzelnen Personen kaum vollständig überschaut werden kann. Oft ist die Thematisierung verkehrspolitischer Fragen das Ergebnis situativer Konstellationen und nicht rationaler Problemlösungsprozesse. Um diese Spezifika analysieren zu können, wurde von dem US-amerikanischen Politikwissenschaftler John W. Kingdon der Multiple Streams Ansatz (MSA) als analytische Perspektive entwickelt (Kingdon 2014).

Zur Person: John W. Kingdon

John W. Kingdon, geboren 1940, ist ein inzwischen pensionierter Politikwissenschaftler der University Wisconsin-Madison. Er wurde durch ein 1984 erstmals erschienenes preisgekröntes Buch bekannt. Die Studie fragt danach, welche Themen es zu welcher Zeit auf die politische Agenda schaffen. Eines von zwei Fallbeispielen ist die Verkehrspolitik. Kingdon entwickelt das „Papierkorbmodell" aus der Organisationsforschung weiter, um diese Frage zu beantworten: Danach sind auch in der Politik Entscheidungen oft keine rationalen Problemlösungen, sondern werden aufgrund situativer Faktoren aus dem „Papierkorb" vorhandener Konzepte – oft entwickelt für vergangene Problemlagen – gezogen.

Der MSA bricht mit vielen sonst üblichen Annahmen. Er setzt keinen direkten Zusammenhang zwischen politischen Problemen und Entscheidungsfindungsprozessen voraus. Vielmehr wird Politik aus einer organisationstheoretischen Perspektive betrachtet (Rüb 2014). Das heißt konkret, dass nicht das analytisch separierte Verhalten einzelner Akteure, sondern die gleichzeitig stattfindenden Prozesse in der Gesamtorganisation „Politik" beobachtet werden. Einzelne Personen tragen gegebenenfalls gleichzeitig zu mehreren Prozessen bei und können diese unter bestimmten Bedingungen auch zusammenbringen. Dennoch spielen situative Bedingungen jenseits der prognostizierbaren Ziele einzelner Akteure eine zentrale Rolle für die Politik.

Grundlegend für das Verständnis des Ansatzes ist somit ein Denken in Strömen (Abb. 1). Obwohl Regeln existieren, entfalten sich Kompetenzen und die Wahrnehmung von Verantwortlichkeiten im Handeln von Personen. Entsprechend der Fluktuation von Akteuren verändern sich oftmals auch die für Entscheidungen zugrunde liegenden Prämissen. Darüber hinaus geht der Ansatz davon aus, dass die Präferenzen von Akteuren entgegen spieltheoretischer Perspektiven unklar sind. Entscheidungsprozesse werden durch Mehrdeutigkeit und Unsicherheiten geprägt, da die Informationen für eine Präferenzbildung oftmals nicht vorhanden sind. Zudem ist es aufgrund der Überschneidungen vieler Themen den politischen Entscheidern nicht möglich, unter dem dauerhaften politischen Zeitdruck stabile Präferenzen zu entwickeln.

In großen Organisationen finden sich unterschiedliche Sichtweisen und Einschätzungen auf Themen, sodass Mehrdeutigkeiten zu einzelnen Sachverhalten entstehen und die Organisation als System keine einheitliche Strategie entwickeln kann. Das „Temporal Sorting" ist eine entsprechende Strategie, um in einer Umgebung multipler Ereignisse und Anforderungen zu einer bestimmten Zeit ein Thema besonders herauszustellen.

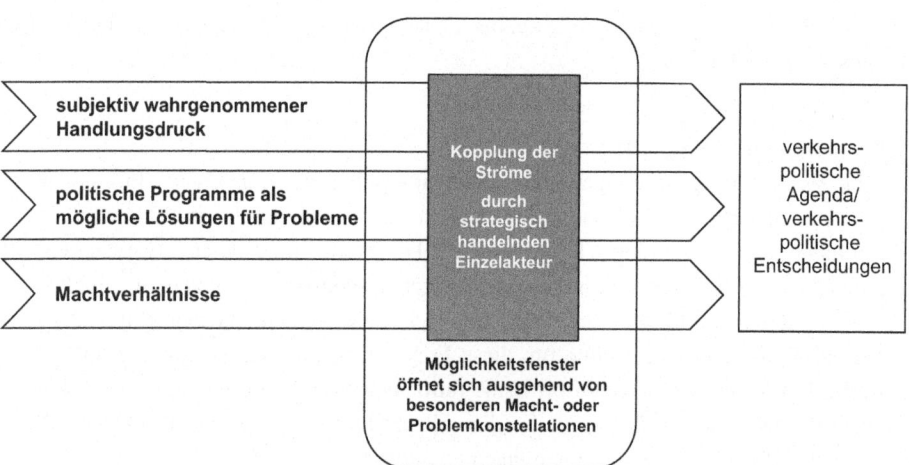

Abb. 1 Der Multiple-Streams-Ansatz als Grundlage zum Verständnis der Verkehrspolitik. (Quelle: eigene Darstellung nach Kingdon 2014 und Rüb 2014)

Sachrationale Entscheidungen treten dabei zurück, es dominiert die Frage nach der Terminierung von Themen (Agenda Setting) und die Reihung von Prioritäten.

Aufgrund der komplexen Wirkungszusammenhänge politischer Entscheidungen gibt es eine Doppel- und Mehrdeutigkeit politischen Handelns. Dabei gilt: jedes Phänomen ist unterschiedlich interpretierbar und entsprechend unterschiedlich werden Probleme definiert. So kann beispielsweise das Phänomen des wachsenden Verkehrs als ein Wachstum des Wirtschaftsverkehrs und damit steigender Wirtschaftsleistung interpretiert werden. Das umweltpolitische Problem in dieser Betrachtung wäre, wie die Verkehrsnachfrage befriedigt werden kann. Entsprechende Lösungen wären bei dieser Problemdefinition bspw. der Ausbau von überlasteten Strecken oder deren Qualifizierung mit Verkehrsleitsystemen zur Steuerung des Verkehrsflusses. Das Phänomen kann aber auch als umweltpolitisches Problem wahrgenommen werden. Politisches Handeln hätte dann das Problem zu lösen, indem es negative Auswirkungen des Verkehrs minimiert oder den Verkehr reduziert. Diese schematische Darstellung ist weiter ausdifferenzierbar, verdeutlicht aber bereits, dass ein Problem an sich mehrdeutig sein kann und aus ihm folgende Lösungen die Ambiguität noch verstärken.

Der Ansatz lässt sich trotz seiner ursprünglichen Perspektive auf den pluralistischen Präsidentialismus der USA in der Verkehrspolitik auch auf Deutschland übertragen. In vielen anderen Politikfeldern steht einer Mehrdeutigkeit von Problemen in Deutschland ein relativ starker Interpretationsrahmen in Form der Parteien zur Verfügung, die Probleme und Lösungen bereits für sich konkretisieren. Dies gilt für die Verkehrspolitik nur in stark eingeschränkter Form, da Verkehrspolitik im Parteienwettbewerb noch eine geringe Rolle spielt. Die komplexen Wirkungszusammenhänge zwischen Verkehrs-, Klima-, Umwelt-, Sozial- und Wirtschaftspolitik sind so vielseitig, dass sowohl Problem- als auch Lösungsansätze sehr oft mehrdeutig und unklar bleiben. Beispiele sind die Debatten um die Wirkungszusammenhänge und die Intensität klimatischer Veränderungen durch den Verkehr und um die Bewertung externer Kosten verschiedener Verkehrsträger. Hier gab und gibt es immer wieder Studien, die den bisherigen Ergebnissen vollständig entgegenstehen.

Im Zusammenhang mit dem hohen Verflechtungsgrad des Politikfeldes bestehen Unsicherheiten, welche Ressorts und ministeriale Abteilungen zu einem Thema einzubeziehen sind. Eine enge oder weite Integration hat unmittelbaren Einfluss auf die Problemdefinition und Problemlösungsgestaltung.

4 Entwicklung des subjektiv wahrgenommenen Handlungsdrucks

Probleme und Herausforderungen sind nur dann für politische Prozesse relevant, wenn sie von den relevanten Akteuren erkannt werden und aus der jeweiligen Sicht einen Handlungsdruck erzeugen. Die hier gewählte politikwissenschaftliche Perspektive fokussiert daher bei der Analyse von Problemen nicht auf gesellschaftliche, wirtschaftliche oder sonstige objektive Daten, sondern auf Sichtweisen politischer Akteure. Um diese Sichtweisen wissenschaftlich zu erheben, wird in der Politikwissenschaft üblicherweise zunächst eine nachvollziehbare Form der Identifikation relevanter Akteure vorgenommen. So können etwa alle Akteure, die bei bestimmten Anhörungen (mehrfach) vertreten waren, als relevant angenommen werden. Möglich ist auch eine Zusammenstellung nach dem Schneeballprinzip, d. h. nach der Identifikation erster Akteure werden über Befragungen die jeweils für relevant gehaltenen weiteren Mitglieder des Entscheidungsnetzwerkes benannt.

Diese Methoden eignen sich vor allem bei der nachträglichen Analyse konkreter Entscheidungsprozesse. Bei einer Vorschau auf zukünftige Entscheidungen kann dagegen noch nicht auf Anhörungen oder ähnliche Dokumente zurückgegriffen werden.

Ein ähnliches Problem stellt sich auch bei der Analyse der konkreten Problemwahrnehmungen. Ex-post-Untersuchungen erlauben zunächst eine Identifikation der tatsächlichen politischen Konflikte. Daran anknüpfend können politikwissenschaftliche Studien mit Dokumentenanalysen von Stellungnahmen oder leitfadengestützten Interviews die Positionen der Akteure zu allgemeinen Grundlagen und spezifischen Sichtweisen und Konfliktpunkten erheben.

Bei der Vorschau auf zukünftige Entscheidungen ist ein derart systematisches Vorgehen nur eingeschränkt möglich. Tatsächlich lassen sich über die aktuellen Mehrheitsverhältnisse wichtige Akteure identifizieren: Dies sind zumindest die Generalisten und die Spezialisten der Regierungsparteien, die Ministerialbürokratie des Verkehrsministeriums, etablierte Interessenverbände und Unternehmen der Verkehrswirtschaft sowie einzelne Wissenschaftler – sofern diese zum Beratungskreis der Entscheider gehören. Darüber hinaus können weitere Akteure in einer noch nicht eindeutig absehbaren Weise Einfluss auf die verkehrspolitischen Entscheidungen nehmen: Dazu gehören vor allem die Oppositionsparteien und ihnen nahestehende Interessengruppen, Fachleute und die Interessenvertretungen von Ländern und Kommunen. Besonders schwierig ist eine Prognose der Rolle der Europäischen Union, da hier stetige Machtverschiebungen – etwa durch Regierungswechsel in einzelnen Mitgliedstaaten – relevant sein können.

Welche Erkenntnisse lassen sich nun aus dem Multiple-Streams-Ansatz für die aktuelle Verkehrspolitik ziehen? Nimmt man eine konkrete Policy, etwa den Umbau der Bundesautobahn A2 zwischen Braunschweig und Hannover, dann ist dieses Thema von vielen Aspekten abhängig. Es gibt im Politikfeld Verkehr gegensätzliche Sichtweisen der Experten – etwa der Automobillobby einerseits und einer ökologischen Koalition andererseits. Es liegen verschiedene konkurrierende „Lösungen" im Papierkorb: Die Automobillobby würde gerne eine Erweiterung von aktuell sechs Spuren auf acht Spuren auf die Agenda setzen. Ein solcher Vorschlag kann situativ ganz unterschiedlich gerahmt werden: Der Autobahnausbau kann als industriepolitische Maßnahme begründet werden oder eine verbesserte Verkehrssicherheit behaupten. Auch Umweltschutz im Sinne einer Stauvermeidung lässt sich als Rechtfertigung nutzen. Gegenkonzepte wären Maßnahmen zur Verkehrsverlagerung, Verkehrsvermeidung oder Geschwindigkeitsregulierung. Auch diese Maßnahmen sind situativ unterschiedlich begründbar: Sie können auf ökologische Ziele setzen oder auch mit technologiepolitischen Zielen verbunden werden.

Im politischen Prozess suggerieren die scheinbar objektiven Nutzen-Kosten-Bewertungen von geplanten Verkehrsprojekten eine Vergleichbarkeit unterschiedlicher Kriterien. Tatsächlich sind aber auch diese Bewertungen politisch beeinflussbar: So werden nicht nur die allgemeinen Regeln politisch vorgegeben (also etwa die Frage, welches Gewicht ein erwarteter Zeitgewinn einzelner Reisender hat), sondern auch der Zuschnitt der zu bewertenden Projektteile bietet Einflussmöglichkeiten.

Obwohl grundsätzlich gegensätzliche Zugänge zu verkehrspolitischen Themen bestehen, sind Informationen für die als politische Unternehmern auftretenden Experten von großer Bedeutung. Wichtige Informationen sind nicht nur sachbezogene Indikatoren im engeren Sinn, es können auch Krisen, Einzelereignisse und Symbole sein (Kingdon 2014: 91–92). Theoretisch haben sachbezogene Zahlen eine besondere politische Bedeutung: Ist ein Problem und dessen Auswirkungen mit quantitativen Indikatoren erfassbar, so kann es besser dargestellt werden und erzeugt einen größeren Handlungsdruck. Das Problem wird strukturierbar und vermeintliche Effekte einer Entscheidung können berechnet werden. Ein Beispiel ist die Umweltproblematik des Flugverkehrs. Diese existierte lange, ohne dass eine Quantifizierung konkreter Effekte erfolgt wäre. Es ist nicht unbedingt nötig, dass sich das Problem selbst verändert. Auch eine neue wissenschaftliche Quantifizierung des Problems erzeugt einen politischen Problemdruck, wenn etwa konkrete Auswirkungen, beispielsweise des Fluglärms auf den menschlichen Organismus in der Nacht in Form eines erhöhten Risikos von Herzinfarkten, Kreislauferkrankungen und psychischen Leiden gemessen werden. Nicht systematisch erfasst ist bisher, ob und inwiefern auch Bilder, Filme und andere qualitative Informationen in der zunehmenden digitalisierten Welt über die mediale Aufmerksamkeitslogik auf die verkehrspolitische Agenda kommen können.

Dies heißt allerdings nicht, dass pauschal alle quantifizierten Problemkonstellationen den Weg auf die politische Agenda finden. Dennoch erhöht es die Chance für Akteure, mit solchen „fassbaren" Studien die Entscheidungsträger überzeugen zu können, ein relevantes, zu lösendes Problem identifiziert zu haben. In diesem sehr frühen Prozess des Agenda Settings – einer Phase in der aus einer Vielzahl von Problemen, diejenigen identifiziert werden, die zu behandeln sind – zeigt sich bereits die Bedeutung politischen Handelns. Erst die aktive Konkretisierung von Problemen führt zu einer Wahrnehmung in einer überlasteten Politiklandschaft. Daher ist die Bedeutung von Interessengruppen und Wissenschaft bei der Definition von Problemen sehr groß. Je klarer die Indikatoren sind und je stärker Akteure ihre Wahrnehmungen verdeutlichen können, desto größer ist die Chance eines erfolgreichen Agenda Settings. Es ist somit nicht verwunderlich, dass politische Interessenvertreter immer weniger versuchen auf Parlamentarier Einfluss zu nehmen, die im politischen Prozess über Gesetzesentwürfe entscheiden, sondern verstärkt der Trend dahingeht, Einfluss auf die Ausarbeitungen von Entwürfen in ministerialen Arenen zu gewinnen, wo die Probleme definiert und entsprechende Lösungen zusammengetragen werden (Lindloff 2016).

Neben Indikatoren sind vor allem Krisen für die Problemsicht relevant. Mit dem Abgasskandal ist eine wichtige „Hintergrundfolie" für die verkehrspolitische Agenda der nächsten Jahre erkennbar. Dabei ist noch nicht gesichert, welche Effekte diese Krise letztlich hat und wie sie die politischen Entscheidungsprozesse beeinflusst. Das Krisenszenario kann dabei sowohl eher für industriepolitische und Technologie orientierte Politik genutzt werden, indem öffentliche Förderungen der Elektromobilität verstärkt werden oder ein Möglichkeitsfenster darstellen, regulierende Maßnahmen zur Reformierung der verkehrspolitischen Institutionen der Abgasmessung und -gesetzgebung durchzuführen.

Eine weitere Möglichkeit, wie ein Problem auf die politische Agenda kommt, ist weitestgehend unvorhersehbar. Unglücksfälle wie Flugzeugabstürze, Massenkarambolagen auf Autobahnen oder Terroranschläge sind solche Einzelereignisse, die eine hohe mediale Aufmerksamkeit erfahren und die es aus politischer Sicht notwendig machen, mögliche Ursachen zu beheben. So wurde ein Flugzeugabsturz am 09. Juni 2009 auf eine Störung der Geschwindigkeitssensoren (Pitot-Sonde) am Flugzeug zurückgeführt. Dass die Pitot-Sonde unter bestimmten Witterungsbedingungen vereisen kann und fehlerhafte Ergebnisse liefert, war bereits bekannt. Aber erst die durch diesen Absturz medial bekannt gewordene Ursache, lässt die Geschwindigkeitsmessung als Sicherheitsproblem des Flugverkehrs erscheinen, welches zu lösen ist.

Zu klären bleibt, inwieweit das Problem ursächlich für diesen und andere Abstürze ist. Aufgrund der sehr schnell medial verbreiteten mutmaßlichen Ursache kreisen entsprechende Lösungsvorschläge um den Austausch der Sonden bzw. zu verändernde Konfigurationen. Die Suche nach potenziellen weiteren Unfallursachen wurde erst später diskutiert. Das Agenda Setting durch den Absturz richtete sich also zunächst auf die Sonde als Problem, ohne ein gänzlich gesichertes Wissen um die genaue Problemkonstitution zu besitzen.

Als weitere Illustration kann das Ereignis des Vulkanausbruches auf Island im Frühjahr 2010 herangezogen werden. Der Ausbruch des Vulkans verursachte eine Aschewolke in großen Höhen, die als Gefahr für den Flugverkehr wahrgenommen wurde. Zwar gab es bereits früher Einzelfälle, in denen Flugzeuge durch eine hohe Konzentration an Asche in der Nähe von aktiven Vulkanen Schäden davontrugen, jedoch blieben diese Ereignisse lokal begrenzt und erzeugten keinen politischen Handlungsdruck, da solche Gebiete durch einzelne Eingriffe in Flugrouten umflogen werden konnten. Im Fall des isländischen Vulkans konnten aber umgehend Simulationen angefertigt werden, die eine Ausbreitung von Asche über große Teile Europas beschrieben. Die Daten vom britischen Wetterdienst (Met Office) enthielten aber wenig präzise Aussagen über die Konzentration der Asche. Die fehlenden Analyse- und Interpretationsmöglichkeiten für den Flugverkehr führten zu einem diffusen Gefahrenbefund und langfristigen wie großräumigen Flugverboten in vielen europäischen Staaten. Einerseits wurde die Politik in dieser Situation gefordert, auf unzureichender Datenbasis zwischen ökonomischen und sicherheitspolitischen Zielen abzuwägen. Andererseits wurde aufgrund der mangelnden Koordination der staatlichen Flugsicherheitsbehörden und die fehlenden Instrumente zur Risikoanalyse die langfristige Forderung an die Politik gerichtet, adäquate Steuerungsinstrumente und Infrastrukturen zu entwickeln, um eine solche Ausnahmesituation in Zukunft zu vermeiden. Charakteristisch für sich durch Unglücke öffnende Entscheidungsfenster ist es, dass unter den teilweise äußerst chaotischen Bedingungen Problemdefinitionen selten umfassend und abschließend vorgenommen werden können. Trotzdem erzeugen diese Ereignisse für die Politik einen kaum zu ignorierenden Handlungsdruck.

Ähnlich wie bei Einzelereignissen verhält es sich bei Problemen, die durch Krisen auf die Agenda gelangen. Hier ist der Zeitdruck wiederum entscheidendes Kriterium. Die Politik hat sich beispielsweise durch ihr Ziel, bis 2020 die Zulassung von einer Million Elektro-Fahrzeuge zu erwirken, in der Krise um den Abgasskandal dazu entschlossen, eine zuvor abgelehnte Kaufprämie für Fahrzeuge mit Elektro- bzw. Wasserstoffantrieb einzurichten. Noch im Oktober 2015 sah das Bundesverkehrsministerium direkte Kaufprämien, die vom Umweltministerium und den Grünen gefordert werden als nicht zielführend an. Im Frühjahr 2016 stellten Bundeswirtschaftsministerium und Verkehrsministerium dann die Prämie vor. Dies zeigt die Nutzung des Zeitfensters, wobei bisher keine systematische Forschung zur möglichen Existenz benennbarer politischer Unternehmer vorliegt. Die Frage wer es genutzt hat, bleibt ohne Analyse unklar. Das Instrument setzt dabei kurzfristige Kaufanreize. Branchenverbände und Wissenschaftler kritisieren die fehlende strategische Ausrichtung dieser Maßnahme. So fehlt es an der Technologie um die alternativen Antriebe der Fahrzeuge günstiger und leistungsfähiger zu machen oder auch an der ausreichenden Abdeckung von Lade- und Tankinfrastruktur, um eine breitenwirksame Marktperspektive für die E-Mobilität zu bieten. Auch der ökologische Nutzen der Förderung ist nicht unstrittig, da Hybridfahrzeuge förderfähig sind, die im Alltag deutliche höhere Verbräuche aufweisen, als die unter Prüfbedingungen ermittelten Normverbräuche. Das Beispiel zeigt, dass Zeitknappheit großen Einfluss auf politische Entscheidungen und Ergebnisse hat und die Unsicherheit bezüglich der Wirkungen groß ist.

Die politische Agenda kann auch durch selbsterzeugte Probleme geprägt werden. So haben die Entscheidungen zur Privatisierung der Deutschen Bahn den Kostendruck für den Einstieg in den Aktienmarkt für die Bahn erhöht. Wartungsintervalle wurden verlängert, Entscheidungen für die Ausschreibung neuer Technik wurden nach dem günstigsten Angebot getroffen, was einen schlechteren Materialeinsatz und kürzere Testphasen nach sich zog. Auch auf die Instandhaltung des Streckennetzes hatte diese Politik nachteilige Auswirkungen und sind immer wieder medial und politisch auf der Agenda und mindern die Aufmerksamkeit für andere Probleme.

Darüber hinaus stehen die Ergebnisse in Form von Verspätungen durch verlangsamte Streckenabschnitte, mangelnden Komfort oder Zugausfällen einer langfristig nachhaltigen Verkehrspolitik durch befürchtete Abwanderungen auf den Fernbus, das Auto oder den Lkw entgegen. Die zunehmende Lärmbelastung auf zentralen Korridoren entlang des Rheins aufgrund veralteter Waggons dürfte zu einem weiteren Problem der Bahn und damit von politischen Plänen werden, den Güterverkehr stärker zu fördern, denn die

Forderung nach Lärmschutz bzw. Nachtfahrverboten für Güterzüge würde sehr viel Geld binden bzw. einen tiefen Eingriff in die Logistikabläufe der Bahn verursachen, da die Streckenkapazität in Deutschland den Schienengüterverkehr in die Nachtstunden drängt.

Trotz der rhetorischen Bezugnahme aller verkehrspolitischer Akteure auf ein umfassendes Nachhaltigkeitsmodell, sind insbesondere Problemsichten im Bereich ökologischer und sozialer Aspekte zurzeit sehr ungewiss. Mit dem vierten Sachstandsbericht des IPCC der Vereinten Nationen 2007 rückte der Verkehr als klimaschädlich in das Bewusstsein der Öffentlichkeit. Die Debatten um Feinstaub und CO_2-Emission bestimmen dabei zunehmend das Problembewusstsein. So dominiert bei verkehrspolitischen Stellungnahmen relevanter Akteure in Bezug auf die ökologische Dimension des Nachhaltigkeitskonzepts eine Verkürzung auf die Klimapolitik. Diese Sicht führt zu einer Beschränkung der Problemwahrnehmung auf die Höhe der Schadstoffemissionen. Dabei werden vor allem Lösungen thematisiert, die klimaschädliche Abgase reduzieren sollen. Dies sind meist technische Lösungen, die kurzfristige Erfolge ermöglichen. Eine aktuell nicht dominante, alternative Sicht könnte die Gesamtzusammenhänge zwischen Verkehr, Umwelt und Gesellschaft in das Blickfeld nehmen und die Klimadiskussion nur als Teilaspekt sehen. So wird die derzeit mit großen Hoffnungen verbundene Automatisierung des Fahrens Verbräuche und Emissionen reduzieren und dazu beitragen, Verkehr sicherer zu organisieren. Der steigende Flächenverbrauch für die Infrastruktur des Individualverkehrs bleibt davon ebenso außer Acht, wie die Fragen nach den Systemrisiken einer voll automatisierten vernetzten Verkehrsinfrastruktur und die nach den damit verbundenen Strukturveränderungen samt den Beschäftigungsverhältnissen im ÖPNV, die nur am Rande diskutiert werden.

5   Entwicklung von politischen Programmen als mögliche Lösungen für Probleme

Politische Konzepte können von unterschiedlichen Akteuren entwickelt werden. Sie entstehen nicht nur in Verhandlungen aus dem politischen Raum heraus, sondern werden oft unabhängig von konkreten Problemen – oder für politisch zurzeit nicht wahrgenommene Probleme – entwickelt. Dies ist gerade in der Verkehrspolitik ein häufiges Phänomen, da hier spezifisches wissenschaftlich fundiertes Fachwissen notwendig ist.

Wissenschaftliche Konzepte basieren auf Grundannahmen und nicht immer explizit formulierten politischen Präferenzen. Dabei lassen sich verschiedene Typen verkehrspolitischer Konzepte unterscheiden, die jeweils von unterschiedlichen Netzwerken aus politischen Akteuren und Wissenschaftler präferiert werden.

Besonders gute Chancen zur politischen Verwirklichung haben alle Lösungsansätze, die technisch orientiert sind, da sie sich gut mit wirtschaftlichen Interessen verbinden lassen und potenziell konfliktreiche, regelnde Eingriffe vermeiden. Dazu gehören unter anderem die gesamten Bereiche der Elektromobilität und der Telematik. Auch Klima- und Umwelttechnologien sollen nicht nur den Verkehr schonender und effizienter gestalten, sondern auch technologische Impulse in Deutschland setzen. Bereits bei der Entwicklung dieser Lösungen spielen politische Entscheidungen eine Rolle, da die Mittel teilweise öffentlich bereitgestellt werden. Die öffentliche Förderung anwendungsorientierter Forschung geht zwar oft von konkreten politischen Problemen aus. Dies muss aber nicht zwingend bedeuten, dass die letztlich implementierten Technologien dann auch wirklich zur Lösung der ursprünglichen Probleme eingesetzt werden. Oft verbirgt sich hinter der Entwicklung von Technologien auch eine Mischung verschiedener Ziele, wie etwa das europäische Programm zur globalen Satellitennavigation „Galileo" zeigt. Die Programmentwicklung war teilweise von wirtschaftlichen Anwendungen (nicht nur im Verkehrsbereich) geprägt, wird aber auch mit militärischen und wissenschaftlichen Zielen verbunden.

Ähnliches gilt für die Elektromobilität, die zurzeit vor allem von dem Ziel einer nachhaltigeren Fundierung der Energieversorgung von Automobilen geprägt ist. Auch hier ist es nicht unwahrscheinlich, dass die letztlich entwickelten technischen Lösungen für weitere Probleme eingesetzt werden. Gleichzeitig ist nicht gewährleistet, dass die Lösungen das ursprüngliche Problem reduzieren. So müssen elektrische Antriebe durch die vermehrte Verwendung in hybriden Antrieben keineswegs klimapolitische Auswirkungen haben. Es kann sogar einen gegenteiligen Effekt geben, wenn die Elektroenergie nicht regenerativ gewonnen wird. Die Klimabilanz von Elektrofahrzeugen ist im großen Maße vom Mix der zur Stromerzeugung genutzten Energiequellen abhängig. Die Klimabilanz von E-Fahrzeugen kann sogar schlechter ausfallen, als bei Fahrzeugen mit konventionellen Antrieben, wenn die Stromgewinnung vor allem durch fossile Quellen erfolgt. In vielen wirtschaftlich aufstrebenden Staaten, in denen fossile Energiequellen einen großen Anteil am Strommix ausmachen, würde die Förderung von Elektromobilität zu einer zusätzlichen Klimabelastung beitragen. Auch andere negative Effekte sind möglich, wenn etwa seltene Erden für Batterien aus Ländern mit geringen Umwelt- und Arbeitsschutzstandards importiert werden müssen. Elektromobilitätsentwicklung kann also auch wirtschaftspolitischen Zielen dienen, die wiederum Effekte hervorrufen, die nicht intendiert waren.

Das politische Problem technischer Lösungen besteht in den verflochtenen Strukturen der Entscheidungsfindung und Finanzierung. Bei jedem technologischen Großprojekt sind unterschiedliche Akteurstypen beteiligt. Dazu gehören fast immer EU, Bund und Länder sowie private Unternehmen. Konflikte können zwischen verschiedenen beteiligten Staaten entstehen (etwa in Fragen der Standorte von Forschungsinstitutionen), sie können aber auch die Verteilung der Nutzungsrechte betreffen. Trotz dieser Probleme ist zu erwarten, dass die Bedeutung technikorientierter Lösungsansätze in der Verkehrspolitik eher zunimmt.

Ein Grund dafür liegt darin, dass die alternativen Lösungen politisch zurzeit wenig präferiert werden. Dies gilt insbesondere für ordnungsrechtliche Instrumente zur Verhaltenssteuerung. Ein Standardbeispiel ist hier der Konflikt um eine allgemeine Geschwindigkeitsbegrenzung auf Bundesautobahnen. Auch diese Maßnahme wird im Kontext verschiedener Probleme diskutiert. Sie soll den Energieverbrauch reduzieren, Unfälle vermeiden, Lärm vermindern oder auch den Verkehrsfluss verbessern.

Anders als ordnungsrechtliche Maßnahmen sind Formen der Anreizsteuerung zumindest prinzipiell mit den Kernüberzeugungen der in Deutschland politisch dominierenden Parteien und Interessengruppen vereinbar. Einflussreiche Verkehrsökonomen sehen Anreize als marktkonforme Steuerungsinstrumente, während sie ordnungsrechtliche Maßnahmen häufig ablehnen. In der Praxis spielen fachliche und machtpolitische Motive oft zusammen, wenn etwa Regierungsparteien eine Pkw-Maut aus Wahlkampfgründen einführen wollen und dabei von liberalen Ökonomen unterstützt werden.

Die Präferenz für bestimmte Governance-Formen (Markt oder Staat) beeinflusst auch die Sichtweise auf konkurrierende Verkehrsträger. Während der Automobilverkehr trotz der öffentlichen Finanzierung der Verkehrsinfrastruktur bezogen auf die Verkehrsgefäße bisher überwiegend privat organisiert ist, dominiert bei der Bahn weiterhin die formal im Bundesbesitz befindliche Deutsche Bahn (DB) (Bandelow et al. 2016). Dies hat dazu beigetragen, dass die Bahn in ihrer traditionellen Struktur von vielen Ökonomen als besonders ineffizient wahrgenommen wurde. Daraus resultierten unter anderem Konzepte der vollständigen Privatisierung des Netzes der DB. Auch andere Privatisierungskonzepte etwa des kommunalen ÖPNV werden wissenschaftlich mit Effizienzgewinnen begründet.

Diese Bewertung ist aber umstritten. Einerseits erfordern Quasi-Märkte, bei denen konkurrierende Anbieter gemeinsame Infrastrukturen nutzen, umfassende und möglicherweise aufwendige Regulationen. Andererseits ist strittig, ob mit der Privatisierung von Verkehrsangeboten nicht auch eine Verschiebung von inhaltlichen Zielen verbunden ist: Die effektive Verfolgung sozialer Ziele ist erschwert, wenn die Umsetzung durch private Akteure erfolgt, denen ein eigenes Interesse an einem gleichmäßigen Angebot für alle Personen und Regionen fehlt. Wenn der Staat selbst als Anbieter von Leistungen auftritt, kann das nicht nur Koordinierungsaufwand reduzieren, sondern auch die direkte Umsetzung normativer politischer Vorgaben erleichtern.

Konkrete politische Programme entstehen somit in der Regel aus einem Zusammenwirken von fachlicher Expertise mit politischen Zielen. Die Entwicklung der Programme ist in der Regel langwierig. Die ursprünglich für die Programmentwicklung relevanten Probleme sind daher oft nicht mehr relevant, wenn Lösungen vorliegen. Auch die politischen Präferenzen können sich im Laufe der Programmentwicklung ändern. Dies führt dazu, dass die Entwicklung von Lösungen oft nicht am Ende eines Entscheidungsprozesses steht, sondern die Lösungen als theoretische Optionen für spätere politische Konstellationen bereitgestellt werden.

6   Entwicklung der Machtverhältnisse

Neben situativen Krisen, also Entscheidungsfenstern aus dem Problemstrom, können auch Machtveränderungen zur Umsetzung verkehrspolitischer Entscheidungen führen. In Deutschland ist allerdings die Chance für grundlegende Veränderungen aufgrund von machtpolitischen Entwicklungen vergleichsweise gering. Grundsätzlich lassen sich drei Arenen unterscheiden, die für Machtverhältnisse relevant sind: Die korporatistische Arena, in der gesellschaftliche mit staatlichen Akteuren Interessen verhandeln, der Parteienwettbewerb und individuelle Netzwerke.

Die korporatistische Arena bietet wenig Spielraum für kurzfristige Machtverschiebungen. Hier zählen Ressourcen wie Organisationsfähigkeit, Konfliktfähigkeit, Bündnisfähigkeit und Geld. Die grundsätzliche Konstellation dieser Ressourcen – etwa bedingt durch den besonderen Einfluss der Automobilindustrie in Deutschland und durch die Verbindung der DB mit der Bundesregierung – sind langfristig weitgehend stabil.

Wenig kurzfristige Veränderungen resultieren in Deutschland auch aus der Parteienarena. Das zentrale Merkmal des deutschen politischen Systems ist die geringe Konzentration politischer Macht. Das deutsche Verhältniswahlrecht bewirkt fast zwingend Koalitionsregierungen auf Bundesebene und in den meisten Bundesländern. Die Bundesregierung ist zudem für wesentliche Gesetze auf die Zustimmung nicht nur des Bundestags, sondern auch einer Mehrheit des Bundesrats (der Vertretung der Landesregierungen) angewiesen. Selbst in Phasen einer großen Koalition können somit auch Parteien, die nicht in der Bundesregierung vertreten sind, Gesetzgebungsvorhaben über den Bundesrat verhindern.

Was bedeutet das für die Verkehrspolitik? Koalitionsverträge enthalten wenig Visionäres und formulieren keine grundlegenden Gestaltungsansprüche, da sie Kompromisse eines Interessenausgleichs sind. Zustimmungen von Landesregierungen sind prinzipiell einfacher herzustellen, wenn alle Koalitionspartner im Bundesland auch an der Regierungskoalition im Bund beteiligt sind.

Jenseits der stabilisierenden korporatistischen und parteipolitischen Konfliktlinien prägen auch einzelne Akteure und ihre Netzwerke die Verkehrspolitik. Hier finden sich teilweise weitere Konfliktlinien: Dazu gehört etwa das stets spannungsreiche Verhältnis zwischen Spezialisten und Generalisten in allen Parteien. Auch Konflikte zwischen Bund und Ländern oder innerhalb der EU werden über Machtverhältnisse entschieden. In allen Bereichen können personelle Wechsel zu grundlegenden Verschiebungen führen (Lehmkuhl 2006). Oft ist nicht einmal ein personeller Wechsel notwendig. Schon individuelle Popularitätswerte können die Durchsetzungsfähigkeit von Ressorts wesentlich beeinflussen.

Einzelne Akteure können Politikblockaden etwa durch Koppelgeschäfte überwinden, wenn sie die Zustimmung für eine verkehrspolitische Maßnahme über ein Paket mit anderen Entscheidungen erkaufen. Einzelne politische Maßnahmen können auch dadurch ermöglicht werden, dass die Öffentlichkeit auf andere Aspekte fokussiert ist – sei es auf Konflikte im Politikfeld selbst, auf andere politische Probleme oder gar auf externe Ereignisse wie sportliche Großereignisse. In jedem Fall wäre es aber notwendig, dass interessierte Akteure ein entsprechendes Entscheidungsfenster erkennen und über die Möglichkeit verfügen, es zur Verwirklichung ihrer Lösungen zu nutzen.

Insgesamt sind die Machtverhältnisse in der Verkehrspolitik durch besondere Stabilität gekennzeichnet. Dies führt dazu, dass in Deutschland grundlegende verkehrspolitische Richtungswechsel besonders unwahrscheinlich sind. Kurzfristige Änderungen der

Machtverhältnisse sind selten strukturell begründet, sondern basieren meist auf Strategien individueller Akteure.

7   Fazit

Verkehrspolitik ist ein in vielfacher Hinsicht besonders komplexes Politikfeld. Die politischen Spielregeln beinhalten umfassende Verhandlungs- und Konsenszwänge zwischen Akteuren unterschiedlicher Ebenen von der Kommune bis zur EU. An verkehrspolitischen Entscheidungen sind von der Wirtschafts- über die Umweltpolitik bis hin zur Gesundheitspolitik Akteure aus vielen Bereichen beteiligt. Die Entscheidungen betreffen wirtschaftliche Interessen, normative Ziele und beziehen unterschiedliche fachwissenschaftliche Diskurse ein.

Verkehrspolitische Prozesse sind nicht nur von objektiven Problemen und wissenschaftlich überzeugend begründeten Lösungen geprägt. Entscheidend sind vielmehr oft situative Faktoren, die sich aus dem Zusammenspiel von Problemwahrnehmungen, Lösungen und Machtverschiebungen ergeben.

Politische Lösungen werden meist langfristig über mehrjährige Prozesse in Kooperation zwischen Wissenschaft und Politik formuliert. Problemwahrnehmungen verändern sich dagegen in kürzeren Abständen, sodass die formulierten Lösungen schon zeitlich selten zu den ursprünglichen Problemen passen. Noch kurzfristiger sind die Veränderungen der Machtverhältnisse. Nicht zuletzt innerparteiliche Machtkämpfe können die Umsetzungschancen unterschiedlicher Lösungen kurzfristig wesentlich verändern. Von besonderer Bedeutung sind herausragende Einzelereignisse, die mediales Interesse auf bestimmte Probleme und mögliche Lösungen lenken.

Zuletzt hat etwa der Abgasskandal der Automobilindustrie ein Entscheidungsfenster für politische Veränderungen erzeugt. Dieses Entscheidungsfenster löst allein keinen Politikwandel aus. Es ist unterschiedlich interpretierbar und kann von politischen Unternehmern mit gegensätzlichen Zielen genutzt werden. Es erscheint möglich, dass es im Rahmen der aktuellen segmentierten Verkehrspolitik zu einer Förderung der Elektromobilität beiträgt. Es kann aber auch die Bereitschaft fördern, integrative Maßnahmen zur Überwindung der Grenzen von Individualverkehr und öffentlichen Verkehren auf die politische Agenda zu bringen.

Die komplexen Strukturen und Prozesse der Verkehrspolitik führen selten zu nachhaltigen Lösungen. Es bedarf situativer Entscheidungsfenster und kreativer politischer Akteure, damit die regelmäßig formulierten Ziele einer integrierten und partizipativ orientierten Verkehrspolitik zumindest ansatzweise umgesetzt werden können.

1. Aus welchen Gründen sind Entscheidungsprozesse in der Verkehrspolitik besonders wenig transparent und vorhersehbar?
2. In welchem Verhältnis sieht der Multiple Streams Ansatz gesellschaftliche und politische Probleme, Akteurskonstellationen und verkehrspolitische Entscheidungen?
3. Welchen Einfluss haben situative Ereignisse auf verkehrspolitische Entscheidungen?

Literatur

Bandelow, Nils C./Stefan Kundolf/Kirstin Lindloff (2014): Agenda Setting für eine nachhaltige EU-Verkehrspolitik. Berlin.

Bandelow, Nils C./Kirstin Lindloff/Sven Sikatzki (2016): Governance im Politikfeld Verkehr: Steuerungsmuster und Handlungsmodi in der Verkehrspolitik. In: Oliver Schwedes/Weert Canzler/Andreas Knie (Hrsg.): Handbuch Verkehrspolitik. 2. Auflage. Wiesbaden, S. 165–187.

Jann, Werner/Kai Wegrich (2014): Phasenmodelle und Politikprozesse: Der Policy Cycle. In: Klaus Schubert/Nils C. Bandelow (Hrsg.): Lehrbuch der Politikfeldanalyse 2.0. München, 97–131.

Kingdon, John W. (2014): Agendas, Alternatives, and Public Policies. Updated Second Edition. Harlow.

Lehmkuhl, Dirk (2006): ‚...und sie bewegt sich doch'. Der späte Bruch mit verkehrspolitischen Pfadabhängigkeiten durch europäische Integration und nationalen Reformdruck. In: Manfred G. Schmidt/Reimut Zohlnhöfer (Hrsg.): Regieren in der Bundesrepublik Deutschland. Innen- und Außenpolitik seit 1949. Wiesbaden, S. 363–484.

Lindloff, Kristin (2016): Beyond "Trading up": Environmental Federalism in the European Union. The Case of Vehicle Emission Legislation. Baden-Baden.

Lindloff, Kirstin/Stefan Kundolf/Nils C. Bandelow (2014): Europäisches Parlament und Interessenverbände als Akteure und Adressaten europäischer Verkehrspolitik: Eine interaktionsorientierte Betrachtung. In: Thomas von Winter/Julia von Blumenthal (Hrsg.): Interessengruppen und Parlamente. Wiesbaden, S. 211–232.

Rüb, Friedbert W. (2014): Multiple-Streams-Ansatz: Grundlagen, Probleme und Kritik. In: Klaus Schubert/Nils C. Bandelow (Hrsg.): Lehrbuch der Politikfeldanalyse. 3. Auflage. München, 373–407.

Sager, Fritz (2016): Die politikwissenschaftliche Auseinandersetzung mit Verkehrspolitik: Eine Einführung. In: Oliver Schwedes/Weert Canzler/Andreas Knie (Hrsg.): Handbuch Verkehrspolitik. 2. Auflage. Wiesbaden, S. 119–136.

Schwedes, Oliver (2016): Verkehrspolitik: Ein problemorientierter Überblick. In: Oliver Schwedes/Weert Canzler/Andreas Knie (Hrsg.): Handbuch Verkehrspolitik. 2. Auflage, Wiesbaden, 3–31.

Weiterführende Literatur

Bandelow, Nils (2007): Unwissen als Problem politischer Steuerung in der Verkehrspolitik. In: Bandelow, Nils/Wilhelm Bleek (Hrsg.): Einzelinteressen und kollektives Handeln in modernen Demokratien. Wiesbaden, S. 139–162.

Heuser, Tilmann/Werner Reh (2016): Die Bundesverkehrswegeplanung: Anforderungen an die zukünftige Verkehrsinfrastrukturpolitik des Bundes. In: Oliver Schwedes/Weert Canzler/ Andreas Knie (Hrsg.): Handbuch Verkehrspolitik. 2. Auflage. Wiesbaden, S. 237–264.

Sack, Detlef (2016): Mehrebenenregieren in der europäischen Verkehrspolitik. In: Oliver Schwedes/ Weert Canzler/Andreas Knie (Hrsg.): Handbuch Verkehrspolitik. 2. Auflage. Wiesbaden, S. 189–210.

Sager, Fritz (2007): Making Transport Policy Work: Polity, Policy, Politics, and Systematic Review. In: Policy & Politics 35, 269–288.

Zahariadis, Nikolaos (2015): Ambiguity and Multiple Streams. In: Paul A. Sabatier/Christopher M. Weible (Hrsg.): Theories of the Policy Process. Boulder, S. 25–58.

Nils C. Bandelow, Prof. Dr., Lehrstuhl für Vergleichende Regierungslehre und Politikfeldanalyse der TU Braunschweig, Bienroder Weg 97, 38106 Braunschweig.

Stefan Kundolf, M. A., Stadt Braunschweig.

Mobilitätsmanagement – Vom Planungsideal zum verkehrspolitischen Instrument

Oliver Schwedes, Benjamin Sternkopf und Alexander Rammert

Zusammenfassung

Dieser Beitrag behandelt das verkehrsplanerische Instrument Mobilitätsmanagement. Hierzu werden die Funktionen verschiedener Akteurscluster aus Politik, Verwaltung, Wissenschaft und Interessenorganisationen dargestellt und durch Praxisbeispiele veranschaulicht. Anknüpfend an das derzeit nicht zufriedenstellende Agenda-Setting wird das Instrument abschließend durch eine objektorientierte Planungssicht im Kontext einer integrierten Verkehrsplanung hergeleitet. Das übergeordnete Lernziel ist es, Mobilitätsmanagement in Bezug auf Diskurs, Anwendung und derzeitige Herausforderungen zu verstehen.

1   Einleitung

Um das verkehrsplanerische Instrument Mobilitätsmanagement und dessen Verhältnis zur etablierten Verkehrspolitik zu verstehen, ist zunächst ein Blick auf seine historische Entstehung hilfreich. Ursprünglich in den Vereinigten Staaten als Transport Demand Management

O. Schwedes (✉) · B. Sternkopf
Institut für Land- und Seeverkehr, TU Berlin, Berlin, Deutschland
E-Mail: oliver.schwedes@tu-berlin.de

B. Sternkopf
E-Mail: benjamin.sternkopf@tu-berlin.de

A. Rammert
TU Berlin, Berlin, Deutschland
E-Mail: Alexander.rammert@ivp.tu-berlin.de

© Springer Fachmedien Wiesbaden GmbH, ein Teil von Springer Nature 2018
O. Schwedes (Hrsg.), *Verkehrspolitik,*
https://doi.org/10.1007/978-3-658-21601-6_9

entworfen, wurde Mobilitätsmanagement als Begriff in Deutschland zum ersten Mal 1995 als komplementäres Planungsfeld zum klassischen Verkehrsmanagement betrachtet und sollte damit eine Verlagerung und Reduktion des Verkehrs unterstützen. Im Fokus stehen hier die Handlungsfelder Betrieb, Kommunikation sowie die Information über zur Verfügung stehende Mobilitätsangebote. Damit stellte das Mobilitätsmanagement die Grundsätze der etablierten Verkehrsplanung und -politik zu großen Teilen infrage, indem es den politisch zu beplanenden Parameter von der realisierten Ortsveränderung (Verkehr) auf die potenzielle Ortsveränderung (Mobilität) richtete. Dieser Perspektivwechsel und seine gesellschaftspolitische „Vorgeschichte" liefert die planungsideelle Herleitung des Mobilitätsmanagements. Bis heute haben sich dabei zwei Ansätze etabliert, um Mobilitätsmanagement innerhalb der Verkehrsplanung zu etablieren. *Erstens* Mobilitätsmanagement als übergeordnetes normatives Planungsideal, welches eine nachhaltige Verkehrsentwicklung unterstützen soll. *Zweitens* Mobilitätsmanagement als operatives Maßnahmenfeld der Verkehrsplanung, welches mit kommunikativen und nutzerorientierten Maßnahmen das Mobilitätsverhalten der Menschen beeinflussen soll.

Aus der operationellen Sicht ist das Mobilitätsmanagement die logische Weiterentwicklung des hauptsächlich auf den motorisierten Individualverkehr gerichteten Verkehrsmanagements. Ausgehend vom Ansatz, mithilfe technologischer Steuerung des Verkehrs eine effizientere Nutzung der bestehenden Verkehrsinfrastruktur herbeizuführen, wurde der Ansatz Mitte 1990er Jahre durch die Forschungsgesellschaft für Straßen- und Verkehrswesen (FGSV) auf den öffentlichen Verkehr und anschließend auf den Fuß- und Radverkehr übertragen. Einerseits sollte dabei mithilfe einer *verbesserten Abstimmung und Organisation des ÖPNV* ein attraktiveres Angebot bereitgestellt werden. Andererseits ließe sich auch durch die *Steuerung der Verkehrsmittelwahl* eine effizientere Nutzung des existierenden Mobilitätsangebots selbst herbeiführen. Da die vorhandene Straßenverkehrsinfrastruktur, auch unter Zuhilfenahme des Verkehrsmanagements, überlastet war, schien es offensichtlich, dass die verkehrsplanerische Beeinflussung der Verkehrsmittelwahl bzw. des Mobilitätsverhaltens – also das Mobilitätsmanagement – auf die verstärkte Nutzung des Umweltverbunds gerichtet werden musste. Hierzu sollten Informations- und Kommunikationsmittel genutzt werden, um die gewünschten Verhaltenseffekte hervorzurufen.

Die planungsideelle Sicht des Mobilitätsmanagements hingegen begreift den Ansatz vor allem als Gegenentwurf bzw. Reform einer angebotsorientierten Verkehrspolitik. Diese konnte mit ihrer Idee, einer auf die stetig wachsende Verkehrsnachfrage angepassten Infrastrukturplanung, die Ziele des neu aufgekommenen Leitbilds einer nachhaltigen Verkehrsentwicklung nicht erfüllen (vgl. Becker in diesem Band). Die Vordenker des Mobilitätsmanagements erkannten dabei den stetig wachsenden MIV als größten Zielkonflikt zum Leitbild einer nachhaltigen Verkehrsentwicklung und suchten im Vergleich zum etablierten Effizienzsteigerungsansatz nach Lösungen, diesen zu verlagern oder zu vermeiden. Neben dem erweiterten verkehrspolitischen Maßnahmenangebot verbanden sich so mit dem Mobilitätsmanagement auch verkehrspolitische Forderungen, die zumindest in Teilen die Abkehr von einer technologieorientierten Verkehrsplanung beinhalteten.

Als Mobilitätsmanagement wurden aus dieser Nachhaltigkeitsperspektive all jene Maßnahmen verstanden, welche die Mobilität des Einzelnen verbesserten und durch eine
Verhaltensänderung gleichzeitig zu einer nachhaltigeren Verkehrsentwicklung beitrugen.
Das klassische Beispiel ist bis heute der durch verkehrsplanerische Maßnahmen initiierte
Wechsel vom individuell genutzten privaten Automobil zum kollektiv genutzten öffentlichen Verkehr. Da die etablierte Verkehrspolitik nicht imstande war, mithilfe des existierenden planerischen Angebots eine entsprechende nachhaltige Verkehrsentwicklung zu
gewährleisten, entstand die Forderung Mobilitätsmanagement als übergeordnetes Planungsideal zu etablieren und damit den existierenden Maßnahmenkatalog auf eine nachhaltige Verkehrsentwicklung auszurichten.

Welche verkehrspolitischen Implikationen ergeben sich durch dieses duale Verständnis des Mobilitätsmanagements? Einerseits umfasst der Ansatz ein *spezifisches Maßnahmenangebot,* welches den verkehrspolitischen Handlungsspielraum erweitert und so
eine effizientere Verkehrspolitik ermöglicht. Neben der bisher etablierten verkehrsplanerischen Gestaltung durch die Bereitstellung von Verkehrsinfrastruktur und -technologie
kann auch durch die Bereitstellung von Informationen die Nutzung des Verkehrssystems
gestaltet werden. Zusätzlich können über die Beeinflussung von realisierten Verkehrsströmen hinaus auch die intendierten Verkehrsentscheidungen jedes Einzelnen beeinflusst
werden. Hieraus ergeben sich grundlegend neue Aufgabenfelder der Verkehrsplanung wie
bspw. Mobilitätsmarketing, Mobilitätsbildung und Informationsmanagement.

Andererseits verbirgt sich hinter der dargestellten planungsideellen Herleitung auch
die fundamentale Forderung nach einer *veränderten verkehrspolitischen Praxis.* Dabei
erweitert sich das Gestaltungsobjekt der Verkehrsplanung von der realisierten Ortsveränderung zur Gestaltung der individuellen Mobilitätsentscheidungen der Menschen.
Eine nachhaltige Verkehrsentwicklung lässt sich demnach erst dann erreichen, wenn
der verkehrspolitische Betrachtungswechsel vollzogen ist. Hierfür müssen einerseits
die verkehrspolitischen Zielkriterien neu definiert werden, andererseits müssen all jene
Akteure[1] in die Verkehrsplanung integriert werden, welche die Mobilität von Menschen
mit beeinflussen. Dies bedeutet zunächst, dass bei allen mobilitätsbeeinflussenden und
verkehrsinduzierenden Institutionen bzw. politischen Entscheidungen ein Bewusstsein
für deren Wirkung auf Mobilität und Verkehr geschaffen werden muss. Diese Aufklä-
rungsarbeit soll im Weiteren dazu führen, dass politische Fachbereiche und Institutionen,
die im Rahmen der klassischen Verkehrsplanung bisher keine Rolle spielten, Verantwortung für die Mobilität ihrer Stakeholder übernehmen.

Der Begriff Mobilitätsmanagement ist demnach zweiseitig aufgeladen. Die mobilitätsbeeinflussenden Maßnahmenbündel (Instrumente) sind automatisch mit dem Ziel
einer nachhaltigen Verkehrsentwicklung (Planungsideal) gekoppelt. Diese Verknüpfung

---

[1]Als Akteure thematisieren wir im Folgenden durchweg geschlechtsneutrale Institutionen.

führt in theoretischer Entwicklung und praktischer Anwendung häufig dazu, dass Maßnahmen, die dem allgemeinen Ziel einer nachhaltigen Verkehrsentwicklung dienen, mit
dem Mobilitätsmanagement gleichgesetzt werden. In der Folge ergibt sich ein unklares
Begriffsbild, das sich nicht ohne weiteres in Form eines einheitlichen und institutiona-
lisierten Prozesses objektivieren lässt. Dieser Artikel wird zunächst das begriffsbestim-
mende Akteursfeld erschließen und mithilfe von Praxisbeispielen das Instrument des
Mobilitätsmanagements verdeutlichen. Nach einer Diskussion der derzeitigen Herausforderungen des Ansatzes wird im letzten Kapitel ein Vorschlag zur Vereinheitlichung des
Begriffsverständnisses entwickelt.

2   Akteure des Mobilitätsmanagement-Diskurses

Da Mobilitätsmanagement in Deutschland bisher nicht flächendeckend institutionalisiert ist, also weder gesetzliche oder planerische Vorgaben in Form von Vorschriften
oder Richtlinien existieren, finden sich in der Literatur vielfältige Beschreibungen,
best-practice-Beispiele und Leitfäden für den Ansatz. Hierbei speist sich der Begriff aus
dem Verständnis von Einzelakteuren, denen eine politische Relevanz in der Entwicklung
des Ansatzes auf dem Weg zu einem vollwertigen verkehrspolitischen Instrument
zukommt. Je nach politischem Interesse bzw. Handlungsauftrag, gesellschaftlicher
Funktion oder ökonomischen Anforderungen können die thematischen Schwerpunkte und
Zielsetzungen von Mobilitätsmanagement divergieren.

Ausgehend von der Feststellung, dass die Entwicklung von Mobilitätsmanagement bisher nicht abgeschlossen ist, wird der Diskurs durch Darstellung verschiedener
Akteursräume in diesem Kapitel veranschaulicht. Unabhängig vom spezifischen Interesse der einzelnen Akteure innerhalb dieser Räume soll damit herausgearbeitet werden,
welche Funktion den Akteursgruppen bei der Etablierung des Planungsinstruments
zukommt.

Die bisherige und zukünftige Entwicklung von Mobilitätsmanagement ist stark von
der Dynamik des Akteursfelds abhängig. Dabei ist zu berücksichtigen, dass bisher zwischen den Akteuren keine Meinungsführerschaft in der Auslegung des Ansatzes existiert. Zusätzlich zum fehlenden Rechtsrahmen verfügt damit keiner der Akteure über die
Deutungsmacht, Vorgaben für das Mobilitätsmanagement zu definieren, denen weitere
Akteure folgen. Stattdessen entwickelte sich das Mobilitätsmanagement bisher konsen-
sorientiert, während die Abstimmung häufig durch informelle Netzwerke erfolgte. Diese
fehlende Gestaltungsmacht eines Einzelakteurs bzw. Netzwerks führte jedoch auch dazu,
dass sich der Begriff durch Akteure aufgreifen und unter dem konsensorientierten Rahmen interpretieren ließ. Auch diese Entwicklung unterstützte das in der Einleitung skizzierte diffuse Begriffsbild.

2.1 Politik

Die politischen Entscheider, welche hier durch den Akteursdimension *Politik* subsumiert werden, nehmen für die Etablierung von Mobilitätsmanagement eine Schlüsselfunktion ein. Einerseits sind sie Rezipienten des nachfolgend skizzierten Meinungsbildes aus Akteuren der Forschung, Verwaltung und Interessenorganisationen. Andererseits verfügen sie als einziger Akteur über das formelle Recht, Mobilitätsmanagement als Politik- und Planungsinstrument zu institutionalisieren. Neben den legislativen Kompetenzen können mithilfe von politischen Entscheidungen zudem finanzielle Mittel freigesetzt werden und ideelle Unterstützung in Form von Willensbekundungen erfolgen (Reutter/ Kemming 2012: 22).

Grundsätzlich ist bei den Zuständigkeitsbereichen der politischen Entscheider auf horizontaler Ebene zwischen Bund, Ländern und Kommunen zu unterscheiden, wobei Kommunen bzw. Gemeinden oder Städte über keine legislativen Kompetenzen verfügen (vgl. Grandjot/Bernecker 2014: 65). Neben der horizontalen Teilung sind für die Etablierung von Mobilitätsmanagement die sektoralen fachpolitischen Ressortzuständigkeiten relevant. Da Mobilitätsmanagement in erster Linie eine verkehrliche Wirkung erzielen soll, liegt die „natürliche" Zuständigkeit bei Fachpolitikern der Verkehrspolitik. Durch die enge Verknüpfung von Mobilitätsmanagement bzw. Verkehrsplanung mit den Themenfeldern Umwelt, Energie, Wirtschaft, Stadtentwicklung und Bildung, treten zu den genannten Ressorts Überschneidungen auf.

Aufgabe von Bundes- und Landespolitik in Bezug auf Mobilitätsmanagement ist es zunächst, einen Rechtsrahmen zu schaffen, welcher eine Anwendung von verhaltensbeeinflussenden Maßnahmen ermöglicht und im Idealfall das Instrument als elementaren Bestandteil der Verkehrsplanung etabliert. So tangiert beispielsweise die bundeshoheitliche Gestaltung des Straßenverkehrs- und des Bauplanungsrechts sowie die landeshoheitliche Gestaltung des Bauordnungsrechts die Ausgestaltung des Verkehrssystems in Deutschland. Der finanzielle Förderungsrahmen des Öffentlichen Personenverkehrs (ÖPV) wird wiederum bundespolitisch durch das Entflechtungsgesetz (EntflechtG) und das Gemeindeverkehrsfinanzierungsgesetz (GVFG) gestaltet. In diesem Rahmen können Maßnahmen des Mobilitätsmanagements definiert werden und damit eine Finanzierung absichern. Daneben ist es möglich, durch die kurzfristige Konzeption von Aktionsplänen bzw. Förderprogrammen, Pilotprojekte finanziell zu unterstützen. So wurde beispielsweise durch das „Aktionsprogramm Klimaschutz 2020", welches 2014 aufgrund der drohenden Verfehlung der Kyoto-Ziele durch das Bundeskabinett verabschiedet wurde, eine zeitlich befristete Förderung des betrieblichen Mobilitätsmanagements (BMM) beschlossen. Die Förderung ist im Frühjahr 2017 gestartet und unterstützt Unternehmen dabei, Mobilitätskonzepte zu erarbeiten und umzusetzen, die auf eine verstärkte Nutzung des Umweltverbunds durch die Belegschaft zielen (mobil-gewinnt.de).

Neben der Ausgestaltung der Bundes- und Landesgesetzgebung beeinflussen und beschließen politische Entscheidungsträger Planwerke, die den strategischen Rahmen der Verkehrsentwicklung bestimmen und zugleich geeignete Maßnahmen definieren. Allen voran ist hier der Bundesverkehrswegeplan zu nennen, der zukünftige verkehrsbezogene Projekte des Bundes, und damit auch die damit verbundenen Investitionsentscheidungen, über mehrere Jahre definiert. Verkehrssystemisch ebenso relevant sind die Raumordnungspläne der Länder sowie Bauleit-, Lärmminderungs-, Nahverkehrs- und Luftreinhaltepläne von Kommunen und Städten, die durch die entsprechenden Gremien der jeweiligen politischen Ebene beschlossen werden. Beispielsweise wurden im Luftreinhalteplan der Stadt Aachen von 2009, zur Verhinderung einer Umweltzone, Mobilitätsmanagementmaßnahmen festgeschrieben. Hierbei wurden unter anderem *Marketingmaßnahmen für Jobtickets* sowie ein *Informationspaket für Neubürger* initiiert. Daneben sind beispielhaft die Verkehrsentwicklungspläne der Städte Saarbrücken, Düsseldorf und München zu nennen, die den Ansatz des Mobilitätsmanagements explizit benennen.

Die Politik bzw. die politischen Entscheider stellen damit den ‚Gatekeeper' für einen erfolgreichen Etablierungsprozess von Mobilitätsmanagement in der verkehrsplanerischen Praxis. So scheint es in vielen Fällen zwar möglich, ein „politisch ungedecktes" und damit informelles Mobilitätsmanagement zu betreiben. Jedoch ist dabei fraglich, ob dies rechtlich und finanziell abgesichert und in der Folge dauerhaft ist. So sind ohne den nötigen Rechtsrahmen Verwaltungen beim Betreiben von Mobilitätsmanagement juristisch angreifbar. Zudem können Maßnahmen häufig nur projekthaft, bspw. im Rahmen von Forschungs- oder Pilotprojekten angewandt werden. Dauerhaft und damit nachhaltig arbeitende Institutionen mit der nötigen finanziellen Ausstattung unterliegen demgegenüber der politischen Freigabe.

Die Relevanz der politischen Entscheider für Mobilitätsmanagement steht im umgekehrten Verhältnis zur Relevanz des Mobilitätsmanagements für politische Entscheider. So findet sich beispielsweise weder im Koalitionsvertrag noch in den bundespolitischen Wahlprogrammen der bis zum Jahr 2013 im Bundestag vertretenen Parteien eine Positionierung zum Thema Mobilitätsmanagement. Auch wenn dies noch kein ausreichender Beleg für den bisher als gering angenommenen politischen Stellenwert von Mobilitätsmanagement darstellt, gibt es dennoch einen Hinweis auf zukünftige bundespolitische Initiativen durch Parteien und steht damit im Einklang zu den spärlichen Aktivitäten auf Bundesebene. Landespolitisch findet sich die Willensbekundung zur Anwendung von Mobilitätsmanagement in den Koalitionsverträgen von fünf der insgesamt 16 Landesregierungen (Berlin, Hessen, Nordrhein-Westfalen, Rheinland-Pfalz und Sachsen; Stand 2017). Da jedoch keine konkreten Vorgaben zur Umsetzung existieren, sind die verkehrspolitischen Bekundungen frei interpretierbar und müssen deshalb nicht zwangsläufig dem in der Einleitung dargestellten Ansatz folgen. Demgegenüber scheint es zumindest auf kommunalpolitischer Ebene – und hier insbesondere in den Städten, bedingt durch die akute Problemlage aus Emissionsgrenzwertüberschreitungen und den Mangel an alternativen Handlungsmöglichkeiten – eine verstärkte Aufmerksamkeit für

den Ansatz zu geben. Da die Verkehrsplanung jedoch in großen Teilen durch Landes-
und Bundesgesetzgebung gestaltet wird, ist der Wirkbereich der bisherigen Maßnahmen
gering.

Es lässt sich feststellen, dass die Gestaltungsmacht und die Geldmittel mit den politischen Ebenen abnehmen, während der Handlungsdruck und das Verständnis für
Mobilitätsmanagement zunehmen. Dieses Wirkgefüge steht derzeit einer breiten und
systematischen Objektivierung des Ansatzes entgegen. Zudem scheint aktuell keine kritische Masse an politischen Entscheidern zu existieren, die über gefestigte Vorstellungen
zum Mobilitätsmanagement verfügen und auf allen politischen Ebenen für eine Verbreitung sorgen könnten. Es bleibt somit Aufgabe der nachfolgend dargestellten Akteursdimensionen, dieses Verständnis und damit die Diffusion voranzutreiben.

2.2   Verwaltungen

Die Akteursdimension *Verwaltung* nimmt eine komplementäre Funktion zur Politik ein.
Einerseits werden hier Vorarbeiten für den politischen Entscheidungsraum geleistet,
andererseits operationalisieren Verwaltungen die getroffenen politischen Entscheidungen
und Strategien. Gleichzeitig sind die politischen Entscheider durch die Einsetzung von
beispielsweise Ministern, Staatssekretären und Stadträten den Verwaltungsmitarbeitern
organisatorisch übergeordnet und demnach weisungsbefugt. Die Nähe zur Politik, ihre
Funktion der vorpolitischen Themenwahl (verkehrspolitische Lenkungsfunktion) sowie
die operative Planungsverantwortung machen Verwaltungen zum elementaren Bezugspunkt für Mobilitätsmanagement.

Öffentliche Verwaltungen sind entlang der bereits beschriebenen horizontalen und
sektoralen Ebenen ausdifferenziert. Relevant für das Mobilitätsmanagement ist dabei
zunächst als oberste Bundesbehörde das Bundesverkehrsministerium sowie die 16
für Verkehr zuständigen Landesministerien, die jeweils mit verkehrsfernen Ressorts
verknüpft sind (Grandjot/Bernecker 2014: 67). Während die verkehrspolitisch relevante Ministerialbürokratie damit auf Bundes- und Landesebene noch relativ eindeutig abgrenzbar ist, sind verkehrsrelevante Verwaltungen auf Ebene der kommunalen
Gebietskörperschaften (Kreise, Städte und Gemeinden) erheblich ausdifferenzierter.
Ein reines Verkehrsreferat existiert hier nicht zwangsläufig. So liegt beispielsweise in
München die Verantwortung für die Planung und den Bau von Straßen beim Baurefe-
rat, Verkehrsanordnung und -steuerung beim Kreisverwaltungsreferat und die allgemeine
Verkehrsplanung beim Referat für Stadtplanung und Bauordnung. Neben der ange-
sprochenen Integration mit verkehrsplanungsfernen Ressorts wie Bildung, Umwelt und
Wirtschaft muss für die Anwendung von Mobilitätsmanagement zudem eine Integration
innerhalb der verkehrsrelevanten Ressorts gewährleistet sein.

Aufgabe der Verwaltungen auf dem Weg zu einem anerkannten Politik- und Planungsinstrument ist die Initiierung, Verstetigung und Systematisierung von Mobilitätsmanagement. Initiierungsaufgaben umfassen dabei das Aufsetzen von Förderprogrammen sowie

die Förderung von Pilotprojekten, die über einen begrenzten Zeitraum Mobilitätsma-nagementmaßnahmen zur Anwendung bringen. Hierbei kann, unter Voraussetzung einer adäquaten Evaluation, in erster Linie Wissen über die Wirkung der Maßnahmen gewon-nen werden. Ein weiteres Ziel ist in diesem Zusammenhang, unter dem Eindruck der positiven Wirkungen aus den Pilotprojekten, eine dauerhafte Umsetzung der Maßnahmen zu erwirken.

Sind Initiierungsaufgaben in den Verwaltungen in der Regel projektorientiert und damit zeitlich abgegrenzt, unterliegen die Verstetigungsaufgaben strategischer bzw. lang-fristiger Überlegungen. Zentrale Bedingung dafür ist, einen organisatorischen und plane-rischen Rahmen zu schaffen, der die dauerhafte Anwendung von Mobilitätsmanagement gewährleistet. Damit ist die Wahrnehmung der Verstetigungsaufgaben durch Verwaltun-gen auch ein Indikator für den Fortschritt in der Akzeptanz von Mobilitätsmanagements als Politik- und Planungsinstrument. Einerseits müssen zur Verstetigung feste Stellen und Zuständigkeiten geschaffen werden, die wiederum mit ausgebildeten Mobilitätsmana-gern besetzt sind. Andererseits sollten die Maßnahmen grundsätzlich in Planwerke mit quantifizierbaren Zielvorgaben integriert werden, um eine verbindliche und langfristige Anwendung sicherzustellen. Hervorzuheben ist dabei, dass das Mobilitätsmanagement im Sinne des Planungsideals nicht segmentiert als zusätzliches Referat neben den eta-blierten Referaten der einzelnen Verkehrsträger eingeordnet wird, sondern in ein inte-grierendes Organisationsmodell einzubinden ist, welches bereits etablierte Ansätze der Verkehrsplanung mit dem Mobilitätsmanagement verknüpft und koordiniert. Dies wird beispielsweise auf kommunaler Ebene durch eine Stabsstelle gewährleistet, welche direkt dem Bürgermeister zugeordnet ist oder es kann auch in Form einer Plan- und Leit-stelle dem zuständigen Stadtrat zugeordnet sein. Wenn auch auf Basis der bisherigen Erfahrungen hervorgehoben wird, dass insbesondere motivierte und überzeugende Per-sonen für Mobilitätsmanagement einzusetzen sind, ist dabei ebenso wichtig, dass exakte Positions- und Aufgabenbeschreibungen definiert werden, um bei einem Ausscheiden dieser Mobilitätsmanagementkoordinatoren eine Verstetigung zu gewährleisten.

Zuletzt soll auf die Systematisierungsaufgaben der Verwaltungen im Bereich Mobili-tätsmanagement hingewiesen werden. Hierbei handelt es sich um Aufgaben, die Mobi-litätsmanagement strukturieren und an der jeweiligen verkehrspolitischen Strategie ausrichten. So kann Mobilitätsmanagement thematisch – entlang der verschiedenen Ziel-gruppen – gefördert und damit gelenkt werden. Auf der anderen Seite kann aber auch gezielte Wissensmehrung in spezifischen Bereichen vorangetrieben werden. Ein Anlie-gen kann dabei beispielsweise sein, Wissen über die verkehrliche Wirkung einzelner Maßnahmen zu erlangen. Hierfür sollten Pilotförderungen mit Evaluationsvorgaben gekoppelt werden, um die Generierung von Transferwissen sowie die Übertragbarkeit der Ergebnisse zu garantieren. Im Anschluss können dann besonders effiziente oder wir-kungsvolle Maßnahmen priorisiert und somit das Mobilitätsmanagement insgesamt kon-tinuierlich weiterentwickelt werden. Dabei ist es hilfreich, feste Standards in Form von Definitionen oder Mindestvorgaben für die Anwendung und Evaluation zu erarbeiten, die für alle Beteiligten gleichermaßen verpflichtend wie handlungsleitend sind.

Voraussetzung für die Übernahme der geschilderten Aufgabenbereiche ist, dass bei den jeweiligen Verwaltungen Gestaltungswille und politische Unterstützung existiert. Wie für die Akteursdimension Politik, lässt sich auch für Verwaltungen konstatieren, dass mit den untergeordneten Ebenen Problembewusstsein und Gestaltungswille zunimmt. So wurden beispielsweise in der Region Hannover, dem Landkreis Harz sowie der Stadt Aachen feste Stellen für die Durchführung von Mobilitätsmanagement eingerichtet. Auf Landesebene sind als Ausnahmebeispiele die Aktivitäten der Bundesländer NRW und Hessen hervorzuheben, die teilweise regionale Koordinierungsstellen für Mobilitätsmanagement geschaffen haben. Demgegenüber wird die auf Bundesebene notwendige strategische Einbettung und Systematisierung bislang nur informell betrieben.

2.3   Wissenschaft

Wissenschaftliche Akteure nehmen aufgrund von zwei Wirkfunktionen eine besondere Relevanz für die Entwicklung des Mobilitätsmanagementansatzes ein. Erstens können durch die Erkenntnisse der Verkehrs- und Mobilitätsforschung verkehrspolitische Entscheidungen fundiert werden (Beckmann 2016: 725). Damit übernimmt die Wissenschaft die Funktion der Herstellung verkehrspolitischer Konsistenz. Die zweite Funktion lässt sich aus der historischen Entwicklung des Mobilitätsmanagementansatzes ableiten. Hier war es die Wissenschaft, welche das Mobilitätsmanagement initial thematisierte und den Anspruch erhob, das Planungsideal bzw. die neuen Maßnahmenangebote in die Verkehrspolitik zu integrieren. Ohne die wissenschaftlichen Forderungen hätte Mobilitätsmanagement wahrscheinlich keinen Eingang in verkehrspolitische Überlegungen gefunden. Reziprok zur Konsistenzfunktion, welche von der Verkehrspolitik an die Wissenschaft gerichtet ist, kommt der Akteursdimension somit eine Innovations- und Thematisierungsfunktion zu. Diese ist von der Wissenschaft auf die Verkehrspolitik gerichtet und kann als verkehrsplanerisches „Frühwarnsystem" verstanden werden.

Herausragende Akteure im Forschungsbereich Mobilitätsmanagement sind die gemeinnützige *Forschungsgesellschaft für Straßenbau und Verkehrswesen* (FGSV), das *Institut für Stadtbauwesen und Stadtverkehr* (ISB) der *RWTH Aachen* sowie das außeruniversitäres *Institut für Landes- und Stadtentwicklungsforschung* (ILS), dessen Gesellschafter das Bundesland NRW ist. Ein Großteil der bisherigen Forschungsvorhaben zum Thema Mobilitätsmanagement wurden durch ISB und ILS verantwortet. Besonders erwähnenswert sind in diesem Zusammenhang die Vorhaben „MOMENTUM/MOSAIC" und „effizient mobil" sowie diverse Projekte im Rahmen des Forschungsprogramms zur Verbesserung der Verkehrsverhältnisse in den Gemeinden (FOPS). In den beiden erstgenannten Projekten wurde die Anwendung des Mobilitätsmanagements, beispielsweise innerhalb von Kommunen und Betrieben, beforscht. Demgegenüber wurden in den FOPS-Projekten hauptsächlich die derzeitige Einbindung sowie die rechtlichen Rahmenbedingungen zur besseren Einbindung von Mobilitätsmanagement bearbeitet.

Abgeleitet aus der Konsistenzfunktion der wissenschaftlichen Akteure ergibt sich ein vielfältiges Aufgabenspektrum für den Bereich Forschung. So müssen erstens Erkenntnisse über die Wirkung von Mobilitätsmanagement auf Mobilität und Verkehr gesammelt werden. In zweiter Instanz sind die Wirkungen auf Umwelt und Energieverbrauch sowie Wirtschaft und Finanzen von Interesse, da sie einen Teil des verkehrspolitischen Abwägungsprozesses darstellen. Diese Aufgabe wird durch konsistente Wirkungsevaluationen gewährleistet, bei der unterschiedliche Maßnahmen(-kombinationen) miteinander verglichen werden. Basis der wissenschaftlichen Arbeit in diesem Bereich ist die Mobilitäts- bzw. Verhaltensforschung (vgl. Den Beitrag von Bamberg & Köhler in diesem Band).

Daneben muss beforscht werden, wie das Mobilitätsmanagement organisatorisch verankert werden kann, damit es zur systematischen Anwendung kommt. Hierzu zählt auch, rechtliche Rahmenbedingungen auf die Vereinbarkeit mit dem Mobilitätsmanagement zu prüfen und gegebenenfalls Empfehlungen für Anpassungen an Politik und Verwaltung auszusprechen. In diesem Zusammenhang können Prozessevaluationen dazu genutzt werden, bestehende Barrieren zu identifizieren und Möglichkeiten zu erarbeiten, diese zu überwinden.

Durch die Innovations- und Thematisierungsfunktion obliegen der Wissenschaft jedoch noch weitere Aufgaben, die auch nach innen gerichtet sind. Dabei muss in einer transparenten Diskussion abgewogen werden, welche Maßnahmen die Ziele der verkehrspolitischen Strategie am effizientesten und effektivsten erreichen. Sofern einzelne Maßnahmen oder Entwicklungen dieser Strategie widersprechen, obliegt der wissenschaftlichen Akteursdimension die Aufgabe, dies zu thematisieren. Hierzu gehört ebenso, negative Entwicklungen oder Begleiterscheinungen zur Diskussion zu stellen.

Im Vergleich zur verwaltungsorganisatorischen und verkehrspolitischen Einbindung von Mobilitätsmanagement, ist die Entwicklung im Bereich der wissenschaftlichen Akteursdimension erheblich weiter fortgeschritten. Dies ist insofern nicht verwunderlich, da der Ansatz ursprünglich aus der wissenschaftlichen Arbeit der Verkehrs- und Mobilitätsforschung hervorging. Daraus folgt jedoch nicht, dass es sich beim Mobilitätsmanagement um einen „erforschten" Bereich handelt, denn trotz der zahlreichen Forschungsprojekte existiert bisher nur punktuelles Wissen über die Wirkungen der Maßnahmen und ihr möglicherweise synergetisches Verhältnis zu Feldern der etablierten Verkehrspolitik wie der Infrastrukturplanung. Auch ist das Wissen über die langfristige Wirkung gering, da die Initialprojekte zeitlicher Begrenzung unterlagen und kaum Evaluationen über einen langfristigen Betrachtungszeitraum durchgeführt wurden. Zudem zeigt sich, dass durch die Entwicklung der Informations- und Kommunikationstechnologien Mobilitätsmanagementmaßnahmen teilweise durch die technische Entwicklung überholt wurden. Während beispielsweise Mitte der 1990er Jahre bei den ersten Mobilitätsmanagementprojekten die Erstellung von personalisierten Fahrplänen für den ÖV als ein Mittel zur Überwindung des Informationsdefizits der Nutzenden und damit zur Änderung des Verkehrsverhaltens angesehen wurde, können mittlerweile fast alle Nutzende den Fahrplan von Bussen und Bahnen personalisiert über ihr Smartphone abrufen. Wissen über die verkehrliche Wirkung von Informations- und Kommunikations-technologien existiert bisher jedoch kaum.

2.4 Weitere Akteure: Dienstleistung & Industrie, Anwender sowie Interessenorganisation

Unter der Akteursdimension *Weitere Akteure* werden alle Träger des Mobilitätsmanage-ments gefasst, die das Mobilitätsverhalten, das Verkehrssystem oder die Verkehrspolitik tangieren und somit auch Einfluss auf die Entwicklung des Planungsansatzes nehmen. Ihre Funktion ist einerseits, die durch die vorhergehenden Akteure beschriebenen Kon-zepte anzuwenden, andererseits das entwickelte Wissen in den planerischen und politi-schen Raum zurück zu führen, um so das Mobilitätsmanagement weiterzuentwickeln. Die Akteure verfügen dabei in der Regel über eine größere Nähe zu Nutzenden bzw. Anwendern und können somit eine unterstützende, aber auch behindernde Funktion für das Mobilitätsmanagement darstellen.

Akteure des Dienstleistungs- und Industriesektors stellen im Sinne des Mobilitäts-managementansatzes Organisationsformen, Technologien und Informationen bereit, die den Menschen zur gesellschaftlichen Teilhabe auf Basis eines nachhaltigen Ver-kehrsverhaltens befähigen. Hierzu zählen in erster Linie *Betreiber von Verkehrsmitteln,* also Nah- und Fernverkehrsunternehmen. Häufig werden dabei ÖPNV-Unternehmen als die geeignetsten Akteure angesehen, die operative Integration der Verkehrsmittel des Umweltverbunds auf kommunaler und regionaler Ebene voranzutreiben. Ausge-hend von der Organisationsform ÖPNV sollen die Verkehrsbetriebe dabei zu Mobilitäts-dienstleistern weiterentwickelt werden, die beispielsweise auch Fahrradverleihsysteme oder Fahrgemeinschaftsbörsen betreiben und Mobilitätsberatungen anbieten. Neben den Verkehrsunternehmen, die zumeist im Besitz der öffentlichen Hand sind, stellen in jüngster Zeit zunehmend privatwirtschaftlich organisierte Mobilitätsdienstleister inno-vative Organisationsformen zur Verfügung, die im Sinne des Mobilitätsmanagements das Verkehrssystem beeinflussen. Hierzu zählen beispielsweise Betreiber von Car- und Ride-Sharing-Systemen oder Fahrradverleihsystemen.

Neben den Verkehrsmittelbetreibern existieren im Bereich Dienstleistung und Indus-trie zudem *Technologiebereitsteller,* die materielle und informationelle Produkte in das Verkehrssystem einbringen. Relevante Technologien, welche die langfristige Entwick-lung des Mobilitätsmanagements beeinflussen, sind in erster Linie Verkehrs- sowie Informations- und Kommunikationsmittel. Während einerseits beispielsweise durch die Innovation des Pedelecs das Angebot des Umweltverbunds verbessert werden konnte, können mithilfe von Smartphones, Mobilitäts-Apps und Echtzeitdaten den Nutzenden die Informationen individuell zur Verfügung gestellt werden. Hierbei ist denkbar, dass abseits der beeinflussbaren politischen Vorgaben neue Technologien das Verkehrssystem weiter ausgestalten und so das Mobilitätsmanagement beeinflussen.

Ein weiteres Akteursfeld im Bereich der Dienstleistung und Industrie sind *Beratungen*. Die Leistung der Akteure besteht in der Regel darin, Verkehrserzeugern sowie Politik und Verwaltung nötiges Know-how bereitzustellen, Mobilitätsmanagement zu initiieren und in die existierenden Strukturen zu integrieren. Die Beratungsleistung reicht dabei vom Aufsetzen und Begleiten von Mobilitätskonzepten für Schulen oder Betriebe bis hin zur Unterstützung bei der Konzeption von Förderprogrammen oder der Entwicklung von Organisationsstrukturen in Verwaltungen oder Gesetzestexten. Beratungen werden zeitlich befristet zur konkreten Problemlösung eingesetzt und wechseln die Akteursbeziehungen dadurch in kurzen Abständen.

Daneben existiert das Akteursfeld der *Anwender des Mobilitätsmanagements* bzw. *Verkehrserzeuger*. In Abgrenzung zu den Akteuren des Feldes Dienstleistung und Industrie, liegt ihr Hauptaufgabengebiet in der Regel nicht im Verkehrsbereich. Ihre Relevanz für das Mobilitätsmanagement ergibt sich durch ihre verkehrserzeugende Wirkung (Blees 2012: 226 ff.). So werden beispielsweise Betriebe, öffentliche Einrichtungen oder Wohnungsunternehmen als geeignete Anwender des Ansatzes angesehen, da ihre Stakeholder (Besuchende, Kunden, Mitarbeitende, Mieter etc.) häufig ein ähnliches Mobilitätsverhalten aufweisen und sich der Verkehr örtlich konzentriert und damit bündeln lässt. Mobilitätsangebote lassen sich dementsprechend einfach auf eine Nutzergruppe mit relativ ähnlichen Mobilitätsbedürfnissen abbilden. Ein weiteres herausragendes Charakteristikum der Verkehrserzeuger ist ihr direkter Kontakt zu den Nutzenden. Hierdurch können zum einen die Mobilitätsmanagementkonzepte direkt mit den Bedürfnissen abgeglichen und gegebenenfalls korrigiert werden, zum anderen können sie durch das Vertrauensverhältnis leichter von den Konzepten und deren Anwendung überzeugt werden und so das Mobilitätsmanagement unterstützen.

Als letztes soll das Akteursfeld der Interessenorganisationen beleuchtet werden. Hierbei handelt es sich um Einflussträger der Verkehrspolitik bzw. des Mobilitätsmanagements, die das spezifische Interesse ihrer Mitglieder vertreten. Rudimentär lassen sich die Interessenorganisationen entlang der Nachhaltigkeitsdimensionen in die Kategorien Soziales, Ökonomie und Ökologie unterscheiden. Beispielhafte Interessenorganisationen der sozialen Nachhaltigkeitsdimension sind Gewerkschaften, Sozialverbände und Krankenkassen. Ihre Interessen sind auf Nutzende gerichtet und reichen von Aspekten wie der Verkehrssicherheit bis hin zu Mobilitätskosten. Bei Interessenorganisationen der ökologischen Nachhaltigkeitsdimension handelt es sich in der Regel um Umweltverbände. Ihr Anspruch besteht darin, die negativen ökologischen Auswirkungen des motorisierten Individualverkehrs zu reduzieren, wobei Mobilitätsmanagement ein mögliches Werkzeug darstellt. Demgegenüber handelt es sich bei Interessenorganisationen der Ökonomie um Branchen- und Unternehmensorganisationen sowie Einzelunternehmen. Das Interesse der Vertreter des ökonomischen Bereichs besteht darin, den status quo des Wirtschaftens zu erhalten oder zu verbessern. Mobilitätsmanagement kann in diesem Zusammenhang einerseits dazu dienen, wirtschaftsrelevante Abläufe wie die Mobilität von Angestellten, Kunden und Gütern zu verbessern. Andererseits ist denkbar, dass durch Mobilitätsmanagement neue Absatzmärkte geschaffen werden oder bestehende Absatzmärkte

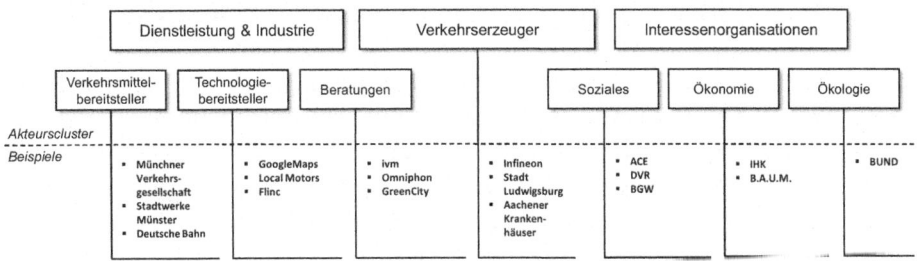

Abb. 1 Akteurscluster und beispielhafte Träger des Mobilitätsmanagements. (Eigene Darstellung)

in Gefahr geraten. Abb. 1 fasst die genannten Felder innerhalb der Akteursdimensionen zusammen und zählt einige beispielhafte Vertreter der Akteurscluster auf.

3 Praxisbeispiele des Mobilitätsmanagements

Nachdem im vorangegangenen Teil dargestellt wurde, welche Aufgaben die abstrahierten Akteursräume auf dem Weg zu einem anerkannten Politik- und Planungsinstrument übernehmen, wird das Mobilitätsmanagement nun beispielhaft durch konkrete Anwendungen veranschaulicht. Hierbei ist zu berücksichtigen, dass die Beispiele zum gegenwärtigen Zeitpunkt zwar herausragende Einzelfälle der Praxis darstellen, diese jedoch allenfalls als Fragmente eines bisher unsystematischen Mobilitätsmanagements angesehen werden können. Bezogen auf den Anspruch einer systematischen Umsetzung lassen sich anhand der Beispiele allerdings mehrere Teilaspekte ableiten, die dazu beitragen, das Begriffsverständnis zu schärfen. Hierzu wird das hergeleitete politische Gefüge des zweiten Kapitels zunächst durch konkrete Akteure veranschaulicht. Zudem zeigen die durchgeführten Maßnahmen exemplarische Anwendungen des Mobilitätsmanagements auf. Darüber hinaus können durch eine kritische Betrachtung der Beispiele mögliche Anforderungen an ein zukünftiges, systematisches Mobilitätsmanagement abgeleitet werden, die nachfolgend dargestellt sind.

Im Bereich der derzeitigen Anwendungen existieren einerseits bottom-up-Ansätze, die darauf zielen, das Mobilitätsmanagement von unten – entweder aus einer Kommune oder einem Betrieb – in eine breite Anwendung zu überführen. Diese Ansätze werden als kommunales beziehungsweise betriebliches Mobilitätsmanagement verstanden und am Beispiel der Landeshauptstadt München sowie der Firma Infineon veranschaulicht. Andererseits existiert der Ansatz, Mobilitätsmanagement von einer möglichst hohen politischen Ebene vorzugeben und auf den nachgelagerten politischen Ebenen zur Anwendung zu bringen. Diese Idee wird als top-down Ansatz verstanden und durch das Beispiel des bundespolitischen Förderprogramms „effizient mobil" erläutert.

3.1 Mobilitätsmanagement der Landeshauptstadt München

Das Mobilitätsmanagement der Landeshauptstadt München gilt als eines der fortschritt-lichsten Ansätze des kommunalen Mobilitätsmanagements in Deutschland. Der Grund-stein des Konzepts wurde durch das vom Bundesministerium für Bildung und Forschung (BMBF) geförderte Forschungsprojekt MOBINET – Mobilität im Ballungsraum München gelegt. Unter der Prämisse, neue Konzepte für Politik und Praxis zu entwickeln, die der Herstellung einer nachhaltigen Verkehrsentwicklung dienen, wurden insgesamt neun Mobilitätsmanagementmaßnahmen entwickelt und pilothaft zur Anwendung gebracht.[2] Nach Abschluss des Vorhabens im Jahr 2003 konnte zunächst eine Stelle für einen kommunalen Mobilitätsmanager geschaffen werden, die beim Kreisverwaltungsre-ferat angesiedelt ist. Zusätzlich wurde das Mobilitätsmanagement im Luftreinhalteplan, im Verkehrsentwicklungsplan und dem Verkehrs- und Mobilitätsmanagementplan ver-ankert und im Zeitverlauf um mehrere feste Stellen bei der Landeshauptstadt erweitert. Die Dachmarke des Münchner Mobilitätsmanagements, *gscheid mobil,* bildet seit einem Grundsatzbeschluss des Münchner Stadtrats im Jahr 2006 das Leitbild des Programms (vgl. Schreiner 2016).

Derzeit verfolgt die Landeshauptstadt München einen Maßnahmenmix aus zielgrup-penspezifischen Mobilitätsberatungen, Marketingmaßnahmen und innovativen Mobili-tätskonzepten. So werden Zielgruppen mit soziodemografisch abgrenzbaren Merkmalen, wie Kinder und Jugendliche, Familien, Senioren oder Migranten, individuell angespro-chen und mit Mobilitätsinformationen und -angeboten versorgt. Besonders prominent ist in diesem Zusammenhang das Programm *Mobilitätsbiografie,* das darauf zielt, Kinder und Jugendliche zwischen dem Kindergartenalter bis zum Abschluss der Schulausbil-dung, idealerweise mindestens drei Mal, mit mobilitätsbildenden Aktionen vertraut zu machen. Hierzu gehören beispielsweise Spielaktionen zur Förderung von Bewegungs-kompetenz oder der *Bus mit Füßen ('walking bus'),* bei dem Kinder gemeinschaftlich den Schulweg – unabhängig vom Auto – zu Fuß organisieren.

Darüber hinaus werden unter der Dachmarke *gscheid mobil* die Marketingmaßnah-men *Radlhauptstadt München* sowie das Dialogmarketing für Neubürger dauerhaft betrieben. Während das Fahrradmarketing einerseits darauf zielt, Menschen zum Fahr-radfahren zu motivieren und dies in ihrem Mobilitätsverhalten zu bestätigen, erhöht die Kampagne gleichzeitig den Druck gegenüber politischen Entscheider, auch die Infra-struktur der wachsenden Nachfrage entsprechend anzupassen. Demgegenüber zielt das Neubürgermarketing darauf, Menschen in der Lebensumbruchsituation eines Wohnorts-wechsels zur Nutzung des Umweltverbunds zu motivieren. Besonders effektiv scheint dies in Bezug auf die ÖPNV-Nutzung zu sein, wie eine Evaluation aus dem Jahr 2005

---

[2]Die Maßnahmen des Mobilitätsmanagements ergeben sich aus den Arbeitspaketen C und D, die im Abschlussbericht dokumentiert sind (vgl. Mobinet 2003).

zeigt. Ergänzend zu den genannten Maßnahmen betreibt die LH München im Zuge von Pilotprojekten singuläre Anwendungen wie den Aufbau von Mobilitätsstationen oder die Unterstützung eines autoarmen Wohngebiets (Domagpark).

Wesentlicher Treiber des Münchner Mobilitätsmanagements ist die Kommunalverwaltung in Form des Kreisverwaltungsreferats, das die Maßnahmen des Mobilitätsmanagements initiiert und koordiniert.[3] Legitimiert wird die Arbeit durch die Beschlüsse des Münchner Stadtrats, der dauerhafte Budgets, beispielsweise für das Neubürgermarketing und die Fahrradkampagne vorsieht. Entgegen des gängigen Prinzips werden die Mobilitätsmanagementkonzepte von unten, also von der Verwaltungsebene, in die politische Entscheidungsebene transportiert. Unterstützung erhält die Verwaltung durch die Arbeit unterschiedlicher Akteure. So können mithilfe wissenschaftlicher Evaluationen pilothafte Anwendungen des Mobilitätsmanagements glaubhaft als verkehrlich wirkungsvoll dargestellt werden. Daneben hat das Nahverkehrsunternehmen, die Münchner Verkehrsgesellschaft (MVG), teilweise das Mobilitätsmanagement als Handlungsfeld zur Kundengewinnung für sich entdeckt und unterstützt beispielsweise das Neubürgermarketing finanziell. Dass sich die MVG unter dem Eindruck des Mobilitätsmanagements zum verkehrsträgerübergreifenden Mobilitätsdienstleister entwickeln könnte, zeigt sich unter anderem am Betrieb eines Fahrradverleihsystems seit dem Jahr 2015.

Zur Durchführung der Maßnahmen des Mobilitätsmanagements beauftragt die Verwaltung wiederum Vereine und Unternehmen. So organisiert beispielsweise der Green City e. V. die Schulwegbegleitung „Bus mit Füßen", während die Firma Arqum GmbH in den letzten Jahren Münchner Unternehmen bei der Konzeption und Umsetzung von Maßnahmen des betrieblichen Mobilitätsmanagements beraten hat.

Durch die dauerhafte Durchführung von Einzelmaßnahmen, die teilweise sogar wissenschaftlich evaluiert wurden, handelt es sich bei dem Münchner Ansatz um eine besondere Ausnahme des kommunalen Mobilitätsmanagements in Deutschland. Die umfassende Berücksichtigung unterschiedlicher Zielgruppen und das vergleichsweise hohe Budget sind hierbei Indizien für ein qualitätsvolles Mobilitätsmanagement. Dennoch sollte berücksichtigt werden, dass auch in Bezug auf München nicht von einem systematischen Mobilitätsmanagement gesprochen werden kann. So handelt es sich eher um ein zusätzliches „Ad-on" der existierenden Verkehrsplanung, welches keinesfalls in die gängige Verkehrsplanung integriert ist und teilweise mit dieser konkurriert. So liegt die Zuständigkeit für Mobilitätsmanagement bei einer untergeordneten Abteilung des Kreisverwaltungsreferats, deren zusätzliche Maßnahmen zu einer Linderung der akuten Verkehrsproblematik in München führen sollen. Dabei scheint es möglich, dass politische Entscheidungen, wie beispielsweise der Bau des Luise-Kieselbach-Tunnels, dessen Baukosten in etwa das 130-fache des jährlichen Budgets für Mobilitätsmanagements

---

[3]Daneben treibt das Referat für Arbeit und Wirtschaft (RAW) Maßnahmen des betrieblichen Mobilitätsmanagements in München seit dem Jahr 2001 voran.

betragen haben, durch seine verkehrsinduzierende Wirkung die Ziele des Mobilitätsmanagements konterkarieren.

Die Integration des Mobilitätsmanagements in die etablierte Verkehrsplanung muss daher erst noch vollzogen werden. Auch stellt sich die Frage, inwiefern die Verwaltung, welche unter dauerhaften Rechtfertigungsdruck gegenüber dem Stadtrat zu stehen scheint, imstande ist, nicht zufriedenstellende Evaluationsergebnisse zu veröffentlichen, die jedoch aus einer ganzheitlichen Perspektive für eine Korrektur und damit wirkungsvollere Anwendung unabdingbar sind.

Infineon

Der Halbleiterhersteller Infineon praktiziert an seinem Dresdner Standort seit dem Jahr 1996 betriebliches Mobilitätsmanagement. Eine wesentliche Motivation für die Mobilitätsmanagementmaßnahmen war ein starkes Mitarbeiterwachstum zwischen 1998 und 2005, welches bei gleichbleibender Autonutzung der Belegschaft eine Parkplatznot und im schlimmsten Fall die Einschränkung der Mitarbeitermobilität zur Folge gehabt hätte. Um den kostenintensiven Bau eines Parkhauses von ca. drei Millionen Euro abzuwenden, entschied die Geschäftsleitung, ein alternatives Mobilitätsmanagementkonzept umzusetzen.

Wesentliche Akteure des betrieblichen Mobilitätsmanagements bei Infineon waren die Geschäftsführung und der Betriebsrat der Firma selbst sowie die Dresdner Verkehrsbetriebe (DVB AG), der Verkehrsverbund Oberelbe (VVO), das privatwirtschaftliche Planungsbüro Planungsgruppe Nord (PGN), die Industrie- und Handelskammer Dresden (IHK) sowie die Landeshauptstadt Dresden. Dabei etablierte sich die Landeshauptstadt Dresden in Form der Hauptabteilung Mobilität als zentrale Anlaufstelle für die mobilitätsspezifischen Belange der Firma Infineon. So wurde das Vorhaben einerseits im Rahmen der städtischen Kompetenzen unterstützt, andererseits übernahm die Hauptabteilung Mobilität die verwaltungsinterne Ansprache und konnte so einheitlich auftreten (FOPS 2007: 36). In Kooperation mit der IHK, der Landeshauptstadt sowie dem Verkehrsverbund und dem Verkehrsbetrieb wurden zudem auf das Unternehmen abgestimmte Infrastrukturentscheidungen und Preismodelle für den ÖPNV entwickelt. Daneben erfolgte die Aufarbeitung von Mobilitätsbedarfen und möglichen Maßnahmen durch das beauftragte Planungsbüro, während die grundsätzliche Entscheidung zur Umsetzung der Maßnahmen in gemeinsamer Absprache zwischen der Geschäftsführung, dem Betriebsrat und der Belegschaft getragen wurde.

Das Mobilitätskonzept setzte sich aus mehreren Einzelmaßnahmen zusammen. Wesentlich ist dabei, dass einerseits die Angebote des Umweltverbunds stark verbessert wurden, bspw. durch die *Schaffung zusätzlicher Fahrradabstellanlagen, Dusch- und Umkleidemöglichkeiten* sowie eine verbesserte *Zuwegung für den Rad- und Fußverkehr.* Zusätzlich wurde durch die DVB AG die Straßenbahnlinie beschleunigt und ein *Jobticket* angeboten. Darüber hinaus wurde durch den geminderten Zubau an Parkplätzen bei gleichzeitigem Mitarbeiterwachstum Parkdruck erzeugt, der sich als Push-Effekt steuernd auf das Mobilitätsverhalten auswirkte. Ein Parkraummanagement wurde nicht implementiert, da die Mitarbeiter dies mehrheitlich ablehnten.

Begleitet wurde die Umsetzung der Maßnahmen durch eine stetige Rückkopplung mit der Belegschaft. Hierfür wurde ein Mobilitätsteam aus 10–12 Mitarbeitern installiert, welches die innerbetriebliche Kommunikation über ein Intranetportal übernahm. Zudem fanden Mobilitätsberatungen bei Neueinstellungen, Wohnstandortberatungen sowie sporadische Kampagnen und Informationsveranstaltungen im Bereich der Mitarbeitermobilität statt.

Durch die wiederkehrenden Mobilitätsbefragungen (1996, 1999, 2003 und 2005) des Planungsbüros, konnte ein verhaltensbeeinflussender Effekt der Maßnahmen nachgewiesen werden. So verringerte sich der MIV-Alleinfahreranteil von 68 % im Jahr 1996 sukzessive auf 55 % im Jahr 2005. Den größten Zugewinn wies dabei der ÖPNV auf, dessen Nutzung von 13 auf 19 % gesteigert werden konnte, während der Anteil der radfahrenden Belegschaft von 13 auf 16 % stieg.

Während das betriebliche Mobilitätsmanagement in den Jahren des Unternehmenswachstums bis 2007 als herausragender Einzelfall gilt, existieren über die Entwicklungen seit 2007 keine Erkenntnisse. So ging mit der wirtschaftlichen Schieflage ab 2008 ein drastischer Stellenabbau und die vorübergehende Insolvenz einher. Dabei ist zu vermuten, dass zum einen mögliche Mehraufwendungen zugunsten unternehmerisch „wertvollerer" Handlungen revidiert wurden und zudem die ursprüngliche Motivation der Kostenvermeidung für ein Parkhaus aufgrund sinkenden Parkdrucks nicht mehr bestand. Das verkehrsplanerische Dilemma besteht bei Infineon darin, dass um den verhaltensbeeinflussenden Push-Effekt der Parkplatznot aufrecht erhalten zu können, ein mit finanziellen Aufwendungen verbundener Rückbau von Parkplätzen nötig gewesen wäre. Auch die als zentral für den Erfolg angesehene verwaltungsseitige Anlaufstelle, die Hauptabteilung Mobilität, existiert inzwischen nicht mehr. So wurde laut einem Bericht der Sächsischen Zeitung nach dem Wechsel des Oberbürgermeisterpostens die Abteilung aufgelöst und der zuständige Amtsleiter freigestellt. Seitens der politischen Entscheider wurde dem Amtsleiter aufgrund der gewählten verkehrspolitischen Strategie Autofeindlichkeit attestiert. Trotz der lobenswerten Ansätze mit nachweisbaren Änderungen des Mobilitätsverhaltens, gelang es demnach nicht, die Anwendungen in einen langfristigen bzw. systematischen Rahmen zu überführen.

effizient mobil

Das Aktionsprogramm *effizient mobil* wurde 2008 vom Bundesumweltministerium (BMU) in Kooperation mit der deutschen Energie-Agentur initiiert. Das Programm ist der erste top-down Ansatz vonseiten der Bundesverwaltung, die Planung von Mobilität bei Betrieben und Kommunen flächendeckend zu etablieren. Zentrales Element war dabei die Durchführung von Beratungen sowie die Erstellung von Mobilitätsmanagementkonzepten für Betriebe, Kommunen und regionale Netzwerke im bundesdeutschen Raum. Damit sollten zum einen die methodischen Kenntnisse zur Anwendung von Mobilitätsmanagement in der Breite verankert, zum anderen entsprechendes Wissen über die Wirkung und Übertragbarkeit der Maßnahmen generiert werden. Ziel war es, das Wissen für politisches Marketing des Instruments gegenüber Akteuren aus Politik und Verwaltung zu nutzen sowie die Maßnahmen selbst zu verbessern und damit nachhaltig etablieren zu können. Somit war das von Beginn an als Pilotprojekt konzipierte Programm bei seiner Durchführung grundlegend mit einer umfangreichen Prozess- und Wirkungsevaluation verknüpft, um die Generierung von Transferwissen zu gewährleisten. Bestimmende Akteure waren hierbei erstens das BMU, welches als Verwaltungsorgan auf Bundesebene den normativen Rahmen setzte und die Finanzierung über die Nationale Klimaschutz Initiative gewährleistete. Zweitens agierte die Deutsche Energie-Agentur (dena)[4] als ausführender Projektträger, welcher im Rahmen des Förderzeitraums von zwei Jahren die Projektmittel verwaltete und die Implementierung der Beratungen und Konzeptentwicklung organisierte. Als dritter Akteur wurde auf wissenschaftlicher Seite das Institut für Stadtbauwesen und Stadtverkehr der RWTH Aachen mit der Entwicklung eines Evaluationstools sowie der Durchführung einer Prozessevaluation beauftragt.

Dabei existierten von Beginn an Restriktionen, welche den hier definierten Anspruch an Mobilitätsmanagement in Bezug auf Systematik und Nachhaltigkeit beschränkten. *Erstens* war es durch den von Anfang an auf zweieinhalb Jahre begrenzten Zeitrahmen, welcher für die Umsetzung und Evaluation der Maßnahmen eingeplant war, nicht möglich, eine valide Evaluation der Wirkungen durchzuführen. Da die Umsetzung der Maßnahmen selbst über zwei Jahre läuft, waren zum Ende dieses Zeitraums keine verwertbaren Ergebnisse über die Wirkung von Mobilitätsmanagement zu erwarten. *Zweitens* erzeugte der innovative Ansatz in Kombination mit dem bundespolitischen Anspruch einen großen Erwartungsdruck, die Effizienz und Effektivität der verwendeten Mittel nachzuweisen. Um dieses Ziel der bundespolitischen Legitimation des verkehrsplanerischen Instruments gegenüber konkurrierenden Projekten im Rahmen der Nationalen Klimaschutz Initiative zu gewährleisten, wurde überhaupt erst die Seite der Wissenschaft mit einbezogen. Dementsprechend beschäftigt sich der bis heute nicht veröffentlichte Evaluationsbericht des Programmes einzig mit der Wirkungsabschätzung und der Entwicklung eines Evaluationstools potenzieller Maßnahmen, dessen Anwendung und Validierung jedoch niemals stattfand. Weiterhin führte die Fokussierung der Wirkungsabschätzung auf die Berechnung eines CO_2-Einsparpotenzials dazu, dass zusätzliche soziale und ökonomische Indikatoren von Mobilitätsmanagement vernachlässigt wurden. Dabei dient der CO_2-Wirkungsindikator offenbar als politisches Vermarktungskriterium, um die quantitative Abschätzung der Effektivität von betrieblichen

---

[4]Bei der Deutschen Energieagentur handelt es um ein durch Bundesregierung gegründetes und gewinnorientiertes Unternehmen, deren Gesellschafter sich paritätisch aus Bund und Privatunternehmen zusammensetzten. Ziel der dena ist es, Innovationen im Bereich der Energiewirtschaft wie bspw. der Energieeffizienz voranzutreiben. In diesem Zusammenhang tritt die dena als Projektträger und politische Beratungseinrichtung auf (Kompetenzzentrum).

Mobilitätsmanagement zu belegen. In der Prozessevaluation des Programms wird diese Annahme weiter untermauert, wo die Messung von CO_2-Emissionen als Erfolgsfaktor bei den Stakeholdern identifiziert wird: „CO_2-Orientierung hat Türen geöffnet" (effizient mobil 2010: 57).

Somit bleibt bis zum heutigen Zeitpunkt effizient mobil der einzige Förderansatz in Deutschland, der versuchte, Mobilitätsmanagement bundesweit zu etablieren. In diesem Zusammenhang finden sich bis heute zwar privatwirtschaftliche Ableger des Konzeptes, wie *Mobil.Pro.Fit* des Unternehmensnetzwerks B.A.U.M oder einzelne regionale Programme, wie *südhessen effizient mobil*. Eine nachhaltige und systematische Diffusion des Ansatzes ist bisher aber nicht erreicht worden – nicht zuletzt auch wegen einer unzureichenden Datengrundlagen aufgrund der fehlenden Wirkungsevaluation.

Gütekriterien eines systematischen Mobilitätsmanagements
Aus wissenschaftlicher Sicht besteht Konsens im Anspruch, Mobilitätsmanagement systematisch zu etablieren. Demgegenüber verliefen bisherige Anwendungen häufig ad-hoc bzw. projekthaft. Da die Anforderung des systematischen Mobilitätsmanagements bisher nicht definiert ist, sollen die nachfolgenden sechs Gütekriterien diesen Anspruch objektivieren.

1. **Langfristig**
   Konzepte und Maßnahmen des Mobilitätsmanagements müssen langfristig angelegt sein. So wird die avisierte Änderung des Verkehrs- und Mobilitätsverhaltens in der Regel erst bei dauerhaft aufrecht erhaltenen oder wiederkehrenden Anwendungen erreicht. Zudem führen zeitlich befristete oder einmalige Maßnahmen nach ihrem Abschluss häufig zur Rückkehr in die Ausgangssituation. In Anlehnung an die Bewertungsmethodik der Lebenszyklusanalyse (Life Cycle Assessment) muss dabei die Wechselbeziehung von Konzept bzw. Maßnahme und Umwelt von Implementierung bis nach Abschluss in die Betrachtung mit einbezogen werden. Das derzeit gängige Verfahren, Konzepte und Maßnahmen des Mobilitätsmanagements zeitlich befristet über Forschungs- und Pilotprojekte zur Anwendung zu bringen, ist in diesem Zusammenhang unzureichend.
2. **Institutionalisiert**
   Systematisches Mobilitätsmanagement bedarf einer Institutionalisierung. Einerseits sollte der Planungsansatz dabei bspw. in Gesetzen und Normen verankert werden, andererseits müssen feste Stellen auf allen Verwaltungsebenen geschaffen werden, die die langfristige Umsetzung der Konzepte vorantreiben. Dabei mangelt es insbesondere auf Bundesebene an der geforderten Institutionalisierung.

3. **Integriert**

Ebenso wie die integrierte Verkehrsplanung generell, muss das untergeordnete Mobilitätsmanagement dem einvernehmlichen Anspruch einer integrierten Planung nachkommen. Hierbei existieren verschiedene Politik- und Planungsebenen, Akteure und Disziplinen, deren singuläre Gestaltung von Mobilitätsmanagement Synergien oder Antagonismen missachten würde, die wesentlich für die Konsistenz der Verkehrsplanung sind. Neben den allgemeinen Ansprüchen an eine integrierte Verkehrsplanung, wie die Kooperation zwischen den politischen Politikebenen, den benachbarten Disziplinen sowie unterschiedlichen Akteuren (vgl. den Beitrag von Holz-Rau in diesem Band), ist für die verhaltensbeeinflussende Wirkung von Mobilitätsmanagement die systematische Verknüpfung von Anreizen und Restriktionen notwendig.

4. **Effektiv**

Der Anspruch der Effektivität setzt die Definition von messbaren Zielen voraus. Das angestrebte Ergebnis muss vor Konzeption und Umsetzung der Maßnahmen festgelegt werden, damit es nach der Umsetzung mit dem tatsächlich erzielten Ergebnis in Bezug gesetzt werden kann. Dabei ist ein möglichst hohes Maß an Effektivität anzustreben.

5. **Evaluierbar**

Um Aufschluss über die Wirksamkeit und Verbesserungspotenziale des Ansatzes zu erreichen, müssen Konzepte und Maßnahmen des Mobilitätsmanagements evaluierbar sein. Hierzu sind teilweise noch vor Umsetzung der Konzepte Vorkehrungen zu treffen (Zieldefinition, Bereitstellung von Finanzmitteln nach Abschluss, Datenaufnahme der Ausgangssituation), anderseits sind wissenschaftliche Gütekriterien einzuhalten (Objektivität, Reliabilität und Validität).

6. **Korrigierbar**

Zur Gewährleistung eines lernfähigen Instruments müssen Konzepte des Mobilitätsmanagements korrigierbar und flexibel sein. Hierfür sind transparente Evaluierungen und eine Kritikfähigkeit des Systems zwingende Voraussetzung. Zudem zeigte sich in der Vergangenheit, dass Konzepte und Evaluierungen nicht immer vergleichbar sind, wodurch sich nicht ‚aus Fehlern' lernen ließ.

4   Herausforderungen mit Blick auf ein erfolgreiches Agenda-Setting

Trotz der im vorangegangen Teil dargestellten Praxisbeispiele ist bisher keine breite Anwendung des Mobilitätsmanagements in der verkehrsplanerischen Praxis in Deutschland erkennbar. Entgegen der herausragenden Relevanz von Bundespolitik bzw. Bundesverwaltungen für eine flächendeckende Diffusion des Ansatzes, scheint gerade für diese Akteure Mobilitätsmanagement kein vordringliches verkehrspolitisches Handlungsfeld darzustellen. Dabei ist auch denkbar, dass die Ziele oder Maßnahmenfelder des Mobilitätsmanagements im Konflikt zur gängigen Verkehrspolitik stehen und deshalb keine Berücksichtigung erfahren. Unabhängig von dieser bisher unbeantworteten Frage, lässt sich jedoch feststellen, dass das verkehrspolitische Lobbying von Wissenschaft und weiteren Akteuren in Bezug auf ein bundespolitisches Mobilitätsmanagement nicht zufriedenstellend ist. Es fehlt ein erfolgreiches Agenda-Setting für diesen Ansatz. Die derzeitige Herausforderung ist deshalb die (bundes-)politischen Restriktionen zu identifizieren, die einem nachhaltigen Objektivierungsprozess entgegenstehen. Statt jedoch ausschließlich den Blick auf die Strukturen der zu lobbyierenden Akteure zu richten, lassen sich auch Defizite des Mobilitätsmanagements selbst erkennen, die zu Teilen Erklärungen dafür liefern, weshalb das Mobilitätsmanagement seit den 1990er Jahren in der verkehrsplanerischen Nische verharrt. Hierzu werden nachfolgend Defizite aufgezeigt, deren Behebung eine notwendige aber nicht hinreichende Bedingung für die Durchdringung des Ansatzes darstellt.

Ein wesentliches Defizit des Mobilitätsmanagements ist das unklare Begriffsbild. In diesem Zusammenhang wurde bereits in der Einleitung dargestellt, dass es sich beim Mobilitätsmanagement, bedingt durch die historische Entwicklung, sowohl um ein *operatives* Maßnahmenbündel als auch um ein *normatives* Planungsideal handelt. Dieser in der derzeitigen wissenschaftlichen Diskussion als Planungsproblem angesehene Widerspruch wirkt sich negativ aus in Bezug auf die Anerkennung des Instruments durch den politischen Entscheidungsraum. So können Maßnahmen des Mobilitätsmanagements, sofern sie mit dem normativen Leitbild einer nachhaltigen Verkehrsentwicklung verknüpft sind, nur dann angewandt bzw. berücksichtigt werden, wenn die verkehrspolitischen Strategien (bspw. Regierungsprogramme, Planwerke, Weißbücher etc.) demselben Verständnis einer nachhaltigen Verkehrsentwicklung folgen. Dass kann aber nicht vorausgesetzt werden. So zeigt beispielsweise der Artikel von Udo Becker in diesem Band, dass ein wesentliches Planwerk auf Bundesebene, der Bundesverkehrswegeplan, durch die angewandte Methodik ein bestimmtes Verständnis nachhaltiger Verkehrsentwicklung konterkariert. Zudem wird durch die normative Einengung des Mobilitätsmanagements auf die nachhaltige Verkehrsentwicklung der Ansatz anderen Feldern der Verkehrsplanung übergeordnet. Dies steht im Widerspruch zum allgemein anerkannten Anspruch einer Integrierten Verkehrsplanung, welche für sich reklamiert, geeignete Maßnahmenfelder entlang der verkehrspolitischen Zielkriterien gleichberechtigt zu berücksichtigen.

Darüber hinaus ist bislang ungeklärt, ob es sich bei den Ansätzen des Mobilitätsmanagements ausschließlich um freiwillige Maßnahmen handelt, die den Nutzenden zusätzliche Angebote des Umweltverbunds bereitstellen oder ob die Maßnahmen auch restriktiv ausgestaltet werden können. Hierzu lässt sich eine Diskrepanz zwischen Theorie und Praxis feststellen. Während in der wissenschaftlichen Diskussion das restriktiv ausgestaltete Mobilitätsmanagement in der Regel als Anwendungsoption angesehen wird, verstehen Praxisanwendungen – wie beim Beispiel München – das Mobilitätsmanagement eher als attraktivitätsstiftendes Angebot des Umweltverbunds. Begründet wird dies durch die konfliktreiche politische Vermittlung von restriktiven Maßnahmen, die einer konsensorientierten Verkehrspolitik entgegenstehen. Demgegenüber zeigt sich jedoch bei den wenigen Anwendungen mit restriktiven Komponenten, dass besonders hier die angestrebte Änderung des Mobilitätsverhaltens eintritt. Während tatsächlich wirkungsvolle Anwendungen Ergebnisse erzielen könnten, die Argumente für die politische Berücksichtigung des Ansatzes liefern, beschränkt sich die Praxis auf Anwendungen, die im schlechtesten Fall wirkungslos sind und damit einem langfristig erfolgreichen Agenda-Setting entgegenstehen.

Darüber hinaus hat sich das Mobilitätsmanagement bislang nicht gegenüber den Planungsfeldern Infrastrukturmanagement und Verkehrsmanagement emanzipiert. So zeigte sich in den Praxisbeispielen, dass originäre Maßnahmen des Infrastrukturmanagements (bspw. Bau von Fahrradabstellanlagen) und des Verkehrsmanagements (Beschleunigung einer S-Bahn-Linie) unter dem Anspruch einer nachhaltigen Verkehrsentwicklung dem Mobilitätsmanagement zugeordnet werden. Die angestrebte gleichberechtigte Integration des Ansatzes in die gängige Verkehrspolitik wird jedoch konterkariert, wenn der Ansatz Teile anderer Planungsfelder übernimmt. Durch die nicht vorhandene Abgrenzung besteht zudem die Gefahr, dass das Mobilitätsmanagement dem Infrastruktur- oder Verkehrsmanagement zu- bzw. untergeordnet wird und so gänzlich von der politischen Agenda verschwindet.

Ausgehend von den gewonnenen Erkenntnissen befindet sich das Mobilitätsmanagement derzeit in einem *Agenda-Setting-Dilemma*. Einerseits könnten mithilfe von systematischen und damit bspw. auch restriktiven Anwendungen Erkenntnisse über eine zielorientierte Entwicklung des Ansatzes gewonnen werden, welche die politische Überzeugungsarbeit unterstützen. Andererseits ergeben sich durch die bislang projekthafte Anwendung des Ansatzes nur kurze Zeitfenster, die eine exemplarische Umsetzung und Evaluation der Maßnahmen kaum ermöglichen. Gleichzeitig müssen häufig zugunsten von externen Faktoren (politische Vorbehalte, Widerstände der Belegschaft, kurze Projektlaufzeit etc.) Abstriche in der wirkungsvollen Ausgestaltung und Evaluation der Ansätze hingenommen werden. Hierdurch werden die Ansätze zu „Schaufensterprojekten" degradiert. Die Hoffnung der handelnden Akteure besteht derzeit darin, dass diese – wenn auch häufig ohne nachgewiesene Wirkung – erfolgten Einzelanwendung zu einer Verstetigung bzw. erfolgreichem Agenda-Setting führen. Beispielhaft hierfür ist das Aktionsprogramm *effizient mobil,* welches seinerzeit selbst Lobbying für ein systematisches Mobilitätsmanagement betreiben sollte, dabei jedoch nur wenig systematische und bis heute nicht evaluierte Anwendungen hervorbrachte.

5   Mobilitätsmanagement als Planungsfeld einer Integrierten Verkehrsplanung

Die vorangegangenen Ausführungen haben gezeigt, dass die historische Entwicklung und die projekthaften Einzelanwendungen von Mobilitätsmanagement ein unklares Begriffsbild zur Folge haben, wodurch die Entwicklung des Ansatzes im Zeitverlauf unstrukturiert erscheint. Zudem besteht die Gefahr, dass die geschilderten Defizite zum

Teil einem erfolgreichem Agenda-Setting entgegenstehen. Um die unklare Entwicklung aus autarken Anwendungen bzw. Pilotprojekten zu überwinden und allen Akteuren eine einheitliche Grundlage für die weitere Entwicklung zu bieten, wird das Mobilitätsmanagement nachfolgend aus einer systemtheoretischen Perspektive hergeleitet. Ein wesentlicher Aspekt ist dabei die Emanzipation von der historisch bedingten normativen Aufladung des Ansatzes und die Überführung in ein operatives „Werkzeug" der integrierten Verkehrsplanung. Hierdurch soll der Anspruch der Gleichwertigkeit mit anderen Planungsfeldern sowie einer eindeutigen Zuordnung von Maßnahmen gewährleistet werden. Ein wertungsfreies Planungsverständnis von Mobilitätsmanagement ermöglicht es zukünftig in einem strukturierten Vorgehen das Agenda-Setting zu verbessern.

Um eine systemtheoretische Neudefinition herzuleiten, ist es zunächst notwendig, sich die Elemente des Verkehrssystems zu vergegenwärtigen. Der erste Grundbestandteil des Systems ist dabei die physische *Struktur*, dessen Planungsobjekt im Rahmen der Verkehrssystemgestaltung die Infrastruktur darstellt. Innerhalb dieser Struktur laufen die *Prozesse* ab, welche als zweites Systemelement zu verstehen sind und dessen Planungsobjekt der Verkehr bzw. die realisierte Ortsveränderung darstellt. Das dritte Systemelement ist der *Mensch*, der alle struktur- und prozessexternen Elemente eines Systems Verkehrs verkörpert und dessen Planungsdimension die Mobilität bzw. der individuelle Möglichkeitsraum seiner Ortsveränderungen ist. Um den Systemzustand zu verändern, ist es möglich, alle drei Objekte zu gestalten. Dabei sollte berücksichtigt werden, dass Abhängigkeiten zwischen den Systemelementen bestehen, die in Abb. 2 als „sekundäre Effekte" bezeichnet werden. Diese Effekte machen deutlich, dass beispielsweise Infrastrukturmaßnahmen Auswirkungen auf den Verkehrsfluss und damit die Mobilität der Menschen haben können. Während die Effekte von Systemeingriffen in der Regel mehrere Systemelemente beeinflussen, ist das primäre Ziel- bzw. die Planungsdimension einer Maßnahme immer eindeutig. Eine Kategorisierung von Maßnahmen hat zur Herstellung von Eindeutigkeit damit immer entlang der Planungsdimensionen zu erfolgen und nicht entlang der Effekte.

Abgeleitet aus den drei Elementen des Verkehrssystems ergeben sich die jeweiligen Maßnahmenfelder, die wiederum die Gesamtheit an Maßnahmen abbilden, welche mit der jeweiligen Planungsdimension interagieren. So handelt es sich beispielsweise bei gestaltenden Eingriffen wie der Einrichtung von Mobilitätsstationen oder der Verringerung von Parkraum um strukturelle Maßnahmen. Maßnahmen, deren Objekt die

Abb. 2 Systemelemente und Planungsdimensionen im Abhängigkeitsverhältnis über die sekundären Effekte. (Eigene Darstellung)

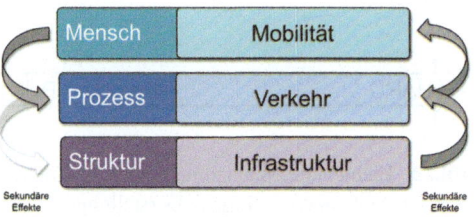

Veränderung des Verkehrsflusses darstellt, wie Infrastrukturabgaben oder Geschwindigkeitslimits, sind demgegenüber dem prozessualen Feld zuzuordnen. Schließlich handelt es sich bei Maßnahmen wie der KfZ-Steuer oder der Subventionierung von ÖPNV-Tickets, um gestaltende Eingriffe, die zunächst den individuellen Möglichkeitsraum für Ortsveränderungen betreffen und damit nutzerspezifisch sind. Erst durch den Sekundäreffekt haben diese Maßnahmen Auswirkungen auf den Verkehrsfluss oder die Infrastruktur. Dabei muss berücksichtigt werden, dass die Einzelmaßnahmen der Maßnahmenfelder ausschließlich operative Eigenschaften aufweisen. Erst durch die systematische Anwendung der einzelnen „Werkzeuge", entsprechend eines normativen Leitbilds oder einer Strategie können die Maßnahmen auf ein bestimmtes verkehrspolitisches Ziel hin ausgerichtet werden.

Da die einzelnen Maßnahmen noch weitere planerische Bereiche wie die Konzeption, Organisation und Evaluation beinhalten und deren korrekte Anwendung eines Managements bedarf, werden in einem letzten Schritt die Maßnahmenfelder in Planungsfelder überführt (Abb. 3). Hierdurch wird das gesamte Gestaltungsspektrum der integrierten Verkehrsplanung aufgespannt, welches die drei Planungsfeldern *Infrastrukturmanagement, Verkehrsmanagement* und *Mobilitätsmanagement* umfasst. Unter Einbeziehung des Abgrenzungsdualismus restriktiv und angebotserweiternd (Push & Pull) zeigt Abb. 4 das finale Konzept definierter und strukturierter Planungsfelder, welche die gesamte operationelle Ebene einer integrierten Verkehrsplanung beschreiben. In diesem Modell wird die integrierte Verkehrsplanung den drei Planungsfeldern übergeordnet. Zugunsten einer gleichwertigen und trennscharfen Abgrenzung des Mobilitätsmanagements zu den Planungsfeldern Infrastrukturmanagement und Verkehrsmanagement werden normative Ansprüche und strategische Überlegungen damit an das übergeordnete Leitbild der integrierten Verkehrsplanung abgegeben.

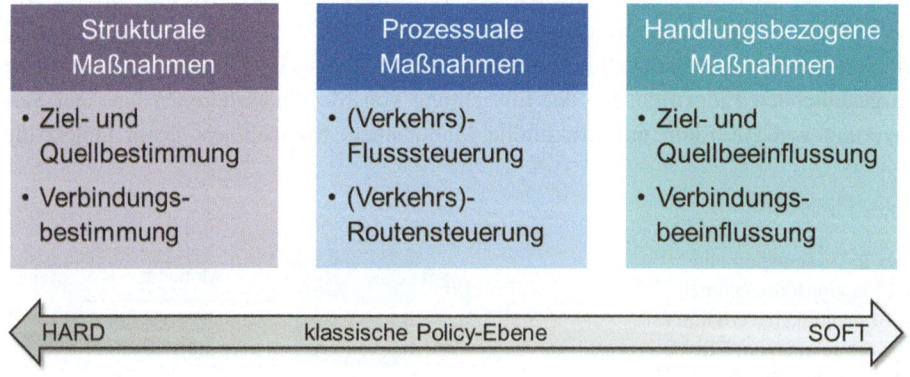

Abb. 3 Elementare Maßnahmenfelder im Kontrast zur klassischen Unterscheidung in ‚harte' und ‚weiche' Maßnahmen. (Eigene Darstellung)

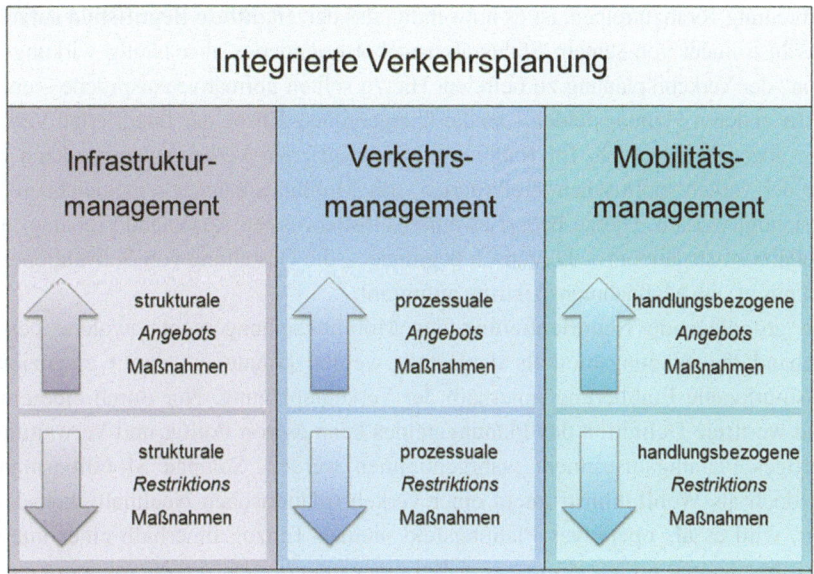

Abb. 4 Die drei Planungsfelder inklusive der Maßnahmendualismen innerhalb eines integrierten Planungsmodells. (Eigene Darstellung)

Entsprechend der Herleitung handelt es sich damit beim Mobilitätsmanagement um ein operatives Planungsfeld der integrierten Verkehrsplanung, deren Maßnahmen primär auf den individuellen Möglichkeitsraum der Ortsveränderungen abzielen und dabei restriktiv und angebotsorientiert ausgestaltet sein können.

6   Fazit

Mobilitätsmanagement verharrt seit seinem Aufkommen Mitte der 1990er Jahre in der verkehrspolitischen Nische. Ausgehend vom Ideal, einen verkehrsplanerischen Betrachtungswechsel vom Verkehr zur Mobilität zu vollziehen, konnten seither in der Regel nur pilothafte Einzelanwendungen erreicht werden. Hierbei erfüllte sich der Anspruch eines systematischen Mobilitätsmanagements nicht. Während von wissenschaftlicher Seite und in einzelnen Kommunalverwaltungen das Thema vorangetrieben wird, steht die Anerkennung des Mobilitätsmanagements zu einem vollwertigen verkehrspolitischen Instrument durch die Bundespolitik noch aus. Dementsprechend besteht die zentrale Herausforderung darin, die Bundespolitik und -verwaltung als entscheidenden ‚Gatekeeper' zu erreichen und von einer breiten Anwendung des Instruments zu überzeugen.

Nach wie vor handelt es sich beim Mobilitätsmanagement jedoch um einen innovativen Ansatz, dessen systematische Anwendung den verkehrspolitischen Möglichkeitsraum erweitert und eine effizientere und effektivere Verkehrsplanung erwarten lässt. Um deshalb die Verbreitung voranzutreiben, ist es notwendig, das derzeit diffuse Begriffsbild aufzulösen und das Instrument von seinem Status als angebotsorientiertes aber häufig wirkungsloses „Add-on" der Verkehrsplanung zu befreien. Hierzu sollten normative Ansprüche – entsprechend der anderen Planungsfelder – an die übergeordnete Ebene der Integrierten Verkehrsplanung abgegeben werden. Im Rahmen einer Integrierten Verkehrsplanung kann dann, entlang der verkehrspolitischen Zielkriterien, das Mobilitätsmanagement gleichberechtigt berücksichtigt werden. Hierzu bedarf es einer selbstbewussten Auseinandersetzung, in der das Mobilitätsmanagement – theoretisch begründet – die Gestaltung von Subventionen und Steuern mit in sein Maßnahmenspektrum aufnimmt.

Eine grundlegende Neuorientierung des Mobilitätsmanagements, welche beispielhaft anhand des Planungsmodells dargestellt werden konnte, ist damit essenziell für eine institutionelle Etablierung innerhalb der Verkehrsplanung. Nur durch eine eindeutige und wertfreie Definition des Planungsfeldes kann es von Politik und Verwaltung als vollwertiges Planungsinstrument wahrgenommen werden. Solange Mobilitätsmanagement jedoch als Wohlfühlinstrument einer verkehrsplanerischen Nachhaltigkeitsdebatte fungiert, wird es als operatives Planungsfeld niemals Einzug innerhalb einer integrierten Verkehrsplanung erhalten. Zentrales Ziel einer integrierten Verkehrsplanung muss es deshalb sein, Mobilitätsmanagement als gleichwertiges Instrument, zu operationalisieren und damit das Maßnahmenspektrum der Verkehrsplanung auf den Menschen zu erweitern. Nur so kann langfristig das Ziel einer nachhaltigen und am Menschen orientierten Planung von Verkehr und Mobilität erreicht werden.

Lernfragen
- Was sind die Funktionen der verschiedenen Akteursdimensionen in Bezug auf Systematisierung und Anwendung von Mobilitätsmanagement?
- Welche Gütekriterien zeichnen ein systematisches Mobilitätsmanagement aus und welche Akteure sind zur Herstellung dieses Anspruchs gefordert?
- Weshalb lassen sich die Maßnahmen der verschiedenen Planungsfelder von Integrierter Verkehrsplanung nicht eindeutig entlang ihrer Effekte abgrenzen?

Literatur

Beckmann, Klaus J. (2016): Verkehrspolitik und Mobilitätsforschung – die angebotsorientierte Perspektive. In: Oliver Schwedes/Weert Canzler/Andreas Knie (Hrsg.): Handbuch Verkehrspolitik. Wiesbaden, S. 725–753.
Blees, Volker (2012): Mobilitätsmanagement – eine Aufgabe für Kommunen. In: Mechtild Stiewe/Ulrike Reutter (Hrsg.): Mobilitätsmanagement. Wissenschaftliche Grundlagen und Wirkungen in der Praxis. Essen, S. 214–230.
effizient mobil (2010): Aktionsprogramm Mobilitätsmanagement. Entwicklung von Evaluationstools und Durchführung einer Programmevaluation. Abschlussbericht. Dortmund.

FoPS – Forschungsprogramm Stadtverkehr (2007): Weiterentwicklung von Produkten, Prozessen und Rahmenbedingungen des betrieblichen Mobilitätsmanagements (FE 70.748/04). Abschlussbericht. Anhang 1. Fallstudien. Dortmund.

Grandjot, Hans-H., & Bernecker, Tobias (2014). Verkehrspolitik: Grundlagen, Herausforderungen, Perspektiven. Hamburg.

Mobinet – Leitprojekt Mobilität im Ballungsraum München (2003): Abschlussbericht 2003, 5 Jahre Mobilitätsforschung im Ballungsraum München. Hrsg. vom Kreisverwaltungsreferat der Landeshauptstadt München. München.

Reutter, Ulrike; Kemming, Herbert (2012): Mobilitätsmanagement – eine historische, verkehrspolitische und planungswissenschaftliche Einordnung. In: Mechtild Stiewe/Ulrike Reutter (Hrsg.): Mobilitätsmanagement. Wissenschaftliche Grundlagen und Wirkungen in der Praxis. Essen, S. 16–29.

Schreiner, Martin (2016): Mobilitätsmanagement in München: Bisherige Erfahrungen und zukünftige Herausforderungen. In: Bracher et al. (Hrsg.): Handbuch der kommunalen Verkehrsplanung, Loseblattsammlung, Beitragsnummer 3.1.3.2. Berlin/Offenbach.

Weiterführende Literatur

Bruns, André; Langweg, Armin (2010): Mobilitätsmanagement - Konzept für die Umsetzung in der kommunalen Praxis. In: Bracher, T. ; Dziekan, K. ; Gies, J. ; Huber, F. ; Kiepe, F. ; Reutter, U. ; Saary, K. ; Schwedes, O. (Hrsg.): HKV – Handbuch der kommunalen Verkehrsplanung. Strategien, Konzepte und Maßnahmen für eine integrierte und nachhaltige Mobilität. Loseblattwerk / HKV Online. 2017

Langweg, Armin (2007): Mobilitätsmanagement, Mobilitätskultur, Marketing & Mobilitätsmarketing - Versuch einer Begriffsklärung. In: Stadt - Region – Land. Heft 82. Berlin.

Reutter, U. (2014): Mobilitätsmanagement. Ein Beitrag zur Gestaltung einer nachhaltigen Mo-bilität. In: Bracher, T. ; Dziekan, K. ; Gies, J. ; Huber, F. ; Kiepe, F. ; Reutter, U. ; Saary, K. ; Schwedes, O. (Hrsg.): HKV – Handbuch der kommunalen Verkehrsplanung. Strategien, Konzepte und Maßnahmen für eine integrierte und nachhaltige Mobilität. Loseblattwerk / HKV Online. 2017

Schwedes, Oliver; Daubitz, Stephan; Rammert, Alexander; Sternkopf, Benjamin; Hoor, Maximilian (2018): Kleiner Begriffskanon. Der Mobilitätsforschung. IVP-Discussion Paper. 1/2018. Berlin.

Mobilität und Exklusion

Die soziale Frage in der Verkehrspolitik

Stephan Daubitz

Zusammenfassung

Der Beitrag führt in das Thema der sozialen Frage in der Verkehrspolitik ein. Eine sinnvolle Bearbeitung dieses Politikfeldes kann nur gelingen, wenn es mit einer handlungsleitenden normativen Gerechtigkeitskonzeption verknüpft ist und den Zusammenhang von Mobilität und sozialer Exklusion thematisiert. Es werden grundsätzliche strategische Pfade der Reduktion von sozialer Exklusion beschrieben. Zum Abschluss werden exemplarisch drei konkrete Maßnahmen vorgestellt.

1 Einleitung

Die soziale Frage im Verkehr schien in der Vergangenheit immer wieder dann aufzutauchen, wenn sich die wirtschaftliche Lage für jeden sichtbar krisenhaft zugespitzt hatte. Mit der Einführung der Hartz IV-Gesetzgebung und der Wirtschaftskrise 2008 wurde die soziale Frage in Deutschland heftig diskutiert und hatte auch Eindruck bei einzelnen Akteuren der Verkehrswissenschaft und der Verkehrspolitik hinterlassen. Diese sahen vor allem in den zu erwartenden steigenden Mobilitätskosten einen Begründungszusammenhang dafür, Verkehrspolitik endlich sozialgerecht zu gestalten. Die Drohkulisse der steigenden Mobilitätskosten schien aber nicht nachhaltig genug, um die sozialen Aspekte von Verkehrsplanung und Verkehrspolitik zu einem dauerhaften bzw. dominanten Thema zu machen. Das Verkehrsverhalten der Menschen reagierte zum einen recht „elastisch" auf Preissteigerungen (es wurde nicht auf das Auto verzichtet), zum anderen macht die

S. Daubitz (✉)
TU Berlin, Berlin, Deutschland
E-Mail: stephan.daubitz@tu-berlin.de

© Springer Fachmedien Wiesbaden GmbH, ein Teil von Springer Nature 2018
O. Schwedes (Hrsg.), *Verkehrspolitik*,
https://doi.org/10.1007/978-3-658-21601-6_10

Volatilität des Marktes von fossilen Brennstoffen eine Prognose von Preisentwicklungen recht schwierig. Prognosen bewahrheiteten sich nicht und das Szenario einer nicht mehr finanzierbaren Mobilität geriet in der subjektiven Wahrnehmung wieder in den Hintergrund.

Die Diagnose, dass die soziale Frage in der verkehrspolitischen und verkehrsplanerischen Praxis immer noch vernachlässigt wird und bislang nicht in der Lage war, die Teilhabe von bestimmten Bevölkerungsgruppen in vollem Umfang zu ermöglichen, lässt sich auch heute noch treffen. Die soziale Frage in der verkehrsplanerischen Praxis wird lediglich bei sehr spezifischen Themenbereichen bzw. Personengruppen betrachtet. Abgesehen von der Debatte um Fahrpreise im öffentlichen Verkehr, die ungleiche Verteilung der Umweltwirkungen wie Luftverschmutzung und Lärm sowie die Bedürfnisse spezifischer Gruppen (wie Personen mit körperlichen Behinderungen oder ältere Menschen) werden die sozialen Implikationen des Verkehrs äußerst selten berücksichtigt. Dennoch gibt es Ansätze in der Debatte, die erfolgsversprechend zu sein scheinen, um eine nachhaltige Verankerung der sozialen Frage in der Verkehrspolitik bzw. -planung zu erreichen.

Hier stellt der normative Anspruch der Herstellung von Gerechtigkeit in einer Gesellschaft ein entscheidendes Fundament dar, das eine konkrete politische und wissenschaftliche Bearbeitung ermöglicht. Die Gerechtigkeitskonzeptionen von Amartya Sen (2012) und Martha Nussbaum (2014) sind zentrale Anknüpfungspunkte, mit denen Maßnahmen der gesellschaftlichen Teilhabe begründet werden können. Kernthema dieser Gerechtigkeitskonzeptionen sind die Verwirklichungschancen von Menschen. Dieser „Befähigungsansatz" (Capability Approach) geht von universellen Fähigkeiten des Menschen aus. Dementsprechend bemisst sich ein „gutes Leben" an den Möglichkeiten im Rahmen der bestehenden Umwelt- und Gesellschaftsbedingungen gesellschaftliche Teilhabe zu gewährleisten und die persönlichen Fähigkeiten zu entfalten.

Ein Resultat von ungerechten gesellschaftlichen Verhältnissen ist der Ausschluss (Exklusion) von gesellschaftlicher Teilhabe. Der normative Anspruch, eine Gesellschaft gerecht zu gestalten und damit Exklusion zu verhindern, ist somit der eigentliche Handlungsrahmen in dem eine Verknüpfung von Verkehrspolitik und Sozialpolitik gelingen kann. Als analytische Kategorie ermöglicht soziale Exklusion eine deutliche Erweiterung der Einrahmung von sozialräumlichen Problematiken in verkehrsplanerischen Untersuchungen. Die gesellschaftliche strukturelle Prozessebene steht im Mittelpunkt der Analyse, an der sich der Ausschluss von der gesellschaftlichen Teilhabe beobachten lässt (vgl. Kronauer 2010; Bude & Willisch 2008). Der Ausschluss vom sozialen Leben durch Einschränkungen in den tatsächlichen Ortsveränderungen sowie Einschränkungen im Möglichkeitsraum von potenziellen Ortsveränderungen, während andere soziale Gruppen diese voll ausschöpfen bzw. auf Kosten von Umweltressourcen mobil sind (vgl. den Beitrag von Becker in diesem Band), liefert den Begründungszusammenhang für eine integrierte Verkehrsplanung, die auf eine nachhaltige Verkehrsentwicklung zielt.

Aber es gibt auch handlungsleitende politische Dokumente, auf die sich Verkehrspolitiker_innen und Verkehrsplaner_innen berufen sollten, um die soziale Dimension von Verkehr angemessen zu bearbeiten. Leider sind diese zu wenig bekannt. Stellte die

Agenda 21 schon allgemeine Forderungen für eine nachhaltige Mobilität auf, wurden im Jahre 1997 auf einer OECD-Konferenz in Vancouver konkrete Leitlinien für ein nachhaltiges verkehrspolitisches und -planerisches Handeln aufgestellt.

Vancouver Prinzipien

In Vancouver wurden 1996 auf der Konferenz mit dem Thema „Nachhaltiger Verkehr" neun Prinzipien bzw. Leitlinien beschlossen. Auf einer Nachfolgekonferenz im Jahre 1997 einigten sich die Umwelt- und Verkehrsminister, ihre Politik auf das Ziel ‚nachhaltiger Verkehr' auszurichten. Grundlage der Vereinbarungen sind die Prinzipien, die in Vancouver beschlossen wurden. Die formulierten Prinzipien decken die sozialen, ökologischen und ökonomischen Prinzipien der Ausgestaltung von nachhaltigem Verkehr ab:

Access (Erreichbarkeit):
Menschen haben ein Recht auf Zugang zu Menschen, Orten, Gütern und Dienstleistungen.

Equity (Gerechtigkeit):
Die Verkehrsbedürfnisse aller sind so zu sichern, dass Gerechtigkeit zwischen Menschen, Regionen und Generationen herrscht.

Individual and Community Responsibility (Verantwortung):
Menschen und Gesellschaften sind bei ihren Entscheidungen für die Umwelt verantwortlich.

Health and Safety (Gesundheit und Sicherheit):
Verkehrssysteme müssen Gesundheit und Sicherheit schützen und die Lebensqualität verbessern.

Education and Public Participation (Bildung und Partizipation):
Die Öffentlichkeit und die gesellschaftlichen Gruppen sollen sich bei den notwendigen Entscheidungen hin zu einer nachhaltigen Mobilität engagieren und daran beteiligt werden.

Integrated Planning (Systemplanung):
Verkehrsplanung muss die gesamten Systemaspekte wie Umwelt, Gesundheit, Energie, Finanzen und städtebauliche Qualität integrieren.

Land and Resource Use (Flächen- und Ressourcennutzung):
Verkehrssysteme müssen Fläche und Ressourcen sparsam einsetzen bzw. schützen.

Pollution Prevention (Umwelterhaltung):
Verkehrsbedürfnisse müssen ohne Gefahren für Gesundheit, Klima, Artenvielfalt
und Ökosysteme zu befriedigen sein.

Economic Well-Being (Kostenwahrheit):
Die Preise sollten für nachhaltigen Verkehr arbeiten, anstatt wie heute dagegen.
Dabei sind die vollen jetzigen und künftigen Kosten den Nutzern anzulasten.

Von den verabschiedeten neun Prinzipien bildet die Forderung nach Gerechtigkeit eine
wesentliche Anforderung an eine nachhaltige Gestaltung von Mobilität. Die National-
staaten werden in diesem Dokument aufgefordert die grundsätzlichen Verkehrsbedürfnisse von Armen, Frauen, Behinderten, Kindern und der Landbevölkerung zu sichern
(vgl. OECD 1997: 60 ff.). Offensichtlich haben die „Vancouver-Prinzipien" bisher keine
so starke Strahlkraft entfalten können wie z. B. die Ottawa-Charta aus dem Jahre 1986,
die entsprechende Prinzipien für die Gesundheitsförderung bzw. -politik entwickelte. So
setzte sich schrittweise als Folge des in der Ottawa-Charta formulierten gesundheitspoli-
tischen Leitbilds eine Umorientierung von der Verhütung von Krankheiten zur Förderung
von Gesundheit durch. Nicht nur theoretisch, sondern auch praktisch wurden Konzepte
der Prävention entwickelt. Die „Vancouver-Prinzipien" für eine nachhaltige Verkehrsentwicklung sind weniger bekannt und werden selten als ein verkehrspolitisches Grund-
satzprogramm verstanden, an dem sich konkrete verkehrspolitische Maßnahmen vor Ort
orientieren. Eine Ausnahme bildet der Stadtentwicklungsplan Verkehr (SteP Verkehr) des
Berliner Senats, in dem sich Bezüge zu den Vancouver Prinzipien herauslesen lassen.
Der SteP Verkehr setzt sich u. a. zum Ziel, Mobilitätschancen für alle zu schaffen und
den motorisierten Individualverkehr zu begrenzen (vgl. SenStadt 2013).

Schon in den „Vancouver-Prinzipien" wurde zur Sicherstellung der Umweltverträglichkeit von Verkehr das Prinzip der sozialen Gerechtigkeit eingefordert. Wie in der
Gesundheitspolitik geht es auch in der Verkehrspolitik darum, die soziale Frage zum
Thema zu machen, und zwar intelligent zum Thema zu machen, indem man die soziale Frage mit der umweltgerechten Gestaltung des Verkehrs verknüpft. Also nicht: jedem
sein Auto, sondern: jedem die Möglichkeit, umweltgerecht seinen Mobilitätsbedürfnissen nachzukommen (vgl. auch den Beitrag von Becker in diesem Band).

Im Folgenden soll nun näher auf die wissenschaftlichen und politischen Möglichkeiten der Verknüpfung von Mobilität und Exklusion eingegangen werden. Wie nun
gesellschaftliche Teilhabe durch Mobilität umweltgerecht ermöglicht werden kann, soll
in einer generellen Darstellung von möglichen strategischen Pfaden (Subventionierung
von Mobilität, Erreichbarkeitsplanungen, Mobilitätsmanagement) gezeigt werden. Damit
man eine Vorstellung davon bekommt, wie Maßnahmen im Sinne eines Befähigungsan-
satzes konkret aussehen können werden drei Beispiele vorgestellt.

2   Mobilität und Exklusion

Zusammenfassung

Die Verknüpfung von Mobilitäts- und Exklusionsforschung stellt eine wesentliche Erweiterung für das verkehrspolitische Handeln dar, indem aufgrund der Mehrdimensionalität der beiden analytischen Kategorien Mobilität und Exklusion eine Reduktion bzw. Fokussierung auf eine Ursachenebene vermieden wird. Das Kapitel stellt die Kategorien Mobilität und Exklusion vor.

Bei der Analyse von Verkehrsverhalten wurden traditionell sozioökonomische Schichtungen verglichen und Unterschiede im Verhalten festgestellt. So wurden die Anzahl oder die Länge von zurückgelegten Wegen mit den sozioökonomischen Merkmalen (wie Geschlecht, Einkommen, etc.) unterschiedlicher Personengruppen verglichen. Diese Form der Analysen kommt in der Regel zu dem Schluss, dass Arbeitslose und ärmere Bevölkerungsschichten niedrigere Mobilitätsraten aufzeigen oder sogar keinen einzigen Weg an einem durchschnittlichen Tag zurücklegen. Aus dieser Perspektive resultiert die Annahme, dass die erfahrene Benachteiligung von Bevölkerungssegmenten in erster Linie mit ihren soziostrukturellen Eigenschaften (vor allem Einkommen) korreliert. Insofern stehe die geringe räumliche Mobilität in direkter Beziehung mit geringem Einkommen, Arbeitslosigkeit und andere soziale Probleme und werden häufig als Folge davon interpretiert.

Die angelsächsische Forschung fokussierte sich auf den Zugang zu oder die Verteilung von gewissen Mobilitätsangeboten. Dabei wird davon ausgegangen, dass der Besitz oder die Verfügbarkeit von privaten Autos oder ein Abonnement für die Nutzung von öffentlichen Verkehrsmitteln (ÖV) bzw. das Vorhandensein von entsprechenden Verkehrsinfrastrukturen, mit den Mobilitätsraten positiv korrelieren. Der in diesem Zusammenhang geprägte Begriff „transport disadvantage" bezieht sich entsprechend auf das fehlende oder unzureichende Angebot von (meist öffentlichen) Verkehrsdienstleistungen bzw. die eingeschränkte Möglichkeit diese wahrzunehmen. Einen Meilenstein stellte die von der englischen *Labour Party* in Auftrag gegebene Studie „Making the Connections" dar. In ihr wurde gezeigt, dass Verkehrsprobleme in Verbindung mit Nahversorgungslücken die Teilhabe von Menschen an gesellschaftlicher Teilhabe erschweren (vgl. Social Exclusion Unit 2003). Ein erheblicher Anteil der britischen Bevölkerung könne z. B. Arbeitsstellen, Gesundheits- und Bildungseinrichtungen, öffentliche Dienstleistungen und Einkaufseinrichtungen aufgrund von Mobilitätsbarrieren nicht wahrnehmen. Eine analytische Variante dieses Zugriffs besteht darin, sich auf die Benachteiligungen der Menschen ohne Zugang zu einem privaten Verkehrsmittel in autoorientierten Umfeldern zu konzentrieren. Hieraus leiten sich dann entsprechende Maßnahmen der Verkehrsplanung bzw. des Mobilitätsmanagements ab.

Die Verknüpfung der Mobilitäts- und Exklusionsforschung stellt eine wesentliche Erweiterung dar, indem aufgrund der Mehrdimensionalität der beiden analytischen Kategorien Mobilität und Exklusion eine Reduktion bzw. Fokussierung auf eine

Ursachenebene vermieden wird. Einen ersten systematischen Einstieg in der Betrachtung der Wechselwirkung von Mobilität und sozialer Exklusion legte 2015 die Forschungsgesellschaft für Straßen- und Verkehrswesen mit dem Band „Hinweise zu Mobilität und soziale Exklusion" vor (vgl. FGSV 2015). Neben der Aufbereitung von Literatur zu Mobilität und Exklusion wurden Strategien vorgestellt, die einen mindernden Effekt auf Benachteiligungsprozesse haben können. In ihrem Ausblick weisen die Autor_innen auf den immensen Forschungsbedarf hin. Die Debatte um soziale Ausgrenzung begann in Deutschland erst Ende der achtziger bzw. in den neunziger Jahren des letzten Jahrhunderts. Dies ist zum einem darauf zurückzuführen, dass das Themenfeld soziale Exklusion bisher eine relativ geringe Aufmerksamkeit in Deutschland erfahren hat, auch weil die Bundesregierung lange Zeit die Existenz von Armut in Deutschland negiert hat. Des Weiteren wurde erst zu dieser Zeit ein Problemdruck von wachsender Armut wahrgenommen. Überlagert wurde die Diskussion in Deutschland von einer Verabschiedung des Klassen- bzw. Schichtbegriffs. Individualisierte Konzepte der sozialen Ungleichheit wurden dominant. Mit einiger Verzögerung wurde also die Ausgrenzungsdebatte in Deutschland mit klarem Bezugspunkt zu französischen Arbeiten zur Exklusion aufgenommen und mit einer eindeutigen Positionierung hin zum Prozesscharakter von Exklusion verbunden (vgl. Dangschat 1995; Bude 1998; Kronauer 2010).

Das Konzept Kronauers zur Exklusion scheint der gegenwärtige Referenzpunkt für deutsche Mobilitätsforscher_innen zu sein (FGSV 2015). Für Kronauer (2010) sind die entscheidenden Kriterien für soziale Exklusion eine fehlende Einbindung in den Arbeitsmarkt einhergehend mit Einschränkungen in den sozialen Beziehungen (Interdependenz) und der Ausschluss an materiellen, politisch-institutionellen und kulturellen Teilhabemöglichkeiten (Partizipation). Partizipation auf verschiedenen Ebenen ist eine der wesentlichen Erweiterungen in der Fassung von sozialer Exklusion. Mobilitätsforscher_innen haben hieraus die Konsequenz gezogen, dass das Ziel darin bestehen muss, Mobilität zu ermöglichen, um gesellschaftliche Teilhabe zu gewährleisten (vgl. Altenburg et al. 2009). Mobilitätsbezogene Exklusion kann in diesem Sinne als das Fehlen von Zugängen und Erreichbarkeiten angesehen werden. Wird Mobilität aber als Antizipation potenzieller Ortsveränderungen (Beweglichkeit) von Personen aufgefasst, die aus räumlichen, physischen, sozialen und virtuellen Rahmenbedingungen und deren subjektiver Wahrnehmungen resultieren, eröffnen sich für die Definition bzw. Operationalisierung von mobilitätsbezogener Exklusion weitere Perspektiven. Potenzielle Ziele werden z. B. aufgrund der hohen Kosten bewusst oder unbewusst ausgeschlossen. Biografische Hintergründe, Bildung, der Zugriff auf ein soziales Netzwerk und die zur Verfügung stehenden Informationen bestimmen den wahrgenommenen Möglichkeitsraum. So gesehen ist die Analyse von Einschränkungen potenzieller Ortsveränderungen wesentlich, um die Wechselwirkung von sozialer Exklusion und eingeschränkter Mobilität zu verstehen.

3   Gesellschaftliche Teilhabe durch Mobilität umweltgerecht ermöglichen

Zusammenfassung

Verschiedene strategische Pfade bzw. Maßnahmen können gesellschaftliche Teilhabe durch eine umweltgerechte Mobilität ermöglichen. Neben der Subventionierung von Mobilität, einer Strategie der integrierten Verkehrs- und Stadtentwicklung sind individuelles Mobilitätsmanagement und der Einsatz partizipativer Verfahren wichtige erfolgsversprechende Bausteine verkehrspolitischen Handelns.

Wie lässt sich nun eine umweltgerechte gesellschaftliche Teilhabe ermöglichen? Die Autor_innen Sven Altenburg, Philine Gaffron und Carsten Gertz forderten im Jahre 2009 eine sozial gerechte Politik, die sich zukünftig damit auseinandersetzt „wie in bestimmten (insbesondere peripheren und ländlichen z. T. aber auch suburbanen) Räumen und für betroffene Haushalte eine Einschränkung an Mobilität und damit eine Exklusion mit all ihren volkswirtschaftlichen und sozialen Auswirkungen vermindert werden kann" (vgl. Altenburg et al. 2009: 8).

Die Autoren_innen identifizierten zwei Strategien, um Teilhabechancen in der Gesellschaft durch Mobilität zu ermöglichen: Zum einen die Subventionierung von Mobilität, z. B. durch mobilitätsorientierte Transferzahlungen, zum anderen eine „Integrierte Siedlungs- und Verkehrsentwicklung". Letzteres beinhaltet eine Umstrukturierung des Raum- und Verkehrssystems, unter anderem durch ÖPNV-Ausbau oder den Aufbau einer verkehrssparsamen Siedlungsentwicklung. Ergänzend zu den zwei genannten Strategien sollen hier Formen des Mobilitätsmanagements und der Partizipation eingeführt werden, die z. B. durch Informationen Möglichkeitsräume von Personen erweitern oder aktiv von Exklusion betroffene Personengruppen in Planungsprozesse einbeziehen.

Die Strategie der Subventionierung von Mobilität setzt an die finanziellen Barrieren an, die Mobilität verhindert. Die Kosten, die für Fahrten des öffentlichen Nahverkehrs bezahlt werden müssen, stellen gerade für Einkommensarme eine große Hürde dar, wichtige Wege überhaupt zu machen. Preiserhöhungen führen dazu, dass Einkommensarme sich das Angebot des ÖPNV nicht mehr leisten können. Einkommensarme Haushalte haben zwar absolut geringere Verkehrsausgaben, aber die Ausgaben für die Mobilität nehmen im Vergleich zu einkommensreichen Haushalten einen wesentlich höheren Anteil im Gesamtbudget ein. Einkommensarme Haushalte haben aufgrund ihrer finanziellen Begrenzungen geringere Reaktionsmöglichkeiten auf Kostensteigerungen im Bereich der Mobilität, da große Teile des Einkommens in festen Ausgaben für den Bereich Ernährung, Kleidung, Hygieneartikel etc. gebunden sind. Eine Reduzierung der örtlichen Raumveränderungen scheint in der Gruppe der Einkommensarmen kaum möglich, da nichtmotorisierte und öffentliche Verkehrsmittel schon sehr stark genutzt werden.

Zu dem strategischen Pfad der Subventionierung von Mobilität gehören unter anderem die Instrumente des Sozialtickets, fahrscheinfreie Tarifangebote im öffentlichen Nahverkehr. Bei dem Sozialticket handelt es sich um einen preisermäßigten Einzel- oder Zeitfahrausweis zur Nutzung öffentlicher Verkehrsmittel. Die Ermäßigungen sind in den Städten recht unterschiedlich gestaltet. Es gibt Regionen bzw. Städte, in denen kein Sozialticket angeboten wird. Es waren vor allem „Die Linke" und die „Die Grünen", die angesichts der Verschärfung der sozialen Gegensätze neuen Schwung in die parlamentarische Debatte brachten, indem sie den Stand in Deutschland dokumentierten und entsprechende parlamentarische Initiativen starteten. Eine Hauptstoßrichtung der Initiativen ist es, flächenübergreifende einheitliche Standards einzuführen. Ein einheitlicher Regelungsbedarf steht bei der Definition der Anspruchsberechtigten auf ein Sozialticket an sowie bei der Festlegung des Preises. Hierzu wurden einige Vorschläge von den politischen Parteien, die ein Sozialticket befürworten, erarbeitet. Die entsprechenden Dokumentationen zum Sozialticket kommen zu dem Schluss, dass durch deren Einführung neue Fahrgäste gewonnen würden und der Anteil der Schwarzfahrer_innen sinkt. Das Hauptproblem der angebotenen Sozialtickets ist, dass sie dem angesetzten Bedarfsatz für Mobilität im Hartz IV Regelsatz nicht entsprechen. Die Tickets sind teurer als der festgesetzte Bedarf von 25,45 EUR. Die im Jahre 2016 gewählte Berliner Landesregierung (gebildet von SPD, Die Linke und den Grünen) hat in ihrem Koalitionsvertrag darauf reagiert und möchte den Preis genau auf den festgelegten Bedarf von 25 EUR absenken.

Die entgeltfreie Beförderung durch den öffentlichen Nahverkehr ist eine weitere Maßnahme, um die Ursachenebene der finanziellen Barriere für die Nutzung von Bussen und Bahnen anzugehen. Beim Nulltarif erfolgt die Finanzierung gänzlich über einen anderen Finanztopf (z. B. Haushaltmittel der Stadt, Steuermittel etc.) Es handelt sich um eine hundertprozentige Subventionierung des öffentlichen Nahverkehrs (vgl. Gehrke/Groß 2014).

Punktuell taucht die Forderung nach einem Nulltarif immer wieder auf. Der Beginn in der Nulltarifdebatte war in der Bundesrepublik Deutschland sehr eng mit der Schüler_innen und Studierendenbewegung in den Jahren 1968–1971 verbunden. In dieser Zeit kam es in der Bundesrepublik Deutschland in vielen Städten zu Protesten gegenüber Fahrpreiserhöhungen der Nahverkehrsbetriebe. Es wurde in den Städten die Aktion Roter-Punkt gestartet. Die Aktionen wurden zumeist von Student_innen, Schüler_innen und Lehrlingen getragen. Bahnen und Busse wurden blockiert und Fahrgemeinschaften mit Privatautos gebildet. Das Signet der Rote Punkt klebte auf den Windschutzscheiben der Autos, die als alternatives Verkehrsmittel dienten. Organisiert wurden die Aktionen von Aktionskomitees Roter Punkt, die im Verlauf dieser Aktionen das Ziel eines Nulltarifs formulierten. Getragen wurde der Protest von linken Parteien und Verbänden sowie der Gewerkschaftsjugend und der Freien Sozialistischen Jugend. Mit der Forderung des Nulltarifs wurden aus marxistischer Sicht revolutionäre gesellschaftspolitische Ziele verbunden. Aber primär bestimmten die Debatte um den Nulltarif sozialpolitische und verkehrspolitische Ziele. In der Folgezeit verebbte aber die Debatte um den Nulltarif.

Erst in den neunziger Jahren wurde das Thema Nulltarif mit der Einrichtung von Stadtbussystemen in Klein- und Mittel-städten wiederbelebt. In diesem Zuge wurden in Europa verschiedene partielle Nulltarifangebote eingerichtet. Das bekannteste Beispiel war im belgischen Hasselt zu besichtigen. Hier konnten Busse seit 1997 kostenlos genutzt werden. Der Bürgermeister Steve Stevart leitete eine Verkehrswende für die

Stadt in der Provinz Limburg ein. Mit der Einführung des Nulltarifs war ein Ausbau des Linienverkehrs mit Stadtbussen verbunden. So wurde die Linienanzahl von vier auf neun angehoben und die Zahl der Fahrten wuchs von 84 auf 480. Somit stieg die Jahreskilometerleistung um 220 %. Im Jahre 2013 wurde sich jedoch vom Nulltarifsystem aufgrund starker finanzieller Belastungen verabschiedet. Auch in Deutschland wurde in Templin ein Nulltarifsystem gestartet. Im Jahre 1997 startete in Templin das Projekt „Fahrscheinfreier Stadtverkehr".

Die Stadt Templin, 80 km nordöstlich von Berlin im Landkreis Uckermark gelegen, hatte vor Beginn des Projektes eine hohe Belastung durch den motorisierten Individualverkehr im Stadtkern. Vor allem für die Anerkennung des Ortes als staatlich anerkanntes Thermalsolebad war es notwendig Maßnahmen der Verkehrsberuhigung einzuleiten. So gesehen war das Thema Nulltarif ähnlich wie in Hasselt nicht mit der Idee der sozialen Teilhabe sondern eng mit dem Thema der Stadtentwicklung mit dem Ziel der Verkehrsverlagerung auf die Stadtbusse verbunden. Den Erfolg der Maßnahmen konnte man an verschiedenen Indikatoren ablesen. Bis zum Jahre 2001 hatten sich die Fahrgastzahlen von 41360 auf 613.432 erhöht. 25 % der Autofahrer/innen stiegen auf die Stadtbusse um. Die Fahrgastzahlen sanken jedoch rapide, als die Stadt sich von dem kostenlosen Tarif verabschiedete. Im Jahre 2003 veränderte sich die Finanzierung des Projekts, da aufgrund des unterfinanzierten Stadthaushaltes eine Umstellung nach Ansicht der lokalen Entscheidungsträger notwendig wurde; denn mit dem Erfolg der ansteigenden Fahrgastzahlen stiegen auch die Zuschusskosten der Stadt. Da die Stadt sich nicht vom fahrscheinfreien Stadtverkehr verabschieden wollte, wurde die Mitnahme mit den Stadtbussen mit dem Erwerb einer Jahreskurbeitragskarte gekoppelt. Es waren vor allem kleinere Städte, die sich für ein Nulltarifsystem entschieden. Gemeinsam ist diesen Städten, dass diese einen geringen Kostendeckungsrad durch den Fahrscheinverkauf erzielten (z. B. in Templin 14 %) und durch einen hohen Anteil des Autoverkehrs massive verkehrliche Probleme zu bewältigen hatten. In jüngster Vergangenheit belebte die Piratenpartei die Nulltarifdebatte in Deutschland. Letztlich erscheint eine Umstellung auf ein Nulltarifsystem da sinnvoll, wo der Kostenddeckungsrad eh schon besonders niedrig ist. Zudem sollte die Einführung des Nulltarifsystems mit Einschränkungen des motorisierten Individualverkehrs, Ausbau des öffentlichen Nahverkehrs und der Strategie der integrierten Verkehrs- und Stadtentwicklung verbunden sein.

Die Strategie der integrierten Verkehrs- und Stadtentwicklung setzt auf Veränderungen der Rahmenbedingungen des Verkehrs und versucht, die Erreichbarkeitsdefizite z. B. von Einkommensarmen abzubauen. Dazu zählen z. B. die Zugänge zum öffentlichen Nahverkehr zu erhöhen oder die Distanzen zu Einrichtungen des Gesundheitswesens oder zu kulturellen Angeboten zu verringern. Die gemeinsame Betrachtung von Raum- und Verkehrsstrukturen mit dem Ziel sozialexkludierte Menschen oder gar ganze Stadtquartiere zu integrieren, mündete in Großbritannien, den USA sowie Neuseeland in Erreichbarkeitsplanungen (Accessibility Planning). Der Ansatz besteht darin, Räume von hoher und niedriger sozialer Interaktivität zu identifizieren. Durch Zugänge zu Dienstleistungen und Arbeitsplätzen wird versucht, die Räume mit niedriger sozialer Interaktivität positiv im Sinne der dort lebenden Menschen zu gestalten. Die Teilhabesicherung ist hierbei das handlungsleitende Ziel. Damit wird Verkehrspolitik zu einem wichtigen Baustein von Sozialpolitik. In Großbritannien hat man seit dem Erscheinen des Endberichts „Making the Connections" viele praktische Erfahrungen sammeln können und einen vierstufigen Planungsprozess entwickelt. Der Prozess startet mit einem „Accessibility audit". Hier wird analysiert, ob die Menschen in einem Gebiet die für sie wichtigsten Orte innerhalb einer angemessenen Zeit kostengünstig, sicher und zuverlässig erreichen. In einem darauffolgenden „Ressources audit" werden die vorhandenen Ressourcen und Finanzierungsquellen für die Bearbeitung der Probleme identifiziert. Im darauffolgenden „Action Plan" werden dann Lösungen priorisiert und entwickelt, sowie eine institutionenübergreifende Strategie für die Bereitstellung dieser Lösung erarbeitet. Abschließend folgen die Implementation und das Monitoring dieser Strategie. Ein wesentlicher Vorteil der Erreichbarkeitsplanung ist die Berücksichtigung der Bedürfnisse von Minderheiten und deren Anforderungen an Verkehrsmittel. Die Maßnahmen konzentrieren sich auf räumliche oder zeitliche Barrieren (Schaffung einer angemessenen Verkehrsinfrastruktur, bedarfsgerechte Netzdichte, hohe Taktdichte etc.).

Als dritten strategischen Pfad lassen sich Formen der Partizipation und Interventionen identifizieren, die ermöglichen sollen, Entscheidungsprozesse mitzugestalten. Geht es um die Einbindung und Aktivierung von Beteiligten im Planungsprozess, gelingt dieses oft nicht. Zwar gibt es eine gesetzliche Basis für formale Beteiligungsverfahren in der Stadt- und Verkehrsplanung, jedoch ist diese problembehaftet. Die formalen Beteiligungsverfahren sind sozial selektiv, da hier zumeist gut ausgebildete Personen in hohen beruflichen Positionen mittleren Alters beherrschend sind. Entsprechend wird diese Perspektive auch den Planungsprozess mit ihren Ergebnissen dominieren und zwangsläufig die Bedürfnisse anderer Gruppen ausblenden. Einkommensarme, Migrant_innen, Kinder und ältere Menschen nehmen an solchen Partizipationsverfahren selten teil. Die Ansprüche und Bedürfnisse dieser Bevölkerungsgruppen werden somit nicht erfasst.

Im Rahmen formaler Beteiligungsverfahren lässt sich zudem das sogenannte „Beteiligungsparadox" beobachten. So steigt das Interesse und Engagement der Bürger_innen wenn eigentlich der Planungsprozess so weit vorangeschritten ist, dass eine Einflussnahme nur noch begrenzt möglich ist. Informelle niedrigschwellige Partizipationsformen können einen Ansatz bieten, die bisher vernachlässigten Bevölkerungsgruppen zu gewinnen. Mit Methoden wie z. B. der Zukunftswerkstatt, Community Mapping öffentlichen Exkursionen/Begehungen, Bürgerversammlungen, Zukunftskonferenzen etc. können diese aktivierend in verkehrspolitische Entscheidungsprozesse einbezogen werden.

Partizipationsverfahren
Partizipationsverfahren lassen sich in formelle und informelle Verfahren unterscheiden. Formelle Verfahren sind z. B. im Rahmen von Raumordnungs- und Planfeststellungsverfahren gesetzlich vorgeschrieben. Die Methoden, Beteiligung zu initiieren und diese nachhaltig umzusetzen, sind sehr vielfältig. An dieser Stelle seien für den Bereich der Verkehrs- bzw. Stadtplanung nur zwei gängige Methoden benannt.

Community Mapping

Beim Community Mapping handelt es sich um ein partizipatives Verfahren in der eine Gemeinschaft die Merkmale, Ressourcen und Defizite in ihrer unmittelbaren Lebenswelt visualisieren und analysieren. Hierzu erstellen die Teilnehmenden eine räumliche Karte mit der Fokussierung auf eine bestimmte Fragestellung. Hier lassen sich verschiedene Schwerpunkte setzen. So kann eine Karte neben sozialen und geografischen Aspekten z. B. auch die Mobilität einer Gemeinschaft abbilden. Übergreifend kann der kartografische Zugang eine Möglichkeit bieten generell nach Stärken und Schwächen einer Gemeinschaft zu fragen. Die Erstellung der Karte findet in einem kommunikativen Verständigungsprozess statt. Die visualisierten Karten werden neben der Situationsanalyse für Community-basierte Interventionen verwandt.

Zukunftswerkstatt

Robert Jungk und Norbert Müllert entwickelten in den 70er Jahren des 20. Jahrhunderts ein partizipatives Verfahren in der die Teilnehmenden wünschbare Zukünfte mithilfe von Visualisierungs-, Kreativmethoden und Brainstorming formulieren. Die Ideen entwickeln sich in erster Linie aus den Wünschen bzw. der Fantasie der Teilnehmenden. Nach der Entwicklung von Ideen schließt sich eine Suche nach Verwirklichungsmöglichkeiten der formulierten Ideen an. Dazu werden notwendige Umsetzungsschritte diskutiert und Aktionspläne erstellt.

Individuelles Mobilitätsmanagement setzt auf der persönlichen Ebene an. Hier ist es zumeist der Mangel an Informationen, wodurch Mobilität eingeschränkt wird. Mögliche klimagerechte nachhaltige Mobilitätsdienstleistungen oder Verkehrsmittel sind oft nicht bekannt oder werden wegen kultureller Barrieren nicht genutzt. So haben z. B. Migrantinnen aus den unterschiedlichsten Gründen in ihren Herkunftsländern das Fahrradfahren nicht gelernt. Fahrradkurse für diese Zielgruppe bieten einen einfachen Zugang zu mehr persönlicher Mobilität.

Eine Vielzahl von Maßnahmen – meistens an eine bestimmte Zielgruppe gerichtet – wurden erprobt, um die Problematik der mobilitätsbezogenen Exklusion entgegenzuwirken. Maßnahmen wurden meistens im angelsächsischen Raum als Pilotprojekte umgesetzt, ihre Wirkungsweise wurde zumeist jedoch weder systematisch noch auf einer repräsentativen Basis erfasst. Lucas dokumentierte in ihrem Band „Running on empty" (2004) Best-Practice-Beispiele, die Mobilität für Einkommensarme ermöglichen. Auf europäischer Ebene sammelte und evaluierte das Projekt MATISSE (Methodology for Assessment of Transport ImpactS of Social Exclusion) im Jahre 2003 Maßnahmen des Verkehrs, die soziale Exklusion verhindern sollen. Aber letztendlich fehlt gegenwärtig ein umfassender Überblick über die realisierten aktuellen Maßnahmen. Ähnlich wie in anderen Bereichen der Prävention (z. B. der Gesundheitsförderung) sollte das Ziel darin bestehen, evidenzbasierte Maßnahmen dauerhaft zu implementieren und diese zu dokumentieren bzw. zu evaluieren. Zum einen bedarf es bereits bei der Konzeption der Maßnahmen einer empirischer Verankerung und Partizipation der Beteiligten. Um die Frage beantworten zu können, wie klimagerechte und nachhaltige Mobilitätsdienstleistungen beschaffen und entsprechende Informationen hierzu konzipiert sein müssen, muss ein vertieftes Wissen über das alltägliche Verkehrsverhalten vorliegen. Zum anderen bedarf es klar definierter Bewertungskriterien, um Maßnahmen beurteilen zu können. Die FGSV (2015: 43) hat mögliche Bewertungskriterien benannt. So sollten Maßnahmen zur Vermeidung bzw. Reduzierung von mobilitätsbezogener sozialer Exklusion effektiv (Zielerreichungsgrad der Teilhabe) und zielgenau (Angemessenheit für die Zielgruppe) sein. Darüber hinaus ist die Wirkung der Maßnahme auf die Verkehrsnachfrage und auf die Umwelt zu bewerten. Nimmt man diese Bewertungskriterien ernst, so bedeutet es, dass alle Maßnahmen zu evaluieren sind.

Im Folgenden sollen drei Beispiele vorgestellt werden, um eine Vorstellung davon zu bekommen, wie Projekte konkret ausgestaltet sein können.

Erreichbarkeitsplanungen partizipativ entwickeln

Im Departement Hauts-de-Seine in der Region Île-de-France im ersten äußeren Ring im Großraum Paris versuchte man im Jahre 1999, in einem sozialen Brennpunkt mit hoher Arbeitslosigkeit und Einkommensarmut und auch räumlicher Isolation zur Stadt Paris Barrieren für eingeschränkte Mobilität zu beseitigen. Es wurden drei neue Buslinien implementiert, die den Mobilitätsbedürfnissen der Anwohner entsprechen (Colom'Bus, P'tit Bus und Bus du Port). Die Linien zeichneten sich durch eine hohe Variabilität in der Netzstruktur und in der Stärkung von Angeboten in den Nebenverkehrszeiten aus, die von Einkommensarmen besonders genutzt werden. Wege zu den Haltestellen wurden minimiert. Der Entwicklung des neuen Verkehrsangebots gingen Befragungen, Workshops und Arbeitsgruppen mit der dort ansässigen Bevölkerung voraus. Das Angebot war sehr erfolgreich, denn es wurde von der Bevölkerung angenommen und Erreichbarkeitsdefizite zu Arbeitsplätzen oder Ausbildungsstätten wurden nachweislich abgebaut. Voraussetzung für den Erfolg war die Partizipation der Bürger, denn durch deren aktive Teilnahme am Entscheidungsprozess für die neuen drei Buslinien konnte sich auch ein neues Selbstbewusstsein im Stadtquartier entwickeln.

Mobilitätsbarrieren bei der Arbeitssuche beseitigen. Umweltgerechtes Verkehrsverhalten initiieren

Ein weiteres interessantes Projekt ist das Programm Workwise, das in England Arbeitssuchende bei der Jobsuche unterstützt, indem es für die Fahrt zu den Vorstellungsgesprächen die Tickets finanziert. Dies allein ist noch nicht außergewöhnlich, da auch in Deutschland die Fahrtkosten für Bewerbungsgespräche durch die Jobcenter erstattet werden können. Das Außergewöhnliche ist, dass nach einem erfolgreichen Vorstellungsgespräch die Personen ein kostenloses Zweimonatsticket für den öffentlichen Nahverkehr erhalten. Somit wird zum einen der Zugang zur Arbeitswelt erleichtert und darüber hinaus der Versuch unternommen, mit dem Wiedereinstieg ins Berufsleben umweltgerechte

Mobilitätsroutinen zu etablieren. Dieses Projekt wurde von der Nahverkehrsbehörde *Cento* der West Midlands und den vor Ort tätigen Beschäftigungsagenturen realisiert. Finanziert wurde das Projekt durch die Beschäftigungsagenturen und Gelder des Europäischen Entwicklungsfonds. Das Projekt wurde inzwischen ausgeweitet und wird nun auch in West Yorkshire angeboten. Die Ergebnisse des Projekts können sich sehen lassen: In West Yorkshire wurden bis zum April 2009 insgesamt 2396 Personen durch das Programm Workwise unterstützt. 25 % der unterstützten Personen gaben an, dass sie ohne die Unterstützung des Projektes den Job oder die Einladung zum Bewerbungsgespräch nicht hätten annehmen können. 84 % der Arbeitnehmer_innen nutzen weiterhin den öffentlichen Nahverkehr. 75 % der Workwise-Nutzer_innen hatten im Nachhinein ein besseres Verständnis über das Tarifsystem des öffentlichen Nahverkehrs. Der Schlüssel zum Erfolg dieses Projekts liegt sicherlich in der Vernetzung der Beschäftigungsagenturen und der Nahverkehrsbehörde. Dabei geht es nicht nur um eine bloße organisatorische Vernetzung beider Partner, sondern es sollen Mobilitätsbarrieren von Arbeitssuchenden beseitigt und ein umweltgerechtes Verkehrsverhalten initiiert werden.

Fahrradverfügbarkeit wieder herstellen bzw. ermöglichen
In Deutschland wurde das Thema Mobilität und Armut von den Arbeitsagenturen punktuell auch jenseits von der Gewährung der Fahrtkosten zu Bewerbungsgesprächen bedacht. So wurde z. B. im Berliner Bezirk Neukölln das Projekt „Fahrräder für Bedürftige" durch die Arbeitsagentur des Bezirks gefördert. Im Verein für Bildung & Integration arbeiteten 25 Personen als sogenannte „Ein-Euro-Jobber". Das Projekt bot kleinteilige Reparaturen an Fahrrädern und einen kostenlosen Fahrradverleih ausschließlich für Bezieher_innen von ALG II oder Grundsicherung an. Nach Vorlage des entsprechenden Bescheides werden dann z. B. die Reparaturleistungen übernommen. Bei den Reparaturen mussten in der Regel lediglich die Materialkosten bezahlt werden. Manchmal wurde auch ein Rad verschenkt. Die Fahrräder bezog das Projekt aus Spenden, von Hausverwaltungen, die bei Entrümpelungen Fahrradwracks entdeckten, aber auch durch das Entfernen verwaister Fahrräder von der Straße. In Zusammenarbeit mit den Ordnungsämtern wurden die wild entsorgten Fahrräder eingesammelt und wenn möglich wieder repariert. Das Projekt war im Stadtquartier gut verankert und mit anderen sozialen Projekten im Bezirk vernetzt. So hatte sich das Projekt sehr schnell herumgesprochen und wurde viel genutzt. Hauptziel von „Fahrräder für Bedürftige" war es, Mobilität zu erhalten oder wieder zu ermöglichen. Mit der Aussetzung der Finanzierung durch die Arbeitsagentur, musste das Projekt jedoch eingestellt werden. Das Angebot des Projekts „Fahrräder für Bedürftige" ist kein einzigartiger Fall. Ähnliche Projekte wurden in verschiedenen Städten mit unterschiedlicher Trägerschaft initiiert. Doch aufgrund der unsicheren Finanzierung ist die Fluktuation dieser Projekte groß. Obwohl sie von Hartz IV- und Sozialhilfeempfänger_innen stark nachgefragt werden, führt die fehlende Finanzierung immer wieder zum Ende solcher Projekte. Für die Nutzer_innen dieser Angebote bedeutet es, dass ihnen kein verlässliches System der Unterstützung zur Verfügung steht.

4   Fazit

Es gibt eine Vielfalt von Ideen, Verkehr und Raum sozial und umweltgerecht zu gestalten. Da aber die Ursachenebenen von eingeschränkter Mobilität bei den von Exklusion betroffenen Menschen sehr vielfältig sind, kann eine erfolgreiche Strategie nur auf Dauer wirksam sein, wenn alle Ursachenebenen gleichzeitig bearbeitet werden. Zudem gibt es noch viele Wissenslücken auf dem Gebiet der Mobilitätsforschung zu schließen. Sozial Exkludierte sind eine heterogene Gruppe und damit sicherlich auch in ihrem Verkehrsverhalten verschieden. So kann ein Verkäufer einer Obdachlosenzeitung hochmobil sein, während ein alleinstehender langzeitarbeitsloser Mann Mitte Vierzig aufgrund fehlender Tagesstrukturierung das Haus nur noch zum Einkaufen verlässt. Alleinerziehende sind gezwungen, ihre Wegeketten hocheffizient zu planen und zu bestreiten. Die quantitativen Daten der großen verhaltensbezogenen Verkehrserhebungen verstellen den Blick auf das tatsächliche Verhaltensspektrum der Menschen. Nur aufgrund eines fundierten empirischen Wissens können dann auch zielgruppenspezifische angemessene Angebote entwickelt und umgesetzt werden. Unabdingbar ist die Evaluation von Maßnahmen, um sie ihrem Wirkungsgrad entsprechend bewerten zu können. Erfolgreiche Maßnahmen müssen kontinuierlich fortgeführt werden. Das Wegbrechen finanzieller Grundlagen von durchaus erfolgreichen Maßnahmen ist leider an der Tagesordnung.

Es gibt also nicht „die" Maßnahme, die ungleich verteilte Mobilitätsmöglichkeiten beseitigt. Der vorgestellte Capability-Ansatz bietet hier eine gute Grundlage für die Konzeption einer angemessenen Strategie zur Reduktion bzw. Vermeidung von Exklusion. Dies beinhaltet grundsätzlich aber auch strukturelle Machtverhältnisse zu thematisieren, die Exklusion produzieren. Dabei geht es vor allem auch darum, jene Machtstrukturen im Politikfeld Verkehr aufzudecken, die Ungerechtigkeit systematisch reproduzieren. Vor allem der Ansatz der Verwirklichungschancen lässt vielfältige Operationalisierungen in qualitativer und quantitativer Hinsicht zu. Denkbar wäre z. B. ein Mobilitätsindex, der zum einen die Möglichkeiten von tatsächlichen Ortsveränderungen und den Möglichkeitsraum von potenziellen Ortsveränderungen gleichermaßen berücksichtigt bzw. in einen Zusammenhang setzt. Dies könnte ein konkretes Ausgangsmaß bieten, um einen Ausgleich zwischen sozialen Gruppen und ihren Zugängen zur Mobilität zu schaffen bzw. die Verwirklichungschancen des Menschen zu erhöhen. In diesem Modell lässt sich auch der Themenkomplex der Umweltgerechtigkeit verknüpfen, denn die Handlungsfreiheit oder die Verwirklichungsmöglichkeiten des Menschen werden durch eine stark belastete Umwelt oder ihren Ressourcenverbrauch eingeschränkt. Somit ist eine umweltgerechte Mobilität eine wesentliche Voraussetzung, um Gerechtigkeit aus der Perspektive der Verkehrspolitik herzustellen.

Lernfragen

a) Was versteht man unter dem *Capability Approach*?

b) Welche strategischen Pfade lassen sich identifizieren, um mobilitätsbezogene Exklusion zu vermeiden bzw. zu reduzieren?

c) Was versteht man unter dem Begriff *Transport Disadvantage*?

d) Welche Dimensionen sind, neben der verkehrsinfrastrukturellen Dimension, bei der Analyse von mobilitätsbezogener Exklusion und deren Bearbeitung zu berücksichtigen?

Literatur

Altenburg, Sven/Philine Gaffron/Carsten Gertz (2009): Teilhabe ermöglichen bedeutet Mobilität zu ermöglichen – Mobilität sozial gestalten. In: WISO Diskurs der Friedrich-Ebert-Stiftung, Bonn.

Bude, Heinz (1998): Die Überflüssigen als transversale Kategorie. In: Peter A. Berger/Michael Vester (Hrsg.): Alte Ungleichheiten – Neue Spaltungen. Opladen, S. 363–382.

Dangschat, Jens S. (1995): „Stadt" als Ort und Ursache von Armut und sozialer Ausgrenzung. In: Aus Politik und Zeitgeschichte, B 31–32/95, S. 50–62.

Gehrke, Marvin/Stefan Groß (2014): Fahrscheinfrei im ÖPNV. IVP-Discussion Paper. 03/2014. Berlin.

Nussbaum, Martha Craven (2014): Gerechtigkeit oder Das gute Leben. Frankfurt am Main.

Kronauer, Martin (2010): Exklusion: Die Gefährdung des Sozialen im hoch entwickelten Kapitalismus. 2., aktualisierte und erw. Aufl. Frankfurt am Main/New York.

Lucas, Karen (2004): Running on empty. Transport, social exclusion and environmental justice. Bristol.

OECD (1997): Proceedings Towards sustainable transportation. The Vancouver conference, Vancouver 24.–27. March 1996. Vancouver.

SenStadt – Senatsverwaltung für Stadtentwicklung (2013): Stadtentwicklungsplan Verkehr 2025 Nachhaltig unterwegs. Berlin.

Social Exclusion Unit (2003): Making the Connections. Final Report on Transport and Social Exclusion. London.

Weiterführende Literatur

Bude, Heinz/Andreas Willisch (2008): Exklusion. Die Debatte über die „Überflüssigen" Frankfurt am Main Suhrkamp.

Dangschat, Jens S./Astrid Segert (2011): Nachhaltige Alltagsmobilität – soziale Ungleichheiten und Milieus. In: Österreichische Zeitschrift für Soziologie 36 (2), S. 55–73.

Daubitz, Stephan (2013): „Mobilitätsalltag von Einkommensarmen im städtischen Raum". In: Oliver Schwedes (Hrsg.): Räumliche Mobilität in der zweiten Moderne: Freiheit und Zwang bei Standortwahl und Verkehrsverhalten. Münster, S. 113–133.

FGSV – Forschungsgesellschaft für Straßen- und Verkehrswesen (2015): Hinweise zu Mobilität und sozialer Exklusion: Forschungsstand zum Zusammenhang von Mobilitäts- und Teilhabechancen. Köln.

Sen, Amartya (2012): Die Idee der Gerechtigkeit. München.

Stephan Daubitz, Dipl.-Pol., Technische Universität Berlin, Fakultät Verkehrs- und Maschinensysteme, Institut für Land- und Seeverkehr, Fachgebiet Integrierte Verkehrsplanung, Salzufer 17–19, 10587 Berlin.

Mobilitätssozialisation

Claus Tully und Dirk Baier

Zusammenfassung

Es gibt unterschiedliche Konzepte, die das Mobilitätsverhalten erklären, u. a. solche, die vom Angebot an Mobilitätsdiensten ausgehend Mobilität erklären. Andere Konzepte stellen den jeweiligen Lebensstil in den Fokus der Betrachtung. In diesem Beitrag steht die Mobilitätssozialisation im Mittelpunkt, sie ist das Resultat gesellschaftlicher, individueller und struktureller Faktoren.

Lernziel dieses Beitrags ist es, Grundlagen der Sozialisation, Veränderungen im Mobilitätsverhalten, unterschiedliche Mobilitätsstile abhängig von sozialer Konfiguration zu verstehen. Mobilität hängt ab vom Lebensalter, davon, ob jemand in der Stadt oder am Land lebt, vom praktizierten Partnerschaftsmodell (Single versus LAT: living apart together), weiter davon ob man sich in Ausbildung befindet oder arbeitet. Die moderne Gesellschaft fordert zu mehr Verkehr heraus, offeriert allerdings auch neue Formen des Unterwegsseins.

C. Tully (✉)
München, Deutschland
E-Mail: Tully@outlook.de

D. Baier
Zürcher Hochschule für Angewandte Wissenschaften, Zürich, Schweiz
E-Mail: dirk.baier@zhaw.ch

© Springer Fachmedien Wiesbaden GmbH, ein Teil von Springer Nature 2018
O. Schwedes (Hrsg.), *Verkehrspolitik,*
https://doi.org/10.1007/978-3-658-21601-6_11

1   Einführung

Aufgabe der Politik ist die Steuerung sozialer Prozesse. Die Verkehrspolitik versucht dementsprechend mittels verschiedener Maßnahmen (z. B. Verkehrsrecht, Verkehrswege-pläne) das Verhalten der Bevölkerung als Verkehrsteilnehmer zu formen. Eine voraus-schauende Verkehrspolitik verlässt sich hierbei nicht allein auf technische Lösungen. In modernen Gesellschaften ist es vielmehr nötig, die individuellen Bedürfnisse und sozi-alen Erwartungen der Verkehrsteilnehmer zu kennen. Insofern gilt es, nicht allein die zurückgelegten Wege (den Verkehr) zu beachten, sondern die Mobilität der Menschen als Ganzes in den Blick zu nehmen. Die Art und Weise, wie Menschen räumlich mobil sind, ist Resultat der Mobilitätssozialisation. Die Mobile Kommunikationstechnik begünstigt zunehmend einen flexibleren Umgang mit räumlichen Gegebenheiten.

Mobilität aus dem Blickwinkel von Sozialisation zu betrachten erscheint deshalb sinnvoll, weil so eine Vielzahl möglicher Einflussfaktoren auf das Mobilitätsverhal-ten und deren gegenseitige Verbundenheit untersucht werden können. Ausgangspunkt ist der gelebte Lebensalltag. Neben eher objektive Kriterien wie das Alter, die Bildung usw. spielen eher subjektive Kriterien wie Einstellungen und Werthaltungen eine Rolle. Anders als das Lebensstilkonzept werden stärker die Veränderungen und Statusüber-gänge in den Blick genommen (z. B. Familiengründung, Eintritt in Rente). Das heißt: Wenn sich die Settings des Lebensalltags ändern, schlägt sich dies in Bemühungen nie-der, das eigene Mobilitätsverhalten anzupassen.

2   Sozialisation und Jugendalter

Neben dem Begriff der Erziehung spielt der Begriff der Sozialisation eine herausgeho-bene Rolle, wenn vom Jugendalltag und vom Aufwachsen in der Gesellschaft die Rede ist. Erziehung ist absichtsvoll arrangiert, Sozialisation ist die Formung der Person durch unterschiedliche Lernprozesse. Dabei haben wir es immer mit einer Kombination indi-vidueller und gesellschaftlicher Faktoren zu tun. Es geht um Aneignung von erlebter Umwelt.

2.1   Was ist Mobilitätssozialisation?

Sozialisation bezeichnet Prozesse, in deren Verlauf sich eine sozial handlungsfähige Per-sönlichkeit herausbildet. Die Gesellschaft mit ihren eigenen Strukturen, Normen und Werten ist vorgegeben. Hiermit wird sich im Prozess der Sozialisation vertraut gemacht. Sozialisation findet im Spannungsfeld von sozialen Vorgaben und individuellen Bedürf-nissen statt. Aufgrund der gestiegenen gesellschaftlichen Dynamik laufen Sozialisations-prozesse heutzutage in allen Altersphasen ab, gleichwohl gelten Kindheit und Jugend weiterhin als die sensibelsten Phasen. Wichtige Kontexte, die Sozialisationsprozesse auslösen und begleiten, sind die Familie, das Wohnumfeld, der Kreis an Freundinnen und Freunden und die Schule. Mit der gewachsenen Bedeutung der Medien fungieren auch diese mittlerweile als Sozialisationsinstanz. Gleiches gilt vermutlich für die Mobilität: Diverse institutionelle Vorgaben, verfügbare Vehikel, die zu bewältigenden Entfernungen zum Einkauf, zu Freundinnen und Freunden usw. signalisieren die Formung des Lebensalltages durch Mobilität. Allerdings muss konstatiert werden, dass sich in den Sozialwissenschaften bislang noch selten dem Thema Mobilitätssozialisation gewidmet wurde (vgl. Scheiner/Holz-Rau 2015; Tully/Baier 2006).

Vergleichbar mit anderen Sozialisationsprozessen ist auch im Hinblick auf die Mobilitätssozialisation davon auszugehen, dass sie durch verschiedene Ebenen beeinflusst wird (vgl. Abb. 1). Der gesellschaftliche Entwicklungsstand gibt dabei den allgemeinen Rahmen an Möglichkeiten vor, wie sich Menschen im Hinblick auf Mobilität verhalten können. Vorgegeben sind u. a. das Ausmaß der räumlichen bzw. sozialen Differenzierung, der Stand der vorhandenen Infrastruktur und Technik, die rechtlichen Vorgaben und die kulturellen Leitbilder. Als mesosoziale Bedingungen erweisen sich jene Sozialisationskontexte, in die eine Person direkt eingebunden ist. Hierzu gehört einerseits die Familie, in der ein Individuum z. B. anhand des elterlichen Vorbilds erfährt, dass das Auto ein hochgeschätztes Verkehrsmittel ist. Die Freundinnen und Freunde können solche Ansichten durch ihre Einstellungen und Verhaltensweisen verstärken. In der Schule wird darüber hinaus explizit im Rahmen der Verkehrserziehung auf das Mobilitätsverhalten eingewirkt. Auf der Ebene der persönlichen Bedingungen existieren, u. a. auch als Resultat der gesellschaftlichen und mesosozialen Vorgaben, spezifische Präferenzen und Werthaltungen bzgl. des Mobilitätsverhaltens. Dieses ist zudem von sozialen Merkmalen wie dem Einkommen oder dem Bildungsstand sowie, aufgrund der rechtlichen Voraussetzungen, vom Alter abhängig.

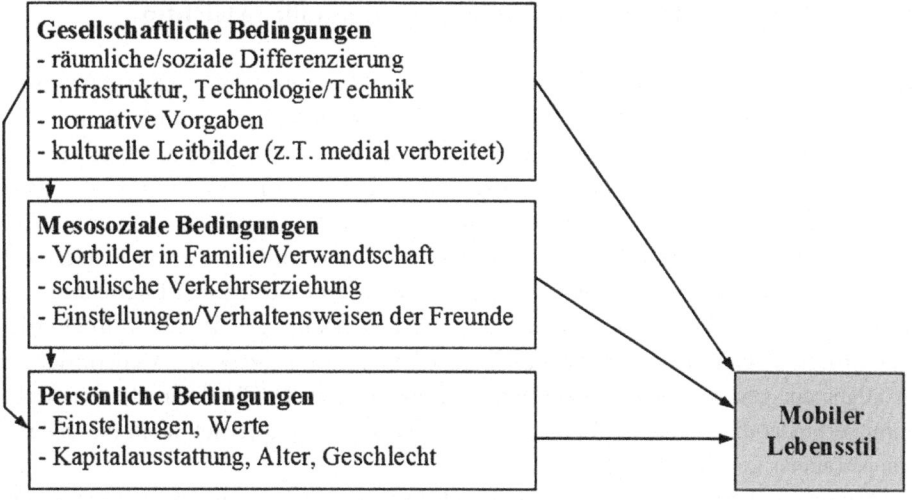

Abb. 1 Mehrebenen-Modell der Mobilitätssozialisation. (Eigene Darstellung)

Zum Teil existieren deutliche Differenzen bezüglich des Geschlechts. All diese Faktoren formen einen die Mobilität betreffenden Lebensstil, der die per Mobilitätssozialisation entwickelten Einstellungen und Verhaltensweisen eines Individuums umfasst. Wird der individuelle Lebensstil als dynamisch, d. h. als in der Zeit veränderbar aufgefasst, so ergeben die über das Leben kumulierte Stile eine Mobilitätsbiografie (vgl. auch Scheiner/ Holz-Rau 2015).

Eine mögliche *Definition der Mobilitätssozialisation* könnte daher folgendermaßen lauten (vgl. Tully/Baier 2006: 120): Es handelt sich um einen Prozess, in dessen Verlauf ein Individuum zum Teilnehmer der Mobilitätsgesellschaft wird. Das wesentliche Ergebnis dieses Prozesses ist ein mobilitätsbezogener Lebensstil, in dem ein eigenwilliger Umgang mit Mobilität längerfristig festgelegt ist. Moderne Gesellschaften setzen mobile Subjekte voraus; sie unterstellen eine gelungene Mobilitätssozialisation. Diese beginnt in der Kindheit, in der Familie, bei der Bewältigung von Wegen zum Kindergarten und zur Schule. Der Erwerb von Fahrberechtigungen markiert sowohl die Verselbstständigung im Jugendalter als auch die Bezugnahme auf vorgegebene Mobilitätsregeln der Gesellschaft. Die Mobilitätssozialisation wird insoweit von gesellschaftlichen Vorgaben genauso beeinflusst wie von den unmittelbaren Lebensbereichen. Explizite Lern- bzw. Wissensinhalte, die z. B. im Rahmen schulischer Verkehrserziehung vermittelt werden, sind ebenso Resultat der Mobilitätssozialisation wie eher ‚beiläufig' erworbene Einstellungen und Verhaltensweisen.

Bevor im zweiten Abschnitt die einzelnen Ebenen des Modells detaillierter vor dem Hintergrund aktueller Forschungsergebnisse beleuchtet werden, soll im Folgenden zunächst der Frage nachgegangen werden, warum gerade für Jugendliche Mobilität einen sehr hohen Stellenwert besitzt.

2.2   Warum ist Mobilität besonders für Jugendliche wichtig?

Mobilität ist das Ergebnis von gesellschaftlichen Modernisierungs- und Differenzierungsprozessen. Gesellschaftliche Differenzierung kann in sozialer oder räumlicher Hinsicht erfolgen. Die räumliche Differenzierung führt zur örtlichen Trennung einst unter einem Dach vereinter Tätigkeiten; die soziale Differenzierung liefert im Sinne der Trennung von Funktionsbereichen und Rollenanforderungen die Gründe für diese räumliche Trennung. Unter modernen Verhältnissen wird bspw. die Ausbildung von Kindern der Institution Schule übertragen. Die räumliche Trennung von Schule und Elternhaus steht für die soziale Differenzierung der Eltern- und Lehrerrolle. Derartige Ausdifferenzierungsprozesse kennzeichnen moderne Gesellschaften. Der Prozess der Modernisierung ist allgemein gesprochen ein Ausdifferenzierungsprozess. Der Verkehr als technische Form verbindet die getrennten Bereiche wieder. Verkehr gewährleistet damit die Integration getrennter Lebensbereiche.

Ebenso wie die Entwicklung von Gesellschaften erweist sich das Aufwachsen als ein Prozess zunehmender Ausdifferenzierung. Der Lebenslauf eines heute geborenen Kindes lässt nachvollziehen, dass dieser eine sukzessive Zunahme an räumlichen und sozialen Bezügen beinhaltet. Dies beginnt in der Familie, in die das Kind hinein geboren wird. Möglicherweise handelt es sich dabei bereits um eine Pendler-Beziehung oder eine geschiedene Ehe, sodass das Kind an verschiedenen Orten aufwächst. Aber auch im ‚gewöhnlichen' Fall der ortsgebundenen Zwei-Eltern-Familie nimmt die Anzahl an Interaktionskontexten unweigerlich mit dem Alter zu. Neben der Familie (und den bereits hier vorhandenen unzähligen Mobilitätserfordernissen wie der Fahrt zu den Verwandten zum Feiertag oder zum Babyschwimmen) geht das Kind höchstwahrscheinlich in einen Kindergarten, lernt hier eigene Freundinnen und Freunde kennen, die es auch jenseits des Kindergartens treffen möchte, tritt in einen Musik- oder Sportverein ein, besucht die Grundschule, später eine weiterführende Schule. Hinzu kommt vielleicht ein Nebenjob, die Nachhilfe oder ein Engagement in einer Jugendgruppe; das Kind muss zum (Zahn-) Arzt, es geht mit Eltern, Freundinnen und Freunden oder allein Einkaufen und vieles anderes mehr.

Aufwachsen bedeutet heute, sich mit einer differenzierten sozialen Umwelt auseinanderzusetzen. Die moderne Gesellschaft ist vielschichtig, was für Heranwachsende z. B. Folgendes bedeutet: Im Zuge diverser Reformen wurden Kindergarten, Vorschule, Hauptschule und weiterführende Bildungsstätten räumlich getrennt; sie sind heute aus dem unmittelbaren Wohnumfeld herausgelöst und an Orten außerhalb des nahen Lebensbereichs angesiedelt. Was wirtschafts- und arbeitsmarktpolitische Entwicklungsschübe ins Werk setzten – den Boom der Metropolen mit ihrer Eigenheim-Peripherie sowie die entsprechende Abwanderung in den ländlichen Raum – das bedeutet für Kinder und Jugendliche gleichzeitig eine erzeugte Notwendigkeit der Teilnahme am Verkehr. Der Tagesrhythmus ist heute durch Schulbeginn, Arbeitsantritt und variables Arbeitsende bestimmt. Besonders in ländlichen Gebieten prägen dabei Fahrpläne und Fahrzeiten den Alltag. Absehbare soziodemografische Veränderungen und die prognostizierte Ausdünnung ländlicher Räume führen hier zu immer längeren Pendelwegen. Zugleich wachsen damit die Wege zu den Freundinnen und Freunden. Große Einzugsräume, etwa durch zusammenlegen von Schulen, bedingen länger Wege zur Bildungseinrichtung und dann auch längere Freizeitwege. Freundschaften werden im Schulalter mit hoher Wahrscheinlichkeit an der Schule begründet. Sich treffen, gemeinsame Unternehmungen, sich Beraten sind Elemente solcher Freundschaften. Das Sich-Treffen kann durch neue Kommunikationsmittel nicht substituiert werden. Im Gegenteil, die mediale Vernetzung schafft neue Anlässe, um sich mobilitätsgestützt zu treffen.

Die mit dem Alter zunehmende Ausdifferenzierung örtlicher und sozialer Bezüge und die damit verbundene Notwendigkeit zur Mobilität verdeutlicht sich im sogenannten *Inselmodell* (vgl. Tully/Baier 2006: 112 ff.). Der Lebensraum von Kindern und Jugendlichen besteht diesem Modell zufolge aus zahlreichen Inseln, die Kinder und Jugendliche erreichen müssen, um an Aktivitäten teilzunehmen (vgl. Abb. 2). Der Weg zu den Aktivitätszonen wird technikgestützt und nicht selten in Begleitung der Eltern absolviert. Der primäre Grund hierfür ist die Stadtarchitektur, in der nicht die kurzen Wege, sondern die Konzentration von Funktionen an voneinander getrennten Orten stattfindet. Beispiele sind Einkaufszentren, Schulen, Arbeitsstätten oder Wohngebiete. Die Distanzen zwischen

Abb. 2 Zonen- und
Inselmodell des Aufwachsens.
(Quelle: Tully/Baier 2006:
113)

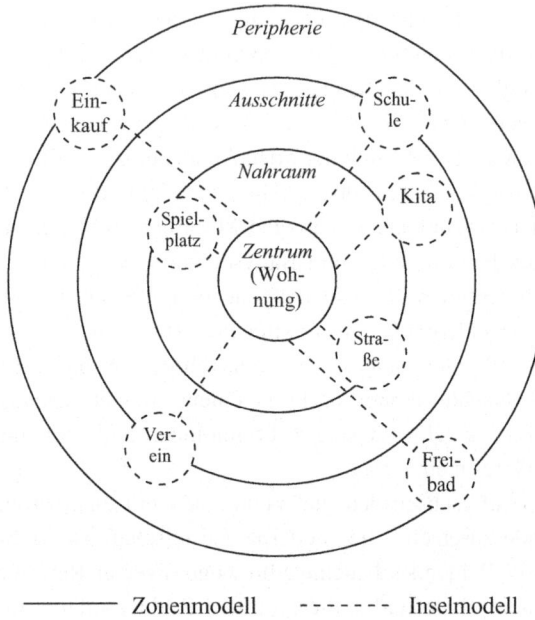

———— Zonenmodell   - - - - - - Inselmodell

den einzelnen Zonen sind z. T. weit und gefährlich. Im Laufe des Heranwachsens entwickeln junge Menschen dann ihre jeweils eigenen Stile, die Mobilitätserfordernisse zu
managen. Das situative ‚Switchen' zwischen den Orten wird dabei u. a. kommunikativ vorbereitet. ‚Switchen' bedeutet, dass Raum weniger als physisch zu überwindend
gedacht wird. Vielmehr ist der Begriff dem Regler einer Schaltung entliehen (Tully/
Alfaraz 2012, S. 59) und bedeutet, dass zwischen den Räumen gewechselt wird ohne die
Zwischenräume wahrzunehmen. Der Raum existiert nun ohne physische Hürden.

Ein alternatives Modell zum Inselmodell bildet das *Zonenmodell,* das davon ausgeht, dass sich Kinder peu à peu die räumliche Welt um ein Zentrum herum erschließen.
Der Aktionsradius (in englischen Publikationen ‚Range') nimmt mit dem Älterwerden
sukzessive zu. Untersuchungen dazu wurden in den 1930er Jahren von Muchow und
Muchow durchgeführt, die vom ‚Streifraum' sprechen. Im Zeitvergleich, 1930 bis heute,
werden die Streifräume kleiner. Dies zeigen aktuelle Daten.[1] Kinder und Jugendliche
erobern dem Zonenmodell folgend den Raum, besetzen ihn und eignen sich ihn dadurch
sukzessive an. Mit zunehmendem Alter werden die zugestandenen und zugetrauten Freiheitsgrade größer und die Räume weiter. Die Reichweite nimmt mit dem Alter zu und ist
bei Jungen tendenziell größer als bei Mädchen. Zudem ist der Aktionsradius in ländlichen Gebieten weiter als in der Stadt.

Beide Modelle unterstreichen die Bedeutung der räumlichen Umwelt für das Aufwachsen und betonen, dass Aufwachsen zwingend mit der Aneignung von Raum

---

[1]http://www.dailymail.co.uk/news/article-462091/How-children-lost-right-roam-generations.html,
https://www.npr.org/sections/krulwich/2012/10/01/162079442/do-you-know-where-your-children-
are-is-that-always-a-good-thing

und damit mit Mobilität einhergeht. Im Zonenmodell ist diese Aneignung ein aktiver Prozess, da das durchstreifte Gebiet kennengelernt wird. Im Inselmodell ist die Aneignung ein eher passiver Prozess, weil der Raum eine schnell zu überwindende Hürde auf dem Weg zur gewünschten Aktivitätszone darstellt. Besonders das Inselmodell macht in Verbindung mit dem Wissen um die moderne Stadtstruktur klar, warum Mobilität bereits im Jugendalltag wichtig ist.

Mobilität ist aber nicht nur im Hinblick darauf für Jugendliche wichtig, dass sie damit die Integration ihres zunehmend ausdifferenzierten Alltags bewerkstelligen können (Mobilität als Mittel); Mobilität ist im Jugendalter auch ein eigenständiges Ziel, insofern Mobilität Ausdruck einer Identität bzw. eines Identitätsentwurfs sein kann. Mobilität und insbesondere Automobilität bietet die Möglichkeit, die eigene Identität nach außen hin zu zeigen (vgl. Tully 1998)

3 Mobilitätssozialisation zu Beginn des 21. Jahrhunderts

Entlang der in Abb. 1 benannten Ebenen sollen nachfolgend Befunde vorgestellt werden, die aufzeigen, unter welchen Bedingungen Mobilitätssozialisation zum Beginn des 21. Jahrhunderts erfolgt. Im Fokus steht dabei die Situation in Deutschland. Leitfragen sind: Wie sehen die gesellschaftlichen Bedingungen der Mobilität aus, was sagt die Statistik? Welchen Einfluss hat die Familie, haben die Freundinnen und Freunde und wie sehen die persönlichen Bedingungen der Mobilität Jugendlicher und junger Erwachsener aus? Welche Veränderungen sind diesbezüglich bereits absehbar?

3.1 Gesellschaftliche Bedingungen

Deutschland ist eine hochmobile Gesellschaft. Pro Tag legt jeder Einwohner zwischen drei und vier Wegen zurück, Wochentags sind es mehr Wege als sonntags. Die Durchschnittslänge der Wege liegt bei ca. 12 km. Bei der Mehrzahl der Wege wird auf das Auto bzw. das Motorrad/Moped als Fortbewegungsmittel zurückgegriffen: Über die Hälfte aller Wege und vier Fünftel aller zurückgelegten Kilometer erfolgen mit diesen Verkehrsmitteln (vgl. MiD[2] 2008). Im Vergleich zu den 1950er und 1960er Jahren hat vor allem das Auto als Verkehrsmittel an Relevanz gewonnen. Bereits in den 1980er Jahren zeigte sich ein vom Automobil dominiertes Verkehrsverhalten, insofern bspw.

---

[2]Neuere MID-Daten sind erst ab 2017 verfügbar. Daten zur Verkehrsmittelnutzung, zu zurückgelegten Wegen usw. gibt es für eine deutlich kleinere Stichprobe auf Basis des Deutschen Mobilitätspanels, allerdings nicht für einzelne Subgruppe (wie z. B. Schülerinnen und Schüler, Jugendliche). Vgl. hier Deutsches Mobilitätspanel (MOP) – Wissenschaftliche Begleitung und Auswertungen Bericht 2013/2014: Alltagsmobilität und Fahrleistung (http://mobilitaetspanel.ifv. kit.edu/downloads/Bericht_MOP_13_14.pdf).

1982 ebenfalls bereits drei Viertel aller zurückgelegten Kilometer mit dem Auto bzw. dem Motorrad/Moped erfolgten.

Die Bundesrepublik, aber ebenso andere westliche Gesellschaften, zeichnen sich also durch eine *Kultur der Automobilität* aus. Innerhalb der letzten 50 Jahre hat sich der Besitz von 4,5 Mio. Pkw im Jahr 1960 auf heute 45 Mio. verzehnfacht. Statistisch gesehen ist heute auf jeden zweiten Einwohner ein Pkw angemeldet; da diese Maßzahl natürlich nur einen Durchschnittswert darstellt und darunter auch Kinder und ältere Personen fallen, die kein eigenes Auto besitzen, kann gesagt werden, dass in einem Großteil der bundesdeutschen Haushalte mindestens ein Fahrzeug steht. Das Automobil ist heute fast genauso selbstverständlich wie das Telefon, der Kühlschrank oder der Fernseher. Dies führt auch zu seiner symbolischen Aufladung. Das Auto hat neben seinem Gebrauchswert einen kulturellen Wert, der sich u. a. auf den hohen Status von Mobilität in modernen Gesellschaften berufen kann.

Dass sich diese Kultur der Automobilität durchsetzen konnte, hat mehrere Gründe (vgl. Tully/Baier 2006: 90 ff.). *Erstens* bedarf es einer weiter zunehmenden gesellschaftlichen Differenzierung, die im Zuge der Industrialisierung eingetreten ist. *Zweitens* müssen zur richtigen Zeit technische Innovationen auftreten, die das steigende Motiv nach Mobilität befriedigen können. *Drittens* müssen sich verschiedene Organisationen und Akteure für die Förderung des Autos einsetzen. Einer der wichtigsten Akteure ist der Staat, der Festlegungen zur Förderung verschiedener Verkehrsmittel trifft. Anhand der Entwicklung der verschiedenen Verkehrsnetze wird deutlich, welche Prioritäten der Staat im zurückliegenden halben Jahrhundert gesetzt hat: Während die Länge des Schienennetzes seit 1950 leicht rückläufig ist, und auch die Wasserstraßen keinen Ausbau erfahren haben, ist das Straßennetz (Straßen des überörtlichen Verkehrs) deutlich angewachsen.

Allerdings zeigt sich in jüngerer Zeit eine Tendenz zur Aufschiebung des Erwerbs eines eigenen Pkws bei jungen Erwachsenen. Einerseits leben immer mehr junge Menschen in verdichteten Räumen und treffen dort auf ein besseres Angebot des öffentlichen Personennahverkehrs. Andererseits ist die eigene Biografie weniger planbar und die Einkommen sind in Relation zu den lebensalltäglichen Aufwendungen häufig niedriger als früher (u. a. Kosten für Miete, für mobile Kommunikation usw.) – die Bindung eines großen Budgetanteils für ein Auto erscheint da kontraproduktiv. Zudem bedeutet das Aufwachsen heute mehr als früher in Parallelwelten zu agieren; physische Mobilität ist dabei nur eine Form des Zusammenkommens.

In den Städten erweist sich die Architektur als bauliches Substrat der Kultur der Automobilität. Wie auf kein zweites Verkehrsmittel haben sich unsere Stadtbilder darauf ausgerichtet, und wie kein zweites Verkehrsmittel dominiert das Auto unsere Erfahrungen, angefangen von dem, was wir sehen und hören, bis zu dem, was wir riechen. Das wird sich auch durch die neuen Modelle des Car-Sharings und die Förderung des Radverkehrs sobald nicht ändern. Beobachtbar ist in urbanen Räumen eine Tendenz zur Multimodalität, also der Nutzung verschiedener Vehikel. Neue Angebote in Städten (Mobilitätsstationen mit bike und e-bike) unterstützen die Nutzung anderer Fahrzeuge im städtischen Raum.

Der hohe kulturelle Stellenwert der Mobilität schlägt sich zudem darin nieder, dass es sich um einen rechtlich stark strukturierten Bereich handelt. *Normative Vorgaben* regulieren dabei sowohl den Zugang zur Automobilität als auch das Verhalten der Fahrer von motorisierten Individualverkehrsmitteln. Was den Zugang anbelangt, gelten in Deutschland u.a. derzeit folgende Vorgaben: Mit 16 Jahren ist, das Bestehen der entsprechenden Prüfungen vorausgesetzt, u. a. das Führen von Leichtkraft-Motorrädern gestattet, mit 18 Jahren kann der Pkw-Führerschein abgelegt werden. An diesen Altersregelungen hat sich in der Vergangenheit wiederholt Kritik entzündet. Grundlage der Kritik ist der Befund, dass vor allem junge Pkw-Fahrerinnen und -fahrer in überdurchschnittlicher Weise in das Unfallgeschehen involviert sind. Aus diesem Grund gibt es seit 2011 bundesweit die Möglichkeit, den Pkw-Führerschein bereits mit 17 Jahren abzulegen und bis zum 18. Lebensjahr unter Aufsicht ein Pkw zu steuern („begleiteten Fahren"). Ein Modellversuch konnte zeigen, dass durch das begleitete Fahren die Wahrscheinlichkeit von Unfällen und Verkehrsverstößen deutlich gesenkt wird (https://www.bussgeldkatalog.org/ fuehrerscheinklassen/b17-fuehrerschein).

Im ländlichen Raum hat dieses Modell eine weitaus größere Attraktivität als in städtischen Zentren. Daran zeigt sich, dass die gesellschaftlichen Bedingungen einen flexiblen Möglichkeitsraum für die Mobilitätssozialisation bilden. Die Mobilität zwischen *Stadt- und Landbewohnern* unterscheidet sich merklich. Zwar werden in der Stadt genauso viele Wege zurückgelegt wie auf dem Land; allerdings ist die tägliche Wegstrecke um sechs Kilometer kürzer (36 zu 42 km; vgl. MiD 2008). Unübersehbar wird in der Stadt deutlich häufiger auf Busse und Bahnen zurückgegriffen als auf dem Land. Auf dem Land benutzt mehr als jeder Zweite nie den öffentlichen Personennahverkehr, in der Stadt sind es nur 20 %. In Großstädten wie Berlin kann weit häufiger als auf dem Land auf das Auto vollkommen verzichtet werden: Während in zwei von fünf Berliner Haushalten kein Auto vorhanden ist, gilt gleiches nur für jeden achten Haushalt des eher ländlich geprägten Niedersachsens. Daraus folgt, dass Jugendliche unabhängig davon, wo sie aufwachsen, lernen, dass Mobilität einen hohen Stellenwert besitzt. Zugleich lernen sie aber in sehr unterschiedlicher Weise, wie dem Mobilitätsbedürfnis nachgegangen werden kann.

Ergebnisse einer Jugendbefragung zeigen zum Stadt-Land-Unterschied, dass auf dem Land die Zufriedenheit mit den Freizeitangeboten des Wohnorts nur halb so hoch ausfällt wie bei den Jugendlichen in der Stadt (Tully/Baier 2006). Gleichzeitig stimmte nur jeder Dritte der Aussage zu, dass die Anbindung der Wohnung an die öffentlichen Verkehrsmittel mindestens befriedigend ist. Unzufriedenheit und Infrastrukturmängel erzwingen die Benutzung von Moped, Motorrad oder Pkw auf dem Land. Während drei Viertel der Stadtjugendlichen 30 min oder weniger zur Ausbildung unterwegs sind, benötigen drei Viertel der Landjugendlichen mehr als 30 min für diesen Weg (vgl. Tully 1998: 157 ff.).

3.2   Mesosoziale Bedingungen

Eltern, Geschwister und Verwandte sind die Personen, mit deren Einstellungen und Verhalten junge Menschen lebensgeschichtlich betrachtet zuerst in intensiver Weise in Kontakt kommen. Es ist daher, wie auch in vielen anderen Bereichen, davon auszugehen, dass der *Familie* im Rahmen der Mobilitätssozialisation eine wichtige Rolle zufällt. Ein sehr bemerkenswerter Befund ist dabei zunächst, dass „Mehrpersonenhaushalte mit Kindern […] den höchsten Pkw-Ausstattungsgrad" aufweisen (vgl. MiD 2008: 61). Während deutschlandweit immerhin jeder fünfte Haushalt kein Auto besitzt, gibt es kaum Mehrpersonenhaushalten mit mindestens einem Kind ohne Auto. Gleichwohl wachsen nicht alle Kinder quasi selbstverständlich mit dem Auto auf: In etwa jedem fünften Alleinerziehendenhaushalt findet sich, meist aus ökonomischen Gründen, kein Pkw.

Die strukturellen Voraussetzungen haben Einfluss darauf, wie Familien ihre Mobilität gestalten. Heranwachsende lernen zunächst die Mobilitätspraxis im familialen Zusammenhang kennen. Familien haben allein aufgrund der höheren Personenanzahl einen höheren Bedarf, Dinge zu transportieren, wofür der Pkw eine gute Möglichkeit darstellt. Ob dieser aber bewusst nur für bestimmte Wege eingesetzt wird oder aber der Bewältigung aller möglichen Wege dient, dürfte in nicht geringer Weise Auswirkungen auf die Mobilität der Kinder haben. Forschungen zu derartigen Transmissionsprozessen gibt es bislang jedoch nur wenig. Generell ist aber von einer Vorbildwirkung der Eltern auszugehen (vgl. Döring 2015: 30). So zeigt sich, dass Kinder, deren Eltern eine positivere Haltung zum Pkw haben, selbst positiver dem Auto gegenüber eingestellt sind. Aus der Unfallforschung ist darüber hinaus bekannt, dass das sicherheitsorientierte Verhalten der Eltern einen Einfluss auf das Verhalten von Kindern und Jugendlichen hat. So haben Eltern, die ihre Kinder stärker beaufsichtigen, die eine positive Beziehung zum Kind haben und die selbst seltener zu riskanten Verhalten neigen, häufiger Kinder, die ein unauffälliges Verkehrsverhalten zeigen.

Neben dem Elternhaus sind im Jugendalter die *Freundinnen und Freunde* wichtig – dies gilt auch für die Gestaltung von Mobilität. Sie haben in doppelter Weise Einfluss auf die Mobilität: Erstens kann aus den negativen Erfahrungen einer Freundin bzw. eines Freundes gelernt werden. Ein Unfall kann z. B. dazu führen, dass sich in vergleichbaren Situationen richtig verhalten wird. Zweitens sind vor allem die Risikoverhaltensweisen durch gleichaltrige Vorbilder beeinflusst. Diese dienen dem Zweck, Distanz zur Erwachsenenwelt zu demonstrieren, sind aber zugleich auch Mittel, um die Integration in die Freundesgruppe zu gewährleisten. Jugendliche unterliegen dem Druck, sich auch bei risikobehafteten Verhaltensweisen konform zu verhalten, stärker als Personen anderer Altersgruppen. Zu ergänzen ist im Hinblick auf die Freundinnen und Freunde, dass sie nicht nur die Verhaltensextreme beeinflussen, sondern ebenso die ‚normalen' Verhaltensweisen. So dürfte die Entscheidung zum Ablegen eines Pkw-Führerscheins sicher nicht unabhängig davon sein, ob auch andere Personen aus dem Kreis der Freundinnen und Freunde dies getan haben. Die Nutzung des öffentlichen Personenverkehrs mag dann hoch im Kurs stehen, wenn die Gleichaltrigen diesen ebenfalls gut finden. Das anzu-schaffende Auto eines Fahranfängers dürfte vom elterlichen Budget ebenso abhängen wie von den in der Gruppe der Freundinnen und Freunde wertgeschätzten Automarken. Empirische Befunde zu diesen Annahmen existieren bislang allerdings kaum.

Ein wichtiger Ort, um Freundinnen und Freunde kennen zu lernen, ist die Schule. Mit großer Wahrscheinlichkeit besucht der beste Freund bzw. die beste Freundin die gleiche Schule. Mit den Schulwegen werden so die Wege zu den Freundinnen und Freunden mitbestimmt. Größere Wege zu den Schulen ziehen größere Pendelwege zu diesen nach sich. Hinsichtlich der Mobilitätssozialisation beschränkt sich die *Schule* im Wesentlichen darauf, intendierte Lernprozesse zu initiieren. Dies soll im Rahmen der Verkehrserzie-hung geschehen, die 1972 verbindlich eingeführt wurde. In der Grundschule werden insgesamt ca. 60 Schulstunden mit der Verkehrserziehung zugebracht, wobei ganz ver-schiedene Fächer hierfür genutzt werden. Im Vordergrund steht das Verhalten als Fuß-gänger/in, Radfahrer/in und Mitfahrer/in in öffentlichen Verkehrsmitteln. Lerninhalte sind u. a. der Weg zur Schule oder das Lesen von Verkehrszeichen. Üblicherweise wird ein Teil des Unterrichts zusammen mit der Polizei durchgeführt. Kritisch an der derzei-tigen Verkehrserziehung ist, dass der Schwerpunkt oft ausschließlich auf die Verkehrs-sicherheit gelegt wird und andere Aspekte der Verkehrserziehung (Sozialerziehung, Gesundheitserziehung, Umwelterziehung) nicht vermittelt werden (vgl. auch den Beitrag von Gehlert in diesem Band).

Auch in der Sekundarstufe erfolgt Unterricht zur Verkehrserziehung im vergleichba-ren Umfang wie in der Grundschule. Die Themen sind aber den Bedürfnissen der Schü-ler angepasst, insofern bspw. das Fahren mit ‚Einspurfahrzeugen' (Mopeds, Mofas, Roller) oder die Nutzung der Bahn stärker beleuchtet werden. Die im Lehrplan veran-kerte Verkehrserziehung, die primär die Unfallverhütung zum Ziel hat, formt die Mobi-litätssozialisation mit. Gleichwohl ist aus der Sicht der Sozialforschung zukünftig eine stärkere Auseinandersetzung mit den gesellschaftlichen Bedingungen bzw. den gesell-schaftlich prävalenten Mobilitätsstilen im Rahmen des Unterrichts notwendig. Zudem wäre es sicherlich interessant zu untersuchen, welche nicht-intendierten Auswirkungen die Schule auf die Mobilitätssozialisation hat, inwieweit bspw. die Lehrer Vorbilder für bestimmte Mobilitätsstile sein können.

3.3   Persönliche Bedingungen und mobile Lebensstile Jugendlicher

Kinder und Jugendliche bis 17 Jahre legen täglich ca. drei Wege zurück, bei 18-bis 29-Jährigen steigt dieser Wert auf 3,6 an, bei 30- bis 59-Jährigen liegt er mit 3,9 am höchsten. Immerhin sind Jugendliche im Alter zwischen 14 und 17 Jahren täg-lich aber im Durchschnitt 80 min unterwegs und legen dabei eine Strecke von 30 km zurück (vgl. MiD 2008: 75). Kinder und Jugendliche unter 18 Jahren gehören dabei zu jener Altersgruppe, die am häufigsten Mittel des öffentlichen Personennahverkehrs nutzt.

Auch auf das Fahrrad greifen Jugendliche im Vergleich aller Altersgruppen am häufigsten zurück. Wenn sie den motorisierten Individualverkehr nutzen, dann meist als Mitfahrer: 41 % aller Wege von Kindern und Jugendlichen (bis zum 17. Lebensjahr) erfolgen als Mitfahrer/in im motorisierten Individualverkehr (ÖV: 14, Rad 14, zu Fuß 29 %; vgl. MiD 2008: 77).

Welchem Zweck dienen die von Jugendlichen zurückgelegten Wege? Etwa ein Viertel aller Werktags unternommen Wege führen zur Ausbildungsstätte. Für einen kleineren Teil der Jugendlichen ist auch bereits die Arbeit relevant, zu der tägliche Wege anstehen. Alle anderen Wege werden in der Freizeit unternommen. Hierbei stehen die Freundinnen und Freunde, das Einkaufen oder das Ausgehen im Vordergrund. Am Wochenende steigt die Möglichkeit, Wege zu Freundinnen und Freunden und zum Zweck des Ausgehens zu absolvieren, noch einmal deutlich an (vgl. Tully/Baier 2006: 130).

Kinder und Jugendliche unter 18 Jahren können ihre alltäglichen Wege dabei noch recht gut ohne Mittel des motorisierten Individualverkehrs regeln. „Sobald die Volljährigkeit erreicht wird, ‚springt' der Anteil [des motorisierten Individualverkehrs; Anm. d. A.] in die Höhe und macht knapp die Hälfte aller Wege aus" (MiD 2008: 76). Das *Lebensalter*, so lässt sich sagen, strukturiert die Art und Weise der Fortbewegung vor allem in der Phase des (späten) Jugendalters. Begründet ist dieser Umstand in den bereits erwähnten normativen Vorgaben bzgl. des Erwerbs von Führerscheinen. Mit Erwerb des Mopedführerscheins im 16. und 17. Lebensjahr steigt der Anteil der Kraftradwege stark an. Ab dem 18. Lebensjahr schnellte – zumindest bis zu Beginn der 2000er Jahre – der Anteil an Autowegen in die Höhe. Zu beobachten war dabei erstens: Im Alter zwischen 18 und 20 sind fast alle anderen Verkehrsmittel – außer dem Pkw natürlich – auf ihrem Nutzungstiefpunkt, danach werden sie wieder wichtiger. Zweitens: Nach dem 22. Lebensjahr wird das Auto etwas unwichtiger. Die jungen Erwachsene entdecken also das Fahrrad und das Zufußgehen langsam wieder (vgl. Tully/Baier 2006: 198 f.).

Weitere Auswertungen können zusätzlich belegen, dass verbunden mit dem Ablegen eines Pkw-Führerscheins eine Blickverengung stattfindet. Jugendliche, die den Führerschein gemacht haben, berichten seltener, ein Fahrrad zu besitzen; sie meinen seltener, öffentliche Verkehrsmittel zu nutzen wäre leicht; sie haben seltener Schuldgefühle durch die Autonutzung und sie sind auch seltener der Meinung, ihre Freundinnen und Freunde wären gegen eine Autonutzung (vgl. Tully/Baier 2006: 199 f.). Diese Wahrnehmungen stehen nicht unverrückbar fest. Zweifelsohne unterliegen sie in späteren Lebensphasen einer erneuten Veränderung. Zugleich ist aber davon auszugehen, dass sie in einen mobilen Lebensstil einmünden, der eine gewisse Stabilität besitzt. Die starre Altersgrenze führt also dazu, dass sich Jugendliche im Prinzip kaum etwas sehnlicher wünschen, als den Pkw-Führerschein zu machen und selbstbestimmt mobil zu sein. Diese Autonomie wird dann ungern wieder aufgegeben, insofern auch in der Altersgruppe der 60- bis 64-Jährigen noch ein genau so hoher Anteil an Wegen mittels Pkw und Motorrad/Moped zurückgelegt wird wie in der Gruppe der 18-bis 29-Jährigen (vgl. MiD 2008: 77). Erst in noch höherem Alter geht dieser Anteil im Wesentlichen zugunsten des Zufußgehens zurück.

Der Wunsch, sich mit dem Pkw fortzubewegen, entsteht allerdings nicht erst mit dem 18. Lebensjahr bzw. dem Erwerb des Führerscheins. Auch jüngere Jugendliche äußern bereits häufig den Wunsch, das Auto für das Zurücklegen von Wegen zu benutzen. Dieses steht für Unabhängigkeit, Bequemlichkeit und Flexibilität, wobei die Risiken und Gefahren nicht völlig ausgeblendet werden, hinter den Vorteilen aber deutlich zurückstehen. Zugleich hat die städtische Umwelt einen Einfluss auf die Autoorientierung der Kinder und Jugendlichen: In „Fahrradstädten" wie Münster sind Jugendliche weniger auf das Auto fixiert. Insofern bestätigt sich, dass die Rahmenbedingungen die mobilen Lebensstile beeinflussen.

Beachtenswert sind zudem die Unterschiede zwischen Jungen und Mädchen. Das *Geschlecht* ist neben dem Alter ein weiterer wichtiger, die Mobilität formender Faktor. Im Jugendalter zeigt sich, dass Jungen autoorientierter sind, wobei für sie das Spaßmoment beim Fahren zentral ist. Mädchen schätzen demgegenüber das Zufußgehen positiver ein und achten hinsichtlich ihrer Verkehrsmittelwahl stärker auf Umweltaspekte (vgl. Flade 2009, Flade/Limbourg 1997: 85 ff.). Im Verhalten der Erwachsenen spiegelt sich dies wieder: Frauen legen durchschnittlich etwas weniger und insgesamt kürzere Wege zurück; sie gehen häufiger zu Fuß und nutzen seltener den Pkw (vgl. MiD 2008: 79). Gleichwohl ist darauf hinzuweisen, dass dies nicht für alle Frauen gleichermaßen zutrifft. „In Haushalten ohne Kinder fällt […] die Mobilität von berufstätigen Männern und Frauen […] sehr ähnlich aus" (ebd.: 79).

Die verzeichneten Geschlechterunterschiede dürften vor allem auf eine geschlechtsspezifische Sozialisation zurückzuführen sein. Mädchen gehen häufiger innerhäuslichen Aktivitäten nach, sie benutzen seltener das Fahrrad und verfügen über weniger Bewegungsraum. Das Motiv der Autonomie, was zur Nutzung des Autos führt, ist damit bei Mädchen wahrscheinlich geringer ausgeprägt als bei Jungen. Auch hier ist aber davon auszugehen, dass die Veränderung von Rollenerwartungen mit einer sukzessiven Angleichung weiblicher und männlicher Mobilitätssozialisation einhergeht.

Neben dem Alter und dem Geschlecht spielen weitere Faktoren eine Rolle hinsichtlich der konkreten Ausgestaltung der jugendlichen Mobilität. Zu nennen ist hier zunächst die *Schichtzugehörigkeit*. Der soziale Status, insbesondere das verfügbare monatliche Einkommen eines Haushaltes hat Auswirkungen auf das Mobilitätsverhalten von Kindern und Jugendlichen: So legen Kinder aus Haushalten mit niedrigem Status täglich nur 2,6 Wege, Kinder aus Haushalten mit sehr hohem Status 3,1 Wege zurück; zugleich ist bei Kindern aus Haushalten mit hohem Status der Anteil mittels Pkw und Motorrad/ Moped zurückgelegter Wege deutlich höher. In Haushalten mit einem monatlichen Nettoeinkommen über 4000 EUR finden sich nahezu vollständig Pkw, in Haushalten mit einem Einkommen unter 1500 EUR sind bei mindestens einem Drittel keine Pkw vorhanden (vgl. MiD 2008: 58). Auch Tully und Baier (2006: 188) zeigen, dass mit steigenden finanziellen Ressourcen die Wahrscheinlichkeit steigt, ein Auto zur Verfügung zu haben und dieses zu nutzen.

Im Zeitverlauf 2005 bis 2014 sind für jüngere Menschen (18- bis 35-Jährige) rückläufige Raten des Führerscheinbesitzes und der Pkw-Verfügbarkeit festzustellen; demgegenüber steigen die Fahrradnutzung und die ÖV-Nutzung leicht. Die Verkehrsleistung bleibt zugleich hoch, da der Kompensation im urbanen Alltag entsprechend Fernreisen gegenüberstehen. Seniorinnen und Senioren fahren tendenziell etwas mehr Auto. Die Motorisierungsrate beträgt in kleineren Orten bis 50.000 Einwohner 620 Pkw je 1000 Einwohner, in großen Orten über 500.000 Einwohner 310 Pkw je 1000 Einwohner. Insofern begünstigt der Trend zur Urbanisierung den Verzicht auf ein eigenes Auto. Die Verkehrsleistung liegt im Mittel bei 10- bis17-Jährigen bei 22,6 km pro Tag, bei jungen Erwachsenen (18- bis 35-Jährige) bei 46,8 km.

Das konkrete, gelebte Mobilitätsverhalten wird nicht nur von den genannten demografischen Faktoren beeinflusst. Die psychologische und sozialwissenschaftliche Forschung hat schon früh herausgearbeitet, dass bestimmte *Einstellungen, Präferenzen und Werthaltungen* unser Verhalten beeinflussen. Die Entscheidung für ein bestimmtes Verhalten steht mindestens mit drei Bedingungen in Zusammenhang: Den vorhandenen Einstellungen einem Objekt gegenüber (positive oder negative Bewertung), der wahrgenommenen Verhaltenskontrolle (Fähigkeit, anvisiertes Verhalten auch in die Tat umsetzen zu können) und dem Ausmaß an normativem Druck (wie denken andere Personen über das zur Ausführung anstehende Verhalten). Wenn diese drei Faktoren die Ausübung eines bestimmten Verhaltens nahelegen, dann bildet sich eine Verhaltensintention, und – insofern nicht externe Umstände die Umsetzung stören – wird das so angelegte Verhalten ausgeführt.

Tully und Baier (2006: 185 ff.; Tully/Baier 2007) belegen in Übereinstimmung hiermit, dass neben dem Alter und den finanziellen Ressourcen verschiedene Einstellungen das Mobilitätsverhalten von Jugendlichen prägen. Jugendliche, die autoorientiert sind (positive Einstellung zum Auto, entsprechende Freizeitgestaltung), legen häufiger den Pkw-Führerschein ab, besitzen häufiger ein Auto und fahren es auch häufiger. Eine solche Autoorientierung stand dabei in einer engen Beziehung mit einem erhöhten Interesse an der Technik im Allgemeinen. Ein hohes Umweltbewusstsein wirkt sich demgegenüber reduzierend auf die Autonutzung aus. Heute ist das Interesse an Technik weitgehender von der Autonutzung entkoppelt. Auf Basis der Daten des AIDA-Survey lassen sich empirisch neue Typen der Techniknutzung bei Jugendlichen identifiziert (Tully 2014: 148 ff.).

Technik, insbesondere Kommunikationstechnik spielt für die Mobilitätssozialisation eine herausgehobene Rolle im Jugendalltag. Auszumachen sind diesbezüglich u. a. folgende Trends:

- Im Zuge der zunehmenden Urbanisierung lebt ein immer größerer Anteil Heranwachsender und junger Erwachsener in verdichten Räumen (Tully/Schippan 2014).
- Der Stellenwert des Pkw-Führerscheins und damit des Pkws verändert sich in diesen verdichten Räumen. Am Land bleiben die Verhältnisse weitgehend wie sie sind. Im urbanen Raum greifen heute mehr junge Menschen als früher auf den öffentlichen Personennahverkehr und das Fahrrad zurück um ihre Wege zu erledigen (vgl. MiD 2008).

- Die mit dem Autoverkehr verbundene Umweltbelastung scheint dabei nicht im Vordergrund zu stehen. Wichtiger sind das bessere Angebot des ÖV in den Städten oder die Option, örtliche Wege per Rad schnell zu bewältigen.
- Ein weiteres Motiv für die zu verzeichnenden Veränderungen ist die Preissensibilität der nachwachsenden Generation (vgl. Tully/Alfaraz 2017) und die von ihr zu bewältigenden ökonomischen Grenzen (hohe Mieten, geringere Einstiegseinkommen, befristete Beschäftigungsverhältnisse u. a. m.). Dies schränkt die finanziellen Spielräume ein.
- Zudem fördert zu Fuß gehen und Radfahren die eigene Fitness, was die gewachsene Rolle des Körpers spiegelt.
- Mobile Kommunikationstechnik vereinfacht zunehmende die Nutzung des ÖV.

Damit zeichnet sich ein weniger auf das Auto fixierter Umgang mit Mobilität ab. Gesellschaftliche Veränderungen (pendeln auf Zeit statt Umzug, ,living apart together', schrumpfende Budgets) verweisen darauf, dass sich Mobilitätsstile und die Mobilitätssozialisation verändern.

4   Fazit

Die bundesrepublikanische Gesellschaft kann bis in die 1990er Jahre hinein als Gesellschaft des Typus *„Mobilitätsgesellschaft I"* bezeichnet werden (vgl. Tully/Baier 2006: 95 ff.). Deren Kennzeichen war es, dass das Leben institutionell geregelt wurde. Es gab eine eindeutige Trennung von Leben und Arbeit, von Aktivitäts- und Ruhephasen. Die Gesellschaft war hoch räumlich differenziert, was dazu führte, dass die Wege anwuchsen. Zur Überwindung der Distanzen standen technische Artefakte zur Verfügung, wobei das Auto zum wichtigsten Verkehrsmittel wurde.

Viele der Eigenschaften der „Mobilitätsgesellschaft I" werden auch das künftige Bild unserer Gesellschaft prägen. Zugleich gibt es Hinweise darauf, dass sich verschiedene institutionelle Regelungen verändern. So sind Bildung, Arbeit, Leben und Familie nicht mehr für alle Bevölkerungskreise streng getrennte Welten. Dies darf aber nicht mit einer Entdifferenzierung gleichgesetzt werden, da beispielsweise die Weiterbildung außerhalb des Bildungssystems erfolgt und sich viele auch außerhalb der Arbeit für diese ,fit machen' müssen. Diese Entwicklung wird Mobilität ein weiteres Mal anwachsen lassen, einerseits deshalb, weil dadurch neue Mobilitätsziele und -zwecke entstehen, d. h. eine weitere Differenzierung eintritt, die sich für jedes Individuum anders darstellt (Individualisierung); andererseits ist nicht mehr der Nationalstaat der Referenzpunkt möglicher (Mobilitäts-)Entscheidungen, sondern der gesamte Globus. Eine neue Form der Mobilitätsgesellschaft, die *„Mobilitätsgesellschaft II"* (vgl. Tully/Baier 2006: 95 ff.) kann sich unter diesen Bedingungen entwickeln. In dieser heißt, mobil zu sein, möglichst viele Mobilitätsoptionen zu nutzen. Eine Fixierung auf die Automobilität wäre hier nachteilig; es wäre eine Festlegung, die weitere Optionen ausgrenzt, statt sie zu ergreifen. Modern im soziologischen Sinn bedeutet, in einer differenzierten Welt zu agieren und differenziert und situationsangepasst zu handeln. Multimodalität ist insofern das Äquivalent dieser Modernisierung. Alle Verkehrsmittel werden gleichrangig betrachtet und zweckgebunden eingesetzt.

Wurden Veränderungen des Mobilitätsverhaltens von technischen Innovationen ausgelöst, so spielt heute ergänzend Kommunikationstechnik eine Rolle. Dies gilt besonders für die „Mobilitätsgesellschaft II". Jede Erfindung einer Kommunikationstechnik hat auch zu einer Erhöhung des Verkehrs geführt. Internet, Smartphone und andere moderne Kommunikationsmittel machen hierbei keine Ausnahme. Sie schaffen einerseits neuartige Anlässe für das Mobilsein; andererseits helfen sie dabei, das bisherige Mobilsein neu zu organisieren. Gerade für Jugendliche zeigt sich, dass über die Kommunikationstechniken Integration in die Gleichaltrigengruppe ermöglicht wird (vgl. Tully 2009, 2011). Dabei kann nicht festgestellt werden, dass diese Techniken Wege substituieren. Jugendliche verzichten also nicht darauf, sich zu treffen, nur weil sie kommunikativ vernetzt sind. Mobile Kommunikation gestattet erst so etwas wie das ‚Eventhopping', d. h. das Einholen von ‚Infos, wo etwas los' ist, um dann die Lokalität, das ‚Event' aufzusuchen. Nicht eine Substitution von Wegen ist feststellbar, sondern eine Veränderung des Verabredungsverhaltens in Richtung erhöhter Flexibilität.

Ziel des Beitrages war es, die vielschichtigen sozialen Anlässe für Mobilität und die ebenso vielschichtigen Motive für eine eigenwillige Ausgestaltung der jeweiligen Mobilitätspraxis aufzuzeigen. Wenn von Verkehr gesprochen wird, dessen vorausschauende Gestaltung der Gegenstand von Verkehrspolitik ist, dann setzt diese eine systematische Einbeziehung sozialer Prozesse voraus. Gelungene Verkehrspolitik besteht nicht in der Herstellung technischer Installationen, sondern in der Berücksichtigung sozial geformter Mobilitätsbedürfnisse.

Lernfragen

Was ist Sozialisation?
Was ist Mobilitätssozialisation?
Was sind die Kennzeichen der „Mobilitätsgesellschaft II"?
Warum ist es wichtig zu lernen, die eigenen Raumbezüge selbstständig zu gestalten?
Woran und wo lässt sich eine schwindende Autoaffinität ablesen?

Literatur

Döring, Lisa (2015): Biografieeffekte und intergenerationale Sozialisationseffekte in Mobilitätsbiografien. In: Joachim Scheiner, Christian Holz-Rau, S. 23–41.
Flade, Antje (2009): Entwicklungsaufgaben und Mobilität im Jugendalter. In: Claus Tully (Hrsg.), Multilokalität und Vernetzung. Beiträge zur technikbasierten Gestaltung jugendlicher Sozialräume. Weinheim: Juventa, S. 101–110.
Flade, Antje, Limbourg, Maria (1997): Das Hineinwachsen in die motorisierte Gesellschaft. Darmstadt: Institut Wohnen und Umwelt.

MiD (2008): Mobilität in Deutschland 2008. Ergebnisbericht. Struktur – Aufkommen – Emissionen – Trends. http://www.mobilitaet-in-deutschland.de/pdf/infas_MiD2008_Abschlussbericht_I.pdf (Abruf: 30.11.2016).

Scheiner, Joachim, Holz-Rau, Christian (2015) (Hrsg.): Räumliche Mobilität und Lebenslauf. Studien zu Mobilitätsbiografien und Mobilitätssozialisation. Wiesbaden: Springer VS.

Tully, Claus (1998): Rot, cool und was unter der Haube. Jugendliche und ihr Verhältnis zum Auto. Eine Jugendstudie. München: AKTUELL.

Tully, Claus (2009): Die Gestaltung von Raumbezügen im modernen Jugendalltag. Eine Einleitung. In: Claus Tully (Hrsg.), Multilokalität und Vernetzung. Beiträge zur technikbasierten Gestaltung jugendlicher Sozialräume. Weinheim/München: Juventa, S. 9–26.

Tully, Claus (2014): Schattenspiele. Technik formt Alltag. Weinheim: Beltz Verlag.

Tully, Claus, Alfaraz, Claudio (2012): Jóvenes, espacio y tecnología. La configuración de las relaciones sociales en la vida cotidiana. Propuesta Educativa 38, 59–68

Tully, Claus, Baier, Dirk (2006): Mobiler Alltag. Mobilität zwischen Option und Zwang – Vom Zusammenspiel biographischer Motive und sozialer Vorgaben. Wiesbaden: VS Verlag.

Tully, Claus, Baier, Dirk (2007): Die Verschränkung zweier Dynamiken. Jugendliche Mobilität in der Moderne. Schweizerische Zeitschrift für Soziologie 33, 135–159.

Tully, Claus, Schippan, Magdalena (2014): Aufwachsen und Pendeln zwischen Stadt und Land. Deutsche Jugend 62, S. 199–209.

Tully, Claus, Alfaraz, Claudio (2017): Youth and mobility: The lifestyle of the new generation as an indicator of a multi-local everyday life, Applied Mobilities, DOI: 10.1080/23800127.2017.1322778.

Weiterführende Literatur

Limbourg, Maria, Flade, Antje, Schönharting, Jörg (2000): Mobilität im Kindes- und Jugendalter. Opladen: Leske und Budrich.

Mienert, Malte (2003): Entwicklungsaufgabe Automobilität. Psychische Funktion des PKW-Führerscheins für Jugendliche ins Erwachsenenalter. Zeitschrift für Verkehrssicherheit 49: Heft 1–4.

Tully, Claus (2011): Mobilisierung des Mobilen. Trends in der Jugendmobilität: Anmerkungen zur Veränderung im Mobilitätsverhalten. Der Nahverkehr 29, S. 12.

Tully, Claus (2012): Mobilität im Wandel. Alles mobil. Süddeutsche Zeitung 23.4.2012.

Claus Tully Dr. habil., Prof. an der FU Bozen, Lehre zu Mobilität an der TU Berlin, betreuender Hochschullehrer in mobiLAB (TU München), Mietenkamerstraße 9a, 83224 Grassau.

Dirk Baier, Prof. Dr., ZHAW Zürcher Hochschule für Angewandte Wissenschaften, Departement Soziale Arbeit, Institut für Delinquenz und Kriminalprävention, Pfingstweidstrasse 96, 8037 Zürich.

Das Phänomen Stau

Regine Gerike

Zusammenfassung

Das Phänomen Stau ist ein Phänomen der Verkehrsqualität. Aus verkehrstechnischer Sicht steht Stau für Überlastung als unterste Stufe(n) der Verkehrsqualität. Die Kapazität der Verkehrsanlage ist hier überschritten und die Funktionsfähigkeit nicht mehr gegeben. In der verkehrsökonomischen Argumentation werden bereits kleine bewertbare Abweichungen von der freien Geschwindigkeit in die Ermittlung von Staufolgen einbezogen. Dieser Ansatz ist für die Bepreisung von auslastungsbedingten Zeitverlusten geeignet, nicht aber für die Verkehrsplanung, denn die durchgehende Gewährleistung freier Geschwindigkeiten ist volkswirtschaftlich weder sinnvoll noch machbar. Der Beitrag gibt einen Überblick über Staubegriffe und -indikatoren und zeigt Wege zur Abgrenzung und zum Erreichen akzeptabler Stauniveaus auf.

1 Einführung

Das Thema Stau hat eine hohe Relevanz für verschiedene Akteure. Nutzer erwarten für ihre Wege hohen Komfort sowie niedrige und zuverlässige Reisezeiten. Letztere sind neben den Kosten von Ortsveränderungen eine Hauptdeterminante der Verkehrsnachfrage, z. B. der Wahl von Verkehrsmitteln, Zielen, Abfahrtszeiten und Routen. Betreiber sind an einer hohen Attraktivität ihrer Anlagen und deren effizienter Nutzung sowie einer guten Planbarkeit von Ressourcen interessiert. Die öffentliche Hand in Vertretung der

R. Gerike (✉)
TU Dresden, Dresden, Deutschland
E-Mail: regine.gerike@tu-dresden.de

© Springer Fachmedien Wiesbaden GmbH, ein Teil von Springer Nature 2018   243
O. Schwedes (Hrsg.), *Verkehrspolitik*,
https://doi.org/10.1007/978-3-658-21601-6_12

gesamtgesellschaftlichen Interessen wägt Staufolgen sowie Kosten und Nutzen von staumindernden Maßnahmen aus volkswirtschaftlicher Sicht ab unter Einbeziehung z. B. von Umweltwirkungen, Ressourcenverbräuchen und Wirkungen auf die Verkehrssicherheit.

Trotz der hohen Relevanz des Themas Stau sowie vielfältiger Bemühungen zur Verbesserung von Verkehrsqualitäten gibt es weiterhin Stauerscheinungen. Eurostat (2016) berichtet auf Basis von Daten der Firma INRIX[1] für die am meisten von Stauproblemen betroffenen europäischen Regionen durchschnittliche Zeitverluste für Pendler im Jahr 2015 von 101 h für London, 73 h für Stuttgart sowie 71 h für Antwerpen und Köln.

Staus können dabei ganz verschiedene Gründe haben (vgl. z. B. Brilon/Estel 2008, Falcocchio/Levinson 2015). In urbanen Straßennetzen prägen die Knotenpunkte und/oder Erschließungsverkehre (Abbiegen, Parken, Liefern, Bedienung von Haltestellen) den Verkehrsfluss. Die Kapazitäten der Strecken werden vor allem auf dem höherrangigen Straßennetz erreicht und überschritten. Darüber hinaus führen vorübergehende Geschehnisse wie z. B. Unfälle, Baustellen, Ferienzeiten oder Großveranstaltungen zu Stauereignissen. Überlastungsbedingte Verzögerungen treten bei allen Verkehrsträgern auf. Dieser Beitrag befasst sich mit dem Straßenverkehr (siehe Korzhenevych et al. 2014 für Ansätze zur Quantifizierung von Stauerscheinungen für die anderen Verkehrsträger Schiene, Luft, Wasser). Der Beitrag hat das Ziel, die verkehrstechnischen und -ökonomischen Grundlagen des Staubegriffs für den Straßenverkehr aufzubereiten und auf dieser Basis Handlungsmöglichkeiten zum Staumanagement abzuleiten. Als Staumanagement werden dabei alle Maßnahmen bezeichnet, die der Verbesserung von Verkehrsqualitäten, -sicherheit einschließlich einer Minderung verkehrlicher Umweltwirkungen dienen. Im Anschluss an die Einleitung wird in Kap. 2 ein Überblick über Definitionen des Staubegriffs gegeben und die verkehrstechnischen und -ökonomischen Grundlagen vorgestellt. Indikatoren zur Messung von Stau im engeren und weiteren Sinne werden in Kap. 3 eingeführt. Basierend auf diesen Grundlagenkapiteln werden in Kap. 4 Handlungsoptionen zum Staumanagement entwickelt und in Kap. 5 verkehrspolitische Schlussfolgerungen abgeleitet. Der Beitrag schließt mit einer Zusammenfassung in Kap. 6. Der Beitrag behandelt dabei ausschließlich den Straßenverkehr als einen wichtigen Bestandteil des gesamten Verkehrssystems.

2   Grundlagen des Staubegriffs

Im folgenden Kapitel werden Definitionen des Staubegriffs sowie die verkehrstechnischen und -ökonomischen Grundlagen der Beschreibung von Verkehrsqualitäten und Stau vorgestellt.

---

[1]INRIX ist ein Unternehmen, welches vor allem auf der Basis von Floating Car Data (FCD) weltweit Verkehrsqualitäten ermittelt, siehe www.inrix.com.

2.1   Definitionen

Der Staubegriff wird zum einen als objektives und zum anderen als subjektives Phänomen beschrieben (OECD/ECMT 2007). Stau als objektives Phänomen beschreibt Situationen, in denen:

- die Verkehrsnachfrage die Kapazität von Verkehrsanlagen übersteigt und diese damit überlastet sind. Die Begriffe der Überlastung von Verkehrsanlagen und des Staus werden damit in dieser Definition als Synonyme verwendet (Brilon/Estel 2008). Stau steht für die unterste(n) Stufen(n) der Verkehrsqualität, welche vom freien Verkehrsfluss bis zur Überlastung von Verkehrsanlagen reichen. Verkehrsqualität wird hierbei als *„die zusammenfassende Gütebeschreibung des Verkehrsflusses aus Sicht der Verkehrsteilnehmer"* definiert (FGSV 2015, Teil Stadtstraßen: 6). Die Definition des Staubegriffs als Überlastung ist durch den Zufallscharakter der Referenzgröße Kapazität sowie deren Abhängigkeit von verschiedenen Einflussfaktoren wie z. B. Fahrer- und Fahrzeugtypen auf der Strecke, Witterungsbedingungen, der zulässigen Höchstgeschwindigkeit oder auch dem Vorhandensein von Streckenbeeinflussungsanlagen geprägt.
- die tatsächlich vorliegende Verkehrsqualität von der angestrebten Verkehrsqualität abweicht: Diese Definition ist stark durch die Wahl der angestrebten Verkehrsqualität als Referenzgröße geprägt. Das Ausmaß von Stauereignissen variiert hier bei gleicher tatsächlicher Verkehrsnachfrage mit einer Veränderung der Referenzgröße. Diese Definition geht in die obige Definition über, wenn die Referenzgrößen den Kapazitätsbereich beschreiben.

Stau als subjektives Phänomen beschreibt Situationen, in denen:

- die tatsächlich vorliegende Verkehrsqualität von der durch die Nutzer erwarteten Verkehrsqualität abweicht: Nutzer haben unterschiedliche Erwartungen an Verkehrsqualitäten z. B. in Abhängigkeit von der Tageszeit oder in Abhängigkeit davon, ob sie sich in urbanen oder ländlichen Räumen fortbewegen. Die Nutzererwartungen sind nicht statisch und von den bisherigen Erfahrungen abhängig. So können z. B. verbesserte Verkehrsqualitäten zu höheren Erwartungen und zur Wahrnehmung von Stau führen trotz objektiv verbesserter Verkehrsqualitäten.

Die oben aufgeführten Definitionen zeigen die Heterogenität der verwendeten Staubegriffe als Überlastung einer Anlage bzw. als Abweichungen von objektiven oder subjektiven Erwartungen. Hinter dem Begriff des Staus steht keine feste und eindeutige Definition, diese muss für jeden Anwendungsfall in einem ersten Schritt des Staumanagements bestimmt werden.

Teilweise wird der Staubegriff über die Verkehrsqualität hinaus noch weiter gefasst. Jones (2016, siehe auch Brilon/Estel 2008) definiert z. B. netzbasierte Qualitätsindikatoren, welche in Abschn. 3.3 vorgestellt werden. Vertreter eines solchen sehr weit gefassten

Staubegriffs stellen allerdings die oben aufgeführten Definitionen nicht infrage, sondern fordern eher eine Erweiterung der Perspektive weg von einer ausschließlichen Betrachtung der Verkehrsqualität von Ortsveränderungen hin zu einer umfassenden Messung der Qualität von Verkehrsnachfrage und -angebot für verschiedene Nutzergruppen und Verkehrsmittel.

2.2 Verkehrstechnische Grundlagen

Abb. 1 zeigt grundlegende Beziehungen zwischen wichtigen Verkehrskenngrößen auf. Quadrant (a) zeigt die Beziehung zwischen Verkehrsstärke q und Geschwindigkeit v; Quadrant (c) zeigt die Beziehung zwischen Verkehrsdichte k und Geschwindigkeit v. Die Verkehrsdichte k wird dabei definiert als Anzahl der Fahrzeuge, die sich zu einem bestimmten Zeitpunkt auf einem Abschnitt der freien Strecke befinden. Die Verkehrsstärke q ist definiert als die Anzahl der Fahrzeuge, die während eines bestimmten

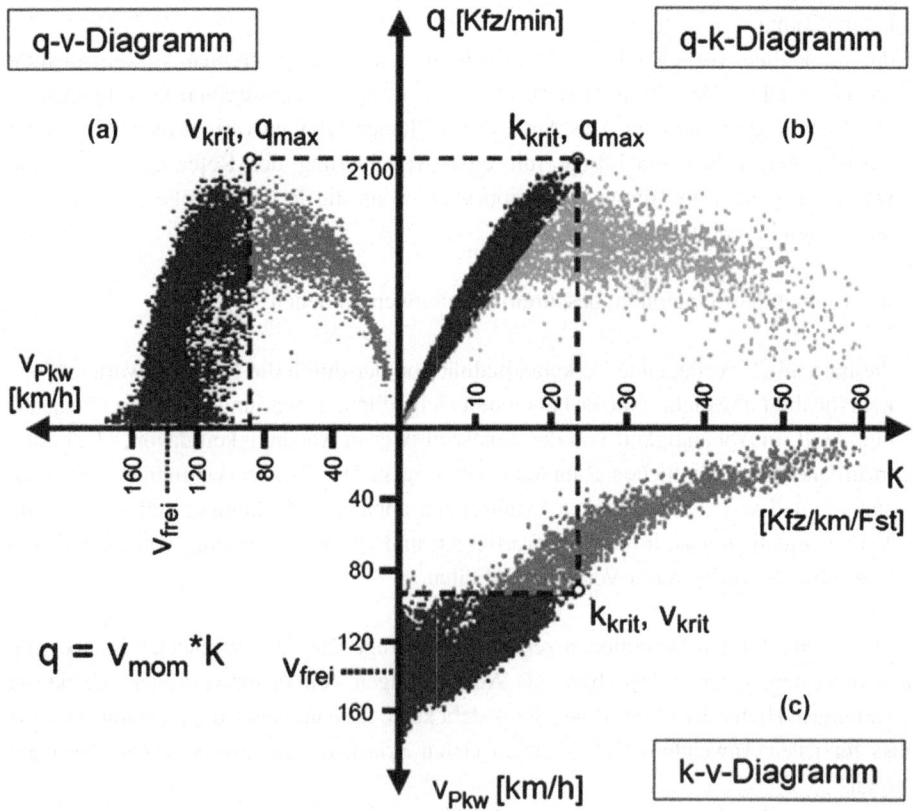

Abb. 1 Fundamentaldiagramm. (Quelle: FGSV 2005)

Zeitraums einen Beobachtungsquerschnitt überfahren. Das Fundamentaldiagramm in Quadrant (b) zeigt den Zusammenhang zwischen der Verkehrsstärke q und Verkehrsdichte k.

Deutlich wird, dass bei niedrigen Verkehrsstärken die Fahrzeuge ungehindert mit freier Geschwindigkeit v_{frei} fahren können. Die Verkehrsdichten sind gering; die Abstände zwischen den Fahrzeugen als Kehrwert der Verkehrsdichte sind groß. Bei zunehmenden Verkehrsstärken steigen die Verkehrsdichten bei kleiner werdenden Abständen, die Geschwindigkeiten sinken leicht und werden homogener. Dieser Zusammenhang bleibt bestehen, bis die Kapazität der Straße erreicht ist und der Verkehrsfluss von einem stabilen in einen instabilen Zustand übergeht. Der Begriff der Kapazität ist hierbei definiert als *„größte Verkehrsstärke, die ein Verkehrsstrom bei gegebener entwurfstechnischer Gestaltung und Verkehrssteuerung, trockener Fahrbahn und Helligkeit in einem Zeitintervall an einem Querschnitt erreichen kann"* (FGSV 2015: A6). Bei Erreichen der Kapazität behindern sich die Fahrzeuge verstärkt, die Geschwindigkeit v und die Abstände zwischen den Fahrzeugen vermindern sich. Die Verkehrsdichte steigt weiter an, die Verkehrsstärke nimmt aber aufgrund der sinkenden Geschwindigkeiten ab. Diese räumlich-zeitliche Betrachtungsweise des Verkehrsablaufs führt zur sogenannten Kontinuitätsgleichung:

$$q = v \cdot k \tag{1}$$

Die Verkehrsstärke q ergibt sich als Produkt aus Geschwindigkeit v und Verkehrsdichte k. Bei hohen Geschwindigkeiten v sind die Verkehrsstärke q und die Verkehrsdichte k gering. Bei hohen Verkehrsdichten k sind die Geschwindigkeiten v und die Verkehrsstärken q gering. Bei hohen Verkehrsstärken q_{max} liegen mittlere Geschwindigkeiten v_{opt} sowie mittlere Verkehrsdichten k_{opt} vor. Die gleiche Verkehrsstärke kann bei hohen Geschwindigkeiten v und niedriger Verkehrsdichte k oder bei niedrigen Geschwindigkeiten v und hoher Verkehrsdichte k auftreten.

2.3   Verkehrsökonomische Grundlagen

Verkehrsökonomische Betrachtungen bauen direkt auf den oben beschriebenen verkehrstechnischen Zusammenhängen auf. In Abb. 2 wird der Zusammenhang zwischen Geschwindigkeit und Verkehrsstärke aus Abb. 1 in einen Zusammenhang zwischen Zeitkosten und Verkehrsstärke überführt. Die Ermittlung der Zeitkosten als monetäre Bewertung des Zeitbedarfs erfolgt durch die Multiplikation des Zeitbedarfs als Kehrwert der Geschwindigkeit mit Zahlungsbereitschaften der Nutzer zur Verminderung von Reisezeiten. Da Zeitwerte in der Regel kaum differenziert werden (vgl. z. B. PTV Group/Partner 2016 für den BVWP 2030), liegt ein enger Zusammenhang zwischen dem Zeitbedarf und den Zeitkosten vor.

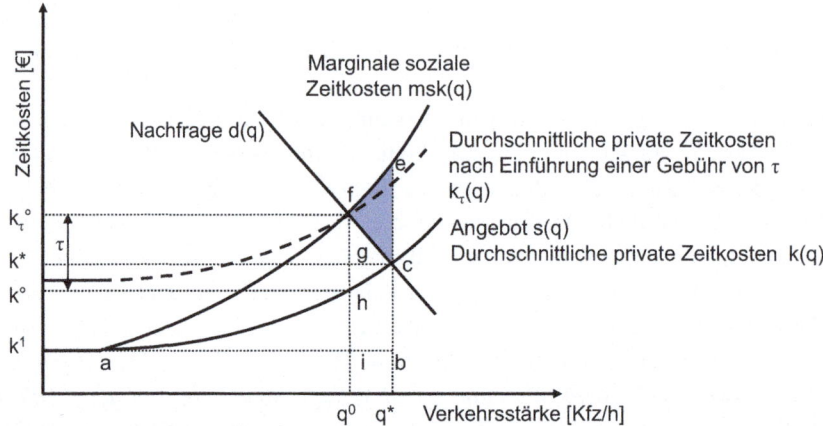

Abb. 2 Marktgleichgewicht und volkswirtschaftliches Optimum. (Quelle: in Anlehnung an Small 2007)

Die untere durchgehende Linie, beginnend bei k^1 entspricht den durchschnittlichen privaten Zeitkosten k(q), die der einzelne Verkehrsteilnehmer trägt und damit der Angebotskurve.[2] Die marginalen sozialen Zeitkosten msk(q) beinhalten die Zeitkosten, die ein zusätzlicher Nutzer verursacht und selbst trägt (k(q)) sowie darüber hinaus die marginalen externen Zeitkosten mek(q), die ein zusätzlicher Nutzer verursacht, aber nicht selbst trägt, sondern dem Verkehrskollektiv als Ganzes bzw. der gesamten Gesellschaft aufbürdet.[3] Die msk(q) entsprechen damit der Summe aus den durchschnittlichen privaten Zeitkosten k(q) und den marginalen externen Zeitkosten mek(q). Für geringe Verkehrsstärken (bis Punkt a) stimmen die durchschnittlichen Zeitkosten k(q) und die marginalen sozialen Zeitkosten msk(q) überein. Es gibt keine staubedingten externen Zeitkosten; die marginalen externen Zeitkosten mek(q) sind Null.

Ab Punkt a steigen die msk(q) deutlich stärker an als k(q), da zusätzliche Nutzer den Verkehrsfluss zunehmend behindern und nicht nur sich, sondern auch den anderen Verkehrsnutzern steigende Zeitkosten verursachen.

Zusätzlich in die Grafik eingeführt wird die Nachfragekurve d(q), welche der marginalen Zahlungsbereitschaft der Verkehrsteilnehmer entspricht. Diese Kurve zeigt, wie sich die Verkehrsnachfrage ändert, wenn die Fahrtzeiten und damit die Nutzerkosten steigen bzw. sinken.

---

[2]Siehe Small (2007) für eine Diskussion des Zusammenhangs zwischen den marginalen privaten und den durchschnittlichen Kosten. Der einzelne Nutzer agiert als Preisnehmer, der sich einem konstanten Preis gegenüber sieht. Damit entsprechen die durchschnittlichen privaten Kosten k(q) den marginalen privaten Kosten mpk(q).

[3]Siehe Small (2007) zum Begriff der externen Kosten, sowie der Beitrag von Becker in diesem Band.

Das aus volkswirtschaftlicher Sicht optimale Gleichgewicht liegt auf Punkt f mit Verkehrsstärke q^0 und Kosten k_τ^0, im Schnittpunkt der Nachfragekurve d(q) und der Summe aus marginalen externen und durchschnittlichen Zeitkosten. Hier entsprechen die marginalen Zahlungsbereitschaften eines zusätzlichen Nutzers genau den durch zusätzliche Fahrten anfallenden sozialen Zeitkosten. Eine geringere Verkehrsstärke wäre nicht optimal, da die marginalen Zahlungsbereitschaften d(q) hier die Kosten msk(q) der Fahrten übersteigen und nicht vollständig abgeschöpft werden. Es würden Fahrten unterbleiben, obwohl die Zahlungsbereitschaften höher als die dadurch entstehenden Kosten sind.

Auch eine höhere Verkehrsstärke ist nicht optimal, weil hier die Zeitkosten die Zahlungsbereitschaften übersteigen. Für die Verkehrsmenge q* entstehen z. B. zusätzliche Kosten von (q^0, q*, e, f). Die Zahlungsbereitschaften entsprechen hier aber nur der Fläche (q^0, q*, c, f), woraus sich ein Kostenüberschuss und damit ein Wohlfahrtsverlust von (f, c, e) ergibt. Eine solche Situation entsteht, wenn die Verkehrsnutzer nur die ihnen direkt selbst entstehenden durchschnittlichen privaten Zeitkosten k(q) tragen, wie das heute in der Regel der Fall ist. Sie beziehen dann auch nur diese in ihr Nutzen-Kosten-Kalkül und damit in ihre Entscheidungsfindung zur Durchführung einer Fahrt ein. In einer solchen Situation stellt sich das Gleichgewicht in Punkt c ein, im Schnittpunkt aus k(q) und d(q) bei Verkehrsmenge q*.

Die Fläche (h, c, f), wie auch die Fläche (f, c, e), entspricht den durch Zeitverluste bedingten zusätzlichen Kosten durch eine Verschiebung des Gleichgewichts von q^0 nach q*. Die Kosten der Fläche (h, c, f) werden durch die Zahlungsbereitschaften als Fläche unter der Nachfragekurve d(q) aufgewogen und dadurch aus gesamtgesellschaftlicher Sicht kompensiert. Dies ist nicht der Fall für die Fläche (f, c, e). Diese Kosten entstehen, ohne dass ihnen adäquate Zahlungsbereitschaften gegenüberstehen.

Aus volkswirtschaftlicher Sicht entstehen damit in q* Wohlfahrtsverluste, welche vermieden werden können durch eine Verschiebung des Gleichgewichts nach q^0. Hier entsprechen die Zahlungsbereitschaften genau den entstehenden sozialen Zeitkosten; die bestehenden Infrastrukturkapazitäten werden optimal genutzt.

Eine solche Verschiebung des Gleichgewichts kann mithilfe einer Steuer τ erreicht werden, welche auch als Pigou-Steuer bezeichnet wird.[4] Eine solche Steuer verschiebt die Durchschnittskostenkurve k(q) nach k_τ(q). Der Preis der Fahrten steigt auf $k_\tau(q) = k(q) + \tau$. Das Gleichgewicht stellt sich in Punkt f ein mit Verkehrsmengen q^0 und Kosten k_τ^0. Verglichen zum Status quo verlieren die Nutzer Renten (Überschüsse von Zahlungsbereitschaften über Preise) in Höhe von (k*, c, f, k_τ^0). Einige Nutzer verzichten komplett auf ihre Fahrt und damit auf die daraus entstehenden Nutzen (Fläche (g, c, f)). Die verbleibenden Nutzer zahlen höhere Preise und haben dadurch Einbußen von (k*, g, f, k_τ^0). Gleichzeitig haben die verbleibenden Nutzer geringere Zeitkosten für

---

[4]Damit wird Bezug genommen auf die grundlegenden Arbeiten von Arthur Cecil Pigou, der dieses Konzept zur Eindämmung von Umweltverschmutzungen einführte, siehe Small (2007).

die Fahrten (k^0, h, g, k*). Dieser Gewinn wird direkt durch die Zahlung der Staugebühr ausgeglichen. Die „Umwandlung" der Nutzerkosten (k^0, h, g, k*) in Gebühren führt zu Geldern, die zur Kompensation z. B. der Wohlfahrtsverluste (g, c, f) verwendet werden können.

Die Einnahmen aus der Staugebühr entsprechen der Fläche (k^0, h, f, k_τ^0) und können die Nutzer für ihre durch die Gebühr entstehenden Einbußen kompensieren. Trotz sinkender individueller Renten für die Nutzer steht die Gesellschaft als Ganzes damit besser da als in der Ausgangssituation c mit der Verkehrsstärke q* und Zeitkosten k*.

Eine alternative Argumentation und Interpretation der Grafik führt zum gleichen Ergebnis: Aus volkswirtschaftlicher Perspektive entstehen im heutigen Gleichgewicht c externe Kosten von (a, c, e). Diese werden nicht durch die Nutzer direkt, sondern durch das Verkehrskollektiv bzw. die Gesellschaft als Ganzes getragen und müssen daher bei einer volkswirtschaftlichen Betrachtung von den entstehenden Renten abgezogen werden, was wiederum zu einem Wohlfahrtsverlust der Fläche (f, c, e) führt.

Zwei Schlussfolgerungen können aus Abb. 2 gezogen werden:

- Die Nichtanlastung von Zeitkosten, die durch die im Vergleich zu freien Geschwindigkeiten verminderten Geschwindigkeiten entstehen, führt zu gesamtgesellschaftlichen Wohlfahrtsverlusten.
- Auch im gesamtgesellschaftlichen Optimum liegen die Zeitkosten über den Zeitkosten bei freier Geschwindigkeit.

Durch den engen Zusammenhang zwischen Zeitbedarfen und Zeitkosten als monetär bewertete Zeitbedarfe gelten die beschriebenen Zusammenhänge und Schlussfolgerungen weitgehend auch für Zeitbedarfe: Auch im gesamtgesellschaftlichen Optimum liegen die Zeitbedarfe über denen bei freien Geschwindigkeiten. Der Zeitbedarf im gesamtgesellschaftlichen Optimum q^0 ist niedriger als im Gleichgewicht q* ohne eine Anlastung externer Kosten, aber höher als bei freier Geschwindigkeitswahl. Es bleibt auch bei einer Anlastung externer Zeitkosten Stau bestehen, wenn man diesen durch den Vergleich von tatsächlichen Reisezeiten mit Reisezeiten bei freier Geschwindigkeitswahl ermittelt.

Hier zeigt sich ein wichtiger Unterschied zwischen dem verkehrsökonomischen und dem verkehrstechnischen Staubegriff. In der verkehrsökonomischen Argumentation tritt Stau auf, sobald die Zeitkosten durch erhöhte Reisezeiten im Vergleich zum frei fließenden Verkehr steigen. Der verkehrstechnische Staubegriff spricht hingegen erst von Stau, wenn eine Überlastung von Verkehrsanlagen auftritt.

3   Indikatoren zur Messung von Stau und Verkehrsqualitäten

Im Folgenden wird ein Überblick über in Forschung und Praxis angewendete Stauindikatoren gegeben, bevor in Abschn. 3.2 die Verfahren des „Handbuchs für die Bemessung von Straßenverkehrsanlagen" (HBS) (FGSV 2015) zur Bewertung von Verkehrsqualitäten für einzelne Verkehrsanlagen sowie für Netzabschnitte vorgestellt werden. Abschn. 3.3 stellt über die Verkehrsqualität hinausgehende Maße zur Messung der Qualitäten von Verkehrsnachfrage und -angebot vor, welche aus einer kritischen Würdigung der etablierten Stauindikatoren heraus entwickelt werden und den Staubegriff sehr weit fassen.

3.1   Stauindikatoren in Wissenschaft und Praxis

Tab. 1 gibt einen Überblick über wichtige in Wissenschaft und Praxis angewendete Indikatoren zur Messung von Stau und Verkehrsqualitäten. Häufig angewendet werden geschwindigkeits- bzw. zeitbedarfsbasierte Indikatoren, welche in einem direkten Zusammenhang zueinander stehen, da der Zeitbedarf als Kehrwert der Geschwindigkeit berechnet wird. Die Vorhersagbarkeit und Planbarkeit von Reisezeiten ist neben der Reisezeit selbst eine wichtige Anforderung aus Nutzersicht und wird über Zuverlässigkeitsmaße erfasst. Reisezeiten bei niedrigen Geschwindigkeiten können z. B. eine hohe Zuverlässigkeit haben; umgekehrt können Reisezeiten bei hohen Geschwindigkeiten geringe Zuverlässigkeiten haben.

Für jede Messung von Verkehrsqualitäten ist eine räumliche und zeitliche Abgrenzung zu wählen, z. B. nach Spitzenstunden und/oder Nebenzeiten, Werktagen oder allen Wochentagen, nach bestimmten oder allen Straßenkategorien. INRIX (2015) bezieht z. B. nur Streckenabschnitte in die Ermittlung des Travel Time Index (TTI, siehe Tab. 1) ein, die zum Stau beitragen, indem sie Mindestwerte von Reisezeitverlusten überschreiten. Verkehrsqualitäten nach HBS (FGSV 2015) werden für einzelne Netzelemente ermittelt, wohingegen geschwindigkeits-/reisezeitbasierte Werte sowie auch Zuverlässigkeitsmaße bis auf ganze Länder und mehrere Jahre hochaggregiert werden (INRIX 2016). Stau wird zum Teil als absoluter Wert angegeben, z. B. als Staustunden pro Jahr in einer bestimmten Region oder auch normiert, z. B. auf die Anzahl der Einwohner oder der Verkehrsnutzer.

Relative Indikatoren sind abhängig vom Referenzwert. INRIX (2015) arbeitet z. B. für den TTI mit der mittleren Geschwindigkeit in Schwachlastzeiten (22:00 h bis 6:00 h). Hier kann eine Absenkung der zulässigen Höchstgeschwindigkeit oder eine konsequente Überwachung der Einhaltung von zulässigen Höchstgeschwindigkeiten zu einer Verminderung von staubedingten Reisezeitverlusten führen, wenn die Referenzgeschwindigkeiten durch die genannten Maßnahmen sinken. Alternative Referenzgeschwindigkeiten können historische Durchschnitte des jeweils betrachteten Zeitpunkts sein (Jones 2016), normativ festgesetzte angestrebte Geschwindigkeiten (FGSV 2008), die zulässige Höchstgeschwindigkeit selbst (Jones 2016), ein Prozentsatz der freien Geschwindigkeit (Korzhenevych et al. 2014) oder Geschwindigkeiten einer definierten Qualitätsstufe des Verkehrsablaufs (siehe Abschn. 3.3).

Sogenannte Verkehrslagebilder sind inzwischen streckenfein und zeitlich hochaufgelöst für jede Region in Deutschland und darüber hinaus verfügbar. Sie werden durch regionale Institutionen, zumeist der öffentlichen Hand sowie auch durch private Anbieter

Tab. 1 Indikatoren für Stau und Verkehrsqualitäten

Indikator	Beschreibung	Einheit	Beispiele Referenzen
Geschwindigkeitsbasiert			
Absolute Geschwindigkeiten	Angabe absoluter Geschwindigkeiten als Maß für die Verkehrsqualität, mit deskriptiven Maßen wie Mittelwerten oder Perzentilen	[km/h]	Jones 2016 Litman 2015
Langsamfahrzeit	Zeit, in der unterhalb einer festgelegten Geschwindigkeit gefahren wird	[min]	Falcocchio/ Levinson 2015
Relative Geschwindigkeiten	Verhältnis von tatsächlicher zu Referenz-Geschwindigkeit	[−]	Falcocchio/ Levinson 2015
Zeitbedarfsbasiert			
Absoluter Zeitbedarf	Benötigte Zeit pro zurückgelegter Distanz, Kehrwert der Geschwindigkeit	[min/km]	Jones 2016
Relativer Zeitbedarf, Zeitverlust	Verhältnis von tatsächlicher zu Referenz-Reisezeit Beispiele:		Falcocchio/ Levinson 2015
	Travel Time Index TTI = (Tatsächliche Reisezeit/Reisezeit mit Referenzgeschwindigkeit) −1, prozentuale Erhöhung der Reisezeit im Vergleich zur Referenzgeschwindigkeit	[%]	INRIX 2015
	Fahrtgeschwindigkeitsindex nach HBS: Quotient aus tatsächlicher und erwarteter Fahrtgeschwindigkeit auf einem Netzabschnitt	[−]	FGSV 2015
	Reisezeitdifferenz: Messung Stau als Differenz aus tatsächlicher und nominaler (bei freiem Verkehrsfluss) Reisezeit	[min]	Austroads 2016
Staurate	Quotient aus der Reisezeit im Stau und der Gesamtreisezeit einer Grundgesamtheit	[−]	Litman 2015
Zuverlässigkeitsbasiert			
Streumaße für Geschwindigkeiten, Reisezeiten	Streuung bzw. Varianz von Verteilungen Beispiel:		Falcocchio/ Levinson 2015

(Fortsetzung)

Tab. 1 (Fortsetzung)

Indikator	Beschreibung	Einheit	Beispiele Referenzen
	Quotient aus Streuung der Reisezeit und der mittleren Reisezeit	[−]	Austroads 2016
	Quotient aus 90 %-Perzentil der Reisezeit und der mittleren Reisezcit	[−]	Austroads 2016
	Anteil an Fahrten, in denen die mittlere Reisezeit den Mittelwert um weniger als einen festgesetzten Betrag überschreitet	[%]	TfL 2016
Schiefe von Geschwindigkeits-/ Reisezeit-Verteilungen	Schiefe von Verteilungen als Maß für die Ungleichverteilung der Wahrscheinlichkeiten für hohe/niedrige Werte	[−]	Jones 2016
Puffermaße	Zusätzlich zur Reisezeit notwendige Zeit, um mit einer gegebenen Wahrscheinlichkeit zu einem festgesetzten Zeitpunkt am Ziel einzutreffen	[min]	Falcocchio/ Levinson 2015
Maße der Verkehrsqualität für einzelne Netzelemente			
Auslastungsgrad	Quotient aus tatsächlicher Verkehrsstärke und Kapazität als maximale Verkehrsstärke, die ein Querschnitt unter definierten Bedingungen bewältigen kann	[−]	FGSV 2015
Verkehrsdichte	Anzahl an Fahrzeugen pro Streckenlänge	[Kfz/km]	FGSV 2015
Wartezeiten	Mittlere Wartezeit an Knoten	[min]	FGSV 2015
Störungsrate	Anzahl Störungen S durch Überholungen und Begegnungen pro Strecke (nur für Radverkehr)	[S/(Rad*km)]	FGSV 2015
Level of Service (LOS), Qualitätsstufen des Verkehrsablaufs (QSV)	Qualitative Stufen der Verkehrsqualität, i. d. R. QSV A (beste Qualität) bis QSV F (schlechteste Qualität), Erreichung der Kapazität einer Anlage i. d. R. an der Grenze zwischen QSV E und QSV F	[−]	FGSV 2015

(Fortsetzung)

Tab. 1 (Fortsetzung)

Indikator	Beschreibung	Einheit	Beispiele Referenzen
Verschiedene weitere Staumaße			
Staudauer	Dauer von Stauereignissen	[h]	Litman 2015
Staulänge	Gesamtlänge überlasteter Streckenabschnitte (absolut oder als Prozentsatz der gesamten Streckenlänge), zum Teil auch pro Fahrstreifen	[km] [%]	Jones 2016 Litman 2015
Häufigkeit	Anzahl von Stauereignissen	[Anzahl]	Brilon/Estel 2008
Anzahl Fahrten	Anzahl Fahrten in Überlastungssituationen	[Anzahl]	Brilon/Estel 2008
Staukosten	Monetär bewertete Reisezeitverluste	[€]	ARE 2007 Litman 2015
Zusammenbruchswahrscheinlichkeit	Wahrscheinlichkeit, dass die Verkehrsqualität bei einer bestimmten Verkehrsbelastung zusammenbricht		Brilon/Estel 2008
Wohlfahrtsverlust	Durch Reisezeitverluste verursachte gesamtgesellschaftliche Verluste	[€]	Korzhenevych et al. 2014
Impact Factor	Maß für die Gesamtwirkung eines Staus, Produkt aus durchschnittlicher Dauer [min], durchschnittlicher Länge [km] und Anzahl der Störungen am jeweiligen Verkehrs-Hotspot im Untersuchungszeitraum	[−]	INRIX 2016
Nutzerzufriedenheiten, Nutzererwartungen	Subjektive Wahrnehmung von Verkehrsqualitäten auf Basis von Befragungen	[−]	Austroads 2016 TfL 2016

wie z. B. Google oder INRIX bereitgestellt und basieren in der Regel auf einer Fusion verschiedener Datenquellen, oft unter Nutzung von Floating Car Data. Die Angabe von Verkehrsqualitäten erfolgt hier meist geschwindigkeitsbasiert und in den drei Ampelfarben grün, gelb und rot.

Zusätzlich zu den in Tab. 1 angegebenen objektiv zu messenden Indikatoren werden subjektive Nutzerzufriedenheiten und -erwartungen aus Befragungen ergänzend zur Beurteilung von Verkehrsqualitäten hinzugezogen (vgl. z. B. Austroads 2016, Eurostat 2016). Zu beachten ist hierbei, dass bei steigenden Verkehrsqualitäten Gewöhnungseffekte eintreten können und auch Erwartungen steigen. Dies beeinträchtigt die Aussagekraft und Vergleichbarkeit dieser subjektiven Indikatoren erheblich.

3.2   Bewertung von Verkehrsqualitäten über HBS und RIN

Das maßgebende Regelwerk für die Bemessung von Verkehrsanlagen in Deutschland ist das „Handbuch für die Bemessung von Straßenverkehrsanlagen" (HBS) mit den drei Teilen für Autobahnen, Landstraßen und Stadtstraßen (FGSV 2015). Das HBS gibt standardisierte Verfahren zur Beurteilung der Verkehrsqualität einzelner Netzelemente (Strecken und Knoten) sowie von Netzabschnitten[5] aus Sicht der Verkehrsteilnehmer vor. Die Beurteilung der Verkehrsqualität der einzelnen Netzelemente beruht auf Qualitätskriterien, welche sich für die einzelnen Verkehrsanlagen unterscheiden:

- Auslastungsgrad als Quotient aus Bemessungsverkehrsstärke und Kapazität für Strecken von Autobahnen und planfreie Knotenpunkte an Autobahnen,
- Verkehrsdichte für Strecken von Landstraßen und städtische Hauptverkehrsstraßen, planfreie Knotenpunkte an Landstraßen sowie Anlagen für den Fußgängerverkehr,
- Wartezeit für plangleiche Knotenpunkte und Abfertigungsanlagen für den ruhenden Verkehr,
- Störungsrate für Radverkehrsanlagen.

Die dem HBS zugrunde liegenden Qualitätskriterien kennzeichnen damit für Strecken die Bewegungsfreiheit eines einzelnen Nutzers im Verkehrsstrom bzw. den Grad der gegenseitigen Behinderung der Nutzer untereinander und für Knoten über die Wartezeit das Ausmaß der Beeinträchtigung durch den Knoten.

Die jeweiligen Qualitätskriterien werden berechnet und anschließend in sechs anlagenübergreifend einheitlich verwendete Qualitätsstufen des Verkehrsablaufs (QSV) überführt. Die QSV sind durch die Buchstaben A (beste Qualität) bis F (schlechteste Qualität) gekennzeichnet. An der Grenze zwischen QSV D und E erreicht die Anlage ihre höchste Leistungsfähigkeit (Brilon/Estel 2008). Die Grenze zwischen QSV E und F entspricht der Kapazität der Anlage soweit diese bestimmbar ist, sodass die Anlage in QSV F überlastet ist. Der Bereich der Überlastung kann mit nur einer Qualitätsstufe (QSV F) im HBS nicht differenziert betrachtet werden. Das HBS stößt damit im Bereich der Überlastung an Grenzen, was dem vorrangigen Anwendungszweck des HBS, der Bemessung von geplanten Verkehrsanlagen, entspricht. Ausbauparameter und verkehrssteuernde Maßnahmen sollen hier so bestimmt werden, dass der Verkehr auch während der Spitzenstunde mit zufriedenstellender Qualität abgefertigt werden kann. Die verbalen Beschreibungen der Qualitätsstufen sind in Tab. 2 für Strecken und Knoten dargestellt.

---

[5]Ein Netzabschnitt wird definiert als Abschnitt einer Straße einer Kategorie, begrenzt durch aufeinanderfolgende Knotenpunkte, an denen die betrachtete Straße mit Straßen gleichrangiger oder höherrangiger Verbindungsfunktionsstufe verknüpft ist, oder fiktive Knotenpunkte, an denen die Kategoriengruppe wechselt (z. B. bei Ortsdurchfahrten).

Tab. 2 Beschreibung der Qualitätsstufen des Verkehrsablaufs nach HBS

	Strecken, QSV	Knoten, QSV	Netzabschnitte SAQ$_N$
A	Die individuelle Bewegungsfreiheit der Verkehrsteilnehmer ist nahezu nicht beeinträchtigt. Der Verkehrsfluss ist frei	Die Wartezeiten sind für die Verkehrsteilnehmer sehr kurz	Die Angebotsqualität des Netzabschnitts liegt deutlich über der oberen Grenze der netzplanerischen Zielvorstellungen der zugehörigen Verbindungsfunktionsstufe
B	Die individuelle Bewegungsfreiheit der Verkehrsteilnehmer ist nur in geringem Maße beeinträchtigt. Der Verkehrsfluss ist nahezu frei	Die Wartezeiten sind für die Verkehrsteilnehmer kurz	Die Angebotsqualität des Netzabschnitts liegt über der Obergrenze der netzplanerischen Zielvorstellungen der zugehörigen Verbindungsfunktionsstufe
C	Die individuelle Bewegungsfreiheit der Verkehrsteilnehmer ist spürbar beeinträchtigt. Der Verkehrsfluss ist stabil[a]	Die Wartezeiten sind für die Verkehrsteilnehmer spürbar	Die Angebotsqualität des Netzabschnitts liegt im oberen Bereich der netzplanerischen Zielvorstellungen der zugehörigen Verbindungsfunktionsstufe
D	Die individuelle Bewegungsfreiheit der Verkehrsteilnehmer ist deutlich beeinträchtigt. Der Verkehrsfluss ist noch stabil[a]	Die Wartezeiten sind für die Verkehrsteilnehmer beträchtlich	Die Angebotsqualität des Netzabschnitts liegt im unteren Bereich der Bandbreite der netzplanerischen Zielvorstellungen der zugehörigen Verbindungsfunktionsstufe
E	Die individuelle Bewegungsfreiheit der Verkehrsteilnehmer ist nahezu ständig beeinträchtigt. Die Grenze der Verkehrsfluss ist instabil[a]. Die Grenze der Funktionsfähigkeit wird erreicht	Die Wartezeiten sind für die Verkehrsteilnehmer lang und streuen erheblich. Die Grenze der Funktionsfähigkeit wird erreicht	Die Angebotsqualität des Netzabschnitts liegt unter der Untergrenze der netzplanerischen Zielvorstellungen der zugehörigen Verbindungsfunktionsstufe
F	Die individuelle Bewegungsfreiheit der Verkehrsteilnehmer ist ständig beeinträchtigt. Die Funktionsfähigkeit ist nicht mehr gegeben	Die Wartezeiten sind für die Verkehrsteilnehmer sehr lang. Die Funktionsfähigkeit ist nicht mehr gegeben	Die Angebotsqualität des Netzabschnitts liegt deutlich unter der Untergrenze der netzplanerischen Zielvorstellungen der zugehörigen Verbindungsfunktionsstufe

Quelle: FGSV (2015)

[a]Stabilität bedeutet, dass Änderungen der Verkehrsnachfrage nur geringe Änderungen des Verkehrsflusses nach sich ziehen.

Die für die Bemessung maßgebende Verkehrsstärke wird als Bemessungsverkehrsstärke q_B bezeichnet. Die Bemessungsverkehrsstärke ist die Verkehrsstärke der n-ten Stunde, der sogenannten maßgebenden Spitzenstunde, bei absteigender Sortierung der stündlichen Verkehrsstärken der 8760 h eines Jahres. Eine Überlastung der Anlage wird damit in n-1 Stunden akzeptiert. Die Festlegung von n liegt in der Verantwortung des Baulastträgers. Im Beiblatt zum HBS gibt das Bundesverkehrsministerium für Straßen in der Baulast des Bundes die 50. Stunde vor und empfiehlt nachgelagerten Behörden ein analoges Vorgehen. Mit der Nutzung der n-ten Stunde für die Bemessung von Verkehrsanlagen wird akzeptiert, dass die jeweiligen Straßen an n-1 Stunden des Jahres überlastet sind. Das Konzept der Nutzung der n-ten Stunde für die Bemessungsverkehrsstärke basiert damit auf der Idee, dass Verkehrsanlagen nicht für die höchste, jemals auftretende Spitzenstunde ausgelegt werden sollen, sondern eine Überlastung in einer festzulegenden Häufigkeit akzeptiert wird.

Für die Beurteilung des Verkehrsablaufs auf Netzabschnitten ist vor allem deren Verbindungsfunktion maßgebend. Straßennetze müssen raumordnerische Vorgaben z. B. zur Erreichbarkeit von zentralen Orten unterstützen. Die für die einzelnen Netzabschnitte betrachtete Bewegungsfreiheit der Nutzer tritt hier in den Hintergrund. Die bewertete Qualität ist nun eine Angebotsqualität und beschreibt, inwieweit ein geplantes oder vorhandenes Verkehrswegenetz raumordnerische Vorgaben erfüllt. Verkehrsqualitäten aus Nutzersicht sind nur implizit enthalten, wenn sich bei höheren Fahrtgeschwindigkeiten auch die verkehrsanlagebezogenen Qualitätskriterien verbessern.

Die Richtlinien für Integrierte Netzgestaltung (RIN) (FGSV 2008) geben für Netzabschnitte des Straßennetzes in Abhängigkeit von der jeweiligen Verbindungsfunktionsstufe angestrebte mittlere Pkw-Fahrtgeschwindigkeiten vor. Für die Bewertung der Angebotsqualität nach HBS wird die in der Bemessungsstunde zu erwartende mittlere Pkw-Fahrtgeschwindigkeit mit der nach RIN vorgegebenen angestrebten Fahrtgeschwindigkeit ins Verhältnis gesetzt und so der Fahrtgeschwindigkeitsindex ermittelt. Der Fahrtgeschwindigkeitsindex wird anschließend analog zu den Qualitätsstufen des Verkehrsablaufs zur Bewertung von Einzelanlagen in die sechs Stufen der Angebotsqualität (SAQ_N) A (beste Qualität) bis F (schlechteste Qualität) unterteilt. Tab. 2 zeigt die verbale Beschreibung der sechs Stufen der Angebotsqualität.

Ergänzend zur Bewertung der Verkehrsqualität von Netzabschnitten gibt die RIN die folgenden Kriterien zur Bewertung der verbindungsbezogenen Angebotsqualität[6] vor:

- Zeitaufwand gemessen als Luftliniengeschwindigkeit (Quotient aus Luftlinienentfernung und Reisezeit) oder Verhältnis der Reisezeiten zwischen verschiedenen Verkehrssystemen, z. B. zwischen Individual- und öffentlichem Verkehr
- Direktheit gemessen als Umwegfaktor (Quotient aus Reiseweite und Luftlinienentfernung) oder Umsteigehäufigkeit im öffentlichen Verkehr

---

[6]Eine Verbindung wird definiert als gerichtete Verknüpfung zweier Orte bzw. Verkehrszellen, die auch als Quelle-Ziel-Beziehung oder Relation bezeichnet wird.

Das entscheidende Kriterium zur Beurteilung der Angebotsqualität ist dabei der Zeitaufwand. Kriterien der Direktheit sollen nur hinzugezogen werden, wenn im Zeitaufwand für eine Verbindung Defizite auftreten. Diese Defizite z. B. in der Luftliniengeschwindigkeit können zum einen aus geringen Fahrtgeschwindigkeiten, zum anderen aber auch aus hohen Umwegfaktoren resultieren, sodass eine Analyse der Umwegfaktoren hier ein besseres Verständnis der Ursachen für die Defizite im Zeitaufwand ermöglicht. Die RIN betonen die Bedeutung weiterer Kriterien wie der Verkehrssicherheit, Kosten sowie Zuverlässigkeit für die Bewertung von verbindungsbezogenen Angebotsqualitäten, bieten hierfür aber aufgrund fehlender belastbarer methodischer sowie auch Daten-Grundlagen keine Kriterien an. Die Qualitätskriterien verbindungsbezogener Angebotsqualitäten werden analog zu den Netzabschnitten in sechs Stufen der Angebotsqualität von SAQ_V A (beste Qualität) bis SAQ_V F (schlechteste Qualität) überführt.

Verkehrstechnische Regelwerke wie das HBS ermöglichen die Ermittlung von Verkehrsqualitäten, machen aber keine Aussagen zu erwünschten Qualitäten. Die Entscheidung, welche Qualitätsstufen unter Abwägung der verschiedenen Belange anzustreben sind, wird vom jeweiligen Baulastträger getroffen. Das Bundesverkehrsministerium gibt im Beiblatt zum HBS die Qualitätsstufe QSV D vor für Straßen in der Baulast des Bundes als Kompromiss zwischen einer unangemessen hohen Dimensionierung der Anlage für die Gewährleistung besserer Qualitätsstufen als QSV D und häufigen Instabilitäten bei einer Bemessung mit QSV E welche am Übergang zu QSV F der Kapazität und damit der Grenze zur Überlastung einer Anlage entsprechen. Die formulierte Zielsetzung der QSV D berücksichtigt darüber hinaus, dass die Leistungsfähigkeit der Verkehrsanlagen bei QSV D am höchsten ist und die Anlagen damit wirtschaftlich betrieben werden. Auch bei Betrachtungen einer Abfolge von Netzelementen muss jedes Einzelelement mindestens QSV D erfüllen. Andernfalls ist die Mindestqualität der Gesamtverkehrsanlage nicht erreicht.

3.3   Weiter gefasste Stauindikatoren

Die etablierten Staumaße geben ein eingeschränktes Bild der Gesamtqualität des Verkehrsangebots. So haben sich z. B. in London die Pkw-Fahrtgeschwindigkeiten in den letzten Jahren kaum geändert bei sinkenden Pkw-Verkehrsleistungen. Der Grund dafür ist eine Umverteilung von Straßenräumen hin zum öffentlichen Verkehr sowie zum Fußgänger- und Radverkehr, eine erhebliche Ausweitung des Angebots öffentlicher Verkehre sowie Änderungen im Mobilitätsverhalten der Londoner Bevölkerung. Der Anteil des motorisierten Verkehrs sinkt bei steigenden Anteilen der Verkehrsmittel des Umweltverbundes im Modal Split (TfL 2016).

Gemessen mit den in Tab. 1 angegebenen reisezeitbasierten Indikatoren bleibt London unverändert ein Hotspot für Staus und verschwendete Zeit im Verkehr, da die Pkw-Fahrtgeschwindigkeiten nicht steigen. Tatsächlich finden aber starke Veränderungen sowohl im Verkehrsangebot als auch in der Verkehrsnachfrage statt. Zum Monitoring der Gesamtqualität von Verkehrsangeboten sollten diese berücksichtigt und zusammen mit den etablierten Staumaßen berichtet werden. Die folgenden Kritikpunkte an den etablierten Staumaßen werden in der Literatur formuliert (vgl. z. B. Falcocchio/Levinson 2015, Jones 2016, Litman 2015):

- Die derzeitigen Staumaße zeigen eine starke Fokussierung auf den motorisierten Kfz-Verkehr, berücksichtigt werden sollten Verkehrsqualitäten für alle Verkehrsmodi.
- Die Anzahl der von Stauereignissen betroffenen Personen sollte berücksichtigt werden um Unterschiede im Modal Split einzubeziehen. Litman (2014: 10) illustriert diesen Punkt wie folgt: *„For example, it indicates that Washington DC has the worst congestion of all U.S. cities because automobile commuters experienced 67 average annual delay hours, but since that region has only 43% automobile commute mode share, this averages just 29 hours per commuter overall. In contrast, Houston's automobile commuters only experience 52 annual delay hours, but since it has a 88% auto mode share this averages 46 hours per commuter, much higher than Washington DC."*
- Die etablierten Staumaße sind vor allem Relativmaße und reagieren sehr sensitiv auf Veränderungen der Referenzwerte sowie auf Unterschiede in räumlichen und zeitlichen Abgrenzungen.
- Einbezogen werden sollte der gesamte Weg „von Tür zu Tür" für die Ermittlung von Reisezeiten und Geschwindigkeiten, um z. B. Zu- und Abgang zu Verkehrsmitteln, Wartezeiten oder auch veränderte Wegelängen zu berücksichtigen.

Die in Folge dieser Kritik ergänzend zu den etablierten Staumaßen vorgeschlagenen weiter gefassten Maße zur Beschreibung der Qualität des Verkehrsangebots sind heterogen (vgl. Brilon/Estel 2008, Eurostat 2016, Falcocchio/Levinson 2015, Jones 2016, Litman 2015):

- Modifikationen der etablierten Staumaße z. B. durch die Betrachtung von Reisezeiten für komplette Wege anstelle von Fahrtgeschwindigkeiten
- Angebots- und Verkehrsqualitäten für den öffentlichen Verkehr, z. B. Pünktlichkeit, Auslastung, Echtzeitinformationen
- Angebotsqualitäten für den Rad- und Fußgängerverkehr, z. B. Verfügbarkeit und Qualität von Radverkehrsanlagen, Flächenverfügbarkeiten
- Erreichbarkeiten, z. B. als Anzahl erreichbarer Ziele ein mit einem vorgegebenen Aufwand oder als Aufwand, der für zum Erreichen einer vorgegebenen Anzahl von Zielen notwendig ist
- Qualität von Straßenräumen unter Berücksichtigung von Funktionen abseits der Verbindungsfunktion wie z. B. der Aufenthaltsfunktion mit Indikatoren wie z. B. Barrierefreiheit, Oberflächenbeschaffenheiten, Sitzmöglichkeiten, Beleuchtung, Sicherheit (safety und security)
- Indikatoren des Mobilitätsverhaltens, z. B. Distanz von (Pendler-)Wegen, im öffentlichen Raum verbrachte Zeit nach Personengruppen und Aktivitätstypen
- Nutzerzufriedenheiten, z. B. mit täglichen Pendlerwegen oder dem Angebot öffentlicher Verkehre
- Wirtschaftliche Indikatoren, z. B. Leerstand in Gebäuden, Mietpreisniveaus, Umsätze im Einzelhandel

4   Handlungsoptionen

Das folgende Kapitel beschreibt Ziele und Maßnahmen zum Staumanagement als Basis für die Diskussion verkehrspolitischer Perspektiven in Kap. 5.

4.1   Ziele und Schritte zum Staumanagement

Angesichts der Vielfalt der verwendeten Staumaße ist die Festsetzung von Indikatoren zur Messung von Verkehrsqualitäten und Stau sowie deren räumliche und zeitliche Abgrenzung ein erster notwendiger Schritt des Staumanagements. Die verkehrsökonomische Definition, welche bereits kleine bewertbare Abweichungen der Reisezeiten vom freien Verkehrsfluss in die Ermittlung von Staufolgen einbezieht, ist eine sinnvolle Grundlage für die Bepreisung von Staukosten. Für die Verkehrsplanung ist eine solche Definition allerdings nur bedingt geeignet, da die bisherigen Ausführungen zeigen, dass die Gewährleistung freier Verkehrsflüsse weder machbar noch sinnvoll ist. Staubegriffe, die auf einem Vergleich von tatsächlicher Verkehrsnachfrage und den Kapazitäten von Verkehrsanlagen beruhen und damit Stau über Überlastungen von Verkehrsanlagen messen, erscheinen als Basis von Planungen besser geeignet.

Notwendig ist im Anschluss an die Wahl geeigneter Indikatoren die Bestimmung von Zielgrößen für die jeweiligen Indikatoren. Aus den verkehrsökonomischen Überlegungen in Abschn. 2.3 folgt, dass bei gegebenem Verkehrsangebot volkswirtschaftlich optimale Verkehrsqualitäten erreicht werden, wenn die Verkehrsteilnehmer die von ihnen verursachten internen und externen Staukosten vollständig tragen. Dies entspricht dem in Abb. 2 dargestellten Gleichgewicht bei vollständiger Anlastung externer Staukosten in q^0.

Maßnahmen zur Staureduktion sind volkswirtschaftlich sinnvoll, wenn die Kosten der Maßnahmen mindestens den durch die Maßnahmen reduzierten Staukosten entsprechen.

Aus volkswirtschaftlicher Sicht können damit die effiziente Nutzung bestehender Verkehrsangebote sowie deren Weiterentwicklung unter Abwägung volkswirtschaftlicher Kosten und Nutzen als Ziele für das Staumanagement formuliert werden.

Entscheidungen zu Investitionen in Verkehrsinfrastrukturen basieren auf diesen verkehrsökonomischen Grundprinzipien und unterliegen generell Kosten-Nutzen-Abwägungen (vgl. z. B. PTV Group/Partner 2016 für die Bundesverkehrswegeplanung). Für bestehende Anlagen hingegen ist das Konzept einer vollständigen zeitlich und räumlich differenzierten Anlastung externer Staukosten als Grundlage einer effizienten Nutzung dieser Anlagen theoretisch gut abgestützt, aber schwer in die Praxis übertragbar. Gleichgewichte mit einer vollständigen Anlastung externer Staukosten sind datenseitig kaum bestimmbar, die transportökonomischen Grundlagen sind schwer kommunizierbar. Verkehrsökonomisch ermittelte optimale Stauniveaus variieren zudem in Abhängigkeit von der Zahlungsbereitschaft der Nutzer für Reisezeitgewinne. Die detaillierte zeitlich und räumlich hochaufgelöste Bepreisung von Staukosten führt zu hohen Transaktionskosten sowie zu geringer Befolgung bzw. Akzeptanz, wenn starke und schwer planbare Schwankungen von Staugebühren durch Nutzer nicht verstanden werden.

Als Ziele für ein Staumanagement erscheinen absolute Werte für Verkehrsqualitäten daher besser geeignet als das Erreichen volkswirtschaftlich optimaler Stauniveaus. Das HBS bietet hierzu die geeignete Grundlage, indem es verkehrstechnisch argumentiert und die vom Bundesverkehrsministerium vorgegebene Qualitätsstufe des Verkehrsablaufs QSV D als Ziel der Bemessung von Straßenverkehrsanlagen vorgibt (FGSV 2015). Dies ist die vierte von sechs Qualitätsstufen und hat den Puffer einer Qualitätsstufe QSV E bis zum Erreichen der Kapazität der Anlage. Die Qualitätsstufe QSV D wird für die 50. Stunde als Bemessungsstunde formuliert, sodass in 49 h eines Jahres eine Überlastung der Anlage in Kauf genommen wird. Die verkehrstechnischen Ziele geben damit absolute Verkehrsqualitäten vor, welche die Stabilität von Verkehrsflüssen sowie eine angemessene Bewegungsfreiheit der Verkehrsteilnehmer sicherstellen und als Basis für ein Staumanagement genutzt werden müssen bzw. sollten. In den Bereichen hoher Verkehrsnachfrage wie z. B. Ballungsräume kann die Qualitätsstufe QSV D nicht durchgängig für jede Verkehrsanlage gewährleistet werden. Ziele für das Staumanagement müssen hier andere Indikatoren nutzen oder zumindest die Qualitätskriterien des HBS für den Bereich der Überlastung weiter ausdifferenzieren. So schlagen Brilon/Estel (2008) z. B. für Knotenpunkte die Qualitätsstufen QSV F1 bis QSV F4 vor, jeweils mit Grenzwerten für Wartezeiten als Qualitätskriterium. Zuverlässigkeiten sollten in der Bewertung von Verkehrsqualitäten mehr Gewicht bekommen. Planbar langsame Mobilität kann gut akzeptiert werden, wenn Alternativen vorhanden sind (vgl. Austroads 2016). Eine Ganzjahresbetrachtung hat im Vergleich zur Nutzung einer Bemessungsstunde den Vorteil, dass die Auswirkungen von Überlastungen unter Beachtung der gesamten jährlichen Schwankungen einschließlich auch von unregelmäßigen Störungen wie Unfällen ermittelt werden können.

Die abschließende Festsetzung von Zielen für das Staumanagement obliegt den jeweils für die Planung verantwortlichen Institutionen und ist die notwendige Basis für jegliche Maßnahmen sowie auch für ein systematisches Monitoring der Wirkung umgesetzter Maßnahmen. Ziele für das Staumanagement sollten zudem immer mit übergeordneten Zielen der Verkehrs- sowie weiterer relevanter Planungen z. B. aus dem Umweltbereich abgestimmt werden.

Ein zielgerichtetes Staumanagement sollte die folgenden Schritte in Anlehnung an den Prozess der Verkehrsplanung umfassen (Austroads 2016, FGSV 2013, Litman 2015):

- Analyse von Verkehrsangebot und -nachfrage im Status quo sowie unter künftig zu erwartenden Rahmenbedingungen: Welche Verkehrsqualitäten liegen vor bzw. sind künftig zu erwarten? Welche Ursachen für Defizite in Verkehrsqualitäten können identifiziert werden? Die zur Beantwortung dieser Fragen verfügbaren Daten sind heute in Quantität und Qualität besser denn je zuvor. Stau kann eine Vielzahl von Ursachen haben, welche nach regelmäßigen (z. B. tägliche, wöchentliche oder saisonale Schwankungen der Verkehrsnachfrage), unregelmäßigen aber planbaren (z. B. Großereignisse oder Witterungsbedingungen) sowie unregelmäßigen nicht planbaren Ursachen (z. B. Unfälle) unterschieden werden (Austroads 2016, Jones 2016).

Die Anteile der verschiedenen Ursachen an den gesamten Stauereignissen variieren erheblich (OECD/ECMT 2007). TfL (2016) gibt regelmäßige Schwankungen der Verkehrsnachfrage als Ursache für 75 % aller Stauepisoden an, Unfälle mit 9 %, Großereignisse mit 1 % und Bauarbeiten mit 7 %. Austroads (2016) gibt für australische Städte 88–98 % aller Stauepisoden wiederkehrende Schwankungen der Verkehrsnachfrage an und für die verbleibenden 2–12 % Störungen durch Bauarbeiten und Unfälle, Großereignisse sowie Witterungseinflüsse an. In ländlichen Regionen ist der Anteil von Unfällen und Bauarbeiten als Ursachen von Stau höher (OECD/ECMT 2007).

- Erarbeitung von Zielen: Die Erarbeitung von qualitativen Leitlinien, welche in messbare Indikatoren heruntergebrochen werden, ist eine notwendige Voraussetzung für zielgerichtete Planung sowie auch für die ex-post Evaluation der Maßnahmenwirkungen. Sämtliche in Kap. 3 aufgeführten Staumaße können hierzu genutzt werden. Wichtig ist die ganzheitliche Betrachtung von Stauereignissen unter Berücksichtigung aller Verkehrsteilnehmer sowie auch der Perspektiven weiterer Planungen wie der Stadtplanung oder der Wirtschaftsförderung. Durch den Vergleich der Ziele mit dem Status quo für Verkehrsangebot und -nachfrage werden Defizite und Chancen identifiziert als Basis für die Maßnahmenkonzeption.

- Entwicklung und Bewertung von Maßnahmenkonzepten: Maßnahmen zum Staumanagement werden geprüft unter Nutzung sämtlicher möglicher Optionen. Aus der Bewertung verschiedener Maßnahmenpakete unter Berücksichtigung der zuvor formulierten Ziele folgen Empfehlungen zur Umsetzung sowie zur Priorisierung einzelner Maßnahmen.

- Umsetzung und Monitoring: Die Umsetzung von Maßnahmen sollte grundsätzlich mit einem Monitoring verbunden werden. Voraussetzung dafür ist eine ausreichende Datenverfügbarkeit vor, während und nach der Umsetzung der Maßnahmen. Ursache-Wirkungsbeziehungen im Staumanagement sind komplex und zum Teil langwierig, daher ist eine kontinuierliche Erfassung von Daten zu Verkehrsangebot und -nachfrage zwingend notwendig, um die Zusammenhänge zu verstehen und gezielt beeinflussen zu können.

Die aufgeführten Planungsschritte sind dabei als Kreislauf zu verstehen. Im abschließenden Monitoring identifizierte Defizite oder auch Chancen können direkt wieder in die Phasen der Analyse sowie der Weiterentwicklung von Zielvorstellungen münden.

4.2 Maßnahmenkategorien

Die sogenannten „4 E" sind eine geeignete Möglichkeit zur Klassifizierung der verschiedenen verfügbaren Maßnahmenkategorien zum Staumanagement bzw. allgemein zur strategischen Verkehrsplanung (Gerike/Koszowski 2017):

- E 1 Engineering: Diese Kategorie umfasst verkehrsplanerische und -technische Maßnahmen zur Gestaltung von Verkehrsangeboten, z. B. die strategische Entwicklung und Klassifizierung von Verkehrswegenetzen sowie den Bau und Betrieb von Straßen. Auch die Abstimmung von Raum- bzw. Stadtplanung mit der Verkehrsplanung fällt in diese Kategorie sowie auch sämtliche Maßnahmen des Verkehrsmanagements.
- E 2 Enforcement: Maßnahmen dieser Kategorie umfassen alle rechtlichen Vorgaben einschließlich Überwachung, wie z. B. Geschwindigkeitsbeschränkungen oder Vorfahrtsregelungen.
- E 3 Economy: Diese Kategorie umfasst monetäre Anreizsysteme in positiver und negativer Richtung. Parkraummanagement oder Straßenbenutzungsgebühren sind Beispiele für negative Anreizsysteme, die Senkung von Preisen für den öffentlichen Verkehr ein Beispiel für positive monetäre Anreize. Im sogenannten „Reversed Road Pricing" wird Autofahrern Geld angeboten, wenn sie überlastete Strecken (in Hauptverkehrszeiten) meiden.
- E 4 Education: Diese Kategorie umfasst die sogenannten „soft measures" als „weiche" Maßnahmen, die das Verkehrsangebot nicht verändern, sondern die Verkehrsnachfrage über Informationen, Kampagnen, Marketing oder Training beeinflussen.

Einige Autoren ergänzen zu den 4 E eine weitere Maßnahmenkategorie, welche strategische Konzepte wie z. B. Verkehrsentwicklungspläne umfasst und damit maßgebliche Bedeutung für das Staumanagement hat, auch wenn diese nicht mit einer direkten Umsetzung konkreter Einzelmaßnahmen verbunden sind.

Maßnahmenpakete als Kombination verschiedener Maßnahmentypen sind notwendig für ein erfolgreiches Staumanagement (Buehler et al. 2016, FGSV 2013). Kombiniert werden sollten sogenannte Pull-Maßnahmen zur Förderung von Verkehrsangeboten, wie z. B. die Erweiterung von Angeboten des öffentlichen Verkehrs, der Bau von Radverkehrsanlagen oder die Durchführung von Kampagnen, mit Push-Maßnahmen, welche die Attraktivität bestimmter Verkehrsangebote senken wie z. B. die Einführung von Parkraummanagementsystemen oder anderer preislicher Maßnahmen.

Eine intermediäre Ebene zwischen Zielen und konkreten Maßnahmen zum Erreichen der Ziele bilden die sogenannten „3 V":

- Vermeiden: Strategien zur Vermeidung von Verkehr setzen an der Verkehrsentstehung an und beinhalten Maßnahmen, die die Durchführung von Aktivitäten weiterhin ermöglicht, aber die dazugehörigen Ortsveränderungen entbehrlich macht. Beispiele dafür sind die Unterstützung von Heimarbeit oder die Erledigung von Bankgeschäften von zu Hause aus.
- Verlagern: Strategien zur Verlagerung von Verkehr zielen vor allem auf die Verkehrsmittelwahl, indem mit dem Pkw zurückgelegte Wege z. B. auf den öffentlichen Verkehr verlagert werden. Strategien zur Verlagerung von Verkehr umfassen

auch Maßnahmen zur zeitlichen und räumlichen Verlagerung von Verkehren, wenn Abfahrtszeiten z. B. durch flexible Arbeitszeiten breiter streuen oder die Zielwahl von Wegen und damit möglicherweise die Wegdistanz beeinflusst wird.

- Verbessern: Die dritte Kategorie enthält Strategien zur Verbesserung von Verkehrsqualitäten, ohne die Verkehrsmittelwahl oder die Verkehrsentstehung zu hinterfragen. In diese Kategorie fällt z. B. das Verkehrsmanagement.

5   Verkehrspolitische Schlussfolgerungen

Die Basis von Staumanagement ist die Formulierung von Zielen, welche mit transparenten und messbaren Indikatoren unterlegt werden. Die Ziele sollten von allen beteiligten Akteuren getragen werden, sodass Maßnahmen darauf ausgerichtet werden können und auch das Monitoring von Stauereignissen sowie weiter gefasster verkehrsplanerischer Entwicklungen mithilfe der messbaren Indikatoren erfolgt.

Die Beschreibung von raumordnerisch begründeten Angebotsqualitäten für längere Straßenzüge, für bestimmte Quelle-Ziel-Beziehungen, für ganze Regionen oder Länder über Reisezeiten bzw. Fahrtgeschwindigkeiten ist sinnvoll und wird im HBS für Netzabschnitte über den Fahrgeschwindigkeitsindex und in den RIN für Verbindungen z. B. über die Luftliniengeschwindigkeit als maßgebende Qualitätskriterien vorgegeben. Betont werden muss, dass hierbei vor allem die Eignung von Verkehrswegen zur Erfüllung ihrer Verbindungsfunktion und nur nachrangig der Komfort aus Nutzersicht bewertet wird.

Für die Bewertung der Verkehrsqualitäten einzelner Netzelemente sind die Fahrtgeschwindigkeit und die raumordnerische Angebotsqualität hingegen zweitrangig und der Komfort für die Nutzer tritt in den Vordergrund. Die Verkehrsqualität z. B. auf kurvenreichen oder bergigen Landstraßen kann trotz vergleichsweise niedriger Geschwindigkeiten als sehr gut bewertet werden, wenn wenige Fahrzeuge auf der Strecke unterwegs sind und die Geschwindigkeit frei gewählt werden kann. Für einzelne Strecken wird die Verkehrsqualität aus Nutzersicht durch die Bewegungsfreiheit der Verkehrsteilnehmer geprägt und über Verkehrsdichten oder Auslastungsgrade operationalisiert. Für die Verkehrsqualität an Knoten sind die Wartezeiten maßgebend. Mit dem HBS (FGSV 2015) stehen Verfahren zur Bewertung dieser Verkehrsqualitäten zur Verfügung, welche allerdings im Bereich der Überlastung von Verkehrsanlagen um zusätzliche Indikatoren ergänzt werden müssen.

Maßnahmen zum Staumanagement können die gesamte Palette der in Abschn. 4.2 beschriebenen Kategorien umfassen. Staumanagement sollte möglichst früh, sprich in der Verkehrsentstehung und der Verkehrsmittelwahl ansetzen und auf die Verteilung von Abfahrtszeiten für Wege, auf die Verkehrsmittelwahl, die Ziel- sowie die Routenwahl der Verkehrsteilnehmer und damit die räumliche und zeitliche Verteilung der Verkehrsnachfrage zielen.

Verschiedene Städte zeigen, dass ein „Peak-Car-Effekt" als Folge von Strategien zur Verkehrsvermeidung und -verlagerung auch in wohlhabenden und wirtschaftlich erfolgreichen Städten mit hohem und zum Teil weiterhin steigenden Pkw-Besitz möglich ist (vgl. z. B. Buehler et al. 2016). Der Peak-Car-Effekt beschreibt hierbei den zunächst steigenden, dann aber sinkenden Anteil des Pkws im Modal Split. Trotz der Individualität jeder einzelnen Peak-Car-Stadt zeigen sich auch Gemeinsamkeiten in den Ursachen für die dort zu beobachtenden sinkenden Anteile des Pkws im Modal Split (Buehler et al. 2016):

- Die abgestimmte Raum- und Verkehrsplanung ermöglicht kurze Wege und gute Erreichbarkeiten.
- Ein sehr gut ausgebautes Angebot öffentlicher Verkehre gewährleistet Alternativen zum Pkw und ermöglicht die Umverteilung von Straßenraum hin zum Fußgänger- und Radverkehr.
- Verkehrsmanagementsysteme wie z. B. verkehrsadaptive und koordinierte Lichtsignalsteuerungen oder Telematikanwendungen zur dynamischen Bereitstellung von Informationen sowie zur Steuerung von Verkehrsströmen werden eingesetzt, um verfügbare Infrastrukturen besser auszunutzen.
- Das Staumanagement erfolgt im regionalen Kontext, da Ein- und Auspendlerverkehre eine wichtige Ursache von Verkehrsbelastungen in den Städten sind.
- Alle von Buehler et al. (2016) untersuchten Städte arbeiten mit Push- und Pull-Maßnahmen. So wurde z. B. in Wien die Ausweitung des Parkraummanagements als Push-Maßnahme direkt mit einer Reduktion der Preise für die Jahreskarten des öffentlichen Nahverkehrs als Pull-Maßnahme kombiniert mit deutlicher Wirkung auf das Mobilitätsverhalten und damit auch auf die Auslastung des Straßennetzes.

Pull-Maßnahmen attraktivieren Verkehrsangebote und induzieren dadurch zusätzliche Verkehre. Erweiterte Straßennetze können besonders in urbanen Gebieten nach einiger Zeit wieder ausgelastet bzw. überlastet sein, wenn eine hohe latente Verkehrsnachfrage existiert und Nutzer z. B. vom öffentlichen Verkehr zum Pkw umsteigen oder weiter entfernte Ziele wählen. Auch Erweiterungen von Angeboten für den Umweltverbund induzieren Verkehre. So kann z. B. die Einrichtung einer nahräumlichen Buslinie Fußgänger zum Umstieg auf den öffentlichen Verkehr bewegen. Eine Erweiterung der Kapazitäten für den motorisierten Verkehr kann daher in urbanen Räumen nur erfolgreich sein, wenn diese mit gezielten Push-Maßnahmen kombiniert wird.

Preisliche Maßnahmen können sogenannte Second-Best-Lösungen sein, welche die in Abschn. 4.1 beschriebenen Probleme einer exakten zeitlich und räumlich hochaufgelösten Anlastung externer Staukosten umgehen, aber das Potenzial von Preisen zur Beeinflussung von Mobilitätsverhalten trotzdem nutzen.

Das nachfolgende Zitat beschreibt beispielhaft im Rahmen der „Strategie für gesunde Straßen" (Healthy Street Approach) geplante Maßnahmen zum Staumanagement im Großraum London (TfL 2017).

Übersicht

„Healthy Street Approach" im Großraum London als Beispiel für Staumanagement

„The Mayor has a clear approach to addressing congestion. We are focusing on a short-term effort to ensure the streets are operating as efficiently as possible and we have a longer-term plan to achieve a shift away from car use towards more efficient means of travel. This recognises that it is not sustainable to go on trying to accommodate ever more vehicles within limited street space. The Mayor's forthcoming Transport Strategy will describe the measures we will take to achieve this. In part, this will involve allocating more road space to the most efficient travel choices – installing new cycle lanes, giving buses more priority and providing more space for pedestrians. Over time, reallocating space will create streets that function better not only for people who are walking, cycling and using public transport, but also for taxis and essential delivery, servicing and car journeys. These changes have the potential to make short-term congestion worse in some locations. The Mayor has committed to planning and coordinating street improvement works more effectively to reduce this impact, and has announced a package of short-term measures that will keep the streets running as smoothly as possible. The Mayor's Transport Strategy will also look at how we can incentivise reductions in the most harmful car use more directly" (TfL 2017: 9).

Das Beispiel London zeigt, dass Staumanagement nicht immer geradlinig erfolgen muss. Zum Staumanagement geplant wird hier eine Reduktion verfügbarer Kapazitäten im Straßenraum für den motorisierten Individualverkehr. Dies scheint kontraproduktiv. Angesichts der Tatsache, dass London kontinuierlich zu den am höchsten von Stau belasteten Metropolen in Europa zählt (Eurostat 2016), erscheint es wichtig, Kapazitäten für den motorisierten Verkehr auszuweiten und nicht zu beschränken. Ziele der geplanten Umverteilung von Straßenraum hin zum Fußgänger- und Radverkehr sind aber die Verkehrsvermeidung und -verlagerung, sodass Wege gar nicht entstehen, zu anderen Zeiten oder mit anderen Verkehrsmitteln durchgeführt werden. Langfristig soll über eine solche Änderung des Mobilitätsverhaltens eine Reduktion der Pkw-Verkehrsaufkommen und damit der Überlastungssituationen erreicht werden. Stau wird damit zum verkehrspolitischen Instrument, das Mobilitätsverhalten gezielt beeinflussen soll. Die Entwicklungen in London in den letzten Jahren zeigen bereits in diese Richtung mit sinkenden Verkehrsleistungen motorisierter Verkehre trotz wachsender Bevölkerung und erfolgreicher wirtschaftlicher Entwicklung (TfL 2016).

Die Reduktion verfügbarer Kapazitäten für den fließenden und ruhenden motorisierten Verkehr ist damit neben preislichen Maßnahmen eine Push-Maßnahme, welche die Attraktivität des motorisierten Individualverkehrs senkt und dadurch indirekt die Attraktivität des öffentlichen Verkehr sowie der Fußgänger- und Radverkehre erhöht.

6   Zusammenfassung

Das Phänomen Stau ist ein Phänomen der Verkehrsqualität. Aus verkehrstechnischer Sicht steht Stau für Überlastungssituationen als unterste Stufe(n) der Verkehrsqualität. Die Kapazität der Verkehrsanlage ist hier überschritten und die Funktionsfähigkeit nicht mehr gegeben. Kleine Abweichungen von freien Geschwindigkeiten sind kein Stau und sollten nicht in die Berechnung von Staustunden oder anderen Indikatoren zur Messung von Stau einbezogen werden.

Die Nutzung von geschwindigkeits- oder reisezeitbasierten Indikatoren ist für Straßenzüge, die Strecken und Knoten enthalten, oder auch ganze Regionen geeignet und beschreibt die Angebotsqualität von Verkehrswegenetzen. Zu beachten ist die Sensitivität derartiger Indikatoren bzgl. der jeweils gewählten Referenzgröße. Wird z. B. die freie Geschwindigkeit als Referenzgeschwindigkeit durch eine konsequente Überwachung zulässiger Höchstgeschwindigkeiten gesenkt, so vermindern sich die Staustunden ohne jegliche Änderung der Verkehrsbelastungen oder Fahrtgeschwindigkeiten in den hochbelasteten Stunden. Zu empfehlen sind Referenzgrößen, welche die Leistungsfähigkeit der Anlagen maximieren und ausreichend geringe Überlastungswahrscheinlichkeiten aufweisen (z. B. der Übergang von QSV D nach QSV E nach HBS, siehe Abschn. 3.2). Neben reisezeitbasierten Indikatoren sind Zuverlässigkeitsindikatoren ein wichtiges Maß der Verkehrsqualität.

Das Phänomen Stau kann nur im Kontext einer Betrachtung des gesamten Verkehrssystems verstanden und gezielt beeinflusst werden. Über Indikatoren zur Messung von Verkehrsqualitäten für Kfz-Verkehre hinaus sind Verkehrsqualitäten auch für den öffentlichen Verkehr und Fußgänger- und Radverkehre sowie weiter gefasste Qualitätsmaße zur Beschreibung von Verkehrsangebot und -nachfrage in eine Diskussion des Phänomens Stau einzubeziehen.

Eine vollständige Beseitigung von Staus ist weder aus verkehrstechnischer noch aus verkehrsökonomischer Sicht sinnvoll. Verkehrsanlagen müssten für wenige hochbelastete Stunden im Jahr dimensioniert werden und wären in den meisten Stunden nicht ausgelastet. Das ist volkswirtschaftlich nicht sinnvoll. Das Bundesverkehrsministerium gibt mit der 50. höchstbelasteten Stunde des Jahres und der Qualitätsstufe D eine geeignete Zielgröße vor, welche eine Überdimensionierung von Verkehrsanlagen auf der einen und Instabilitäten des Verkehrsflusses auf der anderen Seite vermeidet sowie eine hohe Leistungsfähigkeit der Verkehrsanlage gewährleistet.

Das Phänomen Stau ist ein Phänomen wirtschaftlich erfolgreicher Städte und Regionen. Wirtschaftliche Entwicklung braucht gute Erreichbarkeiten und leistungsfähige Verkehrssysteme. Städte wie London zeigen, dass erfolgreiche wirtschaftliche Entwicklung auch bei sinkenden Verkehrsbelastungen der Straßennetze durch Kfz-Verkehre möglich ist. Die Anteile des Kfz-Verkehrs im Modal Split sinken hier bei hohen Einkommen und hohem Pkw-Besitz. Die zugrunde liegenden Strategien der Verkehrsvermeidung und -verlagerung sind die Basis von Staumanagement. Hohe Verkehrsqualitäten für Kfz-Verkehre können in urbanen Gebieten mit hohen Bevölkerungs- und Arbeitsplatzdichten nur mit niedrigen Anteilen dieser Verkehre im Modal Split erreicht werden.

Städte mit niedrigen Kfz-Anteilen im Modal Split arbeiten mit Kombinationen aus Push- und Pull-Maßnahmen. Die Attraktivität von Kfz-Verkehren wird gesenkt durch die Erhöhung von Preisen und/oder die Verknappung von Flächen für fließende und ruhende Verkehre. Öffentliche Verkehre, Fußgänger- und Radverkehre werden unterstützt z. B. durch eine Umverteilung von Flächen. Auch Kfz-Verkehre werden gefördert beispielsweise. im Rahmen von Verkehrsmanagementsystemen, welche in fast allen Städten etabliert sind und die effiziente Nutzung verfügbarer Infrastrukturkapazitäten sicherstellen. Die konsequente Klassifizierung von Straßennetzen ist hierfür eine notwendige Basis, um Maßnahmen zur Erhöhung von Verkehrsqualitäten auf Straßen mit hoher Verbindungsfunktion fokussieren zu können und die Attraktivität von Erschließungsstraßen gezielt zu senken und diese so von Durchgangsverkehren freizuhalten.

Die als Ergebnis von Maßnahmen des Staumanagements erzielten Verkehrsqualitäten werden immer ein Kompromiss sein zwischen dem Wunsch der Nutzer aller Verkehrsmittel nach freier Geschwindigkeitswahl und hoher Bewegungsfreiheit auf Strecken sowie geringen Wartezeiten an Knoten auf der einen Seite und Interessen der Nutzer der jeweils anderen Verkehrsmittel, der Verkehrssicherheit, Wirtschaft und Siedlungsqualität auf der anderen Seite. Diese Kompromisse müssen mit sich ändernden Rahmenbedingungen immer wieder neu ausgehandelt werden. Das Phänomen Stau wird Verkehrspolitiker und -planer daher weiter beschäftigen und kaum abschließend zu lösen sein.

Lernfragen

1. Erläutern Sie typische Definitionen des Staubegriffs sowie deren Verbindung zum Begriff der Verkehrsqualität.
2. Erläutern Sie textlich und grafisch die grundlegenden verkehrstechnischen Zusammenhänge zwischen Verkehrsdichte, Verkehrsstärke und Geschwindigkeit.
3. Erläutern Sie das Vorgehen zur Messung von Verkehrsqualitäten gemäß des Handbuchs für die Bemessung von Straßenverkehrsanlagen (HBS) für einzelne Verkehrsanlagen sowie Netzabschnitte.
4. Welche Ziele können für das Staumanagement aus verkehrstechnischer und verkehrsökonomischer Sicht formuliert werden?
5. Erläutern Sie Handlungsoptionen zum Staumanagement sowie die Bedeutung von Push- und Pull-Maßnahmen.

Literatur

Austroads (2016): Congestion and Reliability Review. https://www.onlinepublications.austroads. com.au [20 February 2017].

Buehler, Ralph, Pucher, John, Gerike, Regine, Goetschi, Thomas (2016). Reducing car dependence in the heart of Europe: lessons from Germany, Austria, and Switzerland. Transport Reviews. Vol. 36. Issue 4. pp. 1–25.

Brilon, Werner, Estel, Anja (2008): Differenzierte Bewertung der Qualitätsstufen im HBS im Bereich der Überlastung. BASt-Schriftenreihe Forschung Straßenbau und Straßenverkehrstechnik. Heft 999. Bonn.

Bundesamt für Raumentwicklung (ARE) (2007): Staukosten des Straßenverkehrs in der Schweiz. Aktualisierung 2000/2005. https://www.are.admin.ch/ [17. Februar 2017].

Eurostat (2016): Urban Europe – Statistics on Cities, Towns and Suburbs. http://ec.europa.eu/eurostat/statistics-explained/index.php/Urban_Europe_%E2%80%94_statistics_on_cities,_towns_and_suburbs [17. Februar 2017].

Forschungsgesellschaft für das Straßen- und Verkehrswesen FGSV (2013): Hinweise zur Verkehrsentwicklungsplanung. FGSV-Verlag. Köln.

Forschungsgesellschaft für das Straßen- und Verkehrswesen FGSV (2008): Richtlinien für integrierte Netzgestaltung. FGSV-Verlag. Köln.

Forschungsgesellschaft fur das Straßen- und Verkehrswesen FGSV (2005): Hinweise zum Fundamentaldiagramm. FGSV-Verlag. Köln.

Gerike, Regine, Koszowski, Caroline (2017): Sustainable Urban Transportation. In: Encyclopedia of Sustainable Technologies, Section 6: Sustainable Built Environment.

INRIX (2016): Verkehrs-Hotspots in Europa – Die Messung von Staus und ihren Folgen. http://www.inrix.com [17. Februar 2017].

INRIX (2015): INRIX 2015 Traffic Scorecard – Deutschlands Staukarte.

Jones, Peter (2016): Congestion Reduction in Europe: Advancing Transport Efficiency (CREATE). Urban Congestion and Network Operation: Towards a Broader Set of Metrics for Assessing Performance (D2.1), Final Public Report, http://www.create-mobility.eu. [17 Februar 2017].

Korzhenevych, Artem et al. (2014): Update of the Handbook on External Costs of Transport. Final Report.

Litman, Todd (2015): Smart Congestion Relief. www.vtpi.org [17. Februar 2017].

Litman, Todd (2014): Congestion costing critique; critical evaluation of the "Urban Mobility Report", Victoria Transport Policy Institute, http://www.vtpi.org/ [17. Februar 2017].

PTV Group/Partner (2016): Methodenhandbuch zum Bundesverkehrswegeplan 2030. http://www.bmvi.de/ [17. Februar 2017].

Transport for London (TfL) (2017): Healthy Streets for London.

Transport for London (TfL) (2016): Travel in London. Report 9. https://tfl.gov.uk/corporate/publications-and-reports/travel-in-london-reports [17. Februar 2017].

Weiterführende Literatur

Falcocchio, John C./Herbert S. Levinson (2015): Road Traffic Congestion: A Concise Guide. Berlin/Heidelberg.

Forschungsgesellschaft für das Straßen- und Verkehrswesen FGSV (2015): Handbuch für die Bemessung von Straßenverkehrsanlagen (HBS). Teile Autobahnen, Landstraßen, Stadtstraßen. Köln.

OECD/ECMT (2007): Managing traffic congestion in larger metropolitain areas. Paris. http://www.itf-oecd.org/ [17. Februar 2017].

Small, Kenneth A/Erik Teodoor Verhoef (2007): The economics of urban transportation. London.

Treiber, Martin/ Arne Kesting (2010): Verkehrsdynamik und -simulation. Berlin/Heidelberg.

Regine Gerike, Prof. Dr.-Ing., Technische Universität Dresden, Fakultät Verkehrswissenschaften „Friedrich List", Institut für Verkehrsplanung und Straßenverkehr, Professur für Integrierte Verkehrsplanung und Straßenverkehrstechnik, Hettnerstraße 1, 01062 Dresden.

Verkehrssicherheit

Tina Gehlert und Sophie Kröling

Zusammenfassung

Um die Verkehrssicherheit zu erhöhen und die Zahl der Unfallopfer zu senken, werden verschiedene Verkehrssicherheitsmaßnahmen entwickelt und umgesetzt. Aktuelle Verkehrssicherheitsansätze stellen den Menschen und sein Verhalten in den Fokus eines ganzheitlichen Systems. Die Maßnahmen sollen das Verkehrsverhalten positiv beeinflussen. Sie lassen sich in die vier Gruppen Ausbildung und Aufklärung, Gebote und Verbote, Gestaltung der Verkehrsinfrastruktur und der Verkehrsmittel sowie Anreiz- und Belohnungssysteme einteilen. Lernziel dieses Kapitels ist es, die Potenziale dieser Ansätze sowie konkrete Beispiele kennenzulernen und einen Überblick über die Akteure und Zielsetzungen der Verkehrssicherheitsarbeit zu erlangen.

1 Einführung

Individuelle Mobilität als Voraussetzung gesellschaftlicher Teilhabe wird heute als unverzichtbar angesehen, ist aber gleichzeitig mit einem Preis in Form von (Straßen-) Verkehrsunfällen verbunden. Abb. 1 stellt die Fahrleistung als Ausdruck unserer mobilen Gesellschaft und die Zahl der bei einem Straßenverkehrsunfall getöteten Personen seit 1960 gegenüber. Bis 1970 stieg parallel mit der Fahrleistung die Anzahl der Getöteten pro Jahr an. Den Höhepunkt erreichte die Unfallentwicklung Anfang der 1970er Jahre,

T. Gehlert (✉) · S. Kröling
Gesamtverband der Deutschen Versicherungswirtschaft e. V. (GDV), Berlin, Deutschland
E-Mail: t.gehlert@gdv.de

S. Kröling
E-Mail: sophie.kroeling@fu-berlin.de

© Springer Fachmedien Wiesbaden GmbH, ein Teil von Springer Nature 2018
O. Schwedes (Hrsg.), *Verkehrspolitik*,
https://doi.org/10.1007/978-3-658-21601-6_13

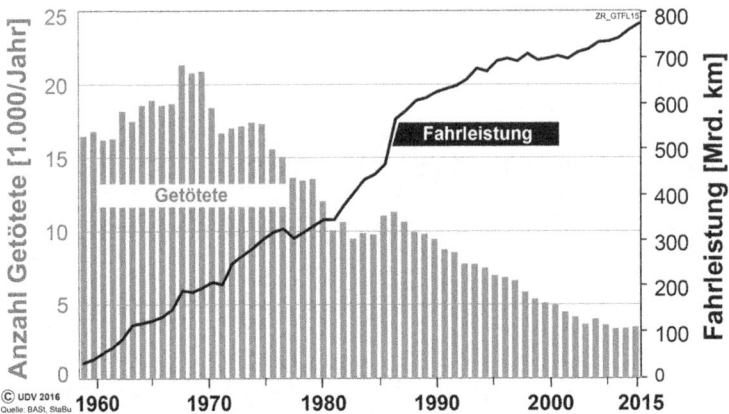

Abb. 1 Entwicklung der Fahrleistung und des Unfallgeschehen im Straßenverkehr. (Quelle: Eigene Darstellung)

die gleichzeitig auch den Beginn einer umfassenden und systematischen Verkehrssicherheitsarbeit markieren. Im Vordergrund der Verkehrssicherheitsarbeit standen seitdem vor allem technische Maßnahmen wie z. B. Integration von Gurtsystemen oder Airbags im Pkw oder der Ausbau der Straßeninfrastruktur. In der Folge konnten deutliche Rückgänge bei der Anzahl der im Straßenverkehr getöteten und schwer verletzten Personen verzeichnet werden, obwohl die Anzahl der Unfälle nicht im gleichen Ausmaß abgenommen hat. Auch wenn die schweren Folgen von Unfällen in der Vergangenheit sukzessive gemindert werden konnten, zeigt ein Blick auf die Zahlen, dass der Handlungsdruck nach wie vor hoch ist. Seit dem Tiefstand im Jahr 2013 steigen die Zahl der Unfälle und die Zahl der im Straßenverkehr Getöteten sogar wieder leicht an. So verunglückten im Jahr 2015 396.891 Personen im Straßenverkehr. 3459 Personen starben, 67.706 wurden schwer und 325.726 leicht verletzt (vgl. Statistisches Bundesamt 2016).

Die Sicherheitsphilosophie der Verkehrssicherheitsarbeit ist unter dem Namen „Vision Zero" bekannt. Sie vertritt den Standpunkt, dass niemand bei einem Unfall im Straßenverkehr getötet oder für den Rest seines Lebens unter den Folgen einer Verletzung leiden darf. Die einzig akzeptable Anzahl Getöteter und Schwerverletzter im Straßenverkehr ist die Null (Zero). Um dieses Ziel zu erreichen, muss der Straßenverkehr als ganzheitliches System aufgefasst und der Verkehrsteilnehmer mit seinen physischen und psychischen Voraussetzungen und Begrenzungen in den Mittelpunkt der Betrachtungen gestellt werden. Bei der Gestaltung des Straßenverkehrs muss davon ausgegangen werden, dass der Mensch, trotz aller Sicherheitsmaßnahmen, Fehler macht. Daher muss das System Verkehr derart gestaltet sein, dass es diese Fehler einkalkuliert, gewissermaßen verzeiht, und es zu keinen schweren Unfällen kommt. Gesetze, Regelwerke und Grenzwerte müssen die Grenzen der menschlichen Leistungsfähigkeit berücksichtigen. Die Verantwortung des Einzelnen Verkehrsteilnehmers, diese Regelungen dann auch zu befolgen, wird dabei nicht infrage gestellt. Um solch ein Konzept tatsächlich in der Praxis umsetzen zu können, sind fundierte Kenntnisse über das Verhalten von Verkehrsteilnehmern und die Möglichkeiten der Verhaltensbeeinflussung notwendig. Anhand ausgewählter Beispiele wird in diesem Beitrag der Frage nachgegangen, wie sich das Verhalten von Verkehrsteilnehmern beeinflussen lässt. In Anlehnung an „Vision Zero" wurde im Jahr 2011, im Rahmen des Verkehrssicherheitsprogramms des Bundesministeriums für Verkehr und digitale Infrastruktur (BMVI), ein konkretes Ziel für die Verkehrssicherheitsarbeit formuliert. Bis 2020 soll die Zahl der im Straßenverkehr Getöteten in Deutschland um 40 % gesenkt werden, im Vergleich zu 2011. Das bedeutet, dass sich die Zahl von 4009 auf 2405 verringern muss. Bis 2015 konnte sie um rund 14 % gesenkt werden und ist damit noch weit vom Ziel entfernt. Das Programm beruht auf der Annahme, dass erfolgreiche Verkehrssicherheitsarbeit eine gesamtgesellschaftliche Aufgabe ist. Auf den drei Ebenen Mensch, Infrastruktur und Fahrzeugtechnik werden Maßnahmen zur Erreichung dieses Ziels abgeleitet. Dabei sollen verschiedene Akteure, wie beispielsweise Institutionen oder Verbände, einbezogen werden und mitwirken. Im Folgenden werden die wichtigsten Akteure im Bereich Verkehrssicherheit kurz vorgestellt.

2 Handelnde Akteure im Bereich Verkehrssicherheit

Verkehrssicherheit als gesellschaftliche Querschnittsaufgabe wird auf unterschiedlichen Ebenen von verschiedenen Akteuren betrieben. Die *Europäische Kommission* hat sich bereits in ihrem Aktionsprogramm für Verkehrssicherheit im Jahr 2003 das ehrgeizige Ziel gesetzt, bis 2010 die Zahl der Verkehrstoten zu halbieren. Zwar wurde das Ziel verfehlt, dennoch wurden in diesem Rahmen viele konkrete Maßnahmen eingeleitet, die zur Verbesserung der Verkehrssicherheit beitragen. Ein neues Aktionsprogramm wurde 2010 beschlossen. Bis 2020 soll nun auf die Halbierung der Zahl der Verkehrstoten hingearbeitet werden (im Vergleich zu 2010). Um dieses Ziel zu erreichen, sollen auf nationaler Ebene Kooperationen entstehen, Studienergebnisse und Erfolgsstrategien ausgetauscht werden und mögliche Regelungen umgesetzt werden. Aufgrund des Subsidiaritätsprinzips ist der Handlungsspielraum der EU-Kommission jedoch beschränkt. Gesetze kann sie nur für die Bereiche erlassen, die den freien Personen- und Güterverkehr in der EU und den europäischen Binnenmarkt tangieren. Ein Beispiel ist die dritte EU Führerscheinrichtlinie, die 2007 in Kraft trat. Sie regelt europaweit einheitlich die Führerscheinklassen sowie die Voraussetzungen für deren Erteilung und Entziehung. Darüber hinaus kann die Europäische Kommission jedoch nur Empfehlungen aussprechen, Informationsangebote machen oder den Austausch von Erfahrungen fördern. Beispiele sind hier die Europäische Road Safety Charter oder die Wissensdatenbank European Road Safety Observatory.

Die *Bundesrepublik Deutschland* hat ihre Schwerpunkte in einem eigenen Verkehrssicherheitsprogramm formuliert. Der beschriebenen quantitativen Zielsetzung, die Zahl der Verkehrstoten bis 2020 um 40 % zu senken, kommt nicht nur eine wichtige Rolle bei der Begleitung und Erfolgskontrolle der Programme zu. Sie ist auch eine zentrale politische Absichtserklärung und wichtige Motivation für alle beteiligten Akteure. Die Überprüfung und Erfolgskontrolle auf Bundesebene erfolgt alle zwei Jahre durch die Vorlage eines Unfallverhütungsberichts. In einer Halbzeitbilanz des Verkehrssicherheitsprogramms wurde 2015 zudem das bisher Erreichte zusammengefasst. Bisher wurden 56 Maßnahmen identifiziert, die die Verkehrssicherheit stärken sollen, wie beispielsweise die Einführung des begleiteten Fahrens ab 17 Jahren. Gegenüber dem Jahr 2011 ist die Zahl der Verkehrstoten bereits gesunken. Allerdings steigt sie seit 2014 wieder leicht an. Weitere, vor allem langfristige Maßnahmen sollen in den kommenden Jahren entwickelt und implementiert werden.

Den *Bundesländern* kommt durch ihre Zuständigkeit für die Polizei und die Bildung eine wichtige Rolle bei der Verkehrssicherheit zu. Sie können durch die Verkehrsüberwachung und die Verkehrserziehung an Schulen maßgeblich auf die Verkehrssicherheit einwirken. In den letzten Jahren zieht sich die Polizei allerdings aufgrund neuer Herausforderungen und knapper Ressourcen vermehrt aus Verkehrssicherheitsaufgaben zurück. Beispielsweise hat die Polizei bereits in einigen Bundesländern die Mitarbeit bei der schulischen Verkehrserziehung (u. a. Radfahrprüfung) eingeschränkt, was als kritisch für die Verkehrssicherheit angesehen wird. Die meisten Bundesländer haben ein Verkehrssicherheitsprogramm verabschiedet. Die Mehrzahl davon verpflichtet sich darin ebenfalls auf eine konkrete zahlenmäßige Reduktion der Getöteten im Straßenverkehr. In Berlin sollen beispielsweise bis 2020 die Zahlen der Getöteten und Schwerverletzten um 30 % sinken. Dazu sind 13 Verkehrssicherheitsmaßnahmen angedacht. Die inhaltlichen Schwerpunkte der einzelnen Programme orientieren sich stark an den regionalen Gegebenheiten der einzelnen Bundesländer.

Darüber hinaus übernehmen eine Reihe von *Institutionen, Verbänden und Behörden* verschiedene Aufgaben in der Verkehrssicherheitsarbeit. So bietet beispielsweise die Deutsche Verkehrswacht (DVW) für Kinder und Jugendliche umfangreiche Programme und Materialien zur Verkehrserziehung an, so z. B. die Radfahrausbildung in der Grundschule. Speziell für Kraftfahrer bieten Vereine wie der TÜV, der DEKRA oder Automobilclubs wie der ADAC ein breites Spektrum an sicherheitsrelevanten Dienstleistungen, wie z. B. Führerscheinprüfungen, Begutachtungen der individuellen Fahreignung oder Fahrsicherheitstraining an. Unfallversicherungsträger wie z. B. die Deutsche Gesetzliche Unfallversicherung (DGUV) oder die Berufsgenossenschaft Verkehr beschäftigen sich im Rahmen ihres gesetzlichen Auftrages, Arbeitsunfälle und Berufskrankheiten zu verhüten, mit Verkehrssicherheitsthemen. Im Bereich der Forschung zur Unfallvermeidung sind u. a. die Bundesanstalt für Straßenwesen (BaSt), die Unfallforschung der Versicherer (UDV) und verschiedene Universitäten aktiv. Eine Koordinierung der verschiedenen staatlichen und gesellschaftlichen Gruppen und deren Aktivitäten hat sich der Deutsche Verkehrssicherheitsrat e. V. (DVR) zur Aufgabe gemacht. Darüber hinaus initiiert er eigene Programme und Aktionen.

3 Verkehrssicherheitsmaßnahmen zur Beeinflussung des Verkehrsverhaltens

Das System „Straßenverkehr" wird durch das ganzheitliche Zusammenspiel zwischen den Verkehrsteilnehmern, den Verkehrsmitteln und der Verkehrsinfrastruktur bestimmt. Aktuelle Konzepte verfolgen den Ansatz, bei allen Verkehrssicherheitsmaßnahmen den Verkehrsteilnehmer und sein Verhalten in den Fokus zu rücken. Um das Verhalten von Verkehrsteilnehmern beeinflussen zu können, werden klassischerweise vier große Gruppen von Maßnahmen unterschieden:

1. Ausbildung, Aufklärung und Information,
2. Gebote und Verbote,
3. Gestaltung der Verkehrsinfrastruktur und der Verkehrsmittel,
4. Anreiz- bzw. Belohnungssysteme.

Während die Ausbildung, Aufklärung und Information sowie die Gebote und Verbote in der Verkehrssicherheitsarbeit bereits eine lange Tradition haben, wird bei der Gestaltung der Verkehrsmittel und insbesondere der Verkehrsinfrastruktur erst seit einigen Jahren auf verhaltenswissenschaftliche Grundlagen zurückgegriffen. In den folgenden Abschnitten werden die einzelnen Maßnahmengruppen und ihr Potenzial zur Verhaltensbeeinflussung erläutert.

3.1 Ausbildung, Aufklärung und Information

Das Ziel dieser Gruppe von Maßnahmen ist die Information und Aufklärung der Verkehrsteilnehmer über die Regeln und Konsequenzen des eigenen Verhaltens im Straßenverkehr sowie die Entwicklung und Beeinflussung von Einstellungen. Maßnahmen können alle Personen ansprechen (generalpräventiv) oder eine bestimmte Zielgruppe betreffen (spezialpräventiv). Gerade im Kindes- bis jungen Erwachsenenalter bilden sich grundlegende Fähigkeiten und Fertigkeiten, Gewohnheiten und Automatismen aus, die auch notwendig zur sicheren Teilnahme am Straßenverkehr sind. In dieser Phase sind kommunikative und erzieherische Maßnahmen sehr wirksam zur Verhaltensbeeinflussung. Haben sich Routinen und Gewohnheiten erst einmal ausgebildet, sind sie allein durch kommunikative Maßnahmen schwer zu ändern.

Tab. 1 fasst die Entwicklungsbereiche von einzelnen Lebensphasen zusammen und stellt typische Maßnahmen zur Information, Aufklärung und Ausbildung gegenüber. Da Kinder und Jugendliche die Fähigkeiten und Fertigkeiten zur Teilnahme am Straßenverkehr erst entwickeln, steht bei ihnen der Ausbildungsgedanke im Vordergrund, beispielsweise beim Erlernen eines sicheren Schulweges, dem Fahrradtraining oder auch der Fahrausbildung. In der Praxis sind solche Angebote institutionell an Schulen oder bei der Polizei verankert. Im Erwachsenenalter tritt demgegenüber die Information und

Tab. 1 Ausbildung, Aufklärung und Information über die Lebenszeit. (Quelle: Eigene Darstellung)

Altersbereiche	Entwicklungsbereiche	Maßnahmen
Kleinkinder	Aufbau von motorischen Grundfertigkeiten	• Familiäre Verkehrs- und Mobilitätserziehung • Verkehrs- und Mobilitätserziehung im Vorschulbereich
Kinder	Aufbau von kognitiven und motorischen Fähigkeiten und Fertigkeiten	• Schulische Verkehrs- und Mobilitätserziehung im Sachunterricht • Schulwegplanung/-sicherheit • Fahrradausbildung
Jugendliche bzw. Junge Erwachsene	Persönlichkeitsentwicklung	• Fahrausbildung • Motorisierte Zweiradausbildung • Verkehrs- und Mobilitätserziehung in Schulprojekten
Erwachsene	Verändern von Routinen, und Gewohnheiten,	• Verkehrssicherheitskampagnen, Sicherheitstrainings, • Mobilitätsbildung
Senioren	Kompensation von nachlassende kognitive und motorische Fähigkeiten und Fertigkeiten	• Sicherheitstrainings • Mobilitätsbildung

Aufklärung stärker in den Vordergrund, beispielsweise bei Verkehrssicherheitskampagnen oder bei der Mobilitätsbildung.

Zur sicheren Teilnahme am Verkehr benötigen Kinder und Jugendliche eine Reihe von grundlegenden Fähigkeiten und Fertigkeiten aus den Bereichen Aufmerksamkeit, Wahrnehmung, Motorik und Persönlichkeit, die sich bis in das Teenageralter hinein entwickeln. Zu komplexen Wahrnehmungsleistungen, wie einer korrekten Entfernungs- oder Geschwindigkeitseinschätzung, sind Kinder beispielsweise erst ab acht bis neun Jahren fähig. Auch sind Kinder durch ihre egozentristische Wahrnehmung nicht in der Lage, sich in die Situation oder Perspektive anderer Verkehrsteilnehmer hineinzuversetzen. Wenn sie selbst beispielsweise einen Pkw sehen, gehen sie fälschlicherweise davon aus, dass der Pkw-Fahrer sie ebenfalls sehen muss und verhalten sich entsprechend. Bis Kinder in der Lage sind, diesen Perspektivwechsel zu vollziehen (ca. sechs bis acht Jahre), müssen andere Verkehrsteilnehmer bei ihnen daher stets von einem „irrationalen" Verhalten im Straßenverkehr ausgehen.

Allerdings zeigen sich große Unterschiede zwischen den Kindern und Jugendlichen in Abhängigkeit von ihren Möglichkeiten, die Teilnahme am Straßenverkehr zu trainieren. Das wird wiederum sehr stark von dem Verkehrsverhalten der Eltern bestimmt. Ein Phänomen, das sich sehr negativ auf die Entwicklung der Kinder auswirkt, ist die zunehmende automobile Begleitmobilität, auch als „Elterntaxi" bezeichnet. Oft ändern sich mit der Geburt von Kindern das Zeitbudget und die Mobilitätserfordernisse der Eltern so stark, dass die Anschaffung eines Pkw als notwendig angesehen wird. In der Folge und aus einem subjektiven Sicherheitsbedürfnis heraus, werden Kinder hauptsächlich mit dem Pkw gefahren. Das führt dazu, dass die Verkehrsdichte vor Kinder- und Freizeiteinrichtungen zunimmt und damit die Gefährdung der Kinder, die eigentlich vermieden werden soll, steigt. So verunglücken beispielsweise Kinder inzwischen am häufigsten als Insassen von Pkw. Andererseits wird die selbstständige Teilnahme am Straßenverkehr und die dafür notwendigen Fähigkeiten und Fertigkeiten mit den Kindern nicht mehr geübt. Damit sind die Kinder für den Straßenverkehr weniger gut gewappnet und in der Folge tatsächlich stärker gefährdet.

Der Eintritt ins Erwachsenenalter wird zumeist vom Erwerb des Führerscheins begleitet. Die Jugendlichen und jungen Erwachsenen sind in dieser Lebensphase zwei besonderen Unfallrisiken, dem Jugendlichenrisiko und dem Anfängerrisiko ausgesetzt. Das Jugendlichenrisiko beschreibt all jene Risikofaktoren, die primär mit dem jugendspezifischen Lebensstil verbunden sind, wie z. B. Discofahrten, Nachtfahrten, Mutproben aber auch die Selbstüberschätzung des eigenen Könnens. Das Anfängerrisiko beschreibt spezifische Mängel in der Fahrkompetenz zu Beginn der Fahrerkarriere, wie z. B. die Unerfahrenheit, die kognitive Überforderung in komplexen Verkehrssituationen, die noch unzureichende Ausprägung von Routinen sowie die mangelnde Fähigkeit zum vorausschauenden Fahren. In der Folge sind junge Fahrer und insbesondere junge Männer die am stärksten gefährdete Gruppe im Straßenverkehr.

Im Erwachsenenalter haben sich die Fähigkeiten und Fertigkeiten zur Verkehrsteilnahme zu Automatismen, Routinen und Gewohnheiten weiterentwickelt. Handlungsmuster, z. B. beim Pkw fahren, die sich in der Vergangenheit bewährt haben, werden ohne viel darüber nachzudenken angewendet. Dadurch können erwachsene Verkehrsteilnehmer schneller und in komplexeren Situationen auch vorausschauender reagieren. Gewohnheiten erschweren aber auch, dass neue Informationen vom Verkehrsteilnehmer bewusst aufgenommen werden und dieser in der Folge seine Gewohnheiten und Routinen ändert und an die neue Situation anpasst. Automatismen, Routinen und Gewohnheiten lassen sich daher nur sehr schwer ändern. Kommunikative Maßnahmen allein stoßen da schnell an ihre Grenzen.

Mit zunehmendem Alter verschlechtert sich die sensorische, geistige und motorische Leistungsfähigkeit. Das hat Auswirkungen auf die Verkehrsteilnahme. So ist beispielsweise die Reaktionsfähigkeit verlangsamt, was zu Problemen bei komplexen Verkehrssituationen, insbesondere unter Zeitdruck, führt. Diese Veränderungen vollziehen sich meist schleichend und werden daher von den Senioren oft nicht wahrgenommen. Auch sind die Unterschiede in der Leistungsfähigkeit zwischen Personen im Alter besonders groß. Die meisten Senioren reagieren auf diese Veränderungen mit bewussten und unbewussten Kompensationsstrategien. So meiden beispielsweise ältere Pkw-Fahrer Hauptverkehrszeiten oder Nachtfahrten. Da sich diese Veränderungen oft schleichend vollziehen, werden sie aber auch oft von den Betroffenen selbst nicht bemerkt oder unterschätzt. Die notwendige Anpassung des Verkehrs- und Mobilitätsverhaltens findet nicht statt. Um die Mobilität, die für Senioren oft von großer Bedeutung ist, aufrecht zu erhalten, werden vermehrt Maßnahmen angeboten, um Ältere zu sensibilisieren und zu unterstützen.

Die klassische Verkehrserziehung, die die Unfallprävention in den Mittelpunkt stellt, hat sich im Laufe der Zeit zu einer umfassenden Mobilitätserziehung entwickelt, die auch die Konsequenzen der Verkehrsteilnahme für Umwelt und Gesundheit thematisiert. Gegenwärtig wird das Konzept der Mobilitätsbildung diskutiert (vgl. Daubitz et al., 2015). Dabei geht es nicht nur um den Erwerb von Kompetenzen im Umgang mit den verschiedenen Verkehrsmitteln, sondern auch um die Ausbildung eines bewussten und reflektierten Mobilitätsverhaltens.

Verkehrserziehung, Mobilitätserziehung und Mobilitätsbildung

Mit der steigenden Motorisierung ab 1900 und der damit verbundenen starken Zunahme der Unfallzahlen wurde zunächst der Ruf nach einer Ausbildung der Autofahrenden laut. Bis 1920 wurden die Rechte und Pflichten dieser kontinuierlich erweitert, z. B. 1909 durch das „Gesetz über den Verkehr mit Kraftfahrzeugen", einem Vorläufer der Straßenverkehrsordnung (StVO). Das konnte die weitere Zunahme der Unfälle, insbesondere von Kindern und Jugendlichen, nicht stoppen. Daher wurde die Forderung nach einer allgemeinen Verkehrsaufklärung und einem Verkehrsunterricht laut.

1930 wurde **Verkehrserziehung** als Unterrichtsfach an Schulen eingeführt. Im Mittelpunkt stand die klassische Sicherheitserziehung, d. h. die Vermittlung der Verkehrsregeln. Die Kinder sollten die Verkehrsregeln verinnerlichen und sich an das Verkehrssystem anpassen. Bis in die 1960er Jahre war das Befolgen von Verkehrsregeln das oberste Gebot. In den 1970er Jahren fand ein Paradigmenwechsel statt. Man erkannte, dass Kinder nicht in der Lage sind, sich verkehrssicher zu verhalten. Die motorisierten Verkehrsteilnehmer müssen sich an die Fähigkeiten und Einschränkungen der Kinder anpassen und nicht umgekehrt. Reines Regelwissen reichte nicht aus, um Kinder zum Umgang mit dem komplexen Verkehr zu befähigen. Nun galt es, Kinder und Jugendliche zur richtigen Beurteilung der Verkehrssituationen zu qualifizieren.

In den 1980er Jahren trat die ökologische Dimension des Verkehrs in den Mittelpunkt. Unter dem Begriff **Mobilitätserziehung** sollen Kinder und Jugendliche mit den ökologischen Konsequenzen des Verkehrs vertraut gemacht und an umweltverträgliche Mobilitätsformen herangeführt werden. Das bedeutet, dass neben den klassischen Zielen der Verkehrserziehung (Unfallprävention und Erziehung zur gegenseitigen Rücksichtnahme) nun auch umwelt- und gesundheitsbezogene Ziele verfolgt werden. Daher wird der Begriff Mobilitätserziehung oft synonym zur Verkehrserziehung verwendet, u. a. in der Empfehlung zur Mobilitäts- und Verkehrserziehung in der Schule der Kultusministerkonferenz von 2012.

Einen Schritt weiter geht der Begriff der **Mobilitätsbildung**. Statt Regeln zu befolgen, steht kritisches Hinterfragen der Regeln des Verkehrs im Mittelpunkt. Personen sollen befähigt werden, selbstbestimmt und bewusst die eigene Mobilität zu gestalten. Die Inhalte der klassischen Unfallprävention (Regelkenntnis, soziale Kompetenz etc.), werden ergänzend vermittelt, um die verschiedenen Möglichkeiten der Verkehrsteilnahme auch praktisch nutzen zu können. Perspektivwechsel werden vermittelt z. B. die Sicherheit unter der Perspektive verschiedener Verkehrsteilnehmer. Man geht davon aus, dass mit dem gegenseitigen Verstehen auch das gegenseitige Respektieren einhergeht. Grundlage sind die Erkenntnisse der Mobilitätsforschung, das Wissen um Mobilitätsgewohnheiten und den Verlauf von Mobilitätsbiografien sowie der Ansatz des lebenslangen Lernens.

Informations- und Aufklärungsmaßnahmen stoßen dann an ihre Grenzen, wenn bereits Routinen und Gewohnheiten etabliert sind. Daher werden gerade im Erwachsenenbereich neue Formen der Information und Aufklärung erprobt, beispielsweise der Einsatz von konfrontativen Stilmitteln, sogenannten Schockvideos. Dabei wird von der Annahme ausgegangen, dass durch eine drastische emotionale Bildsprache die negativen Konsequenzen riskanten Verkehrsverhaltens vor Augen geführt und damit quasi ein „heilsamer" Schock ausgelöst wird. Die Furcht vor den Konsequenzen soll auf Dauer zu einem vorsichtigeren Fahrverhalten führen. Aktuell existieren beispielsweise verschiedene Schockvideos für Jugendliche zum Thema Handynutzung am Steuer, in denen die möglichen Folgen realitätsnah veranschaulicht werden. Internationale Studien zeigen jedoch, dass Verkehrsteilnehmer auf solche Botschaften nicht nur mit Einsicht und sichererem Fahrverhalten, sondern auch mit Ablehnung, Abwertung oder Spott und unsichererem Verhalten reagieren. Die wissenschaftliche Bewertung ist zum gegenwärtigen Zeitpunkt noch nicht abgeschlossen. Deutlich ist jedoch bereits jetzt, dass die Wirksamkeit solcher Botschaften an eine Reihe von Bedingungen geknüpft ist. Wichtig sind vor allem eindeutig erkennbare Fehlerursachen und das Aufzeigen von Verhaltensalternativen. Nicht der Grad der erzeugten Angst ist entscheidend, sondern die Darstellung einer akzeptablen und umsetzbaren Verhaltensalternative.

Basieren auf dem Konzept der Mobilitätsbildung ist die Mobilitätsberatung in neuen Lebensphasen z. B. bei Wohnort- oder Arbeitsplatzwechsel oder dem Eintritt in den Ruhestand ist eine weitere Maßnahme, die gegenwärtig erprobt wird. Ausgangspunkt ist die Erkenntnis, dass bei solchen Lebensereignissen auch Gewohnheiten bezüglich des Verkehrs- und Mobilitätsverhaltens infrage gestellt und an die neue Lebenssituation angepasst werden. Man ist offener für Informationen zu neuen oder anderen Mobilitätsalternativen oder sucht gezielt danach. Auch werden die eigenen Mobilitätsgewohnheiten kritisch hinterfragt und eher neue Wege ausprobiert. Strategien zur Erhöhung der Verkehrssicherheit von Senioren, die daran ansetzen, existieren bereits. Ein aktuelles Beispiel ist das Verkehrssicherheitsprogramm „sicher mobil" welches vom DVR und seinen Mitgliedern (u. a. ADAC, DVW) für Senioren angeboten wird. Teilnehmer der Veranstaltungen erhalten Informationen zu Themen wie Gesundheit, Leistungsfähigkeit sowie das soziale Miteinander der Verkehrsteilnehmer. Die Inhalte können auf regionale Probleme und aktuelle Fragestellungen zugeschnitten werden. Die Senioren können Fragen stellen und gemeinsam mit den Moderatoren Lösungen diskutieren. Möglich ist auch das Absolvieren einen Parcours, um beispielsweise das Fahren auf Schnee oder das rückwärts einparken zu üben. So werden schwierige Situationen geübt und individuelle Ressourcen gefördert.

3.2   Gebote und Verbote

Die wichtigsten Ge- und Verbote in Bezug auf die Verkehrssicherheit sind in der Straßenverkehrsordnung (StVO) geregelt. Allerdings hält sich nicht jeder Verkehrsteilnehmer an
die geltenden Verkehrsregeln. Am Beispiel der Pkw-Fahrer wird dies deutlich. In einer
aktuellen Umfrage gaben 35 % der Befragten Pkw-Fahrer an, oft oder sehr oft zu schnelles Fahren bei anderen zu beobachten. 13 % der Befragten gaben an, selbst in den letzten drei Monaten oft bis sehr oft in Ortschaften 15 km/h schneller als erlaubt gefahren
zu sein. Des Weiteren gaben 20 % an, sich manchmal die Vorfahrt zu erzwingen. Bei
anderen beobachtet wird dies von fast allen Befragten (98 %, vgl. Kröling/Gehlert 2016).
Verstöße gegen Verkehrsregeln sind demnach keine Seltenheit. Sie sind allerdings eine
wesentliche Unfallursache. So finden mehrere Studien einen Zusammenhang zwischen
bewussten Verstößen gegen Verkehrsregeln und selbstberichteten Unfällen. Für andere
Fehler wie z. B. Unachtsamkeit fand sich kein derartiger Zusammenhang. Das bedeutet,
sich an die Verkehrsregeln zu halten, kann Verkehrsunfälle verhindern.

Verkehrsteilnehmer halten aus ganz verschiedenen Gründen die geltenden Verkehrsregeln nicht ein. Psychologische Fehlermodelle geben Auskunft über die verschiedenen
Ursachen von Verstößen gegen Verkehrsregeln. Reason (1994) unterscheidet beispielsweise zwischen den unbeabsichtigten Aufmerksamkeits-, Gedächtnis- und regelbasierten
Fehlern und den beabsichtigten Verstößen. Die unbeabsichtigten Fehlerarten entstehen
während der Handlung durch Unaufmerksamkeit, Unkonzentriertheit oder Vergess-
lichkeit. Verstöße, zum Beispiel gegen Geschwindigkeitsvorschriften, werden dagegen
bewusst begangen. Dies geschieht in der Regel nicht, um sich oder andere Verkehrsteilnehmer zu gefährden. Stattdessen stehen dahinter oft andere konkurrierende Ziele und
Bedürfnisse wie z. B. Zeitdruck. Auch Gewohnheiten und Normen beeinflussen das
regelwidrige Verhalten. Bleiben die Verstöße ohne negative Konsequenzen oder werden
durch das Erreichen der konkurrierenden Ziele gewissermaßen belohnt, werden sie mit
großer Wahrscheinlichkeit zukünftig routinemäßig wiederholt. Es sind aber gerade diese
routinemäßigen Verstöße gegen die geltenden Regeln wie z. B. Geschwindigkeitsbegrenzungen, Mindestabstände oder auch das Alkoholverbot, die mit einem erhöhten oder
besonders schweren Unfallgeschehen in Verbindung gebracht werden.

Zur Einhaltung von Verkehrsregeln motiviert werden die Verkehrsteilnehmer durch
die wahrgenommenen Konsequenzen. Die positiven oder negativen Konsequenzen, die
auf einen Verstoß folgen, entscheiden darüber, ob ein solches Verhalten in der Zukunft
wiederholt wird. Folgt der Regelübertretung eine negative Konsequenz, z. B. ein Unfall
oder eine kritische Situation, wird zukünftig die Regel weniger wahrscheinlich übertre-
ten. Gegenwärtig läuft dieser Mechanismus im Straßenverkehr dagegen in die umge-
kehrte Richtung. Regelübertretungen wie z. B. zu schnelles Fahren, führen in der Praxis
eher zu Vorteilen in Form von Zeitersparnis oder erhöhten Komfort oder werden zumindest als solche wahrgenommen. Wer sich an die Regeln hält, nimmt für sich dagegen
Nachteile wahr, in dem er z. B. sieht, dass andere besser durch den Verkehr kommen.
Tatsächlich ist der wahrgenommene Vorteil von regelkonformen Verhalten in Form von

vermiedenen Unfällen für den einzelnen Verkehrsteilnehmer abstrakt und damit kaum wahrnehmbar, während die wahrgenommenen Nachteile konkret und sichtbar erlebt werden. Das führt dazu, dass die wahrgenommenen Vorteile die Nachteile von Verstößen überwiegen und so zu diesen Verstößen motivieren.

Will man den Verkehrsteilnehmer zur Einhaltung der Verkehrsregeln motivieren, kann man verschiedene Ansatzpunkte wählen. Zum einen kann man bei den Regelverstößen ansetzen, die wahrgenommenen Vorteile senken und die Nachteile erhöhen. Zum anderen kann man bei der Einhaltung der Verkehrsregeln ansetzen, deren Vorteile erhöhen und die Nachteile senken. Tab. 2 illustriert diese verschiedenen Ansätze mit Beispielen.

In der Verkehrssicherheitsarbeit wird klassischerweise an den Regelverstößen angesetzt. Mittels polizeilicher Überwachung und formeller Sanktionierung bzw. Bestrafung sollen die wahrgenommenen Nachteile eines Regelverstoßes erhöht werden, um so zur Regeleinhaltung zu motivieren. Die Verkehrsüberwachung wird von den Polizeibehörden mit stationären oder mobilen Anlagen zur Geschwindigkeitsüberwachung oder persönlichen Kontrollen, z. B. des Alkoholverbotes, vorgenommen. Die Sanktionierung von Regelverstößen erfolgt durch Geldstrafen, Bußgelder und Fahrverbote. Grundlage dafür bildet das Fahreignungsregister (ehemals Verkehrszentralregister) des Kraftfahrt-Bundesamtes. Dort sind alle Sanktionen, die von Bußgeldbehörden, Fahrerlaubnisbehörden oder Gerichten erlassen wurden, gespeichert und werden nach einem Punktesystem bewertet. Bei Erreichen bestimmter Punktzahlen gibt es abgestufte Sanktionen bis hin zum Entzug des Führerscheins.

Eine Reihe von Untersuchungen belegt die Wirksamkeit formeller Sanktionierungssysteme in Bezug auf die Einhaltung der Verkehrsregeln im Straßenverkehr. Wichtig für die Wirksamkeit dieser Systeme ist eine hohe subjektive Entdeckungswahrscheinlichkeit. Die subjektive Entdeckungswahrscheinlichkeit beschreibt die persönliche Einschätzung der Verkehrsteilnehmer, wie wahrscheinlich die Entdeckung eines Regelverstoßes ist. Je höher die subjektive Entdeckungswahrscheinlichkeit, desto unwahrscheinlicher sind Regelverstöße. Die subjektive Entdeckungswahrscheinlichkeit wird durch das Ausmaß der objektiven Kontrollintensität und einer Reihe weiterer Faktoren wie z. B. der Art der

Tab. 2 Ansätze zur Verbesserung der Einhaltung von Verkehrsregeln. (Quelle: Eigene Darstellung)

	Vorteile	Nachteile
Regelverstoß	*Senken* Verkehrsmanagement, z. B. grüne Welle nur bei zulässiger Höchstgeschwindigkeit	*Erhöhen* Polizeiliche Überwachung und Sanktionierung, z. B. Bußgelder
Regeleinhaltung	*Erhöhen* Belohnungen, z. B. Bedanken durch Gesten	*Senken* Beobachten von polizeilicher Überwachung und Sanktionierung von Regelverstößen

Überwachung, der Öffentlichkeitsarbeit oder der persönlichen Erfahrung bestimmt. Sie kann, muss aber der objektiven Kontrollintensität nicht entsprechen. Aber auch für diejenigen, die die Verkehrsregeln bereits einhalten und sei es aus innerer Überzeugung, ist die Sanktionierung und Überwachung der Verkehrsregeln wichtig. Sie sehen dadurch, dass Regelverstöße, die sie bei anderen beobachten, sanktioniert werden. Einer solchen Sanktionierung nicht ausgesetzt zu sein, ist ein Vorteil regelkonformen Verhaltens und kann es auf diese Weise belohnen. Das wiederum motiviert die Verkehrsteilnehmer ihr regelkonformes Verhalten in der Zukunft beizubehalten.

Subjektive Entdeckungswahrscheinlichkeit
In einer aktuellen Studie wurde die subjektive Entdeckungswahrscheinlichkeit von Fahren bei Rot, Fahren unter Alkoholeinfluss sowie Geschwindigkeitsübertretungen untersucht. Im Vergleich zu 2010 scheinen vor allem Kontrollen bei Geschwindigkeitsverstößen wahrgenommen zu werden. Der Anteil derer, die es für (sehr) wahrscheinlich halten, mit 65 km/h innerhalb einer Ortschaft geblitzt zu werden, ist gegenüber 2010 gestiegen. Damals hielten es 18 % für (sehr) wahrscheinlich, im Jahr 2016 hingegen 37 %. Gleichzeitig wird die Wahrscheinlichkeit, selbst zu schnell zu fahren, geringer eingeschätzt als noch 2010. Dieses Ergebnis verdeutlicht den Zusammenhang zwischen der subjektiven Entdeckungswahrscheinlichkeit und dem Verhalten. (s. Abb. 2)

Auch bei der Durchsetzung von Regeln und Verboten werden derzeit neue Wege gesucht, um Verkehrsteilnehmer zur Regeleinhaltung zu motivieren. Besonders in der Ergänzung der Bestrafung von Regelverstößen durch die Belohnung von regelkonformem Verhalten wird großes Potenzial gesehen. Auf diesen Aspekt wird im Abschn. 3.4 Anreiz- bzw. Belohnungssysteme eingegangen. Des Weiteren scheint es vielversprechend, stärker soziale Normen einzubeziehen und so die Eigenverantwortung des Verkehrsteilnehmers zu stärken. Studien zeigen sehr deutlich, dass sich Verkehrsteilnehmer auch am konkreten Verhalten aller anderen Verkehrsteilnehmer orientieren. Praktisch genutzt wurde diese Erkenntnis bereits in einer amerikanischen Studie zur Beeinflussung der Geschwindigkeitswahl von Pkw-Fahrern. Dort wurden in der Stadt Schilder aufgestellt, die täglich rückmeldeten, wie viel Prozent der Pkw-Fahrer die Geschwindigkeitsbegrenzung eingehalten haben (z. B. „Drivers not speeding yesterday: 94 %; Best Record: 94 %"). Allein durch die Rückmeldung, dass sich die Mehrheit der anderen Pkw-Fahrer an die Geschwindigkeitsbegrenzung hält, konnte der Anteil der Pkw-Fahrer, die zu schnell fuhren, substanziell reduziert werden. Die Geschwindigkeitsrückgänge waren umso größer, je höher der rückgemeldete Anteil regelkonformer Fahrer war (vgl. van Houten et al. 1980).

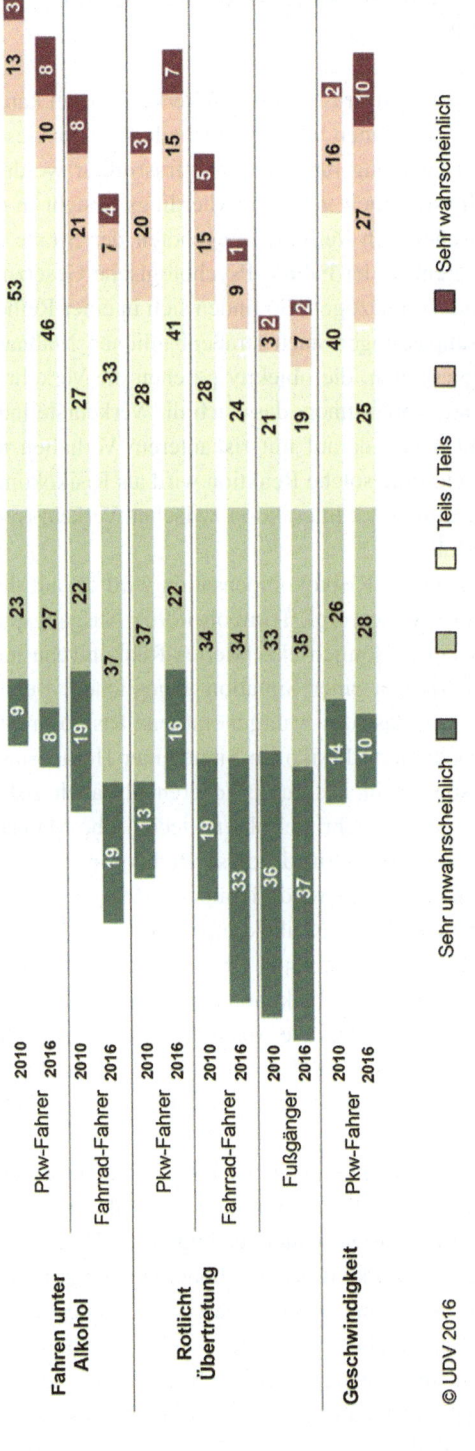

Abb. 2 Subjektive Entdeckungswahrscheinlichkeit im Vergleich 2010 und 2016. (Quelle: Kröling/Gehlert 2016)

3.3   Gestaltung der Verkehrsinfrastruktur und der Verkehrsmittel

Über die Gestaltung der Verkehrsinfrastruktur und Verkehrsmittel kann ebenfalls Einfluss auf das Verkehrsverhalten genommen werden. Besonders in der Gestaltung der Interaktion zwischen Fahrer und Fahrzeug bzw. Straßeninfrastruktur werden große Potenziale zur Erhöhung der Verkehrssicherheit gesehen. Allerdings besteht in der heutigen Praxis oft eine Diskrepanz zwischen den Verhaltensangeboten der Straße und des Fahrzeugs sowie den Verhaltenspräferenzen der Fahrer. Psychologische Gesetzmäßigkeiten werden dort erst seit wenigen Jahren einbezogen. So finden sich in einer Reihe von Untersuchungen paradoxe Verhaltensanpassungen nach straßenbaulichen Maßnahmen oder bei der Gestaltung von Fahrzeugsystemen, die objektiv gesehen die Verkehrssicherheit erhöhen sollen. So kann es durchaus vorkommen, dass sich die Verkehrsteilnehmer durch solche Maßnahmen sicherer fühlen und darauf mit riskanterem Verhalten reagieren, z. B. mit höheren Geschwindigkeiten. Eine solche Reaktion wird als Risikokompensation bezeichnet und spielt bei der Gestaltung der Interaktion zwischen Verkehrssystem und Verkehrsteilnehmer eine zentrale Rolle.

Zur Erklärung des Phänomens Risikokompensation wird oft auf die Theorie der Risikohomöostase von Wilde verwiesen (vgl. Trimpop 1996). Ausgangspunkt der Theorie ist die Annahme, dass jeder ein persönlich akzeptiertes Risikoniveau hat. Dieses wird mit dem wahrgenommenen Risiko in einer Situation abgeglichen. Bei Diskrepanzen wird das Verhalten derart geändert, dass das wahrgenommene Risiko in der jeweiligen Situation und das persönlich akzeptierte Risiko im Sinne einer Hömeostase übereinstimmen. Diese Anpassung kann sowohl in Richtung sicheren als auch riskanteren Verhaltens erfolgen. Daher ist es laut Wilde nicht zielführend technische Maßnahmen einzusetzen, um das objektive Risiko zu verringern, da diese Reduktion gegebenenfalls durch das eigene Verhalten wieder kompensiert wird. Trimpop (1996) beschreibt eine Reihe von Studien, in denen das Phänomen der Risikokompensation als Reaktion auf Verkehrssicherheitsmaßnahmen gezeigt werden konnte. Ob diese auch als Beleg für die Erklärung des Phänomens durch die Theorie der Risikohömeostase angesehen werden können, wird gegenwärtig noch diskutiert. Besonders die Annahme eines persönlich akzeptierten Risikolevels ist umstritten. Unumstritten ist aber, dass über die Gestaltung der Umwelt oder des Fahrzeuges das wahrgenommene Risiko und darüber das Verkehrsverhalten beeinflusst werden kann.

Ein Bereich, der sich rasant entwickelt, ist die Unterstützung des Fahrers mittels technischer Systeme im Fahrzeug. Da ein Großteil der Unfälle durch menschliche Fehler verursacht wird, bieten technische Unterstützungen die Möglichkeit, die Unfallzahlen zu senken und zudem den Fahrkomfort zu erhöhen. Fahrerassistenzsysteme (FAS) in Pkws, wie beispielsweise intelligente Notbremsassistenten oder Spurverlassungswarner, übernehmen bereits Teilaufgaben des Fahrers und minimieren das Unfallrisiko. Sie berücksichtigen dabei den umliegenden Verkehr. Systeme, die andere Verkehrsteilnehmer erfassen und mit einer sogenannten Absichtserkennung ausgestattet sind, können an Hand der Position und Kopfhaltung abschätzen, ob sie die Straße überqueren werden und entsprechende Reaktionen, wie das Bremsen, einleiten. FAS sollten jedoch vom Fahrer unbemerkt im Hintergrund agieren, um der beschriebenen Risikokompensation entgegenzuwirken.

Neben FAS, die bereits serienmäßig in Fahrzeugen zu finden sind, wird auch die Entwicklung des automatisierten Fahrens vorangetrieben. Dabei werden Fahraufgaben in bestimmten Situationen (bspw. auf der Autobahn) vom Fahrzeug selbst übernommen. Der Fahrer muss weder lenken noch den Verkehr überwachen. Die Systeme können zum Beispiel auf der Autobahn bei dichtem Verkehr automatisch den Abstand zum vorausfahrenden Fahrzeug halten, die Geschwindigkeit anpassen und die Spur halten. Der Fahrer muss dabei das Lenkrad aber mit mindestens einer Hand halten, um jederzeit die Fahraufgabe vom Fahrzeug wieder übernehmen zu können. Auch beim automatisierten Fahren bleibt der Fahrer in der Verantwortung.

Die Gestaltung der Schnittstelle zwischen Mensch und Fahrzeug sowie die Interaktion zwischen beiden steht unter dem Begriff „Human Factor" im Mittelpunkt der derzeitigen Forschung. Das bedeutet, dass nicht nur technische Anforderungen, sondern insbesondere die Leistungsfähigkeit des Menschen (u. a. Wahrnehmungsprozesse) berücksichtigt werden. Soll der Fahrer beispielsweise die Steuerung des Fahrzeugs wieder übernehmen, muss er nicht nur den Blick auf die Straße richten und die Hände ans Lenkrad nehmen. Er muss vor allem die derzeitige Verkehrssituation und den momentanen Status des Fahrzeuges verstehen. Diese Vorgänge werden unter dem Begriff „Situationsbewusstsein" zusammengefasst (siehe Kasten), welches die Grundlage der Handlungen des Fahrers bildet. Wie viel Zeit benötigt wird und welche Informationen das Fahrzeug vermitteln soll, wird momentan diskutiert. In Studien zeigten sich unterschiedliche Übernahmezeiten, je nach Nebentätigkeit, die der Fahrer ausführte. Wichtig ist aber, dass das System den Fahrer insbesondere in dieser Übernahmephase unterstützt und risikominimierend agiert.

Situationsbewusstsein

Das Konzept des Situationsbewusstseins beschreibt die Wahrnehmung von Faktoren in einer räumlichen und zeitlichen Umwelt und das Verständnis ihrer Bedeutung sowie die Antizipation des zukünftigen Zustandes (vgl. Endsley, 1995 zit. in Vollrath/Krems 2011).

Der Aufbau eines Situationsbewusstseins erfolgt in drei Stufen:

1. Die Umwelt und kritische Faktoren werden wahrgenommen.
2. Umwelt und Faktoren werden verstanden und mit eigenen Zielen in Zusammenhang gesetzt.
3. Auf den ersten beiden Stufen aufbauend wird eine Vorhersage der zukünftigen Entwicklung abgeleitet und entsprechendes Verhalten eingeleitet.

In Bezug auf die Interaktion zwischen Mensch und Fahrzeug müssen neben Umweltfaktoren auch der Fahrzeugstatus erfasst, interpretiert und in die zukünftigen Handlungen einbezogen werden.

Neben dem Fahrzeug kann auch die Gestaltung der Verkehrsinfrastruktur das Verhalten beeinflussen. Ein Beispiel wird unter dem Begriff „Shared Space" realisiert. Shared Space ist eine Gestaltungsphilosophie für Innenstädte, in denen durch die Gestaltung des Verkehrsraums das wahrgenommene Risiko- und das Verkehrsverhalten beeinflusst werden soll. In einem EU-Projekt wurden von 2004 bis 2008 eine Reihe von Shared Space Pilotprojekten umgesetzt und getestet. Heute sind sie in mehreren Städten zu finden. Kommunen in der Schweiz setzen mit den sogenannten „Begegnungszonen" ähnliche Konzepte um.

Ausgangspunkt von Shared Space ist die Überlegung, den Verkehr als soziales System, statt als System von Verkehrsregeln, zu begreifen. Es wird angenommen, dass Verkehrsteilnehmer durchaus willens und in der Lage sind, sich rücksichtsvoll und sozial im Verkehr zu verhalten. Daher verzichtet Shared Space weitestgehend auf eine Verkehrsregelung durch Beschilderung, Ampeln u. ä. und hebt durch seine Straßenraumgestaltung die Trennung zwischen den Verkehrsarten auf (vgl. Abb. 3). Durch die Mischung der Verkehrsarten soll das Verkehrsgeschehen insgesamt chaotischer und damit subjektiv gefährlicher erscheinen. Darauf sollen die Verkehrsteilnehmer dann mit geringeren Geschwindigkeiten und einem situationsgerechteren und örtlich angepasstem Verhalten reagieren. Kritiker des Shared Space Konzepts sind allerdings skeptisch und weisen darauf hin, dass es nur unter geringen Geschwindigkeiten Wirkung erzielt. Tatsächlich zeichnen die Unfallzahlen, als ein zentrales Kriterium der Verkehrssicherheit, ein widersprüchliches Ergebnis (vgl. Gerlach et al. 2009). Zum Teil sank die Zahl der Unfälle mit Schwerverletzten, die der Unfälle mit Leichtverletzten stieg jedoch. Eine abschließende Evaluation des Konzeptes und der psychologischen Wirkmechanismen steht noch aus.

Abb. 3   Shared Space in Drift (NL), links und Kevelaer (D), rechts. (Quelle: Gerlach/Ortlepp/Voß 2009)

3.4   Anreiz- bzw. Belohnungssysteme

Anreize sind alle Verhaltenskonsequenzen für ein Verkehrs- oder Fahrverhalten. Positive Konsequenzen werden als belohnend erlebt und führen dazu, dass das Verhalten zukünftig wiederholt wird, negative Konsequenzen werden als bestrafend erlebt und führen dazu, dass das Verhalten zukünftig weniger oft gezeigt wird. Auf den Aspekt der Bestrafung durch polizeiliche Überwachung und Sanktionierung wurde bereits im Abschn. 3.2 eingegangen. Unter dem Stichwort Anreiz- bzw. Belohnungssysteme werden in der Praxis, ebenso wie in diesem Beitrag, die positiven Konsequenzen bzw. Belohnungen diskutiert.

Zur Verhaltensbeeinflussung können verschiedene Arten von positiven Anreizen eingesetzt werden. Grob unterscheiden kann man:

- materielle Belohnungen, wie z. B. Geld oder Preise,
- soziale Belohnungen, wie z. B. Lob oder Auszeichnungen,
- als angenehm erlebte und angestrebte Tätigkeiten oder Aktivitäten wie z. B. Fahrsicherheitstrainings,
- informative oder verdeckte Belohnungen, wie z. B. das Erfolgserlebnis bei Erreichen eines Ziels.

Positive Anreize wirken, ebenso wie die Bestrafung, über die wahrgenommenen Konsequenzen des eigenen Verhaltens oder anders ausgedrückt, über die wahrgenommenen Vor- und Nachteile. Mittels Belohnung sollen die wahrgenommenen Nachteile sicheren Verhaltens gesenkt und die Vorteile erhöht werden. Ziel ist es, Verkehrsteilnehmer zu sicherem Verhalten zu motivieren. Der Einsatz von Belohnungen hat im Gegensatz zur Bestrafung einige Vorteile. So gehen Belohnungen in der Regel nicht mit Ausweichreaktionen einher. D. h. Personen versuchen Bestrafungen auszuweichen, in dem sie z. B. nur in dem kurzen Bereich der Radarkontrollen langsamer fahren. Auch können Bestrafungen, wenn sie nicht zeitnah und konsequent erfolgen, als unkontrollierbar erlebt werden. Dies verringert ihre Verhaltenswirksamkeit. Gegebenenfalls geht dies mit einer geringeren Akzeptanz dieser Maßnahme einher, wenn sie nicht als sinnvoll oder angemessen erlebt wird.

Aber auch die Wirksamkeit von Belohnungen ist an bestimmte Voraussetzungen gebunden. Die Personen müssen einen Zusammenhang zwischen dem eigenen Verhalten und der Belohnung subjektiv herstellen können, damit sie auch als belohnend empfunden wird. Daher sollte auch hier die Belohnung unmittelbar auf das Verhalten folgen. Darüber hinaus gilt es, Sättigungseffekte zu berücksichtigen. Das bedeutet, dass Anreize nur dann wirken, wenn sie auch als wertvoll oder erstrebenswert wahrgenommen werden. Wenn also bei einer Verkehrssicherheitskampagne Sachpreise wie z. B. ein hochwertiges Fahrrad oder anderes Equipment als Belohnung verlost wird, wirkt dies besonders motivierend auf die Teilnehmer, denen der Besitz eines solchen Fahrrades wichtig ist und die es nicht schon besitzen oder anderweitig Zugang dazu haben. Alle anderen werden diese

Belohnung nicht als erstrebenswert wahrnehmen. Umgehen kann man dieses Problem durch den Einsatz finanzieller Anreize. Sie werden als generalisierte Verstärker bezeichnet. Generalisierte Verstärker sind eintauschbar und unterliegen damit keinem Sättigungseffekt. Wenn also statt des Fahrrades ein Gutschein oder ein Geldpreis verlost wird, sollte dies ebenso motivierend auf die Teilnehmer wirken, die das Fahrrad schon haben oder keinen Wert darauflegen. Sie können den Gutschein bzw. Geldpreis gegen das Equipment eintauschen, das sie selbst als lohnenswert empfinden.

Allerdings besteht, besonders bei finanziellen Anreizen, die Gefahr der Verdrängung intrinsischer Motivation (so genanntes „crowding-out"). Verkehrsteilnehmer sind durchaus auch aus innerer Überzeugung motiviert, sich im Straßenverkehr rücksichtvoll, regelkonform und sicher zu verhalten. Belohnt man ein solches Verhalten systematisch, besteht die Gefahr, dass diese intrinsische Motivation verloren geht und durch extrinsische Motivation, d. h. durch die Motivation durch externe Belohnung, ersetzt wird. Das bedeutet, dass entsprechendes Verhalten in der Folge nur noch bei entsprechender Belohnung gezeigt wird. Bleiben diese externen Anreize aus, zeigt sich dann auch kein sicheres Verhalten mehr, obwohl es anfangs auch ohne externe Anreize aus innerer Überzeugung gezeigt wurde.

Obwohl die Wirksamkeit positiver Anreize bzw. Belohnungen in anderen Bereichen, wie z. B. dem Recycling, Wassersparen oder auch der Beeinflussung des Mobilitätsverhaltens, bereits gut dokumentiert ist, werden sie zur Förderung verkehrssicheren Verhaltens bisher nur selten eingesetzt. In den 1980er und 1990er Jahren wurden Anreizprogramme, vor allem in den USA, zur Erhöhung der Gurtquote eingesetzt. Die eingesetzten Anreize reichten von Geldwerten, Gutscheinen, Sachpreisen (T-Shirts, Stickers) bis hin zur Teilnahme an Verlosungen oder Wettbewerben. In einer Metaanalyse untersuchten Hagenzieker et al. (1997) die Verhaltenswirksamkeit solcher Programme. Im Ergebnis konnte die Gurtnutzungsquote kurzfristig um 12 % und langfristig um 9,6 % gesteigert werden. Einfluss auf die Wirksamkeit der Programme hatte unter anderem die Grundrate der Gurtnutzung und die Zeitspanne zwischen Gurtnutzung und Belohnung. Je niedriger die Grundrate der Gurtnutzung war und je unmittelbarer die Belohnung auf die Gurtnutzung erfolgt, desto größer war die Erhöhung der Gurtnutzungsquote. Interessanterweise hatte die Höhe der Belohnung hier keinen Einfluss auf die Verhaltenwirksamkeit. Dies führen die Autoren jedoch auf methodische Gründe zurück.

Ein Beispiel für den erfolgreichen Einsatz sozialer Belohnung im Straßenverkehr ist eine dynamische Geschwindigkeitsanzeige, das sogenannte Dialog-Display (Abb. 4). Im Gegensatz zu konventionellen Geschwindigkeitsanzeigen, wo der Fahrer die Information über die Höhe seiner gefahrenen Geschwindigkeit erhält, werden hier positiv oder negativ die Konsequenzen seiner Geschwindigkeitswahl rückgemeldet. Hält er die zugelassene Höchstgeschwindigkeit ein, bekommt er eine positive Rückmeldung in Form eines grün hinterlegten „Danke" (vgl. Abb. 4, links). Beim Überschreiten der zulässigen Höchstgeschwindigkeit erhält der Fahrer eine negative Rückmeldung in Form eines rot hinterlegten „Langsam" (vgl. Abb. 4, rechts). Schulze und Gehlert evaluierten die Verhaltenswirksamkeit des Dialog-Displays (vgl. Schulze/Gehlert 2010). Ziel war es auch

Abb. 4 Dialog-Display mit positiver (links) und negativer (rechts) Rückmeldung. (Quelle: Eigene Darstellung)

zu testen, ob die Geschwindigkeitswahl durch die reine Information über das Verhalten (höher vs. niedriger als die zulässige Höchstgeschwindigkeit) oder durch die Bewertung des Verhaltens („Danke" vs. „Langsam") beeinflusst wurde. Dazu verglichen sie die Wirksamkeit des Dialog-Displays mit einer konventionellen Geschwindigkeitsanzeige und einer bewertenden (rot oder grün hinterlegten) konventionellen Geschwindigkeitsanzeige. Im Ergebnis zeigten sich die stärksten Rückgänge der Durchschnittsgeschwindigkeit beim Dialog-Display gefolgt von der bewertenden Geschwindigkeitsanzeige und der neutralen Geschwindigkeitsanzeige. Auch konnten beim Dialog-Display im Gegensatz zu den beiden Formen der konventionellen Geschwindigkeitsanzeige keine Gewöhnungseffekte und damit keine Sättigung festgestellt werden.

4   Fazit

Die Sicherheitsphilosophie „Vision Zero" fasst den Straßenverkehr als ganzheitliches System auf und stellt den Verkehrsteilnehmer mit seinen physischen und psychischen Voraussetzungen und Begrenzungen in den Mittelpunkt der Betrachtung. Aktuelle konkrete Zielsetzungen der Verkehrssicherheitsarbeit erfordern das Zusammenwirken aller Akteure und die Umsetzung von Verkehrssicherheitsmaßnahmen. Das Ziel dieses Beitrages war es, einen Überblick zu geben, wie man unter solchen Perspektiven das Verhalten der Verkehrsteilnehmer beeinflussen kann. Dazu wurden anhand ausgewählter Beispiele die vier Maßnahmengruppen Ausbildung, Aufklärung, Information; Gebote und Verbote; die Gestaltung der Verkehrsinfrastruktur und der Verkehrsmittel sowie Anreiz- bzw. Belohnungssysteme dargestellt.

Deutlich wurde, dass es in allen Bereichen erste Ansätze hin zu einer ganzheitlichen Betrachtung des Straßenverkehrs und des Verkehrsverhaltens gibt. So entwickelt sich beispielsweise die klassische Verkehrserziehung zu einer umfassenden Mobilitätserziehung. Darüber hinaus wird das Konzept der Mobilitätsbildung, das zur Reflexion des eigenen Mobilitätsverhalten befähigen soll, diskutiert (Daubitz et al. 2015). Des Weiteren wird verkehrssicheres Verhalten im Straßenverkehr als Aufgabe über die gesamte Lebensspanne hinweg definiert, was sich in neuen Angeboten wie z. B. der Mobilitätsberatung für Senioren widerspiegelt. Als Ergänzung zur klassischen Überwachung und Bestrafung werden die Verkehrsteilnehmer mit sozialen Belohnungen, wie z. B. dem Dialog-Display, zur Einhaltung von Verkehrsregeln motiviert. Ebenfalls neue Ansätze sind bei der Gestaltung der Verkehrsinfrastruktur und Verkehrsmittel zu beobachten. Unter dem Stichwort „Human Factor" werden Gesetzmäßigkeiten der menschlichen Wahrnehmung und des Handelns systematisch in die Gestaltung der Verkehrssysteme und insbesondere der Interaktion zwischen Mensch und Fahrzeug einbezogen.

Dies sind erste Ansätze, die eine Entwicklung der Verkehrssicherheitsarbeit in Richtung „Vision Zero" erkennen lassen. Die leicht steigenden Zahlen der Verkehrstoten in Deutschland zeigen jedoch, dass man sich auf dem Erreichten nicht ausruhen kann. Um dieses Leitbild zu verfolgen, müssen weiterhin neue Maßnahmen konzipiert und erprobt werden oder die Grundlagen für neue Grenzwerte oder Regelwerke erarbeitet werden. Dazu benötigt es interdisziplinäre Zusammenarbeit zwischen Psychologen, Pädagogen, Juristen und Ingenieuren. Dies ist mit Schwierigkeiten verbunden, wie z. B. der Überbrückung verschiedener Fachsprachen, Methoden und auch Traditionen. Beispielsweise verstehen Psychologen unter einem Fragebogen in der Regel standardisierte, testmethodisch konstruierte Skalen während andere Disziplinen eine einfache Liste von Fragen vor Augen haben. Solche Unterschiede müssen in der Zusammenarbeit transparent gemacht werden, damit ein gemeinsames Verständnis eines einzusetzenden Fragebogens hergestellt werden kann.

Die dezidierte Absichtserklärung von Vision Zero in Form von quantitativen Zielen, wie der Reduktion der im Verkehr Getöteten um 40 % bis 2020 ist ein wichtiges Instrument für die Umsetzung. Quantitativen Zielen kommen nicht nur eine wichtige Rolle bei der Begleitung und Erfolgskontrolle zu. Sie stellen auch eine wichtige Motivation für alle beteiligten Akteure dar. Damit lässt sich auch stärkeres finanzielles oder gesetzgeberisches Engagement kommunizieren und legitimieren. Das Ziel muss es sein, weiterhin alle Kräfte zu bündeln und so der Entwicklung der Verkehrssicherheitsarbeit mehr Dynamik zu verleihen. Das Fazit lautet daher, dass konkrete Maßnahmen interdisziplinär erarbeitet und ihre Wirksamkeit mithilfe von Evaluationen überprüft werden muss.

a) Welche Maßnahmengruppen zur Beeinflussung des Verhaltens im Straßenverkehr werden üblicherweise unterschieden?
b) Was ist bei der Einführung von positiven Verhaltensanreizen im Straßenverkehr zu beachten?
c) Was versteht man unter dem Konzept der Risikokompensation? Nennen Sie ein Beispiel.

Literatur

Daubitz, Stephan/Oliver Schwedes/Vanessa Klindworth (2015): Von der Verkehrserziehung zur Mobilitätsbildung. IVP-Discussion Paper. 01/2015. Berlin.

Gerlach, Jürgen/Jörg Ortlepp/Heiko Voß (2009): Shared Space. Eine neue Gestaltungsphilosophie für Innenstädte? Beispiele und Empfehlungen für die Praxis. Unfallforschung der Versicherer im Gesamtverband der Deutschen Versicherungswirtschaft e. V., Berlin.

Hagenzieker, Marjan P./Frits D. Bijleveld/Ragnhild J. Davidse (1997): Effects of incentive programs to stimulate safety belt use: A meta-analysis. In: Accident Analysis & Prevention 29, S. 759–777.

Kröling, Sophie/Tina Gehlert (2016): Verkehrsklima in Deutschland 2016. Unfallforschung der Versicherer im Gesamtverband der Deutschen Versicherungswirtschaft e. V., Berlin.

Reason, James (1994): Menschliches Versagen. Spektrum, Heidelberg.

Schulze, Christoph/Tina Gehlert (2010): Evaluation dynamischer Geschwindigkeitsrückmeldung. Unfallforschung der Versicherer e. V., Berlin.

Statistisches Bundesamt (2016): Verkehrsunfälle. Fachserie 8, Reihe 7. Statistisches Bundesamt, Wiesbaden.

Trimpop, Rüdiger M. (1996): Risk homeostasis theory: Problems of the past and promises for the future. In: Safety Science 22, S. 119–130.

Van Houten, Ron/Paul Nau/Zopito Marini (1980): An analysis of public posting in reducing speeding behaviour on an urban highway. In: Journal of Applied Behavior Analysis 13, S. 383–395.

Vollrath, M./J. Krems (2011): Verkehrspsychologie. Ein Lehrbuch für Psychologen, Ingenieure und Informatiker. Kohlhammer Standards Psychologie, Stuttgart.

Weiterführende Literatur

Badke-Schaub, P./G. Hofinger/K. Lauche (2008): Human Factors. Psychologie sicheren Handelns in Risikobranchen. Springer Verlag, Heidelberg.

Dziekan, K./V. Riedel/N. Moczek/S. Daubitz/S. Keßler/S. Kettner/M. Abraham (2015): Evaluation zählt. Ein Anwendungshandbuch für die kommunale Verkehrsplanung. Dessau-Roßlau, Umweltbundesamt.

Elvik, Rune/Alena Høye/Truls Vaa/Michael Sørensen (2009): The Handbook of Road Safety Measures. 2nd revised Edition. Esmerald Group, Oslo.

Europäische Kommission: European Road Safety Observatory (https://ec.europa.eu/transport/road_safety/specialist_en)

Krüger, Hans-Peter (Hrsg.) (2008): Anwendungsfelder der Verkehrspsychologie. Enzyklopädie für Psychologie, Themenbereich D: Praxisgebiete, Serie VI: Verkehrspsychologie (Bd. 2). Hogrefe, Göttingen.

Tina Gehlert, Dr. Dipl.-Psych, Unfallforschung der Versicherer (UDV) im Gesamtverband der Deutschen Versicherungswirtschaft e.V. (GDV), Wilhelmstr. 43 /43 G, 10117 Berlin.

Sophie Kröling, M. Sc., AG Interdisziplinäre Sicherheitsforschung, Freie Universität Berlin, Carl- Heinrich- Becker- Weg 6-10, 12165 Berlin.

Stadtverkehr

Carsten Gertz, Heike Flämig, Philine Gaffron und Gunnar Polzin

Zusammenfassung

Über 60 % der Bevölkerung in Deutschland lebt in Großstädten. Verkehr hat dort einen starken Einfluss auf die Lebensqualität und ist ein konfliktträchtiges kommunalpolitisches Thema. Der Beitrag stellt die Entwicklungen und Trends des städtischen Verkehrs einschließlich der vorherrschenden Problemlagen vor. Daran schließt die Diskussion der Ziele und acht wichtiger Handlungsfelder für eine Verkehrswende an. Abschließend wird die organisatorische und finanzielle Umsetzung der Maßnahmen der städtischen Verkehrspolitik innerhalb der komplexen Akteursarena thematisiert.

1 Einleitung

Verkehrspolitik dürfte eines der schwierigsten kommunalpolitischen Themen sein. Sie betrifft alle Bewohnerinnen und Bewohner, Einrichtungen und Unternehmen einer Stadt und hat eine große Präsenz im Alltag und in den Medien. Unterschiedlichste Erfahrungen,

C. Gertz (✉) · H. Flämig · P. Gaffron
Hamburg, Deutschland
E-Mail: gertz@tuhh.de

H. Flämig
E-Mail: flaemig@tuhh.de

P. Gaffron
E-Mail: p.gaffron@tuhh.de

G. Polzin
Bremen, Deutschland
E-Mail: gunnar.polzin@bau.bremen.de

© Springer Fachmedien Wiesbaden GmbH, ein Teil von Springer Nature 2018   293
O. Schwedes (Hrsg.), *Verkehrspolitik*,
https://doi.org/10.1007/978-3-658-21601-6_14

Einstellungen und Interessenlagen treffen in einer komplexen Akteursstruktur aufeinander. Zahlreiche Zielkonflikte und Herausforderungen entstehen vor allem bei der Abwägung zwischen Schutz von Mensch und Umwelt und der Wirtschaftsförderung. Lärm, Schadstoffausstoß, Flächenverbrauch, Trennwirkungen und Verkehrsunfälle sorgen dafür, dass kein anderer Faktor einen so großen negativen Einfluss auf die Lebensqualität in europäischen Städten hat wie die Verkehrssituation. Gerade Stadtregionen sind aufgrund ihrer höheren Dichte an Einwohnern und Verkehrsinfrastruktur von Umweltbelastungen stärker betroffen als ländliche Gebiete. Dementsprechend sind dort in der Regel auch mehr Menschen einer höheren Lärm- und Luftschadstoffbelastung ausgesetzt, zu der neben Haushalten und Industrie vor allem der Verkehr beiträgt. Vor diesem Hintergrund ist das Erreichen von Umweltqualitätszielen in den vergangenen Jahren zu einer wesentlichen Aufgabe für die städtische Verkehrsplanung und -politik geworden.

In Deutschland gibt es 77 Großstädte mit mehr als 100.000 Einwohnern sowie 603 Mittelstädte mit 20.000 bis 100.000 Einwohnern. Groß- und Mittelstädte bilden damit zwar nur einen kleinen Teil der fast 4500 Gemeinden in Deutschland, jedoch lebt in ihnen mehr als zwei Drittel der Gesamtbevölkerung (vgl. BBSR 2017). Weltweit wird der Anteil der Bevölkerung, der in (Millionen-)Städten lebt, stetig größer. Demnach hat die Organisation und Planung des Stadtverkehrs globale Bedeutung. In diesem Beitrag liegt das Augenmerk auf Deutschland, dennoch gelten viele der dargestellten Problemlagen und Lösungsansätze auch im internationalen Kontext.

In Kap. 2 werden zunächst Grundlagen und neue Entwicklungen der städtischen Verkehrsplanung dargestellt. Im Kap. 3 werden die vorherrschenden Problemlagen behandelt. Im Kap. 4 werden Ziele sowie Strategien und Maßnahmen diskutiert, um diese zu erreichen. Dabei werden acht wichtige Handlungsfelder für eine Verkehrswende herausgearbeitet. Abschließend thematisiert Kap. 5, wie Maßnahmen der städtischen Verkehrspolitik konkret umgesetzt werden können.

2   Entwicklungslinien

2.1   Bevölkerung und Raumstruktur

Nach einer langen Phase der Suburbanisierung, während der insbesondere Familien mit Kindern ins Umland gezogen sind, ist aktuell eine Reurbanisierung festzustellen. Diese ist weniger von einer direkten Rückwanderung, sondern von Zuwanderung und Bildungswanderung geprägt. Im Zeitraum von 2005 bis 2015 haben 53 der 77 deutschen Großstädte insgesamt über 1,4 Mio Einwohner dazu gewonnen (vgl. BBSR 2017). Das Wachstum in Großstadtregionen ist inzwischen so hoch, dass zunehmend wieder eine dynamische Entwicklung im suburbanen Umland der Städte zu erwarten ist. Gleichzeitig leiden periphere ländliche Gemeinden und kleinere Städte sowie einige Großstädte in Ostdeutschland und im Ruhrgebiet unter stagnierenden und sogar sinkenden Bevölkerungszahlen. Mit der demografischen Entwicklung steigt der Anteil von älteren und hochbetagten (über 80 Jahre) Personen an der Bevölkerung. Durch Zuwanderung hält sich zwar die Altersstruktur in den meisten Großstädten bisher stabil, doch die Anforderungen an barrierefreie Verkehrsanlagen und zu Fuß erreichbare Versorgungseinrichtungen werden zunehmend größer.

Die Verkehrsverflechtungen reichen weit über die Stadtgrenzen hinaus. Großstädte übernehmen zentrale Funktionen und Angebote (u. a. Einkaufsgelegenheiten des periodischen Bedarfs, Kultur- und Bildungseinrichtungen, Gesundheitsvorsorge) für den suburbanen und ländlichen Raum. Außerdem führt der Arbeitsplatzüberschuss in Großstädten dazu, dass im Jahr 2015 bereits 60 % der Beschäftigten in einer anderen Gemeinde arbeiten als der, in der sie wohnen (im Jahr 2000 waren es 53 %). Neben der Zahl der Pendler steigt auch die durchschnittliche Länge des einfachen Arbeitswegs: von 14,6 km im Jahr 2000 auf 16,8 km im Jahr 2015 (vgl. BBSR 2017). Berufspendlerverkehre stellen eine besondere Schwierigkeit in der städtischen Verkehrsentwicklung dar, da sie aufgrund von kommunalen Planungshoheiten und privaten Wohnstandortentscheidungen nur wenig beeinflussbar sind. Somit ist städtische Verkehrspolitik geprägt von Entwicklung und räumlicher Verteilung der Bevölkerung und nicht zu trennen von der Siedlungs- und Verkehrsentwicklung im Umland.

2.2 Personenverkehr

Die Verkehrsmittelnutzung ist eine zentrale Kenngröße des Personenverkehrs. Aufgrund von unterschiedlichen Rahmensetzungen gibt es zwar lokale Unterschiede, aber es lassen sich doch gemeinsame Trends feststellen. In allen Stadtgrößenklassen wird rund ein Drittel der Wege zu Fuß zurückgelegt. Der Anteil des Radverkehrs liegt üblicherweise in der Größenordnung von 10 bis 15 %. Dominierend ist die Nutzung des privaten Pkw, wobei hier der Anteil bei kleineren Städten größer ist. Der öffentliche Verkehr (ÖV) hat wiederum in den größeren Städten einen höheren Anteil am Modal Split (Abb. 1).

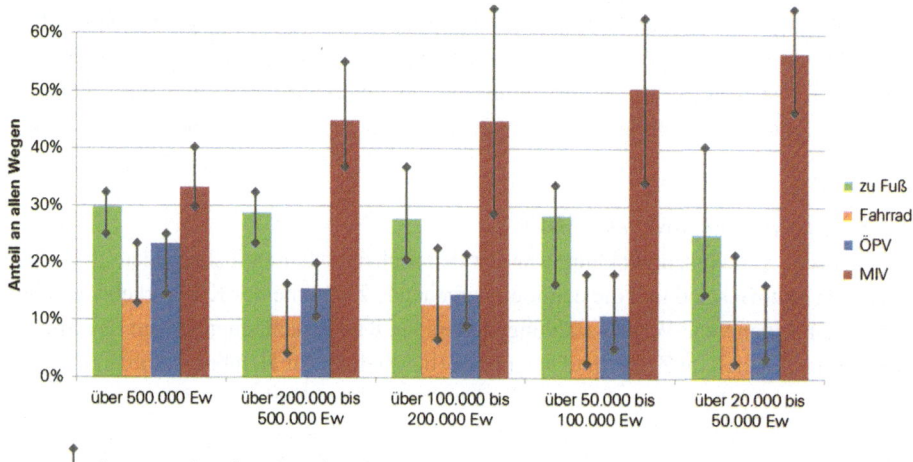

Abb. 1 Verkehrsmittelnutzung in verschiedenen Stadtgrößen, SRV 2013. (Ahrens 2014)

Exkurs: Modal Split

Der Modal Split ist der in der kommunalen Verkehrspolitik am häufigsten betrachtete Kennwert. Der Modal Split stellt die prozentuale Aufteilung auf verschiedene Verkehrsmodi dar. Datengrundlage ist üblicherweise eine Haushaltsbefragung, bei der die Befragten für einen Stichtag alle Wege protokollieren. Städteübergreifende Erhebungen sind in Deutschland das „System repräsentativer Verkehrsbefragungen" (SrV) der TU Dresden, die vom Bundesministerium für Verkehr beauftragte bundesweit repräsentative Haushaltsbefragung „Mobilität in Deutschland" (2002, 2008, 2016/2017) sowie das jährliche Mobilitätspanel. Der Modal Split bezieht sich üblicherweise auf die Zahl der Wege (unabhängig von deren Länge), es ist aber auch eine Darstellung auf der Grundlage der zurückgelegten Distanzen (Verkehrsleistung) möglich.

Der Modal Split hat jedoch als Verhältniswert seine Tücken. So kann es z. B. vorkommen, dass die absoluten Fahrgastzahlen im öffentlichen Verkehr zugenommen haben, aber der Modal Split Wert des ÖV dennoch stagniert. Beim Vergleich im zeitlichen Längsschnitt ist zu berücksichtigen, dass sich Veränderungen der Erhebungstechnik auswirken können (so führt die Umstellung von Papierfragebogen zu telefonischen Interviews tendenziell zu einer besseren Erfassung von kürzeren Fußwegen). Häufig werden für die Zukunft Zielwerte für den Modal Split definiert. Geschieht dies jedoch nur für einen Verkehrsmodus, so bleiben die möglichen Effekte bei den anderen Verkehrsmodi unberücksichtigt (gibt es z. B. eine Verlagerung auf den Umweltverbund – Fuß, Rad und ÖV - oder findet eine gegenseitige Kannibalisierung dieser Verkehrsmodi statt?). Weiterhin erfasst der Modal Split zumeist nicht die Wege und die Fahrleistung im Wirtschafts- und Güterverkehr und blendet ggf. die der Einpendler in einen Raum aus, wenn er z. B. nur die Wege der Bewohnerinnen und Bewohner einer Stadt abbildet.

Aus fachlicher Sicht wäre daher eine Betrachtung von personenbezogenen Werten (Wege pro Person und Tag je Verkehrsmittel und -zweck) geeigneter. Sinnvoll wäre auch ein stärkerer Fokus der Verkehrspolitik auf die Entwicklung der Fahrleistung, insbesondere im Motorisierten Individualverkehr (MIV) und Wirtschaftsverkehr. Hier ergibt sich jedoch die Problematik der validen Erfassung.

Motorisierter Individualverkehr (MIV)

Die städtische Verkehrsentwicklung war seit den sechziger Jahren insbesondere durch den steigenden Pkw-Bestand und die damit einhergehende Zunahme des Kfz-Verkehrs geprägt. Inzwischen zeigen viele Verkehrszählungen, dass die Kfz-Verkehrsmengen auf den Straßen im Innenstadtbereich im Zeitverlauf stagnieren (beispielhaft für Hamburg: Abb. 2).

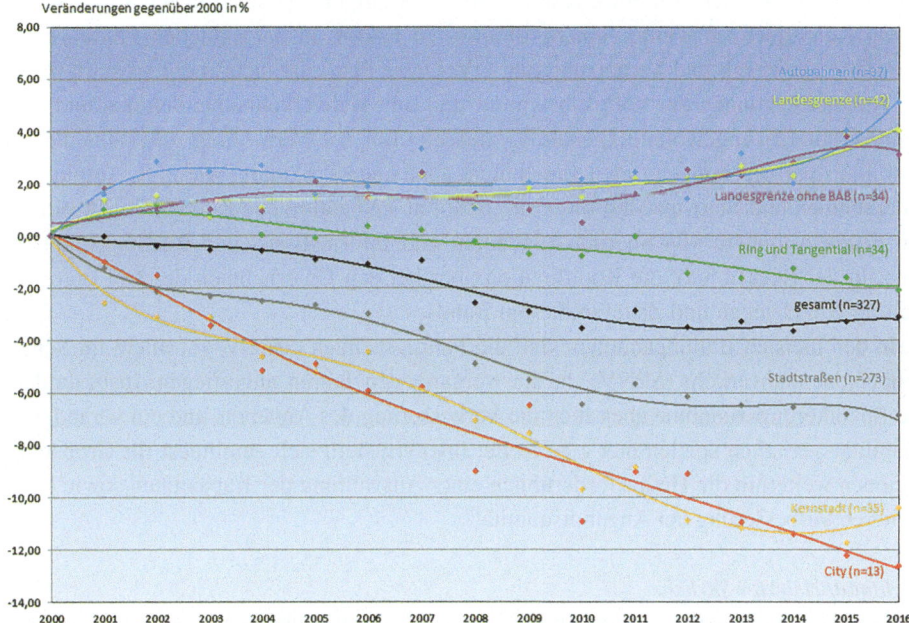

Abb. 2 Entwicklung durchschnittliche tägliche Verkehrsstärke Werktags DTVw Hamburg. (Freie und Hansestadt Hamburg, Behörde für Wirtschaft, Verkehr und Innovation, Amt für Verkehr und Straßenwesen 2013/2018)

Der Motorisierungsgrad liegt bundesweit bei rund 540 Pkw je 1000 Einwohner. Während in dünn besiedelten, peripheren Kreisen bis zu 600 Pkw/1000 Einwohner erreicht werden, liegt die Motorisierungsrate in kreisfreien Großstädten mit etwa 450 Pkw je 1000 Einwohner unter dem Durchschnitt (vgl. BBR 2017). Gerade in innenstadtnahen Stadtteilen besitzen viele Haushalte keinen Pkw. Gründe dafür sind Kostenersparnisse oder gesundheitliche Einschränkungen, aber auch bewusster Verzicht (z. B. Umweltschutz) und fehlende Notwendigkeit. Grundsätzlich stehen im urbanen Raum, insbesondere durch ein gutes ÖV-Angebot und die Nähe von Zielen, mehr Wahloptionen zur Verfügung als im ländlichen Raum.

Öffentlicher Verkehr
Ein guter öffentlicher Verkehr (ÖV) ist zwingender Bestandteil eines städtischen Verkehrssystems, da nur über seine vergleichsweise hohe Beförderungskapazität das Funktionieren der dicht besiedelten städtischen Struktur überhaupt gewährleistet werden kann. Bei der bisherigen Entwicklung des ÖV lassen sich Zeitabschnitte mit unterschiedlichen verkehrspolitischen Schwerpunkten ausmachen. Die siebziger und achtziger Jahre waren (in Westdeutschland) durch eine umfassende technische Modernisierung des ÖV sowohl bei der baulichen Infrastruktur als auch bei den Fahrzeugen geprägt. Mitte der

neunziger Jahre führten Rahmensetzungen der EU und des Bundes zur Liberalisierung der ÖV-Branche. Der Wettbewerb mit seinen vielfältigen wirtschaftlichen sowie rechtlichen Konsequenzen wurde zum bestimmenden Faktor. In der aktuellen Phase verändern Digitalisierung und Vernetzung den ÖV. Diese Phase ist nicht mehr so stark durch die Rahmensetzungen der Politik bestimmt und gibt Nahverkehrsunternehmen und Verkehrsverbünden ungewohnte Gestaltungsfreiheit. Bei der Vernetzung unterschiedlicher Mobilitätsdienstleistungen treten zunehmend auch andere Akteure, wie z. B. Automobilunternehmen und Start-ups, auf das Feld. Resultat sind zahlreiche Kooperationslösungen mit neuen Anbietern von Sharing-Angeboten und Informations- und Buchungsplattformen. In der Regel bleibt die Koordination aber bei den Unternehmen des ÖV (vgl. den Beitrag von Dziekan und Zistel in diesem Band).

In den meisten Ballungsräumen sind die Fahrgastzahlen des ÖV, vor allem im Schienenpersonennahverkehr (SPNV), in den vergangenen Jahren angestiegen. Insbesondere die Bevölkerungszunahme aber auch die Verbesserung des Angebots und ein verändertes Mobilitätsverhalten spielen hier eine Rolle. Insofern stellt sich zumindest für Großstadtregionen weiterhin die Herausforderungen einer Ausweitung der Kapazitäten sowie einer weiteren Verbesserung der Angebotsqualität.

Nichtmotorisierter Verkehr

Die meisten Kommunen fördern zunehmend den Radverkehr durch verbesserte Infrastruktur, Leihfahrradsysteme und Kampagnen. Vielfach werden konkrete Zielwerte für den zukünftigen Modal Split benannt. Radverkehr ist ein Verkehrsmodus, bei dem aus einer empfundenen Benachteiligung heraus in den letzten Jahren vermehrt politischer Druck über die Öffentlichkeit ausgeübt wurde (Critical Mass, Initiative Volksentscheid Berlin 2016). Außerdem wurde in den vergangenen Jahren auch der Bund aktiv und fördert über den Nationalen Radverkehrsplan u. a. mit Fortbildungsangeboten das Thema. Ein wichtiger Veränderungsprozess ist die zunehmende Bedeutung von Elektrofahrrädern (Pedelecs), die eine Überwindung längerer Distanzen vereinfachen und zu veränderten Infrastrukturanforderungen nicht nur der Netze (z. B. durch Radschnellwege) sondern auch bei den Abstellanlagen führen.

Ein Drittel aller Wege in der Stadt sind Fußwege, zudem wird der Zu- und Abgang zu MIV und ÖV zu Fuß zurückgelegt. Die Entfernung zum nächstgelegenen Parkplatz für den Pkw oder zur nächsten Haltestelle hat zusammen mit der Qualität der Wegebeziehung häufig maßgeblichen Einfluss auf die Mobilitätsentscheidung. Dennoch ist der Fußverkehr weiterhin nur selten Bestandteil umfassender kommunaler Strategien. In den letzten Jahren standen allenfalls punktuelle Einzelmaßnahmen im Vordergrund (z. B. die Veränderungen von Lichtsignalanlagen, die Einrichtung von Querungshilfen bei Hauptverkehrsstraßen und die Absenkung von Gehwegen an Kreuzungen).

Leihsysteme und Multimodalität

Öffentliche Radleihsysteme, ein vielseitiges Carsharing-Angebot (stationär, frei fließend, privat), Ridesharing und die zunehmende Vernetzung aller Verkehrsangebote eröffnen neue Möglichkeiten für ein multimodales Verkehrsverhalten von Personen (d. h. zur Nutzung unterschiedlicher Verkehrsmodi innerhalb einer Woche). Zahlreiche mobile Anwendungen und Online-Angebote ermöglichen eine verkehrsträgerübergreifende Information und vereinfachen den Zugang (inklusive Buchung und Abrechnung, z. B. per Smartphone oder Mobilitätskarten). Für die neue Multimodalität sind kurz- bis mittelfristig weitere Angebotsveränderungen und Technologien absehbar. Derzeit zeigen sich drei Entwicklungsstränge: die Einführung von Mitfahrdiensten und die damit einhergehenden Veränderungen für den Taximarkt, autonome Fahrzeuge und die damit verbundenen Konzepte sowie die Entwicklung von *Personal Light Electric Vehicles* (E-Scooter, E-Wheels usw.). Relevante Veränderungen des Modal Splits sind durch eine zunehmende Mulitmodalität bislang jedoch nicht erkennbar.

2.3 Städtischer Wirtschaftsverkehr und Logistik

Aufgrund der Zusammenarbeit von räumlich getrennten Unternehmen und der Dienstleistungserbringung für private Haushalte werden Ver- und Entsorgungsvorgänge notwendig. Das Spektrum an Liefer- und Rückführungstransporten von Gütern und Sendungen ist mindestens so vielfältig, wie die Produktions-, Handels- und Konsummuster. Die in diesem Zusammenhang anfallenden Tätigkeiten werden als Logistik bezeichnet.

Der durch Ver- und Entsorgungsprozesse generierte Verkehr ist Wirtschaftsverkehr. Ein Teilsegment davon bildet der Personenwirtschaftsverkehr, der entsteht, wenn die Ausübung des Berufs die Ortsveränderung einer Person bedingt. Der Transport von Gütern und Waren führt zu Güterverkehr. Zum Güterverkehr werden neben den in Wertschöpfungsketten bzw. -netzen erfolgenden Versorgungstransporten mit materiellen Gütern die Entsorgungstransporte von Reststoffen und Abfall und die Rückführungstransporte von nicht verkaufter oder nicht (mehr) funktionsfähiger Ware sowie von gemieteten oder geleasten Gütern gezählt. Die Güter und Sendungen werden häufig über weite Strecken und in wechselnden Transportmitteln transportiert: z. B. sammelt ein Kleintransporter die Sendungen ein, die dann für den Hauptlauf in einen großen Fernverkehrs-Lkw, die Bahn oder ein Binnenschiff umgeschlagen werden, um zu Empfängern in anderen Städten transportiert zu werden.

Punktuelle Erhebungen legen nahe, dass in Städten rund jedes dritte Kraftfahrzeug unterwegs ist, um eine betriebliche Leistung zu erbringen (Wermuth et al. 2012). Von diesen Fahrzeugen kann wiederum jedes dritte dem Güterverkehr zugerechnet werden. Rund 56 % des Straßengüterverkehrsaufkommens (transportierte Menge in Tonnen) entfallen heute auf den Nahverkehr unter 50 km (vgl. BMVI 2017: 268). Teilweise liegen diese Anteile höher, wenn im Ballungsraum materialintensive Produktionen oder Logistikfunktionen, wie z. B. ein Seehafen, angesiedelt sind. Die in den letzten Jahrzehnten vorangetriebene Verdrängung von Produktion, Gewerbe und Logistik aus den eng besiedelten Städten in das Umland erhöht die Entfernungen zu den innerstädtischen Standorten und lässt Transporte nur noch über die Straße zu. Durch den Rückbau von Bahninfrastruktur und Umschlaganlagen in den Städten steigen die Entfernungen zum nächsten Schienen- oder Wasserstraßenanschluss, wodurch eine Verlagerung (Modal-Shift) auf Bahn und Binnenschiff erschwert wird.

Spätestens seit der Jahrtausendwende zeigt sich ein Anstieg des Anteils von Fahrzeugen um die 3,5 t an der Flotte im Straßenverkehr. Zunächst war dies auf die Einführung der Lkw-Maut zurückzuführen, wodurch große Sattelschlepper durch mehrere kleinere Fahrzeuge ersetzt wurden. Weiter getrieben wurde diese Entwicklung durch den zunehmenden Online-Handel im Endkundengeschäft, für den vornehmlich Pakete transportiert werden. Um die Zustellung effizienter zu gestalten – die Abwicklung der letzten Meile an den Endkunden kostet in etwas so viel, wie alle vorgelagerten Logistikprozesse – entwickelten sich neue Formen der Übergabe. Neue logistische Knoten, wie Taschensysteme, die im Bedarfsfall an die Wohnungstür befestigt werden können, Boxensysteme am Wohnstandort (z. B. pro Ein- oder Mehrfamilienhaus) bis zu Sammelübergabestellen (z. B. Packstationen) und Ladengeschäfte (z. B. Tankstelle, Kiosk), machen die physische Anwesenheit des Kunden zur Übergabe nicht mehr erforderlich. Stattdessen entsteht „privater Güterverkehr", wenn die Lieferung durch den Kunden an einem logistischen Knoten abgeholt wird. Außerdem treten vermehrt mobile logistische Knoten, wie Container, Fahrzeuge oder Boote, temporär im Stadtbild in Erscheinung. Bisher beachten die kommunalen Planungseinheiten die städtebauliche Einbindung und die Stadtverträglichkeit dieser neuen Knoten kaum.

Die Bewertung des Wirtschaftsverkehrssystems durch die Stadt- und Regionalplanung fällt sehr ambivalent aus. Einerseits hält sich die Annahme, dass nur durch eine adäquate Verkehrsinfrastruktur wirtschaftliche Prosperität zu erreichen ist. Andererseits wird der Verkehr an sich unter sozialen und ökologischen Gesichtspunkten als problematisch angesehen. Gleichzeitig werden die verkehrs- und raumwirksamen Veränderungen im Wirtschaftssystem und dessen Umfeld spät oder gar nicht von Planung und Politik berücksichtigt. Beispielhaft seien die neuen Fertigungstechnologien (3-D-Druck), die Optimierung der „letzten Meile" (neue Standorte) für kleine logistische Knoten in Agglomerationen oder die Informatisierung und Vernetzung physischer Dinge („Internet der Dinge") genannt, die allesamt verkehrs- und raumwirksam sind. Auch wird den Strategien der Unternehmen zur Erhöhung ihrer Resilienz gegenüber Klimafolgen, wie beispielsweise verteilte Beschaffungskonzepte oder synchro-modale Transportkettenstrategien, nicht genügend Beachtung geschenkt. Ebenso werden die ökologisch-ökonomischen Optimierungsansätze der Unternehmen bisher wenig berücksichtigt.

3   Problemlagen

In städtischen Räumen ist der Straßenverkehr einer der größten Verursacher lokaler Emissionen – sowohl in Bezug auf Lärm als auch auf Luftschadstoffe. Beide Arten der Umweltbelastung beeinträchtigen nicht nur kurzfristig das menschliche Wohlbefinden und die Qualität öffentlicher Räume, sondern sind mittel- und langfristig schädlich für die Gesundheit.

3.1   Luftschadstoffe und Klimaschutz

Seit dem Jahr 2005 sind in der Europäischen Union (EU) schrittweise Grenzwerte für die Belastung der Außenluft mit Feinstaub (PM) und Stickstoffdioxid in Kraft getreten (siehe Tab. 1) und eine weitere Obergrenze für $PM_{2,5}$ gilt ab dem Jahr 2020. Diese Werte sind in der EU-Richtlinie 2008/50/EG festgeschrieben und wurden durch Anpassung des Bundesimmissionsschutzgesetzes (BImSchG) und den Erlass der 39. Bundesimmissionsschutzverordnung (BImSchV) in deutsches Recht übertragen.

Exkurs Luftschadstoffe

Als Feinstaub werden Schwebstäube mit einem Partikeldurchmesser unter 10 µm (PM_{10}) bzw. 2,5 µm ($PM_{2,5}$) bezeichnet. Er belastet die Atemwege und kann zu Erkrankungen wie Asthma, Bronchitis und Lungenfunktionsstörungen bis hin zu Lungenkrebs führen. Da die kleinen Bestandteile von Feinstaub über die Lungen bis ins Blut gelangen können, kann diese Schadstoffgruppe auch Herz-Kreislauf-Erkrankungen (mit)verursachen und das Risiko eines Herzinfarktes erhöhen. Feinstaub entsteht nicht nur durch die Verbrennungsprozesse im Motor, sondern auch durch den Abrieb von Reifen, Bremsen und Kupplungen sowie der Straßenoberfläche selbst. Er kann damit aus sehr unterschiedlichen Substanzen zusammengesetzt sein.

Im Gegensatz dazu bestehen Stickoxide immer aus Stickstoff (N) und Sauerstoff (O) und sind primär ein Produkt von Verbrennungsprozessen. Abgase aus Verbrennungsmotoren enthalten sowohl Stickstoffmonoxid (NO) als auch Stickstoffdioxid (NO_2). Diese werden gesammelt als NOx notiert. NO_2 reagiert besonders unter Sonneneinwirkung (UV-Strahlung) mit O_2 und es entstehen NO und Ozon (O_3). Letzteres gilt somit als verkehrsbedingter Sekundärschadstoff und ist ein Bestandteil von Sommersmog. NO_2 und Ozon erhöhen bei vielen Menschen die Empfindlichkeit gegenüber Allergenen und schränken die Lungenfunktion ein, was z. B. bei Asthmatikern zu starken Beschwerden führen kann.

Tab. 1 EU-Grenzwerte für Feinstaub (PM_{10}, $PM_{2,5}$) und Stickstoffdioxid (NO_2) in der Außenluft inklusive der zulässigen jährlichen Überschreitungen

Schadstoff	Imissionsgrenzwert	Kenngröße	Zulässige Überschreitungen	Gültig ab
PM_{10}	50 µg/m³	Tagesmittelwert	35 mal pro Jahr	1.1.2005
	40 µg/m³	Jahresmittelwert	*Keine*	
$PM_{2,5}$	25 µg/m³	Jahresmittelwert	*Keine*	1.1.2015
	20 µg/m³	Jahresmittelwert	*Keine*	1.1.2020
NO_2	200 µg/m³	1-Stundenmittelwert	18 mal pro Jahr	1.1.2010
	40 µg/m³	Jahresmittelwert	*Keine*	

Die Grenzwerte (Tab. 1) stellen einen Kompromiss zwischen dem politisch und praktisch Erreichbaren einerseits und einem gesundheitsorientierten Idealzustand andererseits dar. Für Feinstaub gibt es zum Beispiel keine epidemiologisch akzeptierte Belastungsgrenze, unterhalb derer eine Dauerbelastung als unschädlich betrachtet wird.

Bisher werden diese Grenzwerte aber (noch) nicht eingehalten. Im Jahr 2016 wurden bundesweit an der Hälfte aller städtischen verkehrsnahen Messstellen höhere Werte für NO_2 gemessen. Im selben Jahr wurden jedoch die Grenzwerte für PM_{10} im Tagesmittel nur an einer dieser Messstellen überschritten (Stuttgart Neckartor) und insgesamt kann für beide Schadstoffe ein Abwärtstrend beobachtet werden (vgl. Umweltbundesamt o. D. (a)). Für $PM_{2.5}$ wurden seit Inkrafttreten des Grenzwertes im Jahr 2015 noch keine Überschreitungen gemessen. Dennoch ist die Belastungssituation weiterhin als gesundheitsgefährdend einzustufen – zumal die Weltgesundheitsorganisation (WHO) niedrigere Grenzwerte als die in der EU geltenden empfiehlt.

Zudem trägt Verkehr auch zum Klimawandel bei und ist in Deutschland der einzige Sektor, in dem die Emissionen von Treibhausgasen zwischen den Jahren 1990 und 2015 nicht zurückgegangen sind (vgl. Umweltbundesamt o. D. (b)). Die Zielsetzung, die Erderwärmung durch eine Reduktion der Treibhausgasemissionen auf unter 2 Grad Celsius zu beschränken, verlangt gerade auch Fortschritte im Verkehrssektor. Die spezifischen CO_2-Emissionen von Kraftfahrzeugen verändern sich dafür allerdings bislang deutlich zu langsam.

3.2 Verkehrslärm

Die sogenannte Umgebungslärmrichtlinie (EU-Richtlinie 2002/49/EG) definiert Vorschriften für die Kartierung und Meldung der Lärmbelastung an Hauptverkehrsstraßen, Schienenstrecken und Flughäfen sowie durch Industrie und Gewerbe. Im Stadtverkehr beziehen sich diese auf Straßen mit mehr als 8000 Fahrzeugbewegungen pro Tag und sollen den Schallpegel im Außenbereich auf 4 m über Fahrbahnhöhe zeigen. Die Karten müssen alle 5 Jahre an Hand standardisierter Berechnungsverfahren erstellt werden und es muss zusätzlich errechnet werden, wie viele Menschen an ihrem Wohnort von den kartierten Lärmpegelklassen betroffen sind. Die optionale Einführung von eigenen rechtsverbindlichen Grenzwerten wurde dabei den EU-Mitgliedsstaaten überlassen. In Deutschland existieren solche Grenzwerte nicht. Die durch die 16. BImSchV definierten Schwellenwerte für Verkehrslärmbelastung haben nur Relevanz, wenn deutliche Veränderungen an bestehenden Verkehrswegen genehmigt werden sollen – beispielsweise beim Bau einer neuen Fahrspur oder zusätzlicher Gleise.

Exkurs Lärm
Biophysiologisch betrachtet empfängt das menschliche Gehör Schalldruckwellen, die sich in Frequenz (Hertz) und Stärke (Dezibel dB) unterscheiden. Erst durch eine entsprechende subjektive Bewertung der Betroffenen wird Schall zu Lärm. Allerdings

gibt es eine Schwelle, ab der Schall auch bei kurzzeitiger Belastung körperlichen Schmerz und Schäden verursachen kann. Diese liegt zwischen 120 und 130 dB(A).

Je nach Typ emittieren Fahrzeuge im Straßenverkehr bei 50 km/h zwischen 70 und 80 dB(A). Es ist beachtenswert, dass bei dieser Geschwindigkeit lediglich bei Lkw > 3,5 t der Motor die Hauptschallquelle darstellt. Bei kleineren Fahrzeugen dominiert ab ca. 35 km/h das Rollgeräusch der Reifen.

Unabhängig von gesetzlichen Grenzwerten werden generell eine durchschnittliche Lärmbelastung über 24 h L_{den} von mehr als 65 dB(A) und eine nächtliche Belastung L_{night} von mehr als 55 dB(A) als gesundheitsschädlich eingestuft. Im Jahr 2012 waren in Deutschland 2,5 Mio. Menschen an ihrem Wohnort entsprechend höheren L_{den}-Pegeln aus dem Straßenverkehr ausgesetzt. 2,9 Mio. lebten an Straßen mit einer zu hohen L_{night}-Belastung (vgl. Umweltbundesamt o. D. (c)). Da wesentlich mehr Menschen nachts zu Hause sind als am Tage und Schlafstörungen einen sehr hohen Anteil an lärmbedingten Gesundheitsschäden haben, ist die L_{night}-Belastung zumeist als die entscheidende einzustufen.

Problematisch ist, dass an belasteten Standorten häufig Haushalte mit einem eher geringen Sozialstatus zu finden sind (Einkommen, Migrationshintergrund, Bildungsstand). Gesamtgesellschaftlich betrachtet führt dies dazu, dass sozial schlechter gestellte Menschen oft auf mehreren Ebenen gleichzeitig benachteiligt sind. Zudem haben sie auch häufig weniger Möglichkeiten, sich vor den gesundheitsschädlichen Folgen solcher Lebensumstände zu schützen.

3.3 Verkehrssicherheit

In Städten bewegen sich viele Verkehrsteilnehmer auf engem Raum und insbesondere der größte Teil des Fuß- und Radverkehrs findet innerorts statt. Daher sind hier bei Unfällen mit Verletzten häufig Fußgänger und Radfahrer betroffen. Im Jahr 2015 starben bei Unfällen innerhalb von Ortschaften insgesamt 1048 Menschen (vgl. Destatis 2016). Im Jahr 2016 verzeichnete beispielsweise die Stadt Hamburg (1,8 Mio. Einwohner) 68.404 Verkehrsunfälle mit fast 9000 leichtverletzten Personen, 830 Schwerverletzten und 29 Todesfällen (Hamburg, Behörde für Inneres und Sport 2017). Die wesentlichen Ursachen von Verkehrsunfällen mit Personenschäden sind überhöhte Geschwindigkeit, zu geringe Abstände und Missachtung der Vorfahrtsregelungen.

Allgemeine politische Zielsetzungen fordern einen Rückgang der Todesopfer im Straßenverkehr bis zum Jahr 2020 um 40 % in Deutschland (Verkehrssicherheitsprogramm der Bundesregierung von 2011) und 50 % in der EU. Am konsequentesten ist hierbei die in Schweden entwickelte Vision Zero, die zunehmend auch in anderen Ländern aufgegriffen wird. Dabei geht es um einen Paradigmenwechsel in der Verkehrssicherheitsarbeit: die Vision akzeptiert, dass Menschen Fehler machen, diese dürfen aber nicht mehr zu tödlichen Folgen führen. Bislang sind die meisten Städte in Deutschland von der dauerhaften

Erreichung solcher Ziele weit entfernt. Städtische Verkehrspolitik ist hier insbesondere bei der Ausgestaltung der Infrastruktur, den verkehrsrechtlichen Anordnungen (z. B. Geschwindigkeit), der Überwachung von Verkehrsverstößen sowie bei der Verkehrssicherheitsarbeit (z. B. in Schulen) gefordert.

3.4   Flächenverbrauch und öffentlicher Raum

Der öffentliche Raum wird vom motorisierten Verkehr dominiert. Straßen und Plätze dienen aber nicht alleine der Fortbewegung im Kfz. Sie sind gleichzeitig u. a. Schulweg, Standort für Einzelhandel und Gastronomie und Bewegungs- und Verweilraum für Anwohner und Passanten. In der Vergangenheit war häufig die Leistungsfähigkeit der ausschlaggebende Faktor in der Straßenraumgestaltung. Qualitative Aspekte wie Aufenthaltsfunktion, Identifikation, Orientierung oder Schönheit fanden dagegen wenig Berücksichtigung. Trennwirkung, fehlende Flächen für den nichtmotorisierten Verkehr und die Beeinträchtigung der Standortqualitäten sind die Folge.

In Städten ist der Flächenverbrauch durch parkende Fahrzeuge ein besonderes Problem. Rund 40 % der Pkw werden dauerhaft (in der Nähe der Wohnung) im öffentlichen Raum abgestellt (vgl. TU Dresden 2015). Gerade in Quartieren aus der Gründerzeit engen zugeparkte Straßenränder den öffentlichen Raum und den Platz für den nichtmotorisierten Verkehr ein. Im Jahr 2017 betrug der Pkw-Bestand beispielsweise in Hamburg 771.573 Fahrzeuge (Statistisches Amt für Hamburg und Schleswig-Holstein 2017). Bei einem Platzbedarf je Pkw von 12,5 m^2 (5 m $\times$ 2,5 m ohne Rangierfläche) wird für das Abstellen aller in Hamburg gemeldeten Pkw eine Gesamtfläche von ca. 9,6 km^2 benötigt, dies entspricht rund 1350 Fußballplätzen. Trotz der starken Inanspruchnahme des öffentlichen Raums erwarten viele Autobesitzer, dass ihnen die Abstellflächen weiterhin kostenfrei zur Verfügung stehen. Der Umgang mit Stellplätzen ist in der Kommunalpolitik daher ein konfliktträchtiges Thema.

Die große Flächeninanspruchnahme sowie die Beeinträchtigung des öffentlichen Raums sind Symbol für die andauernde Dominanz des Verkehrsmittels privater Pkw und der Ungerechtigkeit im bisherigen Verständnis von kommunaler Verkehrspolitik.

4   Ziele, Strategien und Maßnahmen der städtischen Verkehrspolitik

Für die städtische Verkehrsplanung ist die Konsistenz von Zielen, Strategien und Maßnahmen von großer Bedeutung. Ziele orientieren sich an vorhandenen Problemlagen und beschreiben die angestrebten Zustände. Eindeutige Zieldefinitionen bilden die Voraussetzung für Entscheidungsfindung und Evaluationen. Strategien geben basierend auf den Zielen eine umfassende Handlungsorientierung. Maßnahmen sind konkrete Interventionen durch deren Umsetzung die Ziele erreicht werden sollen. Das Spektrum umfasst infrastrukturelle, siedlungsstrukturelle, organisatorische/betriebliche, preisliche, ordnungsrechtliche und informatorische Maßnahmen. Für die meisten Herausforderungen in der städtischen Verkehrsplanung gibt es nicht eine einzige „richtige" Maßnahme, die ausreichend wäre, um z. B. die Umweltsituation oder die Verkehrssicherheit zu verbessern. Stattdessen sind Kombinationen unterschiedlicher Einzelmaßnahmen erforderlich.

Grundsätzlich können sogenannte Push- und Pull-Maßnahmen unterschieden werden. Push-Maßnahmen wirken als Restriktionen von gesellschaftlich nachteiligem Mobilitätsverhalten (z. B. höhere Kosten, Beschränkungen für Fahrzeugtypen mit hohen Emissionen). Pull-Maßnahmen können gesellschaftlich vorteilhaftes Verhalten durch Anreize und gute Angebote fördern. Die größte Wirksamkeit stellt sich in der Regel durch eine Kombination von beiden Ansätzen ein. Restriktiv steuernde Maßnahmen sind trotz ihres direkten Einflusses politisch eher unpopulär. Für Pull-Maßnahmen ist dagegen eine deutliche höhere Akzeptanz zu beobachten. Zur Erreichung von Klimaschutzzielen und Umweltqualitätsstandards sowie zur Erhöhung der Verkehrssicherheit wird es in der kommunalen Verkehrspolitik in Zukunft gleichwohl notwendig sein, mit einem stärkeren Steuerungsanspruch zu agieren.

Ziele der städtischen Verkehrspolitik
Die für die städtische Verkehrsplanung aufgrund der Problemlagen (Kap. 3) notwendigen und im Rahmen der Verkehrsentwicklungsplanung (s. Abschn. 5.1) üblicherweise formulierten Oberziele lauten:

- Reduzierung der verkehrsbedingten Umweltbelastungen und Einhaltung der Grenzwerte (Luftschadstoffe, Lärm, klimaschädliche Gase)
- Erhöhung der gesellschaftlichen Teilhabe
- Stärkung des Standortes durch Erhöhung der Funktionalität des Wirtschaftsverkehrs
- Erhöhung der Verkehrssicherheit
- Aufwertung des öffentlichen Raums

Strategien der städtischen Verkehrspolitik
Zur Reduzierung der Umweltbelastungen lassen sich im Verkehrsbereich fünf grundsätzliche Wirkungsrichtungen für Strategien ableiten:

- Zahl der Wege reduzieren: möglichst effiziente Abwicklung der Verkehrsnachfrage (z. B. Kopplung von Aktivitäten, Auslastung von Fahrzeugen, Substitution durch Telekommunikation);
- kurze Wege ermöglichen: möglichst geringe Fahrleistung durch die Reduzierung von Entfernungen;
- Verkehrsverlagerung: Umstieg auf Verkehrsmittel mit geringeren spezifischen CO_2-Emissionen (g/Personen-km bzw. g/Tonnen-km) bzw. Energieverbrauch, d. h. vom Pkw auf ÖPNV, Rad- und Fußverkehr sowie vom Lkw auf die Schiene, Wasserstrasse oder Lastenfahrräder;

- Verkehrsoptimierung: umweltfreundliche Gestaltung des Fahrtablaufs von Verkehrsmitteln in den Verkehrsnetzen (Fahrweise, Geschwindigkeit usw.);
- fahrzeugseitige Optimierung: Reduzierung von Schadstoffausstoß und Energieverbrauch.

Einzelmaßnahmen der städtischen Verkehrspolitik

Die meisten Maßnahmen der städtischen Verkehrspolitik dienen der konkreten Verbesserung einer örtlichen Situation, z. B. bessere Anbindung eines Stadtteils an den ÖPNV
oder die Sicherung von Schulwegen. Darüber hinaus stellt sich aber die Frage, welche
übergreifenden Maßnahmen geeignet sind, um die oben genannten Strategien umzusetzen und grundsätzliche Verbesserungen im Sinne einer Verkehrswende zu erreichen.
Um zu einer leisen, abgasreduzierten, sicheren Stadt mit hoher Lebensqualität und guter
Erreichbarkeit für alle Bürgerinnen und Bürger sowie Unternehmen zu kommen, ist ein
Zusammenspiel besonders ehrgeiziger und weitreichender Maßnahmen des Umsteuerns
erforderlich. Hierfür ist nachfolgender 8-Punkteplan sinnvoll:

- Räumliche Entwicklung zur Förderung verkehrssparsamer Strukturen
- Neuaufteilung des Straßenraums
- Förderung des Umweltverbunds
- Umstellung der Antriebstechnik
- Carsharing statt Autobesitz
- Besserer Verkehrsfluss und geringere Geschwindigkeit
- Optimierung Verkehr und Logistik
- Mobilitätsmanagement und Förderung von Multimodalität

Diese acht Handlungsfelder werden nachfolgend kurz dargestellt.

4.1 Räumliche Entwicklung zur Förderung verkehrssparsamer Strukturen

Das Verkehrsaufkommen ist in großem Maße abhängig von Verteilung, Mischung und
Intensität der baulichen Nutzungen. Bei der städtebaulichen Entwicklung ist es sinnvoll,
Nutzungen in der Nähe der ÖV-Stationen anzuordnen. Eine Mindestdichte bildet die
Voraussetzung für ein wirtschaftliches Nahverkehrssystem sowie die Tragfähigkeit von
Versorgungseinrichtungen. Die Mischung unterschiedlicher Funktionen (Wohnen, Arbei-
ten, Versorgung, Freizeit) ermöglicht kurze Wege und kann die Auslastung der öffentli-
chen Verkehrsmittel erhöhen. Eine hohe Aufenthalts- und Freiraumqualität kann Anreize
bieten, Wege nichtmotorisiert zurückzulegen. Die Nutzung von Brachflächen vereinfacht die Anbindung an bestehende Netze und den Zugang zu unterschiedlichen Zielen.
Die Planungsprinzipien Mischung, Dichte, Aufenthalts- und Freiraumqualität werden

zusammenfassend auch als Stadt der kurzen Wege bezeichnet. In der bebauten Stadt liegen die Gestaltungsspielräume überwiegend in der Nachverdichtung oder in der Transformation von Flächen mit Nutzungsänderungen. Von Bedeutung ist auch die regionale Kooperation (siehe Abschn. 5.1) zwischen Großstadt, Umlandgemeinden und benachbarten Landkreisen bei der Abstimmung über große Wohn- und Gewerbestandorte, um eine umweltverträgliche Abwicklung von Ein- und Auspendlerverkehren zu ermöglichen.

Planung kann jedoch nur die Voraussetzungen für ein verkehrssparsames Verhalten schaffen. Ob sich ein nachhaltiges Mobilitätshandeln tatsächlich einstellt, hängt von einer Vielzahl von Faktoren ab, auf die kommunale Planung keinen unmittelbaren Einfluss hat. Hierzu gehören beispielsweise persönliche Präferenzen und Einstellungen sowie Rahmensetzungen des Arbeitsmarktes oder der familiären Konstellation. Trotz dieser Einschränkung liegt es in der kommunalen Verantwortung, durch zielgerichtete Entwicklung die Voraussetzungen für kurze Wege und die Nutzung des Umweltverbundes zu schaffen.

Das Grundprinzip der gezielten räumlichen Steuerung gilt gleichermaßen für die Lokalisierung von Produktions- und Logistikstandorten. Kurze Wege bei gleichzeitigem Emissionsschutz der Anwohner sowie unterschiedliche Verkehrsmitteloptionen (je nach Funktionalität z. B. einen Bahnanschluss sowohl für Personen als auch Güter) sind hier ebenso von Bedeutung.

4.2   Neuaufteilung des Straßenraums

Der Neubau von Straßenverkehrsinfrastruktur steht in Städten nur noch selten auf der Tagesordnung. Nach der baulichen Entwicklung der letzten Jahrzehnte existiert kaum noch weiterer Bedarf, es stehen nur noch wenige Flächen zur Verfügung und gegen zusätzliche Ausbauvorhaben sind große Widerstände vorhanden. Im Vordergrund steht eine Umgestaltung und Aufwertung der vorhandenen Stadtstraßen. Dabei wird die Leistungsfähigkeit als dominierendes Kriterium von anderen Aspekten abgelöst. Stadtstraßen haben vor allem auch gestalterische, stadttechnische, ökologische, soziale und kulturelle Funktionen. Die Qualität des öffentlichen Raums erfährt zunehmende Wertschätzung. Neben Plätzen und Parkanlagen zählen zu diesem auch die Straßen. In ihrem Zusammenspiel mit der Bebauung prägen sie das Bild einer Stadt, sind wichtige Aufenthaltsflächen und bieten Identifikation für ihre Bewohner. Straßenbäume haben dabei eine wichtige Funktion für das Stadt- und Mikroklima.

Während in der Vergangenheit eher die Verkehrsberuhigung in Wohngebieten ein wichtiges Thema war, rückt zunehmend der Umgang mit bestehenden Hauptverkehrsstraßen in den Vordergrund. Im Bereich von Hauptverkehrsstraßen überlagern sich konkurrierende Flächenansprüche an den öffentlichen Raum stärker als anderswo. Daher ist eine Neuverteilung der Verkehrsfläche zugunsten des Umweltverbundes eine wichtige Zukunftsaufgabe. Diese ist abhängig von den je nach historischer Entwicklung der Stadt verfügbaren Querschnittsbreiten. Dabei sollte insbesondere die Radverkehrsinfrastruktur der gestiegenen Bedeutung des Radverkehrs, der zunehmenden Zahl von Pedelecs und den Sicherheitsbedürfnissen angepasst werden. Hierfür sind auch Radschnellwege und die Umgestaltung von Nebenstraßen zu Fahrradstraßen ein probates Mittel. Zur Umsetzung attraktiverer Straßenräume ist auch eine umfassendere Strategie zum Parken sowie Be- und Entladen notwendig.

4.3 Förderung Umweltverbund

Der Fußverkehr hat eine hohe Bedeutung im Alltagsverkehr und ist doch bislang in der städtischen Verkehrspolitik vernachlässigt worden. Es reicht nicht aus, dass Gehwege an allen Straßen vorhanden sind. In den Städten ist künftig ein umfassender strategischer Planungsansatz erforderlich, um das Thema durch hochwertige Infrastrukturentwicklung und begleitende Maßnahmen (z. B. Parkraumüberwachung, Kampagnen) zu fördern. Positive Unterstützung gibt es durch Querbezüge aus der Gesundheitspolitik, indem die aktive Mobilität durch Bewegung (zu Fuß gehen, Rad fahren) einen höheren Stellenwert gewinnt und durch Öffentlichkeitsarbeit gefördert werden kann.

Auch beim Radverkehr ist in vielen Städten trotz der häufig positiven Entwicklung der vergangenen Jahre noch kein adäquater Stellenwert gegeben, weder bei der Flächenverteilung noch bei der Finanzierung. Wichtig bleibt es daher, kontinuierlich weitere Maßnahmen umzusetzen. Eine deutliche Verbesserung des nichtmotorisierten Verkehrs erfordert es, die finanzielle und personelle Mittelausstattung im kommunalen Haushalt gegenüber anderen Ansprüchen zu sichern.

Ebenso bleibt für den ÖV die finanzielle Ausstattung, sowohl für die Infrastruktur als auch für den Betrieb, eine der wichtigen verkehrspolitischen Herausforderungen. Die letzten Jahre waren in vielen Großstädten von stark steigenden Fahrgastzahlen geprägt. In wachsenden Großstadtregionen werden Netzerweiterungen im Schienenverkehr bei stark belasteten Strecken, bei großen Stadtentwicklungsprojekten oder zur Anbindung von schlecht erschlossenen Stadtteilen diskutiert.

Insbesondere die Aufgabe, die bestehende Infrastruktur für den Schienenverkehr (Straßenbahn, U-Bahn, S-Bahn) zu erhalten, erfordert große Investitionen und umfangreiche Bauarbeiten im laufenden Betrieb. Eine weitere bauliche Herausforderung ist die Vorgabe des Personenbeförderungsgesetzes (PBefG), bis 2022 die vollständige Barrierefreiheit herzustellen. Diese verlangt insbesondere, dass die Zugänglichkeit von Haltestellen, Bahnhöfen und Fahrzeugen gewährleistet wird. Die gesetzliche Grundlage wurde ursprünglich für Personen mit körperlichen Mobilitätseinschränkungen auf den Weg gebracht, bedeutet jedoch einen Qualitätsgewinn für alle Nutzerinnen und Nutzer.

Ein zusätzliches Handlungsfeld im öffentlichen Verkehr bilden attraktive tarifliche Angebote, insbesondere auch in Verknüpfung mit anderen Anbietern (z. B. Carsharing-Unternehmen).

4.4 Umstellung Antriebstechnik

Der Wandel der Antriebstechnik ist alternativlos, da die Ressource Öl endlich ist und der Verkehrssektor einen erheblichen Anteil am CO_2-Ausstoß hat. Emissions- und Klimaschutz im Verkehr müssen direkt an den Fahrzeugen ansetzen und über Vorgaben für die Hersteller wirken. Bei der Reduzierung der Emissionen und bei der Minderung der verkehrsbedingten Klimagase sind die Kommunen daher auf ambitionierte Rahmensetzungen auf der Ebene von Bund bzw. EU angewiesen. Ohne die Grenzwerte bei der Fahrzeugtechnik bleiben lokale Maßnahmen nur begrenzt wirksam, allerdings im Hinblick auf die positiven lokalen Effekte gleichwohl sinnvoll.

Von den in Deutschland im Jahr 2018 zugelassenen Pkw verfügen ein Drittel über einen Dieselmotor, im Güterverkehr sind es fast alle Fahrzeuge. Dieselfahrzeuge emittieren bei einer gleichen Anzahl von Fahrzeugkilometern zwar weniger Treibhausgase als vergleichbare Fahrzeuge mit Benzinmotor, stoßen aber sowohl mehr Stickoxide als auch mehr Feinstaub aus. Die Verringerung des Flottenanteils an Dieselfahrzeugen wirkt sich somit bei gleichen Fahrzeugkilometern mindernd auf den Ausstoß von Luftschadstoffen aus.

Mit der „Elektromobilität" gibt es gerade den Versuch, ein Umsteuern vom jahrzehntelang prägenden Entwicklungspfad einzuleiten. Dies bedeutet eine große gemeinsame Kraftanstrengung für viele unterschiedliche Akteure. Der Erfolg wird wesentlich davon abhängen, wie schnell die Hersteller die Preise der Elektro-Fahrzeuge an die von konventionellen Modellen angleichen. Für die Städte stellt sich insbesondere die Frage nach ihrer Rolle beim Aufbau der Ladeinfrastruktur. Neben der Anordnung von Ladestationen im öffentlichen Raum muss auch die Förderung von Lademöglichkeiten auf Privatgrundstücken an Bedeutung gewinnen.

Bei der Umstellung spielen Fahrzeugflotten eine besondere Rolle. In der Logistik standen zunächst Erdgas und Wasserstoff als alternative Energiequellen im Fokus, derzeit werden für die innerstädtische Belieferung vermehrt batterieelektrisch betriebene Fahrzeuge erprobt. Auch bei öffentlichen Verkehrsunternehmen steht aufgrund der Partikelemissionen beim Diesel in nächster Zeit die Beschaffung von lokal emissionsfreien Bussen an. Die Umstellung auf Elektrobusse und Lkw mit alternativen Antrieben hat weitreichende Konsequenzen für die Ausrüstung von Betriebshöfen, die Einsatzplanung sowie die Schulung des Personals.

4.5 Carsharing statt Autobesitz

Durch alternativen Antrieb werden nicht alle Problembereiche (Flächenverbrauch, Trennwirkung, Verkehrssicherheit) adressiert, die durch den motorisierten Straßenverkehr entstehen. Das Umweltbundesamt schlägt die Zielsetzung einer künftigen Pkw-Quote von 150 Pkw/1000 Einwohner in Städten vor (vgl. Umweltbundesamt 2017). Angesichts der Ausgangssituation ist diese Größenordnung zweifelsohne ambitioniert und kaum kurzfristig erreichbar. Dennoch weist dieser Vorschlag den richtigen Weg. Private Pkw werden im Alltag nur für kurze Strecken genutzt und sind in der Regel nur eine Stunde je Tag in Bewegung. Daher ist das Ersetzen von Autobesitz durch Carsharing der Schlüssel zur Reduzierung des Pkw-Bestandes und damit auch zu einer Qualitätssteigerung des öffentlichen Raums.

Obwohl stationäres Carsharing bereits Ende der achtziger Jahre entwickelt wurde, haben in den letzten Jahren erst stationslose, sogenannte Freefloating-Angebote die Idee des Carsharing einer breiten Öffentlichkeit bekannt gemacht. Carsharing wird heute vorwiegend in Innenstadtgebieten angeboten, in denen durch ein gutes ÖV-Angebot ein Leben ohne Auto gut funktioniert und der Pkw-Besitz dementsprechend gering ist. Für Stadtrandgebiete ist eine gezielte Förderung von privaten Carsharing-Konzepten sinnvoll. Mit Buchungsplattformen und Versicherungslösungen sind die wesentlichen Voraussetzungen bereits vorhanden, es gilt jedoch über ein entsprechendes Marketing und finanzielle Förderung die kritische Masse für verlässliche Angebote zu gewährleisten. Bei Wohnungsbauprojekten und Nachverdichtungen gilt es, Carsharing-Lösungen von Beginn an zu integrieren. Sinnvoll sind dafür auch räumlich differenzierte Stellplatzsatzungen. Aufgrund des in Großstädten hohen Anteils von Haushalten ohne eigenen Pkw-Besitz wird die bislang übliche Anforderung der Ausweisung von einem Stellplatz je Wohnung zunehmend infrage gestellt.

Eine weitere Möglichkeit der individuellen Fortbewegung ohne eigenen Autobesitz oder gar Führerschein und zu niedrigeren Preisen als bei der heutigen Taxinutzung sind insbesondere von Ridesharing-Angeboten zu erwarten. In den USA und anderen Ländern sind Mitfahrdienste wie Uber oder Lyft in Großstädten bereits weit verbreitet. Noch gibt es in Deutschland keinen gesetzlichen Rahmen für Mitnahmedienste, wodurch eine vergleichbare Entwicklung aktuell noch eingeschränkt wird. Dennoch ist davon auszugehen, dass im Zusammenspiel mit Verkehrs- und Taxiunternehmen zukünftig auch in Deutschland neue App-basierte Mitfahrangebote im städtischen Bereich angeboten werden. Hier ist es notwendig, dass Städte gesamtstädtische Konzepte entwickeln, um eine Integration der Angebote in den öffentlichen Verkehr zu gewährleisten.

4.6 Verkehrsfluss und geringere Geschwindigkeit

Die europäischen Grenzwerte für Luftschadstoffe (vgl. Abschn. 3.1) stellen eine ordnungspolitische Maßnahme dar, durch die Schadstoffbelastungen nicht nur in deutschen Städten gesunken sind. Allerdings wirken solche Ansätze nur indirekt, indem sie die Gebietskörperschaften dazu veranlassen, emissionsmindernde Maßnahmen zu beschließen. Handlungsmöglichkeiten lassen sich dabei aus jenen Faktoren ableiten, die die Menge und Intensität von Verkehrsemissionen beeinflussen. Dazu gehören Verkehrsmenge, Verkehrsgeschwindigkeit und -fluss, die Zusammensetzung der Fahrzeugflotte (Schwerverkehrsanteil und Antriebsarten), Art und Dichte der Straßenrandbebauung sowie die Beschaffenheit der Straßenoberfläche.

Eine geringere Fahrzeugdichte führt zu verminderten Emissionen. Dies gilt gleichermaßen für einen flüssigen Verkehr mit möglichst seltenen Abbrems- und Anfahrvorgängen. Im Bereich der Geschwindigkeiten bis 50 km/h können sich rein fahrzeugtechnisch betrachtet Zielkonflikte ergeben, weil viele Verbrennungsmotoren bei einer konstanten Geschwindigkeit von 30 km/h weniger effizient arbeiten als bei 50 km/h, wohingegen die Schallemission mit steigender Geschwindigkeit höher wird. Allerdings können innerorts generell eher selten über längere Strecken konstante Geschwindigkeitsprofile erzielt werden, sodass Tempo 30 (ggf. auch Tempo 40 auf Hauptverkehrsstraßen) als Regelgeschwindigkeit in Städten bevorzugt werden sollte. Problematisch kann jedoch die Wirkung auf den straßengebundenen ÖPNV ausfallen, hier sind je nach Flächen- und Trassenverfügbarkeit individuelle Lösungen zugunsten des ÖPNV erforderlich. Der Radverkehr hingegen wird durch mehr Tempo 30 innerorts gestärkt, da sich das Reisezeitverhältnis zugunsten des langsameren Radverkehrs entwickelt. Durch ein geringeres Geschwindigkeitsniveau kann auch ein deutlich geringeres Verletzungsrisiko bei Verkehrsunfällen erreicht werden. Allerdings ist es notwendig, die Einhaltung solcher Regelungen auch effektiv zu überwachen.

4.7   Optimierung Verkehr und Logistik

Die Einführung einer verschärften Umweltgesetzgebung, restriktive Einfahrtbedingungen sowie eine Zunahme von Staus betreffen auch die Logistikunternehmen. Viele haben bereits Maßnahmen ergriffen, um die Umwelt- und Stadtverträglichkeit ihrer Geschäftstätigkeit zu verbessern. Insbesondere die Kurier- und Expressdienste (KEP) sind gefordert, weiter an alternativen Lösungen der logistischen Abwicklung zu arbeiten. Neben neuen logistischen Knoten, stehen auch alternative Transportmittel im Mittelpunkt der Bemühungen. In letzter Zeit gewinnen Lastenfahrräder an Bedeutung und Lieferroboter oder Drohnen werden getestet. Insgesamt deutet die Entwicklung darauf hin, dass Güter- und Personenverkehre wieder mehr miteinander verschmelzen, sei es bei der Mitführung einer Paketdrohne auf einem (privaten) Pkw oder eines Pakets in einem Bus oder Personenzug.

Die Planung muss Produktions- und Logistikstandorte mit starken lokalen Verkehrsverflechtungen und Arbeitsplätzen in den Stadtregionen bereithalten. Dazu gehört auch die Sicherung der schienen- und wasserseitigen Erschließung, um eine umwelt- und stadtverträgliche Ver- und Entsorgung sicherzustellen. Diese Verkehrsinfrastrukturen sind auch für die in Städten immer stattfindenden Bauvorhaben notwendig, um die damit verbundenen Schwerverkehre von der Straße verlagern zu können.

Eine übergreifende Baustellenkoordination sowie intelligente Steuerung von Lichtsignalanlagen sind geeignete Ansatzpunkte zur Reduktion von Verkehrsstaus. Die Verringerung des Parksuchverkehrs ist z. B. durch vielfältige App-Angebote, die die aktuelle Parkplatz- und Ladezonensituation abbilden, denkbar.

Eine starke Steuerungswirkung haben daher ökonomische Maßnahmen, die knappe Ressourcen wie Parkplätze (Parkraumbewirtschaftung), Ladezonen und Straßennutzung mit einem Preis versehen, der die Kosten für alle richtig abbildet (Stichwort: Kostenwahrheit). Da die kontinuierliche und aktuelle Erfassung der Verkehrs- oder Parksituation inzwischen problemlos möglich ist, wird in Zukunft auch eine flexible Preissteuerung möglich. Preismaßnahmen gelten bislang als politisch unpopulär, dabei wird jedoch verkannt, dass weniger die Einführung zu (sozialer) Ungerechtigkeit beiträgt, sondern eher die Beibehaltung des *status quo*.

4.8   Mobilitätsmanagement und Förderung von Multimodalität

Mobilitätsmanagement ist ein zielgruppenspezifischer Ansatz, der betriebliche und organisatorische Konzepte umfasst und darauf abzielt, die Verkehrsnachfrage und das Verkehrsangebot aufeinander abzustimmen. Betriebliches Mobilitätsmanagement durch Beratung von Unternehmen zur Mobilität ihrer Mitarbeiter_innen ist in vielen Städten seit langem üblich, sollte jedoch institutionell weiter gestärkt werden. Ebenso sollte das schulische Mobilitätsmanagement weiter ausgebaut werden, um die Zahl der Kinder zu reduzieren, die mit dem Auto zur Schule gebracht werden.

Zunehmend werden zumindest bei größeren Stadtentwicklungsprojekten auch wohnstandortbezogene Mobilitätsmanagementkonzepte entwickelt, die über die bisherige Planung der Straßenerschließung und Anbindung an das ÖV-Liniennetz hinausgehen. Das dabei eingesetzte Maßnahmenspektrum umfasst üblicherweise Neubürgerpakete, Integration von Carsharing und Fahrrad-Verleihsystemen. Zukünftig sollten auch quartiersbezogene Anlieferungs- bzw. Logistikkonzepte angeboten werden.

5   Umsetzung

Verkehrspolitik ist immer auch Stadtentwicklungs-, Umwelt-, Wirtschafts-, Gesundheits- und Sozialpolitik. Im Idealfall sollten daher strategische Planwerke wie Verkehrsentwicklungspläne, Luftreinhaltepläne und Lärmminderungspläne in enger Abstimmung miteinander entwickelt und umgesetzt werden. In der planerischen Praxis ist dies häufig nicht der Fall, weil politische oder administrative Faktoren dem entgegenstehen (z. B. parteipolitische Prioritäten, personelle oder finanzielle Ressourcen sowie behördliche Organisationsstrukturen). Nachfolgend werden die Rahmenbedingungen für eine Umsetzung von verkehrspolitischen Maßnahmen beschrieben.

5.1 Planwerke

Auf kommunaler Ebene bildet der Verkehrsentwicklungsplan (VEP) die strategische Leitlinie für Verkehrsplanung und -politik. Hier werden gesamtstädtische und verkehrsträgerübergreifende Ziele und Maßnahmen für die nächsten 10 bis 15 Jahre definiert. Die Kommunen in Deutschland sind, anders als in einigen anderen EU-Ländern, gesetzlich nicht dazu verpflichtet, einen VEP aufzustellen und regelmäßig fortzuschreiben. Dennoch ist es in den meisten Kommunen üblich, da häufig die Durchführungsrichtlinien für die Vergabe von Fördermitteln verlangen, dass die beantragte Maßnahme Teil eines gesamtstädtischen Konzepts ist. Idealerweise bildet der VEP zusammen mit anderen Fachplänen (Landschaftsplan u. a.) die Grundlage für einen Flächennutzungsplan bzw. ein Stadtentwicklungskonzept.

In der Regel wird die Erstellung eines VEP an externe Gutachterbüros vergeben. Bei der methodischen und inhaltlichen Vorgehensweise hat sich dafür mittlerweile auch ohne verbindliche Vorgaben ein vergleichbarer Standard zumindest für Großstädte herausgebildet (vgl. FGSV 2013). Im Wesentlichen folgt die Entwicklung des Zielsystems in der Verkehrsentwicklungsplanung auf eine Bestands-, Chancen- und Problemanalyse. Mithilfe von Verkehrsmodellierungen werden dann Szenariobetrachtungen für den zeitlichen Prognosehorizont des Planwerks durchgeführt. Verkehrsinfrastruktur ist sowohl im Neubau wie auch im jahrzehntelangen Erhalt relativ teuer. Zur Vermeidung von Fehlinvestitionen, die nicht die gewünschte verkehrliche Wirkung erzielen und zur Erhöhung der Effizienz von verkehrlichen Maßnahmen erfolgt in Großstädten die strategische Verkehrsplanung als Basis für die Dimensionierung von Verkehrsinfrastruktur und somit auch für deren Um- und Ausbau mit computergestützten Verkehrsmodellen, die aufgrund der Operationalisierung von umfangreichen Analyse- und Prognosedaten das Verkehrsverhalten modellhaft abbilden und hinreichend genaue Aussagen zur zukünftigen Entwicklung ermöglichen.

Begleitet von einer Öffentlichkeitsbeteiligung wird schließlich ein gesamtstädtisches Maßnahmenkonzept entwickelt und hinsichtlich der Zielerreichung und Umsetzbarkeit bewertet. Große Zielkonflikte in allen verkehrspolitischen Diskussionen erfordern ein Ausbalancieren unterschiedlicher Perspektiven (so wird der Schutz von Ressourcen z. B. häufig als ein Hindernis für wirtschaftliche Prosperität dargestellt). Die Aufstellung des VEP und der politische Beschluss über den VEP bilden hierfür den geeigneten Rahmen.

Neben dem VEP werden auch die gesetzlich vorgeschriebenen Nahverkehrspläne, Lärmminderungspläne sowie Luftreinhaltepläne erarbeitet und beschlossen. Diese enthalten ebenfalls verkehrsplanerische Maßnahmen auf gesamtstädtischer Ebene. Auch kommunale Klimaschutzkonzepte berücksichtigen immer häufiger das Thema Verkehr. Die Verkehrsentwicklungsplanung betrachtet als einzige Planung alle Verkehrsträger, Verkehrsmittel und Verkehrszwecke. Nur hier werden die Wechselwirkungen von Maßnahmen bei unterschiedlichen Verkehrsmitteln ermittelt und anhand des vereinbarten Zielsystems bewertet. Allein der VEP arbeitet mit Szenarien und Prognosen. Notwendig ist daher eine enge inhaltliche und zeitliche Verzahnung dieser neueren Planwerke mit der Verkehrsentwicklungsplanung (s. a. FGSV 2013).

Herausforderung Regionale Kooperation
Der Zuständigkeitsbereich der städtischen Verkehrsplanung bezieht sich üblicherweise ausschließlich auf das jeweils eigene Gemeindegebiet. Gleichwohl beeinflussen Planungsentscheidungen im Umland die Verkehrssituation in den Städten in großem Maße. Durch neue Baugebiete und Arbeitsstandorte, große Einkaufszentren oder Logistikansiedlungen entwickeln sich Durchgangsverkehre, regionale Lieferverkehre und vor allem Pendlerverflechtungen. Dementsprechend passen diese räumlichen Verflechtungen nicht adäquat mit den Planungshoheiten zusammen.

Gemeinschaftliche Verkehrsentwicklungspläne mehrerer Kommunen sowie Organisationsformen, die für die konzeptionelle Verkehrsplanung auf regionaler Ebene zuständig sind, bleiben bislang die Ausnahme (Hannover, Stuttgart, Rhein/Main). Lediglich im öffentlichen Verkehr ist dies mit den Verkehrsverbünden die Regel.

Für die Zukunft bleibt die Herausforderung, die regionale Kooperation der Städte mit ihren umliegenden Gemeinden bzw. Landkreisen in der Verkehrsplanung zu stärken. Hier muss jede Region ihren eigenen Weg entwickeln, der die jeweilige Organisationsstruktur und bisherige Kooperationen berücksichtigt. Für die Zusammenarbeit ist es wichtig, dass die Gemeinden auch bei unterschiedlicher Größe (Kernstadt und Nachbargemeinden) gegenseitiges Vertrauen aufbauen und sich als gleichwertige Partner betrachten.

5.2 Zusammenspiel zwischen Politik und Verwaltung sowie weiteren Akteuren

Aufgabe der Verkehrsplanung ist die fachplanerische Entscheidungsvorbereitung. Sie wird in der Regel in den kommunalen Verwaltungen durchgeführt. Im Organisationsaufbau der Stadt- und Gemeindeverwaltungen ist die Zuständigkeit für Verkehrsplanung je nach Kommune sehr unterschiedlich verortet. Es finden sich sowohl Zuordnungen zur Stadtplanung als auch zum Tiefbau oder zur Wirtschaft. Ebenso sind die Aufgaben der konzeptionellen Verkehrsplanung, der Entwurf- und Bauausführung, der Verkehrssteuerung sowie des Straßenverkehrsrechts unterschiedlich abgegrenzt. Verwaltungen sind historisch auf die Umsetzung von baulichen Maßnahmen ausgerichtet. Eine Neuausrichtung, vor allem im Hinblick auf integrierte Verkehrs- und Mobilitätskonzepte sowie zu Zukunftsanforderungen aufgrund von Digitalisierung und Änderung der Antriebskonzepte im motorisieren Verkehr ist erforderlich.

Durch finanzielle Kürzungen steht weniger Geld für Personal, Gutachten und Maßnahmen zur Verfügung und seit mehr als 20 Jahren werden viele Stellen in der planenden und bauenden Verwaltung nicht wiederbesetzt. Besonders in kleinen Städten ohne eigene Stellen für Verkehrsplanung vergeben Verwaltungen häufig oder sogar ausschließlich Planungsleistungen an externe Ingenieurbüros. Die geschwächten

Planungsbehörden sind durch Überalterung, Überlastung, Aufgaben- und somit Umsetzungsstau gekennzeichnet. Ihnen stehen zunehmend stärkere Gemeindevertretungen und Stadtteilbeiräte mit einer gleich bleibenden Zahl von engagierten Feierabendpolitikern gegenüber, die die Verwaltungen mit Anfragen, Beschlüssen und Ablehnung wichtiger Projekte konfrontieren. Hinzu kommen die Anforderungen an informelle Beteiligung in allen Projekten.

Das Zusammenspiel zwischen Verwaltung und Politik ist daher von großer Bedeutung. In der Regel löst die Politik durch Beschluss Planungsprozesse aus und trifft am Ende die Entscheidung über die Realisierung von Maßnahmen. Die Rolle der Verwaltung ist es, die Politik auf vorhandene und zu erwartende Missstände im Verkehrssystem hinzuweisen und Lösungsvorschläge vorzulegen.

Die Stadtpolitik sieht im Gegensatz zur Verwaltung vieles anders. Sie hat ihren Stadtteil, Wahlkreis oder Wählerschichten im Fokus. Die Politik sieht gerne kurzfristig realisierbare Maßnahmen, die in wenigen Monaten nach dem Beschluss auch umgesetzt werden können. Aufgrund der geschwächten Verwaltung und dem hohen Anspruch an Rechtssicherheit und Bürgerbeteiligung gibt es nur wenige Maßnahmen, die einen Konsens finden und kurzfristig umgesetzt werden können. Positive Beispiele hierfür sind in der Regel Querungshilfen und Fußgängerüberwege. Die personell und finanziell limitierte Planungsbehörde kann unter diesen Bedingungen bloß noch auf die Politik reagieren und hat kaum mehr Spielraum für aktives und langfristiges Planen. Um die Politik doch ein wenig lenken zu können und populistische und unausgewogene Maßnahmen und Fehlentwicklungen zu vermeiden, muss die Behörde mit einer strategischen Planung in Form von Verkehrsentwicklungsplänen agieren. Aber sie muss sich auch mit den Anforderungen der Politik auseinandersetzen und sehen, wie deren Interessen mit nachhaltiger Verkehrsplanung in Einklang gebracht werden kann.

Bei der Umsetzung von Projekten sind Wahltermine in der Kommune, sowohl für das Parlament als auch Direktwahlen für den Oberbürgermeister zu beachten. Bei Kommunalwahlen wird schon lange nicht mehr mit Verkehrsprojekten geworben. In den Monaten vor einem Wahltermin sollten kritische Projekte nicht in die Diskussion oder in politische Gremien eingebracht werden. Weiterhin müssen Planer stets beachten, welche kommunalpolitische Bedeutung Verkehr, ÖPNV und Infrastrukturbau im Verhältnis zu anderen Themen haben. Ebenso sind Präferenzen der Stadtkämmerer bei der Aufteilung des Haushalts bedeutsam. Letztlich können persönliche Beziehungen zwischen den Angehörigen von Baubehörde und Politik und Parteizugehörigkeiten die Umsetzung von verkehrsbezogenen Projekten beschleunigen oder bremsen.

Vieles hängt dabei von den Akteuren, den handelnden Personen, ab. Es kann vorkommen, dass frustrierte Verkehrspolitiker kleinteilige und schnelle Lösungen beschließen, die nicht immer auch ein vorhandenes Problem adressieren. Das engt wiederum die Freiheitsgrade der Verwaltung beim Finden guter Lösungen ein. Der Erfolg von planerischen Konzepten ist jedoch immer auch eine Frage der Kommunikation und von gegenseitigem Verständnis zwischen allen Beteiligten. Bei einer guten informellen Zusammenarbeit hat eine engagierte und strategisch denkende Verkehrsplanung jedoch die Möglichkeit, zu überzeugen und etwas zu bewegen. Planer und Planerinnen sollten deshalb einen offenen und lösungsorientierten Dialog mit der Politik, der Presse und der Öffentlichkeit führen.

Eine Bündelung der behördlichen Kompetenzen im Verkehrsbereich ist sinnvoll, aber nicht entscheidend. Erfolg hängt mehr von den Akteuren als von der Verwaltungsstruktur ab. Das erweiterte Akteursspektrum von Verkehrsplanungen umfasst klassischerweise neben Politik, Verwaltung und Fachplanern die Träger öffentlicher Belange (TöB) als formal einzubeziehende Sachwalter öffentlicher Aufgaben, Unternehmen und Verbände. Je nach Fragestellung sind auch zahlreiche Betroffene mit einzubeziehen. Im Moment werden Großstädte zunehmend mit neuen Angeboten von Unternehmen (Schlagwort *Smart City*) konfrontiert. Automobilhersteller, Mobilfunkunternehmen, Stromanbieter sowie unterschiedlichste Start-ups stellen Berührungspunkte zu verkehrsplanerischen Fragen her. Die technologischen Entwicklungen schaffen eine völlig neue vielfältige Akteursstruktur, deren notwendige Steuerung von den Städten bisher nicht abschließend und umfassend geregelt ist.

5.3   Beteiligung

Verkehrsprojekte bedeuten Veränderung und Konflikte sind daher vorprogrammiert. Die Gestaltung des öffentlichen Raums, der Straßen und ÖV-Systeme sollte damit nur im Dialog mit den jeweiligen Betroffenen entwickelt werden. Daher brauchen alle Projekte von Beginn an eine zur jeweiligen Planungsphase passende Form der Kommunikation, Information und Beteiligung. Elemente der Kommunikation sind Amtsblätter, Zeitungsbeilagen, Broschüren, Internet, soziale Medien, Bürgerforen, Begehungen oder Planungszellen (vgl. FGSV 2012). Hinzu kommen die öffentlichen Sitzungen der städtischen Fachausschüsse und von Stadtteilbeiräten. Eine gute und strategisch ausgerichtete Bürgerbeteiligung ist durch die Planungsbehörde über alle Planungsphasen möglichst vor Beginn der öffentlichen Debatte aktiv zu konzipieren. Wichtig für die Bürgerbeteiligung ist, dass diese durch die Planungsbehörde zunächst informell mit der Politik abgestimmt und anschließend durch die Politik in Gremien legitimiert wird. Bei Beginn der Bürgerbeteiligung ist öffentlich klar zu stellen, in welchen Bereichen eine Beteiligung erfolgt und wie der Grad der Einbeziehung vorgesehen ist (Information, Konsultation oder Kooperation). Bürgerbeteiligung, die erst einsetzt, wenn ein Projekt medial und öffentlich und/oder politisch erheblich kritisiert wird, hat einen schwierigen Startpunkt und ist dann trotz guter Methodik oft zum Scheitern verurteilt.

Eine formale Ebene, um bürgernah Projekte weiterzuentwickeln, sind Stadtteilbeiräte. Neben den Beiratsmitgliedern haben hier in der Regel auch Bürger_innen die Möglichkeit, ihre Fragen, Anregungen und Bedenken direkt an die planende Verwaltung zu geben. Auch städtische Ausschusssitzungen sind öffentlich und eine Möglichkeit, sich über Projekte zu informieren. Abendtermine, in denen die Verwaltung vorträgt und einige Kritiker lange (und oft auch laute) Gegenreden führen, haben sich nicht bewährt. Gut geeignet sind von der Planungsbehörde veranstaltete Informationsforen, an denen

Interessierte sich an Thementischen und Stellwänden zu verschiedenen Teilaspekten eines Projekts wie Liniennetz, Straßenentwurf, Planfeststellungsverfahren, Bäume, Bauphasen, Lärmschutz und Signalsteuerung informieren können. Ein weiteres Instrument sind Bürgerforen oder Planungswerkstätten, wo einzelne Aspekte oder einzelne Abschnitte eines Projekts in einzelnen Räumen in Arbeitsgruppen erörtert werden. Die Anregungen werden geprüft und finden ggf. Eingang in das Projekt. Insbesondere profitiert die planende Verwaltung von den Ortskenntnissen der Bürger_innen, um die Planung zu optimieren.

Immer wieder organisieren sich Gegner eines Projekts in Bürgerinitiativen, um es als Ganzes zu verhindern. Internetseiten und soziale Medien haben hierfür noch bessere Voraussetzungen geschaffen. Wenn Bürger_innen die gewählte Form der Bürgerbeteiligung ablehnen, haben sie zudem die Möglichkeit, durch das Sammeln von Unterschriften ein Bürgerbegehren oder eine Petition auf den Weg zu bringen und damit Druck auf Politik und Verwaltung auszuüben. Schwierig ist es, wenn eine verunsicherte Politik die Bürgerinnen und Bürger zur Entscheidung über Verkehrsprojekte aufruft. In den letzten Jahren wurden unter anderem einige Straßenbahnprojekte abgelehnt. Die Verwaltung hat hier vermehrt die Aufgabe, durch geschickte und offene Kommunikation und Bürgerbeteiligung hohe Wellen gegen ein Projekt möglichst zu vermeiden und der Politik den Rücken zu stärken.

Eine wichtige Rolle spielen zudem Lobbygruppen und Interessenverbände. In Großstädten sind dies vor allem die Industrie- und Handelskammern, die hauptsächlich den Wirtschaftsverkehr und den Verkehrsfluss im Kfz-Verkehr im Fokus haben. Einzelhandelsverbände legen Wert auf Parkplätze und eine gute Erreichbarkeit der Innenstädte. Weitere Verbände, die sich je nach Ort und Fragestellung einbringen, sind der ADAC, der ADFC, der VCD und der B.U.N.D., Zusammenschlüsse im Speditionsgewerbe, Taxiunternehmen, Gewerkschaften, Sozialverbände, Reise- und Tourismusverbände. Es ist sinnvoll, diese Gruppen sowohl durch bilaterale Gespräche als auch in einem informellen Arbeitskreis zusammen mit Verwaltung und Fachpolitik einzubeziehen. Hier können Projekte diskutiert und Ziele und Probleme seitens der Verbände erörtert werden. Diese Arbeitskreise sind auch zu Themen wie Wirtschaftsverkehr oder Radverkehrsförderung zweckmäßig.

Exkurs Realisierung von Verkehrsprojekten
Von der ersten Planung bis zum Bau eines Verkehrsprojekts ist es ein weiter Weg über mehrere Jahre. Verwaltungen verfügen häufig weder über ausreichende eigene Planer_innen noch über die EDV (z. B. CAD für den Straßenentwurf, Verkehrssimulationssoftware). Daher werden Planungen in der Regel an Ingenieurbüros vergeben. Der Vergabeaufwand hierfür ist zum Teil erheblich, da bei großen Maßnahmen EU-weite Ausschreibungen in zweistufigen Verfahren erfolgen müssen. Diese Vergabe darf jedoch nur erfolgen, wenn genügend Planungsmittel im Haushalt verfügbar sind. Danach ist die Planung zu beauftragen. Im Zuge der einzelnen Leistungsphasen sind immer wieder Gremienbeschlüsse zu wesentlichen Planin-

halten erforderlich. Parallel dazu werden die Pläne in der Regel im örtlichen Beirat und auf Bürgerforen vorgestellt, diskutiert und weiterentwickelt. Rein formal sind Verkehrsprojekte in der Regel im zuständigen Fachausschuss des Stadtparlaments zu beraten und zu beschließen. Erst im Anschluss daran sollte die Planung in den Stadtteilbeirat getragen werden.

Je nach Umfang der Planung ist auch ein Verfahren zur Baurechtschaffung, meistens durch ein Planfeststellungsverfahren oder ein Bebauungsplanverfahren erforderlich. Gebaut werden kann nach Baurechtschaffung, wenn die Finanzierung für das Projekt im Haushaltsplan sichergestellt ist. Die Bauleistungen müssen in der Regel EU-weit ausgeschrieben werden. Während des Bauens sind zudem Einflüsse der Witterung sowie die Abstimmung der verschiedenen Gewerke und Bauleistungen sicher zu stellen. Hierbei sind die betroffenen Anlieger, vor allem die Gewerbetreibenden frühzeitig über Bauabläufe zu informieren und deren Anforderungen zu berücksichtigen. Anderenfalls ist ein „Baustellenchaos" für die Lokalpresse ein Thema über mehrere Wochen.

5.4   Finanzierung

Verkehrsmaßnahmen werden je nach Projekt unterschiedlich finanziert. Die Finanzierung beginnt in der Regel mit der Aufstellung des Haushaltsplans der Kommune, der durch die Verwaltung im Frühjahr für das jeweils kommende Jahr aufgestellt wird. Dafür sind die benötigten Mittel für Entwurf und Bau eines Verkehrsprojekts anzumelden. Es ist von Vorteil, wenn die Planung bereits durch ein maßgebliches Gremium, z. B. den zuständigen Fachausschuss des Stadtparlaments beschlossen wurde. In der verwaltungsinternen Diskussion werden dann die Anmeldungen gegenüber anderen Themen wie Schulsanierungen, Klinikneubauten, Kindergärten und Kultur abgewogen. Wenn das Parlament den Haushalt dann im Herbst debattiert, ggf. kleine Veränderungen vorgenommen und den Haushaltsplan für das Folgejahr im Dezember beschlossen hat, können nach Freigabe des Haushalts die dort finanzierten Leistungen erfolgen. Im kommunalen Haushalt werden vor allem die Mittel für Planung, Bau, Betrieb und Unterhaltung von Verkehrsanlagen für die einzelnen Haushaltsjahre zur Verfügung gestellt. Um als planende Verwaltung flexibel agieren zu können, sind Haushaltstitel für allgemeine Planungsmittel zweckmäßig, ansonsten müssen zunächst Planungsmittel mit entsprechendem zeitlichem Vorlauf durch Gremienbeschlüsse beantragt werden.

Bereits vor mehr als 50 Jahren wurde festgestellt, dass die Länder und Kommunen den Anforderungen der Verkehrsfinanzierung und Verkehrsinfrastrukturunterhaltung allein nicht gewachsen sind. Daraufhin wurden mehrere Programme des Bundes zur Unterstützung der Länder und Gemeinden entwickelt: Entflechtungsmittel, Gemeindeverkehrsfinanzierungsgesetz (GVFG)-Bundesprogramm, Regionalisierungsmittel, Nationaler Diesel Fond, Projektförderung des Bundes und der EU. Vor allem die Finanzierung größerer und innovativer Projekte erfolgt aus unterschiedlichen Finanzquellen. Ein kooperativer Austausch zwischen den Stadtverwaltungen und den Entscheidungsträgern in den Länderverkehrsministerien ist unerlässlich, um Fördermittel einzuwerben. Bei Förderprogrammen des Bundes ist die Einbeziehung von Bundestagsabgeordneten und Oberbürgermeistern nicht zu unterschätzen.

Aufgrund des hohen Instandsetzungsstaus bei der Verkehrsinfrastruktur besteht ein erheblicher zusätzlicher Finanzierungsbedarf. Hierzu gibt es seit längerer Zeit politische Diskussionen, wie dieses Defizit perspektivisch abgebaut werden kann. Die Infrastruktur muss erhalten werden und Substanzverluste sind zu vermeiden, da diese hohe Folgekosten für Neu- und Ersatzbau nach sich ziehen. Zu dieser Thematik gab es auf Bund-Länder-Ebene zwei Zukunftskommissionen (Daehre Kommission 2012 und Bodewig-II-Kommission 2016), die die den Nachholbedarf in der Verkehrsinfrastruktur bei Bund, Ländern und Gemeinden dargestellt haben und Vorschläge zur Lösung der Probleme in der Unterhaltung und Finanzierung der Verkehrsinfrastruktur entwickelt haben. Als ein wesentlicher Punkt wird das Fehlen einer Zweckbindung der Steuereinnahmen im Verkehrsbereich bemängelt, die zur Unterfinanzierung der Verkehrsinfrastruktur führen. Im kommunalen Bereich können z. B. die Leitungsträger über ihre Gebühren den Erhalt ihrer Infrastruktur planen und finanzieren (Energie, Wasser, etc.); kommunale Verkehrsinfrastruktur hingegen kann nicht über ein solches verlässliches und eigenständiges Finanzierungsinstrument unterhalten werden. Die künftige Verkehrsfinanzierung sollte daher in der Höhe zuverlässig, möglichst überjährig und eigenständig sein.

6   Fazit

Kommunale Verkehrspolitik ist ein bedeutendes Handlungsfeld, da über 60 % der Bevölkerung in Deutschland in Städten leben und die Problemlagen hier besonders ausgeprägt sind. Lärm, Schadstoffausstoß, Flächenverbrauch, Trennwirkungen und Verkehrsunfälle sorgen für einen starken Einfluss des Verkehrs auf die Lebensqualität in den Städten. Ballungsräume sind dabei aufgrund ihrer höheren Dichte an Einwohnern und Verkehrsinfrastruktur stärker betroffen als ländliche Gebiete.

Ziel muss es sein, zu einer leisen, schadstoffreduzierten, sicheren Stadt mit hoher Lebensqualität und guter Erreichbarkeit für alle Bürgerinnen und Bürger sowie Unternehmen zu kommen. Grundlage für eine nachhaltige Verkehrsentwicklung ist eine enge Verzahnung der Verkehrsplanung mit der Stadtentwicklungsplanung. Auf dieser Grundlage sind attraktive Angebote für den Umweltverbund (ÖV, Fußverkehr, Fahrrad) zu entwickeln. Zur Reduzierung der Beeinträchtigungen durch den motorisierten Verkehr ist eine konsequente Umstellung auf alternative Antriebe sowie eine Förderung von Carsharing erforderlich. Die Verkehrsabwicklung ist bei niedriger Geschwindigkeit zu optimieren. Erforderlich ist die komplette Bandbreite von Einzelmaßnahmen (infrastrukturell, siedlungsstrukturell, organisatorisch/betrieblich, preislich, ordnungsrechtlich und informatorisch).

Im Planungsprozess kommt dem Verkehrsentwicklungsplan eine große Bedeutung zu. Es gilt im Zusammenspiel von Verwaltung und Politik sowie weiteren Akteuren die Ziele für Verkehrsplanung und Verkehrspolitik festzulegen, Zielkonflikte auszubalancieren und auf dieser Grundlage Maßnahmen für die Umsetzung auszuwählen. Der VEP bildet auch eine Grundlage für die Stadtentwicklungsplanung und muss die Abstimmung der verschiedenen Planwerke (Nahverkehrsplan, Lärmminderungsplan, Luftreinhalteplan, Klimaschutzkonzept) untereinander gewährleisten. Sowohl für die gesamtstädtische strategische Planungsebene als auch für die Konzeption und Umsetzung von konkreten Einzelmaßnahmen im Stadtteil sind von der Stadtverwaltung Beteiligungsprozesse für die Beteiligung aller relevanten Akteure vorzusehen.

Städte können nicht alle Probleme alleine lösen. Insbesondere bei der Finanzierung von Bau, Umgestaltung und Unterhalt von Verkehrsinfrastruktur ist eine verlässliche Finanzausstattung erforderlich, die nur über die Förderprogramme des Bundes gewährleistet werden kann. Klimaschutzziele können nur erreicht werden, wenn direkt bei der Fahrzeugflotte angesetzt wird und Bund sowie EU entsprechende Vorgaben festlegen.

Eine Herausforderung für die Städte bleiben gemeinsame strategische Planungs- und Abstimmungsprozesse auf der interkommunalen Ebene, da es angesichts von Pendler- und Logistikströmen nicht ausreichend ist, Konzepte und Maßnahmen nur für das eigene Gemeindegebiet zu entwickeln.

Eine erweiterte Akteursarena, neue Technologien sowie Verhaltensänderungen führen dazu, dass die Dynamik im Themenfeld die kommenden Jahre hoch bleiben wird. Die kommunale Verkehrspolitik wird sich den verändernden Rahmensetzungen anpassen müssen, um zielgerichtet gestalten zu können.

Lernfragen

1. Wie beeinflusst die demografische und räumliche Entwicklung die Verkehrssituation in Städten?
2. Beschreiben Sie die Problemlage Verkehr und öffentlicher Raum.
3. Welche Maßnahmenbündel sind geeignet a) zur Erhöhung der Verkehrssicherheit in Städten, b) zur Reduzierung der Schadstoffbelastung an Stadtstraßen?
4. Welche Erfolgskriterien gibt es für die Umsetzung einer nachhaltigen kommunalen Verkehrspolitik?

Literatur

Ahrens, Gerd-Axel: Die Stunde der Wahrheit: Präsentation und Diskussion der Ergebnisse des SrV 2013, Präsentation Dresden 2014

Bundesinstitut für Bau-, Stadt- und Raumforschung (BBSR) im Bundesamt für Bauwesen und Raumordnung (BBR): Raumordnungsbericht 2017. Daseinsvorsorge sichern, Bonn 2017

Bundesministerium für Verkehr und digitale Infrastruktur BMVI (Hrsg.): Verkehr in Zahlen 2017/2018, 46. Jahrgang, Hamburg 2017

Forschungsgesellschaft für Straßen- und Verkehrswesen, Arbeitsgruppe Verkehrsplanung: Hinweise zur Beteiligung und Kooperation in der Verkehrsplanung – Ausgabe 2012, Köln

Forschungsgesellschaft für Straßen- und Verkehrswesen FGSV, Arbeitsgruppe Verkehrsplanung: Hinweise zur Verkehrsentwicklungsplanung – Ausgabe 2013, Köln

Freie und Hansestadt Hamburg, Behörde für Wirtschaft, Verkehr und Innovation (BWVI): Mobilitätsprogramm 2013: Grundlage für eine kontinuierliche Verkehrsentwicklungsplanung in Hamburg; Hamburg 2013

Freie und Hansestadt Hamburg, Behörde für Inneres und Sport 2017: Verkehrsunfallstatistik Hamburg 2016, Hamburg 2017

Statistisches Amt für Hamburg und Schleswig-Holstein: Kraftfahrzeuge in Hamburg 2016/2017; Statistische Berichte, Hamburg 2017

Umweltbundesamt (Hrsg.): Die Stadt für morgen. Umweltschonend mobil – lärmarm – grün – kompakt – durchmischt, Dessau 2017

Wermuth, Manfred; Neef, Christian; Wirth, Rainer; Hanitz, Inga; Löhner, Holger; Hautzinger, Heinz et al.: Kraftfahrzeugverkehr in Deutschland 2010. (KiD 2010). Schlussbericht. Hg. v. Prof. Dr. Wermuth Verkehrsforschung und Infrastrukturplanung GmbH, Institut für angewandte Verkehrs- und Tourismusforschung e. V., Deutsches Zentrum für Luft- und Raumfahrt e. V. und Kraftfahrt-Bundesamt. Braunschweig 2012

Internetquellen

Verkehrssicherheit:
Statistisches Bundesamt (Destatis): Verkehrsunfälle, Fachserie 8 Reihe 7, 2016; https://www.destatis.de/DE/Publikationen/Thematisch/TransportVerkehr/Verkehrsunfaelle/Verkehrsunfaelle J2080700167004.pdf?__blob=publicationFile (zuletzt aufgerufen: 12.02.2018)

Mobilitätsverhalten:
TU Dresden: Sonderauswertung zum Forschungsprojekt „Mobilität in Städten – SrV 2013" Stadtgruppe: SrV-Städtepegel, Dresden 2015; https://tu-dresden.de/bu/verkehr/ivs/srv/ressourcen/dateien/2013/uebersichtsseite/SrV2013_Staedtevergleich.pdf?lang=de; (zuletzt aufgerufen: 12.02.2018)

Umwelt:
Umweltbundesamt (a): Daten>Luft; www.umweltbundesamt.de/daten/luft; Dessau, ohne Datum (zuletzt aufgerufen: 12.02.2018)

Umweltbundesamt (b): Treibhausgas-Emissionen in Deutschland; www.umweltbundesamt.de/indikator-emission-von-treibhausgasen; Dessau, ohne Datum (zuletzt aufgerufen: 12.02.2018)

Umweltbundesamt (c): Straßenverkehrslärm; www.umweltbundesamt.de/themen/verkehr-laerm/verkehrslaerm/strassenverkehrslaerm#textpart-1; Dessau, ohne Datum (zuletzt aufgerufen: 12.02.2018)

Weiterführende Literatur

Bericht der Kommission „Bau und Unterhaltung des Verkehrsnetzes" (Bodewig-II-Kommission)
vom Februar 2016; http://www.verkehrsministerkonferenz.de/VMK/DE/termine/sitzungen/
16-02-23-sonder-vmk_kommission-bau-unterhaltung-verkehrsnetz/16-02-23-abschlussbericht.
pdf?__blob=publicationFile&v=3 (zuletzt aufgerufen: 12.02.2018)

Bracher, Tilman; Dziekan, Katrin; Gies, Jürgen; Huber, Felix; Kiepe, Folkert; Reutter, Ulrike;
Saary, Katalin; Schwedes, Oliver (Hrsg.): Handbuch der kommunalen Verkehrsplanung- Stra-
tegien, Konzepte, Maßnahmen für eine integrierte und nachhaltige Mobilität; Loseblattwerk/
HKV Online 2017

Forschungsgesellschaft für Straßen- und Verkehrswesen FGSV, Arbeitsgruppe „Verkehrsplanung"
Empfehlungen für Verkehrsplanungsprozesse – Ausgabe 2018, Köln in Vorbereitung

Vallee, Dirk; Engel, Barbara; Vogt, Walter (Hrsg.): Stadtverkehrsplanung: Grundlagen, Methoden,
Ziele; Springerverlag, Neuauflage 2018 in Vorbereitung

Carsten Gertz, Prof. Dr.-Ing., Technische Universität Hamburg Harburg, Institut für Verkehrsplanung
und Logistik, Am Schwarzenberg-Campus 3, 21073 Hamburg.

Heike Flämig, Prof. Dr.-Ing., Technische Universität Hamburg Harburg, Institut für Verkehrsplanung
und Logistik, Am Schwarzenberg-Campus 3, 21073 Hamburg.

Philine Gaffron, Dr., Technische Universität Hamburg Harburg, Institut für Verkehrsplanung und
Logistik, Am Schwarzenberg-Campus 3, 21073 Hamburg

Gunnar Polzin, Dipl.-Ing., Der Senator für Umwelt, Bau und Verkehr, Freie Hansestadt Bremen,
Abteilungsleiter Verkehr, Abteilung 5 – Verkehr, Contrescarpe 72, 28195 Bremen

Freizeitmobilität und -verkehr

Konrad Götz und Melina Stein

Zusammenfassung

Freizeit als entpflichtete Zeit ist meist mit einem Ortswechsel verbunden, der wiederum Verkehr – also Freizeitverkehr – verursacht. Es geht dabei sowohl um Freizeitverkehr im Alltag als auch um Verkehr, der durch Ausflüge, Kurztrips und Urlaub entsteht. Der folgende Beitrag befasst sich mit der Bedeutung des Freizeitverkehrs, den Problemen, die er verursacht, und zeigt Lösungsmöglichkeiten auf.

1 Einleitung

Wenn wir irgendjemand mitteilen, dass wir in den nächsten Wochen Urlaub haben, kommt fast automatisch die Frage: „Und? Wo geht's hin?" Freizeit als eigene, weitgehend von Pflichten befreite Zeit, die der Erholung dienen soll, ist in unserer Gesellschaft für die Mehrheit mit der Vorstellung eines Ortswechsels verbunden. 77 % der Deutschen haben 2016 eine Urlaubsreise von mehr als fünf Tagen Dauer unternommen (FUR 2017).[1] Es gibt zwar auch die Freizeit zu Hause, aber wenn es um längere Urlaube geht, gilt

---

[1]Die Tourismusanalyse kommt auf einen Wert von 57 % (vgl. Reinhardt 2017).

K. Götz (✉) · M. Stein
Frankfurt, Deutschland
E-Mail: goetz@isoe.de

M. Stein
E-Mail: stein@isoe.de

© Springer Fachmedien Wiesbaden GmbH, ein Teil von Springer Nature 2018
O. Schwedes (Hrsg.), *Verkehrspolitik*,
https://doi.org/10.1007/978-3-658-21601-6_15

vor allem für Berufstätige und Besserverdienende das Wegfahren an einen anderen Ort als selbstverständlich.[2] Dieser andere Ort ist dann nach Wochenenden und Urlauben ein beliebtes Small-Talk-Thema.

Wer den Ort wechseln will, muss mobil sein, also das Potenzial der Beweglichkeit haben. Hier folgen wir der Definition in diesem Band und unterscheiden zwischen Mobilität und Verkehr (vgl. Schwedes in diesem Band). Mobilität in der Freizeit wäre kein Problem, wenn die Menschen damit zufrieden wären, zu Fuß hinaus zu gehen, um mit einem Buch oder dem Smartphone unter dem nächsten Baum zu sitzen. Realität ist aber, dass sich an freien Tagen bei gutem Wetter Millionen dafür entscheiden, ihr Potenzial der Beweglichkeit massenhaft in Verkehr umzusetzen und mit dem Auto oder Motorrad ins Grüne, an einen See oder in die Berge zu fahren. Dort erwarten sie, dass es sowohl genügend Parkplätze als auch eine passende Freizeitinfrastruktur gibt und zugleich noch Einsamkeit und unberührte Natur. Nach getaner Freizeitaktivität fahren sie zu einem ähnlichen Zeitpunkt wieder nach Hause, was zu den bekannten abendlichen Freizeitstaus führt. Eine große Lärmbelastung, überproportional viele Unfälle in den Sommermonaten, CO_2-, Feinstaub- und NO_x-Emissionen sowie Landschaftsversiegelung sind die Folge.

Auch wenn heute die Fahrradnutzung zu- und die MIV-Verkehrsleistung leicht abnimmt – der motorisierte Individualverkehr dominiert mit großem Abstand die Fortbewegung in der Freizeit. Dieser kann nicht einfach eingedämmt werden, denn es handelt sich weitgehend um Wunschverkehr. Arbeitszeit gilt als fremdbestimmt, Hausarbeit als Pflicht, und so gilt die Freizeit als entpflichtete Zeit in der wir unsere ureigenen Wünsche erfüllen bzw. die in der Beziehung oder in der Familie ausgehandelten Wunscherfüllungsaktivitäten unternehmen. Freizeit ermöglicht uns das Praktizieren unseres Lebensstils, wie es uns in den Pflichtzeiten versagt bleibt. Ganz oft bedeutet das: Fantasieren über Orte, Entscheidung für einen Ort, Wahl des Verkehrsmittels und Fahrt oder Flug an diesen Ort. Das ist in der stark normativ geprägten Freizeitdiskussion als Eskapismus und von der Industrie manipuliertes Verhalten beschrieben worden. Aber bei aller Problematik muss klar sein: Die Beweglichkeit in der freien Zeit trägt starke Freiheitsmotive in sich. Dass die Strafe für Verbrechen der Freiheitsentzug durch Bewegungseinschränkung ist, dass diktatorische Regime ihren Bürgern die Bewegungsfreiheit versagen und dass die deutsche Wiedervereinigung mit den Bildern der Reisenden nach Ungarn und dem Durchschneiden des Zaunes zur Herstellung von Bewegungsfreiheit verbunden war, zeigt, dass zwischen Beweglichkeit und Freiheit zumindest starke symbolische Zusammenhänge bestehen.

Gleichwohl ist Freizeitmobilität nicht nur freie Wunscherfüllung. Die Wünsche sind geprägt von den Angeboten einer Freizeit- und Kulturindustrie, deren Produkte jederzeit und überall mithilfe des bald ubiquitären Datennetzes angeschaut, demnächst in 3-D-Simulationen vorerlebt, ausgewählt und gekauft werden können.

---

[2]87 % derer mit einem Nettoeinkommen von 3500,- EUR und mehr haben 2016 eine Urlaubsreise unternommen (vgl. Reinhardt 2017).

Freizeitmobilität ist segensreich und problematisch zugleich. Ist es nicht eine große Errungenschaft, dass wir heute die entferntesten Kulturen und Landschaften besuchen können? Aber ist es nicht zugleich ein Horror, dass an deutschen Flughäfen pro Jahr etwa zwei Millionen Maschinen mit ungeheuren Lärm-, CO_2- und Schadstoffemissionen starten und landen, um uns an jene entfernten Orte und wieder zurück zu bringen? Um dieses ambivalente Thema soll es durchaus problemorientiert in diesem Beitrag gehen.

Empirisch ist das Feld unterschiedlich gut erforscht. Zur Freizeitmobilität im Alltag wurden um die 2000er-Jahre zahlreiche Studien von Ministerien und Stiftungen gefördert und publiziert. Die heutige Datenlage zum Alltagsfreizeitverkehr ist weniger gut. Hinsichtlich der Urlaubsmobilität gibt es zwar einen aktuellen Datenbestand durch die verschiedenen Reise- und Tourismusanalysen, aber die öffentlich verfügbaren Daten beschränken sich auf vorgegebene deskriptive Kreuztabellen.

Nachfolgend wollen wir zunächst klären, wovon wir eigentlich sprechen, wenn von Freizeitmobilität und -verkehr die Rede ist, und wie sich das Phänomen ausdifferenziert und untergliedert. In einem nächsten Schritt geht es um Ursachen und Motive – also wie und warum der Freizeitverkehr entsteht. Anschließend soll anhand empirischer Befunde aufgezeigt werden, welchen Umfang dieser Fortbewegungszweck hat. Ausgehend von einer Perspektive der Nachhaltigkeit soll dann überprüft werden, welche Probleme sich daraus ergeben, und es sollen unterschiedliche Strategien und Maßnahmen aufgezeigt werden, die Schritte in Richtung Nachhaltigkeit bedeuten. Am Ende fassen wir zusammen und ziehen ein Fazit.

2 Was meinen wir mit Freizeitmobilität und Freizeitverkehr

Wenn wir Freizeitmobilität definieren, muss sowohl der Diskurs über Freizeit als auch der über Mobilität und Verkehr beachtet werden. Während die Unterscheidung zwischen Mobilität und Verkehr klar ist und hier vorausgesetzt werden kann, muss ein adäquates und zeitgemäßes Verständnis von Freizeit kurz umrissen werden.

Historisch gibt es Freizeit als Massenphänomen erst seit dem frühen 20. Jahrhundert, nachdem in mehreren Phasen Arbeitszeitverkürzungen erkämpft worden waren. Mit der Einführung des Achtstundentages 1918 und der partiellen Durchsetzung des freien Wochenendes in den 1950er-Jahren bleibt auch für die arbeitenden Klassen nicht nur Zeit zur notwendigsten Erholung von der Arbeit, sondern freie Zeit, mit der etwas unternommen und die auch an entfernten Orten gestaltet werden kann. Als in den 1950er-Jahren Freizeit und die Motorisierung zu einem Massenphänomen werden, beginnt die wissenschaftliche Untersuchung dieses Phänomens. Die Kritische Theorie beobachtet und analysiert das moderne Freizeitverhalten. Gemessen an einer Vorstellung von Muße, die der Entwicklung von Kreativität, Diskursfähigkeit und demokratischer Partizipation dienen würde, stellen die Sozialphilosophen Theodor Adorno und Jürgen Habermas die Frage, wie eigentlich freie Zeit sich von der negativen Fixierung auf Lohnarbeit emanzipieren und zu tatsächlicher Freiheit werden könne. Hauptthese ist, dass unter den herrschenden Bedingungen Freizeit nichts anderes sei als die Fortsetzung der fremdbestimmten, stumpfsinnigen und sinnentleerten Arbeit mit anderen Mitteln, ebenso entfremdet wie die Lohnarbeit und manipuliert von einer ‚geisttötenden' Kulturindustrie.

Einen eher analytischen Zugang wählen Freizeitforscher wie Scheuch und Opaschowski, die Freizeitaktivitäten empirisch untersuchen. Dies geschieht in regelmäßigen Erhebungen bis heute. Dabei werden aktuell 76 Formen unterschieden, in denen freie Zeit zugebracht werden kann (vgl. Reinhardt 2016). Betrachtet man diese empirisch gesicherten Freizeitkategorien unter dem Aspekt der Mobilität, dann fällt auf, dass es bei vielen der genannten Möglichkeiten immer schwieriger wird zu unterscheiden, ob diese Aktivitäten mit Fortbewegung verbunden sind oder nicht. Zwar gibt es nach wie vor einige Aktivitäten, bei denen klar feststellbar ist, dass sie Mobilität zur Voraussetzung haben, somit Verkehr bewirken, und dass die Aktivität, so wie es die empirische Verkehrsverhaltensforschung definiert, am Ende des Weges liegt (z. B. wenn ein Kino, Restaurant, wenn Freunde besucht werden). Aber bei einigen Aktivitäten ist nicht mehr eindeutig abgrenzbar, ob sie zu Hause, an einem anderen Ort oder unterwegs praktiziert werden. Das gilt für Aktivitäten, die heute mit Smartphones ausgeübt werden: Telefonieren, Social Networking, Musik hören, Filme schauen, im Internet surfen. Dies alles wird beim Gehen oder Fahren getan. Und bei einem Teil der Bevölkerung vermischen sich Arbeit und Freizeit durch die elektronisch mögliche Überall-und-Immer-Erreichbarkeit. Trotz dieser durch digitale Techniken bedingten, partiellen Aufweichung der Grenzen zwischen Freizeit und Arbeit können die beiden Sphären analytisch gut auseinandergehalten werden. Hier ist die Freizeitdefinition hilfreich, wie sie von der soziologischen Systemtheorie vorgelegt wurde. Danach ist Freizeit eine Auszeit, die die sozialen Systeme gewähren, um die Individuen von Totalzeitokkupation zu suspendieren (vgl. Bardmann 1986). Freizeit ist also gesellschaftlich notwendig, damit die Menschen dem Dauerstress von Erwerbs- und Versorgungsarbeit sowie Familienpflichten entkommen können. Dieser Freizeitbegriff ist zum einen mit den historischen Entwicklungen kompatibel: Die Verkürzungen der Arbeitszeit sollten die Menschen von Totalzeitokkupation befreien – das war nicht nur wichtig aus Perspektive der Gewerkschaften, sondern auch aus Unternehmersicht sinnvoll. Zum anderen wird ein solcher Freizeitbegriff aus seiner Fixierung auf Erwerbsarbeit gelöst. Auch Haus- und Versorgungsarbeit können eine Suspendierung von Totalzeitokkupation notwendig machen. Schließlich, und das ist interessant im Hinblick auf einen normativen Freizeitbegriff, der meint, Freizeit müsse eigentlich Muße im Sinne der griechischen Antike sein: Auszeit ist hinsichtlich der stattfindenden Aktivitäten nicht festgelegt und kann beliebig verwendet werden. Die Individuen müssen nur eines: Kontingenz, also Ungewissheit, bewältigen. Es entsteht somit nicht automatisch Freiheit (das wäre ein Freiheitsbegriff, der besagt: „Freiheit ist, wenn ich tun und lassen kann, was ich will"), vielmehr entsteht Wahl- bzw. Gestaltungsmöglichkeit, besser: Wahl- und Gestaltungsnotwendigkeit. Diese Zeit kann, muss aber nicht sinnvoll verwendet werden. Sie kann der Weiterentwicklung des Individuums, dem Gemeinwesen oder der Kreativität dienen, sie kann aber auch sinnloses Zeittotschlagen sein.

Beziehen wir diese offene Definition von Freizeit auf a) Mobilität und b) Verkehr, dann geht es bei Freizeitmobilität a) um Beweglichkeit für das, was in der verpflichtungsfreien

Zeit unternommen wird, und b) handelt es sich um den Verkehr (also Handlungen, Infrastrukturen, Verkehrsmittel, realisierte Wege und Nebenfolgen), der durch Fortbewegung im Raum für Aktivitäten in der verpflichtungsfreien Zeit entsteht.

Innerhalb dieser Definition muss aber noch eine weitere Unterscheidung vorgenommen werden, nämlich zwischen *zielorientierten* Formen der Freizeit-Fortbewegung. Die Fortbewegung ist hier Mittel zur Überwindung von Distanzen zur Erreichung eines Ziels, das vorher festliegt – zum Beispiel die Fahrt ins Kino. Wenn Ziele vorher festliegen, können die Wege – das ist für Nachhaltigkeitsstrategien wichtig – mit unterschiedlichen Fortbewegungsformen zurückgelegt werden.

Davon unterschieden werden muss der *bewegungs- bzw. wegorientierte* Verkehr. Hier ist die Fortbewegung selbst Freizeitzweck, zum Beispiel das Umherfahren zum Spaß (mit Auto, Motorrad oder Fahrrad). Laut einer Studie des Umweltbundesamtes umfassen diese Wege 4 % aller Freizeitwege und 10 % aller in der Freizeit zurückgelegten Strecken. Zur bewegungs- bzw. wegorientierten Fortbewegung gehören auch das Spazierengehen und das ziellose Fahrradfahren im Grünen. Es gibt auch Mischformen: Motorrad-, Auto- oder Fahrradfahrten mit einem bestimmten Ziel, bei denen aber nicht die kürzeste oder schnellste, sondern die schönste, genussvollste, kurvenreichste oder herausforderndste Strecke gewählt wird. Oder Wanderungen, die zumeist ein Ziel haben, bei denen es aber primär um das Wandern geht.

3   Ursachen, Gründe und Motive

Komplexe Entstehungsbedingungen

Was sind die Ursachen, Gründe und Motive der Freizeitmobilität und des Freizeitverkehrs? Die Entstehungsbedingungen sind komplex (vgl. etwa das sozialökonomische Modell von Zängler 2000). Stehen die Motive am Anfang oder sind die sozialstrukturellen Rahmenbedingungen – Einkommen, Alter, Beziehungssituation – der Ausgangspunkt? Es handelt sich um eine Interdependenz, die von den Individuen flexibel gehandhabt wird: Innerhalb der finanziellen, zeitlichen und lebensphasenbedingten Voraussetzungen wird der Erfüllung von Freizeit- und Urlaubswünschen gegenüber anderen Konsumansprüchen unterschiedlich großer Raum gegeben. Im Schnitt steigt die Freizeit- und Urlaubsreiseintensität mit dem Einkommen, aber auch mit kleinem Budget sind große Urlaube möglich, wenn an anderer Stelle gespart wird.

Zeit

Erst ab einem gewissen Maß an freier Zeit kann Freizeitverkehr überhaupt in relevantem Ausmaß entstehen. Das ist die zeitliche, man könnte auch sagen frei-zeitliche Bedingung. Das ist nicht trivial, denn nicht alle Menschen verfügen über das wertvolle und knappe Gut Freizeit. Das belegt das Interview mit einer 48-jährigen, als arbeitslos gemeldeten, aber in prekären Jobs arbeitenden Frau:

Ich habe keine Freizeit. Reine machen. Ich habe am Wochenende hier geputzt. Was unter der Woche liegen bleibt, mache ich am Wochenende. Wenn zwischendurch Zeit war, habe ich mal die Beine hochgelegt.

Die öffentliche Debatte über stressbedingte Burn-outs lenkt den Blick gerne auf überlastete Eliten ohne Eigenzeit. Dabei wird die spezifische Kombination fehlender Freizeit und eingeschränkter Mobilität, wie sie sich eher in unterprivilegierten sozialen Lagen findet, vernachlässigt.

Soziale Situation

Ganz anders die Situation einer 40-jährigen Lehrerein aus Berlin:

> Regelmäßig mache ich Sport, mache Triathlon, gehe ins Fitness-Studio, das ist ziemlich aufwendig, Schwimmen, Laufen, Rad fahren. Dann bin ich beim Fallschirmspringen, seit vier Jahren, da fahre ich am Wochenende raus; wenn es sich ergibt, trainiere ich auch da. Ich gehe inlineskaten. So mal locker eine Stunde mit Leuten zusammen. Ich gehe auch gern ins Theater, ins Konzert, das ist nur ab und zu. Der Sport, das mache ich jeden Tag. Das verbinde ich, gehe dann laufen, dann noch ins Fitness-Studio, aber bestimmt alles zusammen zwei Stunden am Tag. Am Wochenende mehr, wenn Wettkämpfe sind, in der Sommersaison. Fallschirmspringen ist am Wochenende. Zum Sport fahre ich, wenn ich schwimmen gehe, das sind nur fünf Minuten. Rad fahren – da fahre ich raus, irgendwo, wo es sich anbietet. Laufen im Sommer meistens im Wald oder im Winter in der Stadt, wegen des Lichts. Das Fitness-Studio, das ist so eine Fahrt von 15 bis 20 Minuten, da gehe ich schon zwölf Jahre hin, da bin ich aus Tradition. Fallschirmspringen, das ist 70 Kilometer von Berlin entfernt.[3]

Motivbedingte Distanzüberwindung

Das Beispiel macht deutlich: Wenn der Wohnort und der gewählte Ort der Freizeitaktivität eine räumliche Distanz aufweisen, muss diese Distanz – um den Freizeitort zu besuchen oder die Aktivität dort auszuführen – überwunden werden. Aber was bedeutet in diesem Zusammenhang „muss"? Tatsächlich ist die Raumüberwindung entscheidungsabhängig und verweist auf Wünsche und Motive. Damit sind wir beim zentralen Unterschied zwischen Freizeitverkehr im Vergleich zum Ausbildungs-, Arbeits- und Versorgungsverkehr. Ob ein Freizeitweg zurückgelegt wird und wohin er führt, hängt primär von Motiven ab. Während der Weg zur Schule, der Weg zur Arbeit, der Weg zum Einkauf zurückgelegt werden *muss,* also notwendig Verkehr entstehen lässt, ist es beim Freizeitverkehr anders: Im Rahmen der finanziellen und sozialstrukturellen Möglichkeiten ist es eine Entscheidung der Subjekte (bzw. Beziehungspartner/Familien), ob sie sich in der Freizeit an einen anderen Ort begeben und wo dieser Ort ist. Ob Personen an einem sonnigen Tag zu Hause auf dem Balkon grillen, ob sie ins Schwimmbad gehen oder aber zum Fallschirmspringen aus der Stadt hinausfahren, das ist – im Rahmen ihrer ökonomischen Möglichkeiten – eine freiwillige Entscheidung. Die zentrale Entstehungsursache für Fortbewegung in der Freizeit ist somit das Motiv der Wunscherfüllung in der verpflichtungsfreien Zeit.

---

[3]Die Zitate, die zugunsten einer besseren Lesbarkeit leicht gekürzt wurden, stammen aus Götz 2007.

Ausübung von Aktivitäten

Diese Motive beziehen sich auf Aktivitäten, die in der Freizeit unternommen werden. Sie werden sowohl für den Urlaub als auch für die Alltagsfreizeit in verschiedenen Studien erhoben. Unumstritten ist, dass es bei der Alltagsfreizeit vor allem um soziale Beziehungen geht: Treffen und Besuche von Freunden, Verwandten, gemeinsames Essengehen. Selbst kulturelle Aktivitäten wie der Besuch von Kinos, Theatern oder Ausstellungen werden selten allein unternommen und dienen in den meisten Fällen zugleich dem Zusammensein mit Menschen, die einem nahe sind. Ein weiterer wichtiger Grund, in der Freizeit unterwegs zu sein, sind sportliche Aktivitäten innerhalb und außerhalb von Vereinen. Auch hier gilt, dass nur einige Sportarten gänzlich individuell praktiziert werden, dass ein großer Teil sportlicher Aktivitäten zugleich soziale Beziehungen herstellt oder stärkt. Eine weitere, etwas diffuse Kategorie sind Ausflüge. Sie hat je nach Untersuchungsansatz sehr unterschiedliche quantitative Größenordnungen in der Freizeitmobilitätsforschung (vgl. Abb. 3).

Marketinggetriebene Wunscherfüllung

Es wäre eine eindimensionale Perspektive, würden wir behaupten, Freizeitverhalten im Alltag und im Urlaub entsteht ausschließlich aus subjektiven Motiven. Wünsche und Motive sind in unserer Gesellschaft immer auch das Ergebnis von Diskursen, Kommunikation und Marketing. Der begeisterte Bericht von Freunden kann uns ebenso beeinflussen wie eine Reisereportage in der Zeitung. Auch die Freizeit- und Kulturindustrie ebenso wie die Auto-, Motorrad- und Fahrradindustrie nehmen Einfluss auf unser Freizeitverhalten und die damit verbundene Fortbewegung. Mithilfe attraktiver Produkte und deren Kommunikation gelingt es, die Wunschwelten der Subjekte anzusprechen und zu inspirieren – die frühe Kritische Theorie hätte gesagt: zu manipulieren. Allerdings wäre die Vorstellung verfehlt, Reise- und Freizeitanbieter könnten neue Wünsche sozusagen aus dem Nichts zaubern. Das zeigt der hohe Aufwand an Markt- und Trendforschung, den die Reiseveranstalter betreiben, um den neuesten gesellschaftlichen Strömungen auf die Schliche zu kommen. Die Ergebnisse münden häufig in Zielgruppentypologien. In dem auf nachhaltige Angebote spezialisierten Projekt INVENT wurde untersucht, wie Lebensstilorientierungen, Urlaubswünsche und soziodemografische Eigenschaften zusammenhängen und welche Urlaubsstile sich daraus ergeben (Abb. 1).

Interessant im Hinblick auf den Freizeitverkehrsaufwand ist, dass die Analyse der Typen gravierende Unterschiede bei den genutzten Verkehrsmitteln und den damit verbundenen Emissionen zeigen: Während die Fun- und Action-Urlauber zu 63 % mit dem Flugzeug an ihren Urlaubsort kamen, traf dies bei den Traditionellen Gewohnheitsurlaubern nur zu 14 % zu (vgl. Schmied et al. 2009).

Zwischenfazit

Freizeitverkehr wird ausgelöst durch individuelle bzw. in sozialen Beziehungen miteinander in Einklang gebrachte Motive zur Erfüllung von Freizeiterlebniswünschen, die Distanzüberwindung zur Folge haben. Die Erfüllung dieser Wünsche findet im Rahmen der finanziellen Möglichkeiten statt, ist geprägt von Lebensphase und Beziehungssituation sowie von lebensstilspezifischen Grundeinstellungen und Orientierungen. Ein

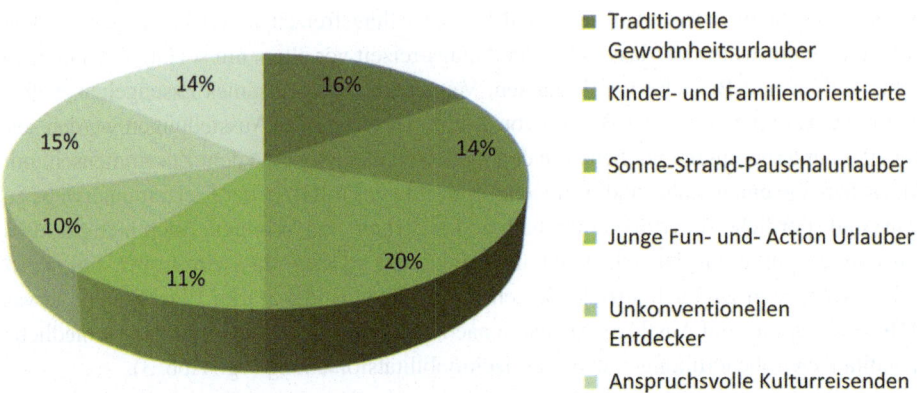

INVENT-Urlaubsstile

■ Traditionelle Gewohnheitsurlauber

■ Kinder- und Familienorientierte

■ Sonne-Strand-Pauschalurlauber

■ Junge Fun- und- Action Urlauber

■ Unkonventionellen Entdecker

■ Anspruchsvolle Kulturreisenden

Abb. 1 Urlaubsstile aus dem Projekt INVENT. (Quelle: Schmied et al. 2009)

Großteil der Freizeitaktivitäten dient der Konstituierung, Aufrechterhaltung oder Pflege sozialer Beziehungen. Gesellschaftlich wird das Freizeitverhalten beeinflusst von Angeboten und Infrastrukturen der Vereine und Kommunen, aber auch vom kommunikativen, gesellschaftlichen und sozialen Umfeld – von den Angeboten der Freizeit- und Tourismusbranche, von den Freizeit- und Urlaubsberichten in den Medien und von den Gesprächen, Chats und Bildern im Kreis von Bekannten, Freunden und Kollegen.

4   Welchen Umfang hat der Freizeitverkehr?

Es stellt sich die Frage, welche Relevanz der Freizeitverkehr hat. In der öffentlichen Auseinandersetzung um Verkehr wird der Pendelverkehr, vor allem zwischen Großstadt und Umland, meist als Hauptproblem gesehen. Das Problem ist, dass sowohl die Arbeitnehmer_innen als auch die Schüler_innen etwa zur gleichen Zeit losfahren. So entstehen Spitzenzeiten, in denen nicht nur der ÖPNV an seine Grenzen kommt, sondern der massenhafte Gebrauch von Autos zu Stau-, Feinstaub- und NO_X-Belastungen in den Städten und zu vermeidbaren CO_2-Emissionen führt.

Der (Alltags-)Freizeitverkehr wird möglicherweise unterschätzt, weil er nicht ganz so große Auto-Verkehrsmengen in einem sehr kleinen Zeitfenster kumuliert wie der Arbeits- und Ausbildungsverkehr. Dabei hat auch der Freizeitverkehr klare Spitzenzeiten (vgl. weiter unten Abb. 6 und 7). Insgesamt ist Freizeit laut einschlägiger Verkehrsverhaltensuntersuchungen der wichtigste Grund, aus dem Haus zu gehen: Etwa ein Drittel aller Wege, die wir zurücklegen, sind Freizeitwege, Tendenz leicht steigend (vgl. Abb. 2).

Abb. 2 Anteil der
Wegezwecke am
Verkehrsaufkommen MiD
2002 und 2008 in Prozent.
(Quelle: Infas 2010: 28)

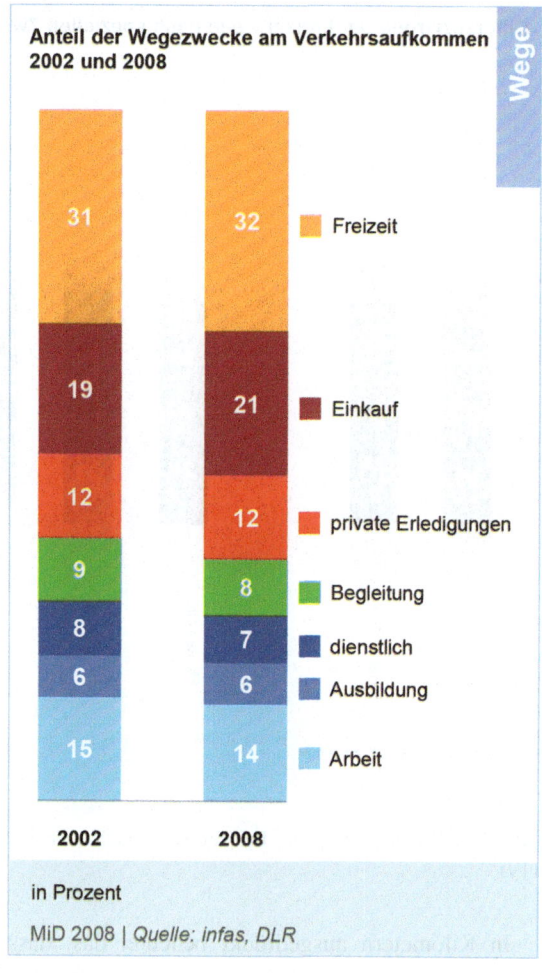

In der regelmäßig durchgeführten Studie Mobilität in Deutschland (MiD) zählen zu Freizeitwegen Wege zum Essengehen, Hobby, Sportausübungen, Veranstaltungen, Besuche und Treffen, Ausflüge und Spaziergänge sowie sonstige Aktivitäten (vgl. Abb. 3).[4]

---

[4]Für welche Freizeitzwecke Wege hauptsächlich zurückgelegt werden, hängt stark davon ab, welche Kategorien gebildet werden. In der MiD waren die Antwortmöglichkeiten, die zu obigen Kategorien zusammengefasst wurden: Besuch oder Treffen mit/von Freunden, Verwandten, Bekannten; Besuch kultureller Einrichtung (z. B. Kino, Theater, Museum); Besuch einer Veranstaltung (z. B. Fußballspiel, Markt, Popkonzert); Sport (selbst aktiv), Sportverein (z. B. Fußball, Tennis, Training, Wettkampf); Hobby (z. B. Musizieren); Weiterbildung (z. B. Sprachkurs, Volkshochschule etc.); Restaurant, Gaststätte, Kneipe, Disco; Schrebergarten, Wochenendhaus; Tagesausflug, Kurzreise (bis zu 3 Übernachtungen); Urlaub (ab 4 Übernachtungen); Spaziergang, Spazierfahrt; Hund ausführen; Joggen, Inlineskating etc.; Kirche, Friedhof; Ehrenamt, Verein, politische Aktivitäten; Begleitung von Kindern (Spielplatz etc.); Spielplatz, Spielen auf der Straße etc.; allgemeiner Einkaufsbummel; Offene Frage: Sonstiges, und zwar.

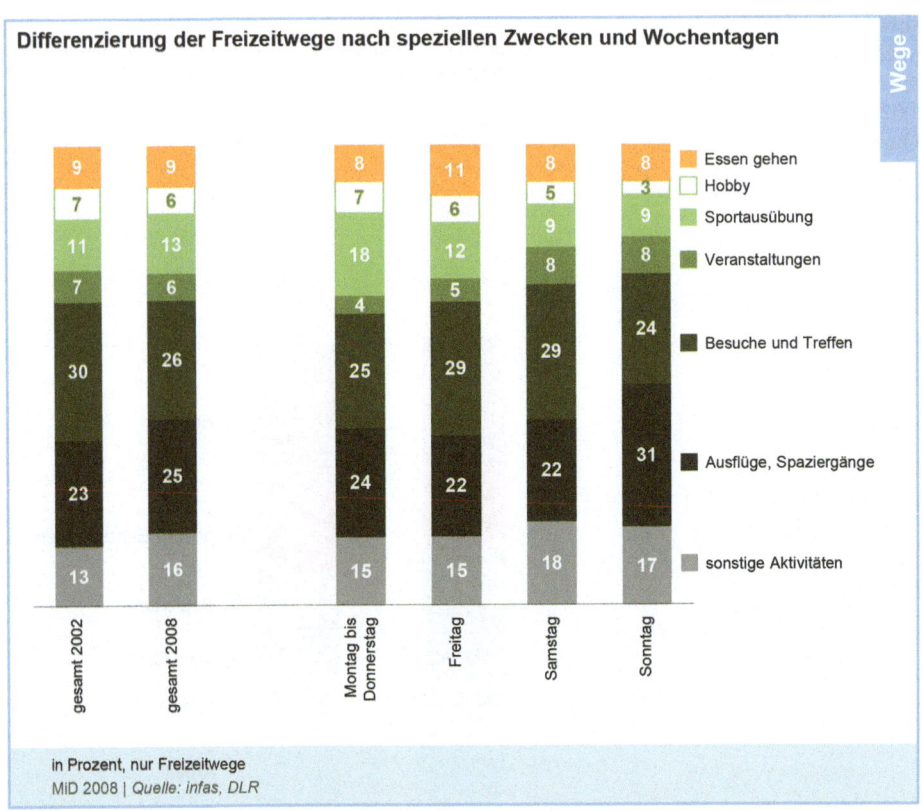

Abb. 3 Differenzierung der Freizeitwege nach Zwecken und Wochentagen. (Quelle: Infas 2010: 119)

In Kilometern ausgedrückt bedeutet das, dass in Deutschland täglich 40 % aller zurückgelegten Personenkilometer, nämlich rund 1,3 Mrd., auf Freizeitzwecke entfallen. An Sonntagen liegt dieser Wert sogar bei 2,5 Mrd. km. Ein Freizeitweg ist im Schnitt 14 km lang und somit kürzer als dienstliche (20 km) und Arbeitswege (18 km).

Obwohl die Wegelängen fast aller Wegezwecke gegenüber 2002 gestiegen sind, ist der Anstieg im Freizeitverkehr mit mehr als 100 Mio. Km pro Tag besonders hoch (vgl. Abb. 4).

Interessant ist die Altersverteilung der verschiedenen Wegezwecke. Hier wird deutlich, dass der Anteil des Freizeitverkehrs bei 11- bis 17-Jährigen überdurchschnittlich hoch ist, bei den mittleren Altersgruppen dann vor allem zulasten der Arbeitswege stark zurückgeht und im Alter wieder einen größeren Anteil ausmacht. Bei Personen ab 60 Jahren sind die Wege zum Einkaufen und für Erledigungen ähnlich hoch. Wenn man bedenkt, dass sowohl der Anteil der Älteren als auch die Lebenserwartung immer höher werden, kann man davon ausgehen, dass auch der Freizeitverkehr ansteigt (Abb. 5).

Abb. 4 Täglich zurückgelegte
Personenkilometer in Mio.
nach Wegezweck 2002 (links)
und 2008 (rechts). (Quelle:
Infas 2010: 29)

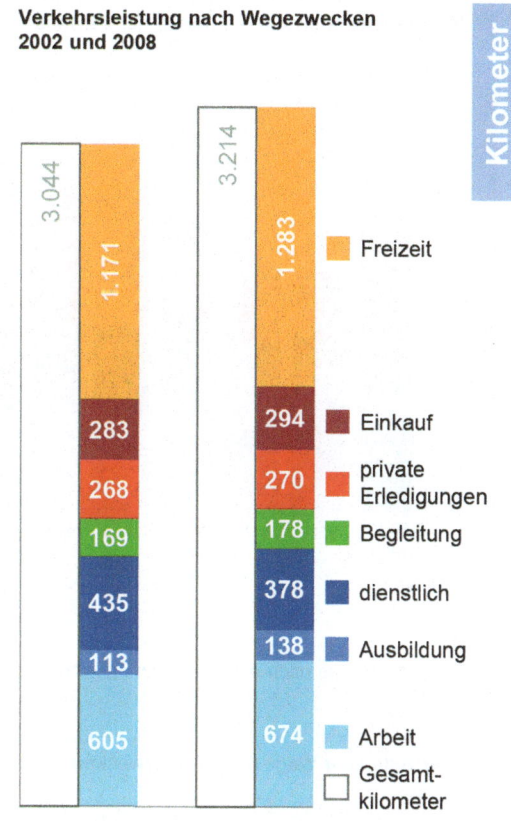

Verkehrsleistung nach Wegezwecken
2002 und 2008

Ein Blick auf die Startzeiten der Freizeitwege verrät uns, dass es auch im Freizeitverkehr Spitzenzeiten gibt. Montags bis freitags gibt es um 18 Uhr einen Peak, sonntags um 13:30 Uhr. An Sonntagen dominiert der Freizeitverkehr (Abb. 6 und 7).

Für eine problemorientierte Analyse ist es wichtig zu wissen, mit welchen Verkehrsmitteln die Freizeitwege zurückgelegt werden. Aus Sicht einer umweltorientierten Betrachtung ist zunächst erfreulich: Ein Drittel der Freizeitwege werden zu Fuß zurückgelegt. Einen höheren Wert des Zufußgehens gibt es bei keinem anderen Wegezweck (Infas 2010, BMVI 2016/2017).

Nichtsdestotrotz steht der Motorisierte Individualverkehr (Fahrer und Mitfahrer) auf Platz eins der im Freizeitverkehr genutzten Verkehrsmittel (49 %). Allerdings ist der MIV-Wert nicht ganz so hoch wie bei anderen Wegezwecken (vgl. Abb. 8). Beachtlich ist auch der hohe Anteil von MIV-Mitfahrten (20 %), was auf die oben angesprochene Sozialfunktion der Freizeit hinweist.

Bezieht man die Verkehrsmittelverteilung jedoch auf die zurückgelegten Kilometer (entfernungsbezogener Modal Split), dann steigt die Bedeutung des MIV im Vergleich

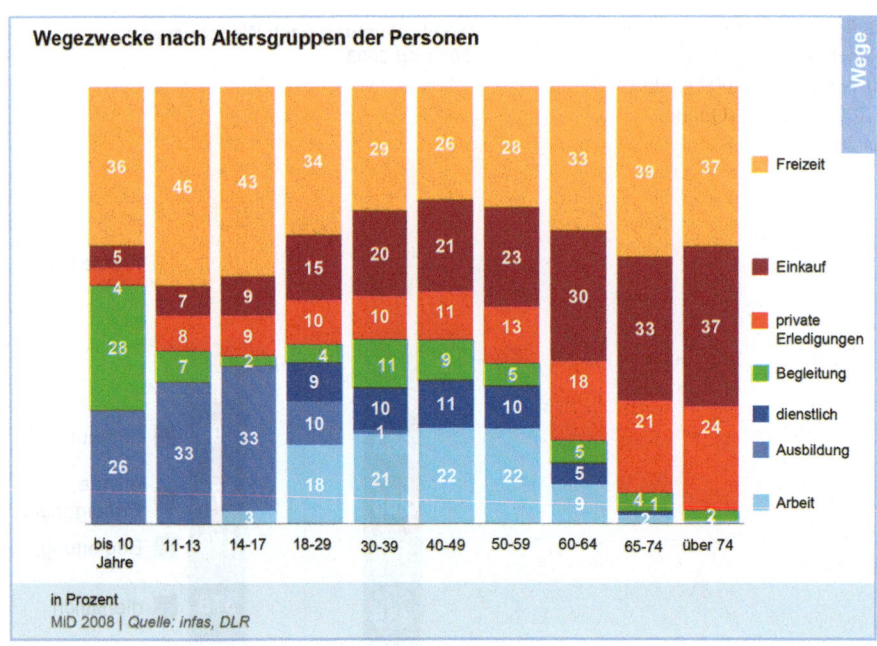

Abb. 5   Wegezwecke nach Altersgruppen. (Quelle: Infas 2010: 76)

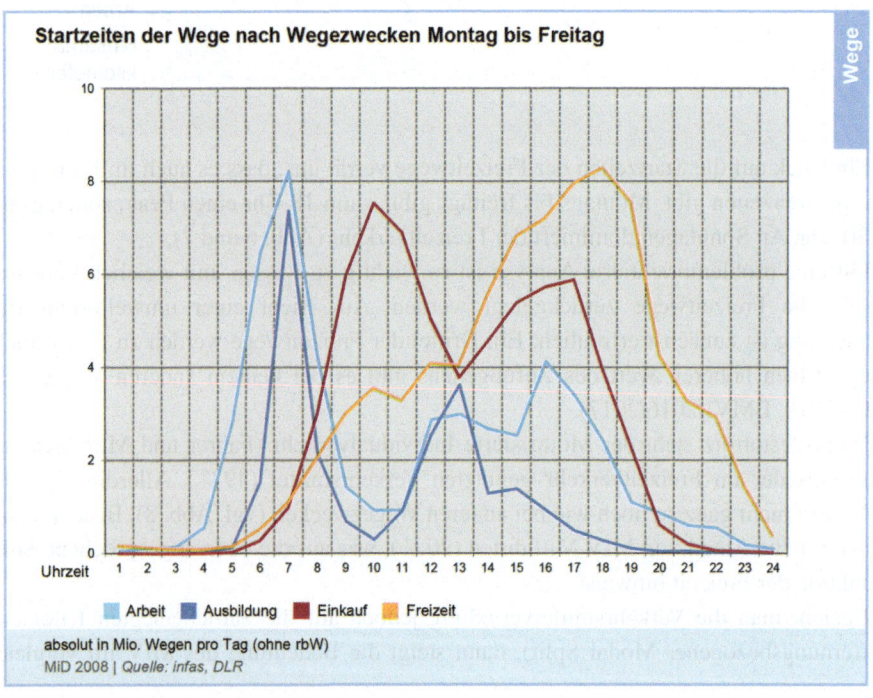

Abb. 6   Startzeiten der Wege nach Wegezwecken (Mo – Fr). (Quelle: Infas 2010: 136)

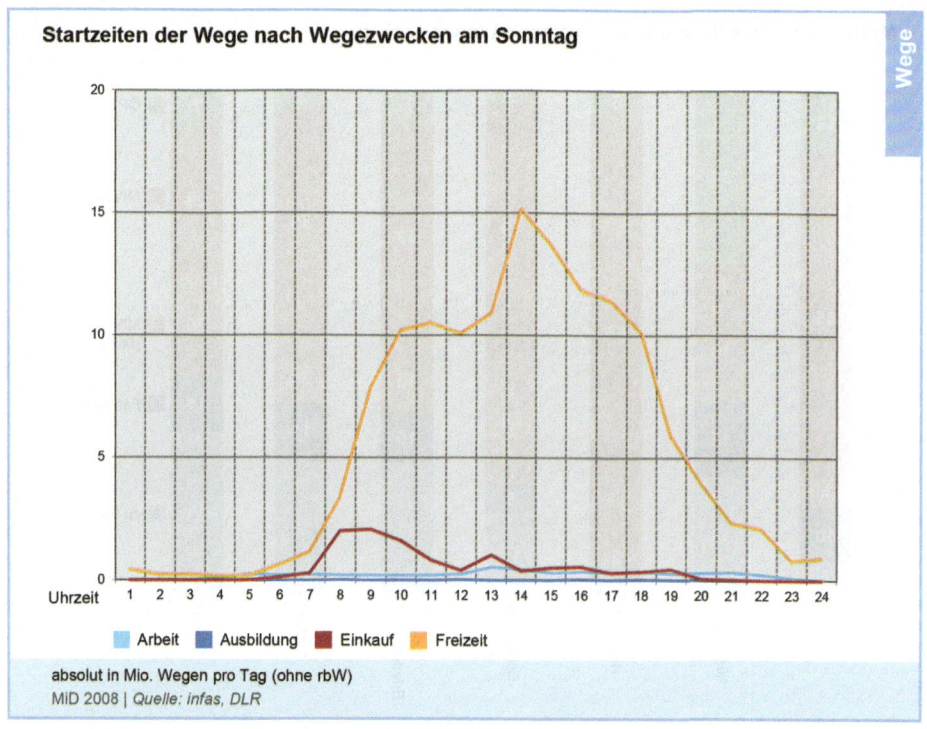

Abb. 7 Startzeiten der Wege nach Wegezwecken (So). (Quelle: Infas 2010: 138)

zum Zufußgehen. 74 % der in der Freizeit zurückgelegten Entfernungen werden mit dem MIV getätigt, nur 4 % zu Fuß.

Die Gründe für die Verkehrsmittelwahl ist eine der schwierigsten Fragen der Mobilitäts- und Verkehrsforschung. Woran liegt es, dass auch in der Freizeit das Auto so oft genutzt wird? Das Problem ist, dass bei der Erforschung dieser Frage oft subjektive Gründe und symbolische Dimensionen, die den Nutzer_innen gar nicht so bewusst sind, vernachlässigt werden. Der Schweizer Mikrozensus Mobilität und Verkehr von 2010 hat versucht, Antworten auf die Verkehrsmittelwahl in der Freizeit zu finden. Danach steht an erster Stelle der Gründe für die Wahl des MIV die kurze Reisezeit, gefolgt von Komfort und der mangelnden Erschließung des Ziels mit dem ÖV. Auch Zängler (2000) hat versucht, die subjektiven Gründe für die Verkehrsmittelwahl zu eruieren. Beim MIV hat die Antwort „Keine andere Möglichkeit" den höchsten Wert. Aber wir wissen, dass diese Vorstellung häufig auf dem Nichtwissen routinierter Autofahrer über Alternativen beruht. Die Kategorie „Vorher damit unterwegs" hat in der gleichen Untersuchung mit 35 % den zweithöchsten Wert. Das weist darauf hin, dass es sich um Routinen handelt, dass also das Auto ohnehin – auch schon bei den Wegen zuvor – gewählt wurde. Dahinter wiederum steht bekanntlich eine Amortisationslogik, die besagt: Wenn ich selbst ein Auto besitze und ohnehin dafür bezahle, nutze ich es auch.

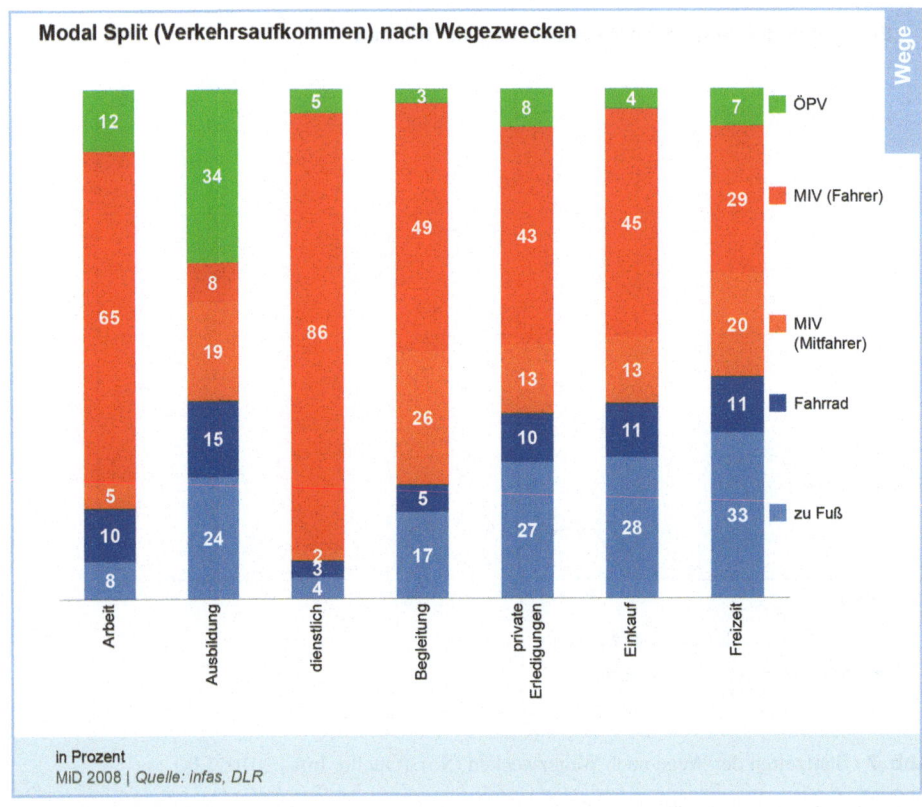

Abb. 8 Verkehrsmittelnutzung nach Wegezweck. (Quelle: Infas 2010: 121)

So viel zum Alltagsfreizeitverkehr. In der Freizeit- und Urlaubsforschung gibt es neben dem Alltagsfreizeitverkehr auch noch den Kurzurlaubs- und Urlaubsverkehr. Ein Kurzurlaub ist eine Reise mit zwei bis vier Übernachtungen. Ab fünf Übernachtungen spricht man von Urlaub.

Obwohl der Fokus der MiD auf dem Alltagsverkehr liegt, werden im Rahmen der Befragung zusätzliche Daten zu den letzten drei Reisen (mindestens eine Übernachtung) innerhalb der letzten drei Monate erhoben. Zunächst kann durch die Ergebnisse der Erhebung bestätigt werden, dass ein Großteil der Reisen aus Freizeitgründen stattfindet: 69 % der Reisen werden für Ausflüge, Urlaube oder Kurzreisen sowie für Besuche bei Freunden und Bekannten unternommen. Weitere 13 % sind „andere Privatreisen".

Gute Einblicke in das Reiseverhalten der Deutschen gibt die (nur teilweise publizierte) Reiseanalyse, die jährlich das Urlaubsreiseverhalten untersucht (FUR 2017). In der Analyse wird zwischen Urlaubs- und Kurzurlaubsreisen unterschieden. Ergebnis der

Analyse ist, dass im Jahr 2016 53,4 Mio. Deutsche 68,7 Mio. Urlaubsreisen unternommen haben, auf denen sie 67,5 Mrd. EUR ausgaben. In der Tourismusbranche spricht man von einer Urlaubsreiseintensität von 77 %.[5] Das bedeutet, dass 77 % der deutschen Bevölkerung mindestens eine Urlaubsreise gemacht haben.

Neben den Urlaubsreisen unternahmen 33 Mio. Reisende zusätzlich 80,5 Mio. Kurzurlaubsreisen und gaben dabei weitere 20,4 Mrd. EUR aus. Dieser Wert steigt seit Jahren. Auf Kurzurlaubsreisen bleiben die Deutschen im Jahr 2016 zu 75 % im eigenen Land. Am beliebtesten sind die Städte Berlin, Hamburg, München, Köln und Dresden. Im Ausland sind London, Wien, Paris und Prag die wichtigen Ziele.

Der Wirtschaftsfaktor Tourismus wird noch deutlicher, wenn man bedenkt, dass nicht nur für Anreise und Unterkunft Geld ausgegeben wird, sondern auch für Shopping, Unterhaltung und Gastronomie. Werden diese Faktoren mitberechnet, lagen die Gesamtausgaben rund um den Tourismus in Deutschland im Jahr 2015 bei 287 Mrd. EUR. Ein Großteil davon wird bei Inlandsreisen ausgegeben. Zum Vergleich: Die deutsche Automobilindustrie hatte im Jahr 2016 einen weltweiten Umsatz von 404 Mrd. EUR.

Was sind, neben den Kurzurlaubsreisen, die Ziele der Deutschen auf Urlaubsreisen? Die beliebteste Destination ist Spanien, gefolgt von Italien und der Türkei. Die Ziele liegen also hauptsächlich im europäischen Aus- und Umland. Die Zahl der Fernreisen steigt allerdings kontinuierlich: Waren es im Jahr 2006 noch 4,3 Mio., steigt die Zahl im Jahr 2016 auf 5,3 Mio. Im Jahr 2016 waren damit 8 % aller Urlaubsreisen Fernreisen. Die drei wichtigsten Ziele sind Südostasien, Nordamerika und die Karibik.

Gerade bei den Urlaubsreisen stellt sich angesichts der vielfältigen Umwelt- und Gesundheitsbelastungen die Frage, mit welchen Verkehrsmitteln die Reisen unternommen werden. Auch bei Urlaubsreisen ist der Pkw (inklusive Wohnmobil) mit knappem Vorsprung das Verkehrsmittel Nummer eins. Fast die Hälfte der Urlaubsreisen wird mit dem Pkw unternommen (47 %). Bei Reisen im Inland liegt der Wert bei 76 %. Reisen ins Ausland werden zu 34 % mit dem Auto unternommen. Betrachtet man In- und Auslandsreisen zusammen, dann steht an zweiter Stelle mit knapp 39 % das Flugzeug, während Bus und Bahn mit jeweils 6 % nur einen relativ geringen Anteil haben.

Interessant für mögliche Nachhaltigkeitsstrategien ist auch, für welche Entfernungen welche Verkehrsmittel genutzt werden. Erstaunlich ist, dass das Auto selbst bei Strecken bis 1000 km das meistgenutzte Verkehrsmittel (53 %) ist. Bei Strecken über 1000 km dominiert das Flugzeug, wobei das Auto auf Strecken zwischen 1000 und 2000 km immer noch einen Anteil von einem Drittel hat (Infas 2010) (vgl. Abb. 9).

Der Fernbus ist in den einschlägigen Untersuchungen noch nicht als Reiseverkehrsmittel berücksichtigt. Aber gerade bei längeren Strecken im Inland oder umliegenden Ausland sind in den letzten Jahren seit der Liberalisierung des Marktes im Jahr 2013 die Fahrgastzahlen von Fernbuslinien stark angestiegen, von anfänglich acht Millionen Fahrgästen im

---

[5]Siehe Fußnote 1.

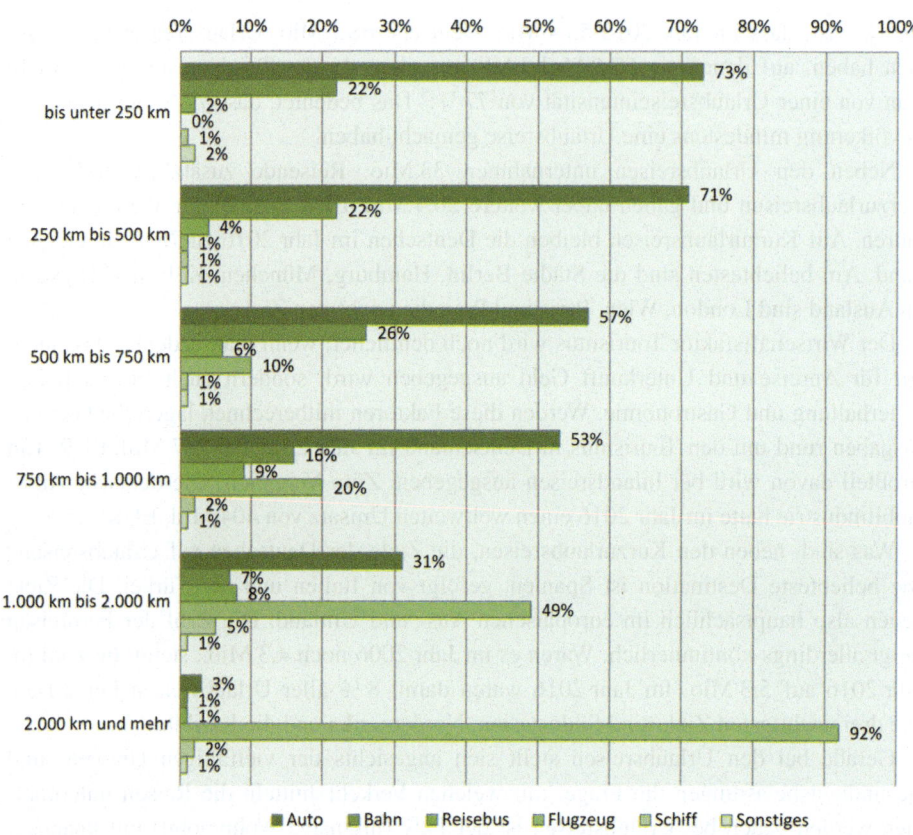

Abb. 9 Verkehrsmittelwahl für Reisen unterschiedlicher Entfernung. (Quelle: Infas 2010, eigene Darstellung)

Jahr 2013 auf 23 Mio. in 2015. Die Beförderungsleistung im Jahr 2015 betrug 7,3 Mrd. Personenkilometer.[6]

Dabei wird – wie eine Befragung der Fahrgäste des Anbieters MeinFernbus zeigt – der Fernbus größtenteils zu Freizeitzwecken gewählt: 88 % der Fahrgäste gaben an, aus Freizeitgründen (Besuch von Freunden/Bekannten, Kurzreisen und Tagesausflüge) unterwegs zu sein (vgl. Abb. 10).

Auch das expandierende Carsharing wird noch nicht gesondert ausgewiesen. Die Ergebnisse zum Freizeitanteil beim Carsharing sind sehr unterschiedlich. In der Panelstudie share wurde nach der ersten Befragungswelle ein Wert von 39 % gemessen

---

[6]Zum Vergleich: Die gesamte Beförderungsleistung betrug im selben Jahr 1179 Mrd. Personenkilometer. Die Beförderungsleistung durch Fernbusse ist zwar auf Wachstumskurs, macht aktuell aber nur einen sehr kleinen Anteil der gesamten Beförderungsleistung aus (0,6 %).

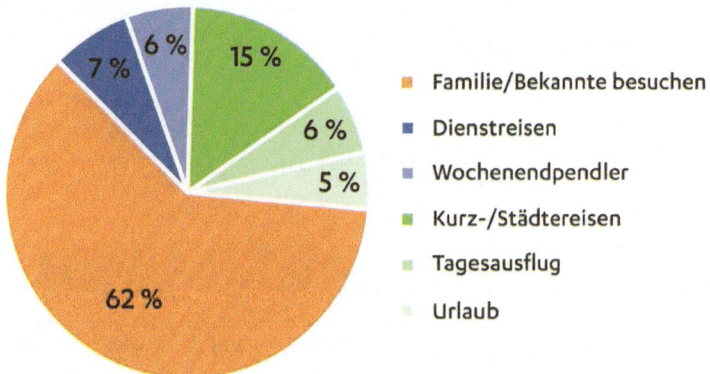

Abb. 10 Reisezweck von Fernbusgästen. (Quelle: KCW GmbH 2013: 8)

(Öko-Institut/ISOE 2014). Das Projekt Wimobil (2016) kommt auf 54 % und Kopp (2015) nur auf 19 %. Beim stationsgebundenen System kommt Wimobil (2016) auf 69 % Freizeitwege (vgl. Riegler et al. 2016).

Zwischenfazit

Freizeitverkehr ist im Vergleich der Wegezwecke der größte Einzelposten des Verkehrsverhaltens. Freizeit ist also der häufigste Auslöser, sich von zu Hause wegzubewegen. Auch hinsichtlich der zurückgelegten Entfernungen, also der Verkehrsleistung, ist der Freizeitverkehr Spitzenreiter. Diese Spitzenstellung wird in der öffentlichen Debatte kaum wahrgenommen. Sie ist nämlich geprägt von punktuellen Überschreitungen der Grenzwerte an einzelnen Hotspots in Städten mit hohem Pendleraufkommen. Dagegen sind die Belastungen des bodengebundenen Freizeitverkehrs – Lärm, Flächeninanspruchnahme und Emissionen – räumlich diffuser und zeitlich verteilt. Deshalb geraten sie nicht in den Blick eines auf Grenzwerte fixierten, verkürzten ökologischen Verständnisses. Die Belastungen durch Freizeit-Flüge wiederum gehen in der Gesamtbetrachtung des Flugverkehrs unter und werden an Regionen wie Rhein-Main sozusagen delegiert, in denen dann die Konflikte eskalieren.

5 Probleme und Lösungen: Welche Auswirkungen hat der Freizeitverkehr auf die Umwelt und welche Lösungsansätze gibt es?

Belastungen durch Freizeitverkehr

Die Unterschätzung des Freizeitverkehrs wird noch auffälliger, wenn man sich klarmacht, dass der Alltagsfreizeitverkehr mit 40 Mio. t im Jahr knapp ein Drittel der jährlichen CO_2-Emissionen des Gesamtverkehrs ausmacht (vgl. Abb. 11) und dass der Urlaubsreiseverkehr mit seinem hohen Anteil an Flugreisen dazugerechnet werden muss.

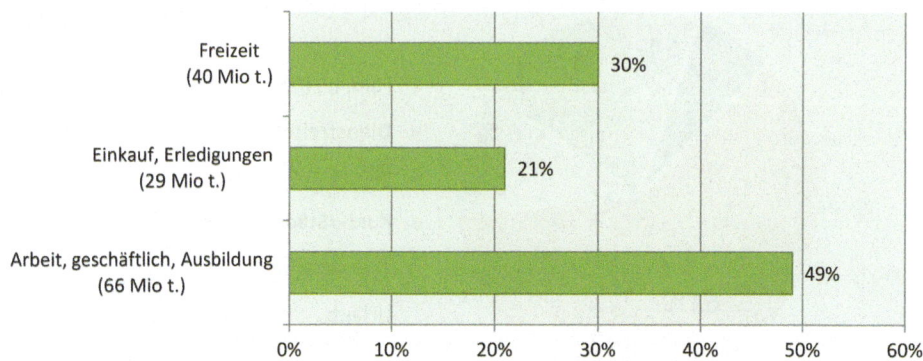

Abb. 11 Jährliche CO_2-Emissionen (Zum Vergleich: Der gesamte CO_2-Ausstoß betrug im selben Jahr in Deutschland 975 Mio. t.) nach Wegezwecken. (Quelle: Infas 2010, eigene Darstellung)

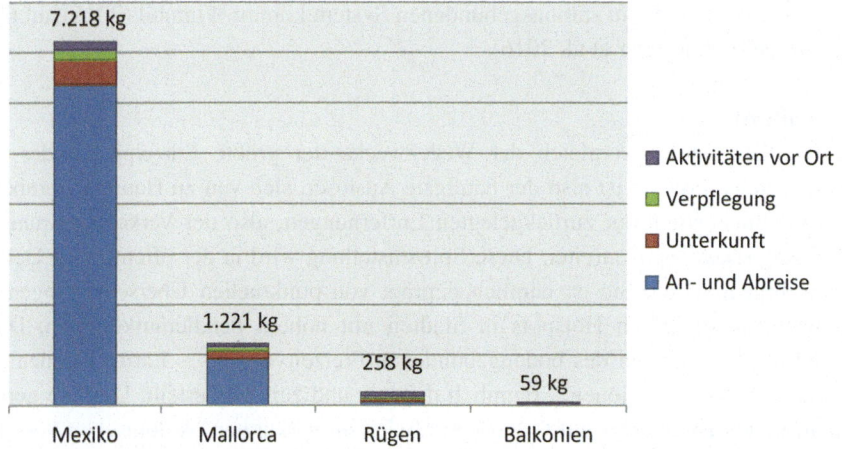

Abb. 12 CO_2-Emissionen für verschiedene Reiseziele pro Person für einen 14-tägigen Aufenthalt. (Quelle: WWF 2009, eigene Darstellung)

Berechnungen des Öko-Instituts (vgl. Schmied et al. 2009) gehen davon aus, dass durch Urlaubsreisen zusätzlich 60 Mio. t pro Jahr emittiert werden. Daraus ergibt sich ein klimarelevanter Fußabdruck des Gesamtfreizeitverkehrs von ca. 100 Mio. t CO_2.[7]

Die nachfolgende Abbildung macht deutlich, welche Belastung mit CO_2-Emissionen unterschiedliche Reiseziele bei einem 14-tägigen Aufenthalt – einschließlich des Urlaubs zu Hause – pro Person bedeuten (Abb. 12):

---

[7]Es handelt sich um eine grobe Abschätzung, da die Zahlen aus unterschiedlichen Studien stammen, sich nicht exakt auf das gleiche Jahr beziehen und nicht alle Urlaubsreisen berücksichtigt sind.

Zu den CO_2-Belastungen kommen Feinstaub, NO_X und Lärm hinzu. Neben Fluglärm wird dieser von hochmotorisierten Pkw, für die extra ein erhöhter EU-Lärmgrenzwert ausgehandelt wurde, und Motorrädern verursacht. Die Lärmbelastung in einigen Regionen wie dem Allgäu ist durch sehr laute, übermotorisierte Motorräder so groß, dass Gemeinden bereits Strecken an Wochenenden für den Motorradverkehr gesperrt haben. Ein weiteres Problem ist der große Anteil der Motorradfahrer an getöteten Personen im Straßenverkehr.

Lösungsansätze

Die Ergebnisse zu den Gesamtbelastungen des Freizeitverkehrs verdeutlichen, dass er bezüglich möglicher Maßnahmen auf der Prioritätenliste ganz oben stehen müsste. Zwar wächst das Interesse an nachhaltigem oder sanftem Tourismus stetig, er macht aber nach wie vor nur einen kleinen Teil aus.

Plattformen zur Kompensation des durch Flugreisen entstehenden CO_2-Ausstoßes
Plattformen wie „atmosfair" oder Myclimate belegen, dass das Interesse an umweltfreundlicherem Reisen durchaus vorhanden ist. Diejenigen, die nicht auf eine Flugreise verzichten möchten, können über die Webseiten der gemeinnützigen Klimaschutzorganisationen den bei einer Urlaubsreise entstandenen CO_2-Ausstoß mit einer Spende für Klimaschutzprojekte kompensieren. Die CO_2-Emissionen können direkt über die Plattform berechnet werden. Diese Plattformen werden jedoch nur von einem sehr geringen Anteil der Flugreisenden genutzt. Sie sind zudem umstritten, da der Kompensationsmechanismus bei steigendem Flugaufkommen nicht generalisierbar ist.

Um einen umweltfreundlicheren Freizeitverkehr zu erreichen, hat die Schweiz eine „Strategie Freizeitverkehr" aufgestellt. Dabei geht es hauptsächlich um die Verlagerung vom MIV auf den öffentlichen sowie den Fuß- und Radverkehr. Auch kürzere Wege zu Freizeitzielen in Wohnortnähe tragen zu nachhaltiger Mobilität bei. Dabei soll hauptsächlich mit Anreizen und attraktiven Angeboten anstatt mit Geboten und Verboten gearbeitet werden.

Immer mehr Städte bieten kostenlose ÖPNV-Tickets für ihre Gäste an – zum Beispiel das Mobility-Ticket in Basel. Die Gäste können damit für die gesamte Dauer ihres Aufenthalts die Busse und Bahnen in Basel und Umgebung nutzen. Ein ähnliches Angebot findet man im Schwarzwald: Gäste erhalten die KONUS-Karte, mit der sie in der gesamten Region mit Bussen und Bahnen im Nahverkehr kostenlos fahren können.

Schließlich ist auch das Bürgerticket immer wieder in der Diskussion. Dabei wird das Fahren im ÖV für alle unbegrenzt ermöglicht, es wird aber kein Fahrschein mehr benötigt. Deshalb wird das Bürgerticket zuweilen auch Flatrate genannt. Entscheidende Voraussetzung ist hierbei allerdings, dass der ÖPNV nicht schon völlig ausgelastet ist und dass die Leistungen hinsichtlich Takt und Ausstattung ein so hohes Niveau haben, dass die neu hinzugewonnenen Fahrgäste tatsächlich gute Erfahrungen machen und ihr Verkehrsverhalten verändern. Wenn man sich klarmacht, dass in den Großstädten die stärkste Auslastung an den Werktagen stattfindet, erscheint es sinnvoll, über eine Freizeitflatrate zu den Randzeiten nachzudenken.

Eine originelle Methode zur Verlagerung von Freizeitverkehr auf den ÖV wird im Eventverkehr, also der An- und Abreise zu einem Ereignis, praktiziert, indem die Verkehrsmittel nicht nur als Zubringer dienen, sondern die Fahrt selbst zu einem Event wird. Beispiele sind die zur Partyzone („Partybusse") oder Lesung umgestalteten Fahrzeuge des öffentlichen Verkehrs. So fanden im Rahmen des Sächsischen Literaturfrühlings Autorenlesungen in der Straßenbahn statt.

Eine bewährte Methode, Publikum auf den ÖPNV zu bringen, sind Kombitickets: In vielen Städten, etwa in Frankfurt am Main, ist die Fahrtberechtigung für den ÖPNV bereits auf das Stadionticket und die Opernkarte aufgedruckt. Der Vorteil ist, dass es nicht nur an die Vernunft appelliert, sondern dass ein Reiz ausgelöst wird in Richtung ‚Man wäre ja blöd, würde man diesen Vorteil nicht mitnehmen'.

Neben der Verlagerung auf den ÖV gibt es auch Verlagerungspotenziale auf Car- und Bikesharing. Gerade bei Ausflügen und Kurzreisen bieten diese Angebote – wenn sie denn vorhanden sind – eine gute Alternative zum eigenen Auto. Mittlerweile bieten Hotels zunehmend (elektrische) Carsharing-Fahrzeuge und (elektrische) Leihräder an. Der große Erfolg des Fahrradverleihsystems in London, insbesondere bei Touristen, weist auf die großen Potenziale innerhalb des Freizeitverkehrs auch in anderen Großstädten hin.

Auch der Fernbus, dessen Markt in den letzten Jahren enorm gestiegen ist, ist ein relativ umweltfreundliches Verkehrsmittel. Hier ist allerdings davon auszugehen, dass er eher Kundschaft von der Bahn abzieht und nicht den motorisierten Individualverkehr reduziert.

Projekt FREE – Elektromobilität für Tourismus in Nordhessen
Im Projekt „FREE – Freizeit- und Eventverkehre mit intermodal buchbaren Elektrofahrzeugen" in Nordhessen werden Carsharing-Elektrofahrzeuge und E-Bikes mit dem öffentlichen Verkehr verknüpft und sollen Besuchern die Möglichkeit geben, ohne eigenen Pkw anzureisen und vor Ort mobil zu sein. Dahinter steht die Erkenntnis, dass bei einer Anreise mit dem Pkw dieser auch überdurchschnittlich vor Ort genutzt wird, bei einer Anreise mit der Bahn hingegen eher auf Verkehrsmittel des Umweltverbundes zurückgegriffen wird. Zudem wurde das Netz von Ladepunkten im Laufe des Projekts in der Region erweitert.

Wichtig ist dabei, dass die Carsharing-Fahrzeuge auch von nicht registrierten Personen gebucht werden können, wenn diese Gäste eines der teilnehmenden Hotels sind. Im Projekt wurden verschiedene Tarifprodukte entwickelt, die öffentliche Verkehrsmittel mit E-Pkws und Pedelecs sowie Freizeitangebote verbinden. Über das Web-Portal können sowohl die Verkehrsangebote als auch Freizeitangebote und Unterkunft vor der Reise gebucht werden.

Wichtig bei der Freizeitverkehrsverlagerung ist, dass diese Angebote genauso bequem und einfach genutzt werden können wie das eigene Auto. Hier kommen digitale Anwendungen ins Spiel: Buchungsplattformen, die die ganze Wegekette und das gesamte Angebot unterschiedlicher Mobilitätsdienstleistungen integrieren, sind dabei äußerst wichtig. Hierzu gehören neben dem ÖV auch Carsharing und (Elektro-)Leihräder. Einige dieser Plattformen bestehen bereits, beziehen aber nicht das gesamte Angebot ein bzw. es lässt sich die Wegekette nicht direkt über die Plattformen, sondern nur über Verlinkungen zum Anbieter buchen. Aktuell arbeitet die Vernetzungsinitiative „Mobility Inside" des VDV an einer deutschlandweiten Plattform der Verkehrsbetriebe. Bereits vorhandene Plattformen der Verkehrsunternehmen und -verbünde sollen gebündelt werden, sodass die komplette Reisekette unabhängig von Reisemittel und -ort abgebildet wird. Dies soll ermöglichen, über die App des lokalen Betriebs bundesweit Tickets zu buchen. Außerdem sollen auch den ÖV ergänzende Mobilitätsangebote wie Car- und Bikesharing eingebunden werden. Eine Plattform, über die sowohl die Unterkunft als auch die Verkehrsdienstleistung und Freizeitangebote gebucht werden könnte, fehlt bisher noch, wäre aber äußerst nützlich.

Zwischenfazit
Geht man von den bewährten Strategien für einen nachhaltigeren Verkehr aus – vermeiden, verlagern, verbessern –, dann wird anhand der genannten Lösungsansätze deutlich, dass eine Verkehrsverlagerung im Freizeitverkehr punktuell durchaus möglich ist. Durch Strategien, die eine Verkehrsalternative bequem, am besten kostenlos und mit Effekten der Aufwandsminderung (keine Parkplatzsuche, kein Stau), koppeln, können auch routinierte Auto-Nutzer_innen bei Einzelereignissen auf den ÖV gebracht werden. Schwieriger wird es bei länger dauernden Freizeitereignissen: Hier ist es schon ein großer Schritt, wenn die Anreisenden das Auto zu Hause lassen. Die Beispiele der autofreien Skiorte und Nordseeinseln zeigen, dass das möglich ist. Eine Ermunterung zur autofreien Anreise kann durch umweltfreundliche Angebote vor Ort wie integrierte ÖPNV-Nutzung, Car-, Fahrrad- und E-Bikesharing flankiert werden. Dies alles hebelt nicht die symbolische und emotionale Bindung eines Teils der Freizeitakteure an ihr eigenes Auto aus. Diese Bindung wird aber gegenwärtig – wie viele Studien zeigen – ohnehin schwächer.

6 Zusammenfassung und Ausblick

Freizeitaktivitäten sind überwiegend motivational bedingt. Die Mehrzahl der Aktivitäten haben mit der Schaffung, Pflege und Aufrechterhaltung sozialer Beziehungen zu tun. Die Alltagsakteure der Freizeit haben vielfältige Möglichkeiten, in der Freizeit mobil zu sein. Erfreulicherweise sind sie das so häufig wie bei keinem anderen Fortbewegungsgrund zu Fuß. Auch der Fahrradverkehr boomt und viele neue Radmodelle haben einen ausgesprochenen Freizeit-Lifestyle-Charakter.

Die andere Seite ist: Der Freizeit- und Urlaubsverkehr belastet die Umwelt erheblich. Das wird in der von Spitzenwerten des Arbeitsverkehrs geprägten öffentlichen Diskussion kaum thematisiert. Tatsächlich verursacht der Freizeit- und Urlaubsverkehr massive Probleme des Lärms, der Landschaftsversiegelung, der Emissionen und damit der Gesundheit.

Lösungswege sind zum einen Strategien für bestimmte Events oder Veranstaltungen. Zum anderen erscheinen kombinierte Strategien, die an mehreren Punkten zugleich ansetzen, am erfolgversprechendsten: Wer durch die Nutzung umweltfreundlicher Verkehrsmittel keine zusätzlichen Kosten hat, wer Zeit spart und dessen Nerven geschont werden, wer keinen Verlust, sondern eher eine Erhöhung des Erlebniswertes in der Freizeit empfindet und die Angebote komfortabel digital nutzen und abrechnen kann, ist am ehesten bereit, vom Auto abzulassen. Die Möglichkeiten der Digitalisierung sind notwendige, aber keine hinreichenden Bedingungen einer Ökologisierung. Manchmal hat sie durch vereinfachte Informationsbeschaffung und Buchung im Freizeitbereich auch den umgekehrten Effekt – also die Generierung von neuem Verkehr. Neueste Technologien, wie Virtual-Reality-Brillen, die auch in der Tourismusbranche eingesetzt werden, haben eher den Zweck, sich das Reiseziel schon einmal vorab vor Augen zu führen, nicht aber, die Urlaubsreise gar nicht erst anzutreten.

Während eine Verkehrsverlagerung weg vom Auto durchaus möglich ist, müsste Verkehrsvermeidung an den Motiven ansetzen. Diese können auf keinen Fall komplett verändert werden. Aber ein ähnlicher Freizeitwunsch kann an einem näheren Ort oder vor der Haustür erfüllt werden. Strategisch kann hier vom Marketing gelernt werden (vgl. dazu die Beispiele in Schmied et al. 2009).

Am schwierigsten ist es, den Urlaubsflugverkehr zu reduzieren. Denn häufig ist das Flugzeug das billigste und schnellste Verkehrsmittel, und der Flug ist Teil des Angebotspakets. Insbesondere bei Fernreisen gibt es kaum Alternativen. Und immer, wenn – wie beim Fliegen – massive Zielkonflikte zwischen Ökonomie und Ökologie vorliegen, sind internationale Interventionen – wie die längst fällige Kerosinsteuer – kaum durchzusetzen. Und insgesamt muss bedacht werden, dass es nicht darum gehen kann, zu unterbinden, andere Länder und Kulturen kennenzulernen oder die Familie im Ausland zu besuchen, was bei zunehmendem Anteil an Einwanderern besonders wichtig ist. Aber es gibt Flüge, die leicht vermeidbar sind, wie beispielsweise Inlandsflüge oder internationale Flüge, zu denen ein gute, schnelle und bequeme Bahnalternative besteht. Schwierig durchzusetzen ist die Flugreisevermeidung dann, wenn Flüge große Kostenvorteile aufweisen.

Abgesehen vom Flugverkehr dominiert das Auto. Für den Mainstream ist es immer noch das praktische und familientaugliche Allround-Verkehrsmittel, auf das ungern verzichtet wird. Es gibt allerdings Destinationen, die zu einer alternativen, umweltfreundlichen Fortbewegung ermuntern, und die deutlich machen, dass Urlaub auch ohne Auto Spaß machen kann.

Ein weiteres Problem ist der mit starken Lärmbelastungen und Unfällen verbundene Motorradfreizeitverkehr. Bekanntlich gibt es leise Motorräder und vernünftige Motorradfahrer_innen. Aber eine Teilgruppe sucht das Risiko und will den Sound. Das Kontrollnetz ist zu weitmaschig und die Rechtslage ist kompliziert. Deshalb greifen bestimmte Regionen zur Notwehr und verbieten phasenweise den gesamten motorisierten Individual- oder den Motorradverkehr. Dies kann zu Zielkonflikten mit den Interessen der auf Motorradzielgruppen spezialisierten Gastronomie führen.

Bei der Alltagsfreizeit in der Stadt erweisen sich die vielen Formen der Kombitickets als erfolgreich. Diese Angebote beweisen, dass Strategien, die sowohl finanziell als auch hinsichtlich eines schnellen Hin- und Wegtransports attraktiv sind, empfohlen werden können.

In Zukunft wird die digitale Technik sicher neue Chancen der Verkehrsverlagerung in Richtung Nachhaltigkeit eröffnen. Apps, die auf Basis einer effizienten Verkehrsinfrastruktur multioptionale Wegeketten eröffnen, werden Schritte in eine nachhaltige und zukunftsfähige Freizeitmobilität möglich machen. Wenn die Unterkünfte von den Kommunen auf Basis von Klimaschutzplänen dazu ermuntert werden, ihre Gäste schon lange vor der Anfahrt über eine Urlaubsmobilität ohne eigenes Auto, aber mit attraktiven elektrischen Fahrzeugen zu informieren, dann wird die Familien-Urlaubskutsche irgendwann ausgedient haben.

Lernfragen

a) Was ist der zentrale Unterschied zwischen Arbeits- und Freizeitverkehr?
b) Welche unterschiedlichen Formen des Freizeitverkehrs gibt es?
c) Worin liegt die Schwierigkeit, Freizeitverkehr einzudämmen?
d) Was sind mögliche Strategien einer umweltfreundlichen Gestaltung des Urlaubsverkehrs?

Literatur

Bardmann, Theodor M. (1986): Die missverstandene Freizeit. Freizeit als soziales Zeitarrangement in der modernen Organisationsgesellschaft. Stuttgart.

Bundesministerium für Verkehr und digitale Infrastruktur (BMVI) (Hrsg.) (2016/2017): Verkehr in Zahlen 2016/2017. 45. Jahrgang.

Forschungsgemeinschaft Urlaub und Reisen e. V. (FUR) (Hrsg.) (2017): Reiseanalyse 2017. Erste ausgewählte Ergebnisse der 47. Reiseanalyse zur ITB 2017.

Götz, Konrad (2007): Freizeit-Mobilität im Alltag oder Disponible Zeit, Auszeit, Eigenzeit – warum wir in der Freizeit raus müssen. Duncker & Humblot, Soziologische Schriften, Band 79. Berlin.

Infas (Hrsg.) (2010): Mobilität in Deutschland 2008. Bonn.

Reinhardt, Ulrich (2016): Stiftung für Zukunftsfragen. Freizeitmonitor 2016. Eine Initiative von British American Tobacco. Hamburg. Download http://www.freizeitmonitor.de/de.html (aufgerufen am 17.07.2017).

Reinhardt, Ulrich (2017): Stiftung für Zukunftsfragen. Tourismusanalyse 2017. Eine Initiative von British American Tobacco. Hamburg. Download http://www.tourismusanalyse.de/ (aufgerufen am 01.08.2017).

Riegler, Sebastian/Maria Juschten/Reinhard Hössinger/Regine Gerike/Lars Rößger/Bernhard Schlag/Wilko Manz/Christoph Rentschler/Johanna Kopp (2016): CarSharing 2025 – Nische oder Mainstream?

Schmied, Martin/Konrad Götz/Edgar Kreilkamp/Matthias Buchert/Thomas Hellwig/Sabine Otten (2009): Traumziel Nachhaltigkeit. Innovative Vermarktungsangebote nachhaltiger Tourismusangebote für den Massenmarkt. Physika-Verlag, Heidelberg.

Zängler, Thomas W. (2000): Mikroanalyse des Mobilitätsverhaltens in Alltag und Freizeit. Springer-Verlag Berlin, Heidelberg.

Internet- und Bildquellen

KCW GmbH (Hrsg.) (2013): Neue Fernbushalte und Genehmigungspraxis: Chancen für die Kommunen

SfZ (2016): Stiftung für Zukunftsfragen – Reisebilanz http://www.tourismusanalyse.de/zahlen/daten/statistik/tourismus-urlaub-reisen/2017/reisebilanz-2016/

WWF Deutschland (Hrsg.) (2009): Der touristische Klima-Fußabdruck. WWF-Bericht über die Umweltauswirkungen von Urlaub und Reisen

Weiterführende Literatur

Adorno, Theodor W. (1997): Freizeit. In: Th. W. Adorno: Gesammelte Schriften. Darmstadt.

Habermas, Jürgen (1958): Soziologische Notizen zum Verhältnis von Arbeit und Freizeit. In: Gerhard Funke (1958): Konkrete Vernunft. Festschrift für Erich Rothacker.

Heinze, Wolfgang G./Heinrich H. Kill (1997): Freizeit und Mobilität – Neue Lösungen im Freizeitverkehr. Hannover.

Dr. Konrad Götz, Institut für sozial-ökologische Forschung, Hamburger Allee 45, 60486 Frankfurt.

Melina Stein, Institut für sozial-ökologische Forschung, Hamburger Allee 45, 60486 Frankfurt.

Öffentlicher Verkehr

Katrin Dziekan und Meinhard Zistel

Zusammenfassung

Der Beitrag definiert öffentliche Mobilitätsangebote im Personenverkehr und führt in die politischen, rechtlichen sowie organisatorischen Rahmenbedingungen auf verschiedenen föderalen Ebenen ein. Einen wesentlichen Aspekt bildet dabei der politische Einfluss auf die Planung und Finanzierung der Verkehrsangebote. Für einen zeitgemäßen öffentlichen Verkehr sind die dargestellten, vielfältigen Kooperationen und das bestmögliche Zusammenwirken der Verkehrsträger entscheidend. Der öffentliche Verkehr steht dabei im Spannungsfeld unterschiedlicher Interessen und Akteure. Die sich daraus ergebenden Herausforderungen sind abschließend skizziert.

1   Einleitung

Bus, Straßenbahn, U-Bahn, S-Bahn, Regionalbahn, Fähre, Fernlinienbus oder Linienflugzeug sind alles Verkehrsmittel des öffentlichen Verkehrs. Streng formal umfasst Öffentlicher Verkehr (ÖV) nämlich alle Verkehrs- und Beförderungsangebote, die jede Person im Rahmen der jeweiligen Beförderungsbestimmungen in Anspruch nehmen kann. Zum Personenverkehr mit Bahnen und Bussen zählen der allgemein zugängliche Öffentliche Personenfernverkehr (ÖPFV) und -nahverkehr (ÖPNV) einschließlich Taxis. In Ergänzung

K. Dziekan (✉)
Umweltbundesamt (UBA), Dessau-Roßlau, Deutschland
E-Mail: katrin.dziekan@uba.de

M. Zistel
Verband Deutscher Verkehrsunternehmen e. V. (VDV), Berlin, Deutschland
E-Mail: zistel@vdv.de

© Springer Fachmedien Wiesbaden GmbH, ein Teil von Springer Nature 2018   347
O. Schwedes (Hrsg.), *Verkehrspolitik*,
https://doi.org/10.1007/978-3-658-21601-6_16

zum ÖPNV und ÖPFV gibt es weitere öffentlich zugängliche Verkehre wie Mietwagen, Carsharing, Busse im Gelegenheitsverkehr oder Ridesharing-Angebote. Mit öffentlichen Verkehrsmitteln zu fahren bedeutet, zu vorgegebenen Zeiten nach Fahrplan, mit Mitreisenden, die man sich nicht ausgesucht hat, zu einer Haltestelle zu fahren, die nicht das eigentliche Endziel des Weges ist. Fahrgäste nutzen somit ein Beförderungsmittel gemeinsam mit anderen Menschen, die einen ähnlichen Weg oder Teilweg haben. Diese örtliche und zeitliche Bündelung von Fahrtwünschen ist die wesentliche Grundlage des öffentlichen Personenverkehrs.

Im Straßenverkehr sind in Deutschland überwiegend private Autos unterwegs. Das Verkehrsaufkommen (Modal Split) verteilte sich im Jahr 2008 im Bundesdurchschnitt zu 58 % auf den motorisierten Individualverkehr (MIV) als Fahrer und Mitfahrer und zu 42 % auf die Verkehrsmittel des Umweltverbunds, darunter 23 % Fuß-, 10 % Fahrradverkehr und 9 % ÖPNV (vgl. infas/DLR 2010). Der öffentliche Verkehr als Teil des Umweltverbunds ist vor allem in städtischen Ballungsgebieten, wo Ressourcen gut ausgelastet sind und dadurch optimal genutzt werden, die umweltfreundlichere Alternative zum eigenen Pkw.

Die Nutzung von Bahnen und Bussen ist die sicherste Art, sich in Deutschland fortzubewegen. Während im Jahr 2015 1620 Pkw-Insassen tödlich verunglückten, starben im öffentlichen Verkehr lediglich fünf Buspassagiere, vier Straßenbahn- und drei Eisenbahnfahrgäste[1]. Damit ist die Nutzung öffentlicher Verkehrsmittel um den Faktor 135 sicherer als Autofahren. Insgesamt gab es im Jahr 2015 insgesamt 3459 Tote im Straßenverkehr sowie ein Hundertfaches an Schwer- und Leichtverletzten.

Im Jahr 2015 beförderten Bahnen und Busse in Deutschland insgesamt ca. 14 Mrd. Fahrgäste[1]. Auf die Eisenbahnen entfallen 2,65 Mrd. Fahrgäste – davon 131 Mio. Fahrgäste im Fernverkehr und 2,52 Mrd. Fahrgäste im Schienenpersonennahverkehr (SPNV) – sowie 11,21 Mrd. Fahrgäste auf den Linienverkehr mit Stadtbahnen und Bussen. Die Mehrheit der Verkehrsleistung von insgesamt ca. 232 Mrd. Personenkilometern im öffentlichen Personenverkehr Deutschlands wird im Nahverkehr erbracht, der 157 Mrd. Personenkilometer umfasst. Der Personenfernverkehr steht für etwa ein Drittel der Verkehrsleistung.

Die ÖV-Branche ist ein wichtiger Wirtschaftsfaktor. Im Jahr 2009 gab es allein im ÖPNV mehr als 236.000 Direktbeschäftigte davon sind 54,6 % der Arbeitnehmenden im Fahrdienst, 26,7 % im technischen Dienst und 18,7 % in der Verwaltung beschäftigt (vgl. VDV 2009). Darüber hinaus sind weitere 157.000 indirekt Beschäftigte in zuliefernden Unternehmen tätig. Ohne Einbeziehung der induzierten Konsumentennachfrage sichert der ÖV in Deutschland insgesamt über 500.000 Arbeitsplätze, die regional gebunden sind und nicht ins Ausland verlagert werden können. Insgesamt ergeben sich für den deutschen ÖPNV pro Jahr nachfragewirksame Ausgaben in Höhe von

---

[1]vgl. www.destatis.de, Zugriff 05.01.2017.

ca. 22,8 Mrd. EUR, davon 9,7 Mrd. Euro für Personal und 5,1 Mrd. EUR für Investitionen in Fahrzeuge, Bauwerke und technische Ausrüstungen. Rund 13,1 Mrd. EUR wirken als Vorleistungsnachfrage direkt bei anderen Unternehmen und 90 % davon fließen in die deutsche Wirtschaft.

2 Wie funktioniert der ÖPNV?

Der ÖPNV umfasst den SPNV und den Öffentlichen Straßenpersonennahverkehr (ÖSPV), bzw. allgemeinen ÖPNV. ÖPNV im Sinne des Personenbeförderungsgesetzes (PBefG) ist die allgemein zugängliche Beförderung mit Straßenbahnen, Obussen und Kraftfahrzeugen im Linienverkehr, die überwiegend dazu bestimmt ist, die Verkehrsnachfrage im Stadt-, Vorort- oder Regionalverkehr zu befriedigen. Das ist der Fall, wenn bei der Mehrzahl der Fahrgäste eines Verkehrsmittels die gesamte Reiseweite 50 km oder die gesamte Reisezeit eine Stunde nicht übersteigt (vgl. PBefG, Allgemeines Eisenbahngesetz [AEG], Regionalisierungsgesetz [RegG]). Im Gegensatz zum Fernverkehr unterliegt der ÖPNV besonderen rechtlichen Rahmenbedingungen und Organisationsstrukturen.

Im ÖPNV sind zahlreiche Akteursgruppen beteiligt. Die Akteurslandkarte für Deutschland (siehe Abb. 1) erhebt keinen Anspruch auf Vollständigkeit, sondern stellt die unterschiedlichen Akteure – z. B. Fahrgäste, Politik, Aufgabenträger, Verkehrsverbünde, Verkehrsunternehmen, Interessenverbände – mit ihren verschiedenen Interessen und Aufgaben zusammen und veranschaulicht die groben Strukturen.

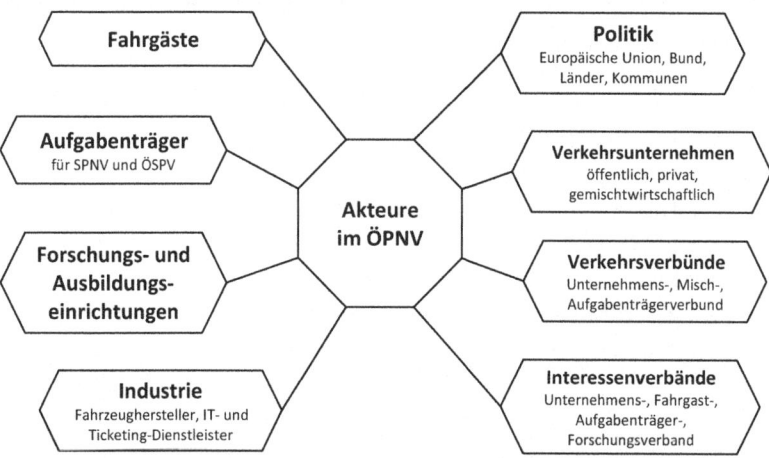

Abb. 1 Akteurslandkarte für den ÖPNV in Deutschland. (Quelle: Eigene Darstellung)

2.1   Organisationsstrukturen

Zwei politische Prozesse haben in den 1990er und 2000er Jahren maßgeblich zur Herausbildung der heutigen Organisationsstrukturen geführt. Der erste Prozess ist die Regionalisierung als eine Säule der Bahnreform, bei der die Zuständigkeit für den regionalen
SPNV ab 1996 vom Bund auf die Länder überging. Seitdem haben fast alle Länder
eigene Landesnahverkehrsgesetze erlassen. Neben der Zuständigkeit für den SPNV legen
die ÖPNV-Gesetze der Länder die Aufgabenträgerschaft im ÖSPV und die wahrzuneh-
menden Aufgaben fest. Somit haben sich in den Ländern sehr heterogene Organisationsstrukturen herausgebildet, die den unterschiedlichen gesellschaftlichen, politischen und
demografischen Rahmenbedingungen jedes Landes gerecht werden sollen.

Nach der gebräuchlichsten Definition der Länder ist ÖPNV eine Aufgabe der
Daseinsvorsorge, welche die Aufgabenträger freiwillig oder im Rahmen ihrer finanziellen Leistungsfähigkeit wahrnehmen sollen. Die Landkreise und kreisfreien Städte
sind in den Ländern mehrheitlich die zuständigen ÖSPV-Aufgabenträger. Bei freiwilligen Selbstverwaltungsaufgaben wie dem ÖSPV entscheiden die Kommunen in eigener
Verantwortung, wie sie die übertragene Aufgabe ausfüllen. Nur in Sachsen-Anhalt und
dem Saarland ist der ÖSPV eine Pflichtaufgabe der Aufgabenträger und gleichberechtigt
neben anderen pflichtigen Selbstverwaltungsaufgaben wahrzunehmen.

Der zweite bedeutsame politische Prozess war die Föderalismusreform I. Vor der
Reform unterlagen die meisten Politikbereiche einer konkurrierenden Gesetzgebung
von Bund und Ländern. Bei der Föderalismusreform I wurde die Rahmengesetzgebung
des Bundes nach Art. 75 GG aufgehoben und Zuständigkeiten neu geregelt. Die Länder haben ab dem Jahr 2007 eine größere Verantwortung für ÖPNV-Organisation und
-Finanzierung erhalten. Mit den Beschlüssen zur Neuregelung des bundesstaatlichen
Finanzausgleichssystems ab 2020 haben Bund und Länder im Oktober 2016 die Ergebnisse der Föderalismusreform I bestätigt. Ab 2020 erhalten die Länder bei verkehrspolitischen Ausgaben- und Investitionsentscheidungen eine noch größere Eigenverantwortung.

In den letzten beiden Jahrzehnten hat sich gleichzeitig das Verständnis der Daseinsvorsorge im ÖPNV verändert. Während früher Aufgabenträgerschaft, Eigentum an der
Verkehrsinfrastruktur und Durchführung der Verkehrsleistungen als miteinander verbundene öffentliche Dienstleistungen in staatlicher Hand lagen, erfolgt immer häufiger eine
Funktionstrennung zwischen Aufgabenträgerschaft und Verkehrsdurchführung. Wesentliche Ursache sind vor allem ordnungspolitische Forderungen und politische Rahmensetzungen auf europäischer Ebene, wonach Aufgaben der Daseinsvorsorge dem Wettbewerb
unterworfen werden und nur im Ausnahmefall gleichzeitig von der öffentlichen Hand
(Bund, Länder, Kommunen) selbst als Aufgabenträger erbracht werden sollen.

2.2 Vergabe von Verkehrsleistungen

Auf europäischer Ebene ist die gemeinsame Verkehrspolitik in Art. 90 ff. des Vertrags über die Arbeitsweise der Europäischen Union (AEUV) geregelt und gibt der Europäischen Union umfangreiche Befugnisse. Die unternehmerische Tätigkeit im Verkehr ist in Art. 14 AEUV verankert und fällt nicht in den Anwendungsbereich der allgemeinen Regelungen über die Dienstleistungsfreiheit. Der ÖPNV stellt als Teil der Daseinsvorsorge eine „Dienstleistung von allgemeinem wirtschaftlichen Interesse" dar. Regulierter Wettbewerb soll zu einem attraktiveren und kostengünstigeren ÖPNV führen und Ungleichheiten zwischen den Verkehrsunternehmen der Mitgliedsstaaten abbauen. Der ÖPNV bewegt sich somit im Spannungsfeld des europäischen Wettbewerbs- und Beihilfenrechts.

Verordnung 1370 zur Vergabe und Finanzierung von Verkehrsleistungen

Die Verordnung (EG) Nr. 1370/2007 über öffentliche Personenverkehrsdienste auf Schiene und Straße setzt Art. 14 AEUV um und gilt seit dem 3. Dezember 2009. Sie regelt die Vergabe und Finanzierung von Dienstleistungen im Personenverkehr durch die zuständigen Behörden (=Aufgabenträger), die im öffentlichen Interesse liegen und nicht auf Basis am Markt erzielbarer Erlöse von Verkehrsunternehmen erbracht werden können. Die Verordnung 1370 ist in Deutschland unmittelbar geltendes Recht und bestimmt zusammen mit dem PBefG die Marktordnung für den ÖPNV in Deutschland. Auf Grundlage der Verordnung 1370 können die zuständigen Behörden den Betreibern (=Verkehrsunternehmen) Ausgleichsleistungen und ausschließliche Rechte für das Erfüllen gemeinwirtschaftlicher Verpflichtungen gewähren. Dies erfolgt im Regelfall über einen öffentlichen Dienstleistungsauftrag (ÖDA). Die Verordnung regelt, wie hoch die Ausgleichsleistungen höchstens sein dürfen und enthält Bestimmungen über die Auswahl des Betreibers, der finanzielle Leistungen oder ein ausschließliches Recht erhält.

Als ÖDA im Sinne der Verordnung gilt jede Vereinbarung zwischen der zuständigen Behörde und dem Betreiber, in der für klar definierte, im öffentlichen Interesse stehende Leistungen ein finanzieller Ausgleich und/oder ausschließliche Rechte gewährt werden. Dabei ist es unerheblich, ob die zuständige Behörde die Leistungen an ein externes oder an das eigene kommunale Verkehrsunternehmen vergibt. Jeglicher Zuschuss eines Aufgabenträgers für ÖPNV-Dienstleistungen bedarf einer Vereinbarung entsprechend der Verordnung 1370. Im ÖDA sind mindestens die gemeinwirtschaftlichen Verpflichtungen und die finanzielle Kompensation zu regeln. Weitere Vorgaben sollten z. B. das Verkehrsangebot, die anzuwendenden Tarife und die Angebotsqualität betreffen. Weiterhin ist es möglich, Ausgleichsleistungen in Form allgemeiner Vorschriften zu Höchsttarifen zu gewähren, die für alle Betreiber in einem bestimmten Gebiet gelten. Bei bestimmten Tarifen, z. B. für Auszubildende oder Studierende, kann demnach die Tarifhöhe reduziert werden und die zuständige Behörde gleicht den Verkehrsunternehmen die Einnahmeausfälle aus.

Diskussion der europäischen Marktordnung

Die sog. Liberalisierung des Marktes wird kritisch diskutiert. Ein generelles Urteil lässt sich nicht fällen, da jeder Einzelfall verschiedene Facetten hat. Insgesamt profitieren die Kunden vom Wettbewerb, da mehr Verkehrsleistung bei gleichem Einsatz öffentlicher Mittel finanzierbar ist. Die vergangenen Jahre waren in den deutschen Verkehrsunternehmen daher von Restrukturierungsprojekten zum Erreichen einer höheren Effizienz, der Einführung von Spartentarifverträgen für den Nahverkehr – zur Begrenzung der Personalkostendynamik – sowie von Prozessoptimierung geprägt. Steigende Fahrgastzahlen, Fahrgeldeinnahmen sowie intensivere Kooperationen zwischen den Unternehmen haben zur positiven wirtschaftlichen Entwicklung der Branche beigetragen.

3   ÖPNV-Finanzierung

Die regional unterschiedlichen Organisationsstrukturen führen auch zu verschiedenen Finanzierungsstrukturen, die parallel existieren. Aufgrund ihrer Komplexität mit zahlreichen Finanzierungsquellen, Verwendungszwecken und Akteuren, die miteinander verzahnt sind, ist im deutschen ÖPNV häufig von einer „Spaghetti-Finanzierung" die Rede, die historisch gewachsen ist (siehe Abb. 2). Wichtigste Finanzierungsquelle sind die Fahrgeldeinnahmen. Der ÖPNV kann in der Regel aber nicht allein kostendeckend aus Fahrgeldern erbracht werden. Bund, Länder und Kommunen tragen daher in erheblichem Umfang zur Finanzierung von Verkehrsinfrastruktur und -angebot bei.

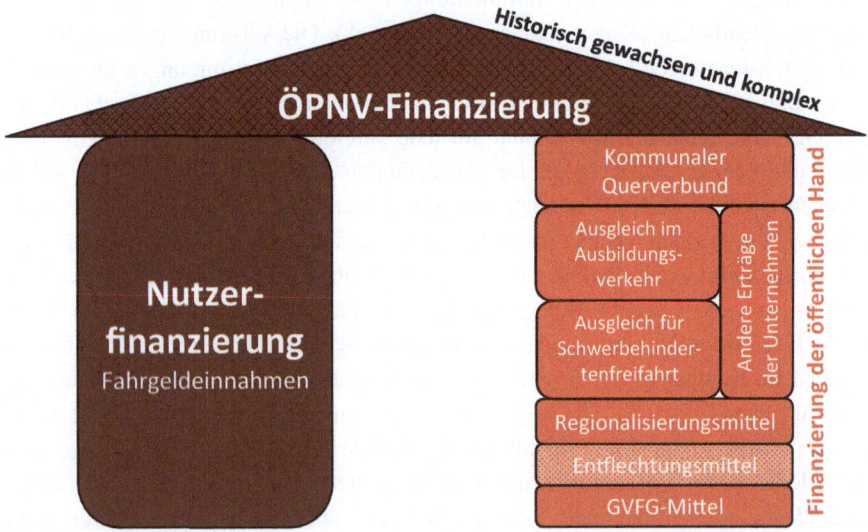

Abb. 2   Die zwei Säulen der ÖPNV-Finanzierung in Deutschland. (Quelle: Eigene Darstellung)

3.1 Nutzerfinanzierung und Kostendeckung

Die Verkehrsunternehmen konnten im Zeitraum von 2005 bis 2012 ihre Erlöse aus der Nutzerfinanzierung steigern, während die öffentlichen Finanzmittel für den ÖSPV stagnierten oder rückläufig waren. Die Entwicklung der Erlöse ist differenziert zu betrachten und weist große regionale Unterschiede auf. Während in Ballungsräumen und Großstädten deutliche Fahrgastzuwächse zu verzeichnen sind, die mit steigenden Einnahmen einhergehen, wirkt sich in ländlichen Regionen die demografische Entwicklung mit sinkenden Schüler und Bevölkerungszahlen sowie immer mehr älteren Menschen negativ auf Fahrgastzahlen und Erlöse aus.

Der Kostendeckungsgrad gibt an, welcher Anteil der Gesamtkosten durch Fahrgeldeinnahmen gedeckt wird. Ein hoher Kostendeckungsgrad ist erstrebenswert, weil dadurch weniger öffentliche Mittel zum Ausgleich aufgewendet werden müssen. Insgesamt stieg die Kostendeckung aus reinen Erträgen der Nutzerfinanzierung ohne Ausgleichsleistungen und Erträge aus wirtschaftlicher Tätigkeit im Jahr 2012 im ÖSPV auf 46,4 % (2005: 39,9 %) und im SPNV auf 36,8 % (2005: 31,2 %) (vgl. WIBERA/Intraplan 2016). Berücksichtigt man darüber hinaus sonstige Erträge, ergibt sich eine Kostendeckung im ÖSPV von 64,9 % und im SPNV von 45,9 %. Die SPNV-Unternehmen deckten mehr als ein Drittel ihrer Aufwendungen über Fahrgeldeinnahmen und zu 55 % über Bestellerentgelte der Aufgabenträger aus Regionalisierungsmitteln, die im SPNV die wesentlichste Finanzierungssäule darstellen.

Seit dem Jahr 2004 hat sich der Aufwand pro Fahrgast der im Verband Deutscher Verkehrsunternehmen e. V. (VDV) organisierten Unternehmen von 1,48 EUR (2004) auf 1,61 EUR (2013) erhöht[2]. Das ist ein Plus von 8,4 %. Der Nettoertrag je Fahrgast konnte im selben Zeitraum weitaus stärker um 17,5 % von 1,05 EUR (2004) auf 1,24 EUR (2013) gesteigert werden. Somit reduzierte sich der Fehlbetrag je Fahrgast in diesem Zeitraum um 14,0 % und entlastete die öffentliche Hand im Zehnjahresvergleich um 8,5 % (vgl. VDV 2015). Seit 2013 ist der positive Trend steigender Kostendeckung unterbrochen und es zeigt sich, dass Restrukturierungsbeiträge und Einmaleffekte in den Unternehmen, wie Personalabbau und die Einführung des Spartentarifvertrags Nahverkehr, weitgehend gehoben und nicht wiederholbar sind.

Über die eigentlichen Beförderungsleistungen hinaus können Verkehrsunternehmen weitere Erträge erwirtschaften, z. B. Vermietung von Werbeflächen, Fahrzeugen oder das Erbringen von Werkstattleistungen. Ob, zu welchen Zwecken und in welchem Umfang sich Verkehrsunternehmen in öffentlicher Hand wirtschaftlich betätigen dürfen, legen die Kommunalverfassungen der Länder fest und geben für wirtschaftliche Nebenleistungen

---

[2]Grund sind steigende Betriebskosten (Löhne, Fahrstrom, Kraftstoff). Reinvestitionen in die Infrastruktur (Strecken, Fahrzeuge, Barrierefreiheit) werden von den Unternehmen zudem in steigendem Umfang ohne öffentliche Förderung aus Eigenmitteln finanziert.

einen engen Rahmen vor. Diese sind zulässig, wenn sie gelegentlich durchgeführt werden, dazu dienen, brachliegende Ressourcen des Unternehmens besser zu nutzen und wenn dafür keine öffentlichen Gelder verwendet werden.

3.2   Finanzierung von Investitionen

Für einen leistungsstarken und zuverlässigen ÖPNV ist eine funktionsfähige und zeitgemäße Verkehrsinfrastruktur unerlässlich. Zweckgebundene öffentliche Mittel für Investitionen sind ein verkehrspolitisches Steuerungsinstrument, um Qualität und Attraktivität der Verkehrs- und Betriebsanlagen und damit des ÖPNV-Angebots insgesamt zu erhöhen.

GVFG-Bundesprogramm

Seit 1971 unterstützt der Bund den Neu- und Ausbau öffentlicher Verkehrsinfrastruktur – keine Sanierung – mit investiven Finanzhilfen aus dem Gemeindeverkehrsfinanzierungsgesetz (GVFG), ohne die der Aufbau leistungsfähiger öffentlicher Verkehrsangebote in vielen Städten nicht möglich gewesen wäre. Seit Inkrafttreten des GVFG hat sich der Bund mit ca. 40 Mrd. EUR an ÖPNV-Investitionsvorhaben beteiligt. Dies hat im internationalen Vergleich zu hervorragenden Standards bei der öffentlichen Verkehrsinfrastruktur in Deutschland geführt. Das GVFG hat seitdem zahlreiche Veränderungen erfahren, insbesondere das Einbeziehen der neuen Länder in die GVFG-Förderung ab 1991 im Rahmen der Sondermaßnahmen „Aufschwung Ost" ist hervorzuheben.

Aus Mitteln des GVFG-Bundesprogramms können kommunale Vorhaben und Vorhaben der DB AG in Verdichtungsräumen oder den zugehörigen Randgebieten finanziert werden, deren zuwendungsfähige Kosten 50 Mio. EUR überschreiten. Die für das GVFG zur Verfügung gestellten Mittel sind seit der Föderalismusreform I auf Basis vom Art. 125c GG bis Ende 2019 befristet. Gemäß der Bund-Länder-Einigung zur Neuregelung des bundesstaatlichen Finanzausgleichssystems ab 2020 wird das GVFG-Bundesprogramm mit jährlich 333 Mio. ohne Erhöhung oder Dynamisierung über 2019 hinaus fortgeführt. Dies ist nicht bedarfsgerecht, da für das Bundesprogramm bereits Neubauprojekte mit zuwendungsfähigen Kosten in Höhe von ca. 7 Mrd. EUR angemeldet sind. Mit den bislang zur Verfügung stehenden Mitteln wird es mehr als 20 Jahre dauern, den Projektvorrat abzuarbeiten.

Entflechtungsgesetz

Die vormaligen GVFG-Landesprogramme werden seit 2007 auf Grundlage von Art. 143c GG als Entflechtungsmittel (vgl. Entflechtungsgesetz [EntflechtG]) fortgeführt. Der Bund stellt den Ländern jährlich Mittel in Höhe von 1,3355 Mrd. EUR bereit. Im Jahr 2012 wurden bundesweit ca. 36,9 % der Entflechtungsmittel in ÖPNV-Vorhaben und ca. 63,1 % in kommunalen Straßenbau investiert. Die Länder haben ab 2007 eigene landesrechtliche Regelungen zur Verwendung der Entflechtungsmittel erlassen und setzen dabei unterschiedliche Investitionsschwerpunkte. Die Förderung emissionsarmer Linienbusse ist – gerade im regionalen ÖSPV – ein wichtiger Bestandteil der investiven Finanzierung aus Entflechtungsmitteln. Bei novellierten Landes-GVFG setzen einige Länder stärker landespolitische Eigenakzente, z. B. Öffnung einzelner Investitionsbereiche für Sanierung und Grunderneuerung.

Investive ÖPNV-Finanzierung ab 2020
Mit der Föderalismusreform I hat die schrittweise Erosion der investiven ÖPNV-Finanzierung vonseiten des Bundes begonnen. Ab 2014 ist bei den Entflechtungsmitteln die vormalige Zweckbindung für den Verkehrsbereich entfallen und wurde durch eine investive Zweckbindung ersetzt. Bund und Länder haben mit den Neuregelungen des bundesstaatlichen Finanzausgleichssystems ab dem Jahr 2020 die Verantwortung der Länder für Investitionen in die Verkehrsinfrastruktur bestätigt. Die Entflechtungsmittel enden und werden nicht verlängert. Die Länder erhalten ab 2020 pauschale Zuweisungen aus dem Umsatzsteueraufkommen des Bundes in Höhe von 4,3 Mrd. EUR/Jahr. Damit sind die Länder in der Pflicht, zukünftig Gelder per Landesgesetz für Ausbau und Sanierung der Verkehrsinfrastruktur bereitzustellen. Bleibt das landespolitische Bekenntnis für ÖPNV-Investitionen aus, sinkt der Modernitätsgrad der Infrastruktur und Fahrzeugflotten weiter ab. In Folge müssten die kommunalen Aufgabenträger einen größeren Finanzierungsbeitrag der Nutzer einfordern, mehr eigene Mittel zur Verfügung stellen oder zusätzliche zweckgebundene Drittnutzerbeiträge erheben. Um lokale Klimaschutzziele und einen barrierefreien ÖPNV zu erreichen, benötigen Kommunen und Verkehrsunternehmen eine langfristig gesicherte Finanzierungsgrundlage, die nicht jährlich neu zur Disposition steht.

3.3 Regionalisierungsmittel des Bundes

Mit der Regionalisierung wurde im SPNV das Bestellerprinzip eingeführt, bei dem die Länder oder die von ihnen beauftragten Organisationen SPNV-Leistungen bei Eisenbahnverkehrsunternehmen einkaufen. Seit dem 3. Dezember 2009 ist für derartige Vergaben von Verkehrsleistungen im Personenverkehr die EU-Verordnung 1370/2007 verbindlich anzuwenden und die Ausschreibung von SPNV-Leistungen der Regelfall.

Der Zuständigkeitswechsel bei der Regionalisierung umfasst auch einen dauerhaften finanziellen Ausgleich für die Kosten, die den Ländern für das Bestellen von SPNV-Leistungen entstehen. Seit 1996 erhalten die Länder auf Grundlage von Art. 106a GG ergänzende Mittel aus dem Steueraufkommen des Bundes zur Finanzierung des SPNV, sog. Regionalisierungsmittel, deren Höhe und Verteilung im Regionalisierungsgesetz (RegG) festgelegt ist. Mit diesen Mitteln ist nach § 6 Abs. 1 RegG „insbesondere" der SPNV zu finanzieren. In geringerem Umfang können aus Regionalisierungsmitteln auch andere Mobilitätsangebote im ÖSPV finanziert werden. In der Praxis verwenden die Länder Regionalisierungsmittel in unterschiedlicher Ausprägung: im Jahr 2014 zu ca. 81 % zur Finanzierung des SPNV-Betriebs, zu 7 % für Investitionen im ÖPNV (inkl. SPNV) und zu 12 % für den ÖSPV, darunter für den Ausgleich im Ausbildungsverkehr.

Bund und Länder haben im Jahr 2016 die Revision des RegG abgeschlossen. Die Länder erhalten im Jahr 2016 insgesamt 8,2 Mrd. EUR an Regionalisierungsmitteln, die sich aus einem Sockelbetrag von 8 Mrd. EUR für alle Länder und einem Aufstockungsbetrag von 200 Mio. EUR für die ostdeutschen Flächenländer, Berlin und das Saarland zusammensetzen. Beide Beträge werden ab 2017 mit 1,8 % pro Jahr dynamisiert. Mit der Neuregelung, die eine Laufzeit bis Ende 2031 hat, ist gleichzeitig eine neue horizontale Mittelverteilung auf die Länder verbunden. Der Sockelbetrag wird auf alle Länder nach dem „Kieler Schlüssel" verteilt, der im Oktober 2014 von der Verkehrsministerkonferenz in Kiel beschlossen wurde. Ausgehend von der bis 2015 konstanten horizontalen Verteilung, findet mit dem „Kieler Schlüssel" im Zeitraum von 2016 bis 2031 jährlich eine schrittweise Umverteilung der Länderanteile statt, bis im Jahr 2031 der endgültige Zielschlüssel[3] erreicht ist. Der Aufstockungsbetrag wird mit einem gesonderten, über die Laufzeit konstanten Schlüssel auf die Länder verteilt. Die Zweckbindung der Regionalisierungsmittel für den SPNV bleibt erhalten.

3.4 Ausgleichsleistungen

Politische Vorgaben führen bei Aufgabenträgern und Verkehrsunternehmen gleichermaßen zu nicht unerheblichen Einnahmeausfällen. Zahlungen der öffentlichen Hand zum Ausgleich von Mindereinnahmen, z. B. für ermäßigte Zeitfahrausweise im Ausbildungsverkehr und die unentgeltliche Beförderung schwerbehinderter Menschen, sind somit keine Betriebskostenzuschüsse, sondern Kompensationszahlungen für konkret erbrachte Beförderungsleistungen der Verkehrsunternehmen.

Landesrechtliche Nachfolgeregelungen für den Ausgleich im Ausbildungsverkehr
Aus Gründen der Verkehrssicherheit sowie aus sozial- und bildungspolitischen Zielen wird angestrebt, Schüler und Auszubildende möglichst mit dem ÖPNV zu befördern. Hierzu haben sich rabattierte Zeitfahrausweise bewährt. Seit 1977 haben die Verkehrsunternehmen mit § 45a PBefG und § 6a AEG einen haushaltsunabhängigen Anspruch auf vollen Ausgleich ihrer Mindereinnahmen. Ausgleichsleistungen im Ausbildungsverkehr sind vor allem für den ÖSPV in ländlichen Regionen – in denen zum Teil über 80 % der Fahrgäste Schüler sind – zu einem wichtigen Finanzierungsinstrument geworden, das auch Fahrten außerhalb der Schülerbeförderung mitfinanziert.

Ausgleich für die unentgeltliche Beförderung schwerbehinderter Menschen im ÖV
Aus erwerbs- und sozialpolitischen Gründen ist die unentgeltliche Beförderung schwerbehinderter Menschen im ÖV gewünscht, um die selbstbestimmte und gleichberechtigte

---

[3]Der im Jahr 2031 erreichte Zielschlüssel setzt sich je zur Hälfte aus der Einwohnerzahl (Stand 2012) und den bestellten Zugkilometern (Anmeldungen der Länder 2015) zusammen.

Teilhabe schwerbehinderter Menschen am Leben in der Gesellschaft zu fördern und Benachteiligungen entgegenzuwirken. Erstattungsleistungen an Verkehrsunternehmen für Fahrgeldausfälle durch die unentgeltliche Beförderung schwerbehinderter Menschen haben in Deutschland seit der Weimarer Republik eine lange Historie. Die bundesrechtlichen Bestimmungen sind in Kap. 13 §§ 228–237 SGB IX zusammengefasst.

4 Verkehrsplanung im ÖPNV

4.1 Nahverkehrsplan

Nach den Landesnahverkehrsgesetzen sind die ÖPNV-Aufgabenträger für das Erstellen eines Nahverkehrsplans (NVP) zuständig, der die formelle Basis zwischen den Aufgabenträgern als Besteller und den Verkehrsunternehmen als Erbringer der Verkehrsleistungen bildet. Die ÖSPV-Aufgabenträger (Landkreise und kreisfreie Städte) sind für das Aufstellen eines NVP in ihrem Zuständigkeitsbereich sowie seine Einbindung in die kommunale Gesamtplanung verantwortlich. Einige Länder stellen selbst einen Landesnahverkehrsplan auf. Mit dem NVP definiert der Aufgabenträger die Anforderungen an Umfang und Qualität des Verkehrsangebots, die Umweltqualität sowie die Vorgaben für eine verkehrsmittelübergreifende Integration der Verkehre. Darüber hinaus hat der NVP die Belange mobilitätseingeschränkter Menschen zu berücksichtigen. Die ÖPNV-Gesetze der Länder geben den Aufgabenträgern inhaltliche Anforderungen an die NVP vor. In der Regel sind NVP alle fünf Jahre fortzuschreiben, um regionale Entwicklungen und Veränderungen bei der ÖPNV-Planung zu berücksichtigen.

Mit der PBefG-Novelle 2013 wurde die Position der ÖSPV-Aufgabenträger gestärkt. Sie sind im Rahmen ihrer Nahverkehrsplanung für das Sicherstellen einer „ausreichenden Verkehrsbedienung" verantwortlich, während die Genehmigungsbehörde (nur) mitwirkt. Die Festlegungen und Anforderungen der kommunalen Aufgabenträger im NVP – vor allem zur Linienbündelung – sind von der Genehmigungsbehörde bei der Vergabe der Liniengenehmigungen zu berücksichtigen (§ 8 Abs. 3 PBefG). NVP für den SPNV haben hingegen keine rechtliche Wirkung, da das PBefG im Eisenbahnbereich nicht gültig ist. Der ÖPNV deckt nicht nur Mobilitätsbedürfnisse ab, sondern erfüllt auch struktur-, sozial- und umweltpolitische Ziele. Politik und Verwaltungen müssen beschließen, wie viel ÖPNV sie in ihrem Zuständigkeitsbereich haben wollen. Dies ist häufig ein Balanceakt zwischen einem zeitgemäßen, integrierten und kundenorientierten Angebot und seiner Finanzierbarkeit.

4.2 Differenzierte Bedienung im ÖPNV

Im ÖPNV ist der Linienverkehr der Normalfall. Dabei bedienen die Fahrzeuge regelmäßig eine Fahrtstrecke zwischen Endhaltestellen sowie die dazwischenliegenden Ein- und Ausstiegshaltestellen. Im Regelfall werden alle Fahrten über den gesamten Linienweg durchgeführt und alle Haltestellen bedient. In dieser bewährten Grundform können unterschiedliche Raum- und Siedlungsstrukturen mit räumlich und zeitlich unterschiedlicher Fahrgastnachfrage erschlossen und verbunden werden. Welches Verkehrssystem eingesetzt wird, hängt maßgeblich von der möglichen Fahrgastnachfrage ab.

Aus Kundensicht bietet der Linienverkehr Vorteile bei der einfachen Handhabung und einprägsamen Information, vor allem bei regelmäßig verkehrenden und vertakteten Linien. Dies ist üblicherweise in (groß)städtischen Strukturen mit hoher Bedienungshäufigkeit der Fall. Bei entsprechend hoher räumlicher ÖPNV-Erschließung und wenigen Umsteigevorgängen wird den Kunden im städtischen Linienverkehr eine hohe, nahezu individuelle räumliche und zeitliche Verfügbarkeit angeboten. Mit der Liniengenehmigung nach § 42 PBefG sind die vier Hauptpflichten Betriebs-, Beförderungs-, Tarif- und Fahrplanpflicht verbunden. Der Eisenbahnverkehr unterliegt nicht den Regelungen des PBefG. Dennoch hat sich in Deutschland auch im regionalen Bahnverkehr eine Liniensystematik fast flächendeckend etabliert.

Erst durch das Zusammenwirken des Linienverkehrs mit Bahnen, Bussen und flexiblen Bedienungsformen – die in Räumen und zu Zeiten schwacher Fahrgastnachfrage nur bei Anmeldung eines Fahrtwunschs zum Einsatz kommen (=Bedarfsverkehre) – und alternativen Mobilitätsangeboten (Car-, Ride-, Bikesharing) ist der ÖPNV in der Lage, die meisten Mobilitätswünsche in der Stadt und auf dem Land bei unterschiedlicher Nachfrage zu erfüllen (siehe Abb. 3). Der Verkehrsplanung vor Ort obliegt die Auswahl des passenden öffentlichen Verkehrsangebots sowie die bestmögliche Vernetzung der Angebote miteinander. Die strukturierte, stufenweise Bedienung wird als Differenzierte Bedienung im ÖPNV bezeichnet.

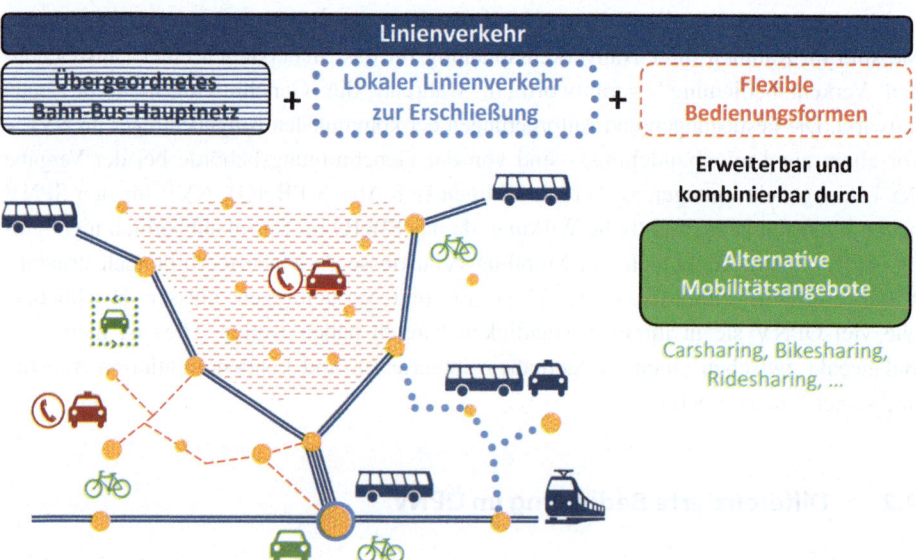

Abb. 3 Modell der Differenzierten Bedienung im ÖPNV. (Quelle: Eigene Darstellung)

Zur gezielten Ausrichtung des Angebots auf verschiedene Kundengruppen mit ihren unterschiedlichen Mobilitätsbedürfnissen hat es sich bewährt, Linienverkehre als eigenständige Produkte zu qualifizieren und nach unterschiedlichen Angebotsmerkmalen zu differenzieren. Eine Produktdifferenzierung ermöglicht eine gezielte Kundenansprache und Vermarktung des Angebots. Je nach Fahrgastaufkommen werden standardisierte Fahrzeuge mit unterschiedlicher Größe und Kapazität eingesetzt. Mit einer Differenzierung ihrer Fahrzeugflotte „nach unten und nach oben" können Verkehrsunternehmen ihre Leistungsfähigkeit und Wirtschaftlichkeit verbessern und marktorientierter agieren. Mit einer Produktdifferenzierung entsprechend der Differenzierten Bedienung im ÖPNV ist oft gleichzeitig eine Differenzierung der Fahrzeugflotte verbunden: z. B. vom Gelenkbus über den Solobus bis zum Midi- und Kleinbus.

4.3 Empfehlungen für Planung und Betrieb

Bei Fachplanungen im ÖPNV geht es darum, die Raum- und Siedlungsstruktur sowie die Mobilitätsbedürfnisse im Planungsgebiet zu analysieren und maßgeschneiderte öffentliche Verkehrsangebote zu konzipieren. Dabei ist mit einheitlichen Planungsgrundsätzen zu arbeiten. Grundsätzlich gibt es mit der Attraktivität und den Kosten eines ÖPNV-Angebots zwei wesentliche Beurteilungsmaßstäbe. Das Geschick des Planers oder der Planerin ist es, Verkehrskonzepte zu entwickeln, die einen fachlich vernünftigen Kompromiss zwischen Attraktivität und Kosten darstellen. Letztendlich ist es immer die politische Entscheidung der Aufgabenträger, wie gut und wie teuer das ÖPNV-Angebot in einem Gebiet sein soll. Die Differenzierte Bedienung stellt eine Vielzahl an Bedienungsformen zu unterschiedlichen Investitions- und Betriebskosten bereit.

ÖPNV-Verkehrsmittel

Es gibt unterschiedliche Verkehrsmittel, die zur Erstellung des Verkehrsangebots eingesetzt werden können. Am weitesten verbreitet sind Eisenbahnen, Straßen-, Stadt- und U-Bahnen und Busse. Darüber hinaus gibt es Sonderformen, z. B. Oberleitungsbusse, Bus-Rapid-Transit-Systeme, Regionalstadtbahnen, verschiedene Arten von Seilbahnen oder Fähren. Die Vielfalt der Stadtbahnen zeigt sich neben Unterschieden in rechtlicher und betrieblicher Hinsicht auch an unterschiedlichen örtlichen Einsatzbedingungen hinsichtlich Spurweite, Gleisgeometrie und Fahrstromversorgung. In vielen Städten konnten bei der Umstellung des Angebots von Bus auf Stadtbahn – bei gleichbleibender Fahrzeit, Linienführung und Takt – erhebliche Fahrgastzuwächse beobachtet werden, der sog. Schienenbonus. Mögliche Erklärungen sehen Forscher darin, dass die Streckenführung im Stadtbild gut sichtbar, damit einprägsamer ist und als zuverlässiger empfunden wird (vgl. Megel: 2001).

Verkehrsmittel lassen sich nach unterschiedlichen Gesichtspunkten ordnen, z. B. nach Beförderungskapazität und -geschwindigkeit, Lebensdauer oder Investitions- und Betriebskosten. Der Einsatz des geeigneten Verkehrsmittels ist daher immer anhand verschiedener Kriterien zu beurteilen und abzuwägen. Busse sind flexibel einsetzbar, da sie keine fest installierte Infrastruktur wie Schienen oder Fahrleitungen benötigen und auf normalen Straßen einsetzbar sind. Die Infrastruktur oberirdischer Stadtbahnen ist wesentlich günstiger zu bauen als U-Bahnen-Tunnel. Außerdem sprechen niedrigere Instandhaltungskosten für die Stadtbahn.

Hinsichtlich der Investitionskosten weisen Fahrzeuge erhebliche Spannweiten auf, die sehr stark von der Antriebstechnik, technischen Ausrüstung, dem Fahrgastkomfort, technischer Standardisierung und Abnahmemenge abhängig sind. Ein 12 m-Dieselbus kostet ca. 250.000 EUR und eine Stadtbahn mindestens das Zehnfache. Ein Bus ist etwa 10 bis 15 Jahre im Einsatz, eine Stadtbahn ca. 25 Jahre. Neben den Investitionskosten sind stets die Betriebskosten – für Kraftstoffe, Personal, Instandhaltung – zu betrachten, die sich zwischen den Verkehrsmitteln ebenfalls stark unterscheiden. Busse sind stets kostengünstiger als Bahnen. Ein Fahrzeugkilometer kostet zwischen 2,70 EUR im Regionalbus- und 4,00 EUR im Stadtbusverkehr, zwischen 3,60 EUR und 6,50 EUR im oberirdischen Stadtbahnverkehr und 7,60 EUR bis 12,00 EUR im SPNV, bei Dieselstrecken auf nichtbundeseigener Infrastruktur auch darunter. Die erheblichen Kostenunterschiede resultieren daraus, dass Eisenbahnen im Gegensatz zum Straßenverkehr die Schienen- und Stationsinfrastruktur vollständig bezahlen müssen.

Angebotsmerkmale

Entscheidend für die Wahl öffentlicher Verkehrsmittel sind die klassischen drei T: Tempo, Takt und Tarif – wie schnell, verlässlich, einfach und zu welchen Kosten erreichen die Fahrgäste ihr Ziel. Tempo oder auch Reisezeit – als die Gesamtdauer eines Weges zwischen Ausgangs- und Endpunkt – ist häufig das entscheidendste Kriterium für die Verkehrsmittelwahl. Auf den wichtigsten Relationen ist ein günstiges Reisezeitverhältnis ÖPNV/MIV von maximal 1,4-facher Reisezeit im Vergleich zum MIV anzustreben (vgl. FGSV 2008). Das Geschwindigkeitspotenzial der befahrenen Strecken sollte in jedem Fall vollständig ausgeschöpft werden, z. B. durch ÖPNV-Bevorrechtigung an Lichtsignalanlagen oder gesonderte Fahrspuren für Linienbusse. Ein gerade noch akzeptables Reisezeitverhältnis ÖPNV/MIV ist maximal bei der 2,7-fachen Reisezeit im Vergleich zum MIV gegeben und sollte auch in ländlichen Regionen nicht überschritten werden. Kürzere Reisezeiten sind die beste Möglichkeit, mehr Fahrgäste zu gewinnen.

Fahrten im ÖPNV sollten möglichst häufig und regelmäßig – im dichten und leicht merkbaren Takt – stattfinden. Empfehlungen für das Fahrtenangebot in und zwischen Gemeinden liefern zahlreiche Planungsleitfäden (vgl. FGSV 2010). Beim Konzept des Integralen Taktfahrplans werden die Taktfahrpläne einzelner Linien systematisch miteinander koordiniert und in Umsteigebahnhöfen zu einem regelmäßig verkehrenden ÖPNV-Netz verknüpft. Damit gibt es in einer Region nicht nur einen zentralen Umsteigeknoten, sondern möglichst viele Verknüpfungspunkte. In wichtigen Umsteigeknoten treffen sich die Bahnen und Busse üblicherweise zur vollen oder halben Stunde, da sich diese „runden" Abfahrtszeiten gut merken lassen. Das Konzept stellt insbesondere im Bahnverkehr spezielle Anforderungen an Infrastruktur und Fahrplankonstruktion.

Neben dem Fahrtenangebot ist die Qualität des erbrachten Angebots, dass die Kunden letztendlich nutzen und wahrnehmen, entscheidend. Pünktlichkeit ist die Voraussetzung für das Erreichen von Anschlüssen. Die Zumutbarkeit von Verspätungen hängt von der Beförderungsdauer ab und wie die Fahrgäste über eine Verspätung informiert werden. Die Qualität des Betriebsablaufs lässt sich in Bezug auf die Wartezeit auf Anschlussverkehrsmittel und Verspätung ebenfalls messen und beurteilen.

Der Tarif beinhaltet die Kosten, die dem Fahrgast bei einer Fahrt im ÖPNV entstehen. Tarifgeber ist dem Gesetz nach der Verkehrsunternehmer, der einen Tarif aufzustellen hat. Die Tarifgestaltung wird durch die zuständige Behörde genehmigt und unterliegt in der Praxis dem politischen Einfluss der Aufgabenträger. Der Tarif besteht aus den Fahrpreisen und Tarifbestimmungen. Die Fahrpreise und ihrer Ermittlung zugrunde liegende Differenzierungen und Systematiken, z. B. Tarifzonenpläne, -grenzen und -entfernungen sowie Ermäßigungen für bestimmte Kundengruppen sind ebenfalls Bestandteil des Tarifs. Bei der Bildung des Tarifs sind die Tarifziele Leistungsgerechtigkeit, Ergiebigkeit und Praktikabilität zu berücksichtigen. Zum ÖPNV-Betrieb gehört auch der Vertrieb von Tickets, z. B. am Fahrkartenschalter, durch Fahrpersonal, an Automaten, in externen Verkaufsstellen oder online (Internet, Smartphone). Beim Vertrieb von Papiertickets sind dem gleichzeitigen Erreichen aller Tarifziele Grenzen gesetzt. Mit „elektronischen Tarifen" im Rahmen einer automatisierten Fahrpreisfindung, die die Anwesenheit des Fahrgastes im Fahrzeug erfasst[4], könnten diese Grenzen zukünftig überwunden werden, da der Kunde in diesen Systemen fast keine Tarifkenntnisse mehr benötigt.

Umweltverbund und multimodale Mobilitätsangebote

Die bestmögliche Vernetzung des ÖPNV mit anderen Verkehrsträgern bzw. Fortbewegungsarten ist eine wichtige Aufgabe, die bei Planung und Umsetzung einige Herausforderungen bereithält. Besonderes Augenmerk ist auf die Gestaltung der Zugangspunkte zum ÖPNV zu legen, damit Bahnhöfe und Haltestellen als zentrale Punkte in einer Kommune für den ÖPNV gut im täglichen Betriebsablauf nutzbar und gleichzeitig ein einladendes Aushängeschild sind, sodass sich mehr Menschen dazu entschließen, Bahnen und Busse zu nutzen.

Das Konzept des Umweltverbunds bildet einen Kontrapunkt zum Planungsleitbild der autogerechten Stadt und richtet sich gegen die Fokussierung der Raum- und Verkehrsplanung auf den Autoverkehr. Stattdessen sollen kommunale Planungen verstärkt auf stadt- und umweltverträgliche Verkehrsarten ausgerichtet werden und diese fördern. Inzwischen ist das Konzept des Umweltverbunds in vielen Städten wesentlicher Bestandteil der kommunalen Verkehrsplanung und -politik.

---

[4]Praxisbeispiele sind die Oyster-Card in London oder RMVsmart im Rhein-Main-Verkehrsverbund.

Planungsansatz ist es, die Verkehrsteilnehmenden in die Lage zu versetzen, ihre Wege nahezu vollständig mit den Fortbewegungsarten des Umweltverbunds zurückzulegen und auch ohne eigenes Auto mobil zu sein. Dazu zählen alle Verkehrsträger, die relativ umweltverträglicher sind als der MIV:

- Nicht motorisierter Verkehr – zu Fuß gehen, private und öffentliche Fahrräder
- Öffentliche Verkehrsmittel – Eisenbahn, Stadt- und Straßenbahn, Bus, Taxi
- Carsharing und Ridesharing

Die Umweltverträglichkeit bezieht sich auf den geringen Energieverbrauch und niedrigen Ausstoß klimawirksamer Gase pro Personenkilometer, niedrigen Flächenverbrauch und die geringe Lärmbelastung. Der MIV wird als ergänzende Verkehrsart für besondere Beförderungs- und Transportbedürfnisse betrachtet, für die ein geteiltes Carsharing-Fahrzeug ausreicht. Nur die gute Vernetzung der Verkehrsträger des Umweltverbunds miteinander ermöglicht den Verkehrsteilnehmenden größtmögliche Mobilität und bietet eine echte Alternative zur Alleinfahrt im eigenen Auto. Für einen verlässlichen und abgestimmt geplanten Umweltverbund müssen zunächst alle Verkehrsträger für sich ein attraktives und verlässliches Angebot erbringen. Bei Flächenkonkurrenz sollten dem motorisierten Individualverkehr die Flächen entzogen werden und nicht ÖPNV, Fahrrad- und Fußverkehr untereinander um knappe Flächen konkurrieren (UBA, 2016).

Menschen mit multimodalem Nutzungsverhalten nutzen verschiedene Modi: Fuß, Fahrrad, ÖPNV und Auto. Je nach Situation und Mobilitätsbedürfnis wird sich für den Verkehrsträger entschieden, der am besten für den jeweiligen Zweck und Weg passt und/ oder am günstigsten erscheint. Multimodalität bedeutet auch, monomodale Verhaltensmuster aufzubrechen und gewohnte Routinen zu wechseln, um neue Mobilitätsformen zu erlernen. Wenn man verschiedene Optionen kennt und „kann", erweitert sich der Möglichkeitsraum für Mobilität und man kann Mobilitätsentscheidungen flexibler treffen und verfällt nicht in monomodale Routinen.

Das Fahrrad kann als Zu- und Abbringer zum ÖPNV genutzt werden. In vielen Städten ist die Fahrradmitnahme in Bahnen und Bussen erlaubt, was bei hoher Auslastung der Fahrzeuge mitunter zu Konflikten führt. Öffentliche Fahrradverleihsysteme, sind ein zeitgemäßer Ansatz, Rad und ÖPNV miteinander zu kombinieren. Die Fahrräder stehen in Verleihstationen direkt an den ÖPNV-Haltestellen und/oder im öffentlichen Straßenraum zur Verfügung und können mit einer Mobilitätskarte genutzt werden. Fahrradverleihsysteme haben das Potenzial, die Fahrradmitnahme im ÖPNV zu reduzieren und mehr Fahrgäste zu gewinnen. Obwohl in bestimmten Entfernungsbereichen eine gewisse Nutzungskonkurrenz innerhalb der Verkehrsträger des Umweltverbunds besteht, sind öffentliche Fahrradverleihsysteme und ÖPNV immer als Partnerschaft im Umweltverbund zu verstehen.

Im Vergleich zu anderen Fortbewegungsarten benötigt zu Fuß gehen verhältnismäßig wenig Platz und erfordert relativ kostengünstigere Infrastruktur. Bei jedem Gesamtweg, in dem der ÖPNV einen Teilweg darstellt, wird nahezu immer ein Teilweg zu

Fuß zurücklegt, sodass Fußverkehr und ÖPNV sehr gut integriert zu sein scheinen. Bei genauerer Betrachtung der Haltestellen und Verknüpfungspunkte wird klar, dass die verkehrsplanerische Integration der Verkehrsträger noch viel Potenzial hat und flüssiges Vorankommen häufig nur für Autos gewährleistet ist. Autoorientierte Verkehrsplanung mit breiten Straßen, gefährlichen Kreuzungsbereichen, schmalen Fußwegen und langen Wartezeiten an Fußgängerampeln verleiden vielerorts die Freude am zu Fuß gehen. Angesichts der demografischen Entwicklung mit immer mehr ältere Verkehrsteilnehmenden sollten sichere Verkehrsanlagen und niedrigere Geschwindigkeiten für den Autoverkehr im Sinne einer fußgängerfreundlichen Umwelt besondere Berücksichtigung finden.

Seit den 1980er Jahren kooperieren Verkehrsunternehmen mit Carsharing-Anbietern und schließen für ihre Kunden eine Lücke im Mobilitätsangebot. Carsharing bedeutet, so viel Auto zu nutzen wie man braucht, ohne ein eigenes Auto zu besitzen, z. B. wenn größere Lasten zu transportieren sind oder das Fahrtziel außerhalb der ÖPNV-Reichweite liegt. Dadurch werden die Fahrzeuge effizienter eingesetzt, die Anzahl privater Pkw reduziert und Stellflächen eingespart. Carsharing bietet eine umweltfreundliche Alternative zum eigenen Auto.

5   Verkehrskooperationen und -verbünde

Noch vor 50 Jahren gestaltete jedes Verkehrsunternehmen seine Netze, Fahrpläne und Fahrpreise in der Regel nur nach eigenen betrieblichen und betriebswirtschaftlichen Interessen. Jedes Unternehmen kalkulierte seine Tarife möglichst ergiebig und versuchte, Fahrgäste für die eigenen Fahrzeuge zu gewinnen, auf den eigenen Linien zu halten und den Umstieg auf Linien anderer Unternehmen zu erschweren. Dies konnte im Zuge zunehmender Verkehrsprobleme durch den stark wachsenden Autoverkehr nicht im Interesse der Kommunen sein, die frühzeitig erkannten, welche Schlüsselrolle ein starker ÖPNV für die Lebensqualität in Städten und Gemeinden hat.

Kooperationen im ÖPNV waren anfänglich nahezu auf den deutschsprachigen Raum beschränkt und Deutschland gilt – ausgehend vom Hamburger Verkehrsverbund im Jahr 1965 – als Ursprungsland der Verbundidee. Die Netzwerke, in denen Aufgabenträger und Verkehrsunternehmen eines Verkehrsgebiets miteinander kooperieren, heißen Verkehrsverbünde. Sie haben das Ziel, den ÖPNV durch einheitliche Tarife, abgestimmte Fahrpläne und weitere Serviceangebote noch attraktiver zu gestalten. Mehr als 80 % der Bevölkerung Deutschlands, darunter nahezu alle Einwohnende mittlerer und großer Städte, leben im Einzugsbereich eines Verkehrsverbundes bzw. einer verbundähnlichen Verkehrskooperation. Je nach Kooperationsgrad spricht man von:

- Partieller Kooperation – Abstimmung von Unternehmenstätigkeiten in einem Verkehrsgebiet in bestimmten Teilbereichen, z. B. Fahrpläne, Anschlüsse, gegenseitige Anerkennung von Fahrausweisen
- Tarifgemeinschaft – Anwendung eines einheitlichen Tarifs in einem von mehreren Verkehrsunternehmen bedienten Verkehrsgebiet

- Verkehrsgemeinschaft – Über den Tarif hinaus abgestimmte Netz- und Fahrplange-staltung, ohne dass hierfür die Zuständigkeit auf eine Organisation übertragen wird
- Verkehrsverbund – Weitgehendste Kooperationsform; wesentliche Kompetenzen der Verkehrsunternehmen werden vertraglich auf eine rechtlich selbstständige Orga-nisation mit eigenem Personal und Mitteln übertragen, die die Netz- und Fahrplan-gestaltung auf Schiene und/oder Straße im Verbundgebiet koordiniert sowie den Gemeinschaftstarif aufstellt und weiterentwickelt

Verkehrsverbund wird häufig synonym für alle Kooperationsarten verwendet. Eine vor-rangig auf multimodale Mobilitätsbedürfnisse ausgerichtete, besonders serviceorientierte Variante ist der Mobilitätsverbund. Ein weiteres Unterscheidungsmerkmal ergibt sich aus der Gesellschafterstruktur der Organisationen, die Auswirkungen auf die Funktion und Aufgaben der Verbünde haben. Nach dieser Untergliederung lassen sich Unternehmens-[5], Aufgabenträger-[6] und Mischverbünde[7] unterscheiden.

6 Herausforderungen im öffentlichen Verkehr

Schaut man sich die Bekenntnisse der europäischen und deutschen Politik zur nachhal-tigen Mobilität an, dann sollte es ein breites, attraktives ÖPNV-Angebot in Ballungs-räumen und auch in ländlichen Gebieten geben, die Fahrpreise sind kostengünstig, die Verkehrsmittel für alle leicht zugänglich und die meisten Mobilitätsbedürfnisse las-sen sich mit öffentlichen Verkehrsmitteln befriedigen. Kurz gesagt: nahezu alle Men-schen nutzen in der einen oder anderen Form den ÖPNV. In der Realität verharrt der Modal Split für den ÖPNV seit Jahren im Bundesdurchschnitt bei 9 % (vgl. Infas/DLR 2010) und der öffentliche Verkehr ist für den Großteil der Bevölkerung nicht die Mobi-litätsoption der ersten Wahl. Ein wesentlicher Grund ist, dass durch den staatlich stark geförderten Neu- und Ausbau eines leistungsfähigen Straßennetzes und zunehmender Motorisierung in den zurückliegenden Jahrzehnten Autobesitz und -nutzung in Deutschland immer attraktiver geworden sind. Der öffentliche Verkehr ist vor allem in ländlichen Regionen als Mobilitätsoption für die breite Bevölkerung über die Jahre Schritt für Schritt immer mehr abhandengekommen.

---

[5]Mehrere Verkehrsunternehmen können sich zur gemeinsamen Gestaltung des ÖPNV-Angebots, eines gemeinsamen Verbundtarifs und/oder Marketing in einem Unternehmensverbund organisieren.
[6]Mehrere ÖPNV-Aufgabenträger können sich zusammenschließen, um gemeinsam öffentliche Dienstleistungsaufträge an Verkehrsunternehmen zu vergeben.
[7]In Mischverbünden sind mehrere Verkehrsunternehmen und ÖPNV-Aufgabenträger zusammenge-schlossen. Sie erfüllen in der Regel die gleichen Aufgaben wie Unternehmensverbünde.

6.1 Image des öffentlichen Verkehrs

Auf andere Mobilitätsalternativen zurückzugreifen, wenn kein ausreichendes Bus- oder Bahnangebot vor Ort verfügbar ist, ist naheliegend. Weil der ÖV nicht immer ein gutes Image hat, nutzen ihn nicht alle Menschen: nur „Arme, Alte oder Auszubildende" würden Bahn und Bus fahren. Tatsächlich bilden die Fahrgastgruppen der sog. „Zwangskunden" (engl.: captives) einen Teil der Fahrgäste. Das Vorurteil offenbart eine althergebrachte Sicht auf Mobilität, insbesondere in Ballungsräumen – aber auch in Klein- und Mittelstädten – gibt es einen beträchtlichen Anteil an sog. „wahlfreien" Fahrgästen. Das sind Menschen, die sich bewusst dafür entscheiden, statt des eigenen Autos öffentliche Verkehrsmittel zu nutzen, weil für sie die Vorteile überwiegen.

Der ÖV ist häufig kostengünstiger als die Vollkosten eines eigenen Pkws, man muss nicht selbst fahren und kann die Fahrzeit sinnvoll für andere Tätigkeiten nutzen. Im Zusammenhang mit der Verkehrswende ist es eine große Herausforderung, die Marktpotenziale des ÖV besser auszuschöpfen und den Anteil wahlfreier Fahrgäste zu erhöhen. Nur durch ständige Angebots- und Qualitätsverbesserungen kann der ÖV konkurrenzfähig zum eigenen Auto sein. Aufgrund der demografischen Entwicklung mit weniger Schülern und Auszubildenden sinkt der Anteil dieser Kundengruppe vor allem in ländlichen Regionen stark. Schon aus ökonomischen Gründen müssen die Verkehrsunternehmen ihre Angebote daher stärker auf wahlfreie Kundschaft ausrichten, z. B. mit Angeboten im Versorgungs- und Freizeitverkehr für die größer werdende Gruppe der Seniorinnen und Senioren. In den Verkehrsunternehmen hat bereits ein Kulturwandel stattgefunden. Während früher noch vom „Beförderungsfall" die Rede war, stehen heute Kundinnnen und Kunden im Mittelpunkt.

Von Nutzungsseite gibt es dennoch zahlreiche Widerstände. Dziekan, Schlag & Jünger (2004) haben ein Modell zu den Barrieren der Bahnnutzung erstellt, was sich verallgemeinern und auf den ÖSPV übertragen lässt. Das Modell beschreibt die Hemmnisse in der Person, in der Reisekette und die Hemmnisse durch Erfahrung bzw. rückwirkende Bewertung von Erlebnissen. Die Hemmnisse in der Reisekette, auf die die einzelnen Akteure im ÖV in der Regel direkten Einfluss haben, sind: Verfügbarkeit, Zugänglichkeit, Information, Zeit, Kundenbetreuung, Komfort, Sicherheit und Umwelteinflüsse. Im Modell geht es darum, zu den entsprechenden Qualitätskriterien nach DIN EN 13816 die Soll-Ist-Diskrepanz zwischen der Erwartungshaltung und der Wirklichkeit zu bewerten, da dies die Kundenzufriedenheit bedingt. Werden die Erwartungen des Kunden erfüllt oder sogar übertroffen, wird er die Dienstleistung wieder nutzen und sie ggf. sogar weiterempfehlen. Das kann zum positiven Image des ÖV beitragen. Umgekehrt führt eine Nichterfüllung der Qualitätskriterien zu Imageverlust, der nur schwer wieder gut zu machen ist.

Deutschland und die Schweiz im Vergleich

Ein positives Beispiel für die breite Verankerung des öffentlichen Verkehrs in der Bevölkerung und in der Politik ist die Schweiz. Mehr als ein Drittel (34,5 %) der

Schweizer Bürgerinnen und Bürger besitzen ein General- oder Halbtaxabonnement, mit dem nahezu alle öffentlichen Verkehrsmittel des Alpenlandes (Eisen-, Straßen-, Seilbahnen, Busse und Schiffe) vollständig oder mit 50 % Rabatt auf den regulären Fahrpreis genutzt werden können. Die entsprechenden BahnCard-Angebote der Deutschen Bahn AG – mit weitaus geringeren Nutzungsmöglichkeiten von Verkehrsmitteln außerhalb der Eisenbahn – besitzen nur 1,8 % der deutschen Einwohner. Selbst unter Einbeziehung der BahnCard 25-Inhaber erreicht die Nutzerquote einer Eisenbahn-Rabattkarte mit 6,1 % in Deutschland bei weitem nicht das Schweizer Niveau. Entgegen anfänglicher Befürchtungen hat die Einführung des stark vergünstigten Halbtaxabonnements im Jahr 1987 in der Schweiz, welche zu einer wesentlich höheren ÖPNV-Nutzung beitrug, bei den Verkehrsunternehmen nicht zu finanziellen Einbußen geführt.

Vergleich für das Jahr 2013	**Schweiz**	**Deutschland**
Einwohner	8,08 Mio. EW	80,62 Mio. EW
Nutzer 100 % Ermäßigung	Generalabonnement 442.000 EW (5,5 %)	BahnCard 100 42.000 EW (0,0005 %)
Nutzer 50 % Ermäßigung	Halbtaxabonnement 2,34 Mio. EW (29,0 %)	BahnCard 50 1,48 Mio. EW (1,8 %)
Nutzer 25 % Ermäßigung		BahnCard 25 3,45 Mio. EW (4,3 %)

(Quellen: Die SBB in Zahlen und Fakten 2015, Deutsche Bahn AG, Destatis)

Die Preissenkung des Halbtaxabonnements erfolgte im Rahmen des Schweizer Eisenbahnprojekts „Bahn 2000" zur Qualitätssteigerung des Schienennetzes, mit dem Ziel, große Knotenbahnhöfe in weniger als einer Stunde Fahrzeit miteinander zu verbinden. Verkehrspolitisches Hauptmotiv in der Schweiz ist es, den Personen- und Güterverkehr weitestgehend auf der Schiene und nicht auf der Straße durchzuführen. Diese Politik der Verkehrsverlagerung ist seit 1994 in der Schweizer Bundesverfassung verankert.

In Deutschland ist es zwar politischer Konsens, den Verkehr von der Straße auf die Schiene zu verlagern, doch der Unterschied bei den Pro-Kopf-Investitionen in die Schieneninfrastruktur zwischen beiden Ländern ist erheblich. Deutschland investierte im Jahr 2014 49 EUR je EW und die Schweiz 351 EUR je EW ins Schienennetz. Deutschland verwendet damit – seit vielen Jahren – wesentlich mehr Geld für den Straßenbau als für die Schieneninfrastruktur und liegt im europäischen Vergleich auf einem der hintersten Plätze.

Bereits 1982 wurde in der Schweiz der Integrale Taktfahrplan eingeführt, inzwischen gibt es nach Fertigstellung der zielorientierten Bahn 2000-Infrastrukturprojekte im Fernverkehr weitestgehend einen Halbstundentakt. Im Jahr 2008 hat sich in Deutschland die Initiative „Deutschland-Takt" gegründet, um einen bundesweiten

Integralen Taktfahrplan mit Verbindungen im Stunden- oder Halbstundentakt zu forcieren, damit verlässliche Reiseketten entstehen. 2015 hat das Bundesministerium für Verkehr und digitale Infrastruktur eine Machbarkeitsstudie zum Deutschland-Takt vorgelegt, deren Ergebnisse nun in die Bundesverkehrswegeplanung einfließen, wie im BVWP 2030 festgeschrieben.

6.2 Nutzerfreundlicher ÖPNV

Die Erwartungen und Vorstellungen von einem ÖPNV-System, entsprechen häufig nicht der Realität. So kann es sein, dass ein Autofahrer denkt, der Bus vor der Haustür fährt nur ein Mal pro Stunde, während die Haltestelle in Wirklichkeit alle zehn Minuten bedient wird. Unterschätzungen des ÖPNV-Angebotes sind die Regel und – besonders für Menschen die selten öffentliche Verkehrsmittel nutzen – vielfach in der Literatur belegt. Nicht zusammenpassende Erwartungen und Leistungen können auch in die andere Richtung abweichen. Die geübte ÖPNV-Nutzerin kommt in eine andere Stadt und stellt fest, dass es für sie anstrengend ist, sich an das neue und unbekannte System zu gewöhnen und es fehlerfrei zu benutzen. Plötzlich sehen Haltestellen und Fahrpläne ganz anders aus, die Orientierung in Stationen fällt schwer und der Fahrscheinkauf ist eine große Hürde. Wenn sich idealerweise die Nutzer- und Systemperspektive decken, dann spricht man von nutzerfreundlichem ÖPNV (vgl. Dziekan 2008).

Die Nutzerfreundlichkeit eines ÖPNV-Systems lässt sich erhöhen, indem man die kognitive Nutzerperspektive kennt und die Regeln, nach denen ein menschliches Gehirn funktioniert, versteht und anwendet. Zum Beispiel kann man es den Fahrgästen einfacher machen, sich eine Linie zu merken oder wiederzuerkennen. Dziekan (2008) hat dazu drei Einfachheitsfaktoren herausgearbeitet:

1. Sichtbarkeit von Strecke und Stationen
2. Gerade Linienführung
3. Labelling (Markierung, Etikettierung, wiedererkennbare Bezeichnung)

Besonders gut anwenden lassen sich die drei Einfachheitsfaktoren bei der Einführung neuer Verkehrskonzepte und -angebote, z. B. S-Bahn-Netze, hochwertige Stadtbahn-Systeme, Metrobus-Linien in Städten oder PlusBus-Linien in ländlichen Regionen. Noch einfacher ist es, eine Straßen- oder Stadtbahn im Gedächtnis zu verankern.

Ein weiterer zentraler Punkt für die Nutzerfreundlichkeit ist die konsistente und zuverlässige Information während der gesamten ÖPNV-Reisekette: vor, während und nach der Fahrt. Gutes Kartenmaterial liefert eine solide Basis, zusätzlich führen Echtzeit-Abfahrtsanzeigen an Haltestellen zu einer höheren Nutzerfreundlichkeit. Fahrgastinformation in Form dynamischer und individualisierter Informationen, z. B. über Smartphone oder Wearables, ist ein wichtiges aktuelles Entwicklungsfeld für den ÖPNV.

Allerdings ist immer darauf zu achten, dass jede Technik- und Technologieentwicklung den Nutzenden in den Mittelpunkt stellt und nicht Technikentwicklung an sich.

Ein weiterer wichtiger Punkt für die Nutzerfreundlichkeit ist der Fahrscheinerwerb. Hier ist eine Balance zwischen einfachen, verständlichen Tarifen und einer gerechten Tarifierung zu finden. Der Fahrgast wünscht einen günstigen Preis und gleichzeitig ein einfaches Tarifsystem, was jedoch häufig widersprechende Forderungen sind. Hinzu kommt die Frage der Einnahmeaufteilung in den Verkehrsverbünden, bei der jedes Verkehrsunternehmen entsprechend der tatsächlichen Nutzung, an den Fahrgeldeinnahmen beteiligt werden soll.

6.3   Barrierefreier ÖPNV

Barrierefreiheit als Aspekt des nutzerfreundlichen ÖPNV bedeutet, dass Menschen mit Behinderung oder anderen Mobilitätsbeeinträchtigungen Gegenstände, Medien oder Einrichtungen in allen Lebensbereichen uneingeschränkt nutzen können. Vom Behindertengleichstellungsgesetz und dem Inkrafttreten der UN-Behindertenrechtskonvention in Deutschland sind auch für die barrierefreie Gestaltung des ÖPNV wichtige Impulse ausgegangen. In die PBefG-Novelle 2013 wurde die Zielstellung einer vollständigen Barrierefreiheit im ÖPNV bis zum Jahr 2022 gesetzlich festgeschrieben (§ 8 Abs. 3 PBefG).

Neben den rechtlichen Rahmenbedingungen ist der demografische Wandel ein weiterer Treiber für barrierefreien ÖPNV, da es in Zukunft mehr alte Menschen geben wird, die mehr Freizeit und Urlaubsaktivitäten entfalten und häufig bis ins hohe Alter mobil sein werden. Heute leben in Deutschland etwa 4,5 Mio. Menschen (5 % der Bevölkerung), die 80 Jahre und älter sind. Bis zum Jahr 2020 steigt ihre Zahl auf fast sechs Millionen (8 %) und bis zum Jahr 2050 auf etwa zehn Millionen (13 %). Mit dem Alter steigt auch die Wahrscheinlichkeit für Mobilitätseinschränkungen und Schwerbehinderung. Im Jahr 2014 sind 7,5 Mio. Menschen in Deutschland (ca. 9,3 %) amtlich als Schwerbehinderte anerkannt (www.destatis.de, Zugriff 05.01.2017). Da der Anteil mobilitätsbeeinträchtigter Personen und Älterer künftig weiter zunehmen wird, kommt der barrierefreien Gestaltung öffentlicher Verkehrssysteme im Sinne des „Design für Alle" eine wachsende Bedeutung zu.

Die Bandbreite von Mobilitätseinschränkungen ist groß und umfasst im Wesentlichen körperliche (z. B. geh- und/oder sehbehinderte Menschen) und psychische Behinderungen (z. B. Sprachunkundige, Menschen mit Zwängen). Neben den Behinderungen im engeren Sinne gibt es darüber hinaus Mobilitätsbeeinträchtigungen im weiteren Sinne, denen jeder Mensch ausgesetzt sein kann: Gipsbein, Gepäckmitnahme oder Begleitung von Kindern. Barrierefreie Mobilität bedeutet, dass das öffentliche Verkehrssystem für alle Menschen ohne fremde Hilfe und besondere Anstrengungen nutzbar ist. Bei der barrierefreien Gestaltung öffentlicher Verkehrsmittel und -anlagen wurden in Deutschland erhebliche Fortschritte erzielt, z. B. mit Niederflurfahrzeugen. Dennoch ist vielerorts erst ein Anfang gemacht und weitere Anstrengungen sind nötig, um barrierefreie Mobilität zu ermöglichen.

6.4 Verbundenheit der Politik

Trotz aller politischen Bekenntnisse wird die Förderung öffentlicher Verkehrsmittel oft nicht konsequent umgesetzt. Prestigeträchtig ist immer noch die eigene Limousine mit Chauffeur oder zumindest ein statusgerechter Dienstwagen. Die eigenen Mobilitätsroutinen verzerren oftmals die kognitive Karte von Politikerinnen und Politikern. Vorteile, aber auch Nachteile und Entwicklungspotenziale des ÖV sind damit nicht aus der eigenen Erlebniswelt bekannt und vertraut. Wünschenswert wäre, dass Menschen in politischen Ämtern ihre Vorbildfunktion in der Gesellschaft nutzen und tatsächlich einen nachhaltigen Mobilitätsstil vorleben.

Besonders in Deutschland, als ein wichtiger Standort der Automobilindustrie, hat das eigene Auto eine sehr starke Lobby. Um den ÖV zu fördern ist es daher sinnvoll, die Arbeit von Verbraucherzentralen und Interessenverbänden zu stärken und der Bevölkerung die Alternativen zum Automobilbesitz aufzuzeigen. Auf die Erkenntnis, dass Tabakkonsum schädlich ist, hat die Politik reagiert und Tabakwerbung eingeschränkt und mit Auflagen versehen. Ein Warnhinweis auf jeder Autowerbung ist heute noch undenkbar. Das europäische Beispiel der CIVITAS Initiative belegt, wie wichtig Politikerinnen und Politiker für Entscheidungen im Bereich nachhaltiger Mobilität sind (vgl. www. civitas-initiative.org). In der Initiative setzen europäische Städte mit Co-finanzierung der Europäischen Union lokale Maßnahmen, darunter auch Verbesserungen im ÖPNV, um. In den CIVITAS Projekten hat sich gezeigt, dass die lokale Politik für die erfolgreiche Umsetzung der Maßnahmen entscheidend ist. Zahlen und Fakten, die belegen, dass sich bestimmte verkehrliche Maßnahmen lohnen bzw. nicht zur Zielerreichung geführt haben, geben der Politik wertvolle Entscheidungs- und Argumentationshilfen (Dziekan et al., 2015). Idealerweise sollte die Evaluation der Maßnahmen von unabhängigen Dritten wissenschaftlich durchgeführt werden. Gute Beispiele, die auch eine überzeugende Evaluation erfahren haben, lassen sich ggf. auf andere Kommunen übertragen.

6.5 Sicherheit im öffentlichen Verkehr

Die Sicherheit ist ein zentrales Aufgabengebiet der Verkehrsunternehmen und bezeichnet den relativen Zustand der Gefahrenfreiheit, in dem es kein unzulässiges Schadensrisiko gibt. Der Sicherheitsbegriff ist im Sinne von Safety und Security zu verstehen. Unter Safety (=Betriebssicherheit) werden Gefährdungspotenziale wie technisches Versagen, menschliches Fehlverhalten, organisatorische Mängel und höhere Gewalt zusammengefasst. Security umfasst vorsätzliche Handlungen Dritter, wie Vandalismus oder Gewalttaten. Das subjektive Sicherheitsgefühl ist im ÖPNV mitentscheidend für die Verkehrsmittelwahl und das Komforterleben. Es ist wichtig, die gesamte Reisekette im Auge zu behalten: am unsichersten sind tatsächlich die Wege von und zur Haltestelle.

Aufgrund dieser – bei Dunkelheit oft angstbeladenen Teilstrecken – kann es zur Meidung öffentlicher Verkehrsmittel kommen.

In den Verkehrsunternehmen gibt es viele in der Praxis bewährte Konzepte zum Schutz der Fahrgäste und Mitarbeitenden, der Unternehmenswerte und des Fahrbetriebs. In den Fahrzeugen und auch in Stationen und an Haltestellen trägt Videoüberwachung zu einem höheren Sicherheitsgefühl der Fahrgäste bei. Hauptsächliche Effekte zeigen sich vor allem bei der Vorbeugung und Aufklärung von Vandalismus und Straftaten. Die Politik setzt die nötigen datenschutzrechtlichen Rahmenbedingungen, um die Integrität des Einzelnen zu sichern.

Schreckliche Ereignisse wie Bomben in U-Bahnen oder Explosionen in Vorortzügen haben dazu geführt, dass auch bei der Security im ÖPNV die Terrorismusvorbeugung ganz oben auf der Agenda steht. Terroristische Anschläge wurden innerhalb von Verkehrsmitteln, entlang der Strecken oder auf bzw. in Betriebsgeländen begangen. Es ist eine enorme Herausforderung, ein möglichst terrorismussicheres ÖV-System mit offenen Zugangsmöglichkeiten zu schaffen, das gleichzeitig eine große Passagieranzahl ohne lange Verzögerungen und Unterbrechungen befördert. Allerdings stoßen technische Lösungen dabei an Grenzen. Security und Terrorismusbekämpfung sind als gesamtgesellschaftliche Herausforderung unserer Zeit zu betrachten.

6.6   Zukünftige Finanzierung

Die ÖV-Finanzierung bleibt angesichts stark belasteter öffentlicher Haushalte und der Schuldenbremse in Bund und Ländern eine große politische Herausforderung. Die Investitions- und Betriebskosten des öffentlichen Verkehrs werden in Deutschland bislang hauptsächlich von den Fahrgästen (Nutzerfinanzierung) und der öffentlichen Hand (Bund, Länder und Kommunen) getragen. Während die Finanzierung hierzulande maßgeblich auf diesen zwei Säulen basiert, wurden international seit den 1970er Jahren unterschiedliche Modelle für eine dritte Finanzierungssäule entwickelt und umgesetzt, bei denen Dritte konsequent in die Finanzierungssystematik einbezogen werden. Da der ÖV in Deutschland als öffentliches Gut „ohnehin vorhanden" ist und von der Allgemeinheit finanziert wird, haben Dritte bislang wenig Notwendigkeit, sich an den Kosten zu beteiligen. Angesichts der deutlich ausgeweiteten Nutzerfinanzierung, stagnierenden bis rückläufigen Zahlungen der öffentlichen Hand und großen branchenspezifischen Investitionen in die Mobilität der Zukunft (Reinvestitionen, Klimaschutz, Digitalisierung), erscheint auch hierzulande der Aufbau einer dritten Säule geboten, bei der sich Drittnutzer an der Finanzierung beteiligen.

Drittnutzen durch ÖPNV-Erschließung und Bedienung entsteht für verschiedene Gruppen – z. B. Arbeitgeber, Handel, Immobilien-/Grundstückseigentümer/Mieter, Bürger/Autofahrende oder Veranstalter – an unterschiedlichen Stellen. Zu den verschiedenen Modellen liegen zahlreiche wissenschaftliche Analysen, Studien und Forschungsergebnisse vor, sodass es kein Erkenntnis-, sondern eher ein Umsetzungsdefizit gibt. Das

Konzept der Drittnutzerfinanzierung wurde bereits im Jahr 2000 von der Pällmann-Kommission ausdrücklich zur Umsetzung in Deutschland empfohlen. Für die Anwendung verpflichtender Beiträge fehlt in Deutschland bislang der rechtliche Rahmen und nur Beiträge auf freiwilliger Basis sind bereits heute möglich.

Der Aufbau der Drittnutzerfinanzierung bietet mittel- bis langfristig großes Potenzial, um ergiebige und planbare Finanzmittel für den öffentlichen Verkehr zu generieren. Bei allen neuen Finanzierungsinstrumenten ist bei der Umsetzung allerdings erheblicher politischer und gesellschaftlicher Widerstand zu erwarten. Neue Finanzierungsquellen sind nur dann ergiebig, wenn viele Drittnutzer bezahlen müssen – dann wird es bei der Umsetzung aber besonders große Widerstände geben. Die Argumentation zur Einführung der Drittnutzerfinanzierung trägt mit neuen, zusätzlichen Angeboten voraussichtlich viel besser, als wenn die zusätzlichen Einnahmen zur Finanzierung des ohnehin vorhandenen Angebots verwendet werden.

7   Fazit

Politik muss sich auf allen Ebenen ihrer Verantwortung stellen und spielt eine große Rolle für den Erhalt und die Weiterentwicklung des öffentlichen Verkehrs als umweltfreundliche, sichere und sozialverträgliche Mobilitätsform. Der häufig zitierte Satz „Brüssel ist wichtiger als Berlin" hat für die Rahmenbedingungen in der Verkehrspolitik eine große Berechtigung. Die Verantwortung für die konkret gewünschten Verkehrsleistungen liegt allerdings bei den lokalen Aufgabenträgern und damit bei der politischen Ebene vor Ort. Sie muss entscheiden, welches ÖPNV-Angebot in welcher Qualität sie für ihre Bürgerinnen und Bürger gewährleisten und finanzieren will. Trotz zunehmender Internationalisierung bleibt der ÖPNV immer eine lokale Angelegenheit.

Um ohne eigenen Pkw mobil zu sein und systembedingte Nachteile des ÖV auszugleichen, ist die Entwicklung zu einer multimodalen Mobilitätskultur wünschenswert und bietet eine Chance für nachhaltigere Mobilität. Die flexiblere Verkehrsmittelnutzung ist robuster und gibt den Bürgerinnen und Bürgern größere Handlungsspielräume. Der ÖPNV als Teil des Umweltverbunds profitiert von der Wende hin zu einer multimodalen Mobilitätskultur, mit der noch mehr Menschen von den Vorteilen überzeugt werden, die Bahnen und Busse bieten, und öffentliche Verkehrsmittel nutzen. Politisches Ziel auf allen Ebenen muss es sein, sich von der monomodalen Autofixierung zu lösen und den Weg zu einer multimodalen Mobilitätskultur einzuschlagen.

Lernfragen

a) Welche föderale Ebene ist in Deutschland für ÖPNV-Organisation und -Finanzierung zuständig?

b) Auf welchen Säulen basiert die Finanzierung des öffentlichen Verkehrs in Deutschland? Welche neue Finanzierungssäule wird zur Umsetzung empfohlen?

c) Was versteht man unter Differenzierter Bedienung im ÖPNV?

d) Warum ist Barrierefreiheit im ÖPNV eine wichtige Zielstellung?

Literatur

WIBERA/Intraplan (2016): 7. Bericht der Bundesregierung über die Entwicklung der Kostendeckung im ÖPNV. Bundesministerium für Verkehr und digitale Infrastruktur. Berlin.

Dziekan, Katrin (2008): Ease-of-Use in Public Transportation – A User Perspective on Information and Orientation Aspects. School of Architecture and The Built Environment, Department of Transportation and Economics, Division Transport and Logistics. PhD Thesis. Royal Institute of Technology. Stockholm.

Dziekan, Katrin/Bernhard Schlag/Igor Jünger (2004): Barrieren der Bahnnutzung – Mobilitätshemmnisse und Mobilitätsbedürfnisse. In: Bernhard Schlag (Hrsg.): Verkehrspsychologie. Mobilität – Verkehrssicherheit – Fahrerassistenz. Lengerich, S. 63–81.

Dziekan, Katrin/Veronique Riedel/Nicola Moczek/Stephanie Müller/Michael Abraham/Stefanie Kettner/Stephan Daubitz (2015). Evaluation zählt – Ein Anwendungshandbuch für die kommunale Verkehrsplanung. Umweltbundesamt Dessau-Roßlau http://www.uba.de/evaluation-verkehrsplanung.

FGSV – Forschungsgesellschaft für Straßen- und Verkehrswesen (2010): Empfehlungen für Planung und Betrieb des öffentlichen Personennahverkehrs. Köln.

FGSV – Forschungsgesellschaft für Straßen- und Verkehrswesen (2008): Richtlinien für integrierte Netzgestaltung (RIN), FGSV 121. Köln.

Infas/DLR (2010): Mobilität in Deutschland 2008. Ergebnisbericht. Bundesministerium für Verkehr, Bau und Stadtentwicklung. Bonn/Berlin.

Megel, Katrin (2001): Schienenbonus: Nur ein Mythos? Bus oder Bahn im Regionalverkehr – Schemata und Präferenzen. In: Der Nahverkehr 19(6), S. 20–23.

UBA (2016). Die Stadt für Morgen – umweltschonend mobil, lärmarm, grün, kompakt, durchmischt. Umweltbundesamt Dessau-Roßlau https://www.umweltbundesamt.de/publikationen/die-stadt-fuer-morgen Zugriff 15.5.2017.

VDV – Verband Deutscher Verkehrsunternehmen (2009): Finanzierungsbedarf des ÖPNV bis 2025. Köln.

VDV – Verband Deutscher Verkehrsunternehmen (2015): VDV-Statistik. September 2016. Köln.

Weiterführende Literatur

Universität Kassel/Intraplan/Gerhard Löcker (2016): Mobilitäts- und Angebotsstrategien in ländlichen Räumen. Bundesministerium für Verkehr und digitale Infrastruktur. Berlin.

VDV/VDV-Industrieforum (2016): Gestaltung von urbaner Straßenbahninfrastruktur – Handbuch für die städtebauliche Integration. Köln.

Vukan R. Vuchic (2005): Urban Transit: Operations, Planning and Economics. New Jersey.

Website mobi-wissen: Busse und Bahnen von A bis Z. www.mobi-wissen.de [Zugriff, 12.05.2017].

Katrin Dziekan, Dr., Fachgebietsleiterin I 3.1 Umwelt und Verkehr, Umweltbundesamt, Wörlitzer Platz 1, 06844 Dessau-Roßlau.

Meinhard Zistel, Dipl.-Ing., Fachbereichsleiter ÖPNV-Finanzierung, Demografie und ländliche Räume, Verband Deutscher Verkehrsunternehmen e. V., Kamekestraße 37-39, 50672 Köln.

Automobil und Automobilismus

Gert Schmidt

Zusammenfassung

Gegenstand des Beitrages ist ‚Auto-Mobilität'. Diese ist Merkmal moderner Gesellschaften. Das Projekt ‚Automobil' ist nicht nur von großer wirtschaftlicher Relevanz, und die Wirklichkeit der Automobilisierung zeigt sich nicht nur in der Stadtraum- und Landschaftsgestaltung. Das Auto prägt soziale Prozesse und Strukturen von Lebenswelt – und es ist auch als Element von Kultur präsent. Auto-Mobilität hat seit Beginn des 20. Jahrhunderts nicht nur vielgestaltiges Interesse und Begeisterung befördert, sondern auch Kritik und Widerstand provoziert, in deren Folge das Produkt Automobil, seine Technik, seine Wahrnehmung und seine Nutzungsformen beachtliche Veränderungen erfahren haben. Anfang des 21. Jahrhunderts evozieren verschärfte kritische Rahmenbedingungen (Ressourcenknappheit und Klimawandel) und die zügige globale Ausbreitung der Automobilisierung (Produktion und Nutzung) erneut – z. T. radikale – technische und kulturelle Konzepte zur Zukunft von Auto-Mobilität. Das Studium der Entwicklung von und der Diskussionen zu ‚Auto-Mobilität' vermittelt die Chance wissensbasierter Orientierung bezüglich aktueller Probleme sowohl ‚entwickelter' moderner Gesellschaften, wie auch sog. ‚Entwicklungsländer'.

1 Einleitung

Nein – das Auto wurde nicht 1883 oder 1894 von Carl Benz und/oder Gottlieb Daimler *erfunden*. Nach interessanten Fahr-Vehikel Vorläufern bereits ab dem 16. Jahrhundert, wurde im 19. Jahrhundert das moderne Automobil als erfolgreiches Technikprodukt für

G. Schmidt (✉)
München, Deutschland
E-Mail: gertschmidt1@gmx.de

© Springer Fachmedien Wiesbaden GmbH, ein Teil von Springer Nature 2018   373
O. Schwedes (Hrsg.), *Verkehrspolitik,*
https://doi.org/10.1007/978-3-658-21601-6_17

eine zunehmend mobilitätsorientierte und individualistische Gesellschaft *entwickelt* –
und mit den legendären Fahrzeugmodellen von Carl Benz, Gottlieb Daimler und Henry
Ford wurde die Möglichkeit des Autos als vermarktbares, neues, breit genutztes Verkehrsmittel in Städten und zwischen entfernten Standorten besonders deutlich.

Auch knüpft die Herausbildung von *Automobilismus* – die soziale und kulturelle
Einarbeitung des Autos in gesellschaftliche Wirklichkeit – an verbreitete Visionen und
Fiktionen in Literatur und Kunst zu Raumerfahrung und Bewegung (Mobilität) an.[1]

Ökonomen haben zweifelsfrei ermittelt: In sog. entwickelten Gesellschaften ist die
Anschaffung und der Unterhalt von Automobilen, nach dem Hausbau und nach Wohn-
kosten, der für die durchschnittliche Familie finanzstärkste Investitionsposten für nicht-
lebendige Güter im ökonomischen Lebenslauf. Aus sozial- und kulturwissenschaftlicher
Sicht kann die Behauptung gewagt werden: Kaum ein anderer nicht-lebendiger Gegenstand ist mit Blick auf die Bedeutung für die Lebenswelt-Gestaltung vergleichbar mit
dem Automobil. Ungeachtet rationaler Erwerbs- und Gebrauchserwägungen sind dabei
sowohl die Entscheidung zur Anschaffung eines speziellen Automobils wie auch seine
Nutzung in hohem Maße von sozialen Wertschätzungen und ästhetischen Geschmacksbe-
urteilungen begleitet – sei es der eigenen oder der antizipierten von anderen.

Automobile sind also nicht nur technische Vehikel und Objekte zweckrationalen
Handelns und des ökonomischen Kalküls, sondern wesentlich auch sozial und kulturell geprägt. Nicht zuletzt ist die soziale Tatsache Automobil und die Durchsetzung von
Automobilismus Thema von *Politik,* d. h. Gegenstand gesellschaftlicher Interessenskon-
flikte und Ausdruck von Macht- und Herrschaftsstrukturen. Wirtschafts- und Gesellschaftspolitik ist vielgestaltig nicht nur im weiteren Sinne *Verkehrspolitik,* sondern auch
im engeren Sinne *Autopolitik.*

2   Zur sozialwissenschaftlichen ‚Ortsbestimmung' von Automobil und Automobilismus

Anthropologisch ‚gründelnd' ist das Automobil zunächst einmal ein materiales Konstrukt
der Verbindung von *Statik* und *Bewegung,* von *Schutzraum* und *Transportgerät* (Vehikel):

Das Vehikel und Verkehrsmittel Auto interessiert den Sozialwissenschaftler im Kontext von sozialen und kulturellen Sachverhalten, die am besten mit dem Stichwort *Automobilismus* bezeichnet werden. Hiermit ist nicht lediglich die schlichte Gegenwart vieler
Automobile angezeigt und mehr auch als die Bedeutung von Automobilherstellung für die
Wirtschaftsdaten des Landes. In der Vokabel werden vor allem die alltägliche und außeralltägliche soziale und kulturelle automobile Durchdringung von Arbeits- und Lebenswelt,
von individuellem und kollektivem Handeln und sozialer Orientierung, von Distinktions-
verhalten und von ästhetischer und ethischer Wert-Geltung fixiert. Automobilismus ist

---

[1]vgl. etwa die informativ-anregende Datenskizze zum Stichwort Automobil in WIKIPEDIA.

demnach ein außerordentlich facettenreicher sozialer und kultureller Tatbestand. Er äußert sich als gesellschaftlich generalisierte Erwartung der Verfügbarkeit von Fahrkompetenz (Führerscheinbesitz), als Sozialindikator neben Berufstätigkeit, Bildungsniveau und Einkommen, als Thema des Wandels von Gender-Differenzierung, bis hin zur automobilen Metaphorik in Literatur und darstellender Kunst (Abb. 1).

Das Konzept des Automobilismus beinhaltet darüber hinaus auch spezifische institutionelle Vorkehrungen, die relevant sind für Kauf, Nutzung und gesellschaftliche Absicherung von Automobilität (Steuersystem, Versicherungsauflagen, Erteilung von Fahrerlaubnis etc.) (vgl. Urry 2004). Um die vielfältigen sozial- und kulturwissenschaftlichen Phänomene, die irgendwie mit dem Automobil und der Automobilnutzung zusammenhängen, zu ordnen, möchte ich einen zweistufigen Differenzierungsvorschlag machen:

a1) Das Automobil ist – auch als Beobachtungsgegenstand von Soziologie und Sozialpsychologie etwa – ein *kleines technisches System*. Gemeint ist hier das einzelne Fahrzeug in all seiner Komplexität (Getriebe, Kupplung, Differenzial, Beleuchtungsanlage etc.). Schon mit Blick auf dieses kleine technische System ergibt sich eine große Anzahl von sozialwissenschaftlichen, ökonomischen und kulturwissenschaftlichen Fragen. Diese betreffen die Formgebung von Teilen, haptische Qualitäten von Hebeln und Griffen, Geräuschkulissen, als auch Farbensinn, Geruchssinn und damit verbundene soziale Wahrnehmungsmuster sowie Wert-Anmutungen. *Politisch* artikuliert ist das Automobil als kleines technisches System vor allem mit Blick auf die Standards des *Deutschen Instituts für Normung* (DIN), der *Society of Automotive Engineers* (SAE), oder der *International Organization for Standardization* (ISO), die die Sicherheit und Umweltbelastung betreffen.

a2) Das Automobil ist ein *großes technisches System*. Über die Menge der bewegten Einzelfahrzeuge, wie auch durch die regulative Einbettung der Bewegung dieser Fahrzeuge im Raum, konstituiert das Automobil im klassischen Sinne ein großes technisches System (Straßennetz, Versorgungssystem für das Autofahren – Tankstellen, Werkstätten, Verkehrszeichen etc.). Keine Frage, dass sich ökonomische und sozialwissenschaftliche Fragestellungen und auch politische Entscheidungsvorlagen hier rasch plausibel

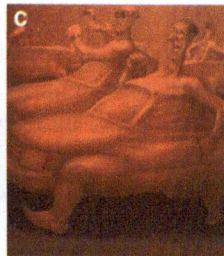

Abb. 1 a, b, c Vom technischen Artefakt zum Kunstwerk. (Quellen: **a** + **b** Internet; **c** Deckblatt des KommVor Sommersemester 2004 der fsi-soziologie, Universität Erlangen-Nürnberg)

anführen lassen: Ganze Berufssparten (Verkehrspolizisten, Unfallchirurgen, spezialisierte Rechtsanwaltskanzleien etc.) und mehrere Wirtschaftszweige (Bau- und Transportwirtschaft, Händlernetzwerke etc.) sind angesprochen. Die Probleme der Energiebeschaffung und -verteilung sowie Fragen der Ressourcenpflege (Blechmüllverwertung, Recycling) seien nur angedeutet. Das große technische System Automobil ist seit dem massenhaften Erscheinen von Vehikeln dieser Kategorie auf den Straßen Gegenstand von Verkehrs*politik:* Erteilung von Fahrlizenz, Besteuerung von Fahrzeugbesitz und -nutzung, Finanzierung von Straßenbau und Rechtsbeschlüsse zur Regulierung der Verkehrsgestaltung (Parkverbote, Geschwindigkeitsbegrenzungen, Grenzwerte für Alkoholisierung der Fahrzeugführer etc.).

In Analogie zu dieser, in der Techniksoziologie eingeführten Differenzierung, kann das Automobil in einem zweiten Schritt auch in seiner Kulturbedeutung gefasst werden:

b1) Das Automobil ist ein *kleines kulturelles System.* Es ist Gegenstand von individueller Nutzung und Pflegetätigkeit, von Anspruch oder Wunsch auf soziale Anerkennung, von Genuss sozialer Distinktion, und es ist Chance ästhetischer – oder auch gar ethischer – Wertschätzung von Einzelnen und Gruppen. Für Kultur- und Sozialwissenschaftler gibt es hier Anlass, systematisch Fragestellungen anzusetzen: Stabilisierte Handlungsprogramme – etwa Kaufentscheidung und Nutzungsweise – mit Blick auf Klassen- und Statuslagen und hinsichtlich spezifischer Altersschichten, ethnischer Hintergründe, Automobile als Ausdrucksformen sozialer Ungleichheit etc. Nicht zuletzt ist die Gender-Frage von erheblicher Bedeutung.

Politik flankiert die jeweilige gesellschaftliche Ausbildung des Automobiles als kleines kulturelles System in beachtlichem Maße: Die Besteuerung von Hubraum und/oder Verbrauch, sowie die politische Stützung von Ideologemen wie ‚Recht auf Individuelle Mobilität', gehören zu den politischen Rahmenbedingungen der Pflege des Autos als Kulturgut.

b2) Das Automobil ist schließlich ein *großes kulturelles System.* Es ist Momentum von Zeitkultur und Mobilität. Es ist Signal für Naturbeherrschung. Es ist eingebettet in kulturelle Standards allgemeiner Formgebung (Stichwort: aerodynamisch/windschnittig). Schließlich ist es Teil der Auseinandersetzung um Wertebildung auf gesellschaftlicher Ebene – Fortschrittsglauben etwa und Individualismus. Sozial- und Kulturwissenschaften haben hier ein weites und reiches Feld des Studiums (etwa zum Zusammenhang von Autobesitz und gesellschaftlichem Status, resp. Prestige: ‚Sage mir, welches Auto Du fährst – und ich sage Dir, welcher gesellschaftlichen Gruppe Du zugehörst') (vgl. Bourdieu 1979).

Die Grundthese vom Automobil als großem kulturellen System kann vielfältig veranschaulicht werden: Auto und Sprache – alltagssprachliche Formen und spezifische Kunst- und Fachsprachen haben sich des Automobils bzw. der Automobilität angenommen. Das Automobil ist auch Bearbeitungsgegenstand im Bereich darstellender und schreibender Kunst geworden. Das Automobil ist schließlich sogar mit Musik verbunden worden – nicht nur in bestimmten Texten und mit Blick auf die Forcierung spezifischer Rhythmen sondern auch mit der Herstellung von Musikpotpourris, die angeblich besonders geeignet sind als Begleitung zum Autofahren. Nur noch erwähnt sei schließlich das reiche Anschauungsmaterial in der Werbung für Autos und mit dem Automobil (für Edeluhren, Tabakwaren oder diverse Modeartikel)!

Keine Frage auch: Das große kulturelle System Automobil ist in vielgestaltiger Weise Referenz- und Profilierungsthema von Wirtschafts-, Sozial-, Bildungs- und Wissenschafts-*politik* (die politische Gestaltung von Automobilismus reicht von der Besteuerung der Energie/Benzinsteuer über Lehrpläne in den Schulen bis hin zur inhaltlichen Ausrichtung staatlicher Förderung von mobilitätspolitisch relevanten Forschungen).

Die literarisch gehobene Beobachtungsaussage zur sich entfaltenden Moderne von Erich Kästner *„Die Zeit fährt Auto"* (1928) hat gewiss erhebliche Aussagekraft für unsere Kultur:

> Die Städte wachsen. Und die Kurse steigen.
> Wenn jemand Geld hat, hat er auch Kredit.
> Die Kosten reden. Die Bilanzen schweigen.
> Die Menschen sperren aus. Die Menschen streiken.
> Der Globus dreht sich. Und wir drehn uns mit.
> Die Zeit fährt Auto. Doch kein Mensch kann lenken.
> Das Leben fliegt wie ein Gehöft vorbei.
> Minister sprechen oft vom Steuersenken.
> Wer weiß, ob sie im Ernste daran denken?
> Der Globus dreht sich und geht nicht entzwei.
> Die Käufer kaufen. Und die Händler werben.
> Das Geld kursiert, als sei das seine Pflicht.
> Fabriken wachsen. Und Fabriken sterben.
> Was gestern war, geht heute schon in Scherben.
> Der Globus dreht sich. Doch man sieht es nicht.

3 Ein kurzer Blick auf die Geschichte der Automobilisierung in Deutschland vor dem Zweiten Weltkrieg

Am Beginn des 21. Jahrhunderts ist das Automobil als Vehikel der individuellen Massenmobilität bereits 100 Jahre alt und sowohl technisch wie auch ökonomisch und sozial nachhaltig eingeführt. Schon Ende der 20er Jahre hatte sich insbesondere in den USA Automobilisierung breit entfaltet. Die wirtschaftliche Situation nach dem Ersten Weltkrieg verzögerte in Deutschland – im Vergleich nicht nur zu den USA, sondern auch zu Frankreich und England – eine Verbreitung des Automobils als Vehikel individuellen Massenverkehrs ganz beträchtlich. Zunächst setzte sich hier – stärker als anderswo – das Motorrad als billigere Variante motorisierter Mobilität in Szene. Nicht allein der hohe Anschaffungspreis eines Autos, sondern auch die Verkehrspolitik (insbesondere durch heftige Besteuerung von Autoerwerb und -nutzung) bremste den Prozess der Automobilisierung in Deutschland. Ein Blick auf die weltweite Kraftfahrzeugproduktion zeigt aber deutlich: In den 20er Jahren und auch 1932 noch erheblich hinter Frankreich und Großbritannien rangierend, ist Deutschland im letzten Vorkriegsjahr 1938 an Frankreich vorbeigezogen und nach Großbritannien die Nummer 2 in Europa. Vor dem Hintergrund der allgemeinen wirtschaftlichen Erholung ab 1933 entwickelte sich auch in Deutschland Automobilisierung als Momentum der Herausbildung einer Mittelklasse-Gesellschaft, die nach Volksmotorisierung strebte. Eine vergleichbare Dynamik gab es, mit zeitlichem Vorlauf, in England und Frankreich – freilich unter anderen politischen Rahmenbedingungen. In Deutschland verlief der Prozess der Automobilisierung ab 1933 unter nationalsozialistischer ‚Beflaggung'. Wichtiges Element der forcierten Automobilisierung war Institutionen- und Organisationen-Politik. Automobilclubs und -vereine unterschiedlichen Zuschnitts wurden gefördert, Schau- und insbesondere Rennsportveranstaltungen wurden geschickt als Ausweis des Erfolgs des Nationalsozialistischen Regimes inszeniert.

Sportbezogener Patriotismus und Technikbegeisterung wurden wirkungsvoll in quasi-naturwüchsiges Einverständnis mit der nationalsozialistischen Ideologie überführt. Die Geschichte der „Silberpfeile" von Auto-Union und Mercedes Benz – die Rennwagen dieser beiden deutschen Autohersteller beherrschten seit 1934 die Pisten der Welt – ist auch *politische* Geschichte des nationalsozialistischen Deutschland. In Deutschland förderte das nationalsozialistische Regime eine Automobilisierung der Gesellschaft. Oberflächlich durchaus orientiert am Modell der amerikanischen Gesellschaft, sollte die Mobilität via Automobilisierung die Gesellschaft nicht nur technisch-faktisch und ökonomisch, sondern auch ideologisch integrieren; räumliche Mobilisierung, insbesondere das private Automobil, sollte Vehikel sein auch für ideologische Mobilisierung. Die ‚Er-*fahrung*' der Heimatlichen Lande wurde effektvoll in die völkische Mobilisierung eingepasst.

4   Die Entfaltung der modernen Automobilgesellschaft nach dem Zweiten Weltkrieg

Wie bereits der Erste Weltkrieg, war der Zweite Weltkrieg mit einem enormen (Auto-) Mobilisierungsschub verbunden: Eine raumbezogene Kampfführung sowohl in der Ebene wie auch in der Dritten Dimension (Luftfahrt) forderte und förderte die Realisierung von Projekten und Fantasie motorisierter Bewegung (vgl. Möser 2002: 171 ff.).

Nach 1945 festigte sich rasch automobile Motorisierung als Merkmal von Modernisierung der Lebensführung. Kein Deutscher Sonderweg – aber ein besonders rascher Weg Westdeutschlands in die Automobilisierung: Mit Ausnahme von Großbritannien beginnt eine nennenswerte Autoproduktion im Nachkriegseuropa erst Ende der 40er Jahre. Nach gegenüber den europäischen Nachbarländern deutlich verzögertem Wiederanlauf überholt West-Deutschland aber bereits 1947 Italien und dann 1953 Frankreich und 1956 selbst Großbritannien als Kfz-Produzent, und bleibt für viele Jahre nach den USA diesbezüglich im Weltvergleich die Nummer 2.

Zugleich wird die Bundesrepublik in den späten 1950er und in den 1960er Jahren auch wichtiger Kfz-Exporteur und Importeur von Fahrzeugen aus dem europäischen Ausland. Flankiert wird die zügige Automobilisierung in der Bundesrepublik – die wie in den anderen Nachkriegsgesellschaften Europas, dem US-amerikanischen Vorbild folgte – durch eine, auch politisch forcierte, marktwirtschaftliche Wachstumsdynamik. Damit einher vollzog sich eine sozialstrukturelle Entwicklung, die manchem Fachbeobachter nahelegte, vom Aufkommen einer „nivellierten Mittelstandsgesellschaft" (Helmut Schelsky) als Überwindung der „antagonistischen Klassengesellschaft" zu sprechen. Wenngleich die makroökonomischen Daten die Nivellierungsthese deutlich relativieren – über die 1950er und 1960er Jahre hinweg hat sich wirtschaftliche Ungleichheit eher erhöht denn verringert (vgl. Bolte et al. 1974) – ist die beachtliche Kaufkraftsteigerung auch mittlerer Einkommensgruppen entscheidende Voraussetzung für eine sozial breite Automobilisierung, insbesondere ab Ende der 50er Jahre. Diese Automobilisierung wird angezeigt sowohl mit Blick auf die sozialstrukturelle Komposition der Autobesitzer, wie auch mit Blick auf die Zusammensetzung des Kraftfahrzeug-Bestandes nach Krafträdern und Kraftwagen. Erst ab Mitte der 1950er Jahre übersteigt die Zahl der Pkw jene von Motorrädern und erst Ende der 1960er Jahre haben Arbeiterfamilien in nennenswertem Umfang teil an der sich herausbildenden Autogesellschaft (Tab. 1).

Die individuelle Massenmobilität wird mehr und mehr Automobilität.

Die außerordentliche ökonomische Automobilisierung Westdeutschlands ist politisch massiv gestützt und begleitet von kultureller Automobilisierung. Über Besitz und Nutzung von Automobilen dokumentierte – so lässt sich metaphorisch sagen – die BRD sich selbst ihren Fortschritt sowohl auf aggregiert kollektiv-gesamtgesellschaftlicher Ebene in Produktions- und Exportziffern, wie auch auf der Ebene individueller Gemütslagen, Handlungs-Orientierungen und Entscheidungen.

Gewaltig ist die Automobilisierung des Alltags: Das Automobil gewinnt als Geschäftsverkehrsfahrzeug ebenso rasch an Bedeutung wie als Familien-, Ausflugs- und Ferien-Vehikel (zum Ferienverkehr vgl. den Beitrag von Groß/Brunsing in diesem Band).

Pamela Finley konstatiert zutreffend:

> Das Auto, Symbol von Wohlstand und einem höheren Lebensstandard, wurde mit der Breitenmotorisierung Gegenstand gesellschaftlicher Distinktionsprozesse, wo der Einzelne bestrebt ist, sich anhand von Statusgegenständen von der Allgemeinheit abzuheben. Die fünfziger Jahre gelten als Beginn des Übergangs vom notwendigen zum innerhalb enger Grenzen individuell gewählten Konsums (Finley 1999: 12).

Um die Mitte der 1960er Jahre waren die Weichen für das Automobil gestellt. Inszeniert wird diese Weichenstellung auch als unverkennbar die Automobilisierung fördernde Verkehrspolitik über eine Forcierung des Ausbaus von Straßen (insbesondere des Fernstraßen-Netzes) und einer, auch im europäischen Vergleich, zurückhaltenden Besteuerung von Automobilbesitz und -nutzung. Wichtige sozialstrukturelle und -kulturelle Bewegungen betreffen die zunehmende Beteiligung von Frauen an Automobilität. Das gilt sowohl hinsichtlich der schlichten Verkehrsleistung (Frauen als Autofahrerinnen), der Kaufkraft (Frauen als selbstständige Autokäuferinnen) und als aktiv mitentscheidende Familienmitglieder. Zudem verschob sich in den 1950er und 1960er Jahren die Altersstruktur von Automobilkäufern zugunsten jüngerer Autokäufer.

Tab. 1 Kraftfahrzeuge in Deutschland 1950–2017

Jahr[a]	Zulassungspflichtige Kraftfahrzeuge				
	Insgesamt	Darunter			
		Personenkraftwagen	Krafträder	Kraftomnibusse, Obusse	Lastkraftwagen
1950	2.021.000	540.000	930.000	15.000	385.000
1960	8.004.000	4.489.000	1.892 000	33.000	681.000
1970	16.783.000	13.941.000	229.000	47.000	1.028.000
1980	27.116.000	23.192.000	738.000	70.000	1.277.000
1990	35.748.000	30.685.000	1.414.000	70.000	1.389.000
2000	50.726.000	42.423.000	3.179.000	85.000	2.491.000
2001	52.487.000	43.772.000	3.410.000	87.000	2.611.000
2002	53.306.000	44.383.000	3.557.000	86.000	2.649.000
2003	53.656.000	44.657.000	3.657.000	86.000	2.619.000
2004	54.082.000	45.023.000	3.745.000	86.000	2.586.000
2005	54.520.000	45.376.000	3.828.000	86.000	2.572.000
2006	54.909.867	46.090.303	3.902.512	83.904	2.573.077
2007	55.511.374	46.569.657	3.969.103	83.549	2.604.061
2008[b]	49.330.037	41.183.594	3.566.122	75.068	2.323.064
2009	49.602.623	41.321.171	3.658.590	75.270	2.346.678
2010	50.184.419	41.737.627	3.762.561	76.433	2.385.099
2011	50.902.131	42.301.563	3.827.894	76.463	2.441.377
2012	51.735.177	42.927.647	3.908.072	75.988	2.528.656
2013	52.391.012	43.431.124	3.982.978	76.023	2.578.567
2014	52.966.819	43.851.230	4.054.946	76.794	2.629.209
2015	53.715.641	44.403.124	4.145.392	77.501	2.701.343
2016	54.602.441	45.071.209	4.228.238	78.345	2.800.780
2017	55.568.268	45 803.560	4.314.493	78.949	2.811.907

(Quelle: Kraftfahrt-Bundesamt)

[a]Bis einschl. 1990 früheres Bundesgebiet, 1950 ohne Saarland und Berlin-West; zwischen 1990 und 2000 Deutschland Bestand am 1.7.; ab 2000 Bestand am 1.1.; Die Daten zwischen 1950 und 2005 sind auf die erste Tausenderstelle gerundet

[b]Ab 2008 wurde das Zulassungsverfahren vereinfacht und enthält nicht mehr die Anzahl der vorübergehenden Stilllegungen

Schließlich wird die *west*deutsche Automobilisierung nicht zuletzt ein wichtiges, ideologisch das System legitimierendes, Thema der Ost-West-Konfrontation: Wenngleich die Produkte ostdeutscher Hersteller in technischer Hinsicht mit den westeuropäischen Fahrzeugen bis Anfang der 60er Jahre noch in etwa mithalten konnten, zeigten die Ziffern für Fahrzeugbestand und -dichte schon Mitte der 1950er Jahre eine signifikante Differenz an: So kamen zu dieser Zeit in der Bundesrepublik Deutschland (BRD) auf 1000 Einwohner rund 50 Autos, während es in der Deutschen Demokratischen Republik (DDR) etwa 14 waren.

Gleichwohl entwickelten sich im Osten Deutschlands, angepasst an die restriktiven politisch-ökonomischen Rahmenbedingungen der DDR-Gesellschaft und mit Blick auf Aspiration und Nutzung, sozialer Anerkennung und auch Bestrebungen um individuelle Aneignung (customizing), durchaus strukturell ähnliche Formen einer Automobilismus-Kultur wie in Westeuropa.

Die außerordentliche Knappheit des Privatwirtschafts-Gutes Automobil führte allerdings zu manch besonderen Verhaltens- und Wahrnehmungsweisen (Pflegeintensität, hohe Preise für Gebrauchtwagen, Automobilerwerb via Geschenk aus dem Westen, Trabi-Witze) und förderte hierüber nachhaltige, für das Regime nicht unproblematische, kollektive Defizit-Erfahrung im Vergleich zu Westeuropa und insbesondere zur benachbarten BRD (vgl. Kirchberg 2001). Nach der Automobilismus-Tradition im Dritten Reich und der Stärkung von Automobil-Präsenz via Kriegsgeschehen entwickelte sich der Automobilismus in den Jahren nach dem Zweiten Weltkrieg sehr stark als Rezeption des US-amerikanischen Modells, als Aufnahme und Umsetzung gesellschaftlicher Modernisierungsprozesse *à la americain*. Die Annahme amerikanischer Lebensformen wurde zum versteckten Programm des (Neu-/Wieder-) Aufbaus der Nachkriegsgesellschaften in Europa. Und Automobilismus zählte fraglos zu den eindrücklichsten Erscheinungen der amerikanischen Gegenwart als europaweit erwünschte Lebenswelt-, vor allem Konsumwelt-Zukunft. Automobilismus meint hierbei – daran ist begrifflich zu erinnern – nicht nur die Zahl der Automobile, sondern die qualitative Prägung von materieller und ideeller Lebenswelt, d. h. von Siedlungsformen, gesellschaftlich geltenden Anerkennungsstandards und kollektiv wirksamen Ritualisierungen von Handeln und Symbolbesetzungen.

Die Orientierung an einem sozial differenzierenden Massenkonsum begann in den USA mit dem Aufstieg von General Motors gegen Ford bereits Ende der zwanziger Jahre. Daraufhin setzten in den ersten beiden Jahrzehnten nach dem Zweiten Weltkrieg US-amerikanische Autos die Maßstäbe, insbesondere was die Formgestalt anbetrifft (Abb. 2).

Eine unverkennbar US-amerikanische Orientierung ist aber früh begleitet von Absatz- und Differenz-Wahrnehmungen: Der schieren Größe von Fahrzeugkörper und Hubraum der Achtzylinder und dem Komfort sowie der relativen Preiswürdigkeit auch großer Wagen auf dem amerikanischen Markt halten die Autos aus Europa und insbesondere auch Deutschland sportliche Fahreigenschaften, wirksamere Bremsen und bessere Wirtschaftlichkeit entgegen. Kaum übertrieben ist die Behauptung, dass die

Abb. 2 a, b: US Ford Thunderbird 1955 und Audi SP 1000 ab 1958. (Quelle: Eigene Fotos)

weltweite Wiederanerkennung von deutscher Facharbeit und Ingenieursleistung eng ans Automobil gebunden ist: neben Chemie und Maschinenbau ist das Auto *Made in Germany* Hoffnungsträger der westdeutschen Wirtschaft ab Beginn der 50er Jahre. Dabei spielen die Exporterfolge deutscher Automobilhersteller (v. a. jene in den USA) eine erhebliche Image-pflegende Rolle. Insbesondere der VW-Käfer wird bald schon zum Image-Träger. Die Autokultur im Land wird nach 1950 rasch als sozial differenzierte Konsumkultur entfaltet (für jede sozial-ökonomische Schicht das passende Automobil! Stichwort: Sloanismus[2]).

Sloanismus

Das ‚Stichwort SLOANISMUS‘ verweist auf GENERAL MOTORS und Alfred Pritchard Sloan (1875–1966/von 1923–1937 Präsident von GENERAL MOTORS).

Der Begriff fokussiert eine spezifisch ‚soziologische‘ Erweiterung von *Tayloris-mus* und *Fordismus,* eine forciert marktorientierte (Angebot und Nachfrage aufneh-mende *und* gestaltende) Organisation von kapitalistischer Warenproduktion.

Angezeigt ist die Idee einer ‚status-hierarchischen‘ Produktpalette, die den Kunden sozial verortet und – so die anreizende Absicht – auf dem Weg seines sozialen Aufstiegs begleitet. Im Falle des Autoproduzenten GM bedeutete dies die Eröffnung der Kunden-Karriere vom ‚billigen‘ Chevrolet (als Einsteigermo-dell) via Pontiac, Oldsmobile und Buick bis zum ‚edlen‘ luxuriösen Cadillac (als Top-Modell). Produktionsorganisatorisch ging es um eine innovative Verknüpfung von Massenfertigung und Produktdifferenzierung (Parallele Modellreihen, gemein-same Bodengruppen und Produktvarianz).

Bis in die Gegenwart verfahren mit Ausnahme von Nischenherstellern alle Automobilkonzerne in ähnlicher Weise – wobei heute neben der sozioökonomisch

---

[2]Vgl. hierzu ausführlicher: Robert Boyer und Michel Freyssenet „Produktionsmodelle – Eine Typologie am Beispiel der Automobilindustrie" Berlin, 2003 S. 87 ff.

bestimmten Rangordnung auch milieuspezifische Zuschreibung als Sortierungsmoment fungiert.

Alfred P. Sloan ist auch als ‚Erfinder' der geplanten Obsoleszenz berühmt geworden; jährliche Veränderungen am Produkt – betreffend Technik und Leistungssteigerung, vor allem aber ‚neues Erscheinungsbild' (Karosseriedesign-Styling) - sollen die Kunden, auch wenn ihre Fahrzeuge noch voll funktionsfähig sind, zum vorzeitigen Neukauf animieren. Auch dieser Aspekt des Sloanismus ist heute noch ‚aktuell', wenngleich selbst in den USA nicht mehr durchgängig als – wie durch Sloan eingeführt – schematische alljährliche Minimal-‚Verbesserung' (vgl. ausführlich Boyer/Freyssenet 2003).

Die lang anhaltende wirtschaftliche Aufwärtsentwicklung aus der Misere der unmittelbaren Nachkriegszeit befördert die sensible Wahrnehmung von Aufstieg und Differenzsetzung gegenüber dem Nachbarn gerade auch via Autobesitz; nach Motorrad und ersten Kleinstwagen wie Lloyd, Isetta oder Maico war der Volkswagen gewichtiger Ausweis fürs „We Made It", und rasch richtete sich der Ehrgeiz auf das Automobil nach dem VW: Ford Taunus, Opel Olympia oder Borgward Isabella dokumentierten den Sprung in eine neue Mittelschicht-Konsumkraft. Die großen Luxuswagen hingegen – Opel Kapitän, BMW 501/502 und Mercedes 300 – reüssierten für viele zunächst als unerreichbare, aber Orientierung gebende Mobilitätsvehikel (Abb. 3, 4 und 5).

„Das Auto ist des Deutschen liebstes Kind" – diese flotte Formel verrät die sog. ‚Autobesessenheit' im Wirtschaftswunderland BRD. Nicht zuletzt wird dies durch eine rasch anwachsende und vielgestaltige Autoliteratur dokumentiert, die sich auf Bücher und Zeitschriften, sowie feste Rubriken in Tageszeitungen und Wochenblättern erstreckt.

In besonderer Weise prägend wird das Auto in Deutschland schließlich mit Blick auf die Arbeitswelt: Nicht nur, dass erhebliche Anteile von Beschäftigung im Lande direkt und indirekt irgendwie am Auto hängen, sondern auch Fragen der Arbeitsorganisation

Abb. 3 a, b: BMW Isetta und Maico (Kleinwagen der 1950er)

Abb. 4 a, b: Ford Taunus 12M und Borgward Isabella (Mittelklassewagen der 1950er)

Abb. 5 a, b: Opel Kapitän und Mercedes 300 (Luxusklasse der 1950er). (Quellen: Eigene Fotos)

und Probleme von Arbeitspolitik werden am Fall der Autoindustrie diskutiert und nicht selten auch durchgekämpft.

Ist in den 1950er Jahren noch die klassische Schwerindustrie – Kohle und Stahl – zentraler Fokus von Arbeitsforschung und Arbeitspolitik, so rückt spätestens mit Beginn der 1960er Jahre die Automobilindustrie in die Position der repräsentativen Leit-Industrie. Mit der enorm wachsenden Bedeutung der Automobil-Produktion in Deutschland, wächst allerdings auch die Bindung der Wirtschaftspolitik an das Auto – kein anderes Industrieland ist Ende des 20. Jahrhunderts so stark abhängig vom ‚Wohl und Wehe' der Fahrzeugindustrie wie die Bundesrepublik Deutschland!

Es gehört schließlich auch zum Thema Autokultur, dass in den 1950er und 1960er Jahren Berufe in der Autoindustrie für Jugendliche erhebliche Symbolfunktion hatten. Automechaniker wurde etwa für viele Knaben zum Traumberuf, Jugend-Autobücher zu einem bedeutenden Literaturzweig, und Fachzeitschriften zum Thema Auto erreichten beachtliche Auflagen.

Technisch immer raffinierter gestaltete Spielzeug- und Modell-Autos (mit Beleuchtung, mechanischer und elektrischer Fernlenkung etc.) verdrängten die klassische Eisenbahn vom weihnachtlichen Gabentischen und Autoverkaufsstätten bzw. Autosalons eroberten die besten Schaufensterplätze in den Innenstädten.

Mit dem Ende der 1960er Jahre die Entfaltung vom Automobilismus in Deutschland längst nicht zum Abschluss gekommen. Ungeachtet dessen kann man aber behaupten, dass 25 Jahre nach Ende des Zweiten Weltkrieges, die Strukturen einer Autogesellschaft weitgehend ausgebildet sind – via Fahrzeugbestand, Verteilung von Kfz-Besitz über breite sozioökonomische Schichten hinweg, Ausbau der Infrastruktur, Einfluss der Autolobby in Politik und Wirtschaft u. a. m. Mit den 1970er Jahren des letzten Jahrhunderts beginnt dann eine Parallel-Entwicklung des Automobilismus in den sog. hoch entwickelten Industriegesellschaften – auch in Deutschland: Weitere Expansion ist begleitet von ersten Elementen eines ‚Umbaus'. Mit der Expansion des Automobilbesitzes und der Nutzung von Automobilen gehen bald auch Wahrnehmung und Bearbeitung von negativen Folgen der Automobilisierung einher. So werden etwa das Unfallgeschehen, die Schadstoff- und Lärmbelastungen sowie der Verkehrsstau und der Flächenverbrauch in der Bundesrepublik Themen allgemein gesellschaftlichen und vielgestaltigen fachlichen Gesprächs. Die ökonomischen, sozialen und kulturellen Konsequenzen der Automobilisierung werden als Problem erkannt und Gegenstand öffentlicher Debatten und politischer Gestaltung.

Verfolgt man die autokritische Diskussion, so steht zunächst als Reaktion auf sich häufende Unfälle und die Kosten für einzelne und die Gemeinschaft die Einflussnahme auf den einzelnen Autofahrer im Vordergrund: Geschwindigkeitsbegrenzung im Stadtbereich, gezielte Aufklärungs-Werbung in den Medien, verschärfte Sanktionierung und Nutzung von Möglichkeiten technischer Verkehrsüberwachung. Hinzu kommen Bemühungen um neue bessere Verkehrsführung (autogerechter Straßenbau – kreuzungsfreie Autobahnverknüpfungen etc.) und verbesserte Organisation der Unfallfolgen-Versorgung (spezielle Klinikabteilungen, Rettungswagen und -hubschrauber etc.). An zweiter Stelle werden Fragen an das Automobil selbst gestellt, an dessen aktive und passive Sicherheitsausstattung (Vorbereitung des Fahrzeuges auf mögliche und realisierte Unfallereignisse im Sinne von Bremsqualität, Straßenlage etc. zum einen und Gestaltung des Fahrzeuginnenraums und der Verformbarkeit des Karosseriekörpers – Stichwort: Knautschzone – im Kollisionsfalle zum anderen). Und erst an dritter Stelle schließlich wird dann Automobilisierung, d. h. kollektives und individuelles Mobilitäts-Verhalten mit dem Automobil kritischem Räsonnement ausgesetzt.

Nicht zuletzt findet die rasante kulturelle Automobilisierung (die sich auch in emphatischer Kritik und Polemik ausdrückt!) Niederschlag in Literatur und darstellender Kunst.

In dem Band „Technik in der Literatur", herausgegeben von Harro Segeberg schreiben Jürgen Link und Siegfried Reinecke unter dem Titel *Autofahren ist wie das Leben – Metamorphosen des Autosymbols in der deutschen Literatur:*

Seinen endgültigen ,Durchbruch' zum dominierenden Symbol unserer Kultur erlebt das
Auto erst in der zweiten Nachkriegszeit. Einige kunstliterarische Zeugnisse aus den ersten
Jahren der Bundesrepublik dokumentieren noch die Enttäuschung der um ihr persönliches
mobiles Glück betrogenen Volkswagensparer, während andere bereits die fundamentale
Bedeutung des Autos als Option auf eine gerechtere Gesellschaftsform, auf technischen
und damit auch sozialen Fortschritt reklamieren. Werk und Produktionsort des Volkswa-
gens werden zum repräsentativen Symbol für die demokratische Erneuerung Deutschlands
stilisiert, die Konstrukteure und Arbeiter aber zu typischen Charakteren deutschen Wieder-
aufbauwillens. Der Volkswagen selbst wird [...] als geniale Ingenieurleistung dargestellt,
deren eigentliche Bestimmung von den Faschisten pervertiert worden sei. Befreit von ideo-
logischer Vereinnahmung, führe das technische Artefakt Auto – zugleich jedoch ,eine so
natürliche Sache, wie sie Gott bei Schöpfungsbeginn vor Augen stand' – zu einer Metamor-
phose des kriegerischen (faschistischen) Unmenschen zum friedfertigen und glücklichen
Auto-Menschen, sobald er den Starter betätige (Link/Reinecke 1987: 114).

Wolfgang Koeppen (1959) illustriert in einer Passage seines Buches *Amerikafahrt* die
in den 1950er und 1960er Jahren im europäischen Bildungsbürgertum weit verbreitete
Ambivalenz-Erfahrung der Verknüpfung von Amerika und Automobilität:

> Das Land, das ich sah, dieser Strich des Landes vor dem noch immer nicht humanisier-
> ten Wald, dieser der Wildnis abgetrotzte Garten schien weniger von Menschen als von
> Automobilen bewohnt zu sein. Die Kraftwagen beherrschen die Landschaft, sie standen in
> Rudeln vor jedem Haus, kampierten in Waldeslichtungen, ergingen sich an den Flüssen,
> hatten ihre Drive-in-Restaurants, ihre Drive-in-Kinos auf freiem Feld, ihre eigenen Hotels
> und ihre riesigen, überaus melancholischen Friedhöfe. Zuweilen standen zwei Wagen, wie
> in einer Unterhaltung begriffen, in einsamster Natur, nicht die Menschen, die Automobile
> schienen die Herren des Erdteils zu sein und sich zu einem Rendezvous verabredet zu
> haben (Koeppen 1959: 45).

Auch Kulturkritik und theoretisch anspruchsvolle Gesellschaftskritik fokussiert gerne
das Auto und seinen Einfluss auf das Handeln und Wünschen der Menschen. Entdeckt
werden mit dem Blick auf die Autobegeisterung die eingebauten Ambivalenzen einer
Moderne, die sich über materielle Güter und soziale Differenzierung gebunden an ökonomische Dynamik rücksichtslos gegen Mensch und Natur reproduziert. Zu Beginn der
1970er Jahre ist die Spannung künftiger Auseinandersetzung um Automobilismus weitgehend vorbereitet:
Lust am Auto versus *Albtraum Auto*.

5   Der Streit um das Auto – Automobilismus und Vernunft

Die Vor- und Frühgeschichte des modernen Automobilismus ist zunächst geprägt von
den Anstrengungen mit Blick auf *technische* Probleme bezüglich Funktionalität und
Praktikabilität der, künftig Auto genannten, Vehikel: Bereitstellen von technisch vernünftigen Lösungen für die neue maschinenunterstützte *Selbstbeweglichkeit* beherrscht
weitgehend den engeren Fachdiskurs um das Automobil: Lenkbarkeit, Bremsfähigkeit,

Vermeiden von Feuer und mechanischen Brüchen (Gestänge und Ketten etc.). Hieran ansetzend wurden die technisch begründeten Themen Zuverlässigkeit, Geschwindigkeit und Sicherheit durchaus interessiert in die allgemeingesellschaftliche Wahrnehmung und Erwartungshaltung in Sachen Automobil gewissermaßen hineingedrückt. Das Angebot wurde rasch erkannt: mittels Ingenieursleistungen vorgestellte technische Lösungen ermöglichen ökonomische und private (aber auch spezifisch militärische) Nutzung der neuen Transport-Technologie. Freude am Fahren und am Fahrzeugbesitz sind in den ersten Autojahren ebenso wenig sozial sensibel, d. h. die gesellschaftliche Diskussion bewegende Gegebenheiten, wie ökonomische und ökologische Folgen der Herstellung und Nutzung des neuartigen Mobiles. Die gesellschaftliche Schonzeit des modernen Automobils dauerte aber nicht lange; die Nutzung des neuen Produktes *technischer Vernunft* – der Auftritt des Autos im öffentlichen Raum – provoziert rasch *Unvernunfts-Urteile* nichttechnischer Art: Die Folgen des Gebrauchs von Automobilen für stabilisierte Erfahrungswerte und Strukturen von Lebenswelt werden nicht nur als unvernünftig, sondern gefährlich oder gar „teuflisch" gebrandmarkt. Die unmittelbare psycho-physische Begegnung mit einzelnen und bald mit einer Menge von Motorwagen in eingeübten Lebenswelt-Natur-Zusammenhängen definiert die Themen der Kritik am Auto und an den Autofahrern, den „Autlern": Lärm, Staub, Unfallgefährdung.

Der Widerstand gegen die ‚anmaßende' Anpassung des Menschen an die neuen Herausforderungen mit der Automobilisierung wird im Namen der Vernunft artikuliert. Freilich: Vernunft reklamieren zeitgleich auch die Interessenten am Automobil: Kosteneinsparung, Zeitgewinn, neue Freiheiten, Lebensfreude, d. h. erweiterte Möglichkeiten von Lebensweltgestaltung durch das Automobil wird als vernünftig vorgetragen. Ab den zwanziger Jahren reüssiert das Automobil als anerkanntes Element einer „zweiten Natur" (Dieter Claessens). Das Auto ist nicht mehr gegen Lebenswelt gesetzt, sondern integrierter Bestandteil von Lebenswelt (in) der Moderne.

Zum gefestigten (Selbst-)Verständnis der Moderne gehört nicht nur die Akzeptanz des Automobils als zweckdienliches Instrument, Raum und Zeit besser zu beherrschen sowie die Legitimierung individueller Nutzung des Autos, sondern auch die soziale Emotionalisierung und Ästhetisierung des Automobils; die Generierung von Autobesitz und Automobil-Gebrauch als Ausdruck der Lustbefriedigung, der Geschmacks-Entfaltung und der Ausbildung sozialer Distanz und vielgestaltiger sozio-kultureller Differenzierung. Zur modernen Normalität der Fusion von Automobil und Lebenswelt, bzw. der Automobilisierung von Lebenswelt, gehören aber auch qualitativ neue Themen der Kritik an realisierter Automobilität. Neben dem Problem der Umweltbelastung ist dies etwa die Tatsache der ungleichen Chancen von Mitgliedern der Gesellschaft an Automobilität teilzuhaben, oder auch die material und sozial diskriminierenden Konsequenzen der Nichtteilhabe an Automobilität. Mit der Automobilisierung der Alltagskultur sind nicht zuletzt neue Interessenskämpfe und Machtrelationen verbunden. Das Automobil bringt nicht nur Mobilitäts-Freiheiten und Mobilitätserweiterung, sondern auch Zwang zu spezifischer Mobilität und Einschränkung von Mobilität.

Der Prozess der Inklusion des Automobils provoziert neue qualitative Besetzungen der Debatte um Vernunft versus Unvernunft von Automobilität: Kriterien technischer Vernunft werden ergänzt durch ökonomische Relationen (Warencharakter) und soziokulturelle Vermessungen des Produktes Auto, wobei mit der sozietalen Inklusion des Autos als Ware die Wucht der ökonomischen (sprich kapitalistischen) Relationierung von Lebenswelterfahrung und -bewertung zunehmend auch das Produkt Automobil sowie die Rede vom vernünftigen Auto besetzt. Die Frage der Vernunft der (Be-)Nutzung von Automobilen, das Thema Automobilismus, emanzipiert sich von den Referenzen Natur und traditionale soziale Lebenswelt. Die Entfaltung der differenzierten Konsum-Gesellschaft macht Platz für Genuss und ökonomischen Erfolg allzu offensichtlicher Unvernunft.

,Vernünftigkeit' zeigt sich als Gegenstand polyvalenten und schwankenden Gespräches in der Gesellschaft: was vernünftig ist, was als vernünftig gilt, droht verloren zu gehen zwischen Intellektuellen-Schelte und ökonomisch interessierter Verführungssprache. Wie bezüglich anderer gesellschaftlicher Handlungs- und Artefakt-Realien auch – Architektur, Bekleidungsmode, Freizeitverhalten – wird mit Blick auf den Gegenstand Automobil die Orientierungsachse Vernunft versus Unvernunft äußerst produktiv aufgehoben; das vernünftige Automobil gerät zur „Markt-Spezialität".

Die Entfesselung kapitalistischer Produktionsweise und moderner Massenkonsumkultur relativiert und sublimiert den emphatischen Anspruch auf Vernunft – ohne dass das Thema aber neutralisiert würde. Der Topos des vernünftigen Autos und die Vision einer vernünftigen Automobilität bewähren sich in der hochautomobilisierten Alltagswelt als kritisches Dauer-Raisonnement des Ausschöpfens von Artikulationschancen möglicher anderer, respektive ,besserer' Welten.

Vor diesem Hintergrund erzwingen die einfach klingenden Fragen ,Welche Automobilität für eine ,bessere Welt' heute?' oder ,Welche Autos brauchen wir?' komplexes entscheidungsorientiertes Räsonnement. Thema ist die zeitgemäße ,Einhegung' des Automobils. Gefordert ist politisch-pragmatische Zusammenführung von Daten empirisch geltender gesellschaftlicher – sozialer, ökonomischer und kultureller – Rahmenbedingungen und deren Projektion auf technologisch-technische Optionen der Gestaltung von ,Auto' und ,räumliche Mobilität' (Verkehr). In der Diskussion sind folgende ,Anstöße':

Weniger ,Auto' auf den Verkehrsflächen – d. h.: Weniger Strecke Autofahrleistung und weniger Automobile als Besitzgegenstand. Relevanten Stichworte sind hier: Verstärkte restriktive Regulierung individueller Automobilmobilität (v. a. in Stadtregionen), Ausbau und qualitative Aufwertung des Angebotes an ,Öffentlichem Verkehr', Förderung von Car-Sharing-Modellen …

Andere Autos auf den Verkehrsflächen – d. h. geringerer Energieverbrauch je Autofahrkilometer, kleinere Fahrzeuge mit geringerem Flächenbedarf, sicherere Autos – dies zum einen mit Blick auf Unfall*folgen,* zum anderen aber – und dies wird zunehmend ,aktuell' – mit Blick auf die Fahrzeug*bewegung.* Stichworte sind hier u. a.: Anti-Blockiertechnik beim Bremsen, Einparkhilfen, Spurhaltesysteme, automatisches Bremsen bei Auffahrgefahr – und last not least ,autonomes Fahren', also: technische Modalitäten der – partiellen – Suspension des Fahrers von der Fahrzeugbewegung.

‚Neue' Automobilitätskultur – d. h. Anstrengungen um Revision des sozialen und kulturellen Kapitals des Automobils als Besitzgegenstand (Freude am Haben) und ‚Erlebniswelt' (Freude am Fahren). Stichworte sind hier: von PS-, Drehmoment- und Speed-Faszination als Inhalte der Attraktivität des Automobils, zu Minimalem Energieverbrauch, Nutzungsvariabilität und verfügbarer Kommunikationstechnologie sowie Infotainment-Angebot (vgl. hierzu auch Wengenroth 2007).

6   Zur Situation von Automobilismus am Beginn des 21. Jahrhunderts

Blicken wir zunächst noch einmal zurück: Das Zeitalter des Automobils beginnt mit dem Beginn des 20. Jahrhunderts und erfährt gegen Ende dieses Jahrhunderts einen qualitativen „Umbau". Während bis weit in die 1950er und 1960er Jahre hinein die interessegestützte Automobilisierung erheblichen Anpassungsdruck ausübte auf „die Umwelt" insbesondere die Ausstattung von Lebensweltbereichen, das Automobil und die Kultur um das Automobil ein *progressiv-aggressives* Element gewesen ist, beginnt doch spätestens in den 1970er Jahren eine unverkennbare Umpolung der sozialen und kulturellen Wertschätzung von Automobil und Automobilismus: Signalisiert zuerst in der Safety-Debatte in den USA, fortgesetzt im Wechsel von „horsepower race" zu „miles-per-gallon-race", dann dramatisiert in der Ökologie-Debatte – das Automobil wird mehr und mehr auch als *repressiv-aggressives* Element materialer Kulturentwicklung wahrgenommen und ansatzweise auch so behandelt: Rückbau von Wohnstraßen, Erweiterung von Radwegen, vorsichtige Durchsetzung von park-and-ride-Systemen etc. Verkürzt und metaphorisch ausgedrückt: das Automobil wird gezwungen, sich Imperativen interessebesetzter Lebensweltstrukturen „einzupassen" – es gerät zusehends in die Defensive – oder vorsichtiger: es gerät auch in die Defensive!

Beobachtet wird am Beginn des neuen Jahrhunderts eine weitere Differenzierung und Pluralisierung – aber auch: Korrektur! – von Autokultur: Sogenannte Nischenmärkte gewinnen an Bedeutung. Vor dem Hintergrund der Negativwahrnehmung von Flächenbebauung, Lärm- und Schadstoffbelastung, insbesondere aber als Reaktion auf sich verschiebende Kosten, verliert das Automobil in einigen Bereichen von Mobilität an Alleinstellungskraft und Dominanz.

Die unten stehende Grafik informiert allerdings über eine doppelte Entwicklung von Automobilität in Deutschland, die die aktuelle Problematik bezüglich Umweltbelastung und Verkehrsverdichtung anzeigt: Einer geringeren Fahrleistung pro Pkw und zurückgehendem Verbrauch pro Pkw steht eine beachtliche Steigerung der Zulassungszahlen gegenüber.

Keine Frage: Das Automobil (auch in der Form des bei nicht wenigen ‚Experten' ungeliebten ‚Privat-Automobils') bleibt präsent und nicht nur ökonomisch sondern auch kulturell in Bewegung; es zeigen sich immer wieder auch neue Terrains für Automobilismus nicht nur in Regionen bisher schwach entwickelter Automobilisierung sondern auch in den Ländern bereits fortgeschrittener Automobilisierung. Die Verkaufserfolge von SUVs (Sport-Utility-Vehicles), ausgehend von den USA in den 1980er und 1990er Jahren, heftig auch die Märkte in der Bundesrepublik Deutschland und in anderen europäischen Gesellschaften erfassend, war eine von nur wenigen Experten in dieser Massivität und Nachhaltigkeit erwartete automobile Belebung!

Radikale Visionen moderner Gesellschaft ohne das Automobil sind zuweilen anregend, aber mit Blick auf Realisierungschancen in näherer Zukunft doch noch sehr schwach: Weder werden moderne Informations- und Kommunikationstechnologien die Bedürfnisse und Antriebe bezüglich individueller räumlicher Mobilität „neutralisieren" können, noch erscheint die Rückkehr – oder ein spezifisches Vorwärts – in eine Stadtkultur und Stadtlandschaft, die alleine auf öffentliche Verkehrsmittel, Fußgängeraktivität und Radfahren setzt, sonderlich plausibel (vgl. den Beitrag von Petersen/Reinert in diesem Band). Der beobachtbare und zu vermutende weitere Rückzug des Automobils aus bestimmten Bereichen des Alltags- und Geschäftslebens legt einen allgemeinen „Abschied" vom Automobil bzw. die Abschaffung des Automobils nicht nahe. Zunehmende material-rationale Besetzung und Steuerung der Nutzung und Produktion von Automobilen ist zweifellos beobachtbar – ebenso aber eine weiterführende Ausgestaltung von Automobilismus in Form des Ausbaus von Nischenkulturen und schlichtweg auch als Ausweitung von Automobilbesitz und Automobilgebrauch. „Automobilismus" stärkt sich offenbar gegenwärtig über effiziente Modi der ,Vorwärtsverteidigung'. Dies zeigt sich nicht nur in speziellen neuen Fahrzeugkonzepten etwa für die Stadt, sondern auch in beachtlichen Auseinandersetzungen um neue Antriebstechnologien und in den Versuchen, neue Konzepte der Autonutzung auf dem Mobilitätsmarkt zu platzieren – beispielsweise diverse Varianten des ,Nutzen ohne zu besitzen' und Car-Sharing.

Ein Wandel des ,Automobilismus', wie wir ihn heute kennen, ist ,unterwegs' – aber vermutlich nicht so schnell, wie sich das ökologisch Visionäre und manche Verkehrspolitiker und -experten wünschen und vorstellen.

Mit Blick auf unsere, die so genannte privilegierte Welt – Nordamerika, Japan, Australien, Neuseeland und Westeuropa – gibt es viele Anzeichen dafür, dass die weitere Entwicklung von Automobilen und Automobilismus im Sinne eines evolutionären Wandels deutlich dedramatisiert verlaufen wird. Hierzu gehören Sachverhalte wie Zurückdrängung des Autos aus bestimmten Lebensweltbereichen, staatliche Regulierungen zur Reduzierung von Schadstoffbelastungen, Erhöhung der aktiven und passiven Fahr- und Unfallsicherheit und die Entwicklung von effektiven Verkehrsleit- und Brems-Hilfssystemen und last not least wohl erste Realisierungsansätze des seit den 1950er Jahren immer wieder andiskutierten Projektes sog. ,Autonomen Fahrens'. Auch ist vor dem Hintergrund um Anstrengungen qualitativer Verbesserung von Urbanisierung eine zunehmende Bedeutung von öffentlichen Verkehrsmitteln absehbar (vgl. den Beitrag von Dziekan/Zistel in diesem Band). Es darf ebenfalls notiert werden, dass es neben ökologie-technisch besseren Autos und den viel gelobten und teuer verkauften Verkehrsleitsystemen auch neue Sozialformen und Kultivierungen der Automobilnutzung gibt in Form von Stadtteilautogruppen, smarten Leasingformen und raffinierten Konzepten zur ,Einpassung' des

Automobils in neue sog. ‚inter- und multimodale Mobilitätsdienstleistungs-Strukturen'. So mag die künftige Automobilisierung in den genannten Regionen im Sinne eines sukzessiven Umbaus verhältnismäßig undramatisch verlaufen.

Konterkariert wird dieses „milde-freundliche" Entwicklungsszenario allerdings von den doch beachtlich dramatischen Erwartungswerten, die mit der Automobilisierung der *noch* nicht industrialisierten Weltregionen verknüpft sind. Es gibt sehr wenige Hinweise darauf, dass sich die anstehende massive Automobilisierung in weiten Bereichen Asiens (z. B. Chinas – heute bereits mit Abstand der größte Autoproduzent!), Lateinamerikas und Afrikas unter ökonomischen, kulturellen und normativen Rahmenbedingungen vollziehen wird, die einen entspannten Blick auf die kommenden vielen Millionen Fahrzeuge erlauben würde. Viele der Probleme, die sich im Zuge der Automobilisierung der sog. entwickelten Industriestaaten im Laufe des 20. Jahrhunderts herausgebildet haben, stehen diesen weiten Weltregionen noch bevor, und möglicherweise sogar in verschärfter Form (Tab. 2).

Das Autoindustrie-Deutschland sieht sich um die Jahrtausendwende in einer ambivalenten Situation:

1. Es ist nicht zu übersehen, dass deutsche Pkw hinsichtlich Technologie und Design insbesondere im sogenannten Premium-Bereich die führende Position behauptet, bzw. wiedergewonnen haben.
2. Mit der globalen Automobilisierung und mit sozialstrukturellen sowie mobilitätskulturellen Entwicklungen sind in den hoch-industrialisierten Gesellschaften vor dem

Tab. 2 Weltweite Automobilproduktion (Marktanteile berücksichtigen Pkw, Lkw und Busse)

Rangfolge und Marktanteile der 10 stärksten Automobil-Länder 2000 und 2015	Rang		Marktanteil	
	2000	2015	2000 (%)	2015 (%)
China	8	1	3,5	27,0
USA	1	2	21,9	13,3
Japan	2	3	17,4	10,2
Deutschland	3	4	9,5	6,7
Südkorea	5	5	5,3	5,0
Indien	15	6	1,4	4,5
Mexiko	9	7	3,3	3,9
Spanien	6	8	5,2	3,0
Brasilien	12	9	2,9	2,7
Kanada	7	10	5,1	2,5
Marktanteile der 10 Länder			75,5	79,0

(Quelle: OICA – Organisation internationale des Constructeurs dÁutomobiles, Paris 2016: www.oica.net)

Hintergrund von steigenden Energiekosten für den einzelnen Haushalt, sozio-ökonomischen Polarisierungstendenzen in den wichtigsten europäischen Märkten neue – schwer abschätzbare, d. h. riskante – wirtschaftspolitische und technologiepolitische Herausforderungen verbunden.

(Aktuelle Stichworte sind: die Bedeutung neuer Antriebssysteme: Hybridmotoren und E-Mobilität, neue Attraktivität von Kleinwagen, Markt-Erfolge neuer Billig-Automobile, und schwer prognostizierbare Dynamiken auf den sog. emerging markets).

7   Fazit

Erstens: Ein „Weiter so wie bisher" in Sachen Automobilisierung wird nicht mehr lange möglich sein.

Zweitens: Eine Abschaffung des Automobils ist – zumindest kurz- bis mittelfristig! – nicht möglich und erscheint auch kaum erstrebenswert. Die aktuelle Autokritik hat denn auch deutlich erkennbar die eingebaute Argumentationsfigur gewechselt von „Gegen das Auto" zu „Mit dem Auto".

Zur Neutralisierung der Fundamental-Autokritik hat die wissenschaftlich-technische Entwicklung in der Energiefrage beigetragen. Die einst vielversprechende Argumentationsfigur „Ende des Automobilismus mit dem Versiegen der Ölquellen" schreckt längst nicht mehr. Brennstoffzellenkonzepte und diverse Möglichkeiten von Bioenergienutzung und jüngst v. a. die erstaunliche Wiederbelebung des Themas Elektroantrieb geben Anlass zur Annahme anhaltender Automobilität unter Einschluss von Individueller Massenmobilität (IMM) auch jenseits des Öl-Zeitalters!

Das historische Projekt Automobil ist noch nicht erledigt: Der „Stolz des Autobesitzes" und die „Freude am Fahren" haben noch Zukunft – die Kritiker an vielgestaltigen (intendierten und nicht-intendierten) Folgen der weiteren globalen Automobilisierung für die individuelle und soziale Lebenswelt im Namen der Vernunft und Automobilismus gestaltende Verkehrspolitik werden dranbleiben müssen.

Lernfragen

1. Was versteht man unter ‚Automobilismus'?

2. Das ‚Automobil als großes kulturelles System' – Welche Sachverhalte und Entwicklungsoptionen werden mit dieser Formulierung angesprochen? Versuchen Sie vergleichende ‚Beobachtung' mit Blick auf Deutschland, Japan und die USA.

3. ‚Am Ende des 21. Jahrhunderts wird es keine Automobile mehr geben!' – Diskutieren Sie das ‚pro' und ‚contra' zu dieser ‚starken' These eines renommierten Wissenschafts- und Technik-Historikers

Literatur

Bolte, Karl M./Dieter Kappe/Friedrich Neidhardt (1974): Soziale Ungleichheit. Opladen.

Boyer, Robert/Michel Freyssenet (2003) Produktionsmodelle – Eine Typologie am Beispiel der Automobilindustrie. Berlin

Bourdieu, Pierre (1979): Die feinen Unterschiede. Frankfurt.

Finley, Pamela (1999): Der Einfluss des Automobils auf das Reiseverhalten seit der Epochengrenze zur motorisierten Gesellschaft. Eine Seminararbeit im Rahmen der Forschungsgruppe Automobil und Kultur am Institut für Soziologie der Universität Erlangen-Nürnberg.

Kirchberg, Peter (2001): Plaste, Blech und Planwirtschaft. Berlin.

Koeppen, Wolfgang (1959): Amerikafahrt. Stuttgart.

Link, Jürgen/Siegfried Reinecke (1987): Autofahren ist wie das Leben – Metamorphosen des Autosymbols in der deutschen Literatur. In: Harro Segeberg (Hrsg.): Technik in der Literatur. Frankfurt/M.

Möser, Kurt (2002): Geschichte des Autos. Frankfurt/New York.

Urry, John (2004): System of Automobility. Lancaster.

Wengenroth, Ulrich (2007): Welche Autos brauchen wir? Vortrag in der DFG-Reihe „EXKURS-Einblicke in die Welt der Wissenschaft" in München am 5.7.2007.

Weiterführende Literatur

Braess, Hans-Hermann/Ulrich Seiffert (2007): Automobildesign und Technik. Wiesbaden.

Canzler, Weert/Gert Schmidt (2003): Das Zweite Jahrhundert des Automobils. Berlin.

Canzler, Weert/Gert Schmidt (2008): Zukünfte des Automobils. Berlin.

Canzler, Weert (2016): Automobil und moderne Gesellschaft. Berlin

Gert Schmidt, Dr. Prof. em.- Universität Erlangen-Nürnberg, Lehrbeauftragter am Max-Weber-Institut der Universität Heidelberg, Situlistraße 62, 80939 München.

Verkehr und Gesundheit – Walkability

Annika Frahsa

Zusammenfassung

Das Kapitel führt die Bedeutung von Gesundheit im Politikfeld Verkehr ein, am Beispiel der Förderung von Walkability, d. h. der bewegungsfreundlichen Gestaltung städtischer oder kommunaler Räume. Während der Beitrag von Deffner Fuß- und Radverkehr aus individueller und sozialer Perspektive betrachtet, wird im vorliegenden Kapitel der Fokus auf die infrastrukturellen und politischen Dimensionen zur Veränderung im Sinne der gesundheitsförderlichen Bewegungsfreundlichkeit einer Kommune gelegt.

Das Kapitel zeigt dabei die wechselseitige Beeinflussung von Verkehrs- und Gesundheitspolitik in diesem Bereich, präsentiert inhaltliche Dimensionen zur Förderung von Walkability, sowie relevante Akteure und politische Prozesse. Es werden Wirkungszusammenhänge von Walkability, Gesundheitsförderung und Verkehrspolitik diskutiert und so gezeigt, dass eine Gesundheitsperspektive für eine nachhaltige Verkehrsentwicklung im Sinne der normativen Politikfeldgestaltung gewinnbringend sein kann.

1 Einleitung

Der positive oder auch negative Effekt, den Verkehr auf die Gesundheit im Sinne einer Bewegungsförderung haben kann, ist unstrittig (vgl. ausführlich zu den Zusammenhängen von Bewegung und Gesundheit sowie die Datenlage für Deutschland zusammenfassend

A. Frahsa (✉)
Eberhard Karls Universität Tübingen, Tübingen, Deutschland
E-Mail: annika.frahsa@uni-tuebingen.de

© Springer Fachmedien Wiesbaden GmbH, ein Teil von Springer Nature 2018
O. Schwedes (Hrsg.), *Verkehrspolitik*,
https://doi.org/10.1007/978-3-658-21601-6_18

z. B. die Nationalen Empfehlungen für Bewegung und Bewegungsförderung: Rütten/ Pfeifer 2016). Seit Mitte des 20. Jahrhunderts stellen chronische und degenerative Erkrankungen eine zentrale Public Health-Herausforderung dar. Bereits Mitte der 1990er Jahre haben gesundheitsbezogene Forschung, Akteure und Initiativen unterschiedliche Gesundheitswirkungen von Verkehrspolitik herausgestellt. Schwerpunkte lagen dabei ursprünglich auf Aspekten wie Luftverschmutzung oder auch Verkehrsunfällen.

Die Ursachen für chronisch-degenerative Erkrankungen werden vor allem in der modernen Lebensweise gesehen. Seit den 1960er Jahren haben sich sozial-, umwelt- und verkehrspolitische Rahmenbedingungen substanziell verändert. Die mit veränderten Lebensumständen einhergehende moderne Lebensweise ist gekennzeichnet von immer geringer werdenden körperlichen Tätigkeiten, vermehrt sitzenden Tätigkeiten in Beruf und Freizeit sowie einer verstärkten Autonutzung in einer auf dieses Transportmittel ausgerichteten Infrastruktur.

Alltägliche körperliche Aktivität ist dementsprechend kontinuierlich gesunken und Bewegungsmangel wird von der Weltgesundheitsorganisation auf Rang 4 der 19 Hauptrisikofaktoren für eine frühzeitige Mortalität gelistet. Demgegenüber steht die Sicht, dass einer angemessenen körperlichen Aktivität per se eine gesundheitsförderliche Wirkung zuzuschreiben ist. Sie wirkt sich positiv auf den Knochenbau aus, trägt u. a. zur Stärkung des Herz-Kreislauf und des Immunsystems sowie zur Prävention von Bluthochdruck, Diabetes mellitus Typ II, Darmkrebs, Osteoporose und Rückenschmerzen bei und vermindert das Risiko, einen Schlaganfall zu erleiden. Das aktuelle Gesundheitsmonitoring für Deutschland zeigt jedoch, dass knapp vier Fünftel der Erwachsenen nicht die ausgesprochenen gesundheitsförderlichen Bewegungsempfehlungen erreichen. Die Datenlage zeigt einen sozialen Gradienten der Bewegung: Menschen mit geringem Bildungsabschluss bzw. niedrigem Haushaltseinkommen sind deutlich seltener körperlich aktiv, insbesondere in ihrer Freizeit, als Menschen mit hohem Bildungsabschluss und hohem Einkommen. Vorliegende Längsschnittstudien deuten zudem eine Abnahme des aktiven Transports bei Kindern und Jugendlichen an. Auch zeigt sich über die Lebensspanne hinweg gesehen insgesamt eine Abnahme der körperlichen Aktivität.

Auf diesen Verlust, insbesondere von Alltagsaktivität, wurde und wird daher u. a. seitens der Sport- und Gesundheitswissenschaft reagiert. Es überwiegen dabei traditionell Ansätze aus verhaltenswissenschaftlichen Interventionsstudien, die auf psychosoziale Erklärungsfaktoren und sozial-kognitive Modelle setzen (vgl. auch den Beitrag von Deffner in diesem Band). Parallel zu diesen Ansätzen haben Ansätze mit einem stärkeren Public Health- und damit verhältnisbezogenen Fokus stets die Bedeutung von (infra-) strukturellen Rahmenbedingungen betont. So hat bereits eines der zentralen Gründungsdokumente von Gesundheitsförderung, die *Ottawa Charta für Gesundheitsförderung* von 1986, die Entwicklung einer gesundheitsfördernden Gesamtpolitik, einer „healthy public policy", als ein zentrales Handlungsfeld benannt. Dies war verbunden mit der Idee, Gesundheitsförderung außerhalb des Gesundheitssystems und zusammen mit den Handlungsfeldern Schaffung „gesundheitsfördernder Lebenswelten", der Entwicklung

„persönlicher Kompetenzen" und der Stärkung „gesundheitsbezogener Gemeinschaftsaktionen" zu denken.

Bereits seit 2002 existiert *THE PEP*, das Pan-Europäische Programm zu Transport, Gesundheit und Umwelt. Es wurde unter der gemeinsamen Leitung der Weltgesundheitsorganisation (WHO) Europa und der Wirtschaftskommission für Europa der Vereinten Nationen (UNECE) gegründet und bietet Mitgliedsstaaten eine Plattform zum Austausch der Ministerien Verkehr, Gesundheit und Umwelt. Beim alle fünf Jahre stattfindenden hochrangigen Treffen im Jahr 2014 wurde die Pariser Deklaration zur Festlegung von Prioritäten für die Bereiche Verkehr, Gesundheit und Umwelt verabschiedet. In zwei Prioritätszielen wurde dabei auf Verkehr und Gesundheit Bezug genommen: so sollen Politiken und Aktivitäten gefördert werden, die Fahrradfahren und zu Fuß gehen als gesundheitsfördernde und sichere Verkehrsmodi ermöglichen, sowie darüber hinaus Verkehrs-, Gesundheits- und Umweltziele in die Stadt- und Raumplanung systematisch integriert werden. Die 2015 veröffentlichte Bewegungsförderungsstrategie der WHO für die Europaregion nimmt in einem Handlungsfeld explizit Bezug auf die Förderung von Bewegung für alle Erwachsenen im Alltag, darunter im Verkehr, in der Freizeit, am Arbeitsplatz und über das Gesundheitssystem. Die Strategie benennt als ein Unterziel die Reduzierung des Autoverkehrs und die Verbesserung der Fahrrad- und Fußgängerfreundlichkeit. Dafür gelte es, muskelkraftbetriebene Fortbewegung zu fördern, Infrastruktur bereit zu stellen, Barrieren für benachteiligte Gruppen zu beseitigen, eine Zusammenarbeit der Gesundheits- mit der Verkehrspolitik anzustreben sowie Anknüpfungspunkte mit Strategien für Straßenverkehrssicherheit zu suchen.

Auch aus der bewegungsorientierten Forschung heraus hat es immer wieder Impulse gegeben, politik- und umweltbezogene Ansätze zu entwickeln, mit dem Fokus, darüber Bewegungsförderung auf Bevölkerungsebene zu verbessern. Das gilt aktuell für die *Toronto Charta für Bewegung* von 2010/2011 und die darauf aufbauende *Bangkok-Erklärung* von 2016, die eine gesundheitsförderliche Gesamtpolitik fordern. Demnach sollen neben sozialen und individuellen Determinanten von Bewegung auch umweltbezogene Determinanten berücksichtigt werden. Darüber hinaus zielt die Toronto Charta auf eine intersektorale Kooperation, die über den Gesundheitssektor hinaus Bewegung zum Anliegen für eine integrierte Politikentwicklung macht, und unterstreicht die Bedeutung einer bewegungsfreundlichen Umwelt als Voraussetzung für ein körperlich aktives Leben.

Für die in der Strategie aus der Gesundheitspolitik angesprochene Verkehrspolitik und mit ihr verbundene Wissenschaftsdisziplinen spielt dagegen die Frage von Gesundheit eine eher untergeordnete Rolle: das EU-Weißbuch Verkehr von 2011 erwähnt Gesundheit lediglich als Mittel zum Zweck, um umweltfreundliche Fahrzeuge früher einzuführen. Im Weißbuch heißt es, dass Synergien mit anderen Nachhaltigkeitszielen wie die Verringerung der Ölabhängigkeit, die Wettbewerbsfähigkeit der europäischen Automobilindustrie sowie Vorteile für die Gesundheit, insbesondere bessere Luft in den Städten, gute Gründe für die Berücksichtigung von Gesundheitsaspekten sind. Zugleich ist auch für das Weißbuch Verkehr eine etwaige Einschränkung der Verkehrsmittelwahl keine Option.

Tab. 1 Überblick über ausgewählte internationale Politikdokumente und -initiativen zum Themenfeld Bewegung-Gesundheit-Verkehr-Politik

Politikbereich	Institution	Jahr	Dokument/Initiative
Verkehr	Europäische Kommission	2011	Weißbuch Verkehr
Gesundheit und Sport	Globales Komitee für Bewegung, Internationale Gesellschaft für Bewegung und Gesundheit (ISPAH)	2011	Toronto Charta für Bewegung
Gesundheit und Wirtschaft	The PEP	2014	Paris Deklaration
Gesundheit	Weltgesundheitsorganisation WHO Europe	2015	Europäische Strategie für Bewegungsförderung
Gesundheit und Sport	ISPAH	2016	Bangkok Deklaration zu Bewegung für Globale Gesundheit und Nachhaltige Entwicklung

Auch aus damit verbundenen wissenschaftlichen Perspektiven der verkehrsbezogenen Policy-Analyse werden Fragen von Verkehr und Gesundheit nur selten systematisch berücksichtigt.

Bestehende und hier ausgewählt vorgestellte Dokumente, Initiativen und Programme (vgl. dazu Tab. 1) deuten zugleich das Potenzial einer Förderung alltäglicher Bewegung über eine gesundheitsorientierte Verkehrspolitik an. Der Ansatz der Walkability nimmt diese Erkenntnisse systematisch auf und bietet einen Schlüssel zur Analyse und Veränderung des *status quo* vor Ort.

2 Walkability – was ist das?

Im folgenden Kapitel werden zunächst Ursprung und Definitionen von Walkability vorgestellt. Darauf aufbauend wird Walkability in konzeptionelle Bezüge gesetzt, um die Mehrdimensionalität einer so verstandenen gesundheitsfördernden Fußgängerfreundlichkeit herauszustellen. Walkability wird beleuchtet in Bezug auf sozial-ökologische Ansätze, Amartya Sens Capability-Ansatz, einem sportwissenschaftlichen Mehrebenenmodell sowie einer politikwissenschaftlichen Perspektive.

2.1 Ursprung und Definitionen

Den Blick auf das Wohnquartier und seine Bedeutung für das Bewegungsverhalten greift das Konzept der Walkability auf. Dieses ursprünglich US-amerikanische Konzept aus der Verkehrsforschung der späten 1990er Jahre untersucht den Zusammenhang der gebauten

Umgebung mit dem zu Fuß gehen als Transportmittel. Im wörtlichen und engen Sinne wird Walkability daher definiert als die fußläufige Begehbarkeit eines Raumes zum zweckgebundenen Zurücklegen einer bestimmten Wegstrecke.

Mit Bucksch und Schneider (vgl. Bucksch/Schneider 2014) beziehen wir uns hier auf den vor allem in der Gesundheitsförderung und Public-Health-Forschung bevorzugten weiten Begriff von Walkability als die bewegungsfreundliche Gestaltung von städtischen bzw. kommunalen Räumen. Dabei geht es sowohl um die alltägliche Mobilität als auch um Bewegung zur Freizeitgestaltung im öffentlichen Raum unter der Berücksichtigung von infrastrukturellen wie sozialen und personenbezogenen Aspekten. In Zusammenhang mit dem so genannten *spatial turn* in den Gesundheitswissenschaften – der stärkeren Berücksichtigung räumlicher Kontexte – hat sich Walkability international zu einem breit rezipierten Konzept entwickelt, das zunehmend auch im deutschsprachigen Raum Beachtung findet. Walkability wird als ein Schlüssel zu alltagsnaher Bewegungsförderung gesehen und damit aus der Gesundheitsförderungsperspektive auch als essenzielles Element einer integrierten Verkehrspolitik postuliert.

Übersicht

Walkability bezieht sich auf die physische Umwelt mit ihren objektiven und subjektiv wahrgenommenen Merkmalen, in der Personen Zeit verbringen (z. B. Wohnquartier, Schule und Arbeitsplatz). Relevant sind:

a) strukturell bauliche Merkmale
   – das Vorhandensein von Fuß- und Radwegen,
   – die Breite und die Oberfläche von Straßen sowie
   – die Konnektivität von Wegen und Straßen,
b) die allgemeine und verkehrsbezogene Sicherheit
   – z. B. beleuchtete Straßenzüge und Zebrastreifen
c) die Ästhetik
   – z. B. ein attraktives und abwechslungsreiches Erscheinungsbild des Wohnquartiers
d) die Entfernung und die Qualität von Zielpunkten wie
   – Grünflächen,
   – Haltestellen des ÖPNV und
   – Einkaufsmöglichkeiten
e) sowie die klimatischen Bedingungen.

Damit werden explizit auch soziale Aspekte der Wohnumgebung (wie Sicherheit und Kriminalität) berücksichtigt, wenngleich diese die Walkability nicht direkt, sondern eher indirekt (z. B. über die Beleuchtung auf Fußwegen oder herumliegenden Müll auf Spielplätzen) beeinflussen.

Definitionsvorschlag für Walkability, von Bucksch/Schneider 2014.

2.2   Walkability in konzeptionellen Bezügen

Walkability wird in unterschiedlichen konzeptionellen Bezügen beleuchtet bzw. rezipiert. Sozial-ökologische Ansätze fokussieren auf personenbezogene und kontextuelle Determinanten von Walkability mit einem Schwerpunkt auf infrastrukturellen Faktoren, die die Fußgängerfreundlichkeit einer Kommune und so die Gesundheitsförderung vor Ort beeinflussen. Der Capability-Ansatz Amartya Sens legt einen Schwerpunkt auf tatsächlich bestehende und individuell wahrgenommene Verwirklichungschancen, d. h. die reale Möglichkeit eines Individuums, sich zu Fuß in der Kommune zu bewegen, abhängig vom Zusammenspiel individueller, sozialer und infrastruktureller Faktoren. Das sportwissenschaftliche BIG8-Mehrebenenmodell baut auf diesen Konzepten auf und macht die politische Ebene der Walkability einer Kommune explizit, in dem es Verhalten und Verhältnisse sowohl auf einer eher operationalen als auch der politischen Ebene als zwei sich gegenseitig bedingende Seiten einer Medaille beleuchtet. Im Sinne einer politikwissenschaftlichen Perspektive auf Walkability wird so ein Schwerpunkt auf Politikinhalte und Prozesse im Rahmen der fußgängerfreundlichen Gestaltung von Kommunen gelegt.

Walkability in sozial-ökologischen Ansätzen
Sozial-ökologische Ansätze beziehen sich sowohl auf personenbezogene individuelle Determinanten als auch kontextuelle Faktoren (vgl. auch den Beitrag von Bamberg & Köhler in diesem Band). Kontextuelle Faktoren berücksichtigen dabei die physische Umwelt (z. B. baulich-technische Wohnumgebung) ebenso wie politische Rahmenbedingungen. In sozial-ökologischen Ansätzen werden biologische, verhaltensbezogene und soziokulturelle Bedürfnisse einer Person mit verfügbaren Umweltressourcen in eine wechselseitige Beziehung gesetzt und in verhaltens- und umweltbezogene Strategien zur Gesundheitsförderung übersetzt. Bewegungsspezifische sozial-ökologische Modelle (wie z. B. Sallis et al. 2006) unterscheiden 1) Domänen eines Bewegungsverhaltens, wie z. B. zu Fuß gehen: Freizeit, Transport, Arbeit und Haushalt. Sie definieren 2) Zugang und Beschaffenheit verhaltensbezogener Settings als Determinanten von Bewegung, wie das direkte häusliche Umfeld, das Wohnquartier oder die Schul- bzw. Arbeitsplatzumgebung. Sie benennen 3) politische Determinanten bzw. relevante Politiksektoren wie Gesundheit, Bau, Verkehr, Grünflächen, Bildung, Medien oder Wirtschaft sowie 4) umweltspezifische Determinanten, indem sie informationsbezogene, soziokulturelle und natürliche Umwelten differenzieren.

Ein Kritikpunkt an sozial-ökologischen Ansätzen besteht darin, dass sie Determinanten von Bewegungsverhalten oder spezifisch Walkability additiv listen, sie jedoch wenig systematisch theoretisch fundieren oder auch Aussagen über handlungsleitende Determinanten oder Wechselwirkungen treffen. Sie bieten wenig Erklärungs- und Vorhersagekraft, welche Konstellation von Aspekten sich förderlich auf die Walkability einer Kommune und letztendlich einer gesundheitsförderlichen körperlichen Aktivität der Bevölkerung auswirken.

Walkability als Handlungsmöglichkeit im Sinne des Senschen Capability-Ansatzes

Eine darüber hinausgehende Möglichkeit, Walkability theoretisch zu konzeptualisieren, bietet der Ansatz der Handlungsmöglichkeiten oder Verwirklichungschancen (capabilities) nach Sen (u. a. Sen 1999; Robeyns 2005, vgl. Abb. 1). Sens Capability-Ansatz, ursprünglich in der Wohlfahrtsökonomie angesiedelt, hat in den vergangenen zwei Jahrzehnten eine breite Rezeption in den Gesundheits- und Sozialwissenschaften erfahren. Der Ansatz geht über ein deterministisches Verständnis von Lebensbedingungen hinaus und bezieht sich auf das Wechselspiel individueller Fähigkeiten und kontextspezifischer Umwandlungsfaktoren. Sen verschiebt den Fokus von konkreten Handlungen und Zuständen (erreichte Funktionen), der insbesondere in der verhaltenswissenschaftlichen Forschung auch in sozialökologischen Modellen beibehalten wird, auf die Handlungsmöglichkeiten einer Person. Hier legt er den Fokus auf sozialen Wandel und stellt dabei den Bezug zur Politikgestaltung und Interventionen her, die nicht unmittelbar Verhaltensveränderungen ansteuern, sondern bestehende Barrieren und Grenzen entfernen, sodass Menschen eine größere Freiheit haben, das Leben ihren eignen Bedürfnissen entsprechend zu führen.

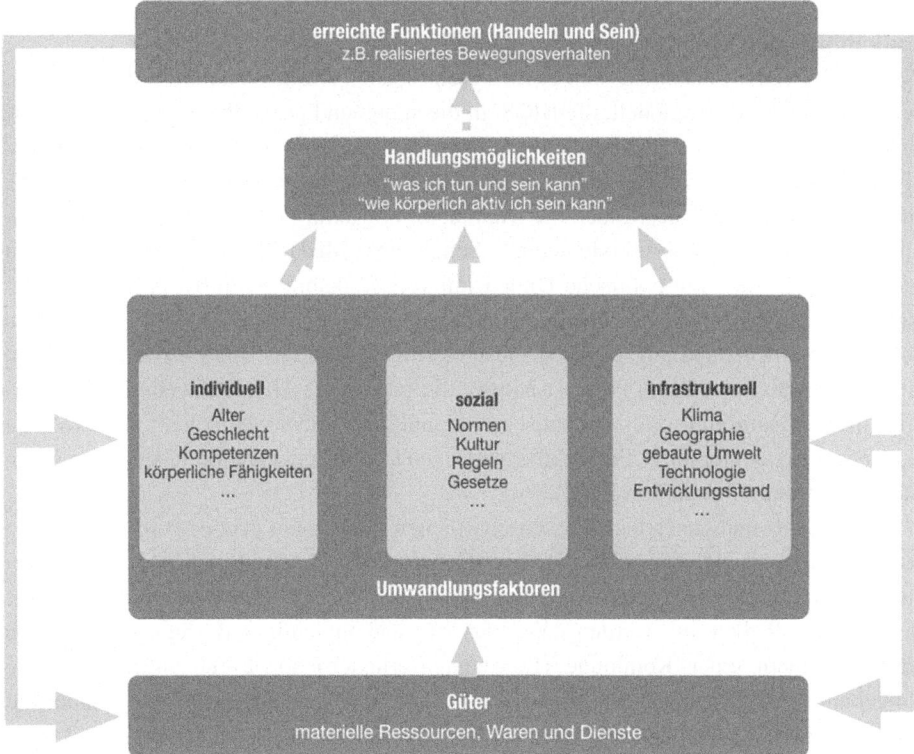

Abb. 1 Walkability als Handlungsmöglichkeit. (Eigene Darstellung in Anlehnung an Robeyns 2005)

Handlungsmöglichkeiten bezeichnen bei Sen verschiedene Kombinationen des Wechselspiels unterschiedlicher Umwandlungsfaktoren, die das Vermögen ausmachen zu dem Leben, das eine Person führen möchte. Sen unterscheidet individuelle, soziale und umweltbezogene Umwandlungsfaktoren. Individuelle Umwandlungsfaktoren beziehen sich auf Aspekte wie körperliche Fähigkeiten, Wissen oder Gesundheitszustand. Soziale Umwandlungsfaktoren umfassen den sozialen Kontext, Normen, soziale Praktiken sowie politische Regeln und Gesetze. Umweltbezogene Umwandlungsfaktoren beziehen sich auf die konkrete Infrastruktur in Form der gebauten und natürlichen Umwelt, darunter Geografie, Topografie, Klima, Verkehrsinfrastruktur, Transportwesen.

Sind persönliche, soziale und umweltbezogene Merkmale nicht gegeben, bestehen auch keine realen Handlungsmöglichkeiten. Da Menschen an die Person gebundene Voraussetzungen mitbringen, sich jeweils in unterschiedlichen Situationen befinden, in einen jeweils anderen sozialen Zusammenhang eingebunden sind und unterschiedliche persönliche Präferenzen haben, sind auch die Handlungsmöglichkeiten für jedes Individuum verschieden und es stellt sich aus Sicht einer gesundheitsorientierten Verkehrspolitik die Frage, an welchen Umwandlungsmöglichkeiten konkret wie gearbeitet werden kann und soll, um die Handlungsmöglichkeiten für eine breite körperliche Alltagsaktivität auf Bevölkerungsebene zu optimieren.

Walkability im BIG8 Mehrebenenmodell

Rütten et al. (2013) haben auf den zuvor beschriebenen Ansätzen aufbauend ein politikbezogenes Mehrebenenmodell, die BIG8, in die sport- und gesundheitswissenschaftliche Diskussion eingebracht. Das Modell wurde bereits zu einer Betrachtung von Walkability mit einem politikwissenschaftlichem Fokus nutzbar gemacht (Frahsa/Rütten 2014). Grundsätzlich versteht das Modell die Dualität von Struktur und Handeln als sich gegenseitig produzierende und reproduzierende Seiten einer Medaille. Das Modell macht mit seinen zwei Ebenen die politische Dimension von Walkability explizit (vgl. dazu auch Abb. 2). Diese wird in sozial-ökologischen Modellen oftmals additiv gelistet und bei Sen unter sozialen Umwandlungsfaktoren subsumiert. Damit ist das BIG8 Modell anschlussfähig an Ansätze moderner Policy-Analyse, die politisches Handeln weniger als deterministische Ausführung von systemischen Handlungsimperativen sehen, sondern eine akteurszentrierte interaktive Perspektive verfolgen (vgl. dazu ausführlich den Beitrag von Bandelow/Kundolf in diesem Band).

In der sport- und gesundheitswissenschaftlichen Diskussion geht es bei Interaktionen von Struktur und Handeln häufig insbesondere um das Wechselspiel zwischen Bewegungsverhalten und Bewegungsverhältnissen und damit um eine operationale Ebene. Bezogen auf Walkability werden dabei das Ausmaß fußläufiger Bewegungsaktivitäten von Bewohnern einer Kommune (Bewegungsverhalten) sowie fußgängerfreundliche Umgebungen (Bewegungsverhältnisse) betrachtet, die sich im Kontext Wohnumfeld dabei sowohl auf physische und psychologische individuelle als auch soziale Faktoren beziehen (vgl. z. B. Deffner in diesem Band). Dieser Beitrag legt den Schwerpunkt auf die politische Ebene des Modells. Der Grad der Walkability einer Kommune bemisst

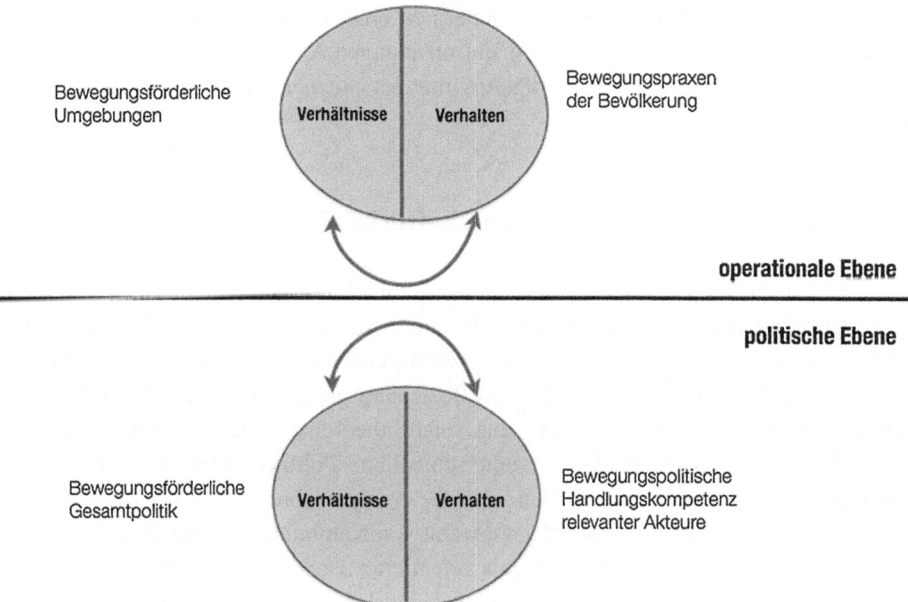

Abb. 2 Das BIG8 Mehrebenenmodell zur Dualität von Handeln und Struktur auf operationaler und politischer Ebene

sich demnach nicht allein an existenten organisatorischen und politischen Rahmenbedingungen (Verhältnissen), sondern zeigt sich auch und gerade durch das organisatorische und politische Handeln beteiligter Akteure. Walkability bezieht sich dann auf kommunalpolitische Entscheidungsprozesse, die die aktuelle oder zukünftige Gestaltung einer Kommune bezogen auf ihre Begehbarkeit regulieren (z. B. Gestaltungsregeln von Neubaugebieten festlegen).

Auf der politischen Handlungsebene ist vor allem von Interesse, inwieweit unterschiedliche Gruppen der Bevölkerung entsprechende Möglichkeiten wahrnehmen, wenn sie bestehen, bzw. Möglichkeiten einer strukturellen Veränderung durch politisches Handeln schaffen, wenn sie noch nicht bestehen. Allerdings ist eine solche Schaffung unterstützender Verhältnisse dann in der Regel nicht auf die politische Ebene alleine begrenzt, sondern resultiert aus dem Zusammenspiel zwischen den Ebenen, d. h. basiert nicht zuletzt auf bestimmten politischen Entscheidungen (z. B. in Fragen der Förderung von Autoverkehr im Innenstadtbereich im Vergleich zu Fußwegen oder Fußgängerzonen). Gerade an solchen Schnittstellen bewährt sich der Zweiebenenansatz: Politische Entscheidungen wirken sich positiv oder negativ auf die Walkability einer Kommune aus, was wiederum die konkrete Bewegungsaktivität der Bevölkerung beeinflusst. Umgekehrt kann die Bewegungsaktivität in der Bevölkerung in unterschiedlicher Form auf die politische Handlungsebene wirken. Hier könnte beispielsweise ein zunehmender Anteil an Fußgängern unter den Verkehrsteilnehmern zu einer besseren Berücksichtigung von deren Belangen bei verkehrspolitischen Entscheidungen Anlass geben, wenn es gelingt, z. B. durch gezielte politische Beteiligung, eine entsprechende politische Resonanz zu erzeugen.

2.3 Walkability in politikwissenschaftlicher Perspektive

Eine theoretisch angemessene politische Konzeptualisierung von Walkability bezieht sich auf Kommunen als Orte politischen Handelns. Sie sollte eine möglichst allgemeine Gültigkeit des vorgelegten Bezugsrahmens gewährleisten, d. h. prinzipiell auf alle Kommunen anwendbar sein und dort *policy* im Beziehungsgefüge von Inhalten, Zielen, Formen und Prozessen berücksichtigen. Eine solche theoretische Konzeptualisierung von Walkability nimmt damit Bezug auf unterschiedliche Politikverständnisse, deren Perspektiven einander ergänzen und eine vertiefte Analyse von Walkability ermöglichen. Definitionen von Walkability wie „Begehbarkeit von Kommunen" deuten eine normative Perspektive an, ein an inhaltlichen Werten orientiertes Handeln, das sich auf das Schaffen und Verstetigen einer „guten Ordnung" bezieht. Über die Anerkennung dieses Werts an sich soll dieses Kapitel einen Beitrag dazu leisten, wie der Wert der Walkability unter den gegebenen gesellschaftlichen Verhältnissen betrachtet und erreicht werden kann.

Eher pragmatische Perspektiven fokussieren das Konfliktpotenzial des potenziellen Politikfeldes, indem sie Macht- und Herrschaftsverhältnisse untersuchen, die für die Gestaltung und Umsetzung einer bewegungsfreundlichen Kommune entscheidend sind. Hier gilt es bezogen auf Walkability, insbesondere Akteure und Institutionen zu analysieren, die für die bewegungsförderliche Gestaltung einer Kommune relevant sind. Ein systemtheoretisches Verständnis von Politik wiederum legt den Schwerpunkt auf die Steuerung des Politikfeldes im Rahmen einer gesamtgesellschaftlichen Integration durch Kompromisse aus kommunikativen Aushandlungsprozessen. Dieses Kapitel zu Walkability aus Sicht der Politikwissenschaft soll dabei die Prozesse, die im Rahmen der fußgängerfreundlichen Gestaltung von Kommunen ablaufen, sowie das Zusammenspiel mit anderen Politikfeldern der Kommunalpolitik beleuchten.

Analysen auf der Basis dieser unterschiedlichen Perspektiven befassen sich wiederum jeweils mit drei Dimensionen des Politischen. In diesem Beitrag wird der Schwerpunkt gelegt auf die Dimension der *Inhalte (policy),* die durch die Politik bestimmt und umgesetzt werden, insbesondere auf Aufgaben und Ziele politischer Programme, dem, was Akteure tun oder lassen, sowie die Ergebnisse dessen. Policy gilt es aber immer auch in Zusammenhang zu sehen mit den *Formen,* innerhalb derer Politik stattfindet *(polity),* den Rahmenbedingungen von Politik in Form von Regelwerken ebenso wie formellen und informellen Regeln zur Gestaltung staatlicher Institutionen. Zudem spielt die Ausgestaltung von *Prozessen (politics)* eine Rolle, d. h. die Interaktionen zwischen beteiligten Akteuren und Interessensvertretern, insbesondere bei Entscheidungsfindung und -durchsetzung in

Form konflikthafter Interessen und Handlungen. Bandelow und Kundolf führen in ihrem Beitrag in diesem Band ausführlich in unterschiedliche politikwissenschaftliche Ansätze zur Analyse verkehrspolitischer Entscheidungen ein.

Dieses Kapitel interpretiert Walkability insgesamt als den Versuch, ein gesellschaftliches Anliegen, in diesem Fall die fußgängerfreundliche Gestaltung einer Kommune, als Beitrag zum gesellschaftlichen Gesamtzustand sowohl hinsichtlich der öffentlichen Gesundheit als auch der Umwelt, kommunalen Wirtschaft und des Verkehrs, auf politischer Ebene zu be- und zu verarbeiten.

3   Infrastrukturelle Dimensionen zur Veränderung

Auf den theoretischen Konzeptualisierungen aufbauend sind im Sinne einer gesundheitsförderlichen Verkehrspolitik am Beispiel Walkability die im Ansatz von Sen umweltbezogenen Umwandlungsfaktoren und in der BIG8 als Verhältnisse auf operationaler Ebene benannten Dimension für Veränderungen zu berücksichtigen. Hier bezieht sich Walkability insbesondere auf infrastrukturelle Aspekte, die in der empirischen Forschung als so genannte „6D" – *density, diversity, design, distance-to-transport, destination und demand management* – unterschieden werden (Ewing/Cervero 2010). Tab. 2 gibt einen Überblick über Inhalte der 6D und ausgewählte Aspekte zur Förderung der Walkability (in) einer Kommune.

Anhand des Beispiels des Stadtlabors Nürnberger Weststadt (TU München/Stadt Nürnberg 2013) soll die Berücksichtigung der 6D in einer Kommune illustriert werden. Das vom Bund und Freistaat Bayern geförderte Modellprojekt hat untersucht, wie die Nürnberger Weststadt im Jahr 2050 aussehen wird und welcher Handlungsbedarf sich daraus für die Gegenwart ergibt. Ein Schwerpunkt der Analysen und Szenarienentwicklung im Modellprojekt Stadtlabor Nürnberger Weststadt lag auf den Bereichen Mobilität und Verkehr, inklusive des Bereichs Fußgänger- und Radfahrerverkehr.

Die Nürnberger Weststadt ist ein Gebiet mit knapp 15.000 Einwohnern, die im Nürnberger Vergleich überdurchschnittlich jung sind und besonders viele Menschen mit Migrationshintergrund umfasst. Die Weststadt mit einer Größe von ca. 250 Hektar, die fünf Stadtteile beinhaltet, ist geprägt von städtebaulichen Großformen (Justizgebäuden, Klärwerk, Betriebswerk der Deutschen Bahn AG, in jüngster Vergangenheit brach gefallenen Gebäuden und Flächen großer ortsansässiger Gewerbebetriebe) und wird durch teilweise oberirdisch verlaufender U-Bahn, stark befahrener Autobahn und einer im Ausbau befindlichen Bahnlinie begrenzt bzw. durchschnitten.

Gegenwärtig ist der Anteil des privaten Kfz-Verkehrs in der Weststadt überdurchschnittlich hoch. Öffentliche Verkehrsmittel (Busse, U-Bahn) werden ebenfalls verhältnismäßig stark genutzt, während der Anteil des Rad- und Fußverkehrs im Vergleich zu Nürnberg insgesamt und auch zu ähnlich strukturierten Stadtquartieren anderswo deutlich geringer ist. Der Forschungsbericht der TU München und der Stadt Nürnberg argumentiert, dass die Attraktivität der KFZ-Nutzung in der insbesondere in der hohen

Tab. 2 Übersicht über infrastrukturelle Möglichkeiten zur Förderung von Walkability in der Verkehrspolitik, zusammengestellt nach Ewing/Cervero 2010

6D	Inhalt	Aspekte zur Förderung der Walkability
Density	Verdichtungsgrad des Raumes	Einwohnerdichte Arbeitsplatzdichte Bebauungsarten Sicherheit (wahrgenommenes und tatsächliches Verkehrsaufkommen, auf Spielplätzen, persönliche Sicherheit im Wohnumfeld; Beleuchtung)
Diversity	Flächennutzungsmix	Förderung der Flächennutzungsvielfalt Förderung natürlicher und kultivierter Naturräume: Grünräume (Stadtparks, Grünflächen, Dachterrassen), Wasserräume (Bäche, Flüsse, Seen, Teiche, Kanäle) Vielfältiger Zugang zu Anlaufpunkten Sozialer Zusammenhalt im Wohnumfeld, soziale Unterstützung zu freizeitbezogener Bewegung
Design	Architektonische und ästhetische Gestaltung des Wohnumfelds	Verfügbarkeit und Qualität von Straßen, Fuß- und Radwegen (Beläge, Ebenheit, Vernetzung), freizeitrelevanter Infrastruktur sowie der Wohnumgebung insgesamt
Destination	Entfernung zu Zielpunkten des Alltagsbedarfs	Distanzen zwischen Orten zum Wohnen und Arbeiten sowie zu Versorgungs- und Freizeiteinrichtungen: Erreichbarkeit von Arbeitsplätzen, Einkaufsmöglichkeiten, Schulen, Freizeitinfrastrukturen, Grün- und Wasserräumen, Sport- und Spielstätten
Distance-to-transport	Verkehrsanbindung und -sicherheit	Quantität und Qualität des öffentlichen Personennahverkehrs Vorhandensein und Einhaltung von Geschwindigkeitsbegrenzungen, nicht-motorisierten Vortrittsregelungen oder Fußgängerzonen, geringer motorisierter Individualverkehr Entfernung zu Fahrrad- und Fußgängerwegen
Demand management	Nachfrageregulierung	Parkkosten Nutzungsgebühren (z. B. Pkw-Maut)

Kapazität des Straßennetzes und der Erreichbarkeit einer Vielzahl an Zielen durch motorisierten Individualverkehr bei gleichzeitig unvollständiger, indirekter oder hoher bestehender Barrieren der Wegeverbindungen für Fußgänger oder Radfahrer begründet liegen.

Auf diesen Analysen aufbauend skizziert das Modellprojekt zahlreiche Ideen für einen Umbau der Weststadt zu einem post-industriellen Mischquartier, die insbesondere die Vernetzung in der Weststadt erhöhen und sie so attraktiver für Fußgänger- und Radverkehr machen können, darunter:

- Verlegen der lokalen U-Bahn unter die Erde oder Umbau der oberirdisch gelegenen Strecke zu einer Stadtbahn
- Fahrradfreundlicher Umbau der Querung der Autobahn in der Weststadt und Bau eines Radwanderwegs auf einer ehemaligen Ringbahntrasse
- Etablierung von Linearparks/grüne Wegverbindungen und Spielplätze für ältere Generationen
- autofreie Quartiere, temporäre Umnutzung von Straßen und shared spaces
- Entwicklung zentraler Standorte in der Weststadt

Die verschiedenen Ideen und potenzielle Erfolgsfaktoren zur Förderung von Walkability in der Nürnberger Weststadt berücksichtigen zu unterschiedlichen Graden die 6Ds. Ein *Verlegen der lokalen U-Bahn unter die Erde oder Umbau der oberirdisch gelegenen Strecke zu einer Stadtbahn* würde die Querung einer zentralen Straße ermöglichen und die Durchlässigkeit zwischen den Quartieren der Weststadt verbessern *(destination, distance-to-transport)*, verbunden mit einer Aufwertung der Unterführungen *(design)* bzw. Ausbau der Straße zu einem städtischen Boulevard und zentralen Ort verbunden mit einer Ansiedlung von Dienstleistungen, Handel und städtischen Leben *(diversity und density)*.

Die Ideen zu einem *fahrradfreundlichen Umbau der Querung der Autobahn* in der Weststadt und dem *Bau eines Radwanderwegs auf einer ehemaligen Ringbahntrasse* können in einem weiten Sinne ebenfalls zur Förderung der Walkability beitragen. Hierbei gilt es u. a., die Querung mit einer geringen Steigung auch für Radfahrer nutzbar zu machen *(design)* und dadurch zu einer auch nicht-motorisiert Erreichbarkeit unterschiedlicher Teile der Nürnberger Weststadt u. a. mit ihren Erholungsräumen beizutragen oder die Trasse selbst zu einem Erholungsraum zu entwickeln *(destination, distance-to-transit)*.

Linearparks, die Verknüpfung bestehender Grünflächen, ist eine weitere Idee des Modellprojekts Stadtlabor Weststadt. Es soll eine Fußgänger- und Radverbindung geschaffen werden, die bestehende Grünflächen wie Parks, Alleen, Stadtgärten und Kleingärten zu einem durchgängigen linearen Park verbinden soll. So kann zudem die gefahrlose und attraktive Nutzung des Stadtteils von Fußgängern und Radfahrerinnen gefördert werden *(density, diversity)*. Es kann ein zusammenhängender Erholungsraum geschaffen werden *(destination)*, der mit den umliegenden Wohnquartieren verbunden ist und einen Zugang zum ÖPNV erlaubt *(distance-to-transit)*. Ergänzend dazu können weitere Ansätze wie *soziale Grünräume,* privat bewirtschaftete und öffentlich einsehbare Grünräume, oder *Dachlandschaften,* die grüne Nutzung großer Dachflächen, öffentliche Räume aufwerten und für eine Nutzung zu Fuß oder mit dem Rad attraktiver machen *(design).* Bezogen auf den demografischen Wandel nimmt das Projekt Stadtlabor Weststadt neben *grünen Wegeverbindungen* auch die Idee von Spielplätzen für die ältere Generation in den Blick, die in Parks, Kleingärten, Spiel- und Sportplätze integriert werden und so deren Attraktivität für die ältere Generation weiter steigern können *(design, diversity, destination).*

Ideen wie die der *autofreien Quartiere, shared spaces und temporäre Umnutzung von Straßen* nehmen das Verhältnis von Fußgänger- und Autoverkehr in den Blick. In einem Pilotprojekt soll ein an eine zentrale Straße der Weststadt angrenzendes Quartier als autofrei deklariert werden, auch für Anwohnende. Damit verbunden ist die Entfernung von bestehenden Parkflächen zugunsten eines zentralen Parkhauses *(demand management),* die Verbesserung der Fuß- und Radwegeanbindung zur U-Bahn *(destination-to-transit).* Darüber hinaus sollen gemeinsam genutzte Flächen für Fußgänger und Fahrradfahrer, ergänzt um Grünflächen, entstehen *(design)* und das gesamte Quartier zu einem städtischen Mischgebiet ausgebaut werden *(diversity, destination).* Eine nur temporäre Umnutzung von stark befahrenen Straßen durch die Sperrung für Kraftfahrzeuge in regelmäßigen Abständen wird als eine Idee präsentiert, die Vorteile eines öffentlichen Raums ohne motorisierten Verkehrs sichtbar zu machen und die Aufenthaltsqualität zu steigern *(alle 6D).*

Eine andere Idee schließt den motorisierten Verkehr nicht aus, sondern integriert ihn in eine Straße, die wenig(er) reguliert geöffnet wird zu einem öffentlichen Raum oder *shared space.* Dazu sollen u. a. bestehende Beschilderungen und Verbote so abgebaut bzw. angepasst werden, dass unterschiedliche Verkehrsteilnehmer den Raum gleichberechtigt und sicher nutzen können *(design, density, destination, diversity).*

Als Querschnittsaspekt zu diesen Ideen nimmt das Projekt die Frage der Entwicklung zentraler fußläufig zu erreichender Standorte in der Nürnberger Weststadt in den Blick, um lokale Versorgungsstrukturen zu sichern *(density, diversity, destination).*

Zusammenfassend lässt sich festhalten, dass Walkability-fördernde Infrastrukturen zu einem flächigen Netz verbunden sein sollten, dass sie sicher und attraktiv sein müssen sowie gut erreichbar und für den Aufenthalt bzw. die Nutzung attraktiv gestaltet sein sollten. Zur Erfassung von diesen Aspekten der infrastrukturellen Dimension werden dabei in der Regel geografische Informationssysteme (GIS) eingesetzt oder die systematische Bewertung der Umgebung durch geschulte Beobachter genutzt. Zur Integration der individuell wahrgenommenen Walkability vor Ort wird auf subjektiver Ebene international am häufigsten die Neighborhood Environment Walkability Scale (NEWS) eingesetzt, die Bewohnende ihr Wohnumfeld einschätzen lässt hinsichtlich Einwohnerdichte, Flächennutzung hinsichtlich Heterogenität, Flächennutzung hinsichtlich des Zugangs, Konnektivität, Möglichkeiten zum Gehen und Fahrradfahren, Ästhetik, Verkehrssicherheit, Schutz vor Kriminalität und Zufriedenheit.

4 Walkability – politische Akteure und Prozesse für Verkehr und Gesundheit

Neben dem *„was* es zu ändern gilt", gilt es auch zu fragen, *„wer* verändert *wie":* welche Akteure in welchen Prozessen sind entscheidend für Verkehr und Gesundheit bezogen auf das Feld Walkability?

Walkability-bezogene politische Praxis kann sich in unterschiedlichen Kontexten ergeben: vorrangig in einer *formalen politischen Arena* – z. B. im Stadtrat samt seinen vorbereitenden Ausschüssen, die über Regeln und Ressourcen bezüglich des Flächennutzungsmixes und Verdichtungsgrads in der Kommune entscheiden. Es gilt aber auch, eher *informelle interorganisatorischen politische Kontexte* zu berücksichtigen – z. B. eine intersektorale Planungsgruppe, die über Regeln und Ressourcen für die zukünftige Stadtentwicklung mit einem Fokus auf die Förderung von fußgängerischer Alltagsbewegung entscheidet.

Darüber hinaus kann der *Kontext einer bestimmten Organisation* betrachtet werden – z. B. ein Sportvereinspräsidium, das über Regeln und Ressourcen in Form von Beitragsvergünstigungen für Mitglieder, die Vereinsangebote zu Fuß aufsuchen, entscheidet.

Diese drei Kontexte sind jedoch nicht völlig getrennt voneinander zu betrachten. So kann ein Sportverein seine „Organisationspolitik" auch in interorganisatorische Kontexte, z. B. kommunale Sportverbände, oder in die formale politische Arena, beispielsweise als sachkundige Bürger oder Vertreter des kommunalen Sportverbands in städtische Ausschüsse bzw. den Stadtrat, einbringen. Hier werden längerfristige Verhandlungsperspektiven fokussiert – in Form regelmäßiger Interaktionen zwischen politischen Akteuren in mehr oder minder formalisierten Netzwerken, wie den oben angedeuteten Kontexten, in denen Akteure einander vertrauen und Ressourcen (aus-)tauschen.

Auch die operationale Ebene wirkt sich auf die sport- und bewegungsbezogene politische Praxis aus. Zwar kann Bewegungsverhalten i. d. R. nicht Regeln und Ressourcen für die politische Praxis direkt bestimmen. Jedoch können z. B. Probleme mit bestehenden Regeln und Ressourcen in der Sportpraxis zum Gegenstand der politischen Praxis werden, wenn es gelingt, diese Themen auf der entsprechenden politischen Agenda (z. B. des Verkehrs-, Gesundheits- oder Sportausschusses) zu positionieren. Dieser Rückbezug ist – abgesehen von Zuständigkeiten – auf der Ebene einer Kommune möglich, da auf lokaler Ebene die Netzwerke der an Bewegungsverhalten und politischer Praxis Beteiligten häufig überlappen, d. h. beispielsweise „Praktiker" in Ausschüssen als „sachverständige Bürgerinnen und Bürger" vertreten sind.

Zudem stellt sich die Frage der Beteiligungs- und Handlungsoptionen unterschiedlicher Perspektiven auf der politischen Ebene. Im Verständnis eines sektoralen Politikfeldes und entsprechend sektoraler Zuständigkeiten spiegeln politische Rahmenbedingungen und das Verhalten der politischen Akteure oftmals genau den Status quo der Nutzung wider, z. B. wenn nur einzelne Ausschüsse und entsprechende Fachpolitiker bzw. Fachvertreter der Administration mit dem Thema befasst sind. So kann jedoch eine Betrachtung von Walkability ausschließlich durch gesundheitspolitische Akteure darin resultieren, dass verkehrspolitische Bedarfe bzw. damit verbundene Bedürfnisse bestimmter Bevölkerungsgruppen in entsprechenden politischen Entscheidungsprozessen systematisch ausgeblendet werden.

Gesundheitsförderliche Verkehrspolitik zur Förderung der Walkability einer Kommune ist daher als ein multisektoraler Prozess anzulegen. Aus dem Bereich der Gesundheitsförderung gibt es breit rezipierte Handlungskonzepte zur Gestaltung solcher Prozesse einer gesundheitsförderlichen Kommune. Zentrales Element dabei ist die Partizipation. In einem solchen Prozess gilt es, sektorenunabhängig bzw. -übergreifend die oben angedeuteten Akteursgruppen systematisch einzubinden sowie relevante Sektoren und ihre potenziellen sektorspezifischen Beiträge zur Förderung von Walkability zu identifizieren und zu integrieren.

Hinsichtlich der Akteursgruppen sind das insbesondere

1. Eigentümer des fußgängerfreundlich zu gestaltenden Raums bzw. deren Repräsentanten, im Falle öffentlichen Raums also die Kommune mit deren kommunalen Entscheidungsträgern/Mandatsträgern,
2. Fachleute mit technischem bzw. sachlichem Know-how, wie Mitarbeitende der öffentlichen Verwaltung und
3. Interessierte und Betroffene, seien es Interessen- und Fachverbände, nicht staatliche Organisationen/Freiwilligenvereinigungen, sachverständige Bürgerinnen und Bürger oder betroffene Bewohnerinnen und Bewohner.

Darüber hinaus setzen solche Prozesse funktionierende, ressortübergreifende und intersektorale Kooperation relevanter Akteursgruppen voraus oder zumindest den Raum oder die Unterstützung, die politische Legitimation bzw. ein tragfähiges Konzept zur Etablierung einer solchen Kooperation. Die Betrachtung der Akteure und Prozesse für Walkability hat angedeutet, dass Gesundheit und Sport als Sektoren besonders anschlussfähig sind, wenn es um Fragen sozialer oder ökologischer Integration in der Verkehrspolitik geht. Sie dürfen im Sinne bzw. als Teil einer integrierten Verkehrspolitik jedoch nicht naiv Positionen der technischen oder ökonomischen Integration vernachlässigen. Daher gilt es, auch anderweitig ausgerichtete Positionen beispielsweise der Verkehrsleit-, Bauleit- oder Umweltleitplanung in multisektorale-integrative politische Konzepte zur Förderung von Walkability als Teil von Gesundheit und Verkehr zu integrieren bzw. entsprechende Prozesse zu institutionalisieren. Das Modellprojekt Stadtlabor Nürnberger Weststadt hat dazu zwei konkrete Perspektiven benannt:

• Erreichbarkeitsplanung
• Fußgängerisierung

Beide Perspektiven bedürfen einer Stadtentwicklung, in der die Planung von Raum, Verkehr, Wirtschaft, Gesundheit, Sport und weitere Sektoren integriert angegangen wird. Es gilt, Absichten, politischer Entscheidungsträgerinnen und Entscheidungsträger zu unterstützen,

beispielsweise neue Wohnbauten in erreichbarer Nähe von Arbeitsplätzen, Bildungseinrichtungen, Einkaufs- und Freizeitmöglichkeiten zu platzieren oder im Fall der Nürnberger
Weststadt, bestehende Quartiere so umzugestalten, dass eine solche Erreichbarkeit (wieder)
gewährleistet werden kann. Dafür ist es ebenso erforderlich, betreffende Berufsbranchen
wie Planung, Verkehr und Wirtschaft über disziplinäre Grenzen hinweg zu integrieren.

Dabei ist in politischen Prozessen im Sinne der Walkability-Förderung oder Fuß-
gängerisierung-Perspektive, wie es das Modellprojekt Stadtlabor Nürnberger Weststadt
formuliert, ein Schwerpunkt stets darauf zu legen, öffentliche Räume für Fußgänger
attraktiv und funktional zu gestalten. Es gilt, kleinräumliche Mängel wie Barrieren und
Engstellen (z. B. Übergänge, Bürgersteige) zu beseitigen und darüber hinaus großräum-
liche Aspekte der Durchlässigkeit der Stadtstruktur (Ringbahnen, oberirdische U-Bahn,
Unter- bzw. Überführungen zwischen Quartieren), der Distanzen und vor allem der Lage
von Versorgungs- oder Freizeitangeboten (siehe Erreichbarkeit oben) zu optimieren.

5   Fazit

Die Toronto Charta von 2011 benennt als zwei von sieben besten Investitionsstrategien
zur Bewegungsförderung: 1) Transportstrategien und -systeme, die zu Fuß gehen und
Radfahren bzw. dem öffentlichen Verkehr Vorrang geben, und 2) eine Stadtplanung, die
auf Infrastrukturen mit sicherem Zugang zu Freizeitaktivitäten, zu Fuß gehen und Radfahren für alle Altersgruppen setzt. Beispiele wie die des Stadtlabors Nürnberger Weststadt zeigen zahlreiche konkrete Beispiele, wie die Investitionsstrategien der Toronto
Charta konkretisiert werden können.

Auffällig ist, dass in der konkreten Verkehrspolitik, aber auch im interdisziplinären
Beispielprojekt Stadtlabor Nürnberger Weststadt der Gesundheitssektor in der Entwick-
lung fußgängerfreundlicher Räume bzw. potenzielle Gesundheitsförderung durch diese
Entwicklung häufig eine eher implizite Rolle einnimmt bzw. Berücksichtigung findet.

Werden derartige Strategien und Ideen (in der Regel von anderen Sektoren als dem
der Gesundheit) realisiert, deuten aktuelle empirische Überblicksstudien an, dass eine
substanzielle Steigerung der Walkability erreicht werden kann. Die äußerst sich wide-
rum in vermehrtem aktiven Transport oder zumindest einem Beitrag zu einer geringeren Abnahme von körperlichen Aktivität über die Lebensspanne, z. B. im Übergang vom
Kindes- zum Jugendalter oder im Übergang vom Erwachsenen- ins Seniorenalter. Auch
weisen Personen, die Walkability als Handlungsmöglichkeit für sich realisieren, seltener
Übergewicht bzw. Adipositas auf und präferieren generell nicht-motorisierten Transport
für ihren Alltag.

Studien unterstreichen weitere potenzielle co-benefits durch eine etwaige Abnahme des
motorisierten Transports, beispielsweise im Bereich Umweltschutz, sodass das Konzept
der Walkability eine Relevanz im Rahmen nachhaltiger integrierter Verkehrspolitik besitzt.
Darüber hinaus haben Reviews zur gesundheitsökonomischen Wirksamkeit von bevöl-
kerungsbezogenen Gesundheitsförderungsmaßnahmen gezeigt, dass strukturverändernde

Umweltmaßnahmen wie z. B. ein Ausbau des Radwegenetzes oder die Schaffung von Bewegungsräumen, z. B. Parks oder Laufstrecken, am kosteneffektivsten sind (Laine et al. 2014; Cavill et al. 2008). Solche politik- und umweltbezogenen Maßnahmen erreichen breite Bevölkerungsschichten zu vergleichsweise günstigen Kosten.

Zusammenfassend lässt sich nun schlussfolgernd fragen: Wie lässt sich – vor dem Hintergrund des im Kapitel angedeuteten komplexen Zusammenspiels von Struktur und Handeln auf der operationalen und politischen Ebene – Walkability im Sinne einer integrierten Verkehrspolitik beurteilen?

Die Integration von Walkability als Element einer gesundheitsförderlichen Verkehrspolitik bemisst sich am Ausmaß einer bewegungsförderlichen Gesamtpolitik ebenso wie an der bewegungspolitischen Handlungskompetenz relevanter Akteure. Potenzielle Aspekte dieser Dimensionen beziehen sich u. a. auf Intersektoralität von Politikentwicklung: inwieweit haben politische Akteure konkrete Strategien zur Förderung von Walkability implementiert und inwieweit wird eine Kooperation zwischen verschiedenen Politiksektoren (z. B. Gesundheit, Verkehr, Sport) durch politische Regeln und politische Praxis gefördert?

Ein weiteres Merkmal einer Walkability-integrierenden Verkehrspolitik ist die angemessene Berücksichtigung der sozialen Chancengleichheit bei der Formulierung und Umsetzung entsprechender intersektoraler politischer Strategien zur Bewegungsförderung mit dem Ziel einer bedarfsgerechten Versorgung unterschiedlicher Bevölkerungsgruppen; d. h. diese sollten nicht – wenn auch unintendiert – zur Steigerung, sondern zur Reduktion von sozialer Ungleichheit bei Alltagsaktivität in der Bevölkerung beitragen (vgl. auch den Beitrag von Daubitz in diesem Band). Im Sinne des zuvor angeführten Prinzips der Partizipation sind politische Entscheidungsprozesse sowie kooperative Planungsverfahren, in denen politische Entscheidungsträger, Fachleute, Betroffene und Interessierte gemeinsame Strategien erarbeiten, mögliche Kriterien zur Beurteilung der Integration von Walkability als Gesundheitsförderung in die Verkehrspolitik.

Auf der operationalen Ebene bemisst sich Walkability am Ausmaß und an der Gestaltung bewegungsförderlicher Umgebungen ebenso wie der bewegungsbezogenen Handlungskompetenz in der Bevölkerung. Es gilt, eine ausreichende Versorgung der Bevölkerung mit *fußgängerfreundlichen Umgebungen,* sicherzustellen. Dies bezieht sich auf die im Kapitel vorgestellte infrastrukturelle Dimension mit Aspekten wie Diversität von Wohnumwelten, Dichte des urbanen Raums, Design und Destination im Sinne der Entfernung zu Zielen des täglichen Bedarfs. Darüber hinaus sind auch Ausmaß der Bewegungsaktivitäten sowie die Diversität der Beteiligung daran, z. B. gleichgewichtige Beteiligung unterschiedlicher Bevölkerungsgruppen zu berücksichtigen.

Schließlich misst sich die Integration auch im Zusammenspiel der Ebenen und Dimensionen bzw. den wechselseitigen „Auswirkungen". Hierzu zählen beispielsweise positive Antworten auf die folgenden Fragen: 1) Wird eine Walkability-Policy tatsächlich umgesetzt und führt diese zu nachweisbaren Verbesserungen auf der operationalen Ebene, z. B. bedarfsgerechtere Verbindungswege, mehr Fahrradnutzung? 2) Werden zentrale Probleme der Bewegungspraxen, z. B. Entfernungen zu Zielpunkten des täglichen

Bedarfs unterschiedlicher Wohngebiete, auch tatsächlich auf die politische Tagesordnung gesetzt und hier so behandelt, dass umsetzungsorientiert Maßnahmen zur Verbesserung der Situation verabschiedet werden?

Der Beitrag einer politischen Wissenschaft des Verkehrs zur Untersuchung von Walkability besteht dabei nicht nur in Untersuchungen, ob entsprechende Merkmale auf politischer Ebene bzw. im Zusammenspiel von politischer und operationaler Ebene erreicht werden, sondern insbesondere in der Anwendung politikwissenschaftlicher Rahmen (vgl. dazu ausführlich den Beitrag von Schwedes sowie Bandelow/Kundolf in diesem Band) zur Analyse existierender Walkability-Praxen. Auf der Basis des hier vorgestellten bewegungsspezifischen Mehrebenenmodells im Zusammenhang mit den relevanten politikwissenschaftlichen Bezügen, ließen sich dann kontextspezifische Veränderungspotenziale identifizieren, Politikwandel bzw. Stabilität erklären und Voraussagen zu zukünftigen Entwicklungen treffen.

Lernfragen

- Worin unterscheidet sich die enge von der weiten Walkability-Definition?
- Welche Bedeutung nimmt aus Ihrer Sicht Walkability auf der Ebene der Verkehrspolitik ein?
- Welche Vorteile und welche Herausforderungen sind mit einem intersektoralen Verständnis von Walkability als Teil einer gesundheitsförderlichen Verkehrspolitik verbunden?

Literatur

Bucksch, Jens/Sven Schneider (Hrsg.) (2014): Walkability. Das Handbuch Bewegungsförderung in der Kommune, Bern.

Cavill, Nick/Sonja Kahlmeier/Harry Rutter et al. (2008): Economic analyses of transport infrastructure and policies including health effects related to cycling and walking: a systematic review. In: Transport Policy 15(5), pp. 291–304.

Ewing, R./R. Cervero, (2010): Travel and the built environment – a meta-analysis. In: Journal of the American Planning Association, 76, pp. 265–294.

Frahsa, Annika/Alfred Rütten (2014): Walkability aus Sicht der Politikwissenschaft. In: Jens Bucksch/ Sven Schneider (Hrsg.): Walkability. Das Handbuch zur Bewegungsförderung in der Kommune. Bern, S. 115–124.

Laine, J./V. Kuvaja-Köllner/E. Pietilä et al. (2014): Cost-effectiveness of population-level physical activity interventions: a systematic review. In: American Journal of Health Promotion 29(2), pp. 71–80.

Robeyns, Ingrid (2005): *The capability approach: a theoretical survey*, In: Journal of Human Development, 6, pp. 93–114.

Rütten, Alfred/Karim Abu-Omar/Annika Frahsa/Peter Gelius (2013): Physical activity promotion: evidence, theory and challenges for future research. In David McQueen (Hrsg.): Global handbook on non-communicable diseases and health promotion New York, pp. 137–158.

Rütten, Alfred/Klaus Pfeifer (2016) (Hrsg.): Nationale Empfehlungen für Bewegung und Bewegungsförderung. Erlangen.

Sallis, Jim F/R.B. Cervero/W. Ascher/K. A. Henderson/M. K. Kraft/J. Kerr (2006): An ecological approach to creating active living communities. In: Annual reviews of Public Health, 27, pp. 297–322.

Sen, Amartya (1999): Commodities and capabilities (2. edition). Delhi und New York.

TU München/Stadt Nürnberg (Hrsg.) (2013). Stadtlabor Nürnberger Weststadt. Abschlussbericht. München und Nürnberg.

Weiterführende Literatur

Edwards, Peggy/Agis Tsouros (2008): A healthy city is an active city. A physical activity planning guide. Copenhagen.

World Health Organisation WHO Europe (Hrsg.) (2006): Collaboration between the health and transport sectors in promoting physical activity: examples from European countries. Copenhagen.

Annika Frahsa, Dr. phil. (Diplom-Politologin), Eberhard Karls Universität Tübingen, Sozial- und Wirtschaftswissenschaftliche Fakultät, Institut für Sportwissenschaft, Wilhelmstr. 124, 72074 Tübingen.

Fuß- und Radverkehr

Jutta Deffner

Zusammenfassung

Gehen ist die ursprünglichste Art des Menschen, sich fortzubewegen. Das Fahrrad entwickelte sich als das erste Massenverkehrsmittel mit mechanischer Unterstützung, aber ohne externe Energiezufuhr. In dem folgenden Beitrag sollen die Bedeutung und die Perspektiven des nichtmotorisierten Verkehrs vermittelt werden. Im Vordergrund steht dabei, ein Verständnis für einstellungsspezifische Bedürfnisse von aktiv mobilen Personen zu entwickeln. Darüber hinaus soll planungspolitische Randbedingungen der aktiven Mobilität vermittelt werden (Mehrere Sammelbegriffe werden verwendet um Verkehre, die zu Fuß, mit dem Rad, aber auch mit anderen, z. T. spielerischen Fortbewegungs- und Sportgeräten wie Tretroller, Langboards, Inlineskates aus eigener Muskelkraft zurückgelegt werden zu bezeichnen: nichtmotorisierter Verkehr, Langsamverkehr [Schweiz], human powered mobility, Nahmobilität, aktive Mobilität. Im Weiteren wird aktive Mobilität verwendet).

1   Einführung

Spätestens seit den 1990er Jahren, als die negativen Folgen einer autogerechten Stadt- und Verkehrsplanung in die breite gesellschaftliche Diskussion kamen, wurde eine integrierte Verkehrsplanung gefordert. Als wesentlicher Bestandteil einer solchen Planung wurde auch der Fuß- und Radverkehr gesehen – nachdem diese Verkehrsarten zuvor völlig aus dem Blick der Verkehrsplanung und -politik geraten waren. Aber es dauerte fast

J. Deffner (✉)
ISOE Institut für sozial-ökologische Forschung, Frankfurt am Main, Deutschland
E-Mail: deffner@isoe.de

© Springer Fachmedien Wiesbaden GmbH, ein Teil von Springer Nature 2018
O. Schwedes (Hrsg.), *Verkehrspolitik*,
https://doi.org/10.1007/978-3-658-21601-6_19

weitere 20 Jahre, ehe wir heute von einer besser integrierten Planung sprechen können –
auch wenn nichtmotorisierte Verkehrsarten oft weiterhin noch lückenhaft berücksichtigt
und als unbedeutend eingestuft werden.

Gehen und Fahrradfahren leisten einen wichtigen Beitrag dazu, die physische Mobilität auf nachhaltige Weise sicherzustellen. Der aktiven Mobilität kommt in ökologischer
und klimapolitischer Hinsicht eine entscheidende Rolle zu. Die Potenziale insbesondere
für die nahräumliche Mobilität sind enorm. Heute wird vielfach davon gesprochen, dass
eine Verkehrswende – analog der Energiewende, also die sogenannte Dekarbonisierung
des Verkehrs, ohne einen Zuwachs an aktiver Mobilität nicht möglich ist.

Aktive Mobilität unterstützt auch eine so verstandene Verkehrswende. Die Attraktivität und Aufenthaltsqualität öffentlicher Räume hängt nicht unerheblich mit dem Anteil
an Zufußgehenden und Fahrradfahrenden zusammen. Beide Fortbewegungsarten sind für
die allermeisten Bevölkerungsgruppen erschwinglich und zugänglich. Gleichzeitig stärken Fußgänger_innen und Radfahrer_innen die Nahversorgung – sie kaufen zwar kleinere Mengen ein, dafür aber häufiger als Kund_innen, die mit dem Auto kommen.

Auch die gesundheitliche Dimension des Gehens und Radfahrens lässt sich an folgenden Zahlen der WHO aus dem Jahr 2015 veranschaulichen: In Europa bewegen sich über
ein Drittel der Erwachsenen und über zwei Drittel der Jugendlichen zu wenig. Bewegungsmangel ist somit zu einem führenden Risikofaktor für gesundheitliche Probleme
geworden. Laut WHO verursacht die Bewegungsarmut sechs bis zehn Prozent aller Fälle
von koronaren Herzkrankheiten, Diabetes, Brust- und Darmkrebs sowie fast ein Zehntel
der vorzeitigen Sterblichkeit. In der EU sind jährlich eine Million Todesfälle auf Bewegungsmangel zurückzuführen (WHO 2015) (Abb. 1).

Gehen und insbesondere Fahrradfahren tragen zu Autonomie und der Vergrößerung
des kindlichen Aktionsraumes bei. Fahrradfahren ist nicht nur in Bezug auf die Entwicklung einer eigenständigen Mobilität grundlegend, sondern hat für die Entwicklung
psychomotorischer Fähigkeiten und des räumlichen Vorstellungsvermögens eine große
Bedeutung. Kinder und Jugendliche leiden aber zunehmend unter motorischen Defiziten
und mangelnder Bewegung. Dies spiegelt auch wider, dass Kinder und Jugendliche heute
ein stark verändertes Freizeitverhalten haben und sich in geringerem Maß in öffentlichen
Räumen wie Straßen, Plätze und Parks aufhalten und sich solche Räume aneignen.

Aktive Mobilität als Trend?
Radfahren und Zufußgehen haben in vielen Ländern Europas aber auch international in
den letzten 15 bis 20 Jahren eine Aufwertung erfahren. Es stellt sich allerdings die Frage,
was sich dabei entwickelt hat: die öffentliche Wahrnehmung, das Bewusstsein, die Förderstrategien oder tatsächlich die Anteile des nichtmotorisierten Verkehrs am Modal Split[1]?

---

[1]Modal Split: Kenngröße in den Verkehrswissenschaften; Verteilung auf die Verkehrsmittel (Modi).
Unterschieden werden wegebezogener Modal Split (Verkehrsaufkommen) und entfernungsbezogener Modal Split (Verkehrsleistung).

Abb. 1 Maximilianstraße in
Augsburg von oben. (Quelle:
Deffner)

Die Umweltentlastungspotenziale aktiver Mobilität sind hoch, gleichzeitig sind die Investitionskosten für bessere Bedingungen relativ gering. Auch deswegen ist in den letzten zehn Jahren ein verstärkter politischer Konsens zu beobachten, den nichtmotorisierten Verkehr auf lokaler, regionaler und nationaler Ebene zu fördern. Dieser nahezu parteiübergreifende Konsens wirkt sich aber bisher nicht im Sinne einer Trendwende aus – also in dem Sinne, wie in der lokalen oder landesbezogenen Verkehrspolitik in diese Verkehrsarten investiert wird, oder wie sich dies im Verkehrsverhalten darstellt.

Eine These hierzu ist: Die Tücke steckt im Detail. Um qualitätsvolle und dichtmaschige Infrastruktur und Angebote zu schaffen, bedarf es hoher Detailkenntnis, welche Bedürfnisse und Anforderungen die Nutzerinnen und Nutzer haben. Und darüber welche Hemmnisse für Nichtnutzer_innen bestehen. Dies setzt eine integrierte Planung voraus, die nicht nur die so genannten „harten" Dimensionen Infrastruktur und bauliche Angebote berücksichtigt, sondern auch kommunikative Aufgaben angeht.

Ein weiterer Grund der weiterhin geringen Bedeutung des Fuß- und Radverkehrs besteht aus Sicht einer kritischen Verkehrswissenschaft darin, dass der nichtmotorisierte Verkehr lange von sogenannten *silenced groups* (Kinder, Jugendliche, Senioren, Frauen) dominiert wurde. Es könnte also sein, dass die Kombination von „ruhigen" Verkehrsarten – zu Fuß und mit dem Fahrrad – und den *silencend groups* lange zu einer Marginalisierung führte und beim Fußverkehr auch immer noch führt.

Die Debatte um die Angemessenheit von Investitionen in den Rad- und Fußverkehr sind vielschichtig. Bei der Argumentation inwiefern Investitionen für aktive Mobilität sich wirklich am Anteil von Fuß und Rad am Verkehrsgeschehen (z. B. Anzahl Wege oder Zeitbedarf) orientieren, kommt Sauter (2016) zu dem allerdings kaum belegbaren Ergebnis, dass der motorisierte Verkehr hier bevorzugt wird. Sommer et al. 2015 kommen bei der Betrachtung kommunaler Einnahmen und Ausgaben für die Verkehrsmittel zu dem Ergebnis, dass der Radverkehr das am geringsten bezuschusste Verkehrsmittel in Städten ist, gefolgt vom Fußverkehr (Sommer et al. 2015).

2   Fuß- und Radverkehr im Wandel verkehrsplanerischer Paradigmen

2.1   Entwicklung und Status quo des Fuß- und Radverkehrs

Gehen und Fahrradfahren waren lange Zeit dominant für eine individuelle Fortbewegung, wenn man von der Fortbewegung zu Pferde und in Kutschen absieht. Das Fahrrad als Massenverkehrsmittel erlebte seinen Höhepunkt in der Zeit, als es durch die industrielle Produktion erschwinglich für jede und jeden wurde (siehe Abb. 2) – also in den 1920er Jahren.

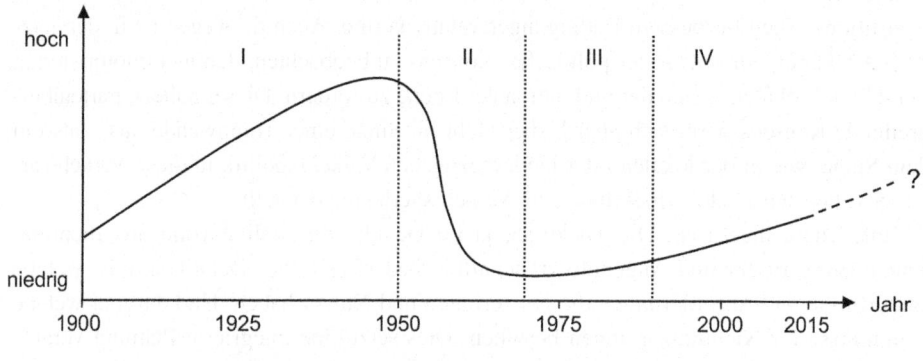

Phase I: Entwicklung des Fahrrads zum Massenverkehrsmittel
Phase II: Niedergang des Fahrrads als Massenverkehrsmittel
Phase III: Erste Umkehrprozesse
Phase IV: Wiederentdeckung des Fahrrads als städtisches Verkehrsmittel?

Abb. 2 Bedeutungsentwicklung des Fahrrades als Verkehrsmittel. (Quelle: Gather et al. 2008 eigene Bearbeitung)

Der Bedeutungsverlust der nichtmotorisierten Fortbewegung wird sichtbar an den seit den 1960er Jahren rückläufigen Verkehrsanteilen vor allem des Fuß-, aber auch des Radverkehrs. Darin spiegelt sich die Massenmotorisierung in den westlichen Industrieländern in den 1960er und 1970er Jahren. Das Fahrradfahren und Gehen wurde in dieser Zeit als unzeitgemäß und unbequem empfunden durch neu entstandene autogerechte Strukturen. Bis weit in die 1990er-Jahre, teilweise auch heute noch, bewerten Planer_innen und Politiker_innen die wirtschaftliche Relevanz des Rad- und Fußverkehrs als belanglos. Die Entwicklung spiegelt sich im dramatischen Rückgang der Fußverkehrsanteile im Modal Split und der Stagnation des Radverkehrs auf niedrigem Niveau. Der Abwärtstrend der Radverkehrsanteile setzte bereits in den 1950er und frühen 1960er Jahren ein (Abb. 3). Erst in den letzten zehn Jahren konnten Fuß- und Radverkehr in Deutschland wieder an Bedeutung gewinnen (Abb. 2).

Bedeutung in der Planung

Im Jahr 2000 hat sich Røe kritisch mit den Gründen befasst (2000: 102). Er sieht Gründe für diese Entwicklung nicht nur im Siegeszug der Massenmotorisierung, sondern auch in politisch-gesellschaftlichen und forschungsmethodischen Gründen. So führt er beispielsweise an, dass nichtmotorisierte Verkehrsarten von den bereits erwähnten *silenced groups* dominiert werden. Die Entwicklung und Planung des motorisierten Individualverkehrs (MIV) wurde in dieser Zeit dagegen von Männern dominiert.

Diese Ungleichheit bedingte zusätzlich, dass die meisten Investitionen, auch in Forschung, im Sektor des motorisierten Verkehrs getätigt wurden. Darüber hinaus resümiert

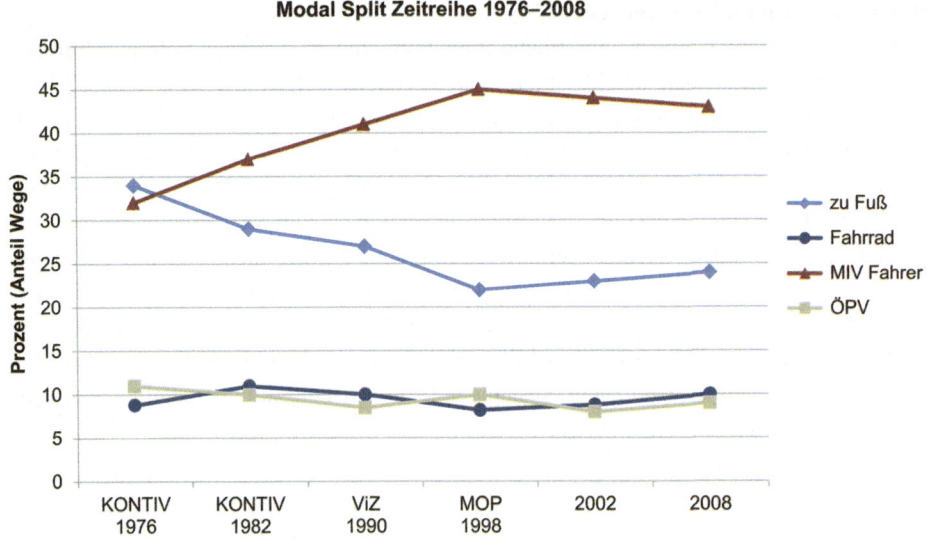

Abb. 3 Modal Split (Wege) in der Zeitreihe 1976 bis 2008. (Quelle: infas/DLR 2010)

Røe, dass die Verkehrswissenschaften bis weit in die 1990er Jahre hinein vorwiegend mit quantitativen Methoden gearbeitet haben. Solche mathematisch-statistischen Erhebungsmethoden eignen sich für die Analyse des motorisierten Verkehrs, nur bedingt aber für die des Fuß- und Radverkehrs. Auch die üblicherweise gewählte Darstellung des entfernungsbezogenen Modal Split kann hierunter gefasst werden – die Bedeutung aktiver Mobilität wird hier immer als gering dargestellt. Auch die rege Bautätigkeit, um Städte und Länder autogerecht zu gestalten sowie ingenieurstechnische Entwicklungen in der Fahrzeugtechnik benötigten umfangreiche Kapazitäten, die somit gebunden waren – nennenswerte Neuerungen in der Fahrradtechnik fanden in diesem Zeitraum auch kaum statt.

Wichtige Neuerungen in Bezug auf die Radverkehrsplanung ergaben sich Ende der 1990er-Jahre durch die Novelle der Straßenverkehrsordnung (StVO). Dadurch wurden Fahrbahnmarkierungen, die Öffnung von Einbahnstraßen für den Radverkehr in Gegenrichtung sowie Fahrradstraßen möglich (MVI 2017). Die Überarbeitung oder Schaffung von technischen Regelwerken der Forschungsgesellschaft für Straßen- und Verkehrswesen (FGSV) verhelfen seither auch anderen Neuerungen und Harmonisierungen zur Umsetzung – wie die einer einheitlichen Wegweisung für den Radverkehr. Neueste Entwicklungen wie die Pedelec- und E-Bike Nutzung führen auch zur Diskussion und Erweiterung von Planungsempfehlungen für neue Infrastrukturen, wie z. B. von Radschnellwege oder 2-Geschwindigkeitsnetze oder Shared Space Zonen (FGSV). Auch der Bedarf der Vernetzung von engagierten Kommunen begann in den 1990er Jahren, seither haben sich ausgehende von Nordrhein-Westfalen in Baden-Württemberg, Bayern und Hessen Arbeitskreise fahrradfreundlicher Städte, Gemeinden und Kreise formiert.

Daten zum Fuß und Radverkehr

Aktuelle Daten auf bundesweiter Ebene zum Fuß- und Radverkehr liefern zahlreiche Studien. Die umfassendste ist „Mobilität in Deutschland" (MiD). Sie wird in unregelmäßigen Abständen durchgeführt, die aktuellste Erhebung findet im Jahr 2016/2017 statt. Die letzte Durchführung war im Jahr 2008.[2] Das Mobilitätspanel (MOP) ist eine Längsschnittstudie zum Verkehrsverhalten der deutschen Bevölkerung, die jährlich durchgeführt wird. Daneben existiert die „Mobilität in Städten" – SrV (Abkürzung ehemals für „System repräsentativer Verkehrsverhaltensbefragungen"), die sich aber auf eine Auswahl großer und mittlerer Städte bezieht. Misslich ist, dass die Datenbasis im Moment nur schwer Aussagen darüber zulässt, ob gerade in den letzten 10 Jahren, in denen viele Städte eine offensive Fahrradförderpolitik eingeschlagen haben, die Fahrradnutzung tatsächlich angestiegen ist. Und auch, ob sich der Trend der langsam aber stetig abnehmenden Fußverkehrsanteile weiter fortsetzt.

---

[2]Soweit nicht anders angegeben beziehen sich alle folgenden Daten zum Verkehrsverhalten auf die MiD 2008 (infas/DLR 2010).

Insgesamt ist es aber so, dass neben den bundesweiten Erhebungen sowohl zum Fuß- als auch zum Radverkehr kaum kontinuierliche Daten den Kommunen vorliegen. Auch die Erhebungsmethoden unterscheiden sich sehr.

Aktive Mobilität erheben und abbilden

Auf einer der ersten internationalen Konferenzen zum Fußverkehr, der Walk 21 im Herbst 2015 in Wien, wurde der „International Walking Data Standard" vorgestellt. Ziel ist es, vergleichbare Daten über den Fußverkehr zu erhalten, da die Erhebung des Fußverkehrs aber größeren methodischen Problemen unterliegt als die Erfassung von Wegen mit Fahrzeugen.

Die Initiative www.measuring-walking.org, die von Daniel Sauter, Tim Pharoah, Miles Tight, Martin Wedderburn und Ryan Martinson aufgebaut wurde, setzt sich dafür ein, dass nationale Institutionen, wie z. B. das Bundesverkehrsministerium, den Walking Data Standard in ihren Erhebungen berücksichtigen.

In der MiD 2008 machte das Verkehrsaufkommen (Wege pro Tag) des Fußverkehrs 24 % aus, das des Radverkehrs zehn Prozent im Vergleich zu neun Prozent des öffentlichen Verkehrs und 58 % des motorisierten Individualverkehrs. Die Werte des MOP (Weiß et al. 2016) aus dem Jahr 2015 weisen für den Fußverkehr 21,5 % und den Radverkehr 11,8 % aus. Die Werte sind aber nur bedingt miteinander vergleichbar.

Werden alle Wege betrachtet, die pro Tag in Deutschland zurückgelegt werden, ist in etwa die Hälfte davon nur bis zu drei Kilometer lang. Knapp ein Viertel aller Wege mit dem Auto ist kürzer als drei Kilometer und die Hälfte ist kürzer als fünf Kilometer. Hier besteht also nach wie vor ein hohes Verlagerungspotenzial. Dagegen sind 85 % aller Wege zu Fuß kürzer als drei Kilometer. Beim Fahrrad sind es ca. 75 %. In urbanen Räumen sind diese Anteile sogar noch größer.

Fast 20 % aller Bundesbürger_innen nutzen das Fahrrad täglich oder fast täglich. Weitere 20 % fahren an ein bis drei Tagen pro Woche mit dem Rad. Überraschender Weise ist im Jahr 2008 in ländlichen Räumen die Fahrradnutzung höher als in hoch verdichteten Agglomerationsräumen. Schüler_innen und Erwerbstätige ohne Auto sind die fahrradaktivste Gruppe (36 % und 37 % fast tägliche Nutzung). Nicht Erwerbstätige (zum Großteil Senior_innen) nutzen das Fahrrad am wenigsten.

Nur 18 % der Haushalte in Deutschland haben kein Auto. In Großstädten ist dieser Anteil aber entscheidend höher. Die multimodale Kombination[3] von Verkehrsmitteln ist bei Erwerbstätigen ohne eigenes Auto am größten: Sie legen 44 % ihrer Wege zu Fuß, 25 % mit dem Öffentlichen Personenverkehr (ÖPV), 17 % mit dem Rad und nur 14 %

---

[3]Multimodalität beschreibt ein spezifisches Verkehrsverhalten im Personenverkehr: es meint die Nutzung von mindestens zwei verschiedenen Verkehrsmitteln, um Ortsveränderungen innerhalb eines bestimmten Zeitraums (meist einer Woche) zu verwirklichen (von Ruhren et al. 2005).

Modal Split (Verkehrsaufkommen) nach Wegezwecken

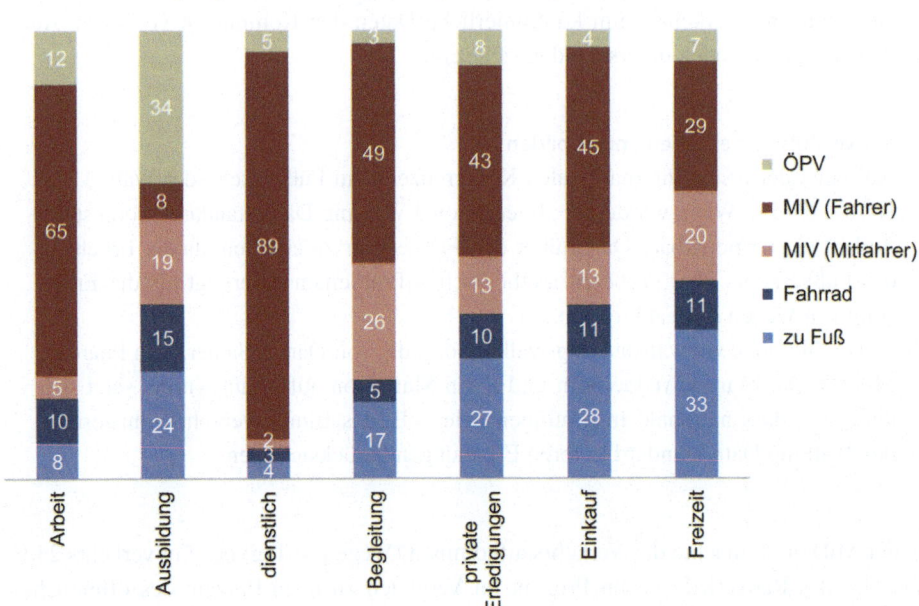

Abb. 4 Hauptwegezwecke nach Verkehrsmitteln. Angaben in Prozent. (Quelle: infas/DLR 2010)

mit dem Auto zurück. Die Kombination ÖPV und Fahrrad wird aber bislang nur auf fünf Prozent der Wege mit dem ÖPV genutzt. Zu bedenken ist dabei, dass jeder Weg mit dem ÖPV auch mit einem Fußweg zusammenhängt. Bei dem Großteil aller Wege ist eine Etappe zu Fuß enthalten.[4] Zu Fuß und mit dem Rad werden vor allem Ziele in der Freizeit angesteuert, zum Einkaufen, für Ausbildungswege und für private Erledigungen (Abb. 4).

Am Beispiel des Wegezwecks Einkaufen wird deutlich, dass vor allem auf Einkaufswegen im Nahbereich und ins Zentrum zu Fuß gegangen oder das Fahrrad genutzt wird. 44 % aller Einkaufswege im Nahbereich werden zu Fuß, zwölf Prozent mit dem Fahrrad durchgeführt.

Die Anteile der Fußwege am Modal Split sind in den letzten Jahren, wenngleich langsamer, immer weiter zurückgegangen. Sowohl in der Planungspraxis wie auch in der Forschung wird der Fußverkehr auch heute noch als Nebensache behandelt. Qualitativ hochwertige Planung von Fußwegen und öffentlichen Räumen wird zwar oftmals postuliert und als selbstverständlich gesehen, in der Realisierung aber teilweise als Luxus

---

[4]Ein Weg setzt sich meist aus verschiedenen Etappen zusammen, sobald mehr als ein Verkehrsmittel genutzt wird (Intermodalität).

bezeichnet, teilweise grundlegenden Planungsprinzipien zum Fußverkehr missachtet. Auch in der Wahrnehmung der Verkehrsteilnehmenden selbst spielt das Zufußgehen eine untergeordnete Rolle – die Selbstwahrnehmung „ich bin eine Fußgängerin" ist selten. Werden Personen nach ihrem Verkehrsverhalten befragt, vergessen sie oftmals die Fußwege anzugeben.

Wahrnehmung aktiver Mobilität

Wie kommt die verzerrte Wahrnehmung von Wegen vor allem zu Fuß, aber auch mit dem Rad zustande? Sie liegt einerseits sicher begründet in der Selbstwahrnehmung und tendenziell gefühlten Unterordnung der Nutzerinnen und Nutzer im Straßenverkehr. Der nichtmotorisierte Verkehr erscheint auch häufig in der Darstellung der Verkehrsleistung anhand zurückgelegter Kilometer unbedeutend. Dies wird an Abb. 5 deutlich.

Gehen und Fahrradfahren werden oftmals mit einer herausgehobenen Gefährdung im Straßenverkehr assoziiert. Die Fortbewegung ohne Hülle bietet ein direktes Erleben der unmittelbaren Umgebung, dafür aber keine Knautschzone. Ein Blick in die Unfallstatistik des Statistischen Bundesamtes im Jahr 2016 zeigt, dass die Zahl der verletzten Fußgänger_innen in den letzten Jahren kontinuierlich abgenommen hat (Stand 2015: 31.000 Verletzte). Nach dem Tiefstand der getöteten Fußgänger im Jahr 2012 (520 Getötete), steigt die Zahl wieder leicht an (537 Getötete im Jahr 2015). Bei Fahrradfahrer_innen hat die Zahl der Verletzten zugenommen (Stand 2009: 78.967). Die Anzahl getöteter Radfahrer hat ihren Tiefstand im Jahr 2013 mit 354 erreicht und ist seitdem wieder leicht ansteigend (396 in 2015).[5]

Es existieren verschiedene Untersuchungen, ob mit zunehmendem Radverkehrsanteil in Städten beispielsweise die Zahl der Unfälle vorübergehend zunimmt, Praktiker und Wissenschaftler nennen oft die These, dass bei ansteigendem Radverkehrsanteil die Unfälle zwischen Radfahrern zunehmen. Bei dichterem Radverkehr nehmen die Konflikte zwischen Rad- und Autoverkehr ebenfalls zu. Zielsetzung einer integrierten Planung sollte es daher sein, den Stadt- bzw. Innerortsverkehr so zu gestalten, dass Unfälle zwischen motorisiertem Verkehr und nichtmotorisiertem Verkehr nur mit geringer Schwere ausfallen (vgl. den Beitrag von Gehlert & Kröling in diesem Band).

Die Rüpelradler-Diskussion

In den letzten Jahren nahmen in den Medien und zum Teil ausgelöst durch Verkehrspolitiker_innen Diskussionen um sogenannte Kampf- oder Rüpelradler zu, die sowohl für Konflikte mit anderen Radfahrenden, Zufußgehenden und Autofahrer_innen sorgen. Die Debatte mündete in einen Wikipedia-Eintrag, der die

---

[5]Insgesamt belaufen sich die Zahlen der bei Verkehrsunfällen Verletzten und Getöteten im Jahr 2015 auf ca. 390.000 Verletzte und 3450 Tote.

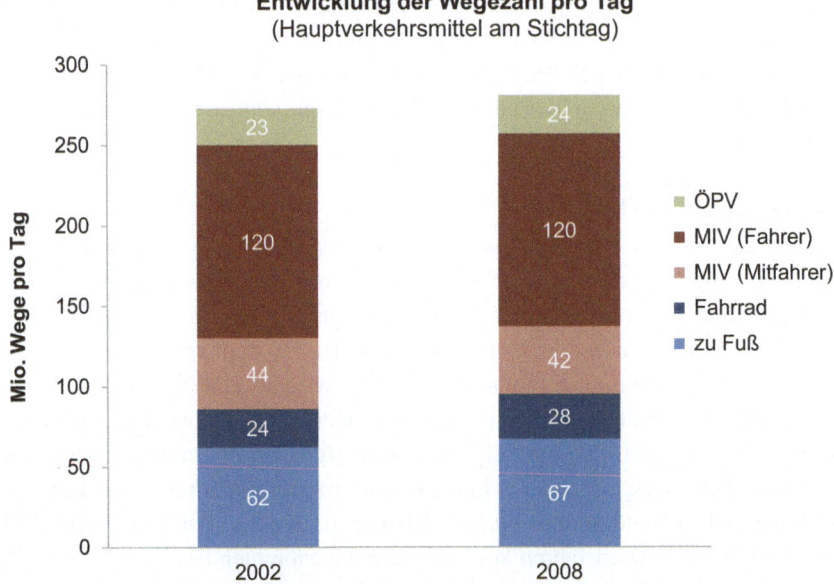

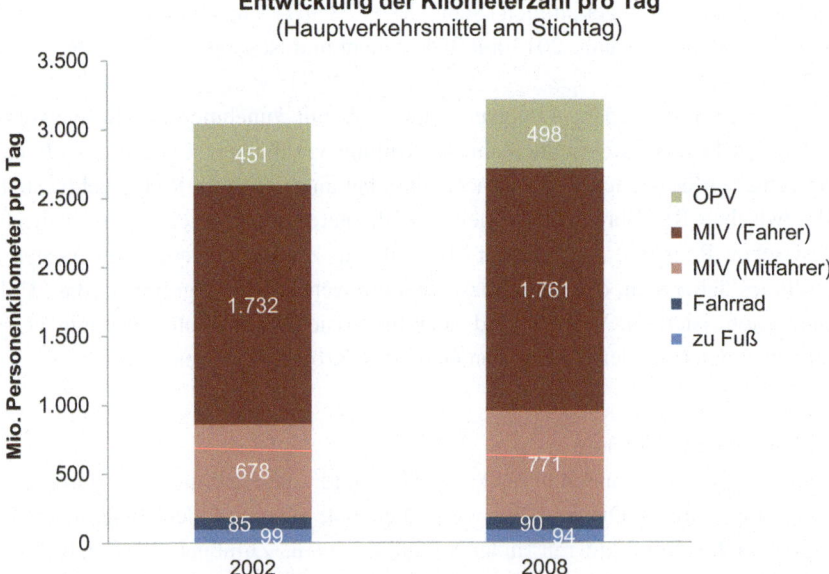

Abb. 5 Gegenüberstellung der Anteile des nichtmotorisierten Verkehrs, ausgedrückt in der absoluten Wegezahl (oben) und in der Verkehrsleistung in Personenkilometern. (Quelle: infas/DLR 2010)

verschiedenen Stränge der Diskussion gut darstellt (https://de.wikipedia.org/wiki/ Kampfradler).

Nach Einschätzung der Autorin ist dieses Phänomen überwiegend dem Umstand geschuldet, dass die momentan bestehende Infrastruktur für Radfahrenden in vielen Städten und Gemeinden dem Radverkehrsaufkommen nicht angepasst ist. Zum Beispiel zu schmale Radwege auf kombinierten Fuß- und Radwegeanlagen. Dies führt zum Beispiel auch zu Regelverstößen. Gleichermaßen sind sie aber auch Ausdruck dessen, dass sich die vor Ort bestehende Mobilitätskultur (Definition vgl. Abschn. 4.1) im Wandel befindet und erst neue Aushandlungen der Akteure gefunden werden müssen – z. B. über angemessene Fahrgeschwindigkeiten je nach Verkehrslage bei höheren Radverkehrsaufkommen.

2.2   Beitrag aktiver Mobilität zum Klima- und Umweltschutz

Der Verkehrssektor ist mit knapp 150 Mio. Tonnen am jährlichen CO_2-Ausstoß in Deutschland beteiligt – das waren im Jahr 2014 24 % der Gesamtemissionen. Der Verkehrsbereich ist derjenige, in dem bisher die geringsten Reduzierungen des CO_2-Ausstoßes verbucht werden können. Gründe hierfür sind der Anstieg der Verkehrsleistung, der durchschnittlichen Wegelänge und daran, dass insgesamt ein Trend zu schwereren, mehr Kraftstoff-verbrauchenden Fahrzeugen besteht. Bei einer Fortsetzung dieses Trends wäre auch in Zukunft keine wesentliche Minderung der CO_2-Emissionen zu erwarten. Um die Klimaschutzziele der Bundesregierung zu erfüllen soll eine Minderung der Emissionen des Verkehrssektors um 40 % bis 2020 und bis 2050 um 80- bis 95 % erreicht werden.

Der Beitrag, den der Rad- und Fußverkehr dazu leisten kann, ist bislang schwer zu ermitteln. Dennoch hat das Umweltbundesamt eine solche Abschätzung versucht (vgl. UBA 2010). Dabei wird von folgenden Randbedingungen ausgegangen: Aktuelle Verkehrserhebungen belegen, dass 50 % aller Pkw-Wege kürzer als fünf Kilometer sind. Sie gelten daher zu mindestens 50 % als verlagerungsfähig auf Verkehrsmittel aktiver Mobilität. Dies entspräche einem CO_2-Minderungspotenzial im Jahr 2020 von fünf Millionen Tonnen (im Vergleich zum Trend). Im Vergleich zu anderen Maßnahmen, wie bspw. der Einführung einer Energiesteuer, erscheint dies wenig. Gleichzeitig muss aber beachtet werden, dass ein „großer Wurf" im Verkehrsbereich selten ist (außer ökonomische Instrumente wie beispielsweise die Einführung der Kerosinsteuer). Erst durch die Summe von Einzelmaßnahmen entstehen erhebliche Reduktionspotenziale. Zusammenfassend könnte durch die genannte Verkehrsverlagerung der Fuß- und Radverkehr einen Beitrag von ca. 5 % der Emissionsreduktion erreichen (ebenda: 70).

Darüber hinaus ist jedoch zu berücksichtigen, dass die Förderung aktiver Mobilität weitere Umweltentlastungspotenziale birgt: Lärmreduktion, Reduktion von lokalen Luftschadstoffen wie Stickoxiden und Feinstaub. Auch der Beitrag zu anderen Umwelt- und sozialen Folgen des Verkehrs, wie die Verringerung der Flächeninanspruchnahme und

Zerschneidungswirkung, die Erhöhung der Sicherheit und der Aufenthaltsqualität in Orten sind hier zu nennen (vgl. z. B. die beiden Beiträge von Becker und Gertz in diesem Band oder Bracher 2016).

2.3   Blick in andere Länder

Einige Länder in der EU haben bereits sehr früh Strategiepläne auf nationaler Ebene zur Radverkehrsförderung aufgestellt: Großbritannien (vgl. Department for Transport 1996), Dänemark oder die Niederlande (vgl. Directoraat Generaal Personenvevoer 1998). Die Bedeutung einer gemeinsamen Betrachtung der Verkehrsarten der aktiven Mobilität haben ebenfalls sehr früh die Schweiz mit dem Leitbild Langsamverkehr (vgl. Bundesamt für Straßen 2002), aber auch Finnland mit dem Nationalen Aktionsplan für Gehen und Radfahren erkannt (Finish Transport Agency 2012).

In Europa gibt es vor allem in den als „Fahrradländer" anerkannten Ländern auf kommunaler und regionaler Ebene Strategiepläne zur Radverkehrsentwicklung – dies zeigen generell die Niederlande oder Dänemark. Aber auch Regionen in England wie Manchester oder Nordirland agieren auf regionaler bzw. Distrikt-Ebene.

Initiativen wie die *walking busses* in England und Schweden oder Fußverkehrsförderungen in Städten wie Grenoble zeigen das Engagement für Aktive Mobilität auf kommunaler Ebene.

Fallbeispiel für integrierte Planung

Ein besonderes Beispiel ist die spanische Stadt Vitoria Gasteiz in der autonomen Provinz Baskenland. Unter anderem gefördert durch die EU-Civitas Förderung wurde ein städtischer Verkehrsplan zur Verbesserung der aktiven Mobilität und des ÖPNV entwickelt.

Die Stadt hatte seit jeher einen hohen Fußverkehrsanteil (54 %), diese Tradition sollte bewahrt werden. Durch die Strategie wurde einerseits die Radverkehrsförderung angestoßen – die Stadt gilt derzeit als diejenige mit dem höchsten Radverkehrsanteil Spaniens (12 %). Darüber hinaus wurden im Sinne einer integrierten Siedlungs- und Verkehrsplanung Pläne erarbeitet, die den Umbau auch bestehender Stadtquartiere zur Verbesserung von Fuß-, Rad und ÖV-Infrastruktur und eine Verbesserung der Aufenthaltsqualität vorsehen. Erste dieser „Superblocks" sind inzwischen realisiert zum Beispiel die Innenstadt (siehe Abb. 6). www.eltis.org/resources/videos/superblocks-vitoria-gasteiz und www.civitas.eu/content/superblocks-model.

Neben den Umweltentlastungspotenzialen stehen dahinter oft gesundheitspolitische Ziele. So haben in den letzten Jahren einige Länder explizite Fußverkehrsstrategien und

Abb. 6 Impressionen aus Vitoria Gasteiz. (Quelle: Harry Schiffer o. J.)

Maßnahmen initiiert – wie z. B. Schottland und Norwegen. Die schottische Strategie ist dabei explizit Element des National Physical Activity Implementation Plan. Strategien zur Förderung des Gehens sind in vielen britischen Städten wie Bristol, Winchester oder in Grafschaften verbreitet, wenngleich sich dies (noch) nicht unmittelbar in den Verkehrsanteilen widerspiegelt (Abb. 6).

Als Hauptverkehrsmittel hat das Zufußgehen in Großbritannien, Österreich, Finnland und Norwegen ähnlich hohe Anteile wie in Deutschland. Die Niederlande weisen durch ihren sehr hohen Radverkehrsanteil einen leicht niedrigeren Anteil von Fußwegen auf (vgl. BMVBW/PGV 2005). Die Bevölkerung der Schweiz legt 40 % aller Wege zu Fuß zurück, dies ist in Europa der höchste Anteil, der jedoch zum Teil auf einen anderen Erhebungsansatz zurückzuführen ist. Viele Städte in Südwesteuropa (Spanien und Frankreich), aber auch südosteuropäische Städte haben Fußverkehrsanteile über 40 %, hohe Fußverkehrsanteile haben auch viele Großstädte in Deutschland oder Nordeuropa (EPOMM TEMS o. J.). Zu Fußverkehrsanteilen in Europa besteht nur eine unzureichende Datengrundlage. In Tab. 1 ist ein Überblick zu den Radverkehrsanteilen in verschiedenen europäischen Ländern und Top-Runner Städten aufgeführt.

Wenngleich in den USA der Fußverkehrsanteil bei zehn und der Radverkehrsanteil bei einem Prozent liegen (2009), gibt es vor allem in kleinen und mittleren Städten zum Teil recht hohe Anteile – vor allem am Berufsverkehr – wie es die Stadt Cambridge, Massachusetts mit 24 % belegt. Das US Statistikbüro (2016) folgert, dass dies vor allem Universitäts- und College Städte sind. Die höchsten Anteile haben beim Fußverkehr die Großstädte Boston, MA (15 % der Pendler) und Portland, Oregon hat als Großstadt den höchsten Radfahrenden-Anteil, Boulder als mittlere Stadt. Radverleihsysteme haben in den USA einen großen Aufschwung erfahren, sie existieren inzwischen in 104 Städten – vorwiegend im Nordosten.

Auch in lateinamerikanischen Ländern wie Brasilien, Kolumbien oder Nicaragua werden Bestrebungen deutlich, Radverkehrsanteile zu erhalten oder zu erhöhen. In Rio de Janeiro wurde 2005 beispielsweise erstmalig mit einer Publikation auf die Vorteile der Fahrradnutzung, die vorhandene Radverkehrsinfrastruktur und die einzuhaltenden Verkehrsregeln

Tab. 1 Radverkehrsanteile ausgewählter europäischer Länder und Städte. (Quelle: aus Fietsberaad 2009 und EPOMM o. J.)

Land/Stadt	Fahrradanteil Modal Split (%)	Jahr
Belgien	8	2009
Brügge	28	2011
Dänemark	15–20	2009
Kopenhagen	30	2014
Odense	27	2008
Frankreich	5	2009
Straßburg	12	2009
Großbritannien	2	2009
Bristol	14	2013
Italien	5	2009
Ferrara	30	2009
Bozen	29	2009
Irland	4	2009
Dublin	7	2011
Niederlande	26	2009
Groningen	31	2008
Eindhoven	40	2014
Österreich	7	2014
Salzburg	20	2012
Schweden	7	2009
Uppsala	28	2010
Schweiz	11	2009
Basel	20	2010
Spanien	2	2011
Vitoria Gasteiz	12	2014

hingewiesen. Andere Städte wie Florianópolis (Brasilien) oder Léon (Nicaragua) haben historisch bedingt einen hohen Radverkehrsanteil. Dessen verkehrspolitische Bedeutung wurde in den letzten fünf bis zehn Jahren erkannt. Im Rahmen der internationalen Entwicklungszusammenarbeit wurden diese Städte durch die EU gefördert.

Fahrradverleihsysteme (FVS) in Europa
Aufmerksamkeit erfuhren in den letzten fünf bis zehn Jahren die in vielen europäischen Städte eingeführten Fahrradverleihsysteme – die Initianten waren Paris mit dem System „VelLib" und Barcelona „biciBarcelona". Sie legten damit den Grundstein für den Beginn einer neuen Fahrradförderungsphase.

FVS können als Ergänzung des ÖPNV für die „letzte Meile" gesehen werden und die Erreichbarkeit von Gebieten fördern, in denen der ÖPNV nicht in ausreichendem Maße vorhanden ist. FVS bieten auch für Touristen, die sich nur wenige Tage in einer Stadt aufhalten, eine aktive und abwechslungsreiche Möglichkeit, in der Stadt unterwegs zu sein. Auch für Pendlerinnen und Pendler sind FVS eine Alternative bzw. Ergänzung.

Die Fahrradverleihsysteme werden inzwischen in vier Generationen eingeteilt, die auch parallel voneinander existieren können (Klinger et al. 2016: 17–19).

1. **Generation:** Preiswertes Billigfahrrad – in Amsterdam in den 1960er Jahren eingeführt und von La Rochelle, Frankreich; Cambridge, UK und Bremen kopiert. Sehr diebstahlanfällig.
2. **Generation:** Pfandleihsystem, erstmals 1995 in Kopenhagen etabliert. Stationsbasiertes System, bei dem sich die Fahrräder mit Münzen aufschließen ließen, weiterhin diebstahlanfällig. Die zum Teil sehr teuren Systeme waren nicht in der Lage, sich finanziell selbst zu tragen. Von anderen skandinavischen Städten wurden in den 1990er Jahren vergleichbare Systeme eingeführt.
3. **Generation:** FVS sind durch eine Bedienoberfläche zum Ein- und Auschecken der Fahrräder ausgestattet. Prominentes Beispiel ist das Start-up Call a Bike, das 1998 in München startete und von der DB aufgekauft wurde. Daraufhin Ausweitung auf zahlreiche deutsche Großstädte. Buchung via Telefon, Smartcards oder App auf dem Smartphone.
4. **Generation:** Integration in multimodale Systeme, wie Tracking per GPS, Nutzungsmöglichkeit einer Smartcard in Kombination mit ÖV oder Carsharing sowie die Möglichkeit des stationslosen Abstellens. Das kanadische BIXI-System (Start 2009) markiert den Start der vierten Generation. Das System ermöglicht die rasch änderbare Positionierung der Stationen, wodurch zügig auf Nachfrageänderungen reagiert werden kann. Das Mainzer FVS MVGmeinRad ist ein deutsches Beispiel für diese Generation.

2.4 Förderstrategien und Finanzierung aktiver Mobilität in Deutschland

Politisch ist die Förderung des Radverkehrs auf nationaler Ebene anerkannt worden durch die Fortsetzung des Nationalen Radverkehrsplans (NRVP) bis zum Jahr 2020. Vor dem Jahr 2002 lag das Hauptbetätigungsfeld auf Bundesebene lange Zeit lediglich im Bereich des Baus von Radwegen an Bundesstraßen.

Auch die Straßenverkehrsordnung (StVO) ist ein wichtiges Instrument um aktive Mobilität gleichberechtigt im Straßenverkehr zu regeln. Durch die Novellierungen der letzten Jahre konnten v. a. verbesserte Bedingungen für Radfahrende erreicht werden (z. B. Einbahnstraßenöffnung, Radwegebenutzungspflicht, Radwegestandards, Fahrradstraßen etc.).

Der NRVP umfasst verschiedene Aktivitäten die die Unterstützung der Kommunen und Länder bei investiven Maßnahmen betrifft, aber auch die Durchführung von Projekten nicht-investiver Art. Wichtige Säulen sind die Fahrradakademie, eine Weiterbildungsakademie, sowie ein großer Wissenspool (Fahrradportal) und die Durchführung des nationalen Radverkehrskongresses.

Einige Bundesländer haben in den letzten Jahren Radstrategien verabschiedet und für die Institutionalisierung der Förderung nachgeordnete Behörden beauftragt, hierzu zählen beispielsweise Berlin, Baden-Württemberg, Nordrhein-Westfalen. Als bemerkenswert und sehr umfassend sind sicher die Aktivitäten zu nennen, die seit 2012 in Baden-Württemberg angestoßen wurden: Neben der Erarbeitung einer Radstrategie, einer Status-Quo Analyse und der Initiierung der Kommunikationskampagne RadKultur, wurden auch in einer dem Verkehrsministerium untergeordneten Institution (NVBW) eine Fuß- und Radverkehrsfachstelle eingerichtet, die auf Landeseben aber auch beratend den Kommunen zu aktiver Mobilität zur Seite stehen.

Für den Fußverkehr existiert keine nationale Strategie oder ein Masterplan Pedes. wie es zum Beispiel durch das Leitbild Langsamverkehr in der Schweiz seit über 15 Jahren der Fall ist.[6] Auf der Ebene der Bundesländer hat Berlin seit 2011 eine Fußverkehrsstrategie, in Hessen wir durch die AG Nahmobilität zumindest der die Erarbeitung einer Strategie für den Fuß- und Radverkehr angestrebt. Auch eine Vernetzung von Kommunen zur Fußverkehrsförderung gibt es nicht.

Auf der kommunalen Ebene sind Klimaschutz- und Verkehrsentwicklungspläne bisher die gängigsten Instrumente, um Ziele für den nichtmotorisierten Verkehr festzuschreiben, die stadtpolitisch abgesichert werden. Weiterhin werden in vielen Städten spezielle Fahrrad- und seltener auch Fußverkehrskonzepte ausgearbeitet, die jedoch keinen bindenden Charakter haben. Auch in Nahverkehrsplänen können vor allem die Schnittstellen zwischen aktiver Mobilität und ÖPNV strategisch angegangen werden.

Der Schwerpunkt der Finanzzuweisungen der Länder an die Kommunen liegt meist auf dem Radwegebau außerorts. Auf der Grundlage der kommunalen Selbstverwaltung liegt es im Ermessen der Kommunen selbst, in welcher Höhe sie Finanzmittel für den nichtmotorisierten Verkehr aufwenden. Das wichtigste Finanzierungsinstrument des Bundes, um die Kommunen bei baulichen Maßnahmen für den nichtmotorisierten Verkehr zu unterstützen, war bis 2007 das Gemeindeverkehrsfinanzierungsgesetz (GVFG). Es ist in das Gesetz zur Entflechtung von Gemeinschaftsaufgaben und Finanzhilfen (EntflechtG) modifiziert übernommen worden, das bis 2019 wirksam sein wird. Danach müssen die Bundesländer eigene Gesetze zur Verkehrsfinanzierung einsetzen. Sehr wenige Städte haben inzwischen feste Budgets für Fuß- und Radverkehrsmaßnahmen

---

[6]Es gibt lediglich das Positionspapier der AG Fußverkehr der SRL und des FUSS e. V. zur Förderung des Fußverkehrs auf Bundesebene aus dem Jahr 2000.

(investiv und nicht-investiv), die z. B. einen bestimmten Prozentsatz pro Einwohner und Jahr des Verkehrsbudgets ausmachen. Zum Beispiel fordert der ADFC in seinen Leitlinien 30 EUR pro EW/Jahr.

Fördermittel werden zunehmend auch aus europäischen Förderprogrammen landesweit oder in Modellstädten/-regionen für Maßnahmen für aktive Mobilität eingesetzt.

3 Aktiv Mobile verstehen – das Konzept der Mobilitätsstile angewendet auf Zufußgehende und Radfahrende

In den (sozial-)psychologischen und ökonomischen Wissenschaften wurde eine Vielzahl von Modellen und Ansätzen entwickelt, um Verkehrshandeln und Verkehrsmittelwahl auf einer individuellen Ebene zu erklären und vorherzusagen. Solche Modelle werden auch herangezogen, um Maßnahmen zu entwickeln, mit denen Verkehrshandeln so beeinflusst werden kann, dass es nachhaltiger wird. Viele dieser Modelle gehen von objektivem und rationalem Handeln bei der Verkehrsmittelwahl aus (z. B. Rational-Choice-Ansätze).

Ansätze in der Soziologie gehen davon aus, dass intentionales Handeln wie das Verkehrshandeln nur dann beeinflusst werden kann, wenn die Sinnzusammenhänge verstanden werden und nicht nur nach kausalen Zusammenhängen gesucht wird. Zum Verständnis von Sinnzusammenhängen ist es deshalb nötig, nicht nur die objektive Ebene individueller Handlungen zu untersuchen, sondern auch deren symbolisch-emotionalen Aspekte.

Eine Möglichkeit, solche objektiv-materiellen und subjektiv-symbolischen Einflussfaktoren zu untersuchen, ist durch Mobilitätsstilanalysen möglich (vgl. Götz et al. 2016). Die im Alltag entwickelten individuellen Bewertungen, Vorlieben und Abneigungen, positiven und negativen Emotionen und symbolischen Bedeutungen bezogen auf Mobilität wie Prestigebedürfnisse werden zusammengenommen „Mobilitätsorientierungen" genannt. Sie beeinflussen entscheidend den Umgang mit den Verkehrsmitteln – also das Verkehrsverhalten.

Neben übergreifenden Mobilitätsstiltypologien ist es auch möglich, für spezielle Bereiche, wie die aktive Mobilität oder Freizeitmobilität Typologien zu entwickeln. Damit können besser die Wechselwirkungen rekonstruiert werden zwischen materiellen Gegebenheiten (Infrastruktur, Umfeld etc.) und symbolischen Bewertungen (was löst diese bei dem/der Nutzer_in aus, was wird assoziiert etc.) auf das nichtmotorisierte Verkehrshandeln. Durch einen solchen Ansatz ist es möglich, Entscheidungsträgern und Planern im Rahmen verkehrspolitischer Entscheidungen und auf der Ebene zielgruppengerechter Planung und Kommunikation Ansatzpunkte zu liefern für ein verbessertes Verständnis und die Förderung des nichtmotorisierten Verkehrs.

Im Folgenden wird für eine solche Mobilitätsstilanalyse kurz das methodische Vorgehen, das zugrunde liegende Verständnis von Mobilität und die empirisch erfassten Stile vorgestellt.

3.1   Methodische Anmerkungen zu Mobilitätsstilen

Über qualitativ sozialwissenschaftlich[7] entwickelte Typologien kann ein detailliertes
Verständnis der Motive individuellen Verkehrshandelns erreicht werden. Dabei wird das
Typische von sozialen Gruppen herausgearbeitet. Mit erfasst werden die persönliche
Lebenswelt und sozioökonomische Situation, das tatsächliche Verkehrsverhalten sowie
die Wahrnehmung des gebauten Raumes und der objektiven Raum- und Infrastrukturen.
Ein geeigneter empirischer Ansatz zur Abbildung von Mobilitätsstilen führt Methoden
aus eher getrennten wissenschaftlichen Bereichen zusammen: aus der Lebensstil- und
Verkehrsverhaltensforschung.

Die hier vorgestellte Studie zu Typen nichtmotorisierter Mobilität basiert auf einer
qualitativ sozial-empirischen Untersuchung, die in Berlin durchgeführt wurde (vgl. Deffner
2009). In drei typischen städtischen Siedlungsstrukturen in Berlin wurden 30 pro-
blemzentrierte Interviews mit Bewohner_innen zu ihrem Mobilitätshandeln geführt.
Ergänzend fertigten die Befragten Fotografien ihrer täglichen Wege oder ein Mobili-
tätstagebuch an. Darüber wurde durch Gebietskartierungen und Experteninterview die
objektive Dimension abgebildet. Spezieller Schwerpunkt der entwickelten Typologie ist
der Einbezug von Einstellungen zu den und die faktisch vorhandenen baulich-räumlichen
Umfeldbedingungen.

3.2   Zugrundeliegendes Mobilitätsverständnis

Mobilität ist ein Grundbedürfnis des Menschen und Voraussetzung für seine kognitive Ent-
wicklung. Verkehr (Verkehrsmittel und Infrastrukturen) ist das Mittel, um im physischen
Sinne Mobilität zu ermöglichen. In der Verkehrsforschung wurde lange überwiegend der
Grad der räumlichen Erreichbarkeit mit Hilfe von Verkehrsmitteln betrachtet. Ein erwei-
tertes Verständnis (vgl. Jahn/Wehling 1999) erfordert, dass hierzu ebenso der Grad der
Erreichbarkeit von Gelegenheiten für einzelne soziale Gruppen zählt, oder dass typische
Gründe für die Verkehrsmittelwahl und den betriebenen Verkehrsaufwand von individu-
ellen Mobilitätserfahrungen und Werten abhängig sind (vgl. Ahrend 2002: 58). Mobilität
wird als multioptionale Fortbewegung verstanden und nicht auf Automobilität beschränkt.
In den individuellen Einstellungen schlagen sich gesellschaftliche Mobilitätsleitbilder nie-
der und sind empirisch nachweisbar. Die Elemente gesellschaftlicher Entwicklungen in
Bezug auf Mobilität spiegeln sich deshalb auf der Ebene von Mobilitätsstilen verschie-

---

[7]Zu den Grundzügen qualitativer Sozialforschung siehe z. B. Anselm Strauss (1994) oder Uwe
Flick (2000). Qualitative Sozialforschung arbeitet in der Regel auf Basis kleiner Fallzahlen, als
Auswertungsmethoden kommen hermeneutisch-heuristische Verfahren zum Einsatz, keine statistischen Auswertungen. In rein qualitativen Studien können keine Aussagen über die Verteilung von
z. B. Gruppengrößen über die Bevölkerung hinweg gemacht werden.

dener sozialer Gruppen wider. Dahinter stehen Ansätze aus der sozialwissenschaftlichen Lebensstil- und Milieuanalyse wie zum Beispiel bei Spellerberg (1996) oder Schulze. Dies lässt sich auch für spezifische Stile zu aktiver Mobilität darstellen.

3.3 Kurzbeschreibung der Stile nichtmotorisierter Mobilität

Die hier vorgestellte Typologie umfasst sechs Stile nichtmotorisierter Mobilität und einen Einzelfall. Die Exposition zum direkten Umfeld beeinflusst das Zufußgehen und Fahrradfahren stärker als andere Fortbewegungsarten. Hierfür nötig ist ein hohes Maß an Selbstbestimmung und Offenheit um mit dieser Exposition umzugehen. Dies wird hier als Umfeldsensibilität gefasst (vgl. Abb. 7) und drückt sich dadurch aus, dass es eine Wechselbeziehung zwischen Umfeldqualität und individuellen Einstellungen zum Umfeld gibt.

Stadtbegeisterung
Dem Typ *Stadtbegeisterung* ist es sehr wichtig, in der Alltagsorganisation subjektiv empfundene Flexibilität und Ungebundenheit zu haben sowie sein Bedürfnis nach Stadterlebnis

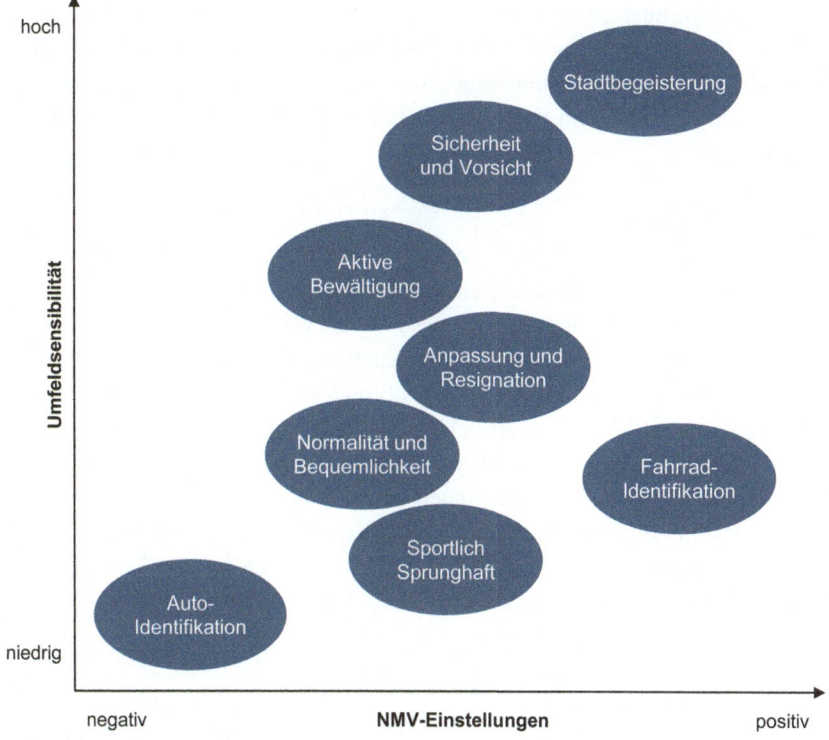

Abb. 7 Stile nichtmotorisierter Mobilität. (Quelle. Deffner 2009: 206)

zu stillen. Dies führt bei diesem Typ zu einer multimodalen Nutzung von Verkehrsmitteln und einer aktiven Nutzung des Stadtraumes. Besonders ausgeprägt ist die starke Orientierung zur nichtmotorisierten Mobilität. Sie drückt sich aus in positiven Einstellungen und der ausgeprägten Nutzung. Die nichtmotorisierte Fortbewegung und die sehr differenzierte Wahrnehmung des sozialen und physischen Stadtraums bedingen sich wechselseitig. So wird der Stadtraum stark wahrgenommen. Diese Erlebnisse sind wichtig und so kommt es zu einem sich positiv verstärkenden Effekt. Die Stadtbegeisterten sind im mittleren Alter (25–45 Jahre) und haben teilweise Kinder. Sie besitzen nur teilweise einen eigenen Pkw und wohnen sehr häufig in Altbauquartieren. Sie haben einen eher hohen Bildungsstand und sind dem postmateriellen Milieu (zum Lebensstil/Milieuansatz vgl. 3.2) zuzurechnen. Ihre ökonomische Situation ist eher unsicher.

Fahrzeug-Affinität

Der Typ *Fahrzeug-Identifikation* (Auto- und Fahrrad-Identifikation in Abb. 7) identifiziert sich stark über ein Individualverkehrsmittel. Gegenüber kollektiven Verkehrsmitteln und dem Gehen besteht eine eher ablehnende Haltung. Es gibt eine *Fahrrad-* und eine *Auto-Identifikation*. Sie drückt sich nicht nur durch eine starke Nutzung des jeweiligen Verkehrsmittels aus. Ebenso hat der Typ eine starke Beziehung zu dem Fahrzeug und setzt sich stark damit auseinander (Technik, Infrastruktur, Routenwahl). Zum städtischen Raum hat er keinen ausgeprägten Bezug. Die Angehörigen des Typs sind Männer zwischen 20 und 40 Jahren in verschiedenen familiären Konstellationen (mit/ohne Kinder). Sie haben mittlere Bildungsabschlüsse und variierende finanzielle Ressourcen. Sie besitzen entweder ein Auto oder ein Fahrrad. Der Typ ist dem modernen, konsumorientierten Milieu zugehörig.

Sicherheit und Vorsicht

Beim Typ *Sicherheit und Vorsicht* prägen subjektive Sicherheit im öffentlichen Raum, Verkehrssicherheit und Vorhersehbarkeit die Lebensweise. Das wirkt sich unmittelbar auf die nichtmotorisierte Fortbewegung aus. Fahrrad wird nur in der Freizeit gefahren und zwar außerhalb der Stadt. Beim Zufußgehen hat das starke Sicherheitsbedürfnis im öffentlichen Raum einen hohen Einfluss, ob und wie Wege organisiert werden. Der Typ nutzt stark den ÖPNV und geht viel zu Fuß. Auch als Auto-Mitfahrer_in ist er/sie unterwegs. Die Typangehörigen schätzen eine aufgeräumte, saubere Vorzeigeurbanität. Es handelt sich überwiegend um Frauen unter 20 oder zwischen 50 und 65 Jahren. Die Älteren sind in der Spät- und der Nachfamilienphase. Mittlere Bildungsabschlüsse und mittlere Einkommen prägen die Gruppe. Fast alle haben keinen Führerschein (aber einen Pkw im Haushalt). Die Gruppe ist dem traditionellen bzw. populär-volkstümlichen Milieu zuzuordnen.

Normalität und Bequemlichkeit

Bei dem Typ *Normalität und Bequemlichkeit* bestehen gegenüber Mobilitätsthemen und Verkehrsmitteln keine prägnanten Einstellungen. Der Typ kann als indifferent bezeichnet

werden. Sofern nichtmotorisierte Verkehrsmittel genutzt werden, gibt es weder besondere Vorlieben noch Abneigungen. Sie fahren kaum Fahrrad gehen aber viel Zufuß.
Gegenüber allen Verkehrsmitteln bestehen kaum ausgeprägte Einstellungen, obwohl sie
viel unterwegs sind. Über Wahrnehmungen und Erlebnisse auf den Alltagswegen reflektieren sie wenig. Mobilsein und das Umfeld sind keine zentralen Themen für diesen Typ.
Sie meiden den städtischen Raum. Zu der Gruppe gehören eher verheiratete Erwachsene
(30–60 Jahre) in der Familien- oder Nachfamilienphase mit mittleren bis hohen Einkommen. Sie leben überwiegend in Ein-/Zweifamilienhaus- und Großwohnsiedlungen. Sie
sind dem modernen bürgerlich-traditionellen Milieu zuzuordnen. Fast alle besitzen einen
Privat-Pkw.

Aktive Bewältigung

Körperliche und/oder finanzielle Einschränkungen prägen die Organisation der Alltagsmobilität des Typs *Aktive Bewältigung*. Diese Bewältigung wird kreativ und selbstständig angegangen. Sie sind oft unterwegs und legen auch weitere Strecken zurück,
vorwiegend in der Kombination von Zufußgehen und ÖPNV. Ausgeprägte Einstellungen
hierzu haben sie aber kaum. Auch dem Gehen steht der Typ eher indifferent gegenüber.
Die aktiven Bewältigenden sind zwischen 40 und 65 Jahre alt und haben eher niedrige
Einkommen. Sie fahren nicht (mehr) Auto. Sie leben überwiegend in Ein-/Zweifamili-
enhausgebieten oder gründerzeitlichen Vierteln. Die Angehörigen dieser Gruppe sind
einerseits dem etablierten hochkulturellen Milieu zuzuordnen, andererseits dem traditionell-
populären Milieu.

Anpassung und Resignation

Auch beim Typ *Anpassung und Resignation* bestimmen finanzielle und/oder körperliche Einschränkungen die Mobilitätsorganisation. Bezeichnend ist hier, dass sie zur
Organisation ihrer Wege überwiegend auf Mitfahrmöglichkeiten im Haushalt oder in
ihrem sozialen Netzwerk zurückgreifen: Außerhäusliche Aktivitäten finden überwiegend
als Mitfahrer_in im Auto statt und dienen hauptsächlich der Zerstreuung. Sie verzichten auch auf viele Aktivitäten, die sie glauben nicht organisieren zu können. Die positiven oder negativen Einstellungen zur nichtmotorisierten Fortbewegung, aber auch zum
Umfeld, nehmen keinen besonderen Raum ein. Es handelt sich um ältere Erwachsene
zwischen ca. 50 und 65 Jahren. Sie sind alleinstehend, verwitwet oder in der Nachfamilienphase. Sie leben in eher bescheidenen Verhältnissen, haben mittlere bis niedrige
Bildungsabschlüsse und gehen keiner Erwerbsarbeit nach. Sie können nicht Auto fahren.
Dieser Typus ist überwiegend dem traditionell-populären Milieu zuzuordnen.

Sportlich Sprunghaft

Durch die Übergangssituation vom Jugend- ins Erwachsenenalter besteht beim Fall
Sportlich Sprunghaft in Bezug auf alle Verkehrsmittel eine unentschlossene und auf-
geschlossene Haltung. Vorlieben für die nichtmotorisierte Fortbewegung werden verstärkt durch das Unabhängigkeitsbedürfnis und sportliche Aspekte. Es lässt sich keine

ausgeprägte Vorliebe beobachten, den städtischen Raum zu erkunden. Er hat auch keine Tendenz, sich mit einem Individualverkehrsmittel zu identifizieren und weist keine ausgesprochene Risikofreudigkeit auf. Der Typ ist nur schwach empirisch gesichert: Jugendlich, noch ohne Führerschein, noch im Elternhaushalt lebend. Der/die Sportlich Sprunghafte ist dem modernen-konsumorientierten Milieu zuzuordnen.

3.4   Differenzierungen der Umfeldsensibilität

Eine offene Beziehung zum Umfeld führt zu einer eher aufgeschlossenen, erkundenden Beziehung des Umfeldes. Jene Typen benötigen den (städtischen) Raum als Pool für Erfahrungen, Erkundungen, als „Stoff" für eine weitere gedankliche Auseinandersetzung. Die geschlossene Beziehung zum Umfeld drückt sich aus in starker Häuslichkeit und indifferenten Äußerungen zum Zufußgehen und Fahrradfahren.

Nicht alle Stile nichtmotorisierter Mobilität reagieren deshalb gleich sensibel auf ihr Umfeld. Wie in Abb. 7 dargestellt, gibt es Stile, für die das Umfeld und dessen Wahrnehmung wichtig sind, ob und wie sie mit nichtmotorisierten Verkehrsmitteln unterwegs sind. Für die anderen stellt die Umfeldqualität (fast) kein Kriterium bei der unmotorisierten Fortbewegung dar. Die Umfeldsensibilität sagt nicht zwingend etwas darüber aus, ob viel zu Fuß gegangen oder Fahrrad gefahren wird, sondern nur, welche Faktoren die Personen dabei beeinflussen. Aber sie haben eine positivere Einstellung als diejenigen mit einer sehr niedrigen Sensibilität, damit steigt die Nutzung. Ausnahme hiervon ist der Typ Fahrrad-Identifikation, der aber verglichen mit den umfeldsensiblen Typen größtenteils andere Einstellungen und Motive zur nichtmotorisierten Fortbewegung aufweist. Es kann insgesamt aber von einer sich wechselseitig beeinflussenden Konstellation zwischen Umfeld und Nutzung ausgegangen werden.

3.5   Folgerungen

In der oben dargestellten Typologie werden das Verkehrsverhalten und die beeinflussenden Einstellungen insgesamt betrachtet, um die Einflussfaktoren auf die aktive Mobilität und die daraus entstehenden Differenzierungen aufzuzeigen. Der Blick auf das Zufußgehen und Fahrradfahren erfolgt also nicht im Sinne einer Herauslösung dieser Verkehrsmittel aus dem Gesamthandeln. Der Fokus wird gesetzt, um mit einem entsprechenden Detaillierungsgrad analysierend vorzugehen. Dies wird in Bezug dazu gesetzt, wie die Deutungsmuster zu einer erhöhten bzw. verringerten Nutzung des Fahrrades und des Zufußgehens in Städten führen. Um diese Deutungsmuster aufzuarbeiten, ist der typologisierende Ansatz überaus nützlich. Nachfolgend drei Handlungsfelder wie dieses Wissen in verkehrspolitische Entscheidungen oder die Stadt- und Verkehrsplanung eingehen kann:

1. Das detaillierte Wissen über die Bedürfnisse kann bei der Entwicklung von Förderstrategien für den nichtmotorisierten Verkehr stärker eingehen. Dies fördert eine nutzerorientierte Gestaltung von Infrastrukturen und öffentlichen Räumen.
2. Die Aspekte der unterschiedlichen Orientierungs- und Handlungstypen nichtmotorisierter Mobilität können so bei der Umsetzung von verkehrlichen, organisatorischen oder städtebaulichen Maßnahmen berücksichtigt werden.
3. Die Ergebnisse über Motive und Bedingungen des Mobilitätshandelns können für zielgruppenspezifische Planung nutzbar gemacht werden: z. B. über die besondere Berücksichtigung der Umfeldsensibilitäten oder der Anforderungen an Infrastrukturen. Zum Teil werden solche Aspekte bereits heute in planerische Prozesse einbezogen. Dennoch lassen sich in der Praxis vielfach Defizite feststellen oder es herrscht Unklarheit, wie sich die unterschiedlichen Bedürfnisse manifestieren.

Der letzte Punkt zeigt, dass es auch in der Fuß- und Radverkehrspolitik stärker im Vordergrund stehen sollte, für Zielgruppen unterschiedliche (infrastrukturelle/gestalterische) Angebote oder Dienstleistungen zu schaffen. So können gezielte Anreize und Bestätigungsimpulse für Fußgeher_innen und Radfahrer_innen gesetzt werden. Beispiele, welche Ansatzpunkte sich speziell aus den Stilen nichtmotorisierter Mobilität ableiten lassen, sind in Tab. 2 zusammengefasst. Sie beziehen sich auf die infrastrukturelle Ausgestaltung, Design, Services und Kommunikationsmaßnahmen. Dabei ist zu beachten, dass nicht alle Stile gleichzeitig Potenzialgruppen sind, also gleichermaßen durch entsprechende Angebote (häufiger) zum Gehen und Radfahren motiviert werden können. Vielmehr geht es darum, bei denjenigen Ansatzpunkte herauszuarbeiten, die Potenziale für eine stärkere Nutzung in sich tragen. Andere lassen sich nur schwer ansprechen.

4 Think Big: Mobilitätskultur als Ansatzpunkt für integrierte Strategien für aktive Mobilität

Die bisherige sektorale Verkehrsplanung und -politik bei der verkehrsträgerbezogen vor allem Infrastrukturen betrachtet wurden, haben ihre Berechtigung, aber auch die Grenzen werden immer weiter sichtbar. Gleichzeitig zeigen Strategien einzelner Länder und Städte (Abschn. 3) sowie die Stile aktiver Mobilität, dass eine integrierte Betrachtung der aktiven Mobilität in einem Gesamtkonzept Vorteile hätte, um Bedürfnisse der Nutzer_innen zu berücksichtigen, eine nachfrageorientierte Infrastrukturplanung vorzunehmen, Partizipation und öffentliche Diskurse sowie weitere kommunikative Aufgaben zu berücksichtigen. Das Konzept zu Mobilitätskultur kann als verkehrsplanerischer und -politischer Ansatz herangezogen werden, der dabei unterstützt aktive Mobilität umfassend zu planen und zu fördern.

Tab. 2 Zielgruppenspezifische Ansatzpunkte. (Quelle: Grundlage Deffner 2009: 233)

Typ	Zentrale Themen	Planerische Ansatzpunkte
Stadtbegeisterung	Entdeckertum, Urbanität, Verhältnis zur Stadt, Bewegung, zügiges Vorankommen, gute Infrastruktur, Preissensibilität, teilweise: kindgerechtes Umfeld	Sehr gute Nahversorgung Abwechslungsreiche nahräumliche Gestaltung Zügige Verbindungen an Hauptrouten, Fußwegenetz Freizeitmobilität: Angebote zur Kombination mit dem ÖV Kommunikation: Image des Radfahrens
Fahrzeug-Identifikation	Verkehrsmittel zur Identifikation, Privatheit, Technikbezug, Erlebnis, Genuss des Fahrens	Kommunikation: Technikbegeisterung nutzen Schnelle Radverkehrsverbindungen
Sicherheit und Vorsicht	Sauberkeit, gut Erhaltenes bauliches Umfeld, Ordnung, Distanz zur Urbanität, Sicherheitsbedürfnis, preissensibel	Sichere Radinfrastruktur auf Nebenrouten (tags), grüne Wege Fußwegenetze tauglich für Abendstunden Abwechslungsreicher Nahraum Kommunikation: Verkehrssicherheit, Infrastrukturinstandhaltung
Normalität und Bequemlichkeit	Indifferent, baulich/technische muss Infrastruktur in Ordnung sein, eingespielte Routinen, Convenience	Potenzial zur Reaktivierung z. B. Radfahren in der Freizeit Grüne, ruhige Fußwegenetze
Aktive Bewältigung	Mobilitätseinschränkung, eigeninitiativ, Routinen zur Alltagsbewältigung äußerst wichtig	Gute Instandhaltung Fußverkehrsinfrastruktur, barrierefrei Nahversorgung Kommunikation: Möglichkeit Fuß und ÖV als eigenständige preiswerte Mobilität
Anpassung und Resignation	Kurative Bedeutung des Gehens, Idylle wird gesucht, indifferent, Mobilitätsorganisation abhängig von anderen	Sicherheit und Belebung des Nahraums
Sportlich Sprunghaft	Erprobungsfreudig, offen für neue Optionen, Unabhängigkeit, Schnelligkeit, Erreichbarkeit von Freizeitzielen	Verhalten stützen/fördern Neugierde auf neue Möglichkeiten nutzen Sportlichen Aspekt nutzen

4.1   Was ist unter Mobilitätskultur zu verstehen?

Darunter sind alle Handlungen, Maßnahmen und Praxisformen zu verstehen, die sich auf Beweglichkeit beziehen. Dabei ist zu beachten, dass jede baulich-materielle Gestaltung immer auch eine symbolische Wirkung hat, also Bedeutungen transportiert (vgl. Götz et al. 2016): Mobilitätskultur schließt die Infrastruktur- und räumliche Gestaltung ebenso ein, wie Leitbilder und verkehrspolitische Diskurse, dass Verhalten der Verkehrsteilnehmer_innen ebenso wie die dahinterstehenden Mobilitäts- und Lebensstilorientierungen. Mobilitätskulturen sind geprägt von öffentlichen und nicht offentlichen Diskursen. Diese beschränken sich nicht auf Mobilität und Verkehr, sondern beziehen den Umweltschutz, das wirtschaftliche Wohlergehen, soziale Ungleichheit oder Gleichberechtigung mit ein. Mobilitätskultur meint, dass Ineinanderwirken von Personen die entscheiden, von Infrastrukturen und von technischen Systemen, die von Menschen benutzt werden. Diese werden als sozio-technische Systeme bezeichnet.

Mobilitätskultur nimmt die rationalen (Pläne, Konzepte), symbolischen (Image, Gefühle, Diskurse) und materiellen Seiten (Gebautes, Infrastruktur) von Mobilität ganzheitlich in den Blick. Zum Beispiel sind die Verkehrsinfrastrukturen vor Ort immer auch Ausdruck verkehrspolitischer Leitbilder, sie sind Ergebnis von Diskursen, ihre Nutzung hängt von Handlungen ab, die wiederum mit Einstellungen zusammenhängen. Das Konzept gründet auf der Erkenntnis, dass symbolische nicht von materiellen, bzw. die ‚weichen‘ nicht von den ‚harten‘ Faktoren getrennt werden können: Die Bedeutungen, die den Dingen gegeben werden, sind Bestandteil dieser Dinge und des Umgangs mit ihnen.

Eine Veränderung im Sinne einer bewussten Gestaltung von Mobilitätskultur stellt daher einen gezielten Eingriff in einen Transformationsprozess dar. Abb. 8 veranschaulicht den Begriff der Mobilitätskultur.

Umfassender als der Ansatz aus dem ersten Nationalen Radverkehrsplan „Radverkehr als System", aber in Anlehnung daran, kann das Konzept der Mobilitätskultur dazu dienen, die Anforderungen und Ausgestaltung aktiver Mobilität und damit erforderlicher Infrastruktur und Angebote systematisch zu bearbeiten. Am Beispiel des Radverkehrs wurde in einem Projekt zur Weiterbildung von Fachleuten in Osteuropa[8] von Deffner et al. (2012) das Konzept von Mobilitätskultur herangezogen, um die Einflussfaktoren auf Mobilitätskultur in verzahnte Themenfelder herunterzubrechen. Dies wäre sicher auf ein umfassendes Konzept für aktive Mobilität erweiterbar:

- Strategische und integrierte Stadt- und Verkehrsplanung
- Infrastrukturplanung
- Serviceangebote für Radfahrende
- Kommunikation und Marketing für Verhaltensänderungen

---

[8]www.mobile2020.eu.

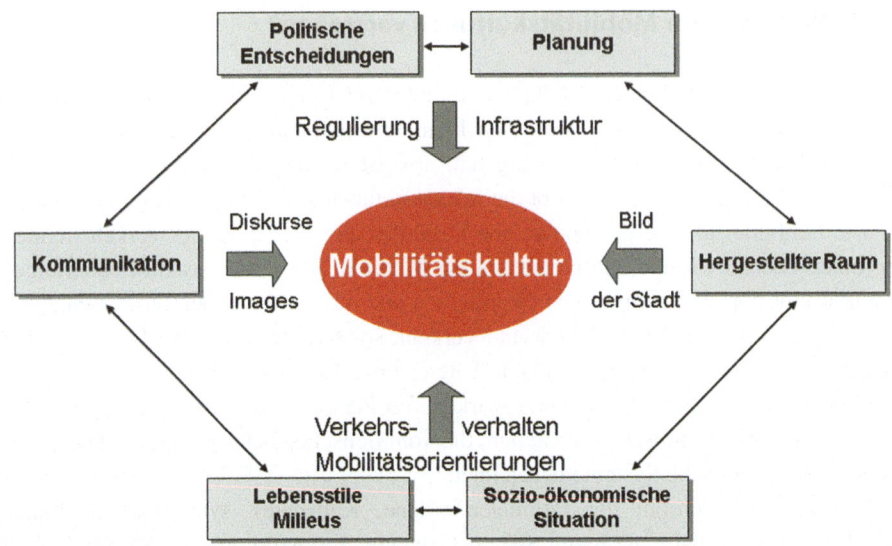

Abb. 8 Einflussfaktoren auf die Mobilitätskultur. (Quelle: Götz et al. 2016)

Bei vielen Angeboten geht es darum, den Menschen Lust darauf zu machen, sich nachhaltiger fortzubewegen. Es soll und darf nicht um Verzicht gehen oder darum, dass nachhaltige Mobilitätskultur als rückschrittlich empfunden wird. Der Slogan „gscheid mobil" in München soll genau das Vorwärtsgewandte transportieren: Eine neue Mobilitätskultur ist etwas Schlaues, und wer möchte das nicht sein! Dieses „Lust machen" ist dann je nach Zielgruppe sehr unterschiedlich auszugestalten.

Ein solches Konzept kann den nichtmotorisierten Verkehr zu einem ebenbürtigen Platz im Stadt- und Regionalverkehr verhelfen.

4.2   Herausforderungen

Als Herausforderungen für eine engagierte Planung und Politik für aktive Mobilität sind folgende zentrale Themen zu nennen:

1. In den letzten Jahren gab es verschiedene Studien, die sich mit der sinkenden Autoaffinität Jugendlichen vor allem in urbanen Räumen beschäftigen (vgl. z. B. infas/DLR 2010). Zukünftige Generationen navigieren eher multioptional und multimodal in der digitalen und der physischen Welt. Dabei spielen nicht nur flexible Verkehrsangebote wie Carsharing, Mitnahmebörsen oder die Bahn eine Rolle. Auch aktive Mobilität ist für diese Gruppe von hoher Bedeutung, in symbolischer und praktischer Hinsicht (vgl. z. B. Cycle Chic Trend). Noch ist offen, *wie schnell* sich das automobile Leitbild hin zu einer multioptionalen Mobilitätskultur wandeln wird, wie sehr es sich auf nicht urbane Bereiche

ausdehnt und wie stabil die heutigen Einstellungen und das Verhalten von Jugendlichen und junger Erwachsener sind und wie sie dauerhaft ihre Routinen aktiver Mobilität erhalten bzw. ausweiten.

2. Die Nachhaltigkeitsziele der Bundesregierung erfordern massive Veränderungen im Verkehrsgeschehen, um Verkehr effizienter zu machen, aber auch zu verlagern. Aktive Mobilität kann einen wichtigen Beitrag sowohl zu ökologischen als auch sozialen Zielen leisten. Erforderlich dafür ist aber auf infrastruktureller Ebene eine weitreichende Umgestaltung der Straßen und öffentlichen Räume. Hierfür müssen verkehrspolitische Entscheidungen getroffen und Mittel bereitgestellt werden, damit dies gelingen kann. Für die kommunalen Akteure allein ist dies derzeit keine leichte Aufgabe.

3. Die Flüchtlingskrise im Jahr 2015 hat gezeigt, dass bislang eine wichtige Bevölkerungsgruppe nahezu kaum spezifisch angesprochen wurde, wenn es um Kommunikation und Bewusstseinsbildung in Bezug auf aktive Mobilität geht: Menschen mit Migrationshintergrund. Plötzlich wurde es aus der Not heraus wichtig, Fahrradkurse, Verkehrssicherheitstrainings etc. in anderen Sprachen anzubieten – diese Arbeit haben überwiegend ehrenamtliche Helfer oder Sozialeinrichtungen übernommen.

Noch immer beschränken sich Angebote mit Bezug auf nachhaltige Mobilität für ausländische Bürger_innen auf fremdsprachige Informationen, z. B. über öffentliche Verkehrsmittel und punktuelle Integrationsprojekte. Im Hinblick auf die Förderung einer gesunden und preiswerten aktiven Mobilität fehlt der Fokus. Dies gilt insbesondere für junge Menschen mit Migrationshintergrund. Zwar existieren vielerorts Radkurse für Frauen mit Migrationshintergrund, entsprechende Angebote für Jugendliche und Kinder sind jedoch kaum auffindbar. Es geht um die Mobilitätssozialisation, die für das Gehen und das Erlernen des Fahrradfahrens als Fortbewegungsform wichtiger Teil des alltäglichen Mobilitätsrepertoires ist. Familiäre und soziale Netzwerke beeinflussen die Ausbildung von Routinen, auch in Bezug auf das Radfahren und Gehen. Zahlreiche Kinder erlernen z. B. das Fahrradfahren gar nicht mehr.

Es fehlt daher eine gute Wissensbasis zum Thema nichtmotorisierte Mobilität, Verkehrssozialisation bei Kindern und Jugendlichen mit Migrationshintergrund. Weiterhin fehlen auch Ansätze, wie diese Gruppe(n) mit genau zugeschnittenen Fördermaßnahmen kommunikativ, (sport-)pädagogisch und planerisch angesprochen und zur nichtmotorisierten Fortbewegung motiviert werden können.

4. Die Elektrifizierung und Automatisierung des (Individual-)Verkehrs in den nächsten 20–40 Jahren wird sich nicht nur auf Autos beschränken. Schon jetzt gibt es verschiedene Formen elektrisch unterstützter Fahrräder, die den Massenmarkt erobern. Neue, komplett andere Fahrzeugkonzepte im Sinne eines *purpose design* (zweckgebundenes Design wie elektrische Leicht- und Stadtfahrzeuge) werden in viel stärkerem Maße als heute das Straßenbild prägen. Es ist also eine berechtigte Frage, welche Auswirkungen die Elektromobilität auf die klassischen und modernen nichtmotorisierten Verkehrsmittel haben wird. Fast damit einher geht die Debatte um teil- oder vollautomatische Kraftfahrzeuge, die in einer ähnlichen Zeitspanne das Wesen vor allem des Stadtverkehrs verändern werden. Die Automatisierung verspricht einerseits zwar eine

Erhöhung der Verkehrssicherheit, aber bislang sind viele Aspekte der Verantwortung, Interaktion zwischen automatischen und analogen Verkehrsteilnehmer_innen u. a. ungeklärt. Das Zukunftsbild von selbstfahrenden Kabinen, die als vehicles on demand durch die Städte kurven, auf der Suche nach Fahrgästen oder Parkplätzen, darf nicht zu einem Bumerang werden, für die mühsam umgestalteten aufgewerteten Öffentlichen Räume. Die Einführung automatischer Fahrzeuge, vor allem im Innerortsverkehr benötigt deshalb als unbedingte Voraussetzung einen breiten gesellschaftlichen Diskurs.

5. Der Verkehrsaufwand in der älteren Generation nimmt zu: Die Senioren von heute und morgen sind mobiler als diejenigen vor zehn Jahren. Die Gruppe der Älteren ist nicht homogen und hat keine einheitlichen Mobilitätsbedürfnisse. Das Voranschreiten von Pluralisierung und Individualisierung spiegelt sich auch in der Vielfalt von Lebensentwürfen und Lebensstilen im Alter. Es hat damit unmittelbare Folgen auf die Mobilität (deutlich z. B. bei den Typen *Aktive Bewältigung* und *Anpassung und Resignation*). Bislang gibt es wenige Studien, die sich mit der Entwicklung von Mobilitätsstilen im Alter beschäftigen.

Verkehrsangebote müssen nicht nur auf die Bedürfnisse einer alternden Gesellschaft angepasst werden. Vielmehr stellt sich die Frage, wie insgesamt Mobilität auch in den unterschiedlichsten räumlichen Kontexten erhalten werden kann für finanziell schwächere Bevölkerungsgruppen oder Personen, die kein Privatauto haben wollen. Hier wirken gute Bedingungen für aktive Mobilität automatisch mit guter Erreichbarkeit oder alternativen Versorgungsmöglichkeiten zusammen.

Die Aufgabe der Verkehrspolitik ist es, die Werte einer nachhaltigen Mobilitätskultur zu transportieren und eine Mobilität für alle zu ermöglichen. Hierin ist die Rolle aktiver Mobilität zu bestimmen und zu fördern. Als Basis einer nachhaltigen Mobilität sollen alle Bürgerinnen und Bürger Zugang zu einer hochwertigen und feinmaschigen Fuß- und Radverkehrsinfrastruktur haben. Die Förderung – in Ballungsgebieten auch zum Teil die Bevorzugung – des nichtmotorisierten Verkehrs ist Grundlage für ein sozial gerechtes Verkehrssystem, das effizient mit staatlichen Ressourcen umgeht und eine hohe ökologische Nachhaltigkeit ermöglicht. Ziel ist es, den Fuß- und Radverkehr so zu gestalten, dass emotionaler und symbolischer Nutzen unmittelbar erlebbar sind. So können möglichst viele „dabei sein" und bleiben.

Lernfragen

a) Warum ist es wichtig aktuelle Daten zum Verkehrsverhalten und Verkehrsaufkommen im Fuß-und Radverkehr zu haben und wieso ist es schwierig repräsentative Daten vor allem zum Fußverkehr zu erheben?

b) Wieso ist es wichtig, dass Kommunen, Bundesländer und Deutschland Strategiepläne für Fuß- und Radverkehr ausarbeiten?

c) Weshalb ist das Verkehrsverhalten heutiger junger Erwachsener gegebenenfalls nicht stabil und verändert sich, wenn diese Gruppe älter wird?

d) Welche weiteren Herausforderungen für eine Förderung und Weiterentwicklung aktiver Mobilität gibt es?

Literatur

Bracher, Tilman (2016): Fahrrad- und Fußverkehr: Strukturen und Potenziale. In: Oliver Schwedes, Weert Canzler, Andreas Knie (Hrsg.) (2016): Handbuch Verkehrspolitik. 2. Auflage. Wiesbaden, S. 265–292.

Deffner, Jutta (2009): Zu Fuß und mit dem Rad in der Stadt. Mobilitätstypen am Beispiel Berlins. Dortmunder Beiträge zur Raumplanung: Verkehr. Band 7.

Götz, Konrad/Jutta Deffner/Thomas Klinger (2016): Mobilitätsstile und Mobilitätskulturen – Erklärungspotentiale, Rezeption und Kritik. In:, Oliver Schwedes/Weert Canzler/Andreas Knie (Hrsg.): Handbuch Verkehrspolitik. 2. Auflage. Wiesbaden, S. 781–804.

infas/DLR (2010): Mobilität in Deutschland. Ergebnisbericht und Abschlusspräsentation. Im Auftrag des Bundesministeriums für Verkehr, Bau und Stadtentwicklung. Berlin.

Jahn, Thomas/Peter Wehling (1999): Das mehrdimensionale Mobilitätskonzept – Ein theoretischer Rahmen für die stadtökologische Mobilitätsforschung. In: Jürgen Friedrichs/Kirsten Hollaender (Hrsg.): Stadtökologische Forschung. Theorien und Anwendungen. Berlin, S. 127–142.

Røe, Per Gunnar (2000): Qualitative research on intra-urban travel: an alternative approach. In: Journal of Transport Geography 8, S. 102 ff.

Spellerberg, Anette (1996): Soziale Differenzierung durch Lebensstile: Eine empirische Untersuchung zur Lebensqualität in West- und Ostdeutschland. Berlin

UBA – Umweltbundesamt (Hrsg.) (2010): CO_2-Emissionsminderung im Verkehr in Deutschland. Mögliche Maßnahmen und ihre Minderungspotenziale. Ein Sachstandsbericht des Umweltbundesamtes. Dessau-Roßlau.

von der Ruhren, Stefan/Rindsfüser, Guido/Beckmann, Klaus J./Kuhnimhof, Tobias/Chlond, Bastian/Zumkeller, Dirk (2005): Bestimmung multimodaler Personengruppen. Schlussbericht zu FE 70.724. ISB RWTH Aachen, Universität Karlsruhe. Karlsruhe.

Weiß, Christine/ Bastian Clond/Sascha von Behren/Tim Hilgert/Peter Vortisch (2016): Deutsches Mobilitätspanel (MOP) – Wissenschaftliche Begleitung und Auswertungen Bericht 2015/2016: Alltagsmobilität und Fahrleistung. Karlsruhe.

Internet- und Bildquellen

BMVBW/PGV (2005): Chancen und Optimierungspotenziale des nicht-motorisierten Verkehrs. Hannover

Deffner, Jutta/Torben Ziel/Tomas Hefter/Christian Rudolph (Hg.) (2012): Handbook on Cycling inclusive Planning and Promotion. Capacity development material for the multiplier training within the mobile2020 project. Frankfurt/Hamburg: http://www.mobile2020.eu/fileadmin/Handbook/M2020_Handbook_EN.pdf (2.1.17)

EPOMM (o. J.) Datenbank „TEMS", EPOMM URL: http://www.epomm.eu/tems/index.phtml (2.1.2017)

Gather, Matthias/Andreas Kagermeier/Martin Lanzendorf (2008): Geographische Mobilitäts- und Verkehrsforschung. Studienbücher der Geographie. Berlin/Stuttgart.

Klinger, Thomas/Juliane Kemen/Martin Lanzendorf/Jutta Deffner/Melina Stein (2016): Sharing-Konzepte für ein multioptionales Mobilitätssystem in FrankfurtRheinMain. Analyse neuerer Entwicklungen und Ableitung von Handlungsoptionen für kommunale und regionale Akteure. Schlussbericht. Arbeitspapiere zur Mobilitätsforschung, 9. Frankfurt am Main: http://publikationen.ub.uni-frankfurt.de/frontdoor/index/index/docId/38421 (3.1.17)

MVI (Ministerium für Verkehr und Infrastruktur) (2017): Verkehrsförderung im Wandel. www.200-Jahre-Fahrrad.de (7.4.2017)

Sauter, Daniel (2016): What humans need in public space. Presentation at Cities for Mobility; Stuttgart June 2016, Workshop: Making the new mobility culture quickly visible

Schiffer, Harry (o. J.): Vitoria Gasteiz. Bildmaterial auf www.Eltis.org

Sommer, Carsten/ Daniel Leonhäuser/ Assadollah Saighani (2015): Was kostet der Radverkehr, Fußverkehr, öffentlicher Personenverkehr und Kfz-Verkehr eine Kommune? Endbericht, Kassel: https://www.uni-kassel.de/fb14bau/fileadmin/datas/fb14/Institute/IfV/Verkehrsplanung-und-Verkehrssysteme/Forschung/Projekte/Endbericht_NRVP_VB1211.pdf

Statistisches Bundesamt (2015): Verkehrsunfälle. Fachserie 8, Reihe 7. Wiesbaden: https://www.destatis.de/DE/Publikationen/Thematisch/TransportVerkehr/Verkehrsunfael-le/Verkehrsunfael-leJ2080700157004.pdf?__blob=publicationFile (2.1.17)

Weltgesundheitsorganisation (WHO) (2015): Gesundheitsminister beschließen Strategie gegen Bewegungsarmut…. Kopenhagen/ Vilnius: http://www.euro.who.int/de/media-centre/sections/press-releases/2015/09/european-ministers-of-health-adopt-strategy-to-tackle-physical-inactivity-in-53-who-member-states (2.1.2017)

Weiterführende Literatur

Becker, Udo J. (Hrsg.) (2016): Grundwissen Verkehrsökologie. Grundlagen, Handlungsfelder und Maßnahmen für die Verkehrswende. München.

Götz, Konrad/Jutta Deffner (2009): Eine neue Mobilitätskultur in der Stadt – praktische Schritte zur Veränderung. In: Bundesministerium für Verkehr, Bau- und Stadtentwicklung (Hrsg.): Urbane Mobilität. Verkehrsforschung des Bundes für die kommunale Praxis. direkt 65. Bonn, S. 39–52.

Holzapfel, Helmut (2016): Urbanismus und Verkehr. Stuttgart.

Knoflacher, Hermann (1995): Fußgeher- und Fahrradfahrerverkehr. Planungsprinzipien. Wien.

Jutta Deffner, Dr., Institut für sozial-ökologische Forschung (ISOE), Hamburger Allee 45, 60486 Frankfurt.

Teil IV
Ausblicke

Verkehrspolitik und Zukunftsforschung

Zur Symbiose von Verkehrsplanung und Szenariotechnik

Ingo Kollosche

Zusammenfassung

Dieser Beitrag vermittelt die begrifflichen und konzeptionellen Grundlagen der Zukunftsforschung. Ziel ist eine realistische und kritische Darstellung dieser Forschungsrichtung. Die Unterstützungsleistung der Methoden der Zukunftsforschung für eine integrative Verkehrspolitik und -planung wird anhand der wichtigsten Methode, der Szenariotechnik, aufgezeigt und an einem konkreten Beispiel erläutert.

1   Einleitung

Verkehrspolitik impliziert Planungs- und Strategieprozesse. Diese sind eingebettet in volatile und unsichere Umfelder (Technologie, Ökonomie, Ökologie, soziale Systeme) und sind intern als dynamische Verhandlungsregimes zu verstehen. Planungs- und Strategieprozesse unterliegen extern den Bedingungen von Komplexität, Unsicherheit und den Wechselwirkungen sozialer Systeme. Intern sind sie konditioniert durch die Unvollständigkeit von Informationen, politischen und institutionellen Pfadabhängigkeiten und organisatorischen Interdependenzen.

Im Umgang mit den externen und internen Wirkungsgefügen kann die Zukunftsforschung die Verkehrspolitik unterstützen. Das erfolgt inhaltlich in der Generierung von Orientierungs- und Handlungswissen für relevante Themenbereiche und kommunikativ durch die Strukturierung unterschiedlicher Perspektiven und dem reflexiv-kritischen Vorgehensdesign.

I. Kollosche (✉)
TU Berlin, Berlin, Deutschland
E-Mail: ingo.kollosche@tu-berlin.de

© Springer Fachmedien Wiesbaden GmbH, ein Teil von Springer Nature 2018   447
O. Schwedes (Hrsg.), *Verkehrspolitik,*
https://doi.org/10.1007/978-3-658-21601-6_20

1.1   Sozialer Wandel und Ungewissheit

In dynamischen, unsicheren, komplexen und unübersichtlichen Gesellschaften und Zeiten zu leben gilt mittlerweile als eine wesentliche Grundannahme oder Prämisse in den Sozialwissenschaften. Etabliertem Orientierungswissen und geprüften Handlungsoptionen werden beständig der Geltungsbereich, die Legitimation und die zeitliche Reichweite entzogen. Das hat mit den zentralen Eigenschaften moderner Gesellschaften zu tun. Indem sie sich im aufklärerischen Sinne selbst gestalten und verwalten und zum einen keinen zentralen Steuerungsinstanzen unterliegen und andererseits umkämpfte Arenen kultureller und politischer Auseinandersetzungen darstellen, sind sie zukunftsoffen im Sinne ungerichteter Prozesse und Interdependenzen. Die sich vollziehenden Veränderungsprozesse werden durch die Sozialwissenschaften als gesellschaftlicher Wandel in politischer, sozialer, wirtschaftlicher, technologischer und ökologischer Hinsicht beschrieben. Die Historie der Politikwissenschaften und der Soziologie zeigt einen fortwährenden Differenzierungsprozess der zugrunde liegenden Theorien. Dominierten zu Beginn der zweiten Hälfte des 20. Jahrhunderts Großtheorien wie die Modernisierungstheorie, so wurden die Theorien in ihrer Reichweite zum Ende des Jahrhunderts immer „kleiner". Theorien mittlerer Reichweite und mikroanalytische Fallbetrachtungen bestimmen zunehmend das theoretische Feld. Das ist die sozialwissenschaftliche Antwort auf die Einsicht in die eingangs beschriebene Verfasstheit moderner Gesellschaften.

1.2   Postfossile Mobilitätspolitik und mentale Landkarten

Der Klimawandel mit seinen Konsequenzen stellt eine besondere und hochkomplexe Herausforderung dar. Zum einen bedroht er den Bestand des Planeten Erde und die Lebensweisen der Menschen auf ihm. Zum anderen ist er eine zentrale Quelle der Verunsicherung, wie mit den komplexen und interdependenten Prozessen klimatischer Veränderungen umgegangen werden soll. Im Bereich der Verkehrspolitik fokussiert sich die Diskussion konkret auf die Grenzen des fossilen Verkehrssystems. Aber Verkehrssysteme sind eingebettet in soziale, kulturelle, wirtschaftliche, ökologische und politische Strukturen und Prozesse und insofern geht es um mehr als nur um mögliche postfossile Verkehrssysteme. Die Herausforderung besteht in der Transformation der traditionellen fossilen Verkehrspolitik in eine postfossile Mobilitätspolitik (vgl. den Beitrag von Rammler in diesem Band).

Dabei besteht die Aufgabe nicht nur darin, neue Konzepte und technologische Lösungen zu entwickeln, vielmehr besteht das Ziel in der Gestaltung einer – im metaphorischen Sinne – „neuen mentalen Landkarte" (vgl. Schindler et al. 2009), die weit über verkehrspolitische Grenzen im engeren Sinne hinaus reichen muss. Diese Landkarte der Einstellungen, Werthaltungen und Vorstellungen von Mobilität ist eine wesentliche Voraussetzung für technologische und politische Lösungen im Mobilitäts- und Verkehrssystem.

Doch wie diese erstellen, in einer Situation, die von den faktischen und methodologischen Unsicherheiten gekennzeichnet ist, aber zugleich zukunftsweisende Entscheidungen verlangt? Welche Disziplinen oder Forschungsansätze können die Verkehrspolitik unterstützen, diesem Dilemma zu entkommen?

1.3 Szenarien und Transformation

Die – im wissenschaftlichen Sinn – noch recht junge Zukunftsforschung ist ein hilfreicher Partner der Verkehrsplanung und den darüber hinausgehenden verkehrspolitischen Fragestellungen und Herausforderungen.

Sie ermöglicht eine prospektive Beschreibung komplexer und dynamischer Systeme und das mit einem mittel- bis langfristigen Zeithorizont, also einer temporären Orientierung, die planerischen Unternehmungen entspricht. Darüber hinaus bietet die Zukunftsforschung Chancen der partizipativen Gestaltung von Leitlinien, Kontextwissen und politischen Strategien. So geben beispielsweise Szenarien Orientierungshilfen sowie Anschauungsmaterial für mögliche neue mentale Karten.

Innerhalb der Dynamik der Zukunftsungewissheit helfen Anleihen bei der Zukunftsforschung und ihrem methodologischen Werkzeugkasten. Am Beispiel eines konkreten Szenarioprozesses (siehe Exkurs „Zur Methode der Szenariotechnik") zum Thema Elektromobilität soll gezeigt werden, wie Szenarien den Prozess der Neugestaltung der „mentalen Landkarte" methodisch unterstützen können. Gleichzeitig soll der aus verkehrsplanerischer Sicht wichtige Gedanke der Transformation der angebotsorientierten zu einer nachfrageorientierten Verkehrspolitik skizziert werden. Dazu wird zunächst die Zukunftsforschung in erkenntnistheoretischer und methodologischer Perspektive dargestellt. Im Fazit soll auf die partizipatorisch gewonnenen Ergebnisse des Szenarioprozesses eingegangen und diese im Zusammenhang mit dem Thema „postfossiler Mobilitätskulturen" diskutiert werden.

2 Was ist Zukunftsforschung?

Die folgenden Ausführungen erheben nicht den Anspruch einer historischen Analyse der Zukunftsforschung. Es sollen die erkenntnistheoretischen Grundlagen, die institutionelle Verortung und die methodologische Expertise der Zukunftsforschung umrissen werden. Dies ist nicht nur für den hier nachzuweisenden Zusammenhang von Zukunftsforschung und Verkehrspolitik notwendig, sondern auch aufgrund des besonderen Status der Zukunftsforschung erforderlich.

2.1 Definitionen und Besonderheiten

Die Besonderheit der Zukunftsforschung leitet sich aus mindestens zwei wesentlichen Kennzeichen ab. Zum einen hat sie keinen empirischen Bezug im klassischen Sinne, denn die Phänomene, Wirklichkeiten und Handlungen werden ja erst stattfinden. Sie beschäftigt sich also mit Dingen, die es erst geben wird. Sie kann sich nur auf vergangene oder gegenwärtige Tatsachen und Erfahrungen stützen und hat nur in diesen Zeitformen eine empirische Grundlage. Ein erkenntnistheoretisches Dilemma, das erhebliche methodische Implikationen aufwirft und auf den zweiten Grund, die prekäre Stellung der Zukunftsforschung, verweist. Wissenschaftshistorisch ist die Zukunftsforschung eine sehr junge Wissenschaft, zumindest im institutionellen Sinne. Sie hat bei weitem nicht die Anerkennung und Legitimation, die zumindest die etablierten Sozialwissenschaften gegenüber den Naturwissenschaften mittlerweile haben. Dies sind keine guten Voraussetzungen für die Glaubhaftigkeit und Belastbarkeit der Zukunftsforschung. Dennoch produzieren die gegenwärtigen Verhältnisse in ihrer Mischung aus Dynamik, Komplexität und Unsicherheit eine beständig wachsende Nachfrage nach Wissen über mögliche Zukünfte, und gleichzeitig formiert sich der Zweifel an der Seriosität, der Potenzialität und Wissenschaftlichkeit der Zukunftsforschung. Sie muss sich im Vergleich zu den anderen wissenschaftlichen Disziplinen noch stärker der erkenntnistheoretischen und methodologischen Grundlagen vergewissern, um ihre Anerkennung, Legitimation sowie Reputation zu sichern.

Die Zukunftsforschung hat die Aufgabe, sinnstiftendes Wissen für den Umgang mit unsicheren Zukünften zu schaffen. Ihre Ziele sind einerseits die Gewinnung wissenschaftlichen Orientierungswissens und anderseits die praktische Beratung und Unterstützung von Planungs-, Strategie- und Entscheidungsprozessen in den entsprechenden gesellschaftlichen Subsystemen Politik, Wirtschaft, Ökologie und Wissenschaft.

Sie hat aber nur die Vergangenheit und Gegenwart als Referenz und ist insofern die Konstruktion des Möglichen aus der Rekonstruktion des Gegebenen aus Vergangenheit und Gegenwart. Zukunftsforschung muss als systemischer Prozess verstanden und angewendet werden: multiperspektivisch, intersubjektiv und transdisziplinär.

Eine Definition der Zukunftsforschung nach Kreibich lautet daher: Zukunftsforschung ist „die wissenschaftliche Befassung mit möglichen, wahrscheinlichen und wünschenswerten Zukunftsentwicklungen und Gestaltungsoptionen sowie deren Voraussetzung in Vergangenheit und Gegenwart" (Kreibich 2007: 181). Die Zukunftsforschung enthält analytische, deskriptive, normative Komponenten sowie prospektive, kommunikative und gestalterische Elemente. Das Wissen über die Zukunft ist in besonderer Weise auf Kommunikation angewiesen. Für kommunikativ-partizipatorische Ansätze wie der Szenariotechnik gilt das im Besonderen.

Bei allen methodischen Anstrengungen und Qualitätsmerkmalen, denen die Zukunftsforschung genauso unterliegt wie andere wissenschaftliche Disziplinen, ist dennoch vor falschen Erwartungen und kognitiven Irrtümern zu warnen. Auch bei aller wissenschaftlichen Fundierung kann die Zukunftsforschung keine planungsverlässlichen Zukunftsvorhersagen liefern. Sie kann maximal die Sensibilität im Sinne der Früherkennung für bestimmte Entwicklungen, Störereignisse oder Entscheidungskonsequenzen erhöhen. Auch diese Früherkennung ist mit Informationslücken behaftet und hat Interpretationsspielräume. Spekulative Elemente, institutionell bedingte Interessen und normative Dispositionen müssen bei Zukunftsstudien stets bedacht und in einer „Fehlerbetrachtung" einkalkuliert werden.

2.2   Erkenntnistheoretische Grundlagen: Kontingenz und moderne Gesellschaften

Als erstes gilt das Interesse dem Erkenntnisgegenstand der Zukunftsforschung. Dieser liegt in der Zukunft selber und somit bleibt der Zukunftsforschung nur der Modus der Erwartung zukünftig eintretender Ereignisse. Diese methodisch kontrolliert zu beschreiben ist ihre eigentliche Verfahrensweise. Empirische Materialien und Wissensbestände, von denen die Zukunftsforschung ausgehen kann, liegen nur in der Form von Daten aus der Vergangenheit und Gegenwart vor. Ihre Analyse beginnt also genau dort und ist mit den entsprechenden erkenntnistheoretischen Problemen der Vergangenheits- und Gegenwartsanalyse konfrontiert.

Bereits in der Einführung wurde auf die besondere Verfasstheit moderner Gesellschaften hingewiesen. Zukunftsoffenheit bedeutet, dass die gesellschaftliche Welt nicht mehr als geordnetes Ganzes besteht, in der jeder Mensch seinen sinnvollen Ort findet, vielmehr hat sich über Jahrzehnte eher die Erkenntnis und Empfindung von Entzweiung, Differenzerfahrungen und der Ausdifferenzierung unterschiedlicher Wertsphären in den Wissenschaften und den Alltagserfahrungen der Menschen etabliert. Lebensweltlich zeigt sich dies in diskontinuierlich verlaufenden Erwerbsbiografien, fragilen Beziehungsmustern und schwindenden Kontinuitäten und Verbindlichkeiten. Der Beginn der Moderne war noch geprägt durch ein Vertrauen in die Zukunft auf Basis der Fortschrittsidee. „Sowohl im Technischen als auch im Humanen beschreibt sich die Gesellschaft durch Projektion ihrer Zukunft" (Luhmann 1992: 133). Dieses Vertrauen in die eigene Zukunft hat nicht nur durch die ideologischen, politischen und ökonomischen Entwicklungen und Transformationen des 20. Jahrhunderts an Wirkungsmächtigkeit verloren. Der rasante Zuwachs an Komplexität moderner Gesellschaften und der Beschleunigung in gesellschaftlichen Systemen führte und führt zu einer Bedeutungsoffenheit der Strukturen, Begründungsdefiziten und einer „Logik der Unbestimmtheit" (Holzinger 2007: 12). Entwickelte moderne Gesellschaften basieren zudem auf Wissensbeständen, die ihnen oft einen gerichteten Blick in die Zukunft verstellen, da diese Bestände umstritten, vorläufig und widersprüchlich sind, um Eindeutigkeiten zu produzieren.

Diese Bedeutungen und Eigenschaften moderner Gesellschaften verdichten sich in dem Terminus Kontingenz. Kontingenztheoretische Betrachtungen verweisen auf die Relativität, Offenheit und Ungewissheit menschlicher Lebenserfahrungen und somit auch der Zukunftserwartungen. „Kontingent ist alles, was weder notwendig noch unmöglich ist" (Luhmann 1992: 96). Die Forschungsgegenstände der Zukunftsforschung sind entsprechend weder zwangsläufig verlaufende noch utopische Realitäten. Erkenntnistheoretisch und methodologisch bedeutet prinzipielle Offenheit, dass lineares Denken oder Prinzipien einfacher Kausalität sowie Kontinuitätsannahmen in diesem Kontext versagen, gerade hinsichtlich der Analyse zukünftiger Entwicklungen.

Kontingenz und Zukunftsforschung stehen dabei in einem wechselseitigen Verhältnis. Kontingenz bedingt geradezu Zukunftsoffenheit und macht sie zugleich nicht einsehbar. Zukunft ist nicht vorhersehbar und somit auch nur bedingt planbar. Sie kann nicht gewusst werden. Sie ist phänomenologisch gesehen ein Horizont offener Möglichkeiten. Unser Erfahrungshorizont die Zukunft betreffend kann nur in Form von Erwartungen beschrieben und gestaltet werden (vgl. Liessmann 2007). Aus kontingenztheoretischer Sicht bedeutet das: das Gegebene und Kommende wird immer im Horizont des möglichen Andersseins erfahren und bewertet.

Nach dem Ende der Ideologien und ihrer gegenwärtigen Reformulierungen, den gesellschaftlichen Experimenten des 20. Jahrhunderts sowie den Komplexitäts- und Kontingenzsteigerungen ist der Glaube an eine planerische Gestaltbarkeit der Zukunft problematisch geworden. Wir müssen von der prinzipiellen Verschlossenheit der Zukunft ausgehen: Die Zukunft werden wir nie wissen können – aber wir können mit Formen der strukturierten Kommunikation (bspw. Szenarien) plausible Zukunftsbilder erzeugen. Für Planungen und Handlungsoptionen müssen wir das geradezu, denn wie die Zukunft sich gestaltet, ist abhängig von unseren Entscheidungen in der Gegenwart. Erschwerend wirkt sich dabei der Kontinuitätsbruch von Vergangenheit und Zukunft aus. Zukünfte sind aber auch keine möglichen Zustände, die hinter dem Rücken von Akteur_innen geschehen oder eine Creatio ex nihilo, sondern haben eine spezifische Herkunft. Aber: „Wir können uns nur sicher sein, daß wir nicht sicher sein können, ob irgendetwas von dem, was wir als vergangen erinnern, in der Zukunft so bleiben wird, wie es war" (Luhmann 1992: 136).

Nach diesem erkenntnistheoretischen Exkurs können einige Prämissen der Zukunftsforschung festgehalten werden.

- *Die* Zukunft lässt sich nicht beschreiben. Zukünfte können aus der Gegenwart heraus nur im Plural und in Alternativen beschrieben werden.
- Zukünfte sind immer erwartungsgesteuert und die jeweiligen Zukunftssemantiken hängen stets von der Gesellschaft ab, in der sie erzeugt werden.
- Wir bringen die Zukunft hervor: in unserem Handeln und speziell in der Beschreibung von Zukünften.

2.3   Wissensformen und Methodologie

Wie kann nun auf der Basis dieser Prämissen über Zukünfte nachgedacht werden? Woher Orientierung gewinnen im Kontext der Wissensökonomie einer kontingenten Welt? Heißt das, wie Norbert Bolz (2004) betont, dass wir uns in einem ‚Blindflug' in die Zukunft bewegen? Wie können politische Institutionen, Unternehmen oder die Wissenschaften jene Anpassungsleistungen an das Unvorherseh- und sagbare gestalten?

Genauer formuliert bedeutet das, darüber nachzudenken, in welchen Wissensformen Zukünfte analysiert und dargestellt werden und mit welchen Methoden, Instrumenten sowie Werkzeugen das getan werden kann. Vier typologisch beschreibbare Wissensformen über die Zukünfte sollen kurz vorgestellt und im Weiteren methodisch fundiert werden.

Mit „Zukunftswissen" ist erstens ein „Ceteris paribus Wissen, das auf Typisierung und Konstanz-Annahmen beruht" (vgl. Knoblauch/Schnettler 2005: 32 f.) gemeint. Vergangene und gegenwärtige Beobachtungen, Erfahrungen und Theorien werden in die Zukunft fortgeschrieben. Lineare Trendfortschreibungen (demografische Entwicklungen über die Alterung der Gesellschaft) und Kausalannahmen („abends wird es dunkel") liegen diesem Modell zugrunde. In der pragmatischen Lebensführung der Menschen ist diese Art des Zukunftswissens überall anzutreffen. Aber diese Modelle helfen einer wissenschaftlich orientierten Zukunftsforschung nicht, da sie Kontinuitätsbrüche, nichtintendierte Handlungsfolgen und Systemdynamiken über einen langen Zeitraum nicht berücksichtigen.

Daneben gibt es zweitens die Figur des „zukünftigen Wissens". Darunter sind Erfahrungen zu verstehen, die Personen erst in der Zukunft machen werden und durch hypothetisches Schließen aus dem Jetzt erlangen. Hierbei ist kein Fortschreiben des Gegenwärtigen gemeint, sondern die Übertragung von Erkenntnissen aus einem Erfahrungsbereich (z. B. Softwareentwicklung) in andere Lebensbereiche (z. B. Haushaltsroboter, neuronale Optimierung menschlicher Leistungsfähigkeit).

Die dritte Form des Zukunftswissens ist sicherlich die ambivalenteste und im strengen Sinne auch keine wissenschaftliche. Hier handelt es sich um außeralltägliche Erfahrungen im Sinne von Transzendenzerfahrungen, d. h. Grenzerfahrungen zwischen dem Einzelnen und der Gesellschaft, wie Visionen oder Erscheinungen. Die populärste und traditionellste Form dieser Fantasien wird „Science Fiction" genannt, aber auch prophetische Aussagen zählen dazu.

Viertens gibt es noch die wissenschaftliche Generierung von Wissen über mögliche Zukünfte. Dabei handelt es sich um Versuche, Zukünfte „methodisch kontrolliert" zu beschreiben – hier haben auch Szenarien ihren Platz.

Aufgrund der unmöglichen empirischen Beobachtung des Forschungsgegenstandes aus der Gegenwart heraus und der sachlichen, sozialen und zeitlichen Extensivität des Objektes Zukunft ist die Zukunftsforschung auf Interdisziplinarität und Kooperation verschiedener Expertensysteme angewiesen. Darüber hinaus integriert sie als handlungsorientierte Wissenschaft neben den Gütekriterien wissenschaftlicher Forschung durchaus auch normative Elemente. „Variablenmanipulative Forschungsstrategien" (Popp 2009: 132) haben hier nur eine begrenze Reichweite. Mit statistischen Kausalmodellen oder gar Experimenten können nur Aussagen über Zukünfte gewonnen werden, die auf stark reglementierten und kontrollierten Ausgangsbedingungen ruhen. Eine der wesentlichsten Eigenschaften der Zukunftsforschung ist der hohe Komplexitätsgrad sowie die dynamische Systemhaftigkeit des jeweiligen Themenfeldes. Insofern sind die strengen Kontrollansprüche nicht realisierbar, zumal der Prozess der Zukunftsforschung selber komplex, dynamisch und multifaktoriell ist. Damit stellt die Zukunftsforschung sicherlich eine Forschungsdisziplin mit Besonderheitswert dar. Aber trotz dieser Besonderheiten ist sie den Gütekriterien der wissenschaftlichen Praxis verpflichtet. Doch zunächst einige Abgrenzungen und Differenzen zu anderen Ansätzen:

Sowohl in zeitlicher wie methodischer Hinsicht grenzt sich die Zukunftsforschung von klassischen Planungs- und Prognoseinstrumenten ab. Prognose- und Planungsprojekte haben meist einen kurz- bis mittelfristigen Horizont, wohingegen die Zukunftsforschung auf Langfristigkeit angelegt ist (10–30 Jahre). Sehr oft operieren diese Verfahren mit einfachen Projektionen, die alternative Entwicklungen ausblenden (Konjunkturprognosen). Solche Prozesse sind zudem noch häufig sehr exklusiv und bieten wenig Raum für partizipative Elemente. Als Ergebnis erscheint eine Zukunft oder ein Zukunftsbild, das unterkomplex ist, aber dennoch die Grundlage für Entscheidungen und Strategien bildet. In der Verkehrsplanung führt diese Vorgehensweise oftmals zu angebotsorientierten Planungsverfahren, welche die Präferenzen von Betroffenen dieser Verfahren ausblendet.

Die Methodik und Herangehensweisen der Zukunftsforschung werden in der Fachliteratur unterschiedlich systematisiert, haben aber grundlegende Gemeinsamkeiten. An dieser Stelle wird der Systematisierung von Rolf Kreibich gefolgt, einem der Gründungsväter der Zukunftsforschung in Deutschland (vgl. Kreibich 2006).

1. „Exploratives empirisch-analytisches Vorgehen": Dieses Vorgehen kann sowohl quantitativ wie qualitativ erfolgen und geht von genauen und streng definierten Annahmen und Voraussetzungen aus, die statistisch mit Hilfe von Algorithmen in die Zukunft projiziert werden (vgl. „Zukunftswissen"). Zeitreihenfortschreibungen in Form von Trendextrapolationen sind hier häufig eingesetzte Verfahren. So werden Prognosen zum Verkehrsaufkommen mittels solcher Techniken erstellt. Um kurz- bis mittelfristige Orientierungen zu gewinnen, müssen die Rahmenbedingungen auch für die Zukunft konstant gesetzt werden. Diese Bedingung schränkt die Reichweite und den Komplexitätsgrad dieser Projektionen deutlich ein. Zudem handelt es sich um isolierte Betrachtungen von Entwicklungen, die keine alternativen Spielräume zulassen.

2. „Normativ-intuitives Vorgehen": Hierbei handelt es sich um die strukturierte Hervorbringung gewollter oder gewünschter Zukunftsbilder und die jeweiligen Maßnahmen, Mittel und politischen Weichenstellungen zum Erreichen dieser Vorstellungen. Die Zielsetzung solcher Zukunftsarbeiten ist wertebasiert und die Bewertung sowohl der gegebenen Umstände als auch der zukünftigen Entwicklungen sind konstitutiv für ihre Durchführung. Der Praxisbezug solcher Arbeiten – im Sinne der Zukunftsgestaltung in einem gesellschaftlichen Feld – generiert die normativen Elemente. Fantasie und Kreativitätstechniken finden in solchen Ansätzen einen gewichtigen Raum. Die Zukunftswerkstatt ist eine Technik, die neben einem partizipativen Element (z. B. Bürgerbeteiligungen) das normative Moment (z. B. Verkehrsberuhigung vor Schulen oder Kindertagesstätten) berücksichtigt. Durch einen im Vorhinein gewünschten und so definierten Zustand in der Zukunft (z. B. höherer Sicherheit und weniger Unfälle vor Schulen und Kindertagesstätten) wird gemeinsam in der Zukunftswerkstatt über Wege und Realisierungsmöglichkeiten beraten.

3. „Planend-projektierendes Vorgehen": Diese Ansätze zielen auf die Erstellung von Strategien und unterstützen Entscheidungsfindungen auf der Basis ausreichenden Datenmaterials. Mathematische Modellierungen und Computersimulationen sowie Entscheidungsmodelle werden für solche Prozesse angewendet. Das wohl prominenteste Beispiel für einen solchen Prozess sind die kontinuierlich aktualisierten Studien des Club of Rome und des Intergovernmental Panel on Climate Change (IPCC). Die hier angewendete Modellierung (Club of Rome) basiert auf der Social Dynamics-Methodik. Die ganzheitliche Analyse und Simulation komplexer und dynamischer Systeme – in diesem Fall der Welt – beschäftigt sich mit der zukünftigen Entwicklung der Menschheit auf der Erde und hat nachhaltigen Einfluss auf politische, wirtschaftliche, soziale

und vor allem ökologische Diskurse. Aus den Erkenntnissen der Zukunftsstudien wurden und werden Leitbilder, Strategien und Zukunftsdiskurse abgeleitet und entwickelt.

4. „Kommunikativ-partizipativ gestaltendes Vorgehen": Die Ansätze und Methodik dieser Herangehensweise unterscheiden sich nicht nur durch die zeitliche Dimension der Zukunftsbilder und -entwicklungen sondern auch durch den höheren Grad der Zukunftsoffenheit der Ergebnisse. Wesenskern dieser Vorgehensweise ist die explizite Einbeziehung von unterschiedlichen Akteuren und Expert_innen aus gesellschaftlichen Praxisbereichen, die mit dem zu behandelnden Zukunftsthema aufgrund ihrer fachlichen Expertise verbunden sind, zukunftsrelevante Entscheidungen fällen oder von den Konsequenzen betroffen sein werden. Hier werden auch Elemente und Techniken des normativ-intuitiven Vorgehens implementiert. Analytisch-explorative, deskriptive, gestalterische und normative Elemente werden in diesen Ansätzen zusammengeführt. Für mittelfristige Anwendungen eignen sich Sensitivitätsmodelle, die die Teilnehmer_innen in die Lage versetzten, iterativ die Ganzheitlichkeit eines komplexen Systems zu erfassen und unterschiedliche Perspektiven einzunehmen. So kann ein solches Verfahren bei der Regionalentwicklung oder -planung zur Anwendung kommen, wenn es darum geht, bestimmte Förderprogramme umzusetzen. Dabei fließen normative Vorgaben (Zielvorstellung der Entwicklungsregion) zusammen mit planerisch-projektierenden Komponenten (wie und mit welchen Maßnahmen kann das Planungsziel erreicht werden) in das Gesamtsystem ein und können in ihrer Interdependenz betrachtet werden. Diese Form der praxisbezogenen Zukunftsforschung im Sinne eines Prozessmanagements impliziert die diskursive Beteiligung des Forschenden an der Zukunftsgestaltung unter Einbeziehung einer Perspektivenpluralität, die durch Interdisziplinarität von Experten und Inklusion der „betroffenen" Akteure gewährleistet wird.

Exkurs: Zur Methode der Szenariotechnik

Ein ähnliches „diskursives Expertensystem" (Klein 2009: 293) benötigt die Szenariotechnik für ihr Vorgehen. Die Szenariotechnik ist die zentrale und am weitesten verbreitete sowie angewendete Methode der Zukunftsforschung. Sie zeichnet sich durch eine langfristige Orientierung aus, integriert verschiedene methodische Ansätze und bindet aktiv Unsicherheiten sowie Ungewissheiten ein. Ähnlich wie Sensitivitätsmodelle gründet die Szenariotechnik auf kommunikativ-partizipativen Elementen, die gleichsam verändernd auf die beteiligten Akteure im Prozess wirkt. Diese Technik entwickelte sich im Kontext der militärischen Strategieplanung in den 1950er Jahren und wurde erstmals in den 1970er Jahren von dem Unternehmen Shell für die Erstellung von Energie-Szenarien genutzt. Öffentlichkeitswirksam traten sie in der Verbindung mit Computersimulationen (vgl. Simulationsmodelle) im Bericht des Club of Rome „Grenzen des Wachstums" (1972) in Erscheinung. Die gegenwärtigen Anwendungsfelder erstrecken sich von strategischen Planungen in Unternehmen über Stadt- und Verkehrsplanungen bis hin zu globalen Energie- und Klimaszenarien.

Zunächst ist die Szenariotechnik wie viele andere Methoden der Zukunftsforschung ein Prozess strukturierter Kommunikation. Angesichts der weiten Zeithorizonte (10–30 Jahre) von Zukunftsszenarien und der damit einhergehenden potenzierten Ungewissheit im Umgang mit der Evolution komplexer Systeme (den Gegenständen der Szenarioprozesse) sowie der Vielzahl an unterschiedlichen Beteiligten ist das eine notwendige Bedingung für einen Szenarioprozess. Dabei geht es nicht um die Produktion und Darstellung exakten Wissens über die Zukunft, sondern um ein gründliches Verstehen eines Problems und der möglichen Entwicklungswege sowie deren Grenzen. Wahrheitsansprüche erheben Szenarien nicht. Konkrete Anweisungen zum Handeln zählen nicht zu den unmittelbaren Ergebnissen von Szenarioprozessen. Auf der Basis eines gegenstand- und problemorientierten Sammelns von Informationen und systematischer Problemstrukturierung, das externe Einflüsse und alternative Entwicklungen einbezieht, werden im Ergebnis Handlungsoptionen im Kontext unterschiedlicher Zukunftsbilder diskutiert. Auf dieser Grundlage können Entscheidungen abgestimmt, inhaltlich fundiert, bewertet und letztlich gefällt werden. Somit ist der Szenarioprozess ein Prozess, der erst einen sehr hohen Grad an Komplexität erzeugt in Form von Informationen, Daten und möglichen Entwicklungsrichtungen und diese dann wieder durch die Verdichtung der Informationen und Entwicklungsrichtungen zu überschaubaren Szenarien reduziert. Dabei werden in einem iterativen Vorgehen mögliche zukünftige Situationen erarbeitet und aufgezeigt, was passieren kann (vgl. Becker/ List 1997).

Szenarien sind Darstellungen möglicher zukünftiger Situationen einschließlich der Entwicklungswege, die zu diesen Konstellationen führen (vgl. Kosow/Gaßner 2008: 9). Diesen Darstellungen liegen spezifizierte Annahmen zugrunde, die durch „hypothetische Konstruktionen" (ebenda: 10) in die Zukunft verlängert werden. Die Annahmen wiederum sind zeitlich und räumlich begrenzt und ergeben einen Möglichkeitsraum, der sich wie ein Trichter in die Zukunft öffnet (ebenda: 13.)

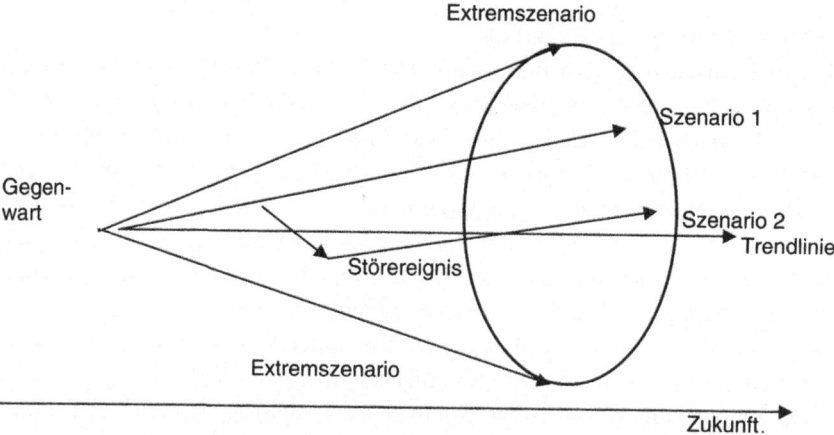

Quelle: Fachgebiet Integrierte Verkehrsplanung, TU Berlin

Die methodologische Prämisse der Szenariotechnik ist die Idee möglicher Zukünfte oder auch alternativer Zukünfte und entspricht damit den eingangs erläuterten erkenntnistheoretischen Grundannahmen der Zukunftsforschung.

Die Einsatzmöglichkeiten von Szenarien sind vielfältig. Es können in funktionaler Hinsicht drei idealtypische Funktionen unterschieden werden (Im Folgenden vgl. ebenda: 14 ff.): Die *explorative Wissensfunktion* von Szenarien besteht im systematischen Vertiefen des Verständnisses gegenwärtiger Situationen und Entwicklungen und vor allem deren Zusammenhänge, Wechselwirkungen und Dynamiken, die die Grundlage für die alternativen Entwicklungen darstellen. Ein wichtiger Bestandteil dieser Funktion ist das Aufspüren und die Betrachtung sogenannter „blinder Flecken" in der Analyse. Damit sind unvorhersehbare Ereignisse (auch Wild Cards genannt), Konflikte und Widersprüche gemeint. Die *Kommunikationsfunktion* wurde bereits im Kontext der kommunikativ-partizipatorischen Herangehensweise in der Zukunftsforschung allgemein erläutert. In einem Szenarioprozess erarbeiten sich die Teilnehmerinnen und Teilnehmer ein relativ geteiltes Verständnis über die Veränderungen in den relevanten Umfeldern und deren Ursachen sowie Treiber. Diese binnenkommunikative Funktion unterstützt sowohl den Diskurs der Teilnehmer_innen als auch die Abstimmung und Integration der unterschiedlichen Perspektiven, die sich aus den institutionellen Kontexten, den unterschiedlichen fachlichen Expertisen und divergenten Interessen ergeben. Dieser Prozess fördert gleichzeitig die dritte Funktion von Szenarien. Die Teilnehmer_innen und die Adressat_innen des Szenarioprozesses erhalten eine Unterstützung ihrer eigenen Zielvorstellungen. Insofern hilft die *Zielbildungsfunktion* (Strategiebildungsfunktion) bei der Positionierung von Unternehmen, politischen Institutionen oder Einzelakteuren bezüglich der möglichen Zukünfte. Darauf aufbauend können dann Entscheidungen oder Strategien entwickelt werden, die konkrete Aktivitäten und Handlungen zur Folge haben. Im Lichte der Szenarien können diese beurteilt und bewertet sowie in ihren Wirkungen auf Belastbarkeit geprüft werden.

An dieser Stelle soll das Grobgerüst eines Szenarioprozesses skizziert werden. Ein Szenarioprozess untergliedert sich in sieben Arbeitsschritte.

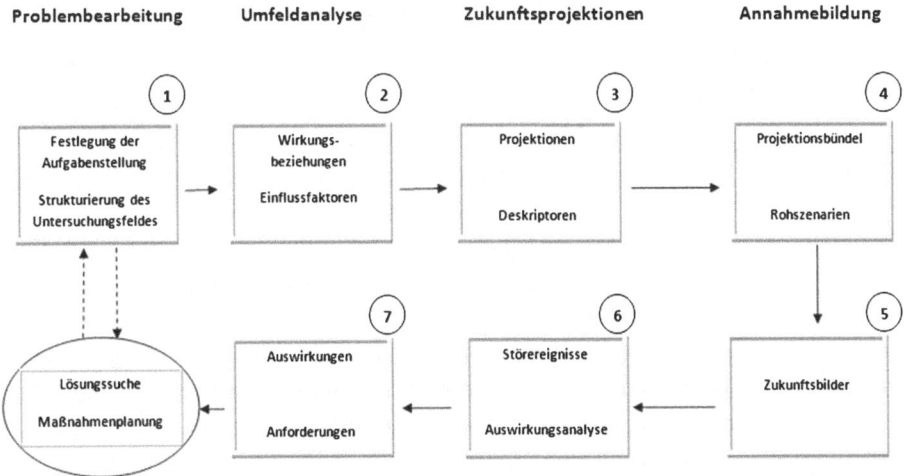

Quelle: Eigene Darstellung nach Becker/List: 1997

Der erste Schritt eines Szenarioprozesses besteht in der Aufgaben- und Problemanalyse, die im Ergebnis eine eindeutige und von allen Beteiligten definierte Szenariofragestellung ergeben soll. Gleichzeitig muss das Szenariofeld in sachlicher, zeitlicher und räumlicher Hinsicht festgelegt werden. Danach erfolgt mit der Umfeldanalyse der zweite Schritt und es werden alle relevanten Einflussfaktoren, die die Szenariofragestellung und das Szenariofeld beeinflussen, gesammelt und mit empirischen Daten aufbereitet. Das sollte vorzugsweise durch Expert_innen für die jeweiligen Themen, Probleme oder Fragestellungen erfolgen.

Die Einflussfaktoren werden in einer Wechselwirkungsanalyse zueinander in Beziehung gesetzt und nach Einflussstärken und Unsicherheiten bewertet. Diese Strukturierung ist die Voraussetzung für den nächsten Arbeitsschritt der Projektionen.

Die aus den Einflussfaktoren gewonnenen Deskriptoren oder auch Schlüsselfaktoren (die Faktoren, die den stärksten Einfluss auf das Gesamtsystem haben und gleichzeitig in ihrer Entwicklung am unsichersten sind) beschreiben das Szenariofeld. Sie werden hinsichtlich ihrer zukünftigen Entwicklung bearbeitet. Ausgehend vom analysierten Ist-Zustand erfolgt die Definition und Projektion der Ausprägungen.

Im vierten Schritt werden die Projektionen zueinander in Beziehung gesetzt, auf ihre Konsistenz geprüft und dann zu möglichst widerspruchsfreien Projektionsbündeln verknüpft, welche die sogenannten Rohszenarien bilden.

Dieses Grundgerüst der Szenarien wird daraufhin weiter ausgestaltet und beschrieben. Meist geschieht das in Textform, ergänzt um grafische Elemente. Der gestalterischen Fantasie sind dabei (fast) keine Grenzen gesetzt, so können Szenarien auch filmisch dargestellt werden.

Im fünften Schritt werden die Szenarien interpretiert und auf Plausibilität und Widerspruchsfreiheit geprüft. Bevor es zur Auswirkungsanalyse kommt muss noch die Störereignisanalyse durchgeführt werden. Der auch als Wild-Card-Analyse bezeichnete Arbeitsschritt nimmt mögliche, aber recht unwahrscheinliche Störereignisse, Trendbrüche oder andere unvorhersehbare Eventualitäten in den Blick und überprüft die möglichen Wirkungen auf die jeweiligen Szenarien. Das kann einerseits zu zusätzlichen Szenarien führen aber anderseits die Sensibilität für mögliche Konsequenzen von Handlungsoptionen erhöhen.

Im siebten und abschließenden Schritt werden die Auswirkungen der Szenarien auf das Problem analysiert und entsprechende Handlungsoptionen, Leitbilder oder Strategien entwickelt.

Abschließend noch einige Ausführungen zu Grundformen von Szenarien (vgl. im Folgenden Gausemeier et al. 1996). Damit soll auch noch einmal auf den wichtigen ersten Schritt der Szenarioanalyse hingewiesen werden. Die Aufgabenanalyse umfasst nicht nur die Definition der Aufgaben- oder Problemstellung, sondern auch die Festlegung welche Form der Szenarioprozess haben soll und welche Szenariotechnik angewendet wird. In Abhängigkeit davon werden drei Szenariogrundformen unterschieden: Umfeld-Szenarien, Entscheidungs- oder Gestaltungsszenarien und System-Szenarien. Szenarioprozesse, die „ausschließlich auf nicht-lenkbaren, externen Einflussgrößen" (ebd.: 106) basieren und von Entscheidern nicht zu beeinflussen sind, werden als Umfeld-Szenarien bezeichnet. Ist das Ziel des Prozesses Entscheidungen herbei zu führen, so sind die Entscheider nicht nur am Prozess beteiligt, sondern es müssen beeinflussbare Lenkungsgrößen einbezogen werden. Solche Szenarien sind Entscheidungs- oder Lenkungsszenarien. Eine Hybridform aus beiden sind die System-Szenarien. Hier werden sowohl unbeeinflussbare Umfeldgrößen als auch variable Lenkungsgrößen berücksichtigt. Darüber hinaus werden Szenarien noch differenziert nach den jeweiligen Gestaltungsfeldern: Produkt-, Technologie- oder Globalszenarien.

3 Was leistet die Zukunftsforschung im Feld der Verkehrspolitik und -planung

Der Verkehrspolitik mit ihren Methoden und Verfahren der Verkehrsanalyse und -prognostik ist die auf mittel- und langfristige Horizonte ausgerichtet. Integrierte Verkehrsplanung, die verkehrsmittelübergreifend auf Wechselwirkungen zwischen Verkehr, Raumstruktur, Umwelt, Technik, Wirtschaft und Sozialstruktur gerichtet ist, erhöht ihr Gestaltungs- und Strategiepotenzial indem sie in ihrem methodischen Instrumentarium über die klassischen Methoden und Verfahren der Verkehrsplanung hinausgehen und Ansätze der Zukunftsforschung integriert.

Im Folgenden wird an einem Projektbeispiel der Einsatz der Szenario-Technik im Kontext der Integrierten Verkehrsplanung demonstriert und die Rolle sowie Wirkung von Szenarien im Diskursfeld der postfossilen Mobilität diskutiert.

3.1 Elektromobilität und Verkehrspolitik

Neben Trendanalysen und der Delphi-Methode spielen Szenarien in der Zukunftsforschung eine tragende Rolle. Szenarien zur Mobilität und Verkehrsentwicklung haben bereits Einzug gehalten in verkehrsplanerische Aktivitäten (vgl. BMVBS: 2006). Szenarioprozesse generieren methodisch kontrollierte Zukunftsbilder und ermöglichen nicht nur bildhafte Vorstellungen möglicher Zukünfte, sondern sie bilden auch die Grundlage strategischer Entscheidungsfindung. In politischen, technologischen, wirtschaftlich komplexen und kontingenten Umwelten stellen sie ein hilfreiches Werkzeug zur Komplexitätsreduktion und Strategiebildung dar.

Im Kontext der Verknappung fossiler Energieressourcen und der zunehmenden Klimagasemissionen in Folge des stetig wachsenden Verkehrsaufkommens wächst die Bedeutung neuer Antriebstechnologien und innovativer Mobilitätskonzepte. Einen Hoffnungsträger in diesem Feld stellt die Elektromobilität dar.

Die Verkehrspolitik steht mit der Einführung der Elektromobilität vor großen Herausforderungen. Diese bestehen in den offenen Fragen, ob und wie sich das Mobilitätsverhalten verändert oder welche Anforderungen an die Verkehrsinfrastruktur gestellt werden. Mobilität und speziell die Automobilität, wie wir sie seit Jahrzehnten gewohnt sind, befindet sich im Wandel. Die prognostizierten Folgen des Klimawandels, die Endlichkeit fossiler Brennstoffe und die verkehrspolitischen Herausforderungen der zunehmenden Urbanisierung erfordern Verhaltensänderungen, sowohl in den alltäglichen Mobilitätsroutinen als auch in der Verkehrsplanung.

Ein Indikator für diese Veränderungsprozesse ist der gegenwärtig entfaltete Diskurs um die Elektromobilität. Da sich die Elektromobilität mittelfristig in urbanen Ballungsräumen etablieren soll, sind die ersten Pilotversuche und deren wissenschaftliche Begleitforschung in acht Modellregionen angesiedelt. Berlin-Potsdam ist eine davon. Neben der erwarteten Reduktion der CO_2-Emissionen im Verkehrssektor verbinden sich mit diesem Konzept Hoffnungen auf Veränderungen im Bereich der Individualmobilität, dem Wirtschaftsverkehr und multimodaler Mobilitätskonzepte.

Der „Nationale Entwicklungsplan Elektromobilität der Bundesregierung" aus dem Jahr 2009 hat bis zum Jahr 2020 die Marktvorbereitung und -einführung batterieelektrischer Fahrzeuge zum Ziel. Mit ihm sollen die Weichen für eine zukünftige Mobilität gestellt werden. Die Herausforderungen durch Elektromobilität sind gewaltig. Leistungsfähige Energiespeicher, innovative Antriebskonzepte, Netzintegration und entsprechende Geschäftsmodelle sind nur einige Themenfelder, für die in der näheren Zukunft Lösungen gefunden werden müssen.

3.2   Elektromobilitätsszenarien für Berlin in 2025

Im Rahmen des durch das *Bundesministerium für Wirtschaft und Technologie* geförderten Projektes „e-mobility – IKT-basierte Integration der Elektromobilität in die Netzsysteme der Zukunft" widmete sich das Fachgebiet Integrierte Verkehrsplanung der TU Berlin der Analyse des Nutzer_innenverhaltens von Elektrofahrzeugen und der Raumplanung der regionalen Infrastruktur. Das Teilprojekt wollte einen Beitrag zum Perspektivwechsel von der Angebots- zur Nachfrageplanung leisten.

Zur Umsetzung der Projektziele wurde im ersten Schritt ein explorativer Szenarioprozess durchgeführt. Diese Regionalszenarien Elektromobilität in Berlin 2025 dienen der Langfristabschätzung der Auswirkungen der Elektromobilität in der Hauptstadt. Sie ermöglichen alternative Zukunftsbilder der Elektromobilität im Ballungsraum Berlin.

Ziel des Szenarioprozesses war es, die zentralen Rahmenbedingungen und Einfluss- sowie Umfeldfaktoren der Elektromobilität in der Region Berlin systematisch zu analysieren und ihre möglichen Wirkungen auf das künftige Mobilitätsverhalten von Nutzer_innen und die Entwicklung der Elektromobilität in konsistenten Zukunftsbildern umfassend zu beschreiben. Der Zeithorizont der Szenarioanalyse war das Jahr 2025. Die Analyse war zusätzlich von den Erwartungen getragen, dass Elemente dieser Analyse teilweise auf ähnliche Regionen in Deutschland zu übertragen sind.

Nach der ausführlichen Umfeldanalyse zur Bestimmung aller relevanten Einflussfaktoren aus den Bereichen Wirtschaft, Politik, Technologie, Gesellschaft, Umwelt sowie Stadtentwicklung Berlin konnten 23 Einflussfaktoren in einer Wechselwirkungsanalyse aufeinander bezogen und mittels einer Einfluss-Matrix nach ihrer Einflussstärke untersucht werden. 13 Faktoren mit einem sehr hohen Einflusswert bildeten das Set der Schlüsselfaktoren, die die Grundlage für die Szenarien darstellten. Expert_innenbasiert wurden den Schlüsselfaktoren alternative Zukunftsausprägungen für das Jahr 2025 zugeordnet. In der sich anschließenden Konsistenzanalyse erfolgte die Prüfung, welche Ausprägungen konsistente Ausprägungsbündel bilden. Auf der Basis dieser konsistentesten Ausprägungsbündel wurden dann erste Rohszenarien gebildet werden. Diese wurden in einer weiteren Expertenrunde validiert und weiter ausgearbeitet.

Alle Szenarien haben darüber hinaus eine gemeinsame Basis an absehbaren Entwicklungen bis 2025 (bspw. demografische Entwicklung), die jedem Szenario zugrunde liegt. Diese definieren den Rahmen, innerhalb dessen sich alle Szenarien entfalten. Im Anschluss an die Ausarbeitung der Szenarien wurde eine Störereignisanalyse durchgeführt und einige Wild Cards und Trendbrüche definiert (z. B. Angleichung der Kosten von batterieelektrischen Fahrzeugen an Fahrzeuge mit Verbrennungsmotoren). Deren Auswirkungen auf die einzelnen Szenarien wurden herausgearbeitet und einem zusätzlichen Robustheitstest unterzogen.

Die drei folgenden Szenarien standen am Ende des Prozesses, erheben aber nicht den Anspruch, alle möglichen Zukünfte abzubilden:

Szenario 1: It-Car-Elektromobilität

Quelle: Fachgebiet Integrierte Verkehrsplanung, TU Berlin

Die Elektromobilität bleibt in der automobilen Nische. Eine nennenswerte Anzahl von
E- Fahrzeugen ist lediglich im Premiumsegment zu verzeichnen. Aufgrund der immer noch
sehr hohen Batteriepreise haben die E-Fahrzeuge das Wettrennen gegenüber den Verbrennungsmotoren verloren. Fahrzeuge mit optimierten Verbrennungsmotoren und Hybridfahrzeuge geben den Ton auf den Straßen Berlins an. Der Kostenvorteil ist hier die
entscheidende Ursache. Die erhofften Veränderungen im Mobilitätsverhalten sind ebenfalls ausgeblieben. Die im Jahre 2010 gestarteten Versuche der Etablierung von neuen
Carsharing-Modellen auf elektrischer Basis scheiterten an mangelnder Nachfrage. Batterieelektrisch betriebene Pkw werden in gut situierten Haushalten als Zweitwagen genutzt
und haben sich als Statussymbol umweltbewusster Technikpioniere etabliert.

Szenario 2: E-Mikromobilität

Quelle: Fachgebiet Integrierte Verkehrsplanung, TU Berlin

Die Elektromobilität hat sich in Berlin etabliert. Allerdings nicht durch die Substitution
der Verbrennungsmotoren durch batterieelektrisch angetriebene Fahrzeuge. Der Wandel im Mobilitätsverhalten und im Verkehr ist viel tief greifender. Individuelle Mobilität findet sich hauptsächlich im Kontext von Multi- und Intermodalität und auf der
Basis eines ausdifferenzierten Angebotes von Mobilitätsdienstleistungen. Elektrische
Klein- und Kleinstfahrzeuge spielen auf den Straßen Berlins eine herausragende Rolle.
Auf der Basis einer intelligenten, IT-gestützten Vernetzung der Verkehrsträger wurde
die E-Mobilität fest in den Verkehr der Stadt integriert. Ursachen für diese Entwicklung

sind nicht nur die gesunkenen Batteriepreise, sondern auch die aktive und systemische Förderung seitens der Politik und der Stadt. Zudem hat sich ein breites Spektrum an rentablen Mobilitätskonzepten etabliert, das den Besitz eines eigenen Fahrzeuges nicht mehr unbedingt notwendig macht. Die integrierte und nachhaltige Mobilitätspolitik der Stadt Berlin, die veränderten Mobilitätspräferenzen und das breit gefächerte Angebot an E-Mobilen hat Berlin zu der Pionierstadt in Sachen Elektromobilität gemacht, die positive Abstrahleffekte auf andere Metropolen hat.

Szenario 3: Katalysator Wirtschaftsverkehr

Quelle: Fachgebiet Integrierte Verkehrsplanung, TU Berlin

Die Elektromobilität setzt sich über den Wirtschaftsverkehr durch. Durch eine gezielte Angebots- und Nachfrageförderung seitens der öffentlichen Hand wurde dieser Prozess in Gang gesetzt. Finanzielle Anreize und die systematische Elektrifizierung der Fuhrparks und gewerblicher Flotten waren die wichtigsten Stellhebel dieser Entwicklung. Die Stadtentwicklungspolitik Berlins hat dabei nachhaltig Wirkung gezeigt. Im Zuge der Umsetzung des Masterplanes Verkehr wurde der schwere Güterverkehr aus dem Innenstadtbereich entfernt und der Personen- und Wirtschaftsverkehr durch elektrisch angetriebene Fahrzeuge ersetzt. Dieser Prozess hatte letztlich auch positive Rückwirkungen auf die wirtschaftliche Entwicklung Berlins. Auf diesem Wege wurde die E-Mobilität nicht nur sichtbarer, sondern auch attraktiver für den privaten Individualverkehr.

3.3   Postfossile Mobilität

Angesichts des gegenwärtig voll entfalteten Elektromobilitätsdiskurses nehmen die hier vorgestellten Szenarien eine klare Korrektur vor. Der Diskurs suggeriert zumindest in seiner medialen Form eine umfassende Diffusion von E-Fahrzeugen auf der Basis des Privatbesitzes von Automobilen. Dem liegt die Annahme zugrunde, dass in der automobilen Welt alles bleibt wie es war – nur auf elektromobiler Basis. Die Szenarien zeigen nicht nur komplexere und differenziertere Zusammenhänge, sondern korrigieren diese einseitige Perspektive auf das Thema. Keines der Szenarien beschreibt eine vollständige Diffusion der Elektromobilität in Berlin 2025 in der traditionellen Logik. Somit haben die Szenarien im Sinne ihrer explorativen Funktion das Thema Elektromobilität nicht nur vertieft, sondern einen viel weiterreichenden Möglichkeitsraum für die Entfaltung der Elektromobilität im Verbund mit anderen Verkehrsmitteln und -systemen aufgespannt. Entwicklungen, die vielleicht nur intuitiv angedacht wurden, konnten systematisch analysiert und zusätzlich Optionen dargestellt werden.

Darüber hinaus kam es zu Lerneffekten im partizipatorischen Prozess. Dem traditionellen Denken ferne Zukunftsbilder – jenseits des Mainstream-Elektromobilitäts-Diskurses – veränderten innerhalb des Prozesses die Wahrnehmung und Perspektiven der Teilnehmerinnen und Teilnehmer. Zu Beginn des Prozesses spielte die Relevanz des Wirtschaftsverkehres für die Elektromobilität eine verschwindend geringe Rolle. Erst im Aufbau des Szenariosystems und den betrachteten Wechselwirkungen rückte dieses Thema in den Vordergrund. Insofern haben sich bereits die „mentalen Landkarten" (Werkzeuge, mit denen Menschen sich selbst und ihre Umwelten bewerten, wahrnehmen und deuten) der Teilnehmer_innen im Prozess verändert.

In der Gesamtschau stellt sich die Elektromobilität als *ein* Bestandteil postfossiler Mobilität dar, und das in einer Vielzahl von Diffusionspfaden, die so vorher nicht gesehen wurden. Das stellt die Verkehrspolitik einerseits vor eine Optionsvielfalt in den planerischen Handlungsmöglichkeiten und ermöglicht ihr gleichzeitig – gerade weil in diesem Prozess die Mobilitätspräferenzen der Verkehrsteilnehmer_innen einbezogen wurden – eine nachfrageorientierte Haltung einzunehmen. In der Kommunikation der Szenarien an verschiedene Akteuren aus Politik, Wirtschaft und Wissenschaft wird somit auch Aufbauarbeit in der Veränderung der mentalen Landkarten betrieben und so ein weiterer Schritt in Richtung einer „postfossilen Mobilitätskultur" im Sinne einer nachhaltigen Zukunftsgestaltung getan.

4   Fazit

Der hier aufgezeigte Szenarioprozess ist ein gelungenes Beispiel für den Beginn einer Symbiose von Verkehrsplanung und Zukunftsforschung. Das heuristische Werkzeug der Szenariotechnik ermöglicht es, in einer komplexen Welt entscheidungsfähig zu bleiben. Neben den Zukunftsbildern ist es vor allem der Prozess selber, der auf die beteiligten Akteure nachhaltig wirkt und für die Verkehrspolitik sowohl eine inhaltliche wie kommunikativ-partizipative

Grundlage für Entscheidungen generiert. Er fördert eine auf Verständigung angelegte Kommunikation und erhöht somit potenziell die Angemessenheit, Inklusion (der betroffenen gesellschaftlichen Akteure) und Vernünftigkeit von Entscheidungen und Handlungen.

Gerade im institutionellen Kontext von Verwaltungen und anderen politischen Organisationen ermöglicht die Szenariotechnik Transparenz (im Sinne des Nachvollzugs der Perspektiven unterschiedlicher Beteiligter), Teilhabe und Verantwortung (für die gemeinsam erarbeiteten Szenarien) sowie Lerneffekte für die Vorbereitung mittel- bis langfristiger Strategien. So kann es gelingen, dem allseits geforderten Begriff des „Vernetzten Denkens" eine konkrete Form zu geben. Szenarien ermöglichen – gerade hinsichtlich einer integrierten Verkehrspolitik und -planung mit dem Ziel einer nachhaltigen Verkehrsentwicklung (vgl. den Beitrag von Schwedes in diesem Band) – Werte und Normen in den Prozess einzubeziehen. So paradox es auch hinsichtlich des eingangs formulierten Postulats der Nichtplanbarkeit von Zukunft klingen mag, so verweist diese Methode der Zukunftsforschung auf die Möglichkeiten des verständigungsorientierten Planens und Gestaltens von verkehrspolitischen Zukünften. In Zeiten ressortübergreifenden politischen Handelns und Entscheidens ein wahrhaft zukunftsweisender Ansatz.

▶ **Tipp** Als Fach kann Zukunftsforschung an der FU Berlin im Bezahlmasterstudiengang Zukunftsforschung studiert werden. Der Masterstudiengang zielt auf die Vermittlung theoretischer und praktischer Kenntnisse im Bereich der Zukunftsforschung. Voraussetzung sind berufsqualifizierenden wissenschaftlichen Abschlüsse und die qualifizierten Berufserfahrungen. Im Studium werden konzeptionelle, methodische und analytische Werkzeuge für die Anwendung fachspezifischer und interdisziplinärer Kenntnisse in unterschiedlichen Praxisfeldern erworben.

Weitere Information unter:

http://www.ewi-psy.fu-berlin.de/v/master-zukunftsforschung/.

de Haan, Gerd (2012): Der Masterstudiengang „Zukunftsforschung" an der Freien Universität Berlin: Genese und Kontext. In: R. Popp (Hrsg.), Zukunft und Wissenschaft. Berlin/Heidelberg, S. 25-33. https://doi.org/10.1007/978-3-642-28954-5_2, 25.

Helbig B., Stegmann, B. (2012) Zukünfte erforschen und gestalten – Der Masterstudiengang Zukunftsforschung. In: M. Dusseldorp/R. Beecroft (Hrsg.): Technikfolgen abschätzen lehren, Frankfurt, S. 339-355.

Lernfragen

1. Für welche Probleme und Herausforderungen stellt die Zukunftsforschung eine Lösung dar?
2. Wie kann die Zukunftsforschung die Verkehrspolitik und -planung unterstützen?
3. Was sind Szenarien? Erläutern Sie den Begriff und den Verwendungszusammenhang (Funktionen und Ziele) von Szenarien in der Zukunftsforschung.

Literatur

Becker, Axel/Stefan List (1997): Die Zukunft gestalten mit Szenarien. In: Michael P. Zerres/Ingrid Zerres (Hrsg.): Unternehmensplanung – Erfahrungsberichte aus der Praxis. Frankfurt, S. 36–55.

Gausemeier, Jürgen/Alexander Fink/Oliver Schlake (1996): Szenario-Management: Planen und Führen mit Szenarien. München.

Holzinger, Markus (2007): Kontingenz in der Gegenwartsgesellschaft. Dimensionen eines Leitbegriffs moderner Sozialtheorie. Bielefeld.

Klein, Gereon (2009): Zirkuläre, kooperative Entscheidungsvorbereitung für mittelfristige Planungsvorhaben. In: Reinhold Popp/Elmar Schüll (Hrsg.): Zukunftsforschung und Zukunftsgestaltung. Beiträge aus Wissenschaft und Praxis. Berlin Heidelberg, S. 293–303.

Knoblauch, Hubert/Bernt Schnettler (2005) *Prophetie* und Prognose. Zur Konstitution und Kommunikation von Zukunftswissen. In: Ronald Hitzler/Michaela Pfadenhauer (Hrsg): Gegenwärtige Zukünfte. Wiesbaden, S. 23–44.

Kosow, Hannah/Robert Gaßner (2008): Methoden der Zukunfts- und Szenarioanalyse. Überblick, Bewertung und Auswahlkriterien. Berlin.

Kreibich, Rolf (2006): Zukunftsforschung. Berlin.

Liessmann, Konrad Paul (2007) Zukunft kommt. Wien.

Luhmann, Niklas (1992): Beobachtungen der Moderne. Opladen.

Popp, Reinhold (2009): Partizipative Zukunftsforschung in der Praxisfalle? In: Reinhold Popp/Elmar Schüll (Hrsg.): Zukunftsforschung und Zukunftsgestaltung. Beiträge aus Wissenschaft und Praxis. Berlin Heidelberg, S. 31–143.

Weiterführende Literatur

Bolz, Norbert (2004): Blindflug mit Zuschauer, München.

BMVBS (Hrsg.) (2006): Mobilitätsentwicklung 2050. http://www.bmvbs.de/cae/servlet/content-blob/31892/publicationFile/10780/mobilitaetsentwicklung-2050.pdf (Zugriff: 15.09.2010).

Kreibich, Rolf (2007): Wissenschaftsverständnis und Methodik der Zukunftsforschung. In: Zeitschrift für Semiotik 29, S. 177–198.

Marquard, Odo (2003): Zukunft braucht Herkunft. Ditzingen.

Schindler, Jörg/Martin Held (2009): Postfossile Mobilität. Wegweiser für die Zeit nach dem Peak Oil. Bad Homburg.

Ingo Kollosche, Dipl.-Soz., Lehrbeauftragter, Technische Universität Berlin, Fakultät Verkehrs- und Maschinensysteme, Institut für Land- und Seeverkehr, Fachgebiet Integrierte Verkehrsplanung, Salzufer 17–19, 10587 Berlin.

Mobilität für morgen

Rudolf Petersen und Sandra Reinert

*Mobilität, so wie wir sie heute praktizieren, ist nicht zukunftsfähig.
(…) Unser Planet würde es gar nicht aushalten, wenn die
Menschen überall auf der Welt so viel im Auto durch die Gegend
fahren würden, wie wir das hier bei uns tun.*

(Horst Köhler, ehem. Bundespräsident)

Zusammenfassung

Der Verkehr hat die Welt, in der wir leben, beeinflusst. Diese Auswirkungen beeinflussen nun, wie sich der Verkehr entwickelt und wie wir mobil sein werden. Nachhaltigkeit ist ein wichtiges Ziel bei der Umgestaltung unseres Verkehrssystems. Dieser Beitrag klärt, welche Möglichkeiten wir haben, unser Verkehrssystem nachhaltig zu gestalten, welchen Einfluss die Verkehrspolitik hat und wie ein nachhaltiges Verkehrssystem zukünftig aussehen könnte.

1 Einführung

Das Mobilitätsverhalten hat sich im vergangenen Jahrhundert vor allem in den wohlhabenden Ländern grundlegend verändert, Änderungen, die sich aktuell und im Zeitraffer auch in den Schwellenländern beobachten lassen. Treibende Kräfte waren und sind die

R. Petersen (✉)
Wuppertal Institut für Klima, Umwelt, Energie GmbH, Wuppertal, Deutschland
E-Mail: rudolf.petersen@rudolf-m-petersen.de

S. Reinert
TU Berlin, Berlin, Deutschland
E-Mail: sandra.reinert@tu-berlin.de

© Springer Fachmedien Wiesbaden GmbH, ein Teil von Springer Nature 2018
O. Schwedes (Hrsg.), *Verkehrspolitik,*
https://doi.org/10.1007/978-3-658-21601-6_21

Industrialisierung und der damit wachsende Wohlstand, Innovationen im Verkehr und im Kommunikationssektor sowie Veränderungen der räumlichen Strukturen. Verändert haben sich sowohl die Bewegungen von Personen als auch der Transport von Gütern. In diesem Beitrag wird vorwiegend vom Verkehr die Rede sein, er wird hier als Realisierung von Mobilität in Form physischer Bewegung zwischen Aktivitätsorten verstanden.

Es gibt große Unterschiede im Mobilitätsverhalten, die sich u. a. in der Verkehrsmittelwahl und in den pro Person zurückgelegten Distanzen zeigen. Grundsätzlich gilt: Wer mehr Geld hat, reist weiter und komfortabler; dabei wird mehr Energie verbraucht und es werden mehr Treibhausgase emittiert. Haushaltseinkommen und Energieverbrauch im Verkehr korrelieren, das gilt nicht nur innerhalb der deutschen Gesellschaft, sondern auch im Vergleich der Länder und Regionen untereinander. Hier soll vorwiegend vom Personenverkehr die Rede sein; Güterverkehr wird insofern verschiedentlich genannt werden, als sein Wachstum die treibende Kraft für den Ausbau des Fernstraßennetzes ist.

Mobilität ermöglicht die Erreichbarkeit von Orten, an denen Menschen ihre Wünsche und Bedürfnisse realisieren können. Je ungünstiger der Raum strukturiert ist, sei es aufgrund natürlicher Gegebenheiten oder gesellschaftlicher Fehlallokationen, desto mehr Verkehr ist für ein jeweiliges Mobilitätsniveau erforderlich. Unsere Mobilität ist abhängig (geworden) von motorisiertem Verkehr. Diese Abhängigkeit ist u. a. eine Folge politischer Entscheidungen, die der Autogesellschaft durch rechtliche Regelungen und Infrastrukturinvestitionen den Weg bahnten. Nicht zuletzt basiert der motorisierte Verkehr auf kostengünstigem Erdöl, das den wohlhabenden Ländern trotz gelegentlicher Versorgungskrisen immer zur Verfügung stand. Steigende Weltmarktpreise konnten aufgefangen werden.[1]

Erdöl ist jedoch nur in begrenztem Umfang vorhanden; seit Jahrzehnten wird jährlich mehr davon verbraucht als neu gefunden; die Vorräte schrumpfen also.[2] Um die Ressourcen konkurrieren neben den klassischen Wohlstandsländern (USA, Japan, EU) die aufstrebenden, bevölkerungsreichen Schwellenländer; zu nennen sind in erster Linie China und Indien. Es wird sicherlich noch geraume Zeit Erdöl geben, aber zu immer höheren Kosten und mit weiter steigenden Risiken.[3] Eine nachhaltige Entwicklung erfordert, den Verbrauch knapper Energieträger drastisch zu reduzieren.

Am meisten Erdöl wird im Autoverkehr verbrannt, dies gilt für Deutschland ebenso wie im globalen Maßstab. Autofahren gefährdet eine nachhaltige Entwicklung nicht nur

---

[1]Obwohl als Folge hoher Ölpreise – 140 US$ je Barrel im Juli 2008 – globale Wirtschaftskrisen befürchtet wurden, blieben diese aus. Die wirklich gefährliche Krise Ende 2008 wurde durch Bankspekulationen ausgelöst.

[2]Vergleichbares gilt auch für Erdgas, allerdings ist nach dem heutigen Stand die Situation weniger kritisch als bei Erdöl.

[3]Hier seien nur einige Stichworte genannt: Kriege und indirekte militärische Interventionen, Zerstörung von natürlichen Lebensräumen bei Förderung und Transport. Die Ölpest im Golf von Mexiko 2010 ist ein Beispiel für ökologische und soziale Schäden.

wegen der mit der Ölbeschaffung verbundenen politischen und sozialen Auswirkungen, sondern auch aus ökologischen Gründen. Die Lebensbedingungen der Menschen werden durch die Verbrennung fossilen Erdöls (wie auch von Kohle) gefährdet. Zwar können die direkten Gesundheitsschäden der Autoabgase durch technische Lösungen wie Partikelfilter und Katalysatoren sowie durch verbesserte Benzin- und Diesel-Kraftstoffe weitgehend vermieden werden, aber Filter zur Vermeidung von klimaschädigenden Treibhausgasemissionen gibt es (noch) nicht.

Ein auf viel motorisiertem Verkehr basierendes Verkehrssystem verursacht weitere Probleme, von denen die Flächeninanspruchnahme sowie zunehmende soziale Disparitäten genannt seien (vgl. den Beitrag von Daubitz in diesem Band). Ferner ist auf die Auszehrung der Öffentlichen Haushalte hinzuweisen, nicht nur als Folge von zu viel Straßenneu und -ausbau, wo doch der Unterhalt des bisherigen Netzes bereits unterfinanziert ist. Jede zusätzliche Straße subventioniert teures[4] Wohnen außerhalb der Städte und erhöht die Lasten für soziale Dienste, für Abfall-, Strom- und Schulversorgung u. v. m. in einer schrumpfenden Gesellschaft.

2   Rahmen für nachhaltige Mobilität: Energie- und Klimaziele

Auf detaillierte Zahlenangaben zu den Verbrauchs- und Emissionsmengen des Verkehrssektors bzw. der einzelnen Subsektoren (Pkw, Lkw etc.) soll hier verzichtet werden. Je nach Region und struktureller Abgrenzung – z. B. ob nur die vom Fahrzeugbetrieb verursachten Mengen oder auch die Aufwendungen für Erstellung sowie Entsorgung, ferner Bau und Unterhalt der Infrastrukturen berücksichtigt werden – kommt man zu etwas unterschiedlichen Angaben.[5] In grober Näherung gilt, dass Verkehr etwa ein Fünftel der deutschen Treibhausgas-Emissionen verursacht.

Es besteht in Wissenschaft und Politik Konsens, dass die Menge der klimaschädigenden Emissionen – in erster Linie sind es CO_2-Emissionen – erheblich verringert werden muss, um Klimagefahren zu begrenzen.[6] Im Rahmen der Weltklimakonferenz in Paris im

---

[4]Gemeint sind neben den Kosten für den Neubau der Infrastruktur auch die externen Kosten, die die Gesellschaft zu tragen hat (vgl. auch den Beitrag von Becker), sowie persönliche „Kosten" für längere Pendelzeiten, Mehrausgaben für Mobilität und weniger Zeit für Freizeit und Familie, die bei der Entscheidung des Wohnstandortes in peripheren Lagen zugunsten günstiger Grundstückspreise oftmals nicht einberechnet werden.

[5]Aktuelle Zahlen zu Treibhausgasemissionen werden vom Umweltbundesamt veröffentlicht: http://www.umweltbundesamt.de/klimaschutz/index.htm.

[6]Neben dem Ausstoß von Treibhausasen wie CO_2, CH_4, N_2O etc. sind weitere, das Klima beeinflussende menschliche Aktivitäten zu verändern, so muss beispielsweise die Zerstörung der großen Wälder gestoppt und die zunehmende Versiegelung unterbunden werden.

Dezember 2015 haben sich die Staaten weltweit zum Ziel gesetzt, in der zweiten Hälfte des Jahrhunderts treibhausgasneutral zu werden und so dazu beizutragen, die Erderwärmung auf 1,5- bis maximal 2 °C zu begrenzen. Bei der Reduktionsmenge geht es um die Gesamtmenge der emittierten Treibhausgase, in verschiedenen Regionen und Verursachersektoren (Verkehr, Industrie, Haushalte etc.) müssen also keine gleich starken Reduzierungen erfolgen. Insgesamt aber soll nur die Menge an Treibhausgasen emittiert werden, die auch in Senken gebunden werden können. Das heißt, dass eine Dekarbonisierung im Bereich der Energie erforderlich ist.[7] Die hohe Bedeutung des Verkehrs einerseits und der Umfang der Reduzierungsziele andererseits erfordern, dass im Verkehr erhebliche Einsparungen bei den Treibhausgasen erreicht werden müssen. Der Klimaschutzplan 2050 der Bundesregierung sieht für Deutschland vor, dass der CO_2-Ausstoß insgesamt bis 2030 um 55 % im Vergleich zu 1990 gesenkt wird. Um dieses Ziel zu erreichen, soll der Verkehrssektor 40–42 % seiner Emissionen vermeiden.[8]

Klimakonferenzen haben in der Vergangenheit um die Frage gerungen, wie Emissionsrechte und Minderungspflichten zu verteilen sind. Gibt man jedem Menschen (rein rechnerisch) gleiche Emissionsrechte und müssen die Emissionsmengen der Länder dorthin konvergieren? Dies Konzept wurde auch von der deutschen Kanzlerin bei ihrer Rede in Kyoto 2007 vorgetragen:

> Das heißt also, es wird auf der Zeitachse einen bestimmten Punkt geben, an dem man den gleichen Pro-Kopf-Ausstoß erreicht haben wird, weil die Industrieländer ihr Pro-Kopf-Aufkommen an CO_2 reduziert haben werden und der Pro-Kopf-CO_2-Ausstoß der Schwellenländer langsam gestiegen sein wird.[9]

Die Vorstellung gleicher zulässiger Pro-Kopf-Emissionen lässt sich relativ einfach in Zahlen ausdrücken. Das von Klimaforscher_innen und beispielsweise der EU formulierte Ziel einer Begrenzung des globalen Temperaturanstieges auf maximal 2 °C erfordert mindestens eine Halbierung der globalen CO_2-Emissionen bis 2050. Umgerechnet auf die Bevölkerung der Erde führt dies zu einer Begrenzung auf etwa 2 Tonnen CO_2-Äquivalent je Person.[10]

---

[7]Der zuvor angesprochene Ölpreis wirkt sich zudem auf die Energiewende aus. Ein niedriger Ölpreis kann die Umstellung auf regenerative Energie bremsen und sendet falsche Signale, wenn es um nachhaltige Mobilität geht.

[8]Vgl. Klimaschutzplan 2050 http://www.bmub.bund.de/fileadmin/Daten_BMU/Download_PDF/Klimaschutz/klimaschutzplan_2050_bf.pdf. Seit Anfang 2018 ist bekannt, dass Deutschland aufgrund der aktuellen Entwicklung der Emissionen sein selbstgestecktes Ziel verfehlen könnte. http://dipbt.bundestag.de/doc/btd/19/009/1900923.pdf.

[9]Siehe http://adrien.barbaresi.eu/corpora/speeches/BR/t/1160.html.

[10]Nach Berechnungen (Meinshausen et al. 2009) liegt die für das 2-Grad-Ziel „zulässige" Grenze eher unter 2 Tonnen pro Person – global einzuhalten ab Erscheinen der Studie. Es ist daher davon auszugehen, dass sich der Anteil pro Person auch aufgrund steigender bzw. stagnierender Emissionen verringert hat. Der WBGU verweist auf einen Wert von ca. 1 Tonne CO_2 pro Person (http://www.wbgu.de/fileadmin/templates/dateien/veroeffentlichungen/sondergutachten/sn2009/wbgu_sn2009.pdf: S. 3). Zu beachten ist, dass in der Berechnung noch zwischen „Hochemissions-" und „Niedrigemissionsländern" unterschieden wird.

Für die sogenannten „worst emitters" mit mehr als 20 Tonnen CO_2 pro Person wäre eine Reduzierung um mehr als 90 % erforderlich, so u. a. für die USA. Günstiger lägen die meisten europäischen Länder, darunter auch Deutschland, mit etwa 10 t. Diese Länder müssten ihre Emissionen um rund 80 % verringern.[11] Ausgleichen können Länder ihre Emissionen durch den Handel mit Emissionsrechten. Länder mit hohen Emissionen könnten Emissionsrechte in den emissionsarmen Staaten kaufen.

Anders als vorhergehende Vereinbarungen wie dem Kyoto-Protokoll nimmt das Klimaschutzabkommen von Paris alle Länder gleichermaßen in die Pflicht, notwendige Maßnahmen zum Klimaschutz konsequent umzusetzen und bricht damit mit der Unterteilung in Industrie-, Schwellen- und Entwicklungsländer, auch wenn den Industrieländern weiterhin eine Vorreiterrolle zugesprochen wird und für die einzelnen Länder unterschiedliche Pflichten festgesetzt werden. Ländern, die gegenüber dem Klimawandel eine besondere Verwundbarkeit aufweisen, sichert das Abkommen Unterstützung zu.

Im Verkehrsbereich besteht eine besonders enge Verknüpfung zwischen den Ländern. Motorisierter Verkehr mit Pkw und Lkw ist global stärker vereinheitlicht als beispielsweise die Stromerzeugung oder die Hauswärme-Versorgung, weil überall Kraftfahrzeuge gefahren werden, die nach sehr ähnlichen Normen von eng vernetzten Herstellern produziert werden. Aber nicht nur hinsichtlich der Fahrzeuge und der für sie gebauten Infrastruktur orientiert man sich weltweit an den USA und an Europa, sondern auch in den Mobilitätsleitbildern und Wohlstandsmodellen.

Klimaabkommen

Die erste Umweltkonferenz fand 1972 in Stockholm statt (Konferenz der Vereinten Nationen über die Umwelt des Menschen – United Nations Conference on the Human Environment, UNCHE). Die teilnehmenden Nationen verabschiedeten in einer Erklärung 26 Prinzipien „for the preservation and improvement of the human environment, for the benefit of all the people and for their posterity".[12]

1987 veröffentlichte die Weltkommission für Umwelt und Entwicklung der Vereinten Nationen (United Nations World Commission on Environment and Development) den Brundtland-Bericht „Our Common Future". Die Veröffentlichung markiert den Beginn der Diskussion über Nachhaltigkeit und nachhaltige

---

[11]Im Koalitionsvertrag CDU/CSU/FDP vom 26.10.2009 heißt es unter Ziffer 4.2: „International ist vereinbart, dass die Industriestaaten ihre Treibhausgas-Emissionen bis 2050 um mindestens 80 % reduzieren". Das verweist auf die G8-Erklärung vom Juli 2009 in Italien. Eine konkretere deutsche Festlegung gilt für 2020 und lautet: „Wir werden für Deutschland einen konkreten Entwicklungspfad festlegen und bekräftigen unser Ziel, die Treibhausgas-Emissionen bis 2020 um 40 % gegenüber 1990 zu senken". Mit dem Klimaschutzplan 2050 hat die Bundesregierung beschlossen, bis 2030 die Treibhausgasemissionen um 55 % und bis 2050 um 80 bis 95 % im Vergleich zu 1990 zu senken.

[12]http://www.unep.org/Documents.multilingual/Default.asp?DocumentID=97&ArticleID=1503.

Entwicklung. Ihm folgt die Einberufung der Konferenz der Vereinten Nationen über Umwelt und Entwicklung (United Nations Conference on Environment and Development, UNCED), die im Jahr 1992 in Rio de Janeiro stattfand. Ein wichtiges Ergebnis der Konferenz war u. a. die Unterzeichnung der „Klimarahmenkonvention der Vereinten Nationen". Sie sagt aus, dass die Vertragsparteien entschlossen sind „das Klimasystem für heutige und künftige Generationen zu schützen"[13] und die genaue Ausgestaltung des Instrumentariums in den folgenden Klimakonferenzen stattfindet. Das Kyoto-Protokoll (2005 in Kraft getreten) zur weiteren Ausgestaltung der Klimarahmenkonvention legt verbindliche Werte für den Treibhausgasausstoß vor. Industrieländer sollen den Ausstoß reduzieren, für Entwicklungs- und Schwellenländer wurden keine Reduktionsziele festgelegt. Um die Ziele zu erreichen sieht das Kyoto-Protokoll verschiedene Mechanismen vor, wie beispielsweise den Handel mit Emissionsrechten. Auf der Bali-Konferenz (2007) haben sich die beteiligten Nationen darauf verständigt, ein gemeinsames Klimaschutzabkommen zur Begrenzung der Treibhausgasemissionen zu verabschieden und damit das Kyoto-Protokoll, das nicht von allen beteiligten Ländern ratifiziert wurde, abzulösen, konnten sich aber auf der anschließenden Kopenhagen-Klimakonferenz (2009) nicht auf ein Abkommen einigen. Erst 2015 mit dem UN-Klimagipfel in Paris ist es gelungen, ein gemeinsames Abkommen zu erarbeiten. 175 Länder haben das Abkommen unterzeichnet und es konnte im November 2016, fast vier Jahre früher als gedacht, in Kraft treten.

3   Verkehrspolitik und Nachhaltige Mobilität

Verkehrspolitik und Verkehrsplanung orientieren sich traditionell an Wirtschaftsinteressen. Umwelt- und klimapolitische Ziele beeinflussen das Verkehrsgeschehen kaum; technische Normen wie die Abgas- und Lärmgrenzwerte wurden und werden so gesetzt, dass sie die Automobilisierung nicht stören. Auch die Verbrauchs- bzw. CO_2-Ziele der EU fördern nach der Struktur des Regelwerkes vor allem den *zusätzlichen* Absatz von kleineren Fahrzeugen, sie hindern nicht am Kauf und Betrieb großer Kraftstoffschlucker.

Der Begriff „Nachhaltigkeit" wird oft reklamiert und kaum umgesetzt. Obwohl im Koalitionsvertrag der schwarz-gelben Koalition aus CDU, CSU und FDP (2009) erklärt wurde, „Das Prinzip der Nachhaltigkeit prägt unsere Politik" sowie „Unser Ziel ist es, die Erderwärmung auf maximal 2 Grad Celsius zu begrenzen", wurden keine dafür zielführenden Schritte unternommen. De facto gab es andere – gegenläufig wirkende – Prioritäten. Diese Haltung wird von wissenschaftlichen Beobachtern als „politische Schizophrenie" (Luhmann 2010) bezeichnet.

---

[13]http://unfccc.int/resource/docs/convkp/convger.pdf.

Die im Jahr 2013 nachfolgende große Koalition aus CDU und SPD wies in ihrem Koalitionsvertrag darauf hin, dass ein „nachhaltiges Wohlstandsmodell" aufgrund von globalen Ungleichgewichten, Klimawandel und knapper Ressourcen erforderlich ist. Hierzu soll auch eine nachhaltige Modernisierung der Infrastruktur beitragen – ein Ansatz, der sich zumindest in Grundzügen im Bundesverkehrswegeplan 2030 wiederfindet, der Erhalt vor Ausbau postuliert.

Dass der Begriff „Nachhaltigkeit" in Politik und Wirtschaft zu einer inhaltlosen Floskel geworden sei, wird vielfach angemahnt; Interessengegensätze würden damit übertüncht. Im sog. Brundtland-Report 1987 und bei der Rio-Konferenz 1992 sind die widerstreitenden Interessen „Umwelt" und „Entwicklung" benannt worden. In Deutschland ist aus dem Gegensatzpaar ein Dreiermodell entstanden, das der Nachhaltigkeit zusätzlich zur ökologischen und sozialen eine ökonomische Komponente zuschreibt. Bereits 2002 stellte dazu der Sachverständigenrat für Umweltfragen in seinem Gutachten fest:

> Ergebnisse von Forschungsprojekten (…) wie auch der politische Umgang mit diesem Konzept machen allerdings deutlich, dass das Drei-Säulen-Konzept zu einer Art Wunschzettel verkommt, in den jeder Akteur einträgt, was ihm wichtig erscheint. Das Konzept begünstigt damit zunehmend willkürliche Festlegungen (SRU 2002: 21).

Eine auf ökologische Nachhaltigkeit ausgerichtete Politik würde bei Wirtschaftsakteuren Probleme aufwerfen, weil das bisherige verschwenderische Wirtschaften mit natürlichen Ressourcen durch die Externalisierung der tatsächlichen Kosten so überaus vorteilhaft für Profite und den materiellen Wohlstand ist. Ausgang aus diesem Dilemma soll eine zukünftige „grüne" Ökonomie schaffen, in welcher sich mit ökologisch einwandfreien Produkten und Produktionsverfahren dann gut verdienen lässt. Diese Hoffnung verbindet nicht nur die Fraktionen des Koalitionsvertrags, sondern findet sich als feste Erwartung in allen Parteischriften, bei Industrieverbänden und Gewerkschaften ebenso wie in den Konzeptpapieren vieler Umweltverbände sowie der Lobbyist_innen der Regenerativen Energien.

In Deutschland wird den Interessen der Automobilindustrie von der Politik traditionell ein hoher Stellenwert beigemessen, dies zeigt sich in zahlreichen Einzelfragen zwischen Tempolimit und Abwrackprämie. An dieser Stelle sollen nicht die ökonomischen Aspekte dieser und anderer Branchen diskutiert werden. Tatsache ist, dass eine Politik für nachhaltige Mobilität mit den Interessen der deutschen Automobilindustrie – vertreten im Verband der Automobilindustrie (VDA) – in Konflikt geraten muss. Ein weiterer exzellent organisierter Akteur, der den Begriff Mobilität in der Regel mit Autofahren gleichsetzt, ist der *Allgemeine Deutsche Automobilclub* (ADAC) mit rund 19 Mio. Mitgliedern. Der ADAC vertritt durchaus auch Umweltanliegen, wenn dabei kostengünstiges und ungestörtes Autofahren nicht gefährdet ist.

Keine Bundesregierung hat bisher versucht, eine weniger autoorientierte Verkehrspolitik zu konzipieren. Auch unter dem gegenwärtigen Nachhaltigkeits-Mantel dominieren die ökonomischen Aspekte im Sinne einer Senkung der betriebswirtschaftlichen Kosten.

Die volkswirtschaftlichen Kosten der Umwelt- und Gesundheitsschäden werden dagegen nicht bilanziert.[14]

Eine Verkehrspolitik, die einen immer schnelleren und billigeren Transport von Personen und Gütern über immer größere Distanzen zu befördern sucht, ist nicht nachhaltig. Trotz Ölverknappung und Treibhauseffekt überwiegen Vorfestlegungen zu mehr Straßenbau, man hofft auf zukünftige Technologien. Erfolg wird in politischen Bilanzierungen daran gemessen, wie viel Geld für Straßenbau und andere angebotsseitige Projekte ausgegeben wird, nicht an erreichten Effekten.[15]

Nach wie vor scheint „Engpassbeseitigung durch Neu- und Ausbau" ein adäquates Mittel zu sein, obwohl bislang in keinem Ballungsraum ein Zustand ohne Stau erreicht werden konnte, selbst mit zwölfspurigen Autobahnen nicht (Beispiel Los Angeles). Wer darauf hofft, verkennt die Stauursachen ebenso wie das Zusammenspiel von Verkehrsangebot und Verkehrsnachfrage (vgl. den Beitrag von Gerike in diesem Band).[16] Entsprechendes gilt auch für Umgehungsstraßen (vgl. von Winning 2009).

4   Entwicklungspfade

Entscheidend für den Verbrauch von Erdöl sowie die Treibhausgasemissionen des Verkehrssektors sind – hier nach der Reihenfolge ihres heutigen Mengenbeitrages – a) der Pkw-Verkehr, b) der Lkw-Verkehr, c) der Luftverkehr und d) die Seeschifffahrt. Während die Reihung a) Pkw und b) Lkw für Deutschland, für die EU und auch im globalen Maßstab eindeutig ist, kann sich für Luft- und Seeschifffahrt bei nationaler Betrachtung eine andere Reihung ergeben. Ferner ist von Bedeutung, in welchem Umfang dem Luftverkehr in großen Höhen emittierte Wasserdampf- und NOx-Emissionen zugeordnet werden.[17]

---

[14]Zusätzlich zu Emissionen und Lärmschäden wären z. B. die zunehmende Fettleibigkeit in allen Altersschichten zu nennen sowie die Entwicklungsstörungen bei Kindern, weil Raum und Gelegenheiten für Bewegungsspiele fehlen. Vgl. auch http://www.kinderschutzbund-nrw.de/denkanst/Bewegungsmangel.htm.

[15]In Deutschland sind Ex-Post-Evaluationen von Verkehrsprojekten nicht üblich. Siehe dagegen für die Schweiz: ARE (2007): https://www.are.admin.ch/are/de/home/verkehr-und-infrastruktur/programme-und-projekte/raeumliche-auswirkungen-der-verkehrsinfrastrukturen/monitoring.html.

[16]Stauschwerpunkte im Autobahnnetz sind Zu- und Abfahrten in Großstadtnähe, wo die Stadtnetze die Verkehrsspitzen nicht aufnehmen können. Im Gesamtnetz sind die Stauursachen nach Angaben des BMBVS zu 39 % „hohes Verkehrsaufkommen", 35 % „Arbeitsstellen" (d. h. Bau und Unterhalt) und 26 % „Unfälle" (Deutscher Bundestag Drucksache 16/6131 16. Wahlperiode 24.07.2007).

[17]Zu Daten und Erfassungsmethoden vgl. Umweltbundesamt (2010) sowie Schallaböck et al. (2006).

Dic nachfolgenden Überlegungen konzentrieren sich auf den Pkw-Verkehr, gelten aber sinngemäß auch für andere Verkehrsarten. Eine nachhaltige(re) Entwicklung setzt voraus, dass frühere und heutige Fehler nicht fortgesetzt werden. Für den Energieverbrauch und die CO_2-Emissionen des Verkehrs sind folgende Faktoren maßgeblich:

- der Verkehrsaufwand, d. h. die Zahl der Wege, die zurückgelegt werden (müssen);
- die Verkehrsmittelwahl, d. h. insbesondere die Nutzung des Verkehrsmittels Automobil;
- die Technik der Fahrzeuge, das betrifft sowohl die Konzepte insgesamt (Größe, Masse, …) als auch die (geringe) Effizienz der Antriebsmotoren;
- die Kraftstoffe bzw. Energieträger, dabei ist die gesamte Produktions- und Nutzungskette zu berücksichtigen;
- die Verkehrsregeln, welche die Autofahrer_innen zu ökologisch ungünstigem Fahrverhalten veranlassen oder gar zwingen;
- die Infrastrukturen, dabei sind zum einen Struktur und Zustand der Verkehrsnetze zu betrachten, zum anderen sind die räumlichen Anordnungen der Aktivitäten von Bedeutung.

Der Faktor „Infrastruktur" greift über die Zuständigkeiten von Verkehrspolitik und –planung hinaus, denn er meint nicht nur Verkehrsanlagen, sondern die Raumstruktur insgesamt. Die räumliche Anordnung der Quellen und Ziele des Verkehrs, der Siedlungen, Arbeitsplätze, Einkaufs- und Freizeiteinrichtungen, Schulen etc. prägen den Verkehrsaufwand und die Eignung der verschiedenen Verkehrsmittel. Um die Verkehrsfolgen von Standortentscheidungen zu überblicken und abschätzen zu können, ist eine enge Abstimmung von räumlicher Planung und Verkehrsplanung erforderlich. Dies ist im Grundsatz nicht neu, nicht umsonst ressortierte der Verkehr in der Vergangenheit auf der Bundesebene und aktuell noch in vielen Ländern gemeinsam mit Raum- und Stadtplanung. In der Praxis führt jedoch der Straßenbau ein Eigenleben[18] und fördert disperse Raumnutzungen, was wiederum die Wegedistanzen erhöht und eine Verknüpfung zu Wegeketten behindert. Straßenaus- und -neubau unterstützt Automobilität und die so ermöglichte Raumentwicklung erschwert die Nutzung anderer Verkehrsarten. Ohne dichte und durchmischte Raumstrukturen steigen die ÖPNV-Betriebskosten und auch der Fuß- und Radverkehr verlieren an Attraktivität.

Eine gute räumliche Planung ermöglicht nachhaltige Mobilität mit wenig Verkehrsaufwand; diese Überlegungen sind für die schnell wachsenden Städte in der sog. „Dritten Welt" besonders aktuell (vgl. Petersen 2002). Doch auch in den Wohlstandsländern mit stagnierenden oder rückläufigen Bevölkerungszahlen müsste stärker verkehrssparend geplant

---

[18]Sichtbar auch durch die erneute Trennung der Zuständigkeiten des Ministeriums für Verkehr und Stadtentwicklung 2013. Aus dem Bundesministerium für Verkehr, Bau und Stadtentwicklung (BMVBS) wurde das Bundesministerium für Verkehr und digitale Infrastruktur (BMVI).

und gebaut werden. Immer noch unterläuft die Verkehrspolitik durch autoorientierten Wegebau und begünstigendes Verkehrsrecht die Vorteile der Nähe, indem sie für weitere Kosten- und Zeiteinsparungen bei der Raumüberwindung sorgt. Nimmt man dazu noch steuerliche Anreize, dann wird deutlich, dass Regierungen mit direkten sowie indirekten Subventionen jenes Verkehrswachstum erzeugen, dessen negative Folgen sie beklagen.

Diese Zusammenhänge werden seit längerem diskutiert, die Notwendigkeit integrierter Planung und verkehrssparsamer Strukturen sind vielfach formuliert worden, aber bisher nicht in politisches Handeln eingedrungen. Mehr noch: Damals wurden „Verkehrsvermeidung" und „Verkehrsverlagerung" als notwendige Bestandteile verantwortungsvoller Mobilitätspolitik einer CDU-geführten Bundesregierung benannt, heute spricht man nur noch über technische Lösungen.[19]

Der vorliegende Beitrag kann nur knapp einige Aspekte zukünftiger nachhaltiger Mobilität und einige Überlegungen zu notwendigen politischen Voraussetzungen dazu skizzieren. Dargestellt werden mögliche Zukunftpfade in drei Szenario-Beschreibungen. Dabei werden drei Zeithorizonte angesprochen: *Kurzfristig* bedeutet bis zu 5 Jahre, in dieser Zeit können z. B. grundlegende Veränderungen im Verkehrsrecht politisch entschieden, mit Verordnungen präzisiert und in der Praxis umgesetzt werden. *Mittelfristig* meint in den folgenden Überlegungen einen Zeitraum von 10 bis 20 Jahren, d. h. maximal 2030. In diesem Zeitraum kann beispielsweise die Fahrzeugflotte umfassend erneuert werden. Als *langfristig* wird hier ein Horizont um 2050 bezeichnet, in diesem Zeitraum können beispielsweise erhebliche Veränderungen in der Infrastruktur vorgenommen werden.

Die drei Szenarien enthalten keine eigenen Modellrechnungen, sondern zeigen unterschiedliche Zukunftsbilder. Szenario 1 („Business-As-Usual") basiert auf der heutigen deutschen Verkehrspolitik, die im Wesentlichen eine Fortsetzung früherer ist. Sie fördert den Ausbau der Straßeninfrastruktur mit der Begründung, dass die in Auftrag gegebenen Studien vor allem im Güterverkehr weiter ansteigende Nachfrage anzeigen; für diese gelte es die Kapazitäten zu schaffen.

Szenario 2 zeigt ein in der Verkehrsnachfrage und der Verkehrspolitik dem Szenario 1 vergleichbares, jedoch um die Anliegen „Klimaschutz" und „Erdölverknappung" erweitertes Zukunftsbild. Der dadurch bestehende Zielkonflikt soll durch Innovationen in der Fahrzeugtechnik und im Energiesektor („grüne Technik") gelöst werden.

Szenario 3 geht dagegen von der Prämisse aus, dass mit technischen Innovationen allein die Energie- und Klimaschutzanforderungen nicht erfüllt werden können, vielmehr sei eine grundlegende verkehrspolitische Umkehr erforderlich. Nicht ausgeführt wird, dass mit ergänzenden, nicht-verkehrlichen Maßnahmen dem Verkehrswachstum Einhalt geboten und eine stärkere Nutzung der umweltverträglicheren Verkehrsträger erreicht werden.

---

[19]A. Merkel, Min. f. Umwelt, Naturschutz u. Reaktorsicherheit 29.1.1998: „Verkehrsvermeidung und -verlagerung sind für die Sicherung einer umweltgerechten Mobilität unverzichtbar" BMU-Pressedienst 003/98. http://www.bmu.de/pressearchiv/13_legislaturperiode/pm/521.php.

4.1 Szenario 1: Business-As-Usual

Kurz- und mittelfristig, d. h. über einen Zeitraum bis etwa zum Jahr 2030, ist die wahrscheinlichste Prognose eine Fortschreibung der bisherigen Trends. Das bedeutet für die Personenmobilität

* weiter zunehmende Bedeutung des Privat-Pkw für die individuelle Mobilität, d. h. weiter zunehmender Pkw-Verkehr;
* Stabilisierung der öffentlichen Verkehrsträger Bahn und Bus in klar umgrenzten Marktsegmenten;
* im Luftverkehr ein weiteres ungebremstes Wachstum bei Ferien- und Dienstreisen.

Kostensteigerungen bei Energieträgern, so wird angenommen, gefährden diesen Trend nicht. Auch wird angenommen, dass sich die politischen Rahmenbedingungen für ein solches „Business-As-Usual"-Szenario auch in der EU nicht verändern. Dieses Umfeld wird u. a. in Szenarien für das Bundesverkehrsministerium, in den periodisch fortgeschriebenen Shell-Studien und von anderen Instituten unterstellt. Niedrige Transportkosten unterstützen die Produktivität der deutschen Wirtschaft und die weitere Vernetzung der EU-Mitgliedsländer – immense Mengen- und Entfernungszuwächse im Güterverkehr gelten in den für die Bundesregierung erstellten Prognosen als unvermeidlich (vgl. progtrans 2007).

Dieser Anstieg wird vornehmlich mit Lkw auf den Straßen stattfinden. Zwar nennen die Modelle auch überdurchschnittliche prozentuale Zuwächse im Schienengüterverkehr, aber in absoluten Zahlen soll der Lkw-Transport stärker wachsen. Dies wird nun im Bundesverkehrsministerium keineswegs als Aufforderung zum Umdenken aufgefasst, sondern dient als Unterstützung für die Forderung nach mehr Verkehrsinvestitionen. Man muss hinzufügen: Optimal ist diese Subventionsmentalität vor allem für die Transportwirtschaft, für große Handelsketten und Produzenten.

Auch die vom Bundesverkehrsministerium vorgestellte Studie zur Personenmobilität 2050 hat bisher keine konzeptionellen Überlegungen in diesem Politikbereich ausgelöst (vgl. TRAMP et al. 2006). In der Arbeit wird eine Entwicklung mit dem Namen „Dynamische Anpassung" favorisiert, wodurch u. a. eine Verteuerung der Autonutzung um das Zweifache der Kaufkraft dazu führen würde, dass der Pkw-Verkehr nicht weiter zunimmt, sondern – moderat – abnimmt. Die Politik wird – theoretisch – aktiv: *„Steuerungs-Instrumente zur Beeinflussung von Verkehrsaufwand, Verkehrsmittelwahl und Wohnstandort werden beschleunigt geändert oder neu eingeführt"* (ebd.: 78). Dass konkrete Aktivitäten im BMVBS und nachfolgend im BMVI bisher ausgeblieben sind, mag auch an der Studie liegen: *„Welche Instrumente dies sind, kann und soll hier nicht in allen Einzelheiten geklärt werden"*.

Keine der genannten Auftragsarbeiten beschäftigt sich mit der Frage, wie der motorisierte Verkehr tief greifend nach Umfang und Aufwand beeinflusst werden könnte. Die Zukunft ist die Verlängerung des Bisherigen. Technische Entwicklungen, wie z. B. elektrische Antriebe mit Energiespeicherung in Batterien, dürften die Kfz.-Nutzung kaum beeinflussen. Solche Kontinuität mag beruhigend wirken, aber diese Trendprognosen stehen zweifellos in Konflikt mit den Klimaschutzzielen Deutschlands und der EU.[20] Die Ziele beziehen sich zwar nicht speziell auf den Verkehrssektor, aber ohne starke CO_2-Reduktionen in diesem Bereich sind die globalen Herausforderungen und generell die Ziele der EU nicht erreichbar. Dagegen steht die das Szenario 1 tragende deutsche Verkehrspolitik, die über keine Ansätze verfügt, auf die Ressourcen- und Klimakrise zu reagieren – weder mittelfristig (siehe Rechenmodelle für 2020 bis 2030) noch langfristig (2050).

4.2   Szenario 2: Grüne Technik löst die Probleme

Ignorieren Verkehrspolitik und -planung im Szenario 1 noch die klimapolitischen Anforderungen und die Konsequenzen einer Erdölverknappung, so sind diese für Szenario 2 wichtige Rahmenbedingungen. Hauptakteur_innen sind nicht mehr die traditionellen Verkehrspolitiker_innen und die Bauwirtschaft, sondern die Umwelt- und Forschungspolitik sowie die Automobilindustrie. Die im Szenario 1 unterstellte Verkehrsnachfrage und die infrastrukturelle Entwicklung bilden dabei den Rahmen, in welchem die Verkehrszukunft mit technischen Innovationen („grüne Technik") gesichert wird. Für Verkehrsvermeidung und Verlagerungen auf verträglichere Verkehrsträger sind jedoch auch in Szenario 2 keine Maßnahmen vorgesehen. Insofern beschreibt das Szenario die – zurzeit vor allem auf Elektromobilität fokussierte – Politik der Bundesregierung.

Dem Klimaschutz und den mit der zukünftigen Erdölverknappung verbundenen Herausforderungen weist die Bundesregierung hohe Bedeutung zu. Deutschland hat sich national und im EU-Verbund zu Klimaschutzzielen verpflichtet und fördert seit Jahren das Energiesparen sowie die Nutzung alternativer Energien. Damit wurde viel erreicht, gleichwohl reichen die in Kap. 2 genannten Ziele mittel- und langfristig (2030 bzw. 2050) erheblich weiter. Berücksichtigt man nun die Verkehrsentwicklung nach Szenario 1, so stellt sich die Frage: Mit welchen technischen Lösungen ist das zu erreichen?[21]

Noch vor 10 bis 15 Jahren wurde der mit Wasserstoff getriebenen Brennstoffzelle die Serienreife ab 2005 prognostiziert; praktisch alle Politiker_innen sahen darin die Lösung der Ressourcen- und Klimaprobleme. Davon spricht kaum jemand mehr. Danach sollten es die Biokraftstoffe sein, es gab zunächst einen durch Steuervorteile erzeugten Boom mit dem aus Rapsöl erzeugten Rapsmethylester („Bio-Diesel"). Anschließend richteten sich die Fantasie auf die „Zweite Generation" der Bio-Kraftstoffe; aus ganzen Pflanzen synthetisch hergestellte Kraftstoffe.[22] Damit sollte zum einen ein höherer Flächenertrag

---

[20]Die gültigen quantitativen Ziele stammen von Dezember 2015. Im Rahmen des Klimaschutzabkommens von Paris verpflichtet sich die EU, die Treibhausgasemissionen insgesamt um 40 % zu senken. Genaue Angaben, wie sie dieses Ziel erreichen will, gibt es noch nicht.

[21]Konkret: Die Treibhausgasemissionen sollen bis 2020 gegenüber 1990 um 40 % gesenkt werden (siehe Fußnote 5). 2008 waren – 21,9 % erreicht.

[22]Auch bezeichnet als BtL: Biomass to Liquid.

erreicht, zum anderen minderwertige Böden genutzt und damit Zielkonflikte mit der Nahrungsmittelproduktion vermieden werden.

Gegenwärtig (2016) hat sich die öffentliche Aufmerksamkeit auch von diesem Entwicklungspfad abgewandt. Aus ökonomischer und ökologischer Sicht erscheint es günstiger, die sog. Energiepflanzen vollständig in Kraftwerken zur Strom- und Wärmeproduktion oder durch Vergärung zur Erzeugung von Biogas zu nutzen, als daraus Kraftstoffe herzustellen.

Nun richten sich unter dem Begriff „Elektromobilität" alle Erwartungen auf das Batterieauto. Für die Umweltbilanz wichtig wird es, wenn der Strom aus dem allgemeinen Netz kommt und dieser mit weniger Treibhausgasen je kW/h erzeugt wird; andere Formen elektrischer Zusatzkonzepte als „Hybridfahrzeuge" können dagegen als (etwas) verbrauchssparende Modifikationen von Verbrennungsmotor-Kfz eingeordnet werden. Die allgemeine positive Bewertung von netzgespeisten Batterieautos ergibt sich daraus, dass die Antriebsenergie zukünftig regenerativ erzeugt, also aus Wind und Sonne stammen würde.[23] So könnte man könnte man – nach der Idealvorstellung, in der alle Energie einschließlich der Produktionsenergie regenerativ erzeugt wird –emissionsfrei Auto fahren.

Bei näherer Betrachtung regen sich doch erhebliche Zweifel, ob die Zukunft der Mobilität im elektrischen Autofahren liegt (vgl. Friedrich/Petersen 2009). Der Weg zu einer ausschließlich oder auch nur überwiegend regenerativen Stromerzeugung ist noch lang. Laut der 2008 im Auftrag des Bundesumweltministeriums erstellten Leitstudie können die Erneuerbaren Energien (EE) in Deutschland bis 2020 einen Anteil von 30 % an der Stromversorgung erreichen.[24] Der für 2009 veröffentlichte deutsche Strommix, d. h. die Ausgliederung der Stromerzeugung nach Primärenergieträgern, zeigt Anteile der Windkraft und Photovoltaik, mit denen die meisten Erwartungen verknüpft sind, von 6,3 % bzw. 1,0 %. Die Potenziale anderer regenerativer (erneuerbaren) Träger zur Stromerzeugung, Wasserkraft und Biomasse, sind begrenzt. Die 2012 vom Bundesministerium für Umwelt, Naturschutz und Reaktorsicherheit herausgegebene Leitstudie[25] beziffert den Anteil der EE in den erarbeiteten Szenarien zwischen 28 % in 2020 und 55 % in 2050 alleine beim Anteil von Wind- und Solarenergie.

---

[23]Bei Insellösungen, d. h. der Aufladung durch individuelle Solaranlagen, müsste die Alternative einer Netzeinspeisung gegengerechnet werden. Auch wenn man zum Laden „Ökostrom" kauft, wird anderswo im Netz dafür mehr unökologisch erzeugter Strom genutzt.

[24]Vgl. http://www.erneuerbare-energien.de/EE/Redaktion/DE/Downloads/Studien/leitstudie-2008. pdf?__blob=publicationFile&v=3.

[25]Bundesministerium für Umwelt, Naturschutz und Reaktorsicherheit (Hg.) (2012): http://www. dlr.de/dlr/Portaldata/1/Resources/bilder/portal/portal_2012_1/leitstudie2011_bf.pdf.

Die im September 2010 im Bundeskabinett beschlossenen verlängerten Laufzeiten für Kernkraftwerke bedeuteten auch entsprechende Grundlast-Kapazitäten für Batterieautos – ein noch besserer Zusatzmarkt als die Nachtspeicheröfen[26], weil Autostrom auch im Sommer verbraucht würde. Allerdings dürfte der Umfang dieses Marktes noch lange bescheiden bleiben (siehe unten). Das E-Auto wird von seinen Unterstützern natürlich nicht mit Kohle- und Atomstrom, sondern mit „Öko-Strom" in Verbindung gebracht. Der Energieaufwand und die Umweltbelastungen für die Produktion von Batterien und andere Elemente des Öko-Strom-Systems werden allerdings kaum betrachtet.[27]

War man bis 2011 noch der Ansicht, dass vor 2030 kaum so viel Wind- oder Solarstrom erzeugt werden würde, dass man neue Nachfrager braucht bzw. diese generell zur Verfügung stehen würden, änderte sich das Bild mit dem Atomunglück in Fukushima im März 2011. Nach einem Erdbeben und dem folgenden Tsunami havarierte das dortige Atomkraftwerk. Dieses Unglück führte weltweit zum Umdenken und in Deutschland letztendlich zum Atomausstieg. Zudem wurde das Ziel einer Energiewende erneut forciert und der Ausbau erneuerbarer Energien vorangetrieben. Aktuell liegt der Anteil der EE in Deutschland bei 26 % der Nettostromerzeugung.[28]

Energiewende

Die Energiewende bezeichnet den Umstieg von fossilen Energieträgern und Kernbrennstoffen zu nachhaltig produzierter Energie aus regenerativen Quellen, beispielsweise Solarenergie, Geothermie, Luft- und Wasserkraft etc. Dieser Anteil soll bis zum Jahr 2035 auf 55 bis 60 % ausgebaut werden.[29] Auch wenn der Klimaschutz in der öffentlichen Diskussion oftmals im Fokus steht, werden in verschiedenen Diskussionen zudem soziale und gesundheitsbezogene Aspekte im Rahmen der Energiewende diskutiert.

Neben dem Umstieg auf erneuerbare Energien wird auch eine generelle Reduktion des Energieverbrauchs angestrebt. Diese Kernziele – Ausbau der erneuerbaren Energien und Reduktion des Energieverbrauchs – sollen in den Bereichen Wärme,

---

[26]Wegen des hohen Primärenergieverbrauches und der hohen CO_2-Emissionen der Kohlekraftwerke gilt nach § 10a der Energieeinsparverordnung (Fassung vom 29. April 2009): „(1) Außerbetriebnahme von Stromheizungen für Wohngebäude mit mehr als fünf Wohneinheiten (2) Vor dem 1. Januar 1990 eingebaute oder aufgestellte elektrische Speicherheizsysteme dürfen nach dem 31. Dezember 2019 nicht mehr betrieben werden."

[27]Vgl. http://wupperinst.org/uploads/tx_wupperinst/Elektromobilitaet_TB_Oekobilanzen.pdf.

[28]Vgl. https://www.umweltbundesamt.de/sites/default/files/medien/376/bilder/dateien/strommix_in_deutschland_2014.pdf.

[29]https://www.bundesregierung.de/Content/DE/StatischeSeiten/Breg/Energiekonzept/0-Buehne/ma%C3%9Fnahmen-im-ueberblick.html;jsessionid=881198C93C812A0F45B1C33165C6AC1D.s3t2.

Strom und Mobilität durch unterschiedliche pull- und push-Maßnahmen, wie beispielsweise Förderprogramme, Verordnungen und Gesetze, erreicht werden.

Entwicklung der Energiewende in Deutschland

In Deutschland rückte mit der Ölkrise und der Anti-Atomkraft-Bewegung in den 1970er Jahren sowie dem Waldsterben in den 1980er Jahren die Umwelt in den Fokus, seit Ende der 1980er Jahre ist auch der Klimaschutz auf der politischen Agenda vertreten.

Mit dem Stromeinspeisegesetz, das 1990 verabschiedet wurde, begann der Ausbau der erneuerbaren Energien und wurde 2000 durch das Erneuerbare-Energien-Gesetz (EEG) der Rot-Grünen Bundesregierung beschleunigt. Ebenfalls im Jahr 2000 wurde der Atomausstieg beschlossen. 2010 erfolgte unter der Schwarz-Gelben-Bundesregierung ein Umschwung in der Energiepolitik und eine erhebliche Verlängerung der Laufzeiten der Atomkraftwerke. Dies änderte sich mit dem Unglück in Fukushima, wo im März 2011 ein Atomkraftwerk nach einem durch ein Erdbeben ausgelösten Tsunami havarierte. Drei Tage nach dem Unfall wurde der Atomausstieg bis zum Jahr 2022 verkündet. Neben dem Ausstieg aus der Kernenergie wird auch der Kohleausstieg forciert, um die Klimaschutzziele zu erreichen.

Zur Umsetzung der Energiewende entwickelte die Bundesregierung 2014 eine „10-Punkte-Energie-Agenda", die 2016 fortgeschrieben wurde. Diese umfasst u. a. eine Neugestaltung des Fördersystems im EEG, die Neuorganisation des Strommarktes sowie den Netzausbau.

Der Markt für Elektromobilität, insbesondere für Elektroautos, bleibt im Gegensatz zum Ausbau der erneuerbaren Energien deutlich hinter den Erwartungen zurück. Deutschland ist laut des dritten Berichts der *Nationalen Plattform Elektromobilität* (NPE) auf einem guten Weg, bis 2020 Leitmarkt und Leitanbieter für Elektromobilität zu werden. In diesem Rahmen sollen bis 2020 eine Million Elektroautos in Deutschland fahren. Zu Beginn des Jahres 2017 waren in Deutschland jedoch erst knapp 34.000 Elektroautos registriert.[30] Um den Absatz anzukurbeln und das gesteckte Ziel von einer Million E-Fahrzeugen zu erreichen, ist es seit Mitte 2016 möglich, einen Umweltbonus von bis zu 4000 € beim Kauf von E-Autos und Hybridfahrzeugen zu beantragen.

Eine mit staatlichen Anreizen und Subventionen angefachte Nachfrage für Batterie-Autos mag für Pkw-Hersteller und Stromwirtschaft angenehm sein, doch wird dadurch weder eine wirksame Entlastung der Ölimporte, noch der CO_2-Emissionen erreicht. Elektroautos werden in der Regel nicht herkömmliche Pkw durchschnittlicher Größe

---

[30]Vgl. https://www.kba.de/DE/Statistik/Fahrzeuge/Bestand/Umwelt/2017_b_umwelt_dusl.html?nn=663524.

ersetzen, sondern kleine Benzin-Pkw, die typischerweise als Zweitautos relativ geringe Jahresfahrleistungen aufweisen.

Für die Kraftstoffeinsparung und den Klimaschutz bedeutet dies nichts Gutes: Der innerörtliche Anteil des deutschen, durch Pkw erzeugten Energieverbrauchs liegt unter 30 % und in den im August 2010 für die Kernkraftentschlüsse erarbeiteten „Energieszenarien für ein Energiekonzept der Bundesregierung"[31] wird der Kohleanteil bei der Stromerzeugung noch zwischen 20 und 30 % betragen (gegenüber aktuell rd. 40 %). Welche Szenarien man auch im Detail durchrechnet, es zeigt sich, dass der Betrieb dieser Elektro-Pkw für die Energiebilanz und das Klima kaum einen nennenswerten Vorteil bringt. Nimmt man dann noch die Kosten für die Herstellung und Entsorgung der Batterien hinzu, verschlechtert sich die ökologische Bilanz zusätzlich.

Zudem ist der Kurs der Elektrifizierung des Kfz teuer: Für die neue Technologie wird ein Tankstellennetz bereitgestellt werden müssen, deren Zahl und damit spezifische Kosten (also Kosten je E-Fahrzeug) von der räumlichen Verteilung der Fahrzeugstandorte und der damit avisierten Verkehrsbeziehungen abhängig sind. Unklar ist noch, welche Ladeströme und damit Ladezeiten üblich werden; soll das Nachladen in kurzer Zeit erfolgen, müssen Kraftstromanschlüsse bereitstehen. Für die Erstellung einer solchen Säule sind Kosten von ca. 4000 € zu veranschlagen; der damit erzielbare Stromabsatz dürfte einen entsprechenden Netzaufbau kaum tragen.

Unklar ist die betriebswirtschaftliche Seite auch für einen Pkw-Käufer, trotz fallender Kosten für die Batterien. Diese beliefen sich 2010 auf mehr als 1000 € je kWh., seitdem sind sie um fast 80 % gesunken. Um 100 km zu fahren, wird eine Kapazität von 20 kWh vorgehalten werden müssen, das entspricht einem Mehrpreis von ca. 4500 € für einen Kleinwagen im Jahr 2016.[32]

In Bezug auf die Wirtschaftlichkeit von Elektromobilität zeigen ältere Studien, dass die Unterstützung elektrisch betriebener Kfz aus volkswirtschaftlicher Sicht eine unwirtschaftliche Strategie ist, um Kraftstoff zu sparen und CO_2-Emissionen zu senken. Aktuelle Erkenntnisse scheinen dieses Bild zu widerlegen. Die 2012 veröffentlichte Leitstudie zum Ausbau erneuerbarer Energien kommt zu dem Schluss, dass Elektromobilität mit dem Einsatz erneuerbaren Stroms einen jährlichen Minderungsbeitrag zwischen etwa 23 Mio. t bis ca. 42 Mio. t CO_2 erreichen kann.[33] In Bezug auf die Wirtschaftlichkeit geht eine aktuelle Studie des Öko-Instituts im Auftrag des Umweltbundesamts (2016) davon aus, dass bei einer globalen Marktdurchdringung nach einer Einführungsphase

---

[31]Vgl. http://www.bmwi.de/BMWi/Redaktion/PDF/Publikationen/Studien/studie-energieszenarien-fuer-ein-energiekonzept,property=pdf,bereich=bmwi2012,sprache=de,rwb=true.pdf.

[32]Vgl. https://www.mckinsey.de/files/161223_mckinsey_e-vehicles.pdf.

[33]Vgl. http://www.dlr.de/dlr/Portaldata/1/Resources/bilder/portal/portal_2012_1/leitstudie2011_bf.pdf.

mithilfe politischer Unterstützung Elektrofahrzeuge (Pkw und Lkw) die kostengünstigste Variante für treibhausgasneutralen Verkehr im Vergleich zu weiteren alternativen Kraftstoffen darstellten.[34] Aber dennoch: Wenn Lokalpolitiker die E-Autos mit Parkflächen und anderen Vorteilen in die Stadt locken – wie es gegenwärtig in London geschieht – und dann Pendler vom ÖPNV oder Fahrrad umsteigen, dann ergibt sich eine negative Umweltbilanz.

4.3   Szenario 3: Nachhaltige Mobilität

Ausgangspunkt dieses Zukunftsbildes ist, wie im Szenario 2 das grundsätzliche Ziel, die Abhängigkeit von knapper werdendem Erdöl zu reduzieren und die Erfordernisse des Klimaschutzes zu erfüllen. Szenario 3 geht von der Einschätzung aus, dass neben erheblichen technischen Innovationen zur Effizienzverbesserung und für neue Antriebe die Verkehrsstrukturen nachhaltiger gestaltet werden müssen. Es wird angenommen, dass in den kommenden Jahrzehnten nicht ausreichend regenerative Energieträger verfügbar sein werden, um den Kraftfahrzeugverkehr im prognostizierten Umfang und in heutiger Art – d. h. mit derartig schweren Fahrzeugen mit hohen Geschwindigkeiten – nachhaltig betreiben zu können.

Der Energieverbrauch des Mobilitätssystems wird zum einen bestimmt durch den hohen Verkehrsaufwand, zum anderen durch den hohen spezifischen Energieaufwand je Personen- und Tonnenkilometer. Treibende Kräfte für den hohen Verkehrsaufwand sind u. a. gesellschaftliche Entwicklungen und raumstrukturelle Veränderungen, beide sind miteinander verknüpft. Wesentliche Treiber sind das Haushaltseinkommen und die Transportkosten, welche den Akteuren den Verkehr gegenüber (auch nicht verkehrlichen) Alternativen vorteilhaft erscheinen lassen.[35]

Der Umfang der Verkehrsnachfrage soll hier nicht im Mittelpunkt stehen, es werden also auch nicht die quantitativen Wirkungen von höheren Transportkosten oder modifizierter Planungs- und Bauvorschriften diskutiert. Bei gegebenem Verkehrsaufwand sind die für die Energiebilanz kritischen Faktoren die spezifischen Verbrauchswerte der Fahrzeuge sowie die Auslastung. Für dieses Szenario sollen die Fahrzeuge und das Verkehrsverhalten behandelt werden – nach deutschem Recht festgelegt in der Straßenverkehrs-Zulassungsordnung (StVZO) und der Straßenverkehrs-Ordnung (StVO). Das Ziel lautet – in der Größenordnung – den Energieverbrauch pro Personenkilometer

---

[34]Vgl. https://www.umweltbundesamt.de/sites/default/files/medien/377/publikationen/2016-11-10_endbericht_energieversorgung_des_verkehrs_2050_final.pdf.

[35]Diese Faktoren wirken auch in den im Szenario 1 genannten Modellrechnungen für 2030 und 2050 zur Steigerung des Verkehrsaufwandes.

bis 2050 um den Faktor 5 zu reduzieren.[36] Auf diesem Verbrauchsniveau könnten ausreichend nicht-fossile, regenerativ erzeugte Kraftstoffe verfügbar sein.

Dazu gilt die Annahme, dass der heute überwiegend mit dem individuellen Automobil erbrachte Verkehrsaufwand kurz- bis mittelfristig (d. h. bei bestehender Raumstruktur) nur in begrenztem Umfang durch andere, umweltfreundlichere Verkehrsmittel ersetzt werden kann.[37] Das Angebot an öffentlichen Personenverkehr kann noch so gut sein – es wird nicht die Vorteile bieten können, die das eigene Auto hat. Dies führt zu der Forderung, das (unökologische) Auto durch das (ökologischere) Auto zu ersetzen.

Von zentraler Bedeutung für den Energiebedarf bei der Fahrt (d. h. die für die Fahrt erforderliche mechanische Arbeit) sind die Fahrzeugmasse, die Fahrzeuggeschwindigkeit und die Unregelmäßigkeit der Fahrt, also häufiges Beschleunigen und Verzögern (vgl. von Winning 2009). Die technischen Parameter Fahrzeugmasse und Roll- sowie Luftwiderstand werden weiter optimiert werden, gleichwohl gilt, dass in dem Verhalten der Fahrenden bezüglich Geschwindigkeit, Beschleunigung und Bremsen immer noch weitere Sparpotenziale liegen. Erhöht man beispielsweise die Fahrgeschwindigkeit von 80 km/h um 50 % auf 120 km/h, so steigen der Fahrwiderstand und damit der Kraftstoffverbrauch um 100 %.

Wenn der Wunsch nach hohen Fahrgeschwindigkeiten und Beschleunigungswerten nicht mehr besteht, können bisher ausgeklammerte technische Optimierungen ausgereizt werden, um die zum Fahren erforderliche mechanische Arbeit zu reduzieren und weiterhin den Wirkungsgrad des Antriebsmotors zu verbessern. Würde ein Pkw beispielsweise auf eine Höchstgeschwindigkeit von 100 km/h ausgelegt, dann ist ein entsprechend hubraumschwächerer Motor nicht nur leichter, sondern erreicht auch im Stadt- und Umlandverkehr einen erheblich niedrigeren Kraftstoffverbrauch. Karosserie- und Antriebsteile könnten leichter gebaut werden, schmalere Reifen mit geringerem Rollwiderstand würden genügen. Der für hohe Geschwindigkeiten wichtige Luftwiderstand, zu dessen Reduzierung die Konstrukteure die Frontscheiben abgeflacht haben, würde seine Bedeutung verlieren und die Fahrgasträume würden wieder aufrechter umschlossen. Die Autos könnten damit insgesamt kürzer und leichter werden. Das sind die technischen Aspekte.

Zu den Verhaltensaspekten: Beim zukünftigen Autofahren muss auf hohe Geschwindigkeiten verzichtet werden. Aus heutiger Sicht lautet die Empfehlung „100–80–30"; als Maximalgeschwindigkeit auf Autobahnen wären 100 km/h angebracht, so können Pkw

---

[36]Das entspricht der im Kap. 2 zitierten Minderung um 80 %. Ob diese gedachte Pkw-Zielsetzung für den Verkehr ausreicht, wäre abhängig von den Minderungschancen der anderen Verbrauchenden (Lkw, Flugzeuge, Schiffe).

[37]Das bedeutet selbstverständlich nicht, dass dem Auto im innerörtlichen Verkehr gegenüber dem ÖPNV oder im Kurzstreckenverkehr gegenüber dem Rad- und Fußverkehr der leider bisher gewährte öffentliche Raum streitig gemacht werden sollte.

die Lkw noch überholen.[38] Auf Autobahnen sind die spezifischen und absoluten Verbrauchs- und Emissionsmengen am höchsten, die Energieeinsparung daher maximal.

Ist durch die Kombination von auf niedrigere Geschwindigkeit optimierter Technik und tatsächlich verlangsamtem Verkehr ein um den Faktor 5 geringerer Kraftstoffverbrauch erzielbar? Das lässt sich vorab nicht verlässlich ermitteln. Der Grund ist, dass es keine Statistiken zu den tatsächlichen Fahrgeschwindigkeiten auf Autobahnen und anderen außerörtlichen Straßen gibt. Das Bundesverkehrsministerium bezifferte 2007 auf eine Bundestagsanfrage hin die „Durchschnittsgeschwindigkeit von Pkw (auf Autobahnen) im Jahre 1992 mit 120 km/h".[39]

Grundsätzlich gilt, dass die Minderungspotenziale dann hoch sind, wenn es auch die Befolgungsrate des gesetzten Limits ist (vgl. Otten/van Essen 2010). Dies ist in vollem Umfang nur bei einer technischen Limitierung, d. h. der zwingenden Verwendung von Begrenzern gegeben. Neben der Festlegung zulässiger Höchstgeschwindigkeiten in der StVO wäre also eine entsprechende Anforderung in der StVZO notwendig. Wie andere technische Standards muss dies in der EU harmonisiert werden. Welches technische Verfahren dann zum Einsatz kommt, wäre – wie bei Abgas- oder Sicherheitsnormen – den Autohersteller_innen überlassen. Die EU pflegt nur Wirk- und keine Bauartvorschriften zu setzen. Naheliegend wäre, die Tempobegrenzung mithilfe von Navigationsgeräten mit GPS-Unterstützung zu realisieren. Das würde polizeiliche Überwachungsaktivitäten überflüssig machen und den Umfang der Beschilderung reduzieren.

Weitere Potenziale würden sich durch die Einführung autonomen Fahrens ergeben. Hier kann davon ausgegangen werden, dass neben der Einhaltung der Geschwindigkeitsbegrenzungen auch das Fahren an sich ohne größere Geschwindigkeitsveränderungen, also ohne vermehrte Beschleunigungs- und Bremsvorgänge erfolgen würde. Dies würde zu einem geringeren Energieverbrauch und somit zu geringeren Emissionen beitragen.

Einige Überlegungen zu den Effekten: Die Geschwindigkeitsreduzierungen „100–80–30" könnten bereits bei bestehendem Fahrzeugpark eine Verbrauchsreduzierung um rd. 40 % erbringen, dazu trägt der Verzicht auf unnötige Beschleunigungs- und Bremsmanöver bei. Durch die Homogenisierung des Verkehrsflusses werden auf dicht belasteten Abschnitten Stauungen vermieden werden, was helfen könnte, den Verbrauch zu senken. Die technischen Potenziale, die in der Niedrig-Geschwindigkeits-Strategie stecken, können auf mehr als 50 % beziffert werden.

Schließlich kann für eine Abschätzung der Wirkungen auch angenommen werden, dass ein Teil der Auto-Kilometer ersatzlos entfällt – das wären zum einen diejenigen Strecken, bei denen der Spaß am schnellen Fahren wichtig war, zum anderen würde eine

---

[38]Andererseits: Für den Verkehrsfluss ist ein gleicher Geschwindigkeitswert für alle Fahrzeuge besser, wie beispielsweise in den USA. Auch das wäre zu bedenken.

[39]Deutscher Bundestag 16. Wahlperiode Drucksache 16/7445 11.12.2007.

Verlängerung der Reisezeit im Sinne des „Constant-Time Budget" durch eine geringere Distanz kompensiert.

Das führt zunächst zu der Frage, um wie viel sich die Reisezeiten für heute gefahrene Distanzen durch die angedachten Änderungen in StVZO und StVO verlängern würden. Eine grobe Schätzung könnte lauten: 20 % auf Autobahnen, unter 10 % auf anderen Außerortsstraßen, unter 5 % im Stadtverkehr. Auf Autobahnen und Bundesstraßen betrug die Pkw-Fahrleistung 2008 etwa 330 Mrd. km. Bei 100 km/h würde das 3 Mrd. Stunden Fahrzeit bedeuten. Man sieht: In dem Szenario würden per 10 % Zeitzunahme 300 Mio. Stunden mehr aufgebracht. Doch wie ist diese Zeit zu bewerten, wenn nach den Verkehrsstatistiken mehr als die Hälfte davon Urlaubs- und Freizeitwege sind? Das kann hier nicht vertieft werden. Ebenfalls soll hier offenbleiben, auf welchen Betrag sich die erreichbaren Verbrauchs- und Emissionseinsparungen addieren könnten.

Festzuhalten bleibt: In diesem Szenario bedeutet die technische Temporeduzierung den Abschied von der Freiheit des Autofahrens, so wie es sich bisher durchgesetzt hat. Die Freiheitsgrade Reisezeit und Richtung, welche die wesentlichen Vorteile der individuellen Automobilität darstellen, bleiben selbstverständlich erhalten, jedoch werden die Geschwindigkeiten der Einzelfahrzeuge koordiniert.

5   Fazit

Seit mehreren Jahrzehnten ist es weitestgehend Konsens, dass zwischen Mobilität und Verkehr differenziert wird; es wird betont, dass Mobilität für gesellschaftliche Aktivitäten notwendig ist und mit möglichst wenig Verkehrsaufwand erreicht werden sollte. Der traditionell „Verkehrsleistung" genannte Aufwand ist für sich kein positiver Wert, Personen- und Tonnenkilometern gilt es zu vermeiden. Ökonomisch ist Verkehrswachstum so wenig wünschenswert wie ein hoher Energieverbrauch beim Heizen einer Wohnung. Der in Szenario 1 beschriebene Zukunftsweg, in dem weiteres Verkehrswachstum unabhängig aller Nachhaltigkeits-Erfordernisse unterstellt wird, verschärft ökologische und ökonomische Konflikte.

Szenario 2 beschreibt den in Wirtschaft und Politik gepflegten Traum, dass „grüne Technik" bereitstehen wird, damit Verkehrskonsum und -kommerz fortgesetzt werden können. Die Autogesellschaft muss sich nicht ändern; das Problem „Autoverkehr" wird durch Umbenennung in „Automobilität" zum Verschwinden gebracht. Der motorisierte Straßenverkehr erscheint als „Elektromobilität" zukunftsorientiert, ökologisch und nachhaltig. Allerdings hängt diese Hoffnung ziemlich in der Luft.

In Szenario 3 hängt eine nachhaltigere Mobilität nicht von Unwägbarkeiten technischer Innovation und erhofften Kostensenkungen ab, sondern setzt auf soziale Innovationen und die Anwendung vorhandener, kostengünstiger Produkte. Es beschreibt eine fehlerfreundliche Strategie mit wenig Kapitalbindung und mit gesellschaftlichen Lernprozessen. Ob das langsamere Auto in einigen Jahrzehnten tatsächlich in hohem Umfang von Elektromotoren angetrieben und die Batterien aus dem Stromnetz geladen werden, ist nicht mehr wichtig. Es ist auch nicht wichtig, ob der verbleibende Kraftstoffbedarf für die Fahrten auf längeren Strecken mit Bio-Benzin oder Biodiesel erfüllt wird – wenn der Energiebedarf eines Autos beispielsweise um den Faktor 4 reduziert ist, kann man neu darüber nachdenken, ob für diese Alternativen genügend ökologisch und sozial verträgliche Ressourcen bereitstehen.

In diesem Szenario fehlen die großen Umschichtungen im Verkehrshaushalt. Es gibt nur die implizite Aufforderung zur ersatzlosen Streichung des weiteren Straßenneubaus. Das Motto könnte lauten: Steckt etwas mehr Geld in den Lärmschutz und den Straßenunterhalt (das hilft auch der Larmminderung) und gebt es ansonsten den Kommunen für bessere Schulen.

Manche werden enttäuscht sein, dass die ökologische Bedeutung der öffentlichen Verkehrsmittel nicht betont wird, keine Vervielfachung des Eisenbahnverkehrs, keinen Ausbau von Regionalbahnen und keine neuen Straßenbahnnetze gefordert werden. Und ohnehin kein Nulltarif für Busse und Bahnen, denn natürlich müssen auch ÖPNV-Nutzende ihre Reisekosten bezahlen. Es fehlt eine Forderung nach mehr und besseren Radwegen – obwohl gerade diese umweltverträgliche Verkehrsart eklatant benachteiligt wird – es fehlen in diesem Text überhaupt Vorschläge für den Aus- oder Umbau der Infrastrukturen.

Der Blick richtet sich auf den Autoverkehr – er ist das Problem! Es wäre eine Illusion, diesem Problem allein mit alternativen Verkehrsangeboten und -subventionen beizukommen. Es gibt keine Belege dafür, dass ein besserer ÖPNV (wie in der Schweiz) oder bessere Bedingungen für den Radverkehr (wie in den Niederlanden) die Autonutzung insgesamt reduziert. Ja, in Holland wird mehr Rad gefahren, in der Schweiz gibt es mehr Bahnfahrende und der städtische ÖPNV ist meist besser als in Deutschland. Aber warum ist der Pro-Kopf-Energieverbrauch im Autoverkehr dennoch kaum niedriger als in Deutschland?

Auch nach einer Verwirklichung der im Szenario 3 beschriebenen Maßnahmen sind zumindest kurzfristig keine großen Veränderungen in der Verkehrsmittelwahl und in der Zahl der Pkw-Kilometer zu erwarten. Für die Realisierung von Mobilität insgesamt dürfte das private Auto noch lange einen hohen Stellenwert behalten. Auf der bestehenden Auto-Infrastruktur und in der bestehenden Raumstruktur bietet es seinen Nutzer_innen die meisten Vorteile. Weil diese Strukturen nicht kurzfristig, sondern nur mittel- bis langfristig verändert werden können, bleibt für eine umweltgerechte, nachhaltigere Mobilität nur der Weg, die ökonomische und rechtliche Bevorzugung der Autofahrerinnen und -fahrer abzubauen und die Autonutzung zu humanisieren. Das auf Alltagsmobilität optimierte Auto der Zukunft muss andere Merkmale aufweisen als die heutigen Modelle. Die Anforderungen lauten: langsam, leicht, gleichmäßig fahrend.

Mobilitätsalternativen werden durch die Dämpfung der Höchstgeschwindigkeiten zunächst nur auf langen Strecken – und dann auch nur zwischen Metropolen – attraktiver werden. Wenn man für 500 km Autofahrt eine Stunde länger braucht, dürfte es kaum zu einem massenhaften Umsteigen auf die Bahn kommen. Erst wenn sich ergänzend zu der rechtlichen Umformulierung des Autos ein anderer emotionaler Stellenwert ausgebreitet hat, dürfte der Reiz nachlassen, den Alltag um diesen Fetisch herum zu gestalten. Ohne

Fixierung auf das Auto und ohne die Formung des Raumes nach seinen Zwängen werden die systemischen Mobilitätsvorteile städtischer Dichte wieder bewusst, sie werden sich marktförmig durchsetzen und möglicherweise werden sich die Menschen später einmal fragen, warum nur das Leben damals so umfassend auf diese „Blechkisten" ausgerichtet war.

Lernfragen

a) Erläutern Sie, welchen Einfluss die Energiewende auf die zukünftige Mobilität haben kann.
b) Welche Aspekte müssen im vorgestellten dritten Szenario beachtet werden, um zu dessen Gelingen beizutragen, und warum? Welche Effekte würden hieraus resultieren?
c) Erläutern Sie die Haltung der Politik in Bezug auf Nachhaltigkeit und Klimaschutz. Welche Maßnahmen werden ergriffen, welche sollten ergriffen werden?

Literatur

Friedrich, Axel; Petersen, Rudolf (2009): Der Beitrag des Elektroautos zum Klimaschutz – Wunsch und Realität. Gutachten im Auftrag der Delegation DIE LINKE im Europäischen Parlament. www.dielinke-europa.eu/fileadmin/PDF/MEP_Materialien/Gutachten.pdf.

Luhmann, Hans-Jochen (2010): Der dreidimensionale Ansatz in der Politik von USA und EU auf dem Weg zur post-fossilen Industriegesellschaft (oder: Die Synergie von ‚Müllkippe schließen' und zugleich ‚Bergbau einstellen'). In: Internationale Politik und Gesellschaft (IPG), Nr. 2/2010.

Meinshausen, Malte; Meinshausen, Nicolai; Hare, William; Raper, Sarah C. B.; Frieler, Katja; Knutti, Reto; Frame, David J.; Allen, Myles R. (2009): Greenhouse-gas emission targets for limiting global warming to 2 °C. Nature 458, pp. 1158–1162. Siehe auch http://www.nature.com/nature/journal/v458/n7242/full/nature08017.html.

Petersen, Rudolf (2002): Land use planning and urban transport: sustainable transport – a sourcebook for policy-makers in developing cities. GTZ Eschborn.

progtrans (2007): Abschätzung der langfristigen Entwicklung des Güterverkehrs in. Deutschland bis 2050. Projektnummer 26.0185/2006. Im Auftrag des BMVBS Schlussbericht.

Sachverständigenrat für Umweltfragen (SRU) (2002): Umweltgutachten 2002 des Rates von Sachverständigen für Umweltfragen „Für eine neue Vorreiterrolle". Deutscher Bundestag, Drucksache 14/8792 14. Wahlperiode 15.04.2002.

TRAMP/Difu/IWH (2006): Szenarien der Mobilitätsentwicklung unter Berücksichtigung von Mobilitätsstrukturen bis 2050. Magdeburg.

Umweltbundesamt (UBA) (Hrsg.) (2016): Erarbeitung einer fachlichen Strategie zur Energieversorgung des Verkehrs bis zum Jahr 2050. TEXTE 72/2016. Dessau-Roßlau.

von Winning, Henning (2009): Auto und autoorientierte Regionen: Einige Reformvorschläge für eine nachhaltige Zukunft. In: Mager, Thomas; Klühspies, Johannes (Hrsg.): Verkehr in der Forschung, Köln, S. 85–97. http://www.verkehrsplanung.de/material_winning/autoorientierteregionen.pdf.

Weiterführende Literatur

Institut für Mobilitätsforschung (ifmo) (2010): Zukunft der Mobilität – Szenarien für das Jahr 2030. Zweite Fortschreibung. ifmo-Studien. München.

Otten, Matthijs; van Essen, Huib (2010): Why slower is better. Pilot study on the climate gains of motorway speed reduction. CE Delft (NL).

Schallaböck et al. (2006): Klimawirksame Emissionen des Pkw-Verkehrs und Bewertung von Minderungsstrategien. Wuppertal Spezial Nr. 34, Wuppertal.

Umweltbundesamt (UBA) (Hg.) (2010): CO_2-Emissionsminderung im Verkehr in Deutschland. TEXTE 05/2010. Dessau-Roßlau.

Umweltbundesamt (UBA) (Hg.) (2016): Klimaschutzbeitrag des Verkehrs bis 2050. TEXTE 56/2016. Dessau-Roßlau.

Rudolf Petersen, Prof. Dr., Wuppertal Institut für Klima, Umwelt, Energie gGmbH, Döppersberg 19, 42103 Wuppertal.

Sandra Reinert, Dipl.-Ing., Technische Universität Berlin, Fakultät Verkehrs- und Maschinensysteme, Institut für Land- und Seeverkehr, Fachgebiet Integrierte Verkehrsplanung, Salzufer 17–19, 10587 Berlin.

Glossar

Aktive Mobilität Verkehre, die zu Fuß, mit dem Rad, aber auch mit anderen, z. T. spielerischen Fortbewegungs- und Sportgeräten wie Tretroller, Langboards, Inlineskates aus eigener Muskelkraft zurückgelegt werden. Synonym dazu existieren die Begriffe nichtmotorisierter Verkehr, der ebenfalls in dem Beitrag verwendet wird, aber sparsam, da er das hervorhebt was er nicht ist. Ebenso synonym sind die Begriffe Langsamverkehr (Schweiz), human powered mobility, Nahmobilität.

Anfängerrisiko Risikofaktoren, die mit der fehlenden Fahrkompetenz verbunden sind, wie z. B. fehlende Routine.

Anlagevermögen Das Anlagevermögen ist eine monetäre Wertgröße für das technische Angebotspotenzial der Volkswirtschaft: Das Brutto-Anlagevermögen quantifiziert den Wiederbeschaffungswert, das Netto-Anlagevermögen den Zeitwert der zeitlich verschieden installierten Verkehrsanlagen und Verkehrsmittel auf einheitlicher Preisbasis.

Anreiz Eine positiv oder negativ wahrgenommene Verhaltenskonsequenz, die als belohnend oder bestrafend erlebt wird und die dazu führt, das jeweilige Verhalten in Zukunft zu wiederholen oder zu unterlassen.

Anteludialeffekte Damit bezeichnete der Verkehrswissenschaftler Fritz Voigt über lange Zeiträume wirksame Festlegungen im Verkehrssystem, die seine Entwicklung dauerhaft prägen. Aufgrund ihrer Beharrungskraft, können sich Anteludialeffekte, die zu einem bestimmten Zeitpunkt sinnvoll waren, zu einem späteren Zeitpunkt die Entwicklung des Verkehrssystems behindern.

Barrierefreiheit Gestaltung der baulichen Umwelt sowie von Informations- und Kommunikationsangeboten in allen Lebensbereichen, dass sie von Menschen mit Behinderung oder anderen Beeinträchtigungen ohne zusätzliche Hilfe uneingeschränkt wahrgenommen und genutzt werden können.

CO_2-Äquivalent Kohlendioxid (CO_2) ist das bekannteste Treibhausgas, aber auch Methan (CH_4), Lachgas (N_2O), Ozon (O_3) oder Fluorkohlenwasserstoffen (FKW) zählen dazu. Sie entstehen bei der Viehzucht, beim Reisanbau, durch industrielle Fertigung oder dienen als Kältemittel. Um ihre Klimawirksamkeit – oder eher -schädlichkeit – vergleichbar zu machen, werden sie in CO_2-Äquivalenten (CO_2eq) angegeben, Kohlendioxid dient hierbei als Richtgröße. Der Wert bezeichnet die mittlere Erwärmungswirkung

© Springer Fachmedien Wiesbaden GmbH, ein Teil von Springer Nature 2018
O. Schwedes (Hrsg.), *Verkehrspolitik,*
https://doi.org/10.1007/978-3-658-21601-6

für einen festgelegten Zeitraum, zumeist werden 100 Jahre betrachtet. Die Klimawirksamkeit der einzelnen Treibhausgase ist unterschiedlich. So ist Methan ca. 21-mal klimawirksamer als CO_2, Lachgas ca. 300-mal und Fluorkohlenwasserstoffen wird eine Klimawirksamkeit zugesprochen, die ca. 140–12.000-fach über der Wirksamkeit von Kohlendioxid liegt.

Creatio ex nihilo Schöpfung aus dem Nichts, Voraussetzungslosigkeit.

Crowding-Out Eine vorhandene intrinsische Motivation wird aufgrund externer Belohnungen von der extrinischen Motivation verdrängt und ersetzt.

Differenzierte Bedienung strukturierte, abgestufte Bedienung mit öffentlichen Verkehrsmitteln, bei der für den jeweiligen Einsatzzweck und die Mobilitätsbedürfnisse unterschiedlicher Kundengruppen das jeweils passende Mobilitätsangebot zum Einsatz kommt.

Durchschnittskosten Durchschnittskosten sind die auf eine Einheit Produktionsoutput bezogenen Kosten der gesamten Produktionsmenge.

Fahrerassistenzsystem (FAS) Technische Systeme, die dem Fahrer eines Fahrzeuges bestimmte Fahraufgaben abnehmen, ihn dabei unterstützen oder den Komfort erhöhen. Das kann mittels reiner Information, Kommunikation oder direkten Eingriffen geschehen.

Föderalismus Organisationsprinzip, bei dem ein Staat aus einzelnen Teilstaaten aufgebaut ist. Die Teilstaaten üben bestimmte staatsrechtliche Kompetenzen selbst aus, die nicht vom Bund als Gesamtstaat abgeleitet sind. Daher besitzen die Teilstaaten eines Bundesstaats in ihrem Territorium eine eigene, originäre Hoheitsgewalt.

Gesundheitsförderung im Sinne der 1986 Ottawa Charta der Weltgesundheitsorganisation WHO definiert als ein Prozess, der Menschen befähigen soll, mehr Kontrolle über ihre Gesundheit zu erlangen und sie zu verbessern durch Beeinflussung der Determinanten für Gesundheit.

Getötete Personen, die innerhalb von 30 Tagen an den Folgen eines Verkehrsunfalls starben.

Grenzkosten Grenzkosten sind die Kosten, die durch eine infinitesimal kleine Änderung des Produktionsoutputs, oder anders ausgedrückt, durch eine zusätzliche Produktionseinheit entstehen.

Herrschaft Der klassischen Definition des Soziologen Max Weber zufolge zeichnet sich Herrschaft dadurch aus, dass eine konkrete Anweisung gegenüber einem gesellschaftlichen Akteur, von diesem umstandslos ausgeführt wird. Das heißt, jeder Form der Herrschaft liegt ein Machtverhältnis zugrunde (→ Macht).

Hochautomatisiertes Fahren Das System übernimmt Fahraufgaben der Quer- und Längsführung, sodass der Fahrer nicht mehr lenken oder den Verkehr dauerhaft überwachen muss. Der Fahrer wird aber bei Bedarf zur Übernahme der Fahraufgabe aufgefordert.

Human Factor Alle menschlichen psychischen, physischen und sozialen Einflussfaktoren, die bei der Mensch-Maschine-Interaktion berücksichtigt werden müssen. Dazu gehören unter anderem Wahrnehmungs- und Handlungsprozesse.

Jugendlichenrisiko Risikofaktoren, die mit dem jugendspezifischen Lebensstil verbunden sind, wie z. B. Selbstüberschätzung.

Kausalität (Ursächlichkeit) – Bezeichnet das Verhältnis und den Zusammenhang von Ursache und Wirkung.

Kontingenz Der Begriff verweist auf die grundsätzliche Offenheit und Ungewissheit menschlicher Lebenserfahrungen und Systemzusammenhänge. Er unterliegt dabei einer doppelten Negation: kontingent ist etwas, was weder unmöglich noch notwendig ist und kennzeichnet das prinzipielle Anders-Sein-Können von etwas. Dabei geht es nicht um das Mögliche generell, sondern um das aus einer raumzeitlich definierten sozialen Situation heraus Mögliche.

Leichtverletzte Alle infolge eines Verkehrsunfalls verletzten Personen, die nicht zu den schwerverletzten zählen.

Lärmminderungsplan Ein Lärmminderungsplan soll die festgestellten und die zu erwartenden Lärmbelastungen einschließlich ihrer Quellen sowie die vorgesehenen Maßnahmen zur Lärmminderung darstellen.

Letzte Meile Transport der Ware zur Haustür des Kunden. Dieser letzte Abschnitt der Transportkette ist für den Dienstleister (i. d. R. Kurier-, Express- und Paketdienste) in der Regel besonders aufwendig.

Logistik Planung, Koordination, Durchführung und Kontrolle von Material- und Kapitelflüssen und zugehörigen Informationen. Funktional umfasst die Logistik mindestens die Bereitstellung der zu transportierenden Güter (Lagerung), die eigentliche Ortsveränderung (Transport) und das von der Quelle bis zur Senke notwendige Handling zur Mengenänderung (Umschlag).

Luftreinhalteplan Ein Luftreinhalteplan (im EU-Recht als Luftqualitätsplan bezeichnet) soll für ein Gebiet darstellen, wie die von der EU festgelegten Grenzwerte für Luftschadstoffe eingehalten werden können.

Macht Der klassischen Definition des Soziologen Max Weber zufolge zeichnet sich Macht dadurch aus, dass ein gesellschaftlicher Akteur in der Lage ist, den eigenen Willen auch gegen die Widerstände anderer Akteure durchzusetzen. Jedes Machtverhältnis drückt sich in einer Herrschaftsform aus (→ Herrschaft).

Mobilität bezeichnet individuell antizipierte potenzielle Ortsveränderungen (Beweglichkeit) von Personen. Der Grad der Mobilität bemisst sich an der Möglichkeit gesellschaftlicher Teilhabe.

Modal Split Kenngröße in den Verkehrswissenschaften; Verteilung auf die Verkehrsmittel (Modi). Unterschieden werden wegebezogener Modal Split (Verkehrsaufkommen) und entfernungsbezogener Modal Split (Verkehrsleistung).

Modal-Shift Verkehrsverlagerung auf umweltfreundliche Verkehrsmittel.

Modus (auch Verkehrsmodus) Gruppe von Verkehrsmitteln mit ähnlichen Eigenschaften sowie Fußverkehr. Im Personenverkehr werden üblicherweise folgende Modi unterschieden: Fußverkehr, Radverkehr, Motorisierter Individualverkehr (MIV) und Öffentlicher Verkehr (ÖV).

Multimodalität multimodales Mobilitätsverhalten ist die Nutzung von verschiedenen Modi bei der Durchführung von Wegen einer Person innerhalb eines bestimmten Zeitraums (zumeist eine Woche).

Nahverkehrsplan Planungsinstrument für den öffentlichen Personennahverkehr (ÖPNV) auf Grundlage von Landesnahverkehrsgesetzen. Er soll für jeden Aufgabenträger (Kreise, kreisfreie Städte und Zweckverbände) eine abgestimmte Grundlage für die künftige Ausgestaltung des Leistungsangebotes darstellen.

OHNE-FALL In der Verkehrsplanung bezeichnet der OHNE-FALL die Situation in einer bestimmten Zukunft, in der die zu prüfende Maßnahme nicht gebaut wurde. Diese Situation wird mit dem MIT-FALL desselben Zeitpunkts verglichen, sodass man die verkehrlichen Effekte und die Umwelteffekte abschätzen kann. Mit dem OHNE-Fall ist der Nullfall eng verwandt, manchmal haben beide lediglich unterschiedliche Zeithorizonte.

Policy bezeichnet die politischen Inhalte, die in einem politischen System verhandelt werden.

Polity bezeichnet die Form eines politischen Systems bzw. seine institutionelle Ordnung.

Politics bezeichnet den Politikprozess, in dem Akteure politische Entscheidungen treffen.

Postfossile Mobilität Mobilität die nicht mehr auf der Basis von Verbrennungsmotoren, die fossile Brennstoffe nutzen, realisiert wird. Sie ist Teil einer nachhaltigen Verkehrsentwicklungsstrategie und berücksichtigt die Endlichkeit fossiler Rohstoffe in der Fokussierung auf alternative Antriebsarten und -stoffe, des energieeffizienten Verhaltens und der Nutzung alternative Verkehrsmittel wie Rad- und Fußverkehr.

Risikokompensation Eine nicht beabsichtige psychologische Wirkung von Verkehrssicherheitsmaßnahmen. Verkehrsteilnehmer fühlen sich sicherer und verhalten sich bewusst oder unbewusst riskanter. Dadurch kann sich ein positiver Sicherheitseffekt ins Gegenteil verkehren.

Schwerverletzte Personen, die infolge eines Verkehrsunfalls unmittelbar zur stationären Behandlung (mindestens 24 h) in einem Krankenhaus aufgenommen wurden.

Sharing bezeichnet die organisierte gemeinschaftliche auch kurzzeitige Nutzung von Dingen oder Dienstleistungen: z. B. Autos (Carsharing), Fahrrädern (Bikesharing), gemeinsame Fahrten von Personen (Ridesharing).

Situationsbewusstsein Die Wahrnehmung der Umweltfaktoren, das Verständnis ihrer Bedeutung und die daraus folgende Antizipation der zukünftigen Entwicklung, die als Grundlage für Handlungen dienen.

Spillover-Effekte Spillover-Effekte (wörtlich „Übertragungseffekte") sind externe Effekte, bei denen die Aktivitäten eines Wirtschaftssubjektes Auswirkungen auf andere Wirtschaftssubjekte haben, die nicht durch den Preismechanismus gesteuert werden.

Subjektive Entdeckungswahrscheinlichkeit Die individuelle Einschätzung der Wahrscheinlichkeit, dass ein Regelverstoß entdeckt und geahndet wird. Diese Einschätzung beeinflusst maßgeblich das eigene Verhalten.

Theorien mittlerer Reichweite (engl. middle range theory) – Theorien mit begrenzter (inhaltlicher, geografischer und systemischer) Geltung. Sie beziehen sich auf einen exakt definierten Ausschnitt der sozialen Wirklichkeit für den sie Gültigkeit beanspruchen. Aus diesen Theorien können konkrete Hypothesen für den empirischen Forschungsprozess abgeleitet werden (Theorie der Mobilitätsroutinen).

Totale Faktorproduktivität Die Totale Faktorproduktivität (TFP) ist eine Messgröße für die Produktivitätsentwicklung eines Landes, eines Wirtschaftszweigs oder eines Unternehmens. Sie misst jenen Teil des Wirtschaftswachstums, der nicht auf die Veränderung des Einsatzes der Produktionsfaktoren, wie Arbeit und Kapital, zurückzuführen ist. Diese Restgröße wird meist als ein Ausdruck des technologischen Fortschritts und der Effizienzsteigerung angesehen.

Träger öffentlicher Belange (TÖB) Behörden und Organisationen (z. B. Infrastrukturbetreiber wie Wasserversorgung), deren Anhörung und Einbeziehung bei bestimmten Bauvorhaben vorgeschrieben ist.

Umweltverbund (engl. ecomobility) Begriff und Planungsansatz aus der Verkehrsplanung, Ausrichtung der Raum- und Verkehrsplanung auf umweltverträgliche Verkehrsträger, die im Vergleich zum eigenen Auto umweltverträglicher sind: z. B. nicht motorisierter Verkehr, öffentlicher Verkehrsmittel, Car- und Ridesharing.

Verkehr ist die beobachtbare tatsächliche Ortsveränderung von Personen, Gütern und Daten. Die zentralen Messgrößen sind die Verkehrsleistung (Personenkilometer oder Tonnenkilometer) und das Verkehrsaufkommen (Anzahl der zurückgelegten Wege).

Verunglückte Personen (auch Mitfahrer), die bei einem Verkehrsunfall verletzt oder getötet wurden.

Vision Zero Eine Philosophie der Verkehrssicherheitsarbeit, die das Ziel hat, die Zahl der im Verkehr Schwerverletzten und Getöteten auf null zu minimieren. Der Straßenverkehr wird dabei als ganzheitliches System verstanden.

Walkability die im Sinne der Gesundheitsförderung bewegungsfreundliche Gestaltung von städtischen bzw. kommunalen Räumen unter der Berücksichtigung personenbezogener, infrastruktureller und sozialpolitischer Dimension.

The manufacturer's authorised representative in the EU is Springer
Nature Customer Service Centre GmbH, Europaplatz 3, 69115 Heidelberg,
Germany. If you have any concerns regarding our products, please
contact ProductSafety@springernature.com

Printed and bound by CPI Group (UK) Ltd, Croydon, CR0 4YY
24/04/2026
02096333-0008